餘山 金振煥 博士 古稀紀念

刑事判例研究

〔25〕

韓國刑事判例研究會 編

博 英 社

Korean Journal of Criminal Case Studies

〔25〕

Edited by

Korean Association of Criminal Case Studies

Parkyoung Publishing & Company

Seoul, Korea

餘山 金振煥 博士

머 리 말

한국형사판례연구회가 설립된 지 벌써 4반세기가 지났습니다. 그 동안 연구회는 학계와 실무계를 대표하는 회원들의 헌신적인 참여로 매월 발표회를 개최함으로써 형사판례의 발전에 크게 기여해 왔습니다. 2017년 2월 6일에는 창립 25주년을 기념하는 학술대회도 개최하였습니다. 형사판례연구 제25권은 위 학술대회에서 발표된 논문을 포함하여 지난 1년간의 연구 성과를 수록하였습니다.

아시다시피, 우리 연구회는 창립 이래 지금까지 한국형사정책연구원의 따뜻한 지원 속에서 함께 성장하고 있습니다. 그런 점에서 한국형사정책연구원 원장으로 재직 중에 고희를 맞이하시는 여산(餘山) 김진환(金振煥) 고문님께 형사판례연구 제25권을 봉정할 수 있게 되어 회원 모두가 기뻐하고 경하하고 있습니다.

여산 선생님께서는 일찍이 검사로 법조실무를 시작하여 검찰의 핵심 요직을 두루 거친 뒤 서울지방검찰청 검사장까지 역임하셨고, 2004년부터는 법무법인 충정의 대표변호사를 지내시는 등 우리나라 형사실무계를 대표하는 분이십니다. 동시에 법학박사 학위를 취득하시고 우리 연구회뿐 아니라 한국비교형사법학회, 한국포렌식학회, 한국형사소송법학회의 회장을 역임하시는 등 학계에서도 중추적인 역할을 해 오셨습니다. 무엇보다도 여산 선생님께서는 연구회의 제3대 회장을 역임하시면서 실무계와 학계의 활발한 교류가 이루어질 수 있도록 물심양면으로 애써주셔서 연구회가 우리나라 최고의 학술모임으로 성장하는 데 주도적 역할을 하셨습니다. 특히, 2015년 한국형사정책연구원 원장으로 부임하시어 일시적으로 단절되었던 연구회와 한국형사정책연구원의 협력관계가 복원될 수 있도록 도와주셨습니다.

이밖에도 여산 선생님께서는 평소 '진리는 따르는 자가 있고, 정의는 이루는 날이 온다'는 신념을 가지고 법조인으로서는 물론 여러 사회·문화단체의 리더로서 많은 활동을 해오고 계십니다. '우리 시대 슬기로운 지성'을 대표하는 여산 선생님의 고희를 기념하고, 선생님에 대한 우리 회원 모두의 존경심을 담아 이 책을 봉정합니다. 다시 한번 선생님의 고희를 진심으로 축하드리고, 앞날의 행운과 만수무강을 축원드립니다.

끝으로 여산 선생님의 고희를 기념하는 '축하의 글'을 써 주신 강용현 변호사님께 깊이 감사드립니다. 또한 월례회의 발표와 사회를 맡아주신 분들과 꾸준히 참여하여 주신 회원 여러분, 그리고 이 책의 발간을 위하여 논문에 대한 심사를 해주신 여러분께도 감사를 드리며, 특히 창립 25주년 학술대회를 성공리에 마칠 수 있도록 도움을 주신 모든 분들께도 감사드립니다. 그리고 새로이 학회의 살림살이를 맡아 큰 수고를 해주고 있는 총무간사인 형사정책연구원의 윤지영 박사와 이 책의 발간이 되기까지 여러모로 애써 준 편집간사인 이강민 박사에 대해서도 감사드립니다. 나아가 창간호부터 지금까지 이 책의 출판을 맡아주신 박영사의 안종만 회장님, 조성호 이사님 그리고 박영사 관계자 여러분께 감사의 말씀을 전합니다.

2017년 6월
한국형사판례연구회 회장
조 균 석

賀 詞

餘山 金振煥 박사님께서 古稀를 맞을 때까지 나라와 법조, 판례 및 형사정책 발전을 위해 쌓으신 공훈과 학덕을 기리기 위하여 한국형사판례연구회가 정성을 모아 마련한 고희기념 논문집인 형사판례연구 제25권을 김 박사님께 헌정하는 자리에서 賀詞를 드리게 된 것을 저로서는 무한히 영광스럽게 생각합니다.

저는 김진환 박사님의 고등학교, 대학 후배입니다만, 여러 가지 연분으로 선배님을 가까이에서 뵈면서 많은 것을 배울 기회를 갖는 행운을 누렸습니다. 특히 1992년에 우리 형사판례연구회가 창립되면서 함께 판례연구회에 참여하는 큰 복을 받았습니다. 당시 김 선배님께서는 법무부 검찰 1과장, 일선 특수부장으로서 누구보다도 바쁜 업무를 맡고 계심에도 불구하고 판례연구회에 적극적으로 참여하시면서 풍부한 실무 감각과 깊이 있고 예리한 학문적 논리로 토론을 이끄시는 것을 보면서 판사로서 말석을 차지하고 있던 저는 실무가로서 바쁜 실무생활 속에서도 학문적 탐구를 계속하는 模本을 보았고 나도 저렇게 노력하여야겠다고 생각하기도 하였습니다.

그 후 김 선배님께서 서울지검장 등을 거쳐 재야로 나오셔서 법무법인 충정의 대표변호사를 맡고 계실 때 저도 법무법인(유한) 태평양의 대표변호사를 맡고 있던 때라 이런저런 공식, 비공식 자리에서 자주 뵈면서 올바른 재야의 모습과 로펌 운영에 관하여 의논하고 가르침을 받기도 하였습니다. 김 선배님께서는 2004년부터 2년간 우리 학회의 회장을 맡아 학회를 한 단계 높은 수준으로 성장시키셨는데 저는 그 후 2012년부터 2년간 회장을 맡기도 하였습니다. 김 선배님께서 현재 국무총리 산하 국책연구기관인 한국형사정책연구원 원장을 맡고 계신데 저는 형사정책연구자문위원으로 참여하고 있고, 또 김 원장님께서 서울법대 총동문회장을 맡고 계신데 저는 감사를 맡고 있습니다.

이와 같이 저는 김 원장님을 여러 인연으로 가까이 뵈면서 법조선배이자 인생의 큰 형님으로 많은 가르침을 받아 왔는데 아직 연부역강하신 김 원장님께서 古稀를 맞으셨다는 것이 실감이 나지 않습니다. 김 원장님께서는 검사와 변호사로서 바쁜 업무 속에서도 항상 연구하시면서 해박한 법리와 합리적 사고를 가지고 업무를 처리하실 뿐만 아니라 친절하고 온화한 성품으로 늘 주위를 보살피고 베푸셔서 동료와 후배들 사이에서 신망과 존경의 대상이 되어 왔습니다.

김 원장님은 공군법무관을 거쳐 1977년 대구지방검찰청 검사로 임관하신 후 27년 동안 서울지방검찰청 부장검사, 차장검사, 서울검찰청 북부지청장, 남부지청장, 대검찰청 기획조정부장, 대구지방검찰청과 서울지방검찰청의 검사장, 법무부 검찰국장 등 우리나라 검찰 및 법무행정의 중심부에서 사법정의 실현과 법무행정의 현대화, 과학화에 큰 업적을 이루셨고, 나아가 우리나라 최초의 국제검사협회(IAP) 집행위원으로 활발하게 활동하시어 검찰·법무행정의 국제교류에도 큰 기여를 하셨습니다.

한편 김 원장님은 젊은 검사시절 총무처 국비장학생으로 독일 프라이부르크 대학에서 박사과정을 이수하셨고 검사의 격무 속에서도 주경야독으로 독일에서의 연구를 더욱 심화하셔서 2003년 한양대학교에서 “정신장애 범죄자의 책임과 처우에 관한 연구”라는 주제로 법학박사 학위를 취득하셨습니다. 이 학위논문은 형법총론에서 가장 난해한 책임론을 심층 연구하셔서 정신장애의 판단방법과 그 범위에 관한 새로운 이론을 전개하고 형사 실무자가 정신장애 범죄를 취급하는 데 있어서의 상세한 실무지침을 제시함으로써 당시 우리 학계에서는 획기적인 학문적 성과라는 평가를 받았습니다. 그리고 김 원장님은 계속하여 여러 법률잡지에 주옥같은 논문을 다수 발표하심으로써 실무가로서는 보기 드물게 실무와 학문연구를 병행하는 모범을 보이셨습니다.

김 원장님은 우리 형사판례연구회 제3대 회장을 맡으셔서 검사를 비롯한 실무가들의 참여를 독려하시고 법학자들과 실무가들이 진지하게 토론하는 분위기를 활성화함으로써 우리 학회가 법학계와 실무계의 공동연구를 통하여 우리나라 형사법학 발전과 형사법실무 개선에 큰 기여를 하는 모범적인 학술단체로 발전하는 데 주도적 역할을 하셨습니다. 이런 의미에서 우리 형사판례연구회에서 김 원장님의 古稀를 기념하여 형사판례연구 제25권을 기념논문집으로 헌정하는 것은 더욱 뜻 깊은 일이라고 생각합니다. 김 원장님은 그 외에도 한국비교형사법학회, 한국포렌식학회, 한국형사소송법학회 등의 회장을 역임하심으로써 우리나라 형사법학과 법실무의 발전에 큰 기여를 하셨습니다.

김 회장님께서는 재야로 나오신 후에는 대형로펌인 법무법인 충정의 대표변호사를 맡으셔서 충정의 큰 발전을 이끄셨을 뿐만 아니라 우리 사회의 깨어 있는 지식인으로서 사회적 책임을 다하시기 위하여 여러 가지 사회활동을 적극적으로 하셨습니다.

우선 김 변호사님은 대한공증인협회 회장 겸 국제공증인협회 아시아 회장의 중책을 맡아 예방사법의 기능을 수행하는 공증제도의 활성화와 국제교류에 큰 업적을 이루셨습니다. 그 외에도 김 변호사님은 대한변호사협회 이사, 서울지방변호사협회 특별자문위원, 대한중재협회 중재인 및 부회장, 세계경영연구원(IGM) 이사 겸 700인CEO클럽 회장, 서울 회현로타리클럽 회장, 지역대표, 총재대표, 성정문화재단 명예회장, 자운회 회장 등으로 사회적 봉사활동을 그 누구보다도 열심히 하심으로써 노블리스 오블리주의 모범을 보이셨습니다.

김 선배님은 서울법대 재학 시부터 법학은 철학, 문학, 예술과 더불어 천착할 때 인간의 진실에 접근할 수 있다는 생각에서 이 분야에 관하여도 관심을 가지시고 법철학회장, 낙산문학회장, 법대학보 FIDES 편집위원으로 활동하셨으며 대학문학상을 수상하시기도 하셨습니다. 김 변호사님은 변호사가 되신 후에는 장애인 '솟대문학' 운영위원, '시와 시학' 운영위원장, 바그너협회 이사 등으로 참여하시면서 이를 후원하시기도 하셨습니다.

김 선배님께서는 깨어 있는 지식인으로서 우리 사회의 과거를 비판적으로 돌아보고 현재의 위치를 재확인하는 한편 앞으로 나아가야 할 방향에 관하여 깊이 성찰하고 사색한 결과 도출된 생각들을 타고난 文才로 풀어낸 글들을 일간지 등 여러 매체에 발표하심으로써 우리 사회의 공동체의식 제고, '나눔과 베풂'의 노블리스 오블리주 확산, 소통과 공감, 대화와 타협의 사회분위기 조성에 기여하시고자 노력하셨으며 그 글들을 모아 '역사에 묻고 미래에 답하다'라는 수상집을 출간하시도 하셨습니다.

김 원장님은 2015년에 우리나라 형사정책의 산실 한국형사정책연구원장에 취임하셔서 미래예측에 기반한 선제적 정책연구 강화, 형사정책 및 형사사법의 과학화·선진화, 연구성과의 체계적 확산과 글로벌 연구역량 강화 등을 주요정책으로 추진하셔서 한국형사정책연구원을 경제·인문사회연구회 평가에서 "우수기관"으로 격상시키는 등 이미 큰 성과를 이루어내신 것으로 알고 있습니다.

'인생 70 古來稀'라는 말보다는 최소한 '인생 100 古來稀'라고는 해야 할 지금에서 아직도 연부역강하신 김 박사님께서 앞으로도 더욱 우리 법학계, 법조실무계, 한국 사회에서 지나온 날 못지않게 빛나는 활약을 하시고 계속하여 후학들을 지도하여 주시기를 바랍니다. 끝으로 내외분께서 부디 천수를 누리시면서 가정에 내내 행복이 충만하기를 기원합니다.

2017년 6월

변호사 강 용 현

餘山 金振煥 博士 略歷

餘山 金振煥 박사님은 1948. 8. 18. 충남 부여군 부여읍 동남리 482에서 醫師이신 父 金晋卿 선생과 母 朴庚壬 여사 사이의 4남 3녀 중 3남으로 출생하셨다. 그 후 부여에서 초등학교를 마치고 대전을 거쳐 서울에서 성장하였고, 1974년 俊林 李華容 여사와 혼인하여 슬하에 아들 玟起, 딸 智允을 두었다.

· 학력

1961.	부여백제초등학교 졸업
1964.	대전중학교 졸업
1967.	경기고등학교 졸업
1971.	서울대학교 법과대학 졸업(법학사)
1973.	한양대학교 대학원 법학과 졸업(법학석사)
1977.	서울대학교 대학원 법학과 졸업(법학석사)
1982. - 1983.	독일 프라이부르크 대학교 박사과정(Doktorvater: Prof. Dr. Günther Kaiser) 수료
2003.	한양대학교 대학원 법학과 졸업(법학박사)

· 경력

1972.	제14회 사법시험 합격
1974.	대법원 사법연수원(4기) 수료
1975.	공군법무관(예비역 대위)
1977.	대구지방검찰청 검사
1980.	서울지방검찰청 북부지청 검사
1981.	법무부 보호국 검사
1982.	제10차 국제사회방위협회 총회 한국대표 참가(그리스 살로니카)

1983.	법무부 검찰국 검찰1과 검사
1986.	수원지방검찰청 여주지청장
1987.	서울지방검찰청 고등검찰관
1989.	대검찰청 기획과장
1990.	부산지방검찰청 특별수사부장
1991.	법무부검찰 제2과장
	사법시험 위원(2차)
	행정고등고시 시험위원(2차)
	형법개정특별심사위원회 간사
1992.	서울지방검찰청 동부지청 특수부장
1993.	법무부 검찰 제1과장
	서울지방검찰청 부장검사
1994.	대통령 비서실 법률비서관
1995.	부산지방검찰청 차장검사
1997.	서울지방검찰청 차장검사
1998.	서울지방검찰청 북부지청장(현 서울북부지검장)
1999.	서울지방검찰청 남부지청장(현 서울남부지검장)
	대검찰청 총무부장
	국제검사협회(IAP) 집행위원 피선(최초)
	제4차 총회 및 집행위원회 참가(중국 베이징)
2000.	대검찰청 기획조정부장
	대구지방검찰청 검사장
	국제검사협회 제5차 총회 및 집행위원회 참가(남아공 케이프타운)
2002.	법무부 검찰국장
	서울지방검찰청 검사장
	대구고등검찰청 차장검사

2003.	법무연수원 기획부장(검사장)
	사법시험위원(3차)
2004. - 2014.	법무법인충정 대표변호사
2009.	세무사·변리사 자격등록
2015. - 현재	한국형사정책연구원장

· 사회활동

대한공증인협회 회장 겸 국제공증인협회 아시아회장
대한변호사협회 이사, 서울변협 특별자문위원
대한중재인협회 중재인 및 부회장
검찰동우회 이사 및 검찰동우지 편집위원장
세계경영연구원(IGM) 이사 겸 700인CEO클럽 회장
GS그룹 사외이사, SK텔레콤·KT 법률고문
서울회현로타리클럽 회장 및 지역대표, 총재대표
장애인 '솟대문학' 운영위원, '시와 시학' 운영위원장
성정문화재단 명예회장, 자운회 회장, 바그너협회 이사
재경부여군민회 회장 및 장학재단 이사장, 백촌회 회장
독일프라이부르크대학(Freiburg) 한국총동문회 회장
제36대 서울대학교 법과대학 총동창회장(2016~)

· 저서

신체계해설 형사소송법	삼영사(1973)
신체계해설 형법요론	삼영사(1974)
객관식 형법소송법	삼영사(1975)
객관식 형법요해	삼영사(1976)
역사에 묻고 미래에 답하다	엔트리(2015)

· 논문

<학위논문>

형법연구방법론에 관한 서설적 고찰, 한양대학교 석사학위논문(1973)

형사법상 위법수집증거의 배제법칙에 관한 연구, 서울대학교 석사학위논문(1977)

정신장애 범죄자의 책임과 처우에 관한 연구, 한양대학교 박사학위논문(2003)

<학술논문>

도청과 비밀녹음 및 촬영에 관한 고찰, 검찰 제75호, 대검찰청(1979)

갱생보호의 이론과 실제 및 개선방안, 법무연구 제8호, 법무연수원(1981)

별건구속, 고시계 제33권 제11호(1988)

함정수사에 의하여 수집한 증거, 고시계 제34권 제9호(1989)

엄격한 증명의 대상, 고시계 제35권 제6호(1990)

형사소송법상 서증, 월간고시 제20권 제3호(1993)

국제검사협회의 오늘과 내일, 법률신문 제2892호(2000)

마약류사범 현황과 대책, 비교형사법연구 제7권 제2호(2005)

피의자의 지위와 방어권보장, 한중형사소송심포지움(2012)

선행절차의 위법과 증거능력 판단기준, 형사소송법 핵심판례 110선, 박영사(2014)

책임능력과 심신장애의 판단기준, 형법판례 150선, 박영사(2016)

· 학회

1999. 6. 9. - 2000. 7. 14. 대법원 형사실무연구회 부회장

2002. 3. 1. - 2002. 12. 31. 한국형사정책학회 부회장

2004. 1. 1. - 2005. 12. 31. 한국형사판례연구회 회장

2007. 1. 1. - 2007. 12. 31. 한국비교형사법학회 회장

2010. 12. 9. - 2013. 5. 30. 한국포렌식학회 회장
2013. 1. 1. - 2013. 12. 31. 한국형사소송법학회 회장

· 상훈

1978. 12. 30. 법무부장관 표창
1982. 12. 3. 근정포장
1990. 12. 26. 홍조근정훈장
2002. 9. 9. 국제검사협회(IAP) 런던총회 공로상
2014. 2. 2. IGM 자랑스러운 700인CEO상

목　차

Table of Contents

양벌규정의 법적 성격과 대법원이 말하지 않은 것들

김 성 돈*

[대상판결 1] 대법원 1983. 3. 22. 선고 81도2545 판결

"양벌규정에 의하여 법인이 처벌받는 경우에 법인의 사용인들이 범죄행위를 공모한 후 일방법인의 사용인이 그 실행행위에 직접 가담하지 아니하고 다른 공모자인 타법인의 사용인만이 분담 실행한 경우에도 그 법인은 공동정범의 죄책을 면할 수 없다."1)

[대상판결 2] 대법원 2011. 9. 8. 선고 2010도14475 판결

"저작권법 제140조 본문에서는 저작재산권 침해로 인한 같은 법 제136조 제1항의 죄를 친고죄로 규정하면서, 같은 법 제140조 단서 제1호에서 영리를 위하여 상습적으로 위와 같은 범행을 한 경우에는 고소가 없어도 공소를 제기할 수 있다고 규정하고 있는데, 같은 법 제

* 성균관대학교 법학전문대학원 교수.

1) 본건은 무역거래법 제34조의 양벌규정에 의하여 법인인 피고인들이 처벌을 받는 경우이므로 본건 범죄의 주관적 구성요건으로서의 범의는 실지 행위자인 피고인 1 회사의 사용인인 공소외 1 및 피고인 2 회사의 사용인인 공소외 2에게 정당한 절차를 거치지 아니하고 수입을 한다는 인식이 있으면 족하다고 할 것인바, 위 증거들에 의하면 동인들에게 그와 같은 인식이 있었음을 수긍할 수 있으며 또 공동정범의 성립에 있어서는 사전에 공범자 사이에 모의가 있는 때 뿐만 아니라 암묵리에 서로 협력하여 공동의 범의를 실현하려는 의사가 상통하면 족하다고 할 것인바 위 증거들에 의하면 위 사용인들 사이에 그와 같은 암묵리의 공모사실을 수긍할 수 있으므로 피고인들을 단죄한 제1심 판결의 조치는 정당하고 증거없이 사실을 인정하였다는 소론은 이유없다.

140조 단서 제1호가 규정한 '상습적으로'라고 함은 반복하여 저작권 침해행위를 하는 습벽으로서 행위자의 속성을 말하고, 이러한 습벽 유무를 판단할 때에는 동종 전과가 중요한 판단자료가 되나 범행의 횟수, 수단과 방법, 동기 등 제반 사정을 참작하여 저작권 침해행위를 하는 습벽이 인정되는 경우에는 상습성을 인정하여야 한다. 한편 같은 법 제141조의 양벌규정을 적용할 때에는 행위자인 법인의 대표자나 법인 또는 개인의 대리인·사용인 그 밖의 종업원의 위와 같은 습벽 유무에 따라 친고죄 해당 여부를 판단하여야 한다."[2]

[대상판결 3] 대법원 1996. 3. 12. 선고 94도2423 판결

"고소는 범죄의 피해자 또는 그와 일정한 관계가 있는 고소권자가 수사기관에 대하여 범죄사실을 신고하여 범인의 처벌을 구하는 의사표시이므로, 고소인은 범죄사실을 특정하여 신고하면 족하고 범인이 누구인지 나아가 범인 중 처벌을 구하는 자가 누구인지를 적시할 필요도 없는바, 저작권법 제103조의 양벌규정은 직접 위법행위를 한 자 이외에 아무런 조건이나 면책조항 없이 그 업무의 주체 등을 당연하게 처벌하도록 되어 있는 규정으로서 당해 위법행위와 별개의 범죄를 규정한 것이라고는 할 수 없으므로, 친고죄의 경우에 있어서도 행위자의 범죄에 대한 고소가 있으면 족하고, 나아가 양벌규정에 의하여 처벌받는 자에 대하여 별도의 고소를 요한다고 할 수는 없다."[3]

2) 피고인 갑 주식회사의 대표이사 피고인 을이, 디지털 콘텐츠 거래가 이루어지는 웹사이트를 운용하면서 영리를 위해 상습적으로 다른 사람의 저작재산권을 침해하였다는 내용으로 기소된 사안에 대해 대법원은 피고인 을에게 반복하여 저작권 침해행위를 하는 습벽이 있다고 보이므로, 피고인들에게 저작권법 제140조 단서 제1호가 적용되어 고소가 소추조건에 해당하지 않는다고 본 원심판단을 수긍하였다.

3) 고소인은 1991. 8. 6. 회계법인의 대표사원인 피고인 등이 저작권을 침해하였다는 이유로 서울지방검찰청에 고소하였고 피고인 등은 법원에 공소가 제기되었다. 그 후 위 고소인은 1992. 9. 30.경 같은 회계법인의 사용인인 위 피고인 등이 위 법인의 업무에 관하여 위와 같은 범행을 하였다는 이유로 위 회계법인을 서울지방검찰청에 고소하였다. 원심은 법인에 대한 이 사건 공소가

[연 구]

I. 들어가는 말

양벌규정은 법인이 직접 일정한 범죄를 범하는 것이 아니라 자연인이 일정한 위반행위를 하는 것을 전제로 삼아 법인을 처벌하는 근거를 규정하고 있다. 그런데 대상판결 1, 2, 3의 판시내용을 보면 대법원은 양벌규정에 대해 법인처벌의 근거규정으로서의 역할 외에도 법인에게 몇 가지 실체법적 효과와 절차법적 효과까지 부여하는 근거규정으로서의 역할도 인정하고 있다.

대상판결 1에서는 위반행위를 한 자연인이 공동정범이 되면 양벌규정에 근거하여 법인도 공동정범으로 인정된다는 결론을 내리고 있고(법인 간 공동정범의 인정!), 대상판결 2에서는 위반행위를 한 자연인에게 상습성이 인정되어 비친고죄가 적용되면 법인에게도 비친고죄가 적용된다는 결론을 양벌규정을 통해 근거지우고 있으며(자연인에 대해 인정될 상습성의 효과를 법인에 대해서도 인정!), 대상판결 3에서는 친고죄에 해당하는 위반행위를 한 자연인에 대해서만 고소가 있으면 법인에 대해서는 별도로 고소가 필요하지 않다고 하는 절차법적 효과(자연인과 법인 간 고소불가분의 원칙 적용!)가 양벌규정을 통해 도출된다고 하고 있기 때문이다. 하지만 양벌규정을 얼핏 보아서는 대상판결 1, 2, 3에서 인정하는 실체법적 효과와 절차법적 효과를 인정할 만한 근거를 발견하기 어렵다. 양벌규정의 정보내용에는 자연인에게 인정되는 가담형태를 법인에게도 인정하게 하는 근거가 들어있지도 않고, 일신전속적 신분요소인 상습성의 구성요건변경적 효과를 법인에게도 그대로 인정하게 하는 근거가 없을 뿐 아니라, 자연인과 법인 사이에 형사소송법상 고소의 주관적 불가분의 원칙까지 준용할 수 있는 아무런

6개월이 경과한 후에 이루어진 고소이기에 친고죄에서 고소 없이 공소제기된 것으로 되어 공소제기의 절차가 법률의 규정에 위반하여 무효인 때에 해당하므로 공소를 기각하여야 할 것이라고 판시하였다.

실마리가 제공되어 있지 않은 것이다.

대법원은 양벌규정의 어느 부분을 어떻게 해석하여 대상판결 1, 2, 3과 같은 결론을 이끌어내고 있는가? 법인 간의 공동정범을 인정하거나 상습성 여부를 판단할 수 없는 대상에게 인정할 수 있는 상습성의 법적 효과에 대한 근거는 양벌규정의 어디에 들어있는가? 양벌규정은 위반행위가 친고죄인 경우 법인에 대해서도 별도의 고소가 필요 없다는 등 소송조건에 관한 절차법적 규정을 공범관계가 아닌 자연인과 법인 간의 관계에 대해서도 준용 또는 유추적용할 수 있는 근거를 어디에 숨겨두고 있는가? 만약 이와 같은 근거들이 마치 블랙박스 속의 기록처럼 양벌규정 속에 내장되어 있는 것이라면 대법원은 대상판결 1, 2, 3과 같은 결론을 도출함에 있어 응당 그 블랙박스의 기록내용을 판시 속에 드러내 보여주어야 할 것이다. 대법원은 그 판시내용에서 그 결론을 이끌어내는 근거로서 양벌규정을 동원하고 있기는 하지만, 유감스럽게도 양벌규정의 어떤 부분을 어떻게 해석해서 그러한 결론에 이르게 되는지에 대해서는 철저히 함구하고 있다.

이 글은 겉보기에 부재된 듯 보이는 양벌규정의 도그마틱을 찾는 시도, 즉 대법원이 대상판결 1, 2, 3에서 미처 '말하지 않은' 근거를 찾아내는 것을 목표로 삼는다.[4] 문제는 위 대법원 대상판결 가운데 1과 3은 양벌규정이 현행의 양벌규정처럼 개정되기 이전의 조문에 의거하여(이하에서는 '구 양벌규정'이라고 한다) 내려진 판결이라는 점에 있다. 이 때문에 만약 대상판결 1과 3에서 문제된 사실관계에 현행의 양벌규정을 적용한다면 위 대상판결과 동일한 결론들이 그대로 유지될 수 있을 것인지도 판단해 보지 않으면 안 된다. 그러므로 대법원의 판시에 기초되어 있는 양벌규정 도그마틱을 추수(追隨)하면서 대상판결이

4) 이 글에서 전반적으로 검토하는 내용이 대상판결의 결론을 법인처벌에 관한 대법원의 실무와 논리적으로 일관성을 유지하고 있는 것인지를 확인하는 데 있고, 이 글의 핵심적 쟁점인 '양벌규정의 법적 성격'에 관해서는 종래의 선행연구가 없기 때문에 각주에 인용되는 참고문헌이 대법원판결에 집중되어 있을 뿐임을 미리 밝혀둔다.

말하고 있지 않은 바를 들추어내어 보는 일은 대상판결 1, 2, 3의 결론에 대한 당부당을 평가하는 일을 넘어서서 장래의 유사사례에 대한 대법원의 태도를 짐작해 보는 데 필요불가결한 일로 보여진다. 이러한 시도를 하기 전에 법인처벌의 근거와 관련하여 대법원이 명시적으로 말해주고 있는 바를 간략하게 정리해 본 후, 이를 통해 위 대상판결 1, 2, 3의 결론을 도출해낼 수 있는지부터 먼저 점검해 보자.

Ⅱ. 법인처벌의 근거와 대법원이 '말하고 있는 것'

양벌규정이 자연인의 법인 업무관련적 위반행위를 전제로 삼아 법인을 형사처벌하고 있음은 구 양벌규정이나 현행 양벌규정이나 다를 바 없다. 하지만 구 양벌규정 하에서도 그랬듯이 현행 양벌규정 하에서도 법인의 처벌근거와 관련한 형법학계에서의 해석론은 통일되어 있지 않을 뿐 아니라 그리 활발하지도 않다. 하지만 이 글을 통해 확인하고자 하는 대상판결 1, 2, 3의 결론을 근거지우는 — 대법원이 말하지 않는 — 논거에 초점을 맞추면, 양벌규정과 관련하여 전개해야 할 모든 쟁점의 해석론을 망라적으로 살펴볼 필요는 없다. 대상판결 1, 2, 3의 결론과 직·간접으로 관계되는 대법원의 '말하지 않는' 근거들을 들추어내어 보기 전에 순서상 먼저, 양벌규정의 해석상 대법원이 '말하고 있는 바'를 정리해 봄으로써 이를 통해 대상판결 1, 2, 3의 결론을 도출해낼 수 있는지부터 점검해 보자.

1. 양벌규정에 대한 대법원의 해석론

1) 출발점 1: 법인의 범죄능력 부정과 형법총칙규정의 적용배제

주지하다시피 대법원은 형법이 자연인만을 범죄주체로 예정하여 만들어진 것임을 인정하는 전제 하에서 법인의 행위능력과 책임능력을 부정하고 있다.[5] 양벌규정도 이에 맞추어 전통적인 의미의 범죄가

5) 대법원 1984. 10. 10. 선고 82도2595 전원합의체 판결.

아니라 그 범위가 특정된 일정한 위반행위와 관련해서만 법인을 형사처벌하고 있음에 그치고 있다. 법인의 범죄주체성을 부정하고 있는 대법원의 출발점과 형법범 이외의 일정한 위반행위에 대해서만 법인을 형사처벌하고 있는 양벌규정의 내용을 종합적으로 평가하면 대법원의 태도는 다음과 같이 정리할 수 있다. 즉 대법원은 형법전 및 특히 형법총칙은 행위능력과 책임능력을 전제로 하는 자연인의 범죄성립에 관한 일반적 요건을 규정한 것으로 이해하고, 양벌규정은 원칙적으로 형사책임을 지지 않는 법인을 형사처벌하기 위해 마련된 — 형법총칙 제8조의 단서가 말하고 있는 — 예외적인 '특별규정'으로 이해한다. 이에 따르면 법인은 형법전이나 다른 형벌법규가 아닌 '오로지' 양벌규정을 통해서만 형사처벌을 받게 된다. 대법원이 자연인에 대해 형벌을 부과하기 위해 요구되는 '행위'는 물론이고, '고의나 과실' 또는 자연인에 대한 형사책임의 전제조건인 '책임능력'조차도 법인에게 요구하지 않는 것도 이 때문이다.[6] 요컨대, 대법원은 양벌규정에 정해진 위반행위를 자연인이 수행할 것을 전제로 삼아, 오로지 양벌규정에 규정된 법인처벌을 위한 요건에 근거해서만 법인에 대해 형벌을 부과하고 있는 것이다.

2) 출발점 2: 법인처벌을 위해 자연인과 법인에 대해 요구하는 요건

양벌규정이 법인처벌을 위해 자체적으로 마련해둔 일정한 요건이 충족될 것을 조건으로 하여 법인을 처벌하고 있다. 뿐만 아니라 양벌규정은 이러한 요건을 위반행위의 주체인 자연인의 법인 내 지위에 따라 각기 서로 다른 두 가지 경우의 수를 한꺼번에 규정하고 있다.

6) 2007년 양벌규정이 책임주의원칙에 대한 위반이라는 헌법재판소의 위헌결정 이후 양벌규정에 대한 대대적인 개정작업이 되었지만, 헌법재판소의 입장이나 개정된 양벌규정의 해석을 통해서도 법인에게 '책임능력'까지 요구하고 있지는 않다. 이에 관해서는 김성돈, "양벌규정과 책임주의원칙의 재조명," 형사법연구 제27권 제3호, 2015, 123면 이하.

하나는 법인의 대표자가 위반행위를 하는 경우이고(이하에서는 '대표자위반행위사례유형'의 경우라고 하자), 다른 하나의 경우는 법인의 대리인, 사용인, 기타 종업원이 위반행위를 하는 경우(이하에서는 '종업원등위반행위사례유형'이라고 하자)이다. 대법원은 이 두 가지 유형의 경우 법인에 대한 형사책임을 인정하기 위한 요건을 다음과 같이 인정하고 있다.

먼저 대표자위반행위사례유형의 경우는 대표자의 업무관련적 위반행위만 있으면 법인에게 형사책임을 인정한다. 문제는 형법총칙규정의 적용을 받는 대표자의 업무관련적 위반행위는 어떤 요건을 갖추어야 하는지에 있다. 이와 관련하여 대법원은 다음과 같이 말한다. 즉 "법인은 기관을 통하여 행위하므로 법인이 대표자를 선임한 이상 그의 행위로 인한 법률효과는 법인에게 귀속되어야 하고, 법인 대표자의 범죄행위에 대하여는 법인 자신이 책임을 져야 하는바, 법인 대표자의 법규위반행위에 대한 법인의 책임은 법인 자신의 법규위반행위로 평가될 수 있는 행위에 대한 법인의 직접책임"이다.[7] 이와 같이 대법원이 대표자의 행위로 인한 '법률효과'가 법인에게 귀속된다는 이른바 '귀속'방식에 의거하여 법인을 처벌하는 것임을 밝히고 있음은 대표자의 위반행위가 그 자체 형법의 범죄성립요건(구성요건해당성, 위법성, 그리고 책임)을 모두 충족할 것을 요구하고 있음을 의미하는 것으로 새길 수 있다. 즉 대법원은 대표자위반행위사례유형의 경우 대표자의 위반행위의 범죄성립요건을 — 전부 — 법인에게 그대로 '귀속'시킴으로써 법인을 처벌하는 것으로 보기 때문에 법인 자체에 대해서는 아무런 요건을 요구하지 않고 있는 것이다.[8]

7) 대법원 2010. 9. 30. 선고 2009도3876 판결; 헌법재판소 2010. 7. 29. 선고 2009헌가25 결정.

8) 헌법재판소는 이와 같은 귀속방식에 의해 법인의 형사책임을 인정하고 있는 양벌규정에 대해 "책임주의원칙에 위배되지 아니한다."고 한다(헌법재판소 2011. 12. 29. 선고 2010헌바117 결정). 물론 여기서 말하는 책임주의원칙을 귀속방식과 관련지어 말하면 누구든지 자기 자신의 잘못에 기하지 않고 타인의 잘못만을 근거로 형사책임을 지지 않는다는 의미에 불과하다면 이는 '불

반면에 종업원등위반행위사례유형의 경우 2007년을 전후로 하여 양벌규정의 내용이 바뀌었기 때문에 대법원의 해석내용도 달라졌다. 면책조항을 포함하고 있었던 구 양벌규정 하에서는 법인을 처벌하기 위해 종업원등의 업무관련적 위반행위 외에 법인의 과실 또는 추정적 과실을 추가적으로 요구하고 있었다. 반면에 면책조항을 포함하고 있지 않았던 구 양벌규정의 경우에는 종업원 등의 업무관련적 위반행위만 인정되면 법인에게 다른 추가적 처벌근거를 요구함이 없이 법인을 처벌하는 것으로 해석되었다. 하지만 2007년 이후 개정된 현행 양벌규정 하에서는 '모든' 양벌규정의 단서조항에 법인처벌을 위한 추가적 처벌근거를 규정하였다. 이에 따라 현행 양벌규정에 대한 대법원의 해석도 다음과 같이 바뀌게 되었다. 즉 대법원은 법인을 처벌하려면 종업원 등의 업무관련적 위반행위가 있는 것만으로는 부족하고, 법인이 스스로 '위반행위를 저지하기 위한 상당한 주의와 감독을 게을리 하였을 것'이라는 추가적 처벌근거가 필요한 것으로 보고 있다. 하지만 현행 양벌규정의 해석론상 종업원등위반행위사례유형의 경우 이와 같은 추가적 처벌근거가 법인에 대한 형벌부과에 있어 — 종래의 범죄성립요건과 비견할 때 — 법인의 불법요소에 해당하는 것인지 아니면 법인의 책임요소에 해당하는 것인지는 분명하게 알기 어렵다. 뿐만 아니라 법인을 형사처벌하기 위해서는 종업원등의 위반행위 자체가 구성요건해당성, 위법성, 책임이라는 범죄성립요건 가운데 어디까지 충족하여야 할 것인지에 대한 판단도 유보되어 있다.

법'의 귀속을 의미할 뿐, 불법과 구별되는 실체요건인 '책임'의 귀속까지 의미하는 것이 아니라고 말할 수 있다. 이렇게 본다면, 양벌규정이 아무리 책임귀속방식에 입각하고 있더라도 자연인의 위반행위의 책임까지 법인에게 귀속시킬 수 있을 것인지에 대해서는 여전히 논란거리가 될 수 있다. 이에 관해서는 김성돈, 앞의 논문, 123면 이하.

3) 출발점 3: 단서조항과 법인처벌근거의 체계적 지위

하지만 법인의 추가적 처벌근거를 규정하고 있는 단서조항의 해석과 관련하여 대법원이 분명하게 '말하고 있는' 두 가지가 있다. 하나는 단서조항이 진정한 의미의 면책조항이 아니라 법인의 '독자적 처벌근거'를 소극적으로 규정한 것임을 인정하고 있다는 점이다. 이 점은 대법원이 ― 비록 면책조항이라는 표현은 여전히 사용하고 있지만 ― 법인처벌을 위해서는 법인이 종업원의 위반행위를 저지하기 위한 상당한 주의와 감독을 게을리 하였음을 검사가 입증해야 할 것을 요구[9] 하고 있음에서 알 수 있다.

다른 하나는 대법원이 이와 같은 양벌규정의 단서조항을 오직 종업원등위반행위사례유형에 대해서만 적용하고 대표자위반행위사례유형에 대해서는 적용하지 않는다는 점이다.[10] 대법원이 단서조항의 적용범위를 이렇게 확정하는 한, 대표자위반행위사례유형의 경우 법인처벌은 대표자의 위반행위만 있으면 충분하고, 법인에 대해서는 별도의 추가적 처벌근거가 요구되지 않는다. 대법원은 이에 따라 대표자위반행위사례유형의 경우 대표자의 위반행위의 불법과 법인의 불법을 동일하게 인정한다. 즉 대표자의 위반행위가 고의범이면 법인에 대해서도 고의범의 규정이, 그 위반행위가 과실범이면 법인도 과실범이 된다고 하는 것이다. 반면에 단서조항이 적용되는 종업원등위반행위사례유형의 경우는 법인처벌을 위해 종업원등의 위반행위 뿐 아니라 법인에 대해 추가적 처벌근거를 충족할 것이 요구된다. 하지만 앞에서 언급했듯이 대법원은 법인에 대해 요구되는 추가적 처벌근거의 범죄체계론상의 지위에 관해서는 명시적인 태도표명을 하지 않고 있을 뿐 아니라, 법인처벌을 위해 종업원등의 위반행위가 범죄성립요건의 어

9) 대법원 2010. 7. 8. 선고 2009도6968 판결.

10) 대법원 2010. 9. 30. 선고 2009도3876 판결. 물론 건축법 제112조(양벌규정)는 위반행위의 주체를 법인의 "대표자, 대리인, 사용인, 그 밖의 종업원"으로 수평적으로 나열하고 있어 대표자가 위반행위를 한 경우에도 단서조항을 적용할 수 있는 구조형식을 가지고 있어서 다른 해석이 가능하다.

느 부분까지 충족해야 하는지에 대한 입장을 밝히고 있지도 않다. 이와 같은 이중적 불확정성은 실무상 종업원등이 위반행위를 한 경우, 법인에 대한 형사제재가 법인이 위반한 어떤 행위규범에 대한 법효과인지를 분명하게 파악할 수 없도록 만들고 있다. 즉 법인이 종업원등이 위반한 행위규범을 그대로 이어 받아 처벌받는 것인지, 아니면 종업원등이 위반한 행위규범이 아니라 양벌규정 속에 법인에 대한 제재규범과 별도로 법인에 대해 고유하게 적용될 '행위규범'이 함께 규정되어 있는 것인지가 분명하지 않은 것이다.[11]

양벌규정의 문언상의 표현, 그리고 대법원에 의해 종업원에 대한 선임감독상의 과실이라는 표현까지 사용되고 있는 것을 보면, 법인의 독자적 처벌근거가 법인의 독자적 과실불법을 의미하는 것으로 해석할 여지도 있다.[12] 이에 따르면 종업원등의 위반행위가 과실범인 경우는 물론이고 고의범인 경우라도 법인을 과실범으로 처벌될 수 있다고 해석할 가능성도 생긴다. 다른 한편 법인의 독자적 처벌근거가 '그것 없이는 법인을 처벌할 수 없다'는 식의 소극적 형식으로 입법화된 것임을 감안하면 이 요건은 법인의 형사책임을 인정하기 위해 법인에 대해 요구되는 최소한의 요건(즉 과실범 뿐 아니라 고의범에도 요구되는 법인처벌을 위한 공통의 기본요건)으로 이해할 수도 있다.[13] 대법원이 위 두 가지 해석태도 가능성 가운데 어느 입장을 취하고 있는지에 대한 최종평가는 뒤에서 내리기로 한다.

11) 이에 관해서는 '양벌규정의 법적 성격'이라는 제목 하에 별도로 다룬다.

12) 실제로 대법원은 많은 판결에서 단서조항에서 법인에게 요구되는 '상당한 주의와 감독'을 법인의 '과실'로 바꾸어 표현하고 있다. 예컨대, 대법원 2011. 3. 10. 선고 2009도13080 판결 참조("위와 같은 법리와 원심이 적법하게 확정한 사실관계 및 그 채택 증거에 의하여 알 수 있는 여러 사정을 종합하여 보면, 피고인 회사에는 피고인 1이 위와 같은 위반행위를 함에 있어 이를 방지하기 위해 필요한 상당한 주의 또는 관리감독의무를 다하지 아니한 과실이 있음을 인정할 수 있고, 따라서 피고인 회사는 위와 같이 개정된 대외무역법의 양벌규정에 의하더라도 유죄라고 할 것이므로 원심의 앞서 본 잘못은 판결 결과에는 영향이 없다").

13) 이러한 해석론으로는 오영근, 형법총론(제2판), 박영사, 2009, 148면.

2. 대법원의 출발점과 대상판결의 결론과의 관계

이상과 같은 양벌규정에 들어있는 법인처벌의 요건과 관련하여 대법원이 말해주고 있는 내용을 토대로 삼아 대상판결 1, 2, 3의 결론의 타당성을 근거지울 수 있는가? 생각건대, 2인 이상의 자연인의 위반행위가 형법의 공동정범의 성립요건에 해당하기만 하면 그 자연인이 소속되어 있는 법인 상호간에도 공동정범이 된다고 하는 대상판결 1의 결론을 위 대법원의 출발점 2를 통해서는 도출하기가 어렵다. 대법원이 '말해주고 있는' 것은 자연인이 대표자인 경우와 종업원 등인 경우 법인처벌을 위해 법인에게 요구되는 요건이 다르다는 점뿐이고, 수인의 자연인이 공동정범이 되면 그 수인이 소속된 법인도 공동정범이 된다는 정보는 어디에서도 찾을 수 없다. 무엇보다 대상판결 1의 사실관계에서 위반행위의 주체는 대표자가 아니라 '종업원등(사용인)'이다. 이 때문에 위반행위자가 대표자인 경우에 적용될 대법원의 해석태도, 즉 위반행위자의 모든 범죄성립요건이 법인에게 귀속된다고 하는 귀속방식의 논리와 대표자의 위반행위의 구성요건과 법인에게 적용될 구성요건이 일치하는 것으로 보는 해석태도에 따르더라도 '가담형태'의 일종인 공동정범의 요건까지도 법인에게 귀속되는지는 알 길이 없다. 뿐만 아니라 위와 같은 대법원의 해석태도가 위반행위자가 종업원등(사용인)인 경우에는 처음부터 적용되지도 않는다.

대상판결 2에서는 '상습성'이라는 행위자의 일신전속적 속성이 인정되면 친고죄가 비친고죄로 바뀌는 경우 자연인에게 상습성이 인정되면 (그 효과로) 법인에 대해서도 친고죄의 경우 요구되는 고소제기가 요구되지 않는다고 한다. 이 판시내용은 첫눈에 보더라도 자연인에게 인정될 수 있는 상습성이 법인에게도 그대로 이전된다는 점을 근거지우지 못하면 유지될 수 없을 것처럼 보인다. 하지만 양벌규정 자체에서는 친고죄의 속성을 탈락시키는 일신전속적 신분요소인 상습성이 자연인에게 인정되면 행위능력조차 없는 법인에게 그대로 이전된다는 결론을 근거지울 만한 단서가 발견되지 않는다. 다시 말해 대법원은 대상판결 2에서의 자연인에게 상습성이 인정되면 그 상습성으로 인해 비롯되는 일정한 효과가 법인에게도 미치는 것이라는 결론이 양벌규정에 대한 어떤 해석을 통해 얻어질 수 있는지에 대해서는 전혀 '말하고 있지 않은 것'이다. 위반행위의 주체가 '대표자'인 이상 위 대법원의 해석태도(위 출발점 2와 출발점 3)에 따라 위반행위자의 모든 범죄성립요건이 법인에게 귀속된다고 보면 대상판결 2의 결론을 도출할 수 있을 듯 보인다. 하지만 대법원은 대상판결 2에서는 그 결론을 근거지우기 위한 아무런 논거를 제시하고 있지 않다. 뿐만 아니라 만약 위반행위자의 주체가 대표자가 아니라 종업원등인 경우라도 이러한 결론을 유지할 수 있을지는 여전히 의문이다.

대상판결 3은 대상판결 2와 비교해 볼 때 본격적으로 실체법적 쟁점이 아니라 절차법적 쟁점을 담고 있다.[14] 친고죄의 소송조건인 고소가 자연인에게 제기되면 법인에게는 별도로 고소가 제기될 필요가 없다고 판시하고 있기 때문이다. 하지만 양벌규정은 자연인의 위반행위와의 일정한 관련성 하에 법인처벌을 위한 실체요건에 관한 규정일 뿐, 절차요건인 소송조건에 관해서는 명시적인 태도가 표명되어 있지 않다. 물론 대상판결 3에서는 대상판결 1, 2의 경우와는 달리 "위반행위자가 직접 범한 위법행위와 법인의 위법행위가 별개의 범죄가 아니다."라는 근거를 내세움으로써 위반행위자와 법인에게 적용될 구성요건이 일치된다는 점을 확인해주고 있긴 하다. 하지만 대상판결 3의 사실관계에서 자연인 위반행위자가 대표자가 아니라 종업원등(사용인)에 해당하므로 위반행위의 주체가 대표자인 경우에 대법원이 '말하고 있는'바, 위 출발점 2와 3의 해석태도와 일치하지 않는다. 뿐만 아니라 위반행위의 주체가 종업원등인 경우 면책조항이 없는 구 양벌규정 하

14) 대상판결 2의 경우 최종결론만 보면 절차법적 쟁점을 담고 있는 것으로 보이지만, 내용적으로 법인에게 적용될 구성요건(적용법조)에 관한 문제이므로 본질적으로 실체법적 쟁점을 담고 있다.

에서의 해석태도를 면책조항이 있는 양벌규정 및 현행의 양벌규정 하에서도 그대로 유지될 수 있는지도 의문이다. 더 나아가 대상판결 3에서는 자연인과 독립된 인격적 주체인 법인과의 관계는 공범관계가 아님에도 불구하고 마치 고소제기의 주관적 불가분의 원칙을 적용하는 듯한 판시내용을 보여주고 있는데, 이러한 내용이 설득력을 얻기 위해서는 대법원이 양벌규정과의 관련 속에서 그 근거를 보다 확실하게 제시하지 않으면 안 될 것으로 여겨진다.[15]

이상에서 살펴본 바와 같이 대법원이 출발점으로 삼고 있는 양벌규정에 대한 기본적인 해석론을 모두 동원하더라도 대상판결 1, 2, 3에 대한 판시내용의 근거를 찾기가 쉽지만은 않다. 대상판결 1, 2, 3 어디에서도 법인에 대한 공동정범을 인정하는 근거, 자연인의 상습성 인정의 법적 효과가 법인에게 귀속되는 근거, 그리고 친고죄인 자연인에 대한 고소만 있으면 법인에 대해서는 고소가 별도로 요구되지 않는다는 근거를 제시하고 있지 않거나 제시하고 있어도 선뜻 납득하기 어려운 근거를 제시하고 있다. 하지만 세 가지 대상판결은 모두 각각의 결론에 이르기 위해 동원하고 있는 공통의 법적 근거로서 양벌규정을 전면에 내세우고 있다. 그럼에도 불구하고 대법원은 대상판결 1, 2, 3에서 직접 원용되고 있는 양벌규정을 표면상의 근거로만 제시하고 있을 뿐이다. 구체적으로 양벌규정의 어떤 내용을 근거로 삼아 또는 그 내용을 어떻게 해석함으로써 그와 같은 결론을 도출하고 있는지에 대해서 말해주고 있지 않기 때문이다. 양벌규정이 명문의 규정을 통해서 또는 그 행간 속에서 말하고 있는 법인처벌을 위한 실체요건과 절차요건을 구체적으로 적시하지 않는 한 대상판결 1, 2, 3은 논증이 아니라 단순한 선언적 수준에 불과하다고 평가하지 않을 수 없다. 이하에서는 대법원이 법인에 대한 형사책임을 인정함에 있어 자연인에게

15) 뿐만 아니라 현행 양벌규정 하에서 대법원은 "양벌규정에 따라 처벌되는 법인이나 개인에 대한 고발의 효력이 그 대표자나 대리인, 사용인 등으로서 행위자인 사람에게까지 미친다고 볼 수도 없다."는 태도를 표방하고 있기도 하다(대법원 2011. 7. 28. 선고 2008도5757 판결).

인정된 실체요건과 절차요건을 법인에게 그대로 인정하고 있는 근거를 추적해 보기 위해 대법원이 풀어주고 있지 않은 블랙박스에 담긴 정보내용을 해독해 본다.

Ⅲ. 양벌규정의 법적 성격과 대법원이 '말하고 있지 않는' 것

대상판결 1, 2, 3에서 대법원이 말하고 있지 않는 바를 들추어내기 위해 대법원이 근거로 삼고 있는 양벌규정의 내용을 입체적으로 분석해보자. 이러한 분석에서 주목할 점은 양벌규정이 법인처벌과 관련하여 서로 차원을 달리하는 두 가지 정보를 제공하고 있다는 점이다. 양벌규정이 제공하고 있는 정보 중 하나는 자연인의 위반행위와 관련된 정보이고, 다른 하나는 법인 자체와 관련된 정보이다. 양벌규정은 이 두 가지 정보를 결합시켜 법인에 대한 형사처벌을 근거지우고 있다. 하지만 자세히 들여다보면 이 두 가지 정보는 일정한 상호의존성을 가지고 법인처벌을 근거지우고 있음을 알 수 있다. 그리고 이와 같은 두 가지 정보의 상호의존도에 따라 (법인처벌에 관한 근거규정인) 양벌규정이 법인처벌을 위해 수행하는 기능이 달라지게 됨을 알 수 있게 되고, 이에 따라 양벌규정의 법적 성격도 달라질 수 있다. 양벌규정의 법적 성격이 규명된다면 자연인의 위반행위와의 관계 속에서 법인이 구체적으로 어떤 형사책임을 져야 할 것인지에 대한 윤곽의 상당부분이 드러나게 된다. 이하에서는 양벌규정을 떠나 일반론적인 차원에서 법인처벌을 위해 자연인의 위반행위에 대해 요구되는 요건과 법인자체에 대해 요구되는 요건과의 상호의존관계를 살펴보면서 양벌규정의 법적 성격을 규명함으로써 대법원이 말하고 있지 않는 부분을 들추어내보기로 한다.

1. 법인처벌을 위한 형벌법규의 법적 성격

1) 귀속규범적 성격

입법자가 법인처벌을 위한 형벌법규를 만듦에 있어 자연인의 업무관련적 위반행위만으로 법인처벌을 가능하도록 하면서 법인 자체에 대한 추가적 요건은 요구하지 않는 경우가 있다. 이러한 경우 법인을 처벌하기 위한 처벌근거는 전적으로 자연인의 위반행위에 의존하지 않을 수 없다. 이와 같이 법인처벌을 자연인의 위반행위에 전적으로 의존시키는 구조 하에서는 법인처벌을 위해서 자연인의 위반행위 그 자체가 모든 범죄성립요건(구성요건해당성, 위법성, 책임)을 충족시키도록 요구해야 한다. 이와 같이 자연인이 충족시킨 범죄성립요건을 근거로 법인을 처벌하기 위해서는 법인처벌의 법적 근거가 되는 특별 형벌법규가 자연인의 범죄성립요건을 모두 법인에게 '귀속'시키는 기능을 수행하도록 해야 한다. 이렇게 되면 그러한 형벌법규는 법인처벌을 위해 자연인의 범죄성립요건을 법인에게 귀속시키는 귀속규범적 성격을 가지고 있다고 해석할 수 있게 된다. 특히 자연인의 모든 범죄성립요건을 법인에게 귀속시키는 형벌법규는 법인처벌이 자연인의 처벌에 전적으로 종속되는 이른바 종속모델적 처벌방식을 취하게 된다. 종속모델 하에서 귀속방식의 법인처벌이 보여주는 가장 분명한 점은 자연인이 위반한 행위규범과 법인이 위반한 것으로 평가하는 행위규범이 일치한다는 점이다. 형벌법규에서 각 주체가 위반한 행위규범이 일치한다는 점은 각 주체에게 적용될 구성요건(적용법조)이 동일하다는 것을 의미한다.

2) 구성요건 창설규범적 성격

반면에 법인을 처벌하는 형벌법규를 만듦에 있어 자연인의 위반행위에 전적으로 의존시키지 않고 법인에게 독자적 처벌근거를 요구함으로써 형사책임을 근거지우는 방식으로 규범화될 수도 있다. 자연인의 위반행위를 전제로 삼으면서도 법인처벌을 자연인의 위반행위에 종속되지 않고 법인을 처벌하려면 그러한 형벌법규에는 법인 자신의 독자적 처벌근거를 요구할 수밖에 없다. 이러한 요구를 충족시키는 법인처벌규정에는 위반행위의 불법과 구성요건적으로 구별되는 독자적 불법요소를 규정하고 있어야 한다. 이러한 경우에 자연인의 위반행위는 거기에 종속되어 법인이 처벌되는 법인의 '불법'요소가 더 이상 아니게 된다. 법인처벌을 위한 '객관적 처벌조건'이 되는 것이다.

이러한 법인처벌방식은 법인의 형사책임을 자연인의 위반행위의 불법이나 책임요소로 귀속시키는 방법을 동원하지 않는다. 이와 같이 법인처벌규정 속에서 자연인의 위반행위가 — 귀속의 방법으로 — 법인의 불법을 근거지우지 않는 지위에 있게 되면, 법인의 불법은 법인처벌규정 자체를 통해서만 근거지울 수밖에 없게 된다. 이와 같이 법인처벌규정이 법인의 독자적 불법을 근거지우게 되면 앞에서 설명한 귀속규범과는 전혀 다른 기능을 하게 된다. 즉 자연인에게 적용될 구성요건과는 다른 — 법인에게 적용될 구성요건을 새롭게 창설하는 — 이른바 구성요건의 창설적 기능을 하게 되는 것이다. 자연인의 위반행위와 법인의 처벌근거의 상호관계상 법인처벌을 근거지우는 형벌법규가 이러한 기능을 하는 것으로 해석할 수 있다면 그러한 형벌법규의 법적 성격은 구성요건 창설규범적 성격을 가지게 된다. 이에 따르면 결국 법인처벌모델이 종속모델이 아니라 독립모델에 입각해 있다고 하거나 아니면 적어도 독립모델에 접근해가고 있다고 평가할 수 있다.[16] 법인을 순수 과실범으로 처벌하거나 진정부작위범으로 처벌하려는 태도는 모두 이러한 입장으로 분류할 수 있다.

---

16) 이러한 규범화방식을 극단적으로 관철시키면 자연인의 위반행위를 전제할 필요조차 없이 법인을 처벌하는 형벌법규가 만들어지게 된다. 이러한 법인처벌방식은 순수 독립모델에 입각한 처벌방식으로서 양벌규정의 입법방식과 근본적으로 다른 차원의 것이므로 이 글에서는 논의의 대상에서 제외한다.

2. 양벌규정의 법적 성격에 대한 도그마틱적 의의와 대법원의 태도

1) 양벌규정의 법적 성격에 대한 도그마틱적 의의

양벌규정의 법적 성격 규명은 법인처벌에 있어서 실무상 다양한 쟁점을 해결해주는 도그마틱적 의의를 가지고 있다. 먼저 양벌규정의 법적 성격을 순수 귀속규범으로 본다면, 법인에 대한 형사책임은 자연인의 위반행위를 기준으로 삼게 된다. 자연인의 위반행위의 불법과 법인의 불법이 구성요건적으로 일치되기 때문이다. 이에 따르면 자연인에 대한 범죄성립요건은 물론이고, 미수/기수시기나, 형의 가중사유 등 모든 실체법적 효과가 자연인의 위반행위를 기준으로 하게 된다. 뿐만 아니라 절차법적으로 소송조건인 공소시효의 완성여부를 판단하는 기준도 자연인의 범죄에 대해 적용되는 공소시효기간을 법인에 대해서도 그대로 인정하게 된다.

반면에 양벌규정의 법적 성격을 구성요건 창설규범으로 해석한다면, 법인처벌은 더 이상 자연인의 위반행위를 기준으로 삼을 필요가 없다. 자연인과 법인에 대한 형사책임은 서로 다른 구성요건에 근거하여 인정되기 때문이다. 이에 따르면 법인이 기수책임을 지는지 미수책임을 지는지도 자연인의 위반행위가 아니라 법인 자체에 대해 적용될 구성요건을 기준으로 삼아야 하고, 형의 가중 및 감경사유도 자연인의 위반행위를 기준으로 삼지 않게 되며, 법인에게 적용될 공소시효기간과 자연인에게 적용될 공소시효기간도 각기 다른 범죄구성요건의 법정형을 기준으로 삼게 된다.

2) 양벌규정의 법적 성격에 관한 대법원의 태도

양벌규정의 법적 성격규명이 가지고 있는 실무적 차원의 중요성에도 불구하고 형법학계에서 양벌규정의 '법적 성격'에 관한 논의[17]를

---

17) 최근 김성룡/권창국, "기업·법인의 형사책임법제 도입가능성과 필요성," 형사법의 신동향 통권 제46호, 2015에서 사용하고 있는 양벌규정의 "창설적 기능"이라는 표현은 양벌규정의 구성요건 창설기능을 가리키는 것이 아니라

직접적으로 전면에 등장시킨 적은 없었다고 해도 과언이 아니다.[18] 대법원도 그 판시내용에서 양벌규정의 기능이나 법적 성격 등이라는 표현을 직접적으로 한 적이 없다는 점을 감안하면 이 문제의 중요성에 걸맞는 합당한 취급을 하고 있다고 볼 수 없다. 하지만 대법원의 관련 판결문의 행간을 읽어보면 양벌규정의 법적 성격에 관한 태도표명을 간접적으로 하고 있는 것으로 볼 수 있는 대목이 있음을 간파할 수 있다는 것은 그나마 다행이다. 대표자위반행위사례유형과 종업원등위반행위사례유형의 경우를 구분하여 대법원이 양벌규정의 법적 성격을 어떻게 이해하고 있는지에 관해 짐작해보기로 한다.

가) 대표자위반행위사례유형의 경우

대표자위반행위사례유형의 경우 대법원은 양벌규정에 대해 귀속규범적 성격을 인정하고 있는 듯 보인다. 이점은 앞서 제시한 대법원의 판시내용에서 어렵지 않게 추론해낼 수 있다. 법인의 형사책임에 관한 설명을 하면서 대표자인 자연인의 행위로 인한 법률효과가 법인에게 "귀속"된다고 언급을 하고 있는 대목[19]에서 대법원의 태도를 읽어낼 수 있는 것이다. 이를 법인에게 형벌을 부과하기 위한 요건과 결부지어서 말하면 대법원이 말하는 '귀속'은 대표자의 위반행위의 범죄성립요건이 모두 법인에게 귀속되는 것임을 인정하는 것을 의미한다. 이와 같은 귀속방식은 법인의 과실불법과 고의불법을 근거지우는 다음과 같은 대법원 및 헌법재판소의 판시내용에서 더욱 분명하게 표명되고 있다. 즉 "법인 대표자의 범죄행위에 대하여는 법인 자신이 책임을 져야 하는바, (중략) 대표자의 고의에 의한 위반행위에 대하여는 법인 자신의 고의에 의한 책임을, 대표자의 과실에 의한 위반행위에 대

법인처벌이 양벌규정을 통해서만 가능하다는 의미로 사용되고 있다.

18) "법인의 형사책임과 양벌규정의 법적 성격"이라는 제목의 논문(조국, 서울대학교 법학 제48권 제3호(2007))에서 사용되고 있는 '양벌규정의 법적 성격'이라는 표현도 무과실책임설/과실책임설/부작위 감독책임설 등의 입장에서 양벌규정상 법인처벌의 근거를 어떻게 이해할 것인지에 관한 종래의 논의를 아우르는 표현일 뿐이다.

19) 대법원 2010. 9. 30. 선고 2009도3876 판결.

하여는 법인 자신의 과실에 의한 책임을 지는 것"이다.[20] 하지만 실무가 법인 '자신'의 책임이라고 표현하고 있지만 실제로 이러한 법인의 고의 또는 과실책임은 모두 대표자의 고의 또는 과실책임이 법인에게 귀속된 것임이 함의되어 있는 것이다. 법인처벌에 있어 이러한 '귀속' 방식은 양벌규정에 기초된 동일시이론을 배경으로 하고 있고, 이러한 이론적 배경을 가지고 있는 양벌규정은 귀속규범적 성격을 가지고 있다고 평가할 수 있는 것이다.

나) 종업원등위반행위사례유형의 경우

반면에 종업원등이 위반행위를 하는 경우를 규율하고 있는 양벌규정의 부분과 관련해서는 대법원이 그 양벌규정의 성격을 어떻게 해석하고 있는지를 알기란 쉽지 않다. 관련 자료들을 다각도로 추적해 보면, 구 양벌규정 하에서와 현행 양벌규정 하에서 양벌규정의 법적 성격을 달리 해석하고 있었다고 볼 여지도 있어 보인다. 뿐만 아니라 구 양벌규정 하에서도 면책조항을 포함하고 있었던 양벌규정과 그렇지 않은 양벌규정의 경우 그 법적 성격을 다르게 보고 있었을 가능성도 배제할 수 없다.

무엇보다도 대상판결 3의 판시내용은 — 비록 면책조항을 두고 있지 않은 구 양벌규정 하에서의 판결이기는 하지만 — 양벌규정의 법적 성격에 관한 대법원의 태도를 추단케 해주는 결정적인 단서를 제공해 주고 있다. 즉 대법원은 "저작권법 제103조의 양벌규정은 직접 위법행위를 한 자 이외에 (아무런 조건이나 면책조항 없이) 그 업무의 주체 등을 당연하게 처벌하도록 되어 있는 규정으로서 당해 위법행위와 별개의 범죄를 규정한 것이라고는 할 수 없다."고 판시하고 있는바, 이 판시에서 대법원은 종업원등(사용인)이 위반행위의 주체인 경우 그 업무주인 법인도 '당연하게' 처벌하는 이유를 양벌규정이 그 '종업원등(사용인)'의 위법행위와 '법인'의 범죄가 동일한 범죄임을 규정하고 있음

20) 헌법재판소 2010. 7. 29. 선고 2009헌가25 결정; 대법원 2010. 9. 30. 선고 2009도3876 판결.

에서 보고 있다. 이와 같이 법인의 범죄와 종업원의 범죄가 동일한 범죄라는 대법원의 결론은 바로 양벌규정의 귀속규범성을 인정하지 않으면 도출될 수 없는 결론이다.

하지만 구 양벌규정 하에서도 면책조항이 있었던 경우에는 대법원이 양벌규정의 법적 성격을 어떻게 해석하고 있었는지는 알 길이 없다. 대법원이 과실책임설 또는 과실추정설에 근거하여 법인을 형사처벌하고 있었긴 하지만, 이 때 종업원의 위법행위와 법인의 범죄를 여전히 — 구성요건적으로 — 동일한 범죄로 보고 있었는지 아니면 종업원의 위법행위가 고의범일 경우에도 법인은 과실범으로 처벌된다고 함으로써 양자에게 적용될 구성요건이 일치하지 않는 것으로 보고 있다고 할 수 있는지는 분명하지 않다. 만약 대법원이 법인을 과실범으로 처벌하는 입장을 취한 것이라면 이 경우 양벌규정의 법적 성격은 구성요건 창설규범으로 파악되었던 것이라고 할 수 있을 것이다.[21)]

뿐만 아니라 구 양벌규정 하에서 대법원이 면책조항을 포함하고 있지 않았던 양벌규정의 법적 성격을 — 대상판결 3에서와 같이 — 암묵적으로 귀속규범으로 파악한 것으로 평가할 수 있다고 해서 그러한 대법원의 태도가 타당한 것으로 인정하는 것은 아니다. 왜냐하면 대표자가 위반행위의 주체인 경우와는 달리 종업원이 위반행위의 주체인 경우에는 '귀속'방법을 동원할 수 있는 이른바 '동일시'이론을 기초로 삼을 수 없기 때문이다. 특히 구 양벌규정 하에서 대법원이 어떤 이론적 배경 하에서 종업원의 범죄와 법인의 범죄를 동일하게 보았는지는 여전히 알 길이 없다. 양벌규정에는 종업원이 위반행위와 법인의 처벌을 연결지워주는 연결고리로 그 종업원이 법인의 업무관련적 위반행

21) 특히 구 양벌규정 하에서도 이러한 여지는 존재했었다. 즉 종업원등위반행위사례유형의 경우 사업주를 처벌하기 위해서는 종업원 등의 위반행위가 존재하는 한 위반행위자가 반드시 처벌될 필요가 없다고 하거나 종업원의 위반행위의 구성요건이 결여된 경우에도 사업주를 처벌할 수 있다고 한 대법원의 판시내용에서는 양벌규정을 독립모델에 입각한 것으로 해석할 여지마저 제공하고 있다. 대법원 1987. 11. 10. 선고 87도1213 판결; 대법원 2006. 2. 24. 선고 2005도7673 판결 참조.

위를 했을 것이라는 요건만 제시되어 있을 뿐이기 때문이다.[22] 이와 같은 법인의 업무관련성이라는 요건 하나만 가지고는 종업원의 위반행위와 법인의 행위를 동일시하거나 법인의 형사책임으로 이어갈 연결고리로 삼기에 충분하다고 말하기 어렵다. 종래 민사법적 사용자책임법리 내지 대위책임법리를 법인처벌의 이론적 배경으로 설명해 왔지만, 이러한 법리는 동일시이론과 달리 법인의 독자적 행위주체성 인정 문제를 극복(내지 해명)하기 어려울 뿐 아니라 종업원 등의 위반행위의 범죄성립요건을 법인에게 귀속할 수 있는 근거를 제공하기에도 한계가 있기 때문이다.

이와 같은 이론적 근거의 취약성은 현행 양벌규정에도 그대로 대물림 되어 있다. 현행 양벌규정의 단서조항에서 법인처벌을 위한 독자적 처벌근거가 추가적으로 규정됨으로써 법인처벌이 무과실책임에 기초하고 있다는 오명에서부터 벗어난 점은 분명하다. 하지만 동일시이론이 적용될 수 없는 종업원등위반행위사례유형 영역에서 법인의 행위성은 어떻게 근거지워지고, 종업원의 위반행위의 요건이 법인에게 어떻게 귀속되는지는 여전히 설명하기 어렵다. 특히 현행 양벌규정의 단서조항의 법인처벌의 근거를 법인의 독자적 불법으로 이해할 경우에는 종업원의 위반행위의 불법과 법인의 불법이 — 구성요건적으로 — 일치된다는 결론은 더더욱 얻기 어렵다. 즉 앞에서 살펴보았듯이 현행 양벌규정 하에서 대법원이 법인의 독자적 처벌근거인 '상당한 주의와 감독의무의 위반'에 관한 해석론을 전개함에 있어 이를 법인의 독자적 과실불법으로 이해하는 듯한 태도[23]를 보여주고 있다는 점에서 그러하다. 만약 현행 양벌규정상의 독자적 처벌근거를 법인의 과실불법으로 본다면, 위반행위를 한 자연인에 대해 고의책임을 인정하는 경우에도 법인에 대해서는 과실책임을 인정하는 것이므로 이는 결국 양 주

22) 현행 양벌규정에서의 단서조항을 법인의 독자적 불법으로 파악하면 이러한 연결고리마저 더욱 해체될 요인이 될 수 있다. 이에 관해서는 후술한다.

23) 대법원 2010. 4. 15. 선고 2009도9624 판결; 대법원 2010. 12. 9. 선고 2010도12069 판결.

체에게 적용될 구성요건이 달라지는 것임을 의미하고 양 주체의 범죄는 별개의 범죄가 된다. 이렇게 되면 대법원이 현행 양벌규정의 종업원등위반행위사례유형에 대해서는 더 이상 귀속규범적 성격을 부여하지 않고 구성요건 창설규범적 성격을 부여하고 있는 것이라고 평가할 수 있을 것이다.

대법원의 태도를 어떻게 파악하더라도 종업원등위반행위사례유형의 경우 현행 양벌규정의 법적 성격에 관한 대법원의 태도는 충분히 납득할 만한 근거지움이 결여되어 있다고 보지 않을 수 없다. 구성요건 창설규범적 태도로 이해한다면 법인의 독자적 행위주체성 부정이라는 대법원의 출발점과 조화될 수 없고, 귀속규범설적 태도로 이해한다면 종업원등의 위반행위를 전제로 삼아 법인을 형사처벌하기 위해서는 적어도 불법귀속은 인정되어야 하는데, 불법귀속을 근거지울 수 있기 위해 동일시이론에 갈음할 만한 다른 이론적 근거를 제시할 수 없기 때문이다. 현행 양벌규정의 법적 성격에 관한 대법원의 추정적 태도와는 별개로 우리는 양벌규정의 법적 성격을 어떻게 이해할 수 있는가? 이에 관한 필자 나름대로의 결론은 후술하기로 하고, 여기서는 일단 대상판결 1, 2, 3의 결론을 기초로 삼아 대법원이 양벌규정의 법적 성격과 관련하여 말하지 않았지만 말했었어야 하는 내용을 정리해 보기로 한다.

3. 대상판결에서 대법원이 말하고 있지 않은 것

1) 대상판결 1의 경우

대상판결 1에서 대법원은 자연인인 갑과 을의 공동정범성을 A법인과 B법인 간의 공동정범성을 인정하는 데까지 밀고 나가고 있다. 대법원은 자연인 간의 공동정범성을 기초로 삼아 법인 간에도 공동정범을 인정하는 법적 근거를 양벌규정이라고 한다. 양벌규정에 따르면 그 소속된 구성원의 위반행위를 기초로 삼아 A법인과 B법인 '각각의'

형사책임을 인정하는 데에는 아무런 어려움이 없다. 갑의 위반행위에 대해 A법인과의 업무관련성이 인정되면—A법인이 그 위반행위를 저지하기 위한 상당한 주의와 감독을 게을리 한 이상[24)]—양벌규정에 따라 A법인을 처벌할 수 있기 때문이다. B법인 역시 양벌규정에 따라 형사책임이 인정될 수 있다. 하지만 양벌규정이 역할을 하는 것은 바로 여기까지이다. 이에 따르면 A법인과 B법인은 각기—동시범처럼—형사책임을 질 수 있을 뿐이다. 법인 간에 공동정범이 인정되려면 형법총칙의 공동정범의 규정을 법인에게도 적용할 수 있는 근거가 있어야 하는데, 법인처벌의 근거규정은 양벌규정일 뿐 형법총칙이 여기에 적용될 여지는 없다. 문제는 양벌규정 자체의 해석을 통해서 자연인 간에 인정되는 기능적 행위지배를 독자적 행위주체성이 부정되는 A법인과 B법인 사이에 인정할 수 있는가 하는 점이다. 법인은 어떻게 보더라도 특정범죄를 하기 위해 주관적으로 혼연일체가 되어 '공모' 또는 '공동가공의 의사'를 가질 수 없을 뿐 아니라 분업적인 역할분담이라는 의미의 '기능적 행위지배'를 할 수가 없다. 양벌규정을 어떻게 해석하면 법인 사이에 이와 같은 의미의 공동정범 요건이 인정된다고 말할 수 있는가?

이에 대한 답은 양벌규정의 법적 성격에 관한 실체법적 효과에서 찾을 수 있다. 앞에서 살펴보았듯이 위반행위자가 대표자인 경우 양벌규정의 법적 성격을 귀속규범으로 파악하여 자연인의 모든 범죄성립요건이 법인에게 귀속되는 것이라면 자연인 간에 공동정범성이 인정되면 법인에게도 공동정범성이 인정될 수 있기 때문이다. 이와 같이 양벌규정의 귀속규범성과 그로부터 나오는 도그마틱을 가지고 대법원이 명시적으로 말하지 않는 바를 보충해 보면 대상판결 1의 결론을 근거지울 수 있다. 일방 법인의 대표자가 타방 법인의 대표자와 공모한 점, 즉 공모 내지 공동가담의 의사의 쌍방성을 고려한다면 각 법인

24) 물론 대상판결 1은 구 양벌규정을 전제로 하므로 이와 같은 현행 양벌규정의 단서조항조차 적용될 필요가 없다.

에게도 대표자의 주관적 요건이 각 법인에게 귀속된다고 말할 수 있기 때문이다. 법인처벌에 대해서는 비록 형법총칙규정의 적용이 배제되지만, 양벌규정이 — 그 법적 성격이 귀속규범임을 인정하는 전제하에서 보면 — 자연인에게 적용되는 형법총칙상의 일체의 범죄성립요건을 법인에게도 귀속시키는 기능을 하는 것이다.[25]

하지만 대상판결 1은 위반행위의 자연인 주체가 대표자가 아니라 '사용자'(종업원등)인 경우에 관한 판단이다. 따라서 귀속규범성을 전제로 한 결론을 여기에 그대로 가져올 수는 없다. 물론 위 사안이 구 양벌규정 하의 사안이고, 구 양벌규정 하에서 대법원은 종업원등위반행위유형의 경우에도 — 대상판결 3에서 보여주듯이 — 양벌규정의 귀속규범성을 인정하는 한, 법인의 공동정범성을 인정하는 대상판결 1의 태도를 그대로 유지할 수는 있다. 그럼에도 불구하고 구 양벌규정 하에서의 대법원의 양벌규정의 법적 성격규명이 해석론상 타당한 것인지 하는 의문은 여전히 남는다. 앞에서 언급했듯이 종업원등위반행위유형의 경우에는 대표자위반행위유형의 경우와 같이 동일시이론이 이론적 기초가 될 수 없기 때문이다. 더구나 구 양벌규정 하에서 종업원등위반행위유형의 경우 — 문제되고 있는 양벌규정이 면책조항을 포함한 양벌규정일 경우 — 자연인의 위반행위의 불법과 법인의 불법이 구성요건적으로 일치하지 않는 것으로 해석한다면 자연인 간의 공동정범성과 법인 간의 공동정범성을 긍정하는 근거를 찾기는 더욱 어려울 것이다.[26]

무엇보다도 구 양벌규정을 전제로 하더라도 그리고 종업원등위반행위유형의 경우 양벌규정의 귀속규범성을 긍정한다고 하더라도 대법원이 두 개의 법인을 동시범으로 처벌하지 않고 굳이 공동정범으로 처벌하려고 한 실익이 어디에 있는지도 선뜻 이해가 되지 않는다. 법

25) 이에 따르면 A법인의 대표자 갑이 B법인의 대표자 을의 교사범이 된다면 A법인도 양벌규정에 따라 교사범으로 처벌할 수 있게 된다.

26) 이와 같은 어려움은 현행 양벌규정 하에서도 여전히 해소되지 않는다는 점에 관해서는 앞서 살펴보았다.

인에 대한 형사책임이 과실범이기 때문이라면 위반행위와 결과 사이의 인과관계의 입증이 문제되기 때문에 동시범이 아니라 공동정범으로 보아야 할 현실적인 필요성이 있다고 인정할 수 있다. 즉 공동정범성을 인정한다면 동시범의 경우 요구되는 인과관계의 입증문제를 생략할 수 있을 것이기 때문이다. 하지만 대상판결 1의 사실관계를 볼 때 인과관계의 문제를 쟁점사항으로 포함하고 있지도 않은 것으로 보인다. 이러한 관점에서 보면 대법원은 그럴 실익도 없이 그리고 근거지우기도 어려운 법인 간의 공동정범성을 너무 쉽게 — 거의 선언적으로 — 인정하고 있는 듯하다. 마치 양벌규정이 요술방망이라도 되는 듯이.

2) 대상판결 2의 경우

대상판결 2는 자연인에게만 상습성이 인정되면 친고죄를 비친고죄로 바꾸는 상습성의 인정효과를 — 본질상 상습성이라는 속성을 가질 수 없는 — 법인에게도 인정한다. 행위자의 일신전속적인 상태에 해당하는 상습성의 신분요소적 특성을 부각시킨다면 형법총칙의 규정을 경유하지 않고 양벌규정만을 통해서는 이와 같은 결론을 근거지우기 어려운 것으로 보인다. 신분요소인 상습성을 그러한 신분적 요소가 없는 주체에게 귀속시키기 위해서는 형법 제33조를 적용하지 않으면 안 되는데, 이와 같은 신분의 종속에 관한 입법적 결단은 자연인끼리의 가담형태에 적용되도록 구상되어 있는 것일 뿐, 자연인과 법인 간의 관계에서는 적용될 여지가 없다고 할 수 있기 때문이다.

하지만 이러한 대상판결 2의 결론 역시 양벌규정의 귀속규범적 성격을 출발점으로 삼으면 위와 같은 공범과 신분에 관한 규정 및 그에 관한 형법도그마틱을 동원하지 않고도 근거지울 수 있다. 대상판결 2의 사실관계에서 위반행위를 한 자연인 주체가 법인의 '대표자'이므로 이와 같은 결론은 더욱 쉽게 근거지울 수 있다. 양벌규정의 법적 성격을 귀속규범으로 보는 한 법인처벌을 '대표자'의 위반행위를 기준으로 삼을 수 있게 되기 때문이다. 즉 양벌규정의 법적 성격을 귀속규범적 성격을 가진 것임을 전제로 삼아 대상판결 2에 대해 다시 읽기를 시도해 보면 대법원이 말하고 있지 않은 바는 다음과 같이 보충될 수 있다. “상습성이라는 요소가 자연인에게 있으면 자연인에 대해 적용될 구성요건은 친고죄가 아니라 비친고죄의 구성요건이 된다. 양벌규정의 귀속규범성은 자연인에 대해 적용될 구성요건을 기준으로 법인을 처벌하도록 하는 효력을 부여하기 때문이다. 따라서 상습성이 인정되면 비친고죄로 바뀌어지는 구성요건을 상습성을 가진 자연인이 충족시킨다면, 그 비친고죄적 구성요건은 법인에게도 그대로 적용된다.”

이와 같이 양벌규정의 귀속규범적 성격을 가진 것임이 인정된다면, 법인처벌을 자연인의 위반행위를 축으로 삼아 법인처벌을 가능하게 하는 편리한 기능을 하므로 법인에게 별도로 요구해야 할 많은 실체요건과 절차요건에 관한 논의를 생략해 주는 측면이 있다. 대법원은 이 점을 판결문에서 자세하게 말해주는 친절성을 전혀 보여주고 있지 않을 뿐이다.

그럼에도 불구하고 이와 같은 대상판결 2의 결론이 현행 양벌규정 하에서(또는 면책조항을 포함하고 있는 구 양벌규정 하에서) 그리고 사실관계가 위반행위의 자연인 주체가 대표자가 아니라 종업원등인 경우로 바뀌는 경우에도 그대로 유지될 수 있을 것인지는 여전히 문제시 된다. 앞에서 살펴보았듯이 대법원이 현행 양벌규정의 경우 종업원등위반행위유형의 경우에도 양벌규정의 법적 성격을 어떻게 해석하고 있는지에 대해서는 명시적인 태도를 보여주고 있지 않다. 만약 대법원이 종업원등위반행위유형의 경우 현행 양벌규정의 태도를 구성요건 창설규범적 성격을 가지는 것으로 보고, 법인에 대한 추가적 처벌근거를 법인처벌을 위한 독자적 불법을 근거지우는 요소라는 태도를 취하고, 더 나아가 종업원의 위반행위를 법인처벌을 위한 단순한 객관적 처벌조건에 불과한 것으로 해석한다고 한다면 대상판결 2와 같은 결론은 유지될 수 없을 것임이 분명하다. 이러한 경우에는 법인처벌을 자연인(즉 종업원등)의 위반행위를 기준으로 삼을 것이 아니라 그와는 별개인 법인 자신의 범죄행위를 기준으로 삼아야 하기 때문이다. 이에 따르면 만약 종업원에게 상습성이 인정된다면 종업원에게 적용될 구성요건만 비친고죄로 바뀔 뿐, 그러한 상습성의 효력이 법인에게 적용될 구성요건까지 비친고죄로 바꾸지 못할 것이다. 반면에 대법원이 현행 양벌규정 하에서 종업원등위반행위유형에 대해서도 여전히 양벌규정의 귀속규범성을 인정하는 것이라면, 대상판결 2의 결론은 현행 양벌규정 하에서도 유지될 수 있다. 귀속규범으로서의 양벌규정은 자연인의 위반행위 불법과 법인의 불법을 구성요건적으로 동일한 것으로 파악하기 때문에, 종업원에게 인정되는 상습성이 종업원에게 적용될 구성요건의 성격을 친고죄에서 비친고죄로 변경시켰으면, 이렇게 변경된 비친고죄의 구성요건은 양벌규정을 통해 법인에게도 그대로 적용된다고 할 수 있을 것이다.

3) 대상판결 3의 경우

대상판결 3은 친고죄의 소송조건인 고소가 자연인에게 제기되면 법인에게는 별도로 고소가 제기될 필요가 없다고 판시함으로써 내용적으로 법인처벌과 관련한 소송조건의 문제를 해결하고 있다. 하지만 앞서 살펴보았듯이 양벌규정은 절차요건인 법인에 대한 소송조건에 관한 내용을 담고 있지 않다. 하지만 앞서 살펴보았듯이 대상판결 3에서는 대상판결 1, 2의 경우와는 달리 '위반행위자가 직접 범한 위법행위와 법인의 위법행위가 별개의 범죄가 아니다'라는 근거를 내세움으로써 이미 그 판시내용에서부터 양벌규정의 법적 성격을 귀속규범적 성격을 가진 것으로 파악하고 있다고 추론할 수 있는 단서를 제공해 주고 있다. 양벌규정의 귀속규범성을 인정한다면 자연인에 대해 적용될 구성요건과 법인에 대해 적용될 구성요건이 일치되는 것이므로 자연인의 위반행위를 근거로 삼아 법인을 처벌하는 데 문제될 것이 없는 것처럼 보인다. 특히 이러한 결론은 대법원이 '면책조항을 포함하고 있지 않은 구 양벌규정'을 전제로 하고 있기 때문에 — 해석론상 동의하기 어려운 점은 있지만[27] — 형식 논리적인 측면에서는 문제가 없는 것처럼 보이기도 한다.

그럼에도 불구하고 — 대법원이 구 양벌규정 하에서 면책조항을 포함하든 포함하지 않든 양벌규정의 법적 성격을 종업원위반행위사례유형의 경우에도 귀속규범으로 파악하여 그에 따른 도그마틱적 효과를 적용해 보더라도 — 대상판결 3의 결론은 여전히 동의하기 어렵다. 왜 그런가? 대상판결 3에서는 소송조건에 대한 고소의 효력이 자연인에게서 법인에게로 확대되어 가는 일종의 '전이'가 인정되고 있는바, 이러한 소송조건의 전이는 양벌규정의 법적 성격으로부터 도출될 수 있는 사항이 아니기 때문이다. 주지하다시피 양벌규정은 법인처벌을 위한 실체요건 및 법인이 위반한 것으로 평가하는 행위규범을 지시하는 형벌법규일 뿐, 고소라는 소송조건이 자연인에게 요건이 충족되면 법인에게는 그 요건이 충족되지 않는다는 점을 근거지우는 이른바 절차법적 효과까지 규정하고 있지 않다. 양벌규정은 법인처벌을 위한 절차요건에 관해서는 아무런 정보를 제공하고 있지 않은 것이다. 이러한 관점에 본다면 소송조건의 하나인 고소의 제기 여부를 자연인의 고소행위를 기준으로 삼아 법인의 고소제기가 별도로 요구되지 않는다는 결론을 내릴 수 있으려면 그러한 절차법적 효과를 부여하는 별도의 법적 근거가 필요하다고 말하지 않을 수 없다. 처벌의 의사표시인 고소는 공소시효기간과 마찬가지로 소추조건이긴 하지만 범죄에 대한 절차법적 효과로서 자동성을 가지는 것이 아니라 고소권자의 별도의 소송행위(효과요구적 소송행위, 법률행위적 소송행위, 절차형성행위)인 고소제기 행위가 필요하다. 고소에서 범인이 누구인가를 적시할 필요는 없지만, 어떤 범죄사실을 신고함으로써 범인의 소추를 구하는 의사표

---

27) 구 양벌규정 하에서도 종업원등위반행위유형의 경우 양벌규정의 귀속규범성을 인정할 수 있을 것인지에 대한 해석론상의 의문은 여전히 제기될 수 있기 때문이다.

시인 이상 그 범죄사실이 그 범죄를 범한 범인의 범죄사실과 부합하여야 한다. 만약 범인 A와 범인 B의 범죄사실이 다르면 A에 대한 고소제기와 B에 대한 고소제기는 행위주체별로 독자적으로 제기되어야 한다. 다만 A와 B가 공범관계에 있을 경우에는 그 독자성을 해제하여 고소불가분의 원칙(주관적 고소불가분의 원칙, 「형사소송법」 제233조)을 적용하게 되는 것이다.

이에 따르면 갑과 을이 각기 독립된 주체로서 일정한 실체법적 요건을 충족시켰다고 갑에 대한 고소제기만 있으면 을에 대해서는 고소제기가 없어도 된다는 결론이 타당하기 위해서는 갑과 을의 범죄사실이 같거나, 양자가 다를 경우에는 양자의 관계와 공범관계로 볼 수 있어야 한다. 먼저 분명한 것은 자연인과 법인은 공범이 아니므로 주관적 고소불가분의 원칙에 관한 형사소송법 규정이 적용될 수 없다.[28] 친고죄에서 피해자가 고소하지 않은 것은 피해자와 가해자가 범죄행위로 인한 사회적 갈등을 자율적으로 해소하는 것을 의미하고, 형법의 보충성의 원칙이 적용되는 것임을 의미하는데, 법인에 대한 별도의 고소 없이 법인에 대해 소송조건을 인정하는 것은 형법의 보충성원칙에도 반하는 처사라고 하지 않을 수 없다. 친고죄의 경우 자연인이 위반행위를 한 후 요구되는 피해자의 고소제기 '행위'가 자연인에 대해 이루어졌으면 법인에 대해서도 고소제기가 이루어졌다고 보는 것은 아무런 법적 근거 없는 단순 논리적 비약에 불과하다. 양벌규정을 귀속규범으로 보는 전제 하에서 가능한 결론은 자연인의 위반행위가 '친고죄'이면 법인도 그 '친고죄'로 규정된 범죄구성요건으로 처벌된다는 결론만 가능할 뿐이다. 고소의 제기라는 소송행위는 독립된 법인격을 가지고 있는 자연인과 법인 각자에 대해 독자적으로 향해져야 한다. 대상판결 3이 정당화되려면 자연인과 법인 간에도 주관적 고소불가분의

28) 하나의 범죄의 일부에 대한 고소가 사건 전부에 대해서 효력이 발생한다는 의미의 객관적 고소불가분의 원칙도 적용될 수 없다. 자연인의 범죄와 법인의 범죄는 하나의 동일한 범죄가 아니라 독립된 주체의 별개의 범죄이기 때문이다.

원칙이 준용된다는 별도의 규정을 두지 않으면 안 된다. 뿐만 아니라 양벌규정의 귀속규범성이 법인처벌과 관련한 절차법적 요건까지 일거에 해결해준다는 대법원의 과잉해석을 수용하더라도 대상판결 3의 결론이 현행 양벌규정 하에서도 유지될 수 있을지는 여전히 의문이다. 즉 현행 양벌규정의 종업원등위반행위유형의 경우 대법원이 양벌규정의 법적 성격을 귀속규범설로 파악하지 않는 입장에 서 있다고도 해석할 수 있는바, 이러한 대법원의 태도에 따르면 위반행위자와 법인의 범죄는 동일한 범죄가 아니라 별개의 범죄가 되므로 이러한 한도 내에서도 위 대상판결 3의 결론은 유지되기 어려울 것으로 보인다.

4. 소 결

이상에서 양벌규정의 법적 성격을 기초로 삼아 대법원이 대상판결 1, 2, 3에서 말하고 있지 않은 바를 보충하기를 시도해 보았다. 양벌규정의 법적 성격을 아무리 귀속규범으로 보더라도 대상판결 3의 타당성을 인정하기는 어렵다. 양벌규정의 귀속규범성을 근거로 삼더라도 법인에 대한 소송조건의 문제까지 양벌규정이 해결해주고 있지 않기 때문이다. 이 점에 관한 한, 법인은 형사처벌에 있어서 자의적 취급을 받고 있다고 말하지 않을 수 없다. 친고죄의 고소와 같은 소송조건의 문제를 해결하기 위해서는 주관적 고소불가분의 원칙을 준용하는 별도의 입법이 필요하다. 현행 양벌규정 하에서는 이러한 규정의 필요성이 더욱 커진다. 종업원등위반행위유형의 경우 귀속규범설을 취하기가 어려울 수도 있기 때문이다.

다른 한편, 대상판결 1과 2의 경우에는 그 결론에 이르는 '대법원이 말하지 않은 내용'은 양벌규정의 귀속규범성을 전제로 삼을 경우 보충될 수 있다. 하지만 어느 경우든 종업원등이 위반행위의 주체인 경우라면 — 현행의 양벌규정 하에서 — 대법원이 양벌규정의 법적 성격을 어떻게 보고 있는지가 분명하지 않으므로 그 한도 내에서는 여전히 논란의 여지가 있다. 이 때문에 종업원등위반행위사례유형의 경우 장래의 다른 유사사례에서 법인에 대한 형사책임의 법리를 동원하기 위해서는 현행의 양벌규정의 법적성격을 좀 더 자세하게 탐구해 볼 필요가 있다. 관건은 양벌규정의 단서조항을 어떻게 해석할 것인지에 있다.

Ⅳ. 종업원등위반행위유형의 경우 양벌규정의 법적 성격과 대상판결에 대한 재평가

1. 귀속규범설이냐? 구성요건 창설규범설이냐?

양벌규정의 단서조항은 법인처벌을 위해서 자연인의 업무관련적 위반행위가 존재할 것 외에 법인의 독자적 처벌근거를 추가적으로 요구하고 있다. 이와 같은 독자적 처벌근거를 법인의 과실범처벌을 근거지우는 것이라고 해석하거나 법인의 의무위반적 진정부작위범성을 근거지우는 것으로 해석한다면, 양벌규정의 법적 성격은 — 종업원등위반행위유형의 경우 — (과실범 또는 진정부작위범의) 구성요건을 새롭게 만드는 구성요건창설규범으로 자리매김된다.

하지만 양벌규정의 법적 성격을 구성요건창설규범으로 이해하는 태도를 일관되게 유지하기 위해서는 또 하나의 다른 전제조건을 충족시켜야 한다. 법인을 독자적 행위주체로 인정해야 한다는 전제조건이 그것이다. 독자적으로 행위하지 않는 법인이 스스로 독자적인 과실불법을 실현하거나 스스로 부작위하는 독립된 범죄의 주체라고 말할 수 없기 때문이다. 법인이 스스로 주의와 감독의무를 게을리 할 수 있는 주체로 묘사되어 있는 현행 양벌규정의 문언에 따르면 구 양벌규정 하에서는 달리 법인에게 독자적 행위주체성이 긍정되어 있다고 해석할 여지도 있다. 하지만 이러한 문언상의 표현에도 불구하고 대법원이나 헌법재판소는 법인에 대해 여전히 행위능력을 부정하고 있을 뿐 아니라 범죄능력을 부정하고 있음도 앞서 살펴보았다. 무엇보다도 이러한 해석태도를 취하게 되면 종업원등위반행위사례유형의 경우는 법인이 독자적 행위주체로 파악되는 반면, 대표자위반행위사례유형의 경우에는 동일시이론에 기초하여 법인에 대해 독자적 행위주체성을 부정하게 되는 모순이 생긴다. 동일한 양벌규정에서 규율되고 있는 법인이 어떤 경우에는 독자적 행위주체성이 부정되고 어떤 경우에는 독자적 행위주체성이 긍정된다는 식으로 서로 본질이 다른 두 개의 법인을 상정하는 것은 어떤 이유에서도 수용되기 어렵다.

현행의 양벌규정 속에 등장하는 법인의 독자적 행위주체성을 부정하는 태도를 출발점으로 삼는다면, 양벌규정이 법인처벌을 위해 자연인의 위반행위 자체와 그 위반행위의 효과를 법인에게 귀속시키는 규범적 성격을 가지는 것으로 이해하지 않을 수 없다. 이와 같이 자연인의 위반행위를 법인에게 귀속시키는 태도는 결국 법인처벌을 자연인의 위반행위에 종속시키고 이 경우 종속은 적어도 불법종속을 의미하는 것으로 해석하지 않을 수 없다. 이러한 해석 하에서는 결국 자연인의 위반행위의 불법은 구성요건적으로 법인에게 적용될 구성요건과 일치된다. 자연인에게 적용되는 법정형을 법인에게 적용되는 법정형과 일치시키고 있는 현행 양벌규정의 태도도 이러한 해석론과 부합한다. 법정형의 크기는 결국 불법의 크기와 상응한다는 것이 형법 도그마틱이기 때문이다.

하지만 이러한 해석론에 따르더라도 현행 양벌규정에서 법인을 처벌하기 위해 추가적으로 요구하고 있는 법인의 독자적 처벌근거를 무의미하게 해서는 안 된다. 여기서 법인의 독자적 처벌근거가 가지는 체계론상의 지위가 문제되는 것이다. 생각건대 법인의 독자적 처벌근거의 체계론상의 지위를 법인의 불법요소로 이해하면서도 법인의 불법요소가 이것만으로 구성되어 있지 않고 동시에 자연인의 위반행위의 불법에 종속적인 불법요소를 가지고 있다고 해석할 수 있다. 이와 같이 법인의 불법을 종속적 불법과 독자적 불법으로 구성된 혼합적 불법으로 이해하는 해석방법은 공범종속성설의 관점에서 설명하는 공범의 처벌근거와 구조적으로 유사성을 가진다. 종업원과 법인의 관계가 자연인 간의 정범과 공범관계는 아니지만, 종업원의 업무관련적 행위가 법인의 의사결정구조 속에서 수행된다는 점에서 구조적으로 보면 양자가 유사성을 가지는 것이다. 이러한 맥락에서 볼 때, 공범의 처벌근거가 (정범에게서 가져오는) 종속적 불법과 (공범 자신의) 독자적 불법의 혼합인 혼합적 불법(혼합야기설)으로 설명할 수 있듯이 법인의 처벌근거도 (자연인에게서 가져오는) 종속적 불법과 (법인 자신의) 독자적 불법의 혼합인 혼합적 불법(조직불법)으로 설명할 수 있는 것이다. 이러한 설명에는 단서조항의 법인처벌근거를 법인의 독자적 불법으로 자리매김하기는 하지만 순수한 의미의 독자적 불법이 아니라 종업원 등의 위반행위의 불법에 종속된 한도 내에서의 추가적 독자적 불법으로 이해되는 것이다. 단서조항의 체계적 지위를 이렇게 이해하더라도 양벌규정의 귀속규범적 성격은 여전히 유지된다. 다만 이 경우 귀속규범적 성격은 대표자위반행위사례유형의 경우처럼 책임까지 귀속되는 (극단적) 귀속규범적 성격이 아니라 — 적용될 구성요건적 일치성을 근거지우기 위해 — 불법까지만 귀속되는 (제한적) 귀속규범적 성격을 가지는 것으로 이해될 수 있다. 이와 같은 제한적인 귀속(종속)만을 인정할 수밖에 없는 이유는 종업원등위반행위사례유형의 특수성에 있다. 즉 종업원등위반행위유형의 경우에는 동일시이론에 기초되어 있지 않고 위반행위의 법인 업무관련성만 법인처벌을 위한 연결고리로 매개되어 있을 뿐이기 때문에 위반행위의 모든 요소를 귀속할 수 있는 힘이 없다고 보아야 하기 때문이다. 하지만 이와 같이 제한적으로나마 귀속규범적 성격을 인정함으로써 얻게 되는 도그마틱적 결론은 분명하다. 즉 자연인에 대해 적용될 구성요건과 법인에 대해 적용될 구성요건을 일치시킬 수 있고, 따라서 법인에 대한 형사책임을 인정함에 있어 기본적으로 자연인의 위반행위를 기준으로 삼을 수 있게 된다.[29)]

29) 책임은 책임개별화원칙에 따라 자연인 위반행위의 책임과 법인의 책임을 독

2. 대상판결에 대한 평가

현행 양벌규정을 이렇게 해석하는 전제 하에서 대상판결 1, 2, 3을 다시 평가해보자. 판결 1의 경우 위반행위의 주체가 대표자인 경우는 물론이고 종업원등인 경우라도 그 위반행위자 간에 공동정범이 인정되면, 법인도 공동정범이 된다는 결론을 얻어내는 것은 불가능하지 않다. 위반행위의 주체가 대표자인 경우 양벌규정을 귀속규범으로 이해하는 한, 대표자의 위반행위의 공동정범적 불법성을 법인의 불법으로 귀속할 수 있기 때문이다. 뿐만 아니라 위반행위의 주체가 종업원등인 경우라도 법인처벌은 — 제한적으로나마 귀속규범성을 가지는 것이기 때문에 — 종업원등에게 적용될 불법을 기준으로 삼을 수 있기 때문이다.

대상판결 2의 경우는 위반행위의 주체가 대표자이므로 양벌규정의 귀속규범성을 인정하는 한, 법인에게 적용되는 구성요건이 비친고죄의 구성요건이 된다는 결론을 얻는 데 어려움이 없다. 이러한 결론은 위반행위의 주체가 종업원등인 경우라도 여전히 유지될 수 있다. 양벌규정의 (제한적) 귀속규범성을 인정하는 한, 위반행위의 불법과 법인의 불법이 구성요건적으로 일치하기 때문이다. 따라서 종업원의 위반행위가 종업원의 상습성 때문에 비친고죄화 되면 법인의 처벌도 종업원에게 적용될 구성요건(비친고죄)을 기준으로 삼아 이루어지기 때문에 법인에 대한 고소를 별도로 요구할 필요가 없다.[30)]

하지만 대상판결 3의 경우 아무리 적용되는 구성요건이 친고죄라고 하더라도 법인에게 별도의 고소가 필요없다는 결론은 유지되기 어

자적으로 판단할 수 있어야 하는데, 양벌규정의 해석론상 — 종업원등위반행위유형의 경우 — 법인의 독자적 책임을 어디에서 찾을 것인지는 새로운 해석론적 또는 입법론적 과제에 속한다.

30) 다행스럽게도 대상판결 2에서 쟁점이 된 것은 상습성 인정의 효과가 친고죄의 비친고죄화에 제한되어 있었지만, 상습성이 형의 가중적 효과를 가지는 구성요건의 적용여부가 쟁점으로 되었다면 자연인에게 인정되는 상습성 및 상습성의 형벌가중적 효과가 법인에 대해서 어떤 영향을 미칠 것인지와 관련해서는 책임개별화원칙의 문제 등과 관련하여 복잡한 도그마틱의 문제가 제기되어야 할 것이다.

렵다. 친고죄의 경우 고소가 자연인과 법인에 대해 별도로 제기되어야 하는가의 쟁점은 양벌규정의 법적 성격에 관한 도그마틱에 따라 해결될 성질의 것이 아니기 때문이다. 위반행위가 친고죄인 경우 위반행위의 주체와 법인이 독자적 법인격을 가진 독립된 주체인 이상 고소의 제기는 각자에 대해 이루어져야 한다. 공범에 대해 적용되는 주관적 고소불가분에 관한 형사소송법규정도 법인에 대해서는 적용할 수 없다. 자연인과 법인 간의 관계가 공범관계와 유사성을 가지고 있다고 보더라도 법인에 대해 피해자의 고소를 요구하지 않는다는 결론은 법인에게 불리하기 때문에 이 규정의 유추도 허용될 수 없는 것으로 보인다.[31] 요컨대, 양벌규정은 법인처벌을 위한 실체요건에 관한 규정일 뿐이므로 절차법적인 요건인 소송조건에 관한 별도의 근거규정을 마련하지 않으면 대상판결 3의 결론은 정당화될 수 없는 것이다.

Ⅴ. 나오는 말

양벌규정은 독자적 형법주체가 아닌 법인에 대해 형사책임을 인정하기 위한 실체요건을 형법이 요구하는 실체요건과 다른 차원에서 근거지우는 예외규정이다. 양벌규정을 근거로 삼아 법인에 대해 형사책임을 인정해 온 역사가 반세기 이상 되었지만 양벌규정의 도그마틱은 좀처럼 정교해지고 있지 않다.

양벌규정이 법인을 처벌하기 위해 어떤 요건은 자연인의 위반행위에서 가져오고 어떤 요건을 법인에게서 찾는지와 관련한 도그마틱을 규명함에 있어 그 법적 성격을 규명하는 일이 실무에서 차지하게 될 중요성은 적지 않다. 양벌규정의 법적 성격에 따라 법인처벌과 관련한 많은 실체법적 효과와 절차법적 효과가 수반되기 때문이다. 양벌

31) 대법원은 조세범처벌법의 적용사례에서 국세청장 등의 고발을 소송조건으로 요구하는 경우에는 고소·고발 불가분의 원칙이 적용되지 아니하므로 고발의 여부는 양벌규정에 의하여 처벌받는 자연인인 행위자와 법인에 대하여 개별적으로 논하여야 한다고 한다(대법원 2004. 9. 24. 선고 2004도4066 판결).

규정이 법인의 형사책임을 인정하기 위해 제공하고 있는 정보량과 정보의 질을 도그마틱적으로 정확하게 자리매김하는 일에 대해 실무와 학계는 배가의 노력을 기울일 것이 요망된다.

하지만 고소의 제기나 공소의 제기와 같은 독자적 소송행위는 양벌규정의 도그마틱으로도 해결되지 않는 다른 차원의 문제이다. 예컨대 법인이 관련되어 있는 위반행위가 친고죄의 경우 법인처벌을 위해서는 법인에 대해서 독자적으로 고소가 제기되어야 할 것인지는 새로운 절차법적 규정을 필요로 한다. 뿐만 아니라 보다 양벌규정에 따라 처벌되는 법인에 대해서는 공소제기의 효과도 자연인에 대한 공소제기가 있으면 법인에 대해서도 자동적으로 이루어지는 것이 아닌 한, 이에 관한 규정도 별도로 필요한 것인지를 포함하여 법인에 대해 형벌권이 발동되는 일과 관련하여 절차법적 규정들을 정비할 것이 요구된다.[32)]

보다 근본적으로는 법인을 독자적 형법주체로 인정해야 할 분위기가 점점 무르익고 있는 현실상황에서 새로운 입법론을 전개하기 위해서는 법인의 행위주체성 인정여부에 관한 보다 심도 있는 이론적 규명이 절실하게 요구된다. 법인의 독자적 행위주체성문제는 법인처벌모델을 독립모델에 입각하여 규정할 것인지의 입법론적 구상의 실현과 직결되어 있다. 뿐만 아니라 이러한 입법론의 현실화 가능성은 법인에 대해 적용될 위반행위를 기존의 전통적인 형법상의 범죄에 대해서까지 확장해야 할 것인지에 대한 물음에 대한 태도표명과도 연관되어 있다. 이미 아동복지법이나 산업재해보상법은 물론이고 최근 청탁금지법에서도, 전통적인 형법전의 범죄에 대해서도 법인은 형사처벌되고 있다. 이러한 변화는 과거 자연인범(형법범)과 법인범(양벌규정범)을 구획

32) 대법원은 일찍이 위반행위자에 대하여는 공소가 제기되지 않고 영업주인 피고인에 대하여만 공소가 제기된 경우 위반행위자의 위법행위와 무관하게 영업주의 공소사실을 유죄로 인정할 수 있다고 하였는데(대법원 2006. 2. 24. 선고 2005도7673 판결), 이는 양벌규정의 법적 성격과 절차법적 효력과의 관계에 관한 새로운 논의가 필요함을 보여주는 대목이다.

지우는 경계가 점점 허물어져 가고 있음을 말해준다. 양벌규정에 대한 해석론이 정치하게 전개되어 현행 양벌규정이 어떤 메카니즘에 의해 법인처벌이 이루어지는지를 정확하게 묘사하는 기초작업이 이루어지지 않으면 새롭게 포섭될 많은 '법인범'에 대해 형벌부과요건을 여전히 블랙박스처럼 해독해야 할 어려운 과제 앞에 서게 된다.[33] 현행 양벌규정의 법적 성격을 위시한 법인처벌의 근거를 정확하게 해석하지 않으면 법인처벌을 위한 새로운 입법적 구상에서도 무엇을 어떻게 어느 방향으로 바꾸어져야 할지를 가늠하기 어려워질 수 있다. 도그마틱 없는 형사정책은 맹목이라는 말은 법인에 대한 형사처벌을 근거지우는 형벌법규를 새롭게 정비해야 하는 입법자 뿐 아니라 현행의 양벌규정을 해석해서 적용해야 할 형사실무가도 깊이 새겨야 할 말이다.

[주 제 어]
법인, 양벌규정, 법적 성격

[Key words]
juristic persons, joint penal provisions, Legal nature

접수일자: 2017. 5. 10. 심사일자: 2017. 6. 1. 게재확정일자: 2017. 6. 5.

---

33) 법인처벌을 위해 자연인에 대한 처벌에 상응한 형사법적 실체요건과 절차요건을 법적 근거로 요구하는 것은 자연인과 동일하게 기본권주체로 인정되고 있는 법인에 대한 형사처벌에 있어서 헌법상 평등요구에 부응하는 일이기도 하다. 이러한 관점은 엄격한 도그마틱 없이 형사처벌의 위험에 노출되어 있었던 법인에게 반가운 소식일지 모른다. 하지만 장차의 해석론과 입법론이 자연인과 법인을 형사처벌에 있어서 동일선상에 놓아 법인을 독자적 형법주체로 인정하는 방향으로 전개된다면, 종래 법인이 누려왔던 처벌의 사각지대가 없어질 수도 있기 때문에 필경 법인에게 반가운 소식만은 아닐 것이다.

[참고문헌]

김성돈, “기업에 대한 형사처벌과 양벌규정의 이론적 기초,” 형사법연구 제28권 제2호, 2016.

______, “기업형벌과 양벌규정의 도그마틱,” 형사정책연구 제27권 제2호, 2016.

______, “양벌규정과 책임주의원칙의 재조명,” 형사법연구 제27권 제3호, 2015.

김성룡/권창국, “기업 · 법인의 형사책임법제 도입가능성과 필요성,” 형사법의 신동향 통권 제46호, 2015.

오영근, 형법총론(제2판), 박영사, 2009.

조 국, “법인의 형사책임과 양벌규정의 법적 성격,” 서울대학교 법학 제48권 제3호, 2007.

[Abstract]

Legal nature of joint penal provisions and legal basis of juristic persons punishment

Kim, Seong-Don*

The Supreme Court of Korea has made the conclusions about the punishment of juristic persons based on the Act of natural persons. None of the above rulings, however, provide a concrete ground for this conclusion. It is merely to state that joint penal provisions is the legal basis for reaching this conclusion. In addition, the above rulings do not provide any clue as to what part of the joint penal provisions should be interpreted in order to obtain such conclusions. The purpose of this article is to identify the legal nature of legal provisions and legal requirements for juristic persons punishment. However, there have been no studies on the legal nature of the joint penal provisions in academia or in practice. Thus, this article interpreted the legal nature of the joint penal provisions through further and subtile interpretation, and supplemented what the Supreme Court of Korea did not say.

* Professor, School of Law, Sungkyunkwan University, Ph.D In Law.

채권추심명령을 통한 소송사기죄에서 재산상 이익의 취득과 기수시기

이 주 원*

[대상판결] 대법원 2007. 10. 11. 선고 2007도5541 판결(사기, 사기미수)

[사실관계][1)]

(1) 甲의 乙에 대한 금전채권('㉮채권')의 발생

피고인(甲)은 2004. 1. 29. △△법원에 계속 중인 소유권말소등기사건에서 피해자(乙)와 사이에 조정이 성립되었는데, 그 내용은 '乙은 甲에게 乙 소유의 이 사건 계쟁 토지 및 건물에 관한 가압류결정의 기입등기가 말소된 날로부터 30일 이내에 금 127,800,000원을 지급하고, 만일 乙이 위 금원의 지급을 지체하면 그 지급기일 다음날부터 완제일까지 연 20%의 비율에 의한 지연손해금을 가산하여 지급한다'는 것이었다. 이로써 甲의 乙에 대한 금전채권('㉮ 채권')이 발생하였다.

(2) 위 ㉮채권에 대한 전부명령(甲→A)의 확정

甲은 2004. 1. 30. ㉮채권을 A에 양도하였고, A는 ○○법원에 "㉮ 채권에 대하여" 채권자 A, 채무자 甲, 제3채무자 乙로 하는 채권압류 및 전부명령을 신청하여 같은 해 2. 6. 전부명령('이 사건 추심명령')이 발령되고 이 전부명령은 같은 해 2. 20.경 제3채무자 乙에게 송달되어

* 고려대학교 법학전문대학원 교수.

1) 이 글의 주제와 관련된 부분만 축약한 것이다.

그 후 확정되었다. 그 후 2005. 3. 4. 이 사건 토지 및 건물에 대한 위 가압류결정을 취소하는 판결이 선고되고 이 판결에 따라 같은 해 3. 28. 위 가압류등기의 말소등기가 경료되었다.

(3) 甲의 '㉮채권에 기한' 이 사건 토지에 대한 강제경매신청 및 배당연기

甲은 2005. 5. 2. ○○법원에서 ㉮채권 중 일부인 7,000만 원을 집행채권으로 하여, 乙 소유의 이 사건 토지에 대하여 채권자 甲, 채무자 乙로 한 강제경매신청을 하여, 같은 해 5. 3. 위 법원으로부터 부동산강제경매개시결정을 받았고, 같은 해 12. 15. 이 사건 토지가 경락되었다. 그 후 乙이 2006. 3.경 배당기일 변경신청을 하여 배당이 연기되었다.

(4) 甲의 '㉮채권에 기한' '㉯채권에 대한' 추심명령 편취

甲은 2006. 3. 9. ○○법원에서 또다시 ㉮채권을 집행채권으로 하여, "乙의 丙에 대한 채권('㉯채권')에 대하여" 채권자 甲, 채무자 乙, 제3채무자 丙, 청구금액 2,000만 원으로 하는 채권압류 및 추심명령을 신청하여 같은 날 추심명령('이 사건 추심명령')이 발령되고 이 추심명령은 그 무렵 丙에게 송달되었다.

(5) 甲에 대한 기소

甲은 위 (3)의 점에 대하여는 사기미수로, 위 (4)의 점에 대하여는 사기로 기소되었다.

[공소사실의 요지][2]

피고인(甲)은 2004. 2. 6. 甲의 乙에 대한 조정조서에 기한 채권(㉮채권)에 대하여 채권자 A, 채무자 甲, 제3채무자 乙로 하는 채권압류 및 전부명령이 발령되고 위 전부명령이 제3채무자인 乙에게 송달되고 확정됨으로써, 乙에 대한 ㉮채권이 A에게 이전되었다는 사실을 잘 알

2) 공소사실 중 변조사문서행사의 점은 제외.

고 있음에도 불구하고,

1. 2005. 5. 2. ○○○에서 채권자 甲, 채무자 乙, 청구금액 70,000,000원(위 조정조서상의 ㉮채권 127,800,000원 중 일부)을 집행채권으로 하여, 피해자(乙) 소유의 이 사건 토지에 대한 부동산강제경매를 신청하여, 같은 달 3. 그 정을 모르는 위 법원으로부터 부동산강제경매개시결정을 받아, 같은 해 12. 15. 위 부동산이 경락되었으나 2006. 3. 25. 피해자가 배당기일 변경신청을 하여 배당이 연기됨으로써 그 뜻을 이루지 못하고 미수에 그치고,

2. 2006. 3. 9. 위 법원에서 위 채권(㉮채권)에 기한 (㉯채권에 대하여) 채권자 甲, 채무자 乙, 제3채무자 丙, 청구금액 20,000,000원으로 하는 채권압류 및 추심명령을 신청하여, 같은 날 그 정을 모르는 위 법원으로 하여금 위 신청을 인용하는 취지의 결정을 하게 함으로써 위 청구금액 상당의 재산상 이익을 취득하였다.[3)]

[사건의 경과]

제1심(전주지방법원 정읍지원 2007. 2. 1. 선고 2006고정160 판결)은 사기미수 및 사기의 공소사실에 대하여 유죄를 인정하고 경합범 가중한 뒤 벌금 300만 원을 선고하였다. 제2심(전주지방법원 2007. 6. 15. 선고 2007노208 판결)은 이 부분에 대한 피고인의 사실오인 내지 법리오해 및 양형부당의 항소이유를 모두 배척하고 항소기각판결을 선고하였다. 상고심 역시 이 부분에 대한 피고인의 상고를 기각하였다.

[대법원 판결요지]

"1. 원심은 그 채용증거들에 의하여 그 판시와 같은 사실을 인정한 다음, 피고인의 피해자에 대한 조정조서에 기한 채권 전액에 대하

3) 대상판결의 사안에서 피고인이 ㉯채권에 대하여 단지 추심명령을 받은 것에 불과한 것인지, 나아가 실제 추심하여 집행채권의 만족에 이른 것인지는 알 수 없으나, 적어도 공소사실은 추심명령의 취득시를 기수시기로 구성한 것이다.

여 채권자 A, 채무자 피고인, 제3채무자 피해자로 하는 채권압류 및 전부명령이 발령되고, 위 전부명령이 제3채무자인 피해자에게 송달되고 확정됨으로써 피고인으로서는 위 조정조서에 기한 채권[註 ㉮채권]을 상실하여 더 이상 위 채권을 행사할 수 있는 지위에 있지 아니함에도 불구하고 피고인이 소지하고 있던 위 조정조서 정본을 이용하여 위 조정조서에 기한 채권[㉮채권]이 피고인에게 존재함을 내세워 피해자 소유의 이 사건 토지에 대하여 강제경매를 신청한 것은 사기죄의 실행의 착수에 해당한다고 판단하여 이 부분 공소사실을 유죄로 인정하였는바, 원심판결 이유를 기록에 비추어 살펴보면, 원심의 위와 같은 사실인정과 판단은 정당한 것으로 수긍이 간다.

원심판결에는 상고이유에서 주장하는 바와 같이 소송사기의 성립 및 고의의 존재 여부에 관한 법리오해 등의 위법이 없다.

2. 원심은, 위 채권압류 및 전부명령이 제3채무자인 피해자에게 송달될 당시 위 조정조서에 기한 채권 중 원본채권에 대한 지연손해금은 발생하지 아니하였고, 위 전부명령에 의하여 위 조정조서에 기한 원본채권 전부가 전부채권자인 A에게 이전된 이상 송달 이후에 발생하는 지연손해금은 이에 종속하여 A에 이전되었으므로, 피고인이 위 원본채권에 대한 지연손해금 채권이 피고인에게 존재함을 내세워 피해자의 제3채무자 丙에 대한 채권[註 ㉯채권]에 대하여 채권압류 및 추심명령을 발령받은 행위는 사기죄에 해당한다고 판단하여 이 부분 공소사실을 유죄로 인정하였는바, 원심판결 이유를 기록에 비추어 살펴보면, 원심의 위와 같은 사실인정과 판단은 정당한 것으로 수긍이 간다.

원심판결에는 상고이유에서 주장하는 바와 같이 채증법칙을 위배하였거나 채권양도 및 전부명령의 효력에 관한 법리를 오해하는 등의 위법이 없다."

[참고판결] 대법원 2014. 11. 13. 선고 2011도17120 판결(사기 등): 상고기각

[사실관계][4]

甲(피해자)은 자신의 공소외 A에 대한 7,200만 원의 채권에 관하여, 그 보증인인 乙(피고인)과 사이에 2006. 2. 23.경 약정을 체결하였는데, 그 내용은 '乙은 甲에게 위 7,200만 원 중 4,000만 원에 대하여는 지급기일이 2006. 6. 2.인 4,000만 원짜리 약속어음 1장을 교부하고, 나머지 3,200만 원은 2006. 2. 28.부터 월 400만 원씩 8개월 동안 변제한다'는 것이었다. 이로써 甲의 乙에 대한 금전채권('㉮ 채권')이 발생하였다.

甲은 乙이 위 돈을 변제하지 아니하자 2006. 3. 31. 乙 운영의 「공소외 B 주식회사」를 채무자로, 위 B회사 주거래 은행인 국민은행을 제3채무자로 하여 (위 회사가 위 은행에 대하여 가지는) 현재 위 회사가 위 은행에 예금으로 예치하거나 입금될 금원 중 청구금액 3,200만 원에 달할 때까지의 금원에 대한 예금반환청구채권에 대한 채권압류 및 추심명령을 받았다.

[공소사실의 요지]

"피고인(乙)은 2006. 4. 10.경 당시 자금이 전혀 없어 피해자에게 수표를 교부하더라도 수표금을 은행에 입금시키거나 금원을 변제할 의사나 능력이 없었음에도, 피해자(甲)에게 액면금 2,400만 원인 B회사 명의의 국민은행 당좌수표 1장을 교부하면서 '위 채권압류 및 추심명령을 해지해주면 기 약정한 바와 같이 위 약속어음의 지급기일에 그 금액을 지급하고 월 400만 원씩 변제할 것이며, 만일 제때에 변제하지 못하면 위 당좌수표를 지급제시하여 금원을 지급받을 수 있다.'라고 거짓말하여, 이에 속은 피해자로 하여금 그 무렵 위 채권압류 및 추심명령을 해지하게 하여, 그 청구금액 3,200만 원 상당의 재산상 이득을

4) 사실관계 및 공소사실의 요지는 이 글의 주제와 관련된 부분만 축약한 것이다.

취득하였다."

[사건의 경과]

제1심(서울동부지방법원 2010. 11. 23. 선고 2008고단3434, 2009고단118 (병합) 판결)은 이 부분 공소사실에 대하여 사기죄의 기수를 인정하였다. 이러한 판단은 항소심(서울동부지방법원 2011. 11. 29. 선고 2010노1756 판결: 양형부당을 이유로 파기) 및 상고심(상고기각)을 통하여 그대로 확정되었다.

I. 문제의 제기

일반적으로 소송사기란 "법원을 기망하여 자기에게 유리한 판결을 얻음으로써 (또는 판결을 얻고 이에 기하여) 상대방으로부터 재물 또는 재산상 이익을 취득하는 것"[5]을 말한다. 소송사기는 피해자와 피기망자가 다른 소위 '삼각사기'의 특수한 형태로서, 소송사기에서 법원은 피기망자인 동시에 처분행위자이고, 법원의 재판은 재산적 처분행위로 파악된다. 그런데 소송사기죄는 통상적인 사기죄의 경우와는 그 구조를 전혀 달리하여, 소송사기죄의 구성요건요소들은 일반 사기죄의 전형적인 구성요건요소들에 정확하게 부합하는 것이 아니다. 오히려 소송사기는 그 구성요건요소의 충족과 관련하여 다분히 의제적인 면이 적지 않다.[6]

소송사기는 대개 소송절차와 관련된 사기행위를 일컫지만, 보다 광의로는 독촉절차나 강제집행절차 등과 관련한 것까지 포함한다. 강제집행절차는 반드시 판결절차가 선행될 것을 필요로 하는 것은 아니므로,[7] 실제로 판결절차를 거침이 없이 조정조서 등을 바탕으로 집행

---

5) 대법원 1983. 10. 25. 선고 83도1566 판결 이래 대법원은 동일한 판시를 해 오고 있다.

6) 안경옥, "소송사기의 가벌성", 형사판례연구[10], 2002, 233면 이하 참조.

7) 판결절차와 집행절차는 통일적 일체를 이루고 있는 것이 아니며, 각각 별개의 기관이 관장하는 독립된 절차이다. 집행절차는 판결절차의 구성부분 내지

하는 경우도 적지 않다. 강제집행절차에서도 당사자가 허위의 사실을 주장하거나 허위의 증거를 제출하여 집행법원을 기망함으로써 유리한 재판을 얻고 이에 기하여 상대방으로부터 재물 또는 재산상 이익을 취득하는 경우에는 별도로 소송사기가 문제될 수 있다. 강제집행절차를 통한 소송사기의 피해자는 집행법원의 결정 등에 따라 집행채무자, 배당받지 못한 채권자, 집행대상재산의 소유자(집행채무자 또는 물상보증인), 매수인(경락인) 등 다양하게 문제될 것이다.

대상판결에서 피고인(甲)은, 조정조서에 기한 자신의 피해자(乙)에 대한 채권[㉮채권]이 전부명령에 따라 A에게 전부됨에 따라 위 채권을 상실하였음에도 불구하고, 그 채권을 청구채권으로 하여 ① 乙의 부동산에 대해 강제경매를 신청하여 강제경매개시결정을 받고 경락되었다가 배당이 연기됨에 따라 배당에 이르지 못하였고, ② 다시 乙의 채권[㉯채권]에 대해 채권압류 및 추심명령을 신청하여 추심명령을 받았다. 대상판결의 제1심은 이러한 甲의 행위가 소송사기미수와 소송사기기수에 해당한다고 보아 유죄를 인정하여 경합범 가중을 하였고, 항소심 및 상고심은 상소를 기각하여 유죄를 확정하였다.

대상판결은 소송사기와 관련하여 많은 중요한 쟁점, 즉 ㉠ 이 사건 청구채권의 전부명령 범위와 관련된 고의의 문제, ㉡ 부동산집행에서 배당행위와 관련된 소송사기의 기수시기 문제, ㉢ 채권집행에서 추심명령과 관련된 소송사기의 기수시기 문제, ㉣ 추심명령으로 인한 사기죄의 이득액 문제, ㉤ 하나의 집행권원에 기한 수회에 걸친 강제집행의 경우의 그 죄수문제 등을 포함하고 있다. 이하에서는 여러 쟁점 가운데 특히 채권집행에서 추심명령과 관련된 소송사기의 기수시기 문제에 중점을 두고, 우선 사기죄에서의 재산상 이익의 개념, 판결절차를 통한 소송사기에서의 재산상 이익의 의미, 채권추심명령 단계에서의 재산상 이익의 문제를 분석한 다음, 이어서 채권추심명령을 통한 소송사기에서의 기수시기의 문제를 검토하기로 한다.

부속물이 아니며 보조적 수단도 아니다(주석민사집행법[Ⅰ], 2004, 42면).

Ⅱ. 채권추심명령에 의한 금전집행 개관

1. 금전채권의 집행(금전집행) 중 채권집행

민사집행법의 편제는 (1) 강제집행, (2) 담보권의 실행(담보집행 또는 임의경매), (3) 보전처분으로 대별되어 있다. 그 중 위 (1) 강제집행은, 실현될 청구권을 기준으로 금전채권에 기초한 강제집행(금전집행)과 금전채권 외의 채권에 기초한 강제집행(비금전집행)으로 분류된다. 민사집행법은 양자를 명백히 구별하여 규정하고 있는바, 이 구별은 절대적이고 이를 무시하여 일방의 규정을 타방에 적용하는 것은 허용되지 않는다.

① 금전집행은, 금전채권의 만족에 충당되는 집행대상재산의 종류에 따라[8] ㉠ 부동산에 대한 집행, ㉡ 선박등에 대한 집행,[9] ㉢ 동산에 대한 집행[10]으로 구분된다. 그 중 ㉢ 동산에 대한 집행은 다시 “유체동산에 대한 금전집행(유체동산집행)”과 “채권과 그 밖의 재산권에 대한 금전집행(채권집행 또는 권리집행)”으로 구별된다.

② 비금전집행은 ㉠ 물건의 인도를 구하는 청구권의 집행과 ㉡ 작위(대체적, 비대체적 작위), 부작위, 의사표시를 구하는 청구권의 집행으로 나뉜다.[11]

따라서 추심명령은 금전채권의 집행(금전집행) 중 채권집행의 문제이다.

---

8) 대상재산의 성질에 따라 집행기관, 집행절차에 있어서 여러 가지 차이가 있다.

9) 선박, 자동차, 건설기계, 항공기는 민법에서는 동산이지만 민사집행법에서는 등기할 수 있는 선박이나 등록된 자동차, 건설기계 등은 부동산에 준하여 취급된다(민사집행법 제172조, 제187조 등).

10) 민사집행법상 동산은 민법상 그것과 달리 유체동산 뿐만 아니라 채권 그 밖의 재산권도 포함한다.

11) 법원실무제요 민사집행[Ⅰ], 2003, 13면.

2. 전부명령과 추심명령

(1) 전부명령

1) 전부명령은 집행법원이 압류된 금전채권을 집행채권의 지급에 갈음하여 압류채권자에게 이전시키는 결정이다. 전부명령이 확정되면, 전부명령이 제3채무자에게 송달된 때에 소급하여 채무자가 집행채무를 변제한 것으로 본다(민사집행법 제231조 본문).

전부명령은 채권의 압류명령과 동시에 신청하는 것이 가능하나, 압류경합이나 배당요구가 있는 채권에 대한 전부명령은 무효이다. 즉, 전부명령이 제3채무자에게 송달될 때까지 그 금전채권에 관하여 다른 채권자가 압류·가압류 또는 배당요구한 경우에는 전부명령의 효력이 없는 것으로 된다(민사집행법 제229조 제5항).

2) 유효한 전부명령이 확정되면, 3가지의 소급적인 실체적 효과가 발생하는데, ㉠ 전부명령이 제3채무자에게 송달된 때에 소급하여 채무자가 집행채무를 변제한 것으로 본다(변제효), ㉡ 집행채권은 소멸된다(집행채권의 소멸), ㉢ 권면액으로 피압류채권은 압류채권자에게 이전된다(권리이전효).[12)]

(2) 추심명령

1) 추심명령은 집행법원이 압류채권자에게 피압류채권의 추심권을 수여하는 결정이다. 추심명령이 있으면 추심채권자는 민법상의 대위절차를 거치지 않고 채무자가 제3채무자에 대하여 갖고 있는 채권을 추심할 수 있다(민사집행법 제229조 제2항). 추심채권자는 강제집행절차에서 추심기관으로서 추심권능만을 부여받을 뿐, 피압류채권이 추심채권자에게 이전되거나 귀속되는 것은 아니다.[13)] 압류명령과 마찬가지로 제3채무자에게 송달함으로써 효력이 발생한다.

추심명령은 채권의 압류명령과 동시에 신청하는 것이 가능하고, 전부명령과 달리 압류가 경합된 경우[14)]에도 할 수 있으며, 이미 다른

12) 이시윤, 신민사집행법(제5판), 2009, 415-416면.

13) 대법원 2001. 3. 9. 선고 2000다73490 판결.

압류채권자가 추심명령을 얻은 경우에도 다른 압류채권자는 중복하여 추심명령을 얻을 수 있다.[15] 같은 채권에 관하여 추심명령이 여러 번 발부되더라도 그 사이에는 순위의 우열이 없고, 각 추심채권자는 압류가 경합된 경우에도 추심명령에 의하여 채무자가 제3채무자에 대하여 가지는 채권을 직접 추심할 권능을 취득한다.[16]

2) 추심명령은 압류된 채권 자체는 채무자에게 남아있다는 점에서 채권의 귀속 자체가 변경되는 전부명령과 구별된다. 즉 전부명령처럼 채권자가 독점적인 만족을 얻을 수는 없으나, 반면 제3채무자가 무자력인 때의 위험을 채권자가 부담하게 되는 것은 아니다.[17]

〈추심명령과 전부명령의 비교〉[18]

구분	이전되는 권리	대상채권	압류의 경합	제3채무자의 무자력	즉시항고의 집행정지	비유 민법제도
추심명령	추심권	금전채권에 한하지 않음	유효	재집행	효력 없다	채권자 대위권
전부명령	채권 자체	권면액 있는 금전채권	무효	채권자 위험부담	효력 있어 확정 안 됨	채권 양도

14) 채권추심절차에 있어서 압류가 경합하는 경우란, ① 채권자가 압류 및 추심명령을 받아 추심권을 행사하는 절차에 편승하여 배당요구를 한 채권자가 있는 때, ② 채무자의 제3채무자에 대한 하나의 채권을 여러 채권자가 압류, 가압류한 때 그 집행채권의 총액이 피압류채권액을 초과하는 경우만을 말하지만(민사집행법 제235조, 제236조 제2항), 채무자에 대하여 집행력 있는 정본을 취득한 다른 채권자가 있는 경우도 잠재적으로 압류가 경합하는 경우라고 말할 수 있다(조관행, "추심명령에 의한 추심에 관한 제문제", 재판자료 35집: 강제집행 · 임의경매에 관한 제문제(상), 1987, 497면).

15) 대법원 1986. 9. 9. 선고 86다카988 판결.

16) 주석민사집행법[Ⅳ], 2004, 473면.

17) 법원실무제요 민사집행[Ⅲ], 2003, 344면.

18) 이시윤, 신민사집행법, 421면.

(3) 추심명령에 의한 추심의 효과

추심채권자는 집행법원으로부터 환가 내지 현금화권능만을 수여받을 뿐이므로, 제3채무자로부터 추심금을 직접 수령하였다고 하여, 곧바로 자신의 집행채권에 충당할 수 있는 것은 아니고, 그 사실을 집행법원에 신고해야 한다(민사집행법 제236조). 즉,

"추심명령을 얻은 채권자가 제3채무자로부터 압류한 채권을 추심하면 그 범위 내에서 피압류채권은 소멸한다. 따라서 제3채무자는 채무자에 대하여도 채권자에 대한 변제로서 대항할 수 있고, 이는 채권압류나 가압류가 경합된 경우에도 공탁청구가 없는 이상 마찬가지이다.

그러나 추심채권자의 집행채권의 소멸여부 내지 그 범위는 경우에 따라 다르다. 만일 다른 채권자와 경합이 없으면 추심에 의하여 집행채권이 소멸하게 되고, 이 경우 추심한 금액으로 집행채권의 변제에 충당하고 잔액이 있으면 채무자에게 반환하여야 함은 물론이다. 반면, 채권자가 집행법원에 추심신고를 할 때까지 다른 압류, 가압류 또는 배당요구가 있는 경우에[19] 배당을 받을 채권자의 공탁청구가 있는 때에는 제3채무자의 공탁(민사집행법 제248조 제2항, 제3항) 또는 추심채권

19) 민사집행법 제236조 제2항을 문리대로 보면 일응 "추심신고시"를 기준으로 그 전에 다른 채권자의 압류·가압류 또는 배당요구가 있었을 때에는 추심채권자는 추심금을 공탁해야 하는 것으로 해석될 수도 있겠으나, 판례는, 여기서의 '압류·가압류'란 제3채무자의 지급 전에 다른 압류·가압류의 효력발생(=제3채무자에의 송달), 즉 압류가 복수적으로 집행된 상태를 의미한다고 제한하여 해석하고 있다. 대법원 2008. 11. 27. 선고 2008다59391 판결: "채권에 대한 압류·가압류명령은 그 명령이 제3채무자에게 송달됨으로써 효력이 생기는 것이므로(민사집행법 제227조 제3항, 제291조), 제3채무자의 지급으로 인하여 피압류채권이 소멸한 이상 설령 다른 채권자가 그 변제 전에 동일한 피압류채권에 대하여 압류·가압류명령을 신청하고 나아가 압류·가압류명령을 얻었다고 하더라도 제3채무자가 추심권자에게 지급한 후에 그 압류·가압류명령이 제3채무자에게 송달된 경우에는 추심권자가 추심한 금원에 그 압류·가압류의 효력이 미친다고 볼 수 없고, 추심채권자가 추심의 신고를 하기 전에 다른 채권자가 동일한 피압류채권에 대하여 압류·가압류명령을 신청하였다고 하더라도 이를 당해 채권추심사건에 관한 적법한 배당요구로 볼 수도 없다."

자의 공탁(민사집행법 제236조 제2항)에 의하여 배당절차에 들어가게 되며(민사집행법 제252조 제2호), 그 배당절차에 의한 배당액의 범위 내에서만 집행채권이 소멸하게 된다."[20]

현재 실무상 추심명령의 결정문 하단에는 다음과 같은 <주의> 문구가 기재되어 있다.

> 주의: 1. 채권자가 채권을 추심한 때에는 집행법원에 서면으로 추심신고를 해야 한다. 추심신고를 할 때까지 다른 채권자의 압류, 가압류, 또는 배당요구가 없으면 추심신고에 의하여 추심한 채권 전액이 추심채권자에게 확정적으로 귀속된다. 그러나 추심신고 전까지 다른 채권자로부터 압류, 가압류, 또는 배당요구가 있으면 이미 추심한 금액을 공탁하고 다른 채권자들과 채권금액의 비율에 따라 안분하여 배당을 받도록 규정되어 있음을 유의하시기 바랍니다(민사집행법 제236조, 제247조 1항 2호).
> 2. 추심신고서에는 사건번호, 채권자·채무자 및 제3채무자의 표시, 제3채무자로부터 지급받은 금액과 날짜를 적기 바랍니다.

Ⅲ. 재산상 이익

1. 재산상 이익의 개념

(1) 사기죄의 객체로서의 '재산상 이익': 경제적 재산개념(판례)

사기죄의 객체는 재산, 즉 재물 또는 재산상 이익인데, 재산상 이익의 개념과 범위는 형법상 재산 개념에 대한 이해가 전제된다. 이에 대하여는 법률적 재산설,[21] 경제적 재산설,[22] 법률적·경제적 재산설[23]

20) 법원실무제요 민사집행[Ⅲ], 366면.

21) 법률적 재산설은, 순수한 사법적 시각에서 접근하여, 재산이란 법률상 권리와 의무의 총체로 이해한다. ① 법적으로 승인된 것이 아닌 불법적 이익이나, ② 권리의무로 되지 않는 사실상 이익은 재산상 이익으로 인정되지 않는다. 오늘날 이 견해를 취하는 학자는 없다는 점에서 학설사적 의미밖에 없다.

22) 경제적 재산설은, 형법의 독자적인 시각에서 접근하여, 순수한 경제적 관점에서 재산이란 경제적 이익의 총체로 이해한다. 객관적으로 교환가치가 인정되면 법적으로 승인된 권리가 아니라도 재산상 이익이 된다. 불법한 이익이라도 재산상 이익이 될 수 있으며, 사기죄로부터 보호받지 못하는 재산은 있을 수 없다.

등의 견해가 대립되고 있다. 경제적 재산개념에 따르면, 재산은 순수하게 경제적 관점에서만 파악하므로, 권리의무이건 사실상의 이익이건, 적법하건 불법하건, 경제적 가치가 있는 이익은 모두 재산이 되며,[24] 이러한 재산은 사법상 효력 유무와도 관계 없이 모두 형법적 보호대상이 된다.

판례는 이러한 경제적 재산개념[25]에 기초하고 있다. 협박을 통해 지불각서를 받은 경우,[26] 신용카드의 매출전표가 정상적인 방법이 아

이에 대해서는 재산 개념을 최소한의 법적 질서와 무관하게 단순히 현실적으로 존재하고 기능하는 경제적 관계로만 파악한다는 비판이 있다. 자세한 것은, 천진호, "소취하와 사기죄에 있어서 재산적 처분행위", 비교형사법연구 5권 1호, 2003, 600면 등 참조.

23) 법률적 · 경제적 재산설은, 법질서 전체의 통일성을 관철하려는 취지에서, 재산이란 법적 보호를 받는 경제적 이익의 총체로 이해한다. 경제적 가치가 있는 이익 중에서 법적으로 승인된 것만 재산상 이익이 된다. 형법의 보충적 · 단편적 최후수단적 성격에 비추어 다른 법질서에서조차 보호할 가치 없는 것을 형법이 앞장서서 보호할 필요가 없을 뿐 아니라, 사실상 경제적 가치는 있으나 다른 법규범이 인정하지 않는 지위까지도 재산으로 인정하게 되면 다른 법규범과의 불일치를 가져오게 됨으로써 법질서의 통일성을 해치게 된다는 것이다.
이에 대해서는 위법한 경제적 가치라고 하여 당연히 형법적 보호대상에서 제외되는 것은 아니다는 비판이 있다. 즉, 사법상 형식적으로 위법하더라도 사실상 평온 하에 지배할 이익이 있다면 형법상 보호할 가치가 있고, 형법의 재산보호와 사법적 권리는 그 취지가 다른 이상 법질서의 통일성은 이 단계에서 고려할 필요는 없다는 것이다. 자세한 것은 김성돈, 형법각론(제4판), 2016, 308면 등 참조.

24) 이재상, 형법각론(제8판), 2012, 330면; 임웅, 형법각론(제7정판), 2016, 410면 등.

25) 대법원 1992. 5. 26. 선고 91도2963 판결(배임죄): "배임죄에 있어 재산상의 손해를 가한 때라 함은 현실적인 손해를 가한 경우뿐만 아니라 재산상 실해발생의 위험을 초래한 경우도 포함되고, 재산상 손해의 유무에 대한 판단은 본인의 전재산 상태와의 관계에서 법률적 판단에 의하지 아니하고 경제적 관점에서 파악하여야 하며, 따라서 법률적 판단에 의하여 당해 배임행위가 무효라 하더라도 경제적 관점에서 파악하여 배임행위로 인하여 본인에게 현실적인 손해를 가하였거나 재산상 실해 발생의 위험을 초래한 경우에는 재산상의 손해를 가한 때에 해당되어 배임죄를 구성하는 것이라고 볼 것이다."

26) 대법원 1994. 2. 22. 선고 93도428 판결(강도죄): "강도죄의 성질상 그 권리의무 관계의 외형상 변동의 사법상 효력의 유무는 그 범죄의 성립에 영향이 없고, 법률상 정당하게 그 이행을 청구할 수 있는 것이 아니라도 강도죄에 있어서

닌 폭행·협박에 의하여 작성되었지만 이미 이를 제출하여 외관상 카드회사로부터 그 금액을 지급받을 수 있는 상태인 경우,[27] 부녀가 금품 등을 받을 것을 전제로 성행위를 하는 경우 그 행위의 대가의 지급을 면하는 경우[28] 등을 재산상 이익에 포함시키고 있다. 형법상 재산상 이익 개념은 사법(私法)적 개념이 아니라 사실적·경제적 개념이라는 의미이다.

재산상 이익이란 재물 이외의 일체의 재산적 가치·이익을 말하는데, 여기에는 적극적 이익(노무의 제공, 담보의 제공, 허위의 연고권 주장,[29] 채권추심의 승인,[30] 연대보증[31] 등)과 소극적 이익(채무의 면제,[32] 채

의 재산상의 이익에 해당하는 것이며, 따라서 이와 같은 재산상의 이익은 반드시 사법상 유효한 재산상의 이득만을 의미하는 것이 아니고 외견상 재산상의 이득을 얻을 것이라고 인정할 수 있는 사실관계만 있으면 된다."

27) 대법원 1997. 2. 25. 선고 96도3411 판결(공갈죄): "피고인들이 폭행·협박으로 피해자로 하여금 매출전표에 서명을 하게 한 다음 이를 교부받아 소지함으로써 이미 외관상 각 매출전표를 제출하여 신용카드회사들로부터 그 금액을 지급받을 수 있는 상태가 되었다면, 피해자가 각 매출전표에 허위 서명한 탓으로 피고인들이 신용카드회사들에게 각 매출전표를 제출하여도 신용카드회사들이 신용카드 가맹점 규약 또는 약관의 규정을 들어 그 금액의 지급을 거절할 가능성이 있다 하더라도, 그로 인하여 피고인들이 각 매출전표 상의 금액을 지급받을 가능성이 완전히 없어져 버린 것이 아니고 외견상 여전히 그 금액을 지급받을 가능성이 있는 상태이므로, 결국 피고인들이 '재산상 이익'을 취득하였다고 볼 수 있다."

28) 대법원 2001. 10. 23. 선고 2001도2991 판결(사기죄): "일반적으로 부녀와의 성행위 자체는 경제적으로 평가할 수 없고, 부녀가 상대방으로부터 금품이나 재산상 이익을 받을 것을 약속하고 성행위를 하는 약속 자체는 선량한 풍속 기타 사회질서에 위반한 사항을 내용으로 하는 법률행위로서 무효이나, 사기죄의 객체가 되는 재산상의 이익이 반드시 사법상 보호되는 경제적 이익만을 의미하지 아니하고, 부녀가 금품 등을 받을 것을 전제로 성행위를 하는 경우 그 행위의 대가는 사기죄의 객체인 경제적 이익에 해당하므로, 부녀를 기망하여 성행위 대가의 지급을 면하는 경우 사기죄가 성립한다."

29) 대법원 1972. 1. 21. 선고 71도1193 판결(국유재산의 매각을 전제로 연고권자에게 유상대부계약을 할 때에 허위로 연고권이 있는 것 같이 관계공무원을 기망한 경우)

30) 대법원 1983. 10. 25. 선고 83도1520 판결(채권자에게 채권을 추심하여 줄 것같이 속여 채권자의 추심승낙을 받아 그 채권을 추심하여 이를 취득한 경우).

31) 대법원 1995. 8. 25. 선고 94도2132 판결(피해자를 기망하여 연대보증인으로 서

무변제의 유예[33] 등), 영구적 이익과 일시적 이익[34]이 모두 포함된다. 재산상 이익은 성질상 그 경제적 가치를 계수적으로 산출할 수 없는 경우도 있기 때문에 반드시 계수적으로 산출할 수 있는 이익에 한하지는 않는다.[35]

(2) 사실상의 취득

재산상 이익의 '취득'은 경제적 관점에서 경제적 이익의 사실상 취득을 의미한다. 형법상 사기죄에서 재산상 이익의 '취득' 개념도 사법(私法)적 개념이 아니라 사실적 개념이다.

재산상태의 변동은 경제적 관점에서 파악하는 것이므로, 결국 사기죄에서 '재산상 이익의 취득'은, "경제적 관점에서 볼 때" (피해자의) 재산가치가 (범인 또는 제3자에게) "사실상 이전"되는 것, 즉 그 재산상 이익이 "범인 또는 제3자의 사실상의 지배 아래에 들어가 범인 또는 제3자의 자유로운 처분이 가능한 상태에 놓이는 것"을 의미하게 된다. 여기서의 취득은, 재산상 이익이 사실상 피해자에 대하여 불이익하게 범인 또는 제3자 앞으로 이전되었다고 볼 만한 상태가 이루어지면 된다.[36]

재산상 이익의 취득이 사법상 유효할 필요도 없다. 즉, "재산상의 이익은 반드시 사법상 유효한 재산상의 이득만을 의미하는 것이 아니

명케 한 경우).

32) 대법원 1995. 9. 15. 선고 94도3213 판결(약속어음의 발행인이 그 어음을 타인이 교부받아 소지하고 있는 사실을 알면서도 허위의 분실사유를 들어 공시최고신청을 하고 이에 따라 법원으로부터 제권판결을 받은 경우).

33) 대법원 1998. 12. 9. 선고 98도3282 판결(사기죄에 있어서 채무이행을 연기받는 것이 재산상 이익에 해당한다고 한 사례).

34) 대법원 1986. 2. 25. 선고 85도2748 판결 등.

35) 대법원 1986. 2. 25. 선고 85도2748 판결; 대법원 1997. 7. 25. 선고 97도1095 판결 등.

36) 재산상 이익에 대한 강도죄에서의 취득 개념은 사기죄에서도 참고가 될 수 있다. 대법원 2010. 9. 30. 선고 2010도7405 판결은, "형법 제333조 후단 소정의 이른바 강제이득죄의 성립요건인 '재산상 이익의 취득'을 인정하기 위하여서는 재산상 이익이 사실상 피해자에 대하여 불이익하게 범인 또는 제3자 앞으로 이전되었다고 볼 만한 상태가 이루어져야 하는데 (이하 생략)"라고 판시하고 있다.

고, 외견상 여전히 그 금액을 지급받을 가능성이 있는 상태만 되면 재산상 이익을 취득하였다고 볼 수 있다."[37] "형법 제347조에서 말하는 재산상 이익 취득은 그 재산상의 이익을 법률상 유효하게 취득함을 필요로 하지 아니하고, 그 이익 취득이 법률상 무효라 하여도 외형상 취득한 것이면 족하다."[38]

(3) 구체적 이익: "재산적 가치 있는 구체적 이익"

다만 여기서의 '재산상 이익'은 '구체적 이익'이어야 한다는 점에 이견이 없다. 단지 그러한 이익을 얻을 수도 있는 추상적 지위를 취득한 것만으로는 재산상 이익을 취득한 것이라고 할 수 없다.[39] 판례도 사기죄의 객체인 재산상 이익은 재산적 가치가 있는 구체적 이익[40]일 것을 요한다.[41]

---

37) 대법원 1997. 2. 25. 선고 96도3411 판결("피고인들이 폭행·협박으로 피해자로 하여금 매출전표에 서명을 하게 한 다음 이를 교부받아 소지함으로써 이미 외관상 각 매출전표를 제출하여 신용카드회사들로부터 그 금액을 지급받을 수 있는 상태가 되었는바, 피해자가 각 매출전표에 허위 서명한 탓으로 피고인들이 신용카드회사들에게 각 매출전표를 제출하여도 신용카드회사들이 신용카드 가맹점 규약 또는 약관의 규정을 들어 그 금액의 지급을 거절할 가능성이 있다 하더라도, 그로 인하여 피고인들이 각 매출전표 상의 금액을 지급받을 가능성이 완전히 없어져 버린 것이 아니고 외견상 여전히 그 금액을 지급받을 가능성이 있는 상태이므로, 결국 피고인들이 '재산상 이익'을 취득하였다고 볼 수 있다").

38) 대법원 1975. 5. 27. 선고 75도760 판결; 대법원 2012. 5. 24. 선고 2010도12732 판결.

39) 김우진, "소송사기의 이론적 기초 및 그 구성요건에 대한 제검토 — 대법원 판례를 중심으로", 서울대학교 대학원, 1993. 8, 61면.

40) 대법원 2012. 5. 24. 선고 2010도12732 판결("이러한 이익은 재산적 가치가 있는 구체적 이익으로서 사기죄의 객체인 재산상 이익에 해당한다").

41) 물론 재산상의 이익에 한정되기 때문에 ㉠ 법원을 기망하여 부재자의 재산관리인으로 선임된 경우(대법원 1973. 9. 25. 선고 73도1080 판결: "부재자재산관리인으로 선임되었다는 것만으로써는 어떤 재산권이나 재산상의 이득을 얻은 것이라고는 볼 수 없다"), ㉡ 분납보험료가 제때에 납입되지 않았음에도 형사책임의 면책자료로 활용하기 위하여 보험료가 납입된 것처럼 컴퓨터를 조작하여 보험가입사실증명원을 발급받은 경우(대법원 1997. 3. 28. 선고 96도2625 판결)에는 재산상의 이익을 취득하였다고 볼 수 없으므로 사기죄가 성

문제는 이와 관련하여 재산상 이익의 증가에 대한 사실상의 기대가 재산상 이익에 해당하는지 여부이다. 사법상 보호되는 권리(조건부권리 또는 기한부권리 등)나 재산증가가 확실히 기대되는 경우에는 재산상 이익에 속하겠지만, 재산증가에 대한 사실상 기대 그 자체만으로는 원칙적으로 재산상 이익이 될 수 없다.[42] 즉, 재산증가가 확실하게 기대되는 경제적 이익이나 사법상의 기대권에 상당하는 일정한 경제적 이익에 대한 현실적 기대인 경우에는 재산상 이익에 속한다. 사실상의 기대도 그것이 단지 일반적이고 불확실한 전망이나 희망이 아니고, 재산증가가 사태의 정상적인 진행이 있는 경우에 생길 개연성이 있을 때에는 재산상 이익이 된다. 예컨대 증가일로에 있는 주식을 매각함으로써 현시가보다 더 높은 수익을 얻을 수 있는 전망도 사실상의 기대로서 재산상 이익이 된다. 그러나 복권과 같이 당첨가능성이 아주 희박한 전망은 최고액 등의 재산적 가치를 지닌 기대로 볼 수 없다.[43] 판례에 의하면, 배당이의 소송의 제1심에서 패소판결을 받고 항소한 자가 그 항소를 취하하면 그 즉시 제1심판결이 확정되고 상대방이 배당금을 수령할 수 있는 이익을 얻게 되는 것이므로 위 항소를 취하하는 것 역시 사기죄에서 말하는 재산적 처분행위에 해당한다는 이유로 사기죄의 유죄를 인정한 바 있다.[44] 이는, 법원을 기망한 소송사기죄가 아니라 전형적인 일반 사기죄가 문제된 사안이기는 하지만, 사기죄의 '재산상 이익' 개념이 상당히 폭넓게 인정된다는 것을 근거로, 배당이의 소송에서의 승소개연성과 관계없이 배당수령권의 존부를 다툴 수 있는 가능성의 포기 내지 배당표 확정 자체를 구체적 이익으로 파악한 것으로 보인다.

립되지 않는다.

42) 천진호, 앞의 글, 604면.

43) 김일수, 한국형법Ⅲ[각론 상], 1997, 580면.

44) 대법원 2002. 11. 22. 선고 2000도4419 판결.

2. 소송사기에서의 '재산상 이익'

(1) 재산상 이익: "재물 또는 재산상 이익을 얻을 수 있는 지위"

한편, 본안소송절차를 통한 소송사기에서 확립된 판례의 태도는, 법원의 판결을 통하여 '재물 또는 재산상 이익을 얻을 수 있는 지위'가 사기죄에서의 '재산상 이익'이라는 입장이다. 즉, 본안소송절차를 통한 소송사기에서 편취의 대상은, 판결에 기하여 소송상대방으로부터 재물 또는 재산상 이익을 얻을 수 있는 지위, 즉 판결이 갖는 효력(형성력, 기판력, 집행력)이라는 재산상 이익이고, 이행판결의 경우에는 재물 그 자체가 아니라 그 기판력과 집행력과 관련하여 얻어지는 이익이 '재산상 이익'에 해당하며, 그 기수시기는 판결이 확정된 때라는 것이다.[45] 대부분의 견해 역시 이에 동조하고 있다.[46] 한편, 일본의 판례는 이와 달리 사기취재죄와 사기이득죄를 구분하여,[47] 사기취재죄의 경우에는 현실적인 교부행위 또는 소유권이전등기 등이 이루어져

45) 대법원 1980. 4. 22. 선고 80도533 판결; 대법원 1997. 7. 11. 선고 95도1874 판결; 대법원 2006. 4. 7. 선고 2005도9858 전원합의체 판결("법원을 기망하여 자기에게 유리한 판결을 얻고 그 판결 확정에 의하여 타인의 협력 없이 자신의 의사만으로 재물이나 재산상 이익을 얻을 수 있는 지위를 취득하게 되면, 그 지위는 재산적 가치가 있는 구체적 이익으로서 사기죄의 객체인 재산상 이익에 해당하므로, 사기죄가 성립된다") 등.

46) 조국, "부동산소유권보증등기말소청구를 통한 소송사기의 성립요건, 실행의 착수시기 및 기수시기", 비교형사법연구 8권 2호, 2006. 12, 372면; 김관구, "소송사기죄에 대한 실무적 재검토", 사법논집 56집, 2013, 169-170면; 노태악, "소송사기의 구성요건적 분석 — 최근 대법원 판례를 중심으로", 사법연수원 논문집 1집, 2004, 159면("소송사기에 있어 처분행위자를 법원으로, 처분행위를 법원의 판결로 본다면 소송사기로 취득하는 것은 판결에 기하여 소송상대방으로부터 재물 또는 재산상의 이익을 취득할 수 있는 지위, 다시 말하면 판결이 가지는 효력 즉 기판력, 집행력 및 형성력으로 보는 것이 정확하지 않을까. 즉 법원을 기망하여 제3자의 재물을 편취하는 소송사기에서 편취의 대상은 제3자의 재물 자체가 아니라 제3자로 하여금 재물의 교부를 명할 수 있는 집행력 내지는 집행권원이 될 것이다. 이 점에서 소송사기죄는 기본적으로 불법이득 내지 사기이득죄에 해당한다고 보아야 할 것이다"); 정진수, "소유권보존등기말소 소송을 통한 소송사기의 성립요건과 기수시기", 정의로운 사법(이용훈대법원장 재임기념), 2011, 730-733면 등.

47) 일본형법 제246조(사기)는 사기취재죄와 사기이득죄를 구분하여 규정하고 있다.

야 기수에 이르고, 사기이득죄의 경우에는 승소판결을 얻은 때 기수가 된다[48]고 한다. 대체로 이행판결은 사기취재죄,[49] 형성판결이나 확인판결은 사기이득죄[50]로 파악하는 듯하다.[51]

(2) 소송사기에서 '구체적 이익'의 범위

그런데 판결절차를 통한 소송사기에서도 그 재산상 이익은 '구체적 이익'이어야 함은 물론이다. 소유권보존등기 말소청구를 통한 소송사기에 대한 위 대법원 2006. 4. 7. 선고 2005도9858 전원합의체 판결에 따르면, 사기죄의 객체인 재산상 이익은 "재산적 가치가 있는 구체적 이익"으로, 판결절차를 통한 소송사기에서는, 법원을 기망하여 자기에게 유리한 판결을 얻고 그 "판결확정에 의하여 타인의 협력 없이 자신의 의사만으로 재물이나 재산상 이익을 얻을 수 있는 지위"를 취득하게 되면, 그 "지위"는 재산적 가치가 있는 구체적 이익으로서 사기죄의 객체인 재산상 이익에 해당하므로, 사기죄가 성립한다고 판시하고 있다.[52] 즉 "판결 주문에 표시된 내용이 아니더라도" "그 판결로

48) 大塚仁 외 3인, 大コンメンタール刑法(제2판) 제13권, 청림서원, 2000, 101면 이하.

49) 사기취재죄의 예로는, ㉠ 소송절차를 이용하여 재물을 편취하는 소송사기의 경우 승소판결을 얻어 상대방으로부터 금전을 교부받은 때 기수가 된다고 한 사례(日大判 1896. 12. 21.), ㉡ 사기소송에 의하여 소유권이전등기말소의 확정판결을 얻고 이것에 근거하여 허위의 신청을 하고 등기관리로 하여금 타인의 부동산에 관하여 소유권이전등기의 말소 및 소유권보존등기를 하게 한 이상 부동산사취의 기수가 된다고 한 사례(日大判 1916. 10. 10.), ㉢ 지급명령을 신청한 이후 그 원인이 된 대여금 및 독촉절차비용을 지급받았음에도 이를 취하하지 않고 있다가 지급명령을 받고 가집행선고에 기하여 강제집행을 하였지만 채무자가 이의를 제기함으로써 그 목적을 이루지 못한 경우 사기미수죄가 성립한다고 한 사례(日大判 1914. 5. 18.) 등이 있다.

50) 사기이득죄의 예로는, ㉠ 승소판결을 얻어 채무면탈을 한 경우 불법이득죄의 기수라고 한 사례(日大判 1915. 8. 5.), ㉡ 가옥매매취소의 판결에 의하여 제3자에게 가옥을 되찾게 하기 위하여 사해행위취소소송을 제기하고 법원을 속여 승소판결을 얻은 경우 사기이득죄의 기수가 된다고 한 사례(日大判 1936. 2. 24.) 등이 있다.

51) 박종민, "지급명령신청에 의한 소송사기와 그 기수시기", 대법원판례해설 50호, 2004, 667면 참조.

52) 소수의견도 이에 동의하면서, 다만 소유권보존등기의 말소를 명하는 판결의

인하여 피해자로부터 사실상 재물 또는 재산상 이익을 얻을 수 있다면" 그로써 충분하다는 것이다.

이러한 판례의 태도는 '재산상 이익'의 범위가 '판결 주문에 의한 지위'라는 이익보다는 넓지만, 사기의 일반적인 경우와 비교할 때 그보다는 좀더 협소한 것으로 평가된다. 즉, 위 전원합의체 판결에서 판결편취행위로 인하여 취득하는 재산상 이익은, '판결의 효력에 의하여 뒷받침되는 재물 또는 재산상 이익 취득의 개연성'인데, 이는 판결 자체의 효력에 의하여 뒷받침되는 것에 한정되는 것(위 사안에서는 '상대방의 소유권보존등기를 말소시킴으로써 위 토지 소유권에 대한 방해 제거')[53]이 아니라 "그 판결확정에 의하여, 타인의 협력 없이 자신의 의사만으로 재물이나 재산상 이익을 얻을 수 있는 지위"(위 사안에서는 '상

경우에는 이와 다르다는 의견이다: [이른바 소송사기에는 ① 확정판결의 효력 그 자체에 의하여 재산상 이익을 취득하는 경우(채무부존재확인판결 등)가 있는가 하면, ② 확정판결 그 자체로는 재물을 취득하는 것은 아니지만, 그 판결에 기하여 피해자의 임의이행이 정당화되거나 임의이행과 동일시할 수 있는 집행을 할 수 있는 권원을 취득하고, 그에 기하여 임의이행 혹은 그에 갈음하는 집행을 하여야 비로소 재물을 취득하는 경우가 있을 수 있다.
후자의 경우에 승소 확정판결 자체에 의하여 취득하는 것은 판결의 기판력, 집행력 및 형성력 등 판결의 효력에 의하여 뒷받침되는 재물 혹은 재산상 이익 취득의 개연성이라고 볼 수밖에 없고, 이와 같은 개연성이 "재산상 이익"으로 평가되고 판결 자체가 피해자의 처분행위와 동일시될 수 있는 이유는 바로 재물 혹은 재산상 이익 취득의 개연성이 판결이 갖는 자체의 효력, 즉 기판력, 집행력 및 형성력 등에 의하여 뒷받침되기 때문인 것으로 보아야 할 것이다.
이렇게 볼 때, 금전의 지급을 명하거나 소유권이전등기를 명하는 승소 확정판결은, 그 기판력 및 집행력이 미치는 주문의 내용에 비추어 볼 때 판결의 확정 자체에 의하여 앞서 본 재물 혹은 재산상 이익 취득의 개연성이 발생하며, 따라서 그 자체를 피해자의 처분행위와 동일시 할 여지는 있겠으나, 소유권보존등기의 말소를 명하는 확정판결은 그 자체의 효력에 의해서는 등기명의인의 보존등기가 말소될 뿐이고 이로써 피고인 또는 그 공모자가 부동산에 대하여 어떠한 권리를 취득하거나 의무를 면하는 것이 아니어서 그 자체만으로는 법원을 기망하여 재물이나 재산상 이익을 편취한 것이라고 볼 수 없다고 보아야 할 것이다].

53) 김황식 대법관의 소수의견.

대방의 소유권보존등기를 말소시킨 후 위 판결을 부동산등기법 제130조 제2호 소정의 소유권을 증명하는 판결로 하여 언제든지 단독으로 자기 앞으로의 소유권보존등기를 신청하여 그 등기를 마칠 수 있게 되는,' '위 토지 소유권에 대한 방해를 제거하고 그 소유 명의를 얻을 수 있는 지위')까지 구체적 이익으로 인정하고 있기 때문이다.[54)]

이러한 관점에서 본다면, 배당이의 소송의 제1심에서 패소판결을 받고 항소한 자가 그 항소를 취하한 사안[55)]이나 [참고판결]의 사안("피고인의 기망으로 인한 피해자인 추심채권자의 추심명령에 대한 해지"를 사기죄에서의 '재산상 이익의 취득'으로 보아 유죄로 인정한 사안)은, 모두 법원을 기망하여 소송사기가 문제된 사안이 아니라, 피해자를 기망한 사기죄의 일반적인 경우로서, 소송사기의 경우에서보다 '재산상 이익'의 범위가 상당히 폭넓게 인정된 사안으로 평가할 수 있을 것이다.

(3) 채권추심명령의 '재산상 이익' 문제

채권추심명령에 터잡아 실제 추심권을 행사하여 추심하는 등 집행채권의 만족에 이르렀다면, 그 시점에서 사기죄의 객체인 재물 또는 재산상 이익을 취득한 것으로 평가함에는 아무런 문제가 없다. 이와 달리 추심명령의 확정에 의한 (채권자의) 추심권능의 취득을 (채권자의) 재산상 이익의 취득으로 볼 수 있는지 여부에 대한 검토가 선행될 필요가 있다. 실제 추심 이전 단계로서, 집행채권자가 채권추심명령을 얻을 경우 그 시점에서 재산상 이익을 취득한 것으로 본다면, 불법이득죄의 기수에 이르렀다고 볼 수도 있기 때문이다. 채권추심명령을 통한 소송사기의 기수시기에 관한 검토에 앞서, 항목을 바꾸어 이 점을

54) 최근의 대법원 2011. 10. 27. 선고 2010도4286 판결("피고인들이 그 판시와 같이 회사를 상대로 제기한 주주총회결의부존재확인소송의 소송물이 주주총회결의의 존부일 뿐 보수지급채무의 존부가 아니라고 하더라도 그 승소 판결의 확정으로 인하여 사실상 회사는 감사에 대한 보수지급채무를 면하게 되므로 소송사기죄가 성립한다고 판단한 것은 정당하다")도 같은 입장으로 보인다.

55) 대법원 2002. 11. 22. 선고 2000도4419 판결.

고찰하기로 한다.

Ⅳ. 채권추심명령 단계에서의 재산상 이익

1. 추심권능

(1) 추심명령의 확정에 의하여 얻은 채권자의 지위가 사기죄에서의 재산상 이익, 즉 "재산적 가치 있는 구체적 이익"에 해당하는가? 이는 추심명령을 얻은 채권자의 지위가 소송사기에서 판례가 '구체적 이익'의 기준으로 제시한 '타인의 협력 없이 자신의 의사만으로 재물이나 재산상 이익을 얻을 수 있는 지위'인지 여부와도 관련되는 문제이다.

(2) 추심명령이란 집행법원이 집행채권자에게 피압류채권의 추심권을 수여하는 결정으로 추심명령이 있으면 추심채권자는 민법상의 대위절차를 거치지 않고 채무자가 제3채무자에 대하여 갖고 있는 채권을 추심할 수 있다(민사집행법 제229조 제2항). 이와 같이 추심채권자는 강제집행절차에서 추심기관으로서 추심권능만을 부여받을 뿐, 피압류채권이 추심채권자에게 이전되거나 귀속되는 것은 아니다.[56)]

(3) 그럼에도 불구하고 추심채권자가 추심명령에 의하여 얻은 이러한 추심권능은 그 자체가 사기죄의 객체인 재산상 이익, 즉 "재산적 가치 있는 구체적 이익"에 해당하는 것으로 볼 수 있다.

i) 추심채권자는 추심을 위한 일체의 재판상 · 재판 외의 행위를 채무자의 대리인으로서가 아니라 자기 이름으로 할 수 있고, 추심에 필요하다면 가압류도 가능하며, 최고권 · 해제권 · 해지권 · 취소권 등을 행사할 수 있다. 추심채권자는 피압류채권을 자동채권으로 하여 제3채무자에 대한 자신의 채무와 상계할 수도 있다.[57)] 따라서 피압류채권

56) 대법원 2001. 3. 9. 선고 2000다73490 판결.

57) 구체적인 점에 관하여는 반드시 학설이 일치하지는 않으나(주석민사집행법[Ⅳ], 474-475면), 판례는 일반적으로는 추심채권자의 상계가 허용되나, 압류가 경합된 경우에는 추심의 방법으로 피압류채권을 자동채권으로 하여 채권자가 제3채무자에 대하여 부담하고 있던 다른 채무와 상계할 수 없다는 입장

에 대한 추심권능은, 금전채권에 대한 추심 및 그 수령의 권능으로서 경제적·금전적 이익과 직결된 권능이므로 재산적 가치가 있음이 분명하다. 추심명령의 확정에 의하여 추심채권자는 채무자의 협력 없이 자신의 의사만으로 추심권능의 행사가 가능하고, 타인의 협력 없이 자신의 의사만으로 추심금의 수령 자체가 가능한 지위를 확정적으로 취득한다. 따라서 추심명령은 추심채권자와 채무자 사이의 추심권능 이전이라는 점에서 형성판결과 유사한 측면이 있다.

추심명령이 집행채무자에 대하여 가지는 효력은 집행채무자로부터 추심권능의 박탈(당사자적격의 상실[58])이다. 집행채권자가 추심명령을 통하여 취득한 추심권능은 집행채무자를 상대로 한, 집행채무와 직접 연관된 일로서, 강제집행의 상대방으로부터 취득한 재산상 이익이다.

ii) 추심채권자의 추심권능은 독립적 환가처분이 불가능하여 압류할 수 없는 성질의 것[59]이기는 하나, 그렇다고 하여 재산적 가치까지 부정되는 것은 아니다. 즉, 재산적 가치가 있는 것이라도 독립성이 없어 그 자체로 처분하여 현금화할 수 없는 권리는 집행(압류)의 목적으로 할 수 없는데, 그 대표적인 예로 상호권, 금전채권에 대한 추심권능 등이 열거되고 있다.[60]

(4) [참고판결]의 사안은, 법원을 기망한 소송사기 사안이 아니라, 피해자를 기망한 사기죄의 일반적인 경우라는 점은 앞서 언급한 바와 같다.

이다(대법원 1994. 6. 24. 선고 94다2886 판결 등).

58) 대법원 2000. 4. 11. 선고 99다23888 판결("채권에 대한 압류 및 추심명령이 있으면 제3채무자에 대한 이행의 소는 추심채권자만이 제기할 수 있고 채무자는 피압류채권에 대한 이행소송을 제기할 당사자적격을 상실한다").

59) 대법원 1997. 3. 14. 선고 96다54300 판결("추심채권자의 추심권능은 그 자체로서 독립적으로 처분하여 환가할 수 있는 것이 아니어서 압류할 수 없는 성질의 것이고 따라서 이러한 추심권능에 대한 가압류결정은 무효이며, 추심권능을 소송상 행사하여 그 판결에 기하여 금원을 지급받는 것 역시 추심권능에 속하는 것이므로 이러한 판결에 기하여 지급받을 채권에 대한 가압류결정도 무효라고 보아야 한다"). '추심권능'은 물론 '추심금소송 결과 지급받게 될 금원'에 대한 가압류결정까지 무효라는 취지이다.

60) 주석민사집행법[Ⅳ], 368면.

2. 장차 추심을 통한 집행채권 만족에 대한 (집행채권자의) 사실상 기대

(1) 전망이 불확실한 일반적인 경우

재산증가가 확실히 기대되는 경우가 아니라 단지 재산증가에 대한 사실상 기대 그 자체만으로는 사기죄의 객체인 구체적 이익이라고 볼 수 없다. 장차 추심을 통한 집행채권의 만족에 대한 사실상 기대는 특별한 사정이 없는 한 고도의 개연성이라기보다는 단지 불확실한 전망에 불과하다.

i) 추심채권자와 제3채무자와의 관계에서 추심권능이라는 추심채권자의 지위의 취득이 곧바로 추심금 자체의 취득은 아니다. 단지 추심채권자는 강제집행절차에서 집행법원의 수권에 따라 일종의 추심기관으로서 추심권능만을 부여받을 뿐이다.[61] 실제 추심과정에서 집행채무자의 제3채무자에 대한 피압류채권이 부존재하거나, 제3채무자의 집행채무자에 대한 대항사유 등에 따라 그 추심권능의 행사가 무위에 그칠 가능성이 얼마든지 있다.

ii) 제3채무자가 무자력인 경우도 얼마든지 있을 수 있고, 설령 제3채무자의 자력이 충분하다고 하더라도, 즉시 추심이 항상 가능한 것도 아니다. 추심명령은 압류채권자에게 채무자의 제3채무자에 대한 채권을 추심할 권능을 수여함에 그치고, 제3채무자로 하여금 압류채권자에게 압류된 채권액 상당을 지급할 것을 명하거나 그 지급기한을 정하는 것이 아니[62]기 때문이다.

iii) 추심채권자 1인에 의한 독점적 추심이 법률상 보장되지 않는다. 제3채무자는 압류의 경합이 발생하지 않은 경우에도 압류에 관련

61) 즉, ① 추심권능은 제3채무자에 대한 관계에서 피압류채권인 금전채권에 대한 청구 및 그 추심금의 수령 등을 의미한다. ② 압류의 효력에 의하여 제3채무자는 채무자에게 피압류채권에 관한 지급을 하여서는 아니 되고, 채무자는 위 채권의 처분과 영수를 하여서는 아니 되며, ③ 제3채무자로서도 정당한 추심권자에게 지급하면 피압류채권은 소멸하게 되는 효과가 있다.

62) 대법원 2012. 10. 25. 선고 2010다47117 판결.

된 금전채권의 전액을 공탁할 수 있다(민사집행법 제248조 제1항). 한편 그 집행절차상 압류의 경합이 발생한 경우, 즉 당해 피압류채권에 대한 압류경합이 있을 경우 이미 다른 압류채권자가 추심명령을 얻은 경우에도 다른 압류채권자는 중복하여 추심명령을 얻을 수 있다. 압류채권자가 추심절차를 게을리 한 때에는 다른 배당요구 채권자가 이를 직접 추심할 수도 있다(민사집행법 제250조). 압류의 경합이 발생한 경우 제3채무자가 집행공탁할 때 공탁해야 할 금액은 채무 전액이다.[63]

ⅳ) 압류경합의 경우에는 추심채권자가 직접 추심하더라도 그 청구금액 상당액을 전부 또는 일부를 취득하지 못할 가능성도 있다. 즉, 추심채권자가 채권을 추심한 때에는 집행법원에 서면으로 추심신고를 해야 한다. 추심신고를 할 때까지 다른 채권자의 압류, 가압류, 또는 배당요구가 없으면 추심신고에 의하여 추심한 채권 전액이 추심채권자에게 확정적으로 귀속된다. 그러나 추심신고 전까지 다른 채권자로부터 압류, 가압류, 또는 배당요구가 있으면 이미 추심한 금액을 공탁하고 배당절차에 들어가게 되며, 그 배당절차에서 다른 채권자들과 채권금액의 비율에 따라 안분하여 배당을 받게 된다.

만일 추심채권자가 추심을 마쳤음에도 지체 없이 공탁 및 사유신고를 하지 아니한 경우에는 그로 인한 손해배상으로서, 제3채무자로부터 추심금을 지급받은 후 공탁 및 사유신고에 필요한 상당한 기간을 경과한 때부터 실제 추심금을 공탁할 때까지의 기간 동안 금전채무의 이행을 지체한 경우에 관한 법정지연손해금 상당의 금원도 공탁하여야 할 의무가 있다.[64]

또한 추심채권자가 추심하고도 그 사유신고를 하지 않고 추심금

63) 대법원 2004. 7. 22. 선고 2002다22700 판결.

64) 대법원 2005. 7. 28. 선고 2004다8753 판결(추심명령을 얻은 추심채권자는 집행법원의 수권에 기하여 일종의 추심기관으로서 채무자를 대신하여 추심의 목적에 맞도록 채권을 행사하여야 하고, 특히 압류 등의 경합이 있는 경우에는 압류 또는 배당에 참가한 모든 채권자를 위하여 제3채무자로부터 채권을 추심하여야 한다).

을 임의처분한 경우 횡령죄가 성립된다. 즉, 추심채권자가 추심의 소를 제기, 승소하여 그에 따라 금원을 직접 추심하였다고 하더라도 그 금원은 추심채권자에게 귀속된다고 할 수 없고, 추심채권자가 이를 공탁하고 사유신고를 하기까지 경합채권자(경우에 따라서는 채무자 포함)들을 위하여 보관하는 지위에 있다.[65]

v) 압류경합의 경우 적어도 자신의 채권금액의 비율에 따라 안분배당받게 되더라도, 추심단계에서는 추심신고 이전까지 그 구체적인 수액조차 미정인 상태이다.

(2) 고도의 개연성 있는 예외적인 경우

예외적으로 추심권능의 취득이 장차 추심을 통한 집행채권의 만족에 대한 고도의 개연성이 있는 경우를 상정할 수도 있다. 예컨대, 제3채무자가 국가 또는 금융기관으로 무자력일 가능성이 없고, 피압류채권의 변제기도 임박해 있으며, 압류경합의 사정 또한 예견되지 않는 등 추심채권자의 추심권능 행사만 있으면 곧바로 실제 추심이 이루어지고 그에 따라 집행채권의 현실적 만족에 이를 것이 추심명령단계에서 이미 확실히 기대되는 예외적인 경우이다. 동산집행 내지 부동산집행에서 집행법원이 직접 환가 내지 현금화기능을 담당하는 것과는 달리, 추심명령에서는 추심채권자가 집행법원의 수권에 따라 일종의 추심기관으로서 추심기능을 담당하는 것인데, 강제집행절차에서 집행법원을 기망하는 집행채권자에게 있어서 추심권능의 취득은, 현금화기능의 독점을 통한 사실상 집행채권의 독점적 만족에 대한 고도의 개연성을 의미할 수 있기 때문이다.

i) 소송사기가 아닌 사기의 일반적인 경우라면 이러한 예외적인 경우만큼은 재산증가에 대한 확실한 기대 내지 고도의 개연성으로서 재산상 이익으로 취급될 여지가 충분한 것으로 보인다. 한편 이와 같이 고도의 개연성은, 판결절차를 통한 소송사기에서 '구체적 이익'의

65) 대법원 2003. 3. 28. 선고 2003도313 판결.

판단기준으로 제시된 '그 판결확정에 의하여 타인의 협력 없이 자신의 의사만으로 재물이나 재산상 이익을 얻을 수 있는 지위'와 "유사한 지위"로 평가될 여지도 충분히 있다. 추심채권자는 자신의 의사만으로 제3채무자에 대해 추심권의 행사가 가능하고, 그 추심금을 지급받았을 때 압류경합이 없는 이상 자신의 의사만으로 집행법원에 추심신고가 가능하기 때문이다. 피압류채권의 부존재 · 소멸은 추심의 소에서 다툴 사유이고 제3자의 것이면 제3자 이의의 소의 사유이며, 집행채권의 부존재 · 소멸은 청구이의의 소로 다툴 사유이지 즉시항고사유는 아니다.[66]

ⅱ) 다만 집행법원이 추심채권자에게 부여하는 것은 추심권능에 불과할 뿐 그 추심금에 대한 처분권을 부여한 것이 아니며, 추심명령으로 피압류채권이 추심채권자에게 이전되거나 귀속되는 것은 아니므로, 이러한 사실상의 기대에 전부명령과 사실상 유사한 효과를 인정하여 동등하게 취급할 것인지는 별개의 문제이다.[67] 또한 강제집행절차에서 집행법원의 재판은 판결절차에서의 이행판결이 아니라는 점에서 위 판례상 판단기준의 직접적인 적용대상은 아니다. 강제집행절차가 종결되기까지는 집행채무자 또는 제3채무자에 의한 집행채권 또는 피압류채권에 대한 쟁송을 통한 저지가능성의 문제가 여전히 남아 있다.

---

66) 대법원 1998. 8. 31.자 98마1535 결정("집행법원이 채권압류 및 추심명령의 결정을 함에 있어서는 채무명의의 유무 및 그 송달 여부, 선행하는 압류명령의 존부, 집행장해의 유무 및 신청의 적식 여부 등 채권압류 및 추심명령의 요건을 심리하여 결정하면 되고, 비록 그 채무명의인 집행증서가 무권대리인의 촉탁에 의하여 작성되어 당연무효라고 할지라도 그러한 사유는 형식적 하자이기는 하지만 집행증서의 기재 자체에 의하여 용이하게 조사 · 판단할 수 없는 것이므로 청구이의의 소에 의하여 그 집행을 배제할 수 있을 뿐 적법한 항고사유는 될 수 없다").

67) 피해자(집행채무자)에 대한 관계에서, '재산상 이익과 재산상 손해 사이에 소재의 동질성 결여 문제' 또는 '처분효과의 직접성 저촉 문제'에 대해 논의의 여지는 있을 수 있다. 대법원 1996. 10. 15. 선고 96도2227 판결(예식장 축의금 접수대에서 접수인인 것처럼 행세하여 축의금을 교부받아 가로챈 행위를 절취행위로 본 사례) 등 참조.

강제집행절차는 집행권원상의 청구권의 만족을 목적으로 하는 일련의 절차라는 점에서 강제집행절차의 특수성에 비추어 별도의 고찰이 필요한 문제이다.

(3) 잠정적인 중간 단계의 기대이익

요컨대, 사기죄에서의 '재산상 이익의 취득' 개념에 포섭시킬 수 있는 상태가 구체적으로 어떤 것인지는 개별적 법률상태에 따를 수밖에 없는 문제이다. 이는 그 인정범위가 좀더 협소한 소송사기에서도 마찬가지의 문제이며, 획일적인 판단은 어렵다. 장차 추심을 통한 집행채권의 만족에 대한 사실상 기대는 특별한 사정이 없는 한 고도의 개연성이라기보다는 단지 불확실한 전망에 불과하여, 이를 사실상 별다른 재산상 이익으로 평가할 만한 상태라고 보기는 어렵다. 다만 추심명령의 취득 단계에서 장래의 재산증가에 대한 고도의 개연성이 있는 경우를 상정할 수도 있으나, 집행채권의 현실적인 만족은 추심명령의 취득만으로는 부족하고 나아가 실제 추심권의 행사와 추심금의 수령 및 추심신고까지 이루어져야 그 강제집행절차가 종료된다는 점에서, 아직 실제 추심에 이르지 않는 한 잠정적인 중간 단계의 기대이익에 불과하다는 점은 분명하다.

Ⅴ. 채권추심명령을 통한 소송사기죄에서 기수시기

1. 견해의 대립

(1) 채권추심명령에 의한 '강제집행절차를 통한 소송사기죄'의 기수시기에 관하여, 다음과 같은 견해의 대립이 있을 수 있다. ㉠ 추심명령을 받은 때에 기수가 된다는 견해, 즉 집행채권자가 채권추심명령을 얻으면 집행채무자에 대한 관계에서 재산상 이익을 취득한 것이 되므로, 그 시점에서 사기이득죄의 기수에 이르렀다는 견해와 ㉡ 집행채권의 만족을 얻은 때에 비로소 기수가 된다는 견해, 즉 채권추심명

령은 피압류채권의 현금화를 위한 과정일 뿐이므로 아직 추심에 나아가지 아니한 이상 추심명령을 받은 것만으로는 사기취재죄의 미수에 불과하다는 견해의 대립을 상정할 수 있다.

(2) '강제집행절차를 통한 소송사기죄'의 기수시기에 관해서는, 배당절차와 관련하여 이와 유사한 견해의 대립이 있다. 이러한 견해 대립 역시 위와 같은 맥락의 연장선상에 있는 것으로 보인다. 즉 배당절차와 관련하여, ㉠ 배당표가 확정된 때에 기수가 된다는 견해[68]는, 경매의 경우에만 유독 다른 종류의 소송사기와 달리 현실적으로 경매대금의 배당을 받아야 기수가 된다고 볼 합리적인 이유도 없고, 또한 배당표의 확정으로 배당받을 지위라는 재산상 이익을 취득하였으므로 배당표의 확정시에 기수가 된다고 해석하는 것이 합리적이라는 견해이고, ㉡ 경매대금을 배당받은 때에 비로소 기수가 된다는 견해[69]는, 배당표의 확정은 실체법상의 권리를 확정하는 것이 아니므로 배당표가 작성되었을 때 기수에 이르는 것이 아니라 경매대금을 배당받은 때에 기수가 된다는 견해이다.[70]

2. 관련 판례

(1) 금전채권의 집행(금전집행)에서 집행대상재산이 부동산 또는 동산인 경우(부동산집행 또는 동산집행)

금전채권의 집행(금전집행)에서 '강제집행절차를 통한 소송사기죄'는, 전체로서 집행절차가 종료되는 때에 기수가 된다는 것이 판례의 원칙적인 입장으로 보인다. 즉, 동산이나 부동산에 대하여는 집행관이

68) 박동률, "소송사기의 착수시기와 기수시기에 관한 몇 가지 문제", 법학논고 25집, 2006. 12, 153면.

69) 김관구, 앞의 글, 178면; 김우진, 앞의 글, 94면; 노태악, 앞의 글, 167면; 주석형법[각칙(6)](제4판), 2006, 150면. 이와 달리 집행기관의 처분행위가 행해진 경우 곧바로 기수가 되고, 배당금을 수령한 때 완수가 된다는 견해도 있다(윤상도, "소송사기 — 대법원과 일본의 판례를 중심으로", 재판실무연구(2002), 2003, 278면).

70) 이러한 견해 대립 역시 강제집행절차에서는 청구권을 만족시키는 최종행위를 강제집행절차를 통한 소송사기의 처분행위로 보고 있음을 전제로 한 것이다.

유체동산을 압류하여 보관한 경우 사기미수죄에 불과하고,[71] 부동산에 대한 강제경매 개시결정이 있었으나 그 후 청구이의 신청으로 그 강제경매 개시결정이 취소된 경우 사기미수죄에 불과하다[72]고 한다. 이는 경매대금을 배당받은 때에 비로소 기수가 된다는 취지이다.[73] 일본의 판례도 같다.[74]

(2) 금전채권의 집행(금전집행)에서 집행대상재산이 채권인 경우 (채권집행)

1) **전부명령:** 금전채권의 집행(금전집행)에서 집행대상이 채권인 사안에서, 판례는 집행채권자가 피압류채권에 대해 '전부명령'을 받은 경우에는 그 채권의 추심 여부에 관계없이 사기이득죄의 기수가 되고, 그 기수시기는 전부명령을 제3채무자에게 송달된 때[75]라고 한다.[76] 일

71) 대법원 1988. 4. 12. 선고 87도2394 판결(판결확정 후 전액 변제받고서도 판결정본을 내세워 집달관으로 하여금 그 집행절차를 수임하게 하여 피해자 소유의 동산에 압류집행을 하도록 한 경우 사기미수죄라고 한 사례).

72) 대법원 1999. 12. 10. 선고 99도2213 판결(원인관계가 소멸한 약속어음 공정증서에 기하여 부동산에 대한 강제경매신청서를 제출하여 강제경매 개시결정을 받았으나 그 후 김○ ○의 청구이의 신청이 받아들여져 위 강제경매 개시결정이 취소된 경우 사기미수죄라고 한 사례).

73) 주석형법[각칙(6)], 150면.

74) 집행관이 유체동산을 압류하여 보관하였다고 하더라도 경매 매득금을 채권자에게 배당하지 않은 한 편취죄의 미수라고 한 사례(日大判 1904. 10. 7.) 등.

75) 대법원 1977. 1. 11. 선고 76도3700 판결("피고인이 타인명의로 채무자를 상대로 법원을 기망하여 지급명령과 가집행선고부 지급명령을 발부받고 이를 채무명의로 하여 채무자의 제3채무자에 대한 정기예금 원리금 채권에 대하여 채권압류 및 전부명령을 하게 하고 송달시켜 위 채권을 전부받아 편취한 경우에는 그로서 사기죄는 기수에 이르렀다 할 것이고 실제로 위 원리금을 은행으로부터 지급받아 취득하였는지 여부는 사기의 기수미수를 논하는 데 아무런 소장을 가져오지 않는다").

76) 현행 법제 하에서는 전부명령을 받음으로써 곧 사기죄의 기수가 되는 것이 아니라 위 전부명령이 '확정'됨으로써 사기죄의 기수가 된다고 해야 한다. 그 후 민사소송법이 개정되어 전부명령에 대하여 즉시항고할 수 있다(민사집행법 제229조 제6항)는 명문의 규정이 있고, 전부명령은 확정되어야 효력을 가진다(민사집행법 제229조 제7항)는 명문의 규정이 있기 때문이다(김우진, 앞의 글, 95면 참조).

본의 판례도 같다.77) 여기서 전부명령의 취득은 사실상 외형상의 취득으로 충분하다78)고 한다.

2) **추심명령**: 금전채권의 집행(금전집행)에서 집행대상이 채권인 사안에서, 집행채권자가 피압류채권에 대해 '추심명령'을 받은 경우에 대해서, 대상판결은 '추심명령을 받은 때'를 기수시기로 보고 있으나,79) 실제 추심한 때를 사기죄의 기수를 인정한 판결80)81)도 발견된다. 일본의 판례는 후자의 입장으로 보인다.82)

77) 타인의 채권을 양도받은 것처럼 가장하여 그 채권의 집행으로 제3채무자에 대한 채무자의 채권을 압류하여 전부명령을 받은 경우 제3채무자 및 채권자에게 전부명령을 송달한 때에 불법이득죄의 기수가 된다고 한 사례(日大判 1911. 2. 16.) 등.

78) 대법원 1975. 5. 27. 선고 75도760 판결("형법 제347조 소정의 재산상 이익처분은 그 재산상의 이익을 법률상 유효하게 취득함을 필요로 하지 아니하고 그 이익 취득이 법률상 무효라 하여도 외형상 취득한 것이면 족한 것이므로 피전부채권이 법률상으로는 유효한 것이 아니고 전부명령이 효력을 발생할 수 없다 하여도 피전부채권이나 전부명령이 외형상으로 존재하는 한 위 법조 소정의 재산상 이익취득이다").

79) 하급심판결로는, 대전고등법원 2015. 10. 2. 선고 2015노152 판결(피고인이 위조한 공증위임장에 기하여 작성된 채무변제계약 공정증서를 제출하면서 청구금액을 7,728,009,590원(=위조된 공증위임장상의 원금 3,565,000,000원+이자 4,163,095,590원)으로 하는 채권압류 및 추심명령을 신청하여 그 정을 모르는 위 법원으로부터 2011. 9. 6.경 위 금액의 채권압류 및 추심명령을 받은 사안에 대해, 허위로 작성된 공정증서를 법원에 제출하여 이 사건 추심명령을 받음으로써 사기죄는 기수에 이르렀다고 한 사례) 참조.

80) 대법원 2007. 9. 6. 선고 2007도4502 판결(피고인이 사실은 김○○에게 대여금으로 받을 돈이 없음에도 불구하고, 김○○의 정△△에 대한 건물 임차보증금반환채권을 가압류한 것을 기화로 위 가압류를 본압류로 이전하는 채권압류 및 추심명령을 신청하여 그 결정을 받아 정△△로부터 2003. 9. 15. 4,925,914원과 2004. 9. 3. 5,960,209원을 추심한 사안에 대해, 사기죄의 기수를 인정한 원심을 그대로 유지한 사례).

81) 하급심판결로는, 서울남부지방법원 2009. 6. 5. 선고 2009노81 판결(피고인들이 허위채권을 내용으로 하는 공정증서를 제출, 법원을 기망하여 공탁금출급청구권에 대한 채권압류 및 추심명령을 신청하여 그 정을 모르는 위 법원으로부터 압류·추심명령을 받았는데, 위 공탁금에 대한 배당절차에서 위 법원이 2007. 9. 20. 공소외 1에게 294,874원, 피고인 2에게 8,846,206원을 각 배당하는 내용으로 배당표를 작성하였으나, 공소외 1이 배당이의신청을 제기하는 바람에 배당받지 못한 사안에 대해, 사기죄의 미수라고 한 사례) 참조.

3. 검 토

(1) 손해발생의 필요 여부와 관련성

우선, 소송사기의 기수시기와 관련하여, 사기죄의 성립요건으로 "손해의 발생"이 필요한지 여부가 문제될 수 있으나, 필요설이 다수설이나 판례[83]는 불요설의 입장으로, 사기죄의 성립요건으로 "손해의 발생"을 요구하고 있지 않다. 우리 형법상 사기죄의 구성요건은 독일 형법(제263조)과 달리 "손해의 발생"이 명시되어 있지 않고, 재물교부나 재산상 이익의 취득이라는 행위자의 재산증가를 기준으로 조문이 구성되어 있으며,[84] 배임죄(제355조 제2항)의 경우에는 "손해를 가한 때"라는 요건이 명시되어 있는데다가, 절도나 강도와 같은 다른 재산죄에서도 재산상의 손해발생을 요구하지 않는다는 점 등이 감안된 것으로 보인다.[85] 따라서 적어도 판례의 해석론에서는 손해의 발생 여부가 소송사기의 기수시기와 직접 관련성 있는 문제로 보이지는 않는다.

(2) 일반적으로 범죄의 기수시기는 구성요건의 실현하여 완성하는 경우를 의미한다. 즉, "기수"는 구성요건의 형식적 실현을 의미한다. 사기죄의 기수시기는 재물 또는 재산상 이익의 취득이 이루어진 때이다. 즉, 행위자의 기망행위에 의하여 상대방이 착오에 빠지고 그 착오에 기하여 재산적 처분행위가 이루어지고 그 결과 재물 또는 재산상 이익의 이전이 이루어진 때[86]에 사기죄는 기수로 된다.

이론적으로만 본다면, 일련의 강제집행절차에서 집행법원의 각각의 재판작용이 경제적 가치가 있는 재산상 이익으로 평가하기에 충분

82) 채권이 없음에도 있는 것처럼 속여 공정증서를 작성하게 하고 당해 공정증서에 기해 채권압류 및 추심명령을 받은 후 제3채무자로부터 추심하여 변제받은 경우 사기죄의 기수를 인정한 사례(福岡地裁 久留米支部 1966. 6. 1. 판결) 등.

83) 대법원 1982. 6. 22. 선고 82도777 판결; 대법원 1984. 12. 26. 선고 84도1936 판결; 대법원 1992. 9. 14. 선고 91도2994 판결; 대법원 2003. 12. 26. 선고 2003도4914 판결; 대법원 2004. 4. 9. 선고 2003도7828 판결 등.

84) 특정경제범죄 가중처벌 등에 관한 법률 제3조 등에서 손해액이 아닌 이득액을 중심으로 규정되어 있다.

85) 조국, 앞의 글, 373면 등 참조.

86) 주석형법[각칙(6)], 143면 참조.

한 이상, 예컨대, 추심명령의 취득 자체, 배당표의 확정 자체 등을 재산상 이익의 취득으로 파악하여, 그 취득시점에서 강제집행절차에서의 소송사기죄의 기수를 인정하는 견해도 수긍할 여지가 있다. 특히 재산상 이익을 폭넓게 이해하는 한, 그러한 이론구성이 반드시 불가능한 것만도 아니다.

(3) 그럼에도 불구하고 금전채권의 집행(금전집행)에서 집행대상재산이 채권인 경우(채권집행)에서, 집행채권자가 피압류채권에 대해 '추심명령'을 받은 경우 강제집행절차를 통한 소송사기죄의 기수시기는 실제 추심하여 집행채권의 만족을 얻은 때로 보는 견해가 타당하다.

i) 일반사기에 대한 소송사기의 특수성이다. 소송사기죄는 법원의 재판을 대상으로 하는 이른바 삼각사기의 한 유형으로, 동산 또는 부동산에 대한 통상적인 사기죄의 경우와는 그 구조를 전혀 달리한다. 소송사기죄의 구성요건요소들은 일반 사기죄의 전형적인 구성요건요소들에 정확하게 부합하는 것이 아니다. 소송사기죄는 오히려 기망행위, 피기망자, 착오, 처분행위, 법원의 재판에 대한 '피해자의 처분행위를 갈음하는 내용과 효력' 인정 여부의 문제, 실행의 착수시기 등 그 구성요건요소의 충족과 관련하여 다분히 의제적인 면이 적지 않다.[87] 소송사기의 기수시기를 통상의 사기죄의 경우와 같이 파악하는 것은 삼각사기로서의 소송사기론의 구조에 들어맞지 않는 측면이 있다.

판례에 따르면, 동산 또는 부동산에 대한 통상적인 사기죄의 경우에는 그 기수시기가 현실의 점유가 이전된 때 또는 소유권이전의 등기를 마친 때[88]라는 것이나, 소송사기의 경우에는 그 기수시기가 승소판결이 확정된 때라는 것으로 서로 다르다. 이는 의제적인 면이 적지 않은 소송사기의 특수성에 비추어 가장 합리적인 시기를 소송사기의 기수시기로 확정한 것으로 볼 수 있다. 이와 같이 기수시기를 서로 달

87) 안경옥, 앞의 글, 233면 이하 참조.

88) 대법원 1960. 7. 27. 선고 4298형상283 판결; 대법원 1961. 7. 14. 선고 4292형상109 판결 등.

리 취급하는 것이 반드시 부당한 것으로 보이지는 않는다. 즉, 동산 또는 부동산에 대한 통상적인 사기죄의 경우 소유자의 처분행위로 인하여 비록 하자 있는 의사표시이기는 하나 실체법상 그 소유권의 유효한 이전이 있는 반면, 소송사기의 경우에는 승소확정판결이 있더라도 패소자는 기판력의 작용에 의하여 그 실체법상 권리관계를 소송상 주장할 수 없고, 승소자는 이행판결의 기판력과 집행력을 소송상 주장·행사할 수 있을 뿐 그 목적물인 동산 또는 부동산에 대한 실체법상 소유권이전의 효력은 없다는 점에서, 어차피 양자의 법률상태는 동일하지 않다는 차이가 있기 때문이다.

ii) 판결절차에 대한 강제집행절차의 특수성이다. 강제집행절차는 채권자의 신청에 의하여 국가의 집행기관이 집행권원에 표시된 사법상(私法)상의 이행청구권을 국가권력에 기하여 강제적으로 실현하는 절차이다.[89] 강제집행절차는 판결절차와 함께 광의의 민사소송에 속한다. 다수설은 강제집행도 판결절차와 더불어 소송절차의 형태로서 행하여지는 법률적 절차라고 한다(반대설은 강제집행절차를 비송절차라고 한다).[90] 그런데 판결절차와 강제집행절차는 그 목적, 성격이 판이하게 다르다. ① 판결절차는 권리 또는 법률관계의 존부의 확정, 즉 청구권의 관념적 형성을 목적으로 하는 절차이고, 강제집행절차는 권리의 강제적 실현, 즉 청구권의 사실적 형성을 목적으로 하는 절차이다.[91] ② 판결절차에서는 당사자가 가능한 한 대등한 지위에 있어야 하나, 강제집행절차에서는 이미 집행권원에 의하여 확인된 청구권의 실현을 목적으로 하기 때문에 채권자의 우월적·능동적 지위가 인정된다.[92]

89) 강제집행의 대상이 되는 것은 이행청구권에 한하는데, 판결의 경우에는 이행판결만이 이에 해당한다. 확인판결이나 형성판결은 집행력이 없기 때문에 강제집행의 여지가 없다. 확인판결은 그 확정에 의하여 분쟁해결의 목적이 달성되고, 형성판결은 그 확정에 의하여 일정한 법률상태가 형성된다.

90) 법원실무제요 민사집행[I], 8면.

91) 법원실무제요 민사집행[I], 9면; 주석민사집행법[I], 41면.

92) 주석민사집행법[I], 41면.

이와 같이 강제집행절차는 집행권원상 청구권의 실현(만족)을 목적으로 각종의 행위가 누적적으로 이루어지는 일련의 절차이다. 집행권원상 청구권을 실현시키는 최종단계에서의 청구권의 만족상태를 기수시기로 보면 충분하고, 그 실현(만족)이라는 일련의 절차과정 가운데 중간단계에서 파생되는 잠정적인 상태의 재산상 이익을 굳이 '재물 또는 재산상 이익을 얻을 수 있는 지위'라는 별도의 재산상 이익으로 새롭게 구성하여 기수시기를 인정할 이유는 없다고 본다. 강제집행절차를 통한 소송사기에서 일반적으로, 그 기수시기를 청구권의 만족시, 즉 직접적인 재물 등의 교부가 있는 때로 보는 것이 다수의 견해[93]이기도 하다.

iii) 청구권의 실현(만족) 이전의 중간단계에서의 일정한 상태를 재산상 이익으로 파악하여 '강제집행절차를 통한 소송사기'의 기수를 인정한다면, 판결절차나 강제집행절차를 구성하는 개개의 재판작용과 관련하여 그 중간단계에서 소송사기가 무수히 성립할 수 있다는 치명적인 문제점을 야기할 수 있다. 예컨대, 부동산집행, 동산집행 등에서 강제경매개시결정 자체, 압류명령 자체도 모두 재판작용인데, 강제집행 신청인은 이러한 집행법원의 결정 등에 의하여 경매절차를 진행할 수 있는 구체적인 절차적 권리를 취득하게 된다. 이론적으로 이를 사기죄에서의 재산적 가치 있는 구체적 이익으로 보아 강제경매개시결

93) 김관구, 앞의 글, 178면(동산이나 부동산에 대하여는 경매대금을 배당받은 때에 기수가 된다. 강제집행절차는 판결절차와 달리 실체법상 권리를 확정하는 절차가 아니라 집행권원에 의하여 청구권에 관한 직접적인 만족을 얻는 절차이기 때문에, 직접적인 재물 등의 교부가 있어야 기수에 이르렀다고 봄이 상당하다); 김우진, 앞의 글, 94면(집행절차단계에서 비로소 기망행위가 개재된 때에는 동산, 부동산 등에 대한 집행의 경우에는 그 경매대금을 배당받은 때가 기수시기가 될 것이다. 따라서 경매절차를 이용한 금원편위의 경우 집행관이 유체동산을 압류하여 보관한다고 하더라도 경매대금을 채권자에게 배당하지 않는 한 미수에 그친다); 노태악, 앞의 글, 167면(동산이나 부동산에 대하여는 경매대금을 배당받은 때에 기수가 된다. 배당표의 확정이 실체법상 권리를 확정하는 것이 아니므로, 행위자가 후순위이어서 배당을 못 받은 경우에는 미수에 그쳤다고 보아야 한다).

정이나 압류명령을 받는 것 자체도 독립된 소송사기가 된다고 구성하지 못할 바는 아니지만, 이러한 이론구성은 또다른 문제점을 야기할 수 있다는 것이다. 금전채권의 집행(금전집행) 절차과정에서 부동산집행의 '배당표의 확정시점' 또는 채권집행의 '추심명령을 받은 시점'은, 아직 강제집행의 목적인 청구권의 실현(만족) 이전인 그 중간단계의 잠정적인 상태에 불과하고, 청구권의 만족으로 집행절차가 종료한 것은 아니라는 점에서 소송사기의 미수라고 함이 타당하다.

iv) 강제집행절차는 집행권원상 청구권의 만족을 목적으로 이루어지는 일련의 절차라는 점에서 "하나의 강제집행절차 안에서" 이루어진 기망행위는 단일한 목적을 위한 누적된 수단에 불과하고, 이에 대한 집행법원의 관련된 수개의 재판작용 역시 단일한 목적을 향한 절차적으로 누적된 수단적 작용에 불과하다. 따라서 각각의 재판작용마다 소송사기죄와 관련하여 수개의 처분행위를 인정하기보다는 "하나의 강제집행절차 안에서" 청구권을 궁극적으로 만족시키는 최종적인 행위를 '강제집행절차를 통한 소송사기'의 처분행위로 봄이 타당하다.[94] 판결절차를 통한 소송사기의 경우에도 모든 절차가 종결되는 판결확정시점을 기수시기로 파악하는 것과 마찬가지로, 강제집행절차를 통한 소송사기의 경우 하나의 집행절차 안에서의 개개의 절차를 개별적으로 파악할 것이 아니라 청구권의 실현이라는 단일한 목적을 향한 일련의 절차로 파악하여, 그 집행절차의 종료시점 내지 청구권의 만족시점을 기수시기로 파악하는 것이 타당하다.

v) 이와 달리 채권추심명령을 받은 때를 기수시기로 본다면, 하나의 집행절차 안에서 그 후 발생하는 여러 다른 사정에 대한 합리적인 설명이 쉽지 않다. 즉, ① 집행채권자가 집행채무자의 다른 재산에 강제집행하기 위해서 압류명령의 취하 및 추심권을 포기한 경우,[95] 실

94) 김경수, "허위의 피담보채권에 기초하여 유치권에 의한 경매를 신청한 경우 소송사기죄의 실행의 착수에 해당하는지 여부", 대법원판례해설 94호(2012년 하), 2013, 624면 참조.

95) 법원실무제요 민사집행[Ⅲ], 359면 참조. 한편, 추심권의 포기는 기본채권(집행

제 추심의 전부 또는 일부가 실패한 경우, 별도로 제3채무를 상대로 추심의 소를 제기한 경우(민사집행법 제238조, 제249조 제1항) 등이다. 청구권의 만족이라는 목적이 아직 달성되지 않은 상태에서 이루어지는 일련의 행위라는 점만큼은 변함이 없기 때문이다. 또한 ② 집행채권자는 추심명령을 받은 이후 동일한 피압류채권에 관하여 다시 전부명령을 얻을 수 있는데, 이 전부명령에 의하여 압류한 채권은 채권자에게 이전되므로 추심명령은 당연히 소멸된다. 추심명령을 받은 때에 소송사기의 기수가 성립한다면, 그 후 동일한 피압류채권에 대하여 다시 "하나의 같은 절차에서" 전부명령을 받은 경우에 대해서도 합리적인 설명이 쉽지 않다. 즉, 추심명령만으로는 청구권의 만족이라는 목적이 달성되지 않았고, 이는 아직 전체 강제집행절차에서 청구권 만족의 이전 시점에서 단지 집행법원이 집행채권자에게 일종의 추심기관으로서의 추심권능만을 부여한 잠정적인 중간단계에 불과하기 때문이다.

vi) 사기죄의 기수시기의 문제는 특정경제범죄 가중처벌 등에 관한법률("특경법") 제3조의 적용 여부 및 그 이득액 산정과도 직결되는 문제이다. 만일 추심명령을 받은 때에 그 기수를 인정한다면,[96] 추심권능 내지 잠정적인 중간단계에서의 기대 이익에 대해 특경법 제3조의 적용 여부가 문제될 수 있다.[97] 특별한 사정이 없는 한 그 이득액

채권)에 영향을 미치지 아니한다(민사집행법 제240조 제1항 단서). 따라서 추심권의 포기는 압류의 효력에는 영향을 미치지 아니한다(위의 책, 360면).

96) 이 경우 기수가 되려면 물론 그 추심명령의 확정이 필요할 것이다. 추심명령에 대한 불복방법으로 즉시항고가 명시되어 있는바, 추심명령은 제3채무자에게 송달됨으로써 그 효력이 발생하고(민사집행법 제229조 제4항, 제227조 제3항), 추심명령에 대하여 즉시항고가 제기되더라도 이는 추심명령의 효력발생에는 영향을 주지 않는 것(민사집행법 제15조 제6항)이기는 하다. 그러나 소송사기의 기수시기가 "판결확정시"라는 것이 판례의 일관된 태도이고, 위 즉시항고는 그 집행절차 내에서 할 수 있는 불복방법이므로, 최종적으로 확정된 의사를 법원의 의사라고 보아야 하기 때문이다.

97) 특경법상 사기죄가 성립하려면 먼저 형법상 사기죄의 기수범이 성립하여야 하고, 이득액(즉, 그 범죄행위로 인하여 취득한 재물 또는 재산상 이익의 가액)이 적어도 5억 원 이상 또는 50억원 이상이 되어야만 한다. 이득액이 5억 원 이상 또는 50억 원 이상이라는 것은 범죄구성요건의 일부인데, 이는 엄격

의 구체적인 산정이 불가능한 경우에 해당할 것이므로[98] 이러한 경우 특경법 제3조가 적용될 여지는 없고 일반형법이 적용될 뿐인데, 기수를 인정하지 않더라도 형법상 사기미수죄로는 처벌이 가능하다. 장차 추심을 통한 집행채권 만족에 대한 고도의 개연성이 있는 예외적인 경우에도 이는 청구권의 현실적 만족이 아니라 그 과정인 잠정적인 중간단계에서의 기대 이익에 불과하다는 점에서 죄형균형의 원칙 내

한 증명의 대상이므로, 이득액의 구체적 산정이 불가능한 경우에는 특경법 제3조가 적용될 수 없다. 자세한 것은 이주원, 특별형법(제4판), 2016, 385면 이하 참조.

98) 압류명령이 원칙적으로 그 수액의 범위 내에서 압류의 효력이 미치는 것과는 달리, 추심명령의 효력은 그 채권전액에 미친다(민사집행법 제232조 제1항). 여기서 '그 채권전액'이란 추심명령에 특별한 제한이 없는 한 압류된 채권의 전액, 즉 집행채무자의 제3채무자에 대한 채권 전액을 의미하는 것이고, 집행채권의 범위로 제한되는 것이 아니다. 여기서 압류명령에서 채권자는 그 청구금액을 변제받기 위하여 집행권원에 기초하여 채권압류를 신청하는 것이고, 이에 기초하여 압류 및 추심명령이 발령되는 것이므로, 추심명령을 통하여 집행채권자가 취득하는 특경법상 이득액을 '압류명령의 청구금액'으로 볼 수 있는지 여부가 문제될 수는 있다.

우선, 추심권능 그 자체는 그 객관적 교환가치를 산정하기 어려울 것이므로, 그 자체의 이득액 역시 구체적인 산정이 불가능한 경우에 해당함은 이론의 여지가 없다. 그렇다고 하여 집행채권자(추심채권자)의 압류명령상의 청구금액을 곧바로 그 이득액으로 보기도 어렵다. 집행채권자가 추심권능을 취득한 이후에도, ① 집행채권자는 집행법원의 수권에 따라 일종의 추심기관으로서 추심권능만을 부여받을 뿐, 이로 인하여 집행채무자가 제3채무자에 대하여 가지는 채권이 추심채권자에게 이전되거나 귀속되는 것은 아니므로(대법원 2001. 3. 9. 선고 2000다73490 판결; 대법원 2008. 11. 27. 선고 2008다59391 판결 등 참조) 집행법원의 현금화기능을 대신 수행할 뿐인 그 권능의 잠재적인 가능성의 가치를 곧바로 (압류명령상의) 청구금액 상당액과 동일시할 수는 없고, ② 실제 추심과정에서 집행채무자의 제3채무자에 대한 피압류채권이 부존재하거나 제3채무자의 집행채무자에 대한 대항사유 등에 따라 그 추심권능의 행사가 무위에 그칠 가능성이 얼마든지 있으며, ③ 그 집행절차상 당해 피압류채권에 대한 압류경합이 있을 경우 (위 집행채권자가 실제 추심한다면 어차피 이에 대해 "사실상" 독점적 만족을 얻으려고 하겠지만) 다른 배당요구채권자가 이를 추심함으로써 위 집행채권자가 청구금액 상당액을 취득하지 못하거나, 위 집행채권자가 직접 추심하더라도 압류경합에 의하여 그 청구금액 상당액을 전부 또는 일부를 취득하지 못할 가능성도 있기 때문이다.

지 책임주의 원칙과 관련하여 여전히 문제의 소지가 있다. 추심명령을 받은 것만으로 소송사기의 기수를 인정할 실익은 별로 없다고 본다.

vii) 전부명령의 경우와는 사정이 다르다. 전부명령은 전부명령의 송달로써 압류된 채권 자체가 집행채권의 지급에 갈음하여 집행채무자로부터 집행채권자에게 이전하는 것으로, 그 현실적인 추심 여부와 관계 없이 집행채권은 권면액에서 소멸하고, 집행절차가 모두 종료된다. 따라서 전부명령에 의한 경우는, 전부명령을 받은 때, 구체적으로는 전부명령이 확정된 때가 기수시기라고 보는 것이 타당하고, 이설이 없다. 전부명령을 받은 이후 이를 실현하는 절차는 유효하게 취득한 권리를 행사하는 절차이므로, 전부명령을 받은 때에 사기죄는 기수에 이르고, 실제로 피전부채권을 지급받아 취득하였는지 여부는 사기죄의 기수에 아무런 소장을 가져 오지 않는다.[99]

요컨대, 채권추심명령을 통한 강제집행절차에서의 소송사기는 그 기수시기를 집행채권자가 추심명령을 받은 것만으로는 부족하고 나아가 실제 추심하여 추심금을 수령하는 등 '집행채권의 만족을 얻은 때'에 그 기수가 된다고 함이 타당하다.

다만 여기서 청구권의 만족은 실제 추심을 통한 추심금의 현실적인 수령 또는 제3채무자에 대한 집행채권자의 상계의 의사표시 등 그 재산상의 이익을 사실상, 외형상 취득한 것으로 족하다[100]고 할 수 있다. 따라서 추심명령을 얻은 집행채권자가 제3채무자로부터 압류한 채권을 추심하면, 설령 추심신고의 절차를 이행하지 않았거나 또는 압류경합의 경우 추심신고 내지 집행공탁 등의 절차를 이행하지 않았더라도, 특별한 사정이 없는 한 추심금 내지 그 상당액에 대한 사실상·외형상 취득이 인정되는 시점에서 추심명령에 의한 소송사기의 기수가 된다고 할 수 있다.

---

99) 대법원 1977. 1. 11. 선고 76도3700 판결.
100) 전부명령에 관한 대법원 1975. 5. 27. 선고 75도760 판결 참조.

Ⅵ. 결 론

소송사기는 법원의 재판을 대상으로 하는 이른바 삼각사기의 한 유형으로, 사기죄의 일반적인 경우와는 그 구조를 달리하여 그 구성요건요소의 충족과 관련하여 다분히 의제적인 면이 적지 않다. 사기죄에서의 재산상 이익을 폭넓게 이해하는 한, 강제집행절차의 중간단계에서의 집행법원의 재판작용을 그러한 재산상 이익으로 파악하여 그 취득시점에서 강제집행절차에서의 소송사기죄의 기수를 인정하는 이론구성이 반드시 불가능한 것만도 아니다. 그러나 강제집행절차는 집행권원상 청구권의 실현(만족)을 목적으로 각종의 행위가 누적적으로 이루어지는 일련의 절차라는 점에서, 하나의 강제집행절차에서 그 종료시점 내지 청구권의 만족시점을 기수시기로 파악하는 것이 타당하다.

채권추심명령을 통한 강제집행절차에서의 소송사기의 기수시기는, 집행채권자가 추심명령을 받은 것만으로는 부족하고, 나아가 실제 추심하여 추심금을 수령하는 등 '집행채권의 만족을 얻은 때'에 비로소 기수가 된다고 봄이 타당하다.

[주 제 어]
소송사기, 추심명령, 재산상 이익, 기수시기, 강제집행절차

[Key words]
procedural fraud, collection order, pecuniary advantage, time of consummation, compulsory execution procedure

접수일자: 2017. 5. 10. 심사일자: 2017. 6. 1. 게재확정일자: 2017. 6. 5.

[참고문헌]

김성돈, 형법각론(제4판), 성균관대학교 출판부, 2016.

김일수, 한국형법Ⅲ[각론 상], 박영사, 1997.

이시윤, 신민사집행법(제5판), 박영사, 2009.

이재상, 형법각론(제8판), 박영사, 2012.

이주원, 특별형법(제4판), 홍문사, 2016.

임 웅, 형법각론(제7정판), 법문사, 2016.

김상원 외 4인(편집대표), 주석민사집행법[Ⅰ], 한국사법행정학회, 2004.

____________________, 주석민사집행법[Ⅳ], 한국사법행정학회, 2004.

박재윤(편집대표), 주석형법[각칙(6)](제4판), 한국사법행정학회, 2006.

법원실무제요 민사집행[Ⅰ], 법원행정처, 2003.

법원실무제요 민사집행[Ⅲ], 법원행정처, 2003.

大塚仁 외 3인, 大コンメンタール刑法(제2판) 제13권, 청림서원, 2000.

김관구, "소송사기죄에 대한 실무적 재검토", 사법논집 56집, 법원도서관, 2013.

김경수, "허위의 피담보채권에 기초하여 유치권에 의한 경매를 신청한 경우 소송사기죄의 실행의 착수에 해당하는지 여부", 대법원판례해설 94호(2012년 하), 법원도서관, 2013.

김우진, "소송사기의 이론적 기초 및 그 구성요건에 대한 제검토 — 대법원 판례를 중심으로", 서울대학교 대학원, 1993. 8.

노태악, "소송사기의 구성요건적 분석 — 최근 대법원 판례를 중심으로", 사법연수원논문집 1집, 사법연수원, 2004.

박동률, "소송사기의 착수시기와 기수시기에 관한 몇가지 문제", 법학논고 25집, 경북대학교 출판부, 2006. 12.

박종민, "지급명령신청에 의한 소송사기와 그 기수시기", 대법원판례해설 50호, 법원도서관, 2004.

안경옥, "소송사기의 가벌성", 형사판례연구[10], 박영사, 2002.

윤상도, "소송사기 — 대법원과 일본의 판례를 중심으로", 재판실무연구

(2002), 광주지방법원, 2003.
정진수, “소유권보존등기말소 소송을 통한 소송사기의 성립요건과 기수시기”, 정의로운 사법(이용훈대법원장 재임기념), 사법발전재단, 2011.
조관행, “추심명령에 의한 추심에 관한 제문제”, 재판자료 35집: 강제집행·임의경매에 관한 제문제(상), 법원행정처, 1987.
조 국, “부동산소유권보증등기말소청구를 통한 소송사기의 성립요건, 실행의 착수시기 및 기수시기”, 비교형사법연구 8권 2호, 한국비교형사법학회, 2006. 12.
천진호, “소취하와 사기죄에 있어서 재산적 처분행위”, 비교형사법연구 5권 1호, 한국비교형사법학회, 2003. 7.

[Abstract]

The meaning of 'obtaining pecuniary advantage' and the time of consummation in procedural fraud committed through creditor's collection order

Rhee, Joo-Won*

Procedural fraud is a type of a so-called triangular fraud targeting to mislead the judgment of the court, which differs from the structure of a general fraud in that it has some aspects of deeming it sufficient to satisfy its constituent elements.

When a broad-minded approach is taken to interpret the element of 'pecuniary advantage' in the context of fraud, it is not impossible to construct a theory that procedural fraud in compulsory execution is consummated when a judgment of the executive court at the intermediate stage of the enforcement process is identified as such 'pecuniary advantage'.

However, since the compulsory execution procedure is a series of procedures in which various actions are cumulatively carried out to satisfy the claim based on court judgment/arbitral award which has become final and conclusive, the time of consummation should be when the claim is satisfied or when the compulsory execution procedure terminate.

Regarding the time of consummation of procedural fraud, which is related to the issuance of a collection order in a compulsory execution procedure, it is insufficient for the execution creditor merely to obtain an issuance of a collection order but further need the satisfaction of claim by actually collecting the seized claim etc.

* Professor, Law School, Korea University, Ph.D in Law.

Abstract

The meaning of 'obtaining pecuniary advantage' and the time of consummation in procedural fraud committed through creditor's collection order

'직무수행 사실'과 '공무원 의제'에 따른 구성적 신분범의 처벌 문제*

이 경 렬**

[대상판결] 대법원 2016. 1. 14. 선고 2015도15798 판결 〈도시정비법상 조합 임원의 뇌물 사건〉

[판시사항]

도시 및 주거환경정비법상 정비사업조합의 임원이 조합 임원의 지위를 상실하거나 직무수행권을 상실한 후에도 조합 임원으로 등기되어 있는 상태에서 계속하여 실질적으로 조합 임원으로서 직무를 수행하여 온 경우, 그 조합 임원을 같은 법 제84조에 따라 형법상 뇌물죄의 적용에서 '공무원'으로 보아야 하는지 여부(적극)

[판결요지]

도시 및 주거환경정비법(이하 '도시정비법'이라고 한다) 제84조의 문언과 취지, 형법상 뇌물죄의 보호법익 등을 고려하면, 정비사업조합의 임원이 정비구역 안에 있는 토지 또는 건축물의 소유권 또는 지상권을 상실함으로써 조합 임원의 지위를 상실한 경우나 임기가 만료된 정비사업조합의 임원이 관련 규정에 따라 후임자가 선임될 때까지 계속하

* 이 논문은 2017년 3월 6일 대검찰청 디지털포렌식센터 2층 베리타스홀에서 개최된 제295회 형사판례연구회에서 발표한 "정관에 따른 '직무수행 사실'과 법률상의 '공무원 의제'에 의한 구성적 신분범으로서의 처벌 문제"를 수정·보완한 연구임.

** 성균관대학교 법학전문대학원 교수, 법학박사.

여 직무를 수행하다가 후임자가 선임되어 직무수행권을 상실한 경우, 그 조합 임원이 그 후에도 조합의 법인 등기부에 임원으로 등기되어 있는 상태에서 계속하여 실질적으로 조합 임원으로서의 직무를 수행하여 왔다면 직무수행의 공정과 그에 대한 사회의 신뢰 및 직무행위의 불가매수성은 여전히 보호되어야 한다. 따라서 그 조합 임원은 임원의 지위 상실이나 직무수행권의 상실에도 불구하고 도시정비법 제84조에 따라 형법 제129조 내지 제132조의 적용에서 공무원으로 보아야 한다.

[사실관계]

1) 위 대상판결에서 원심판결 이유 및 원심이 적법하게 채택한 증거에 의해 인정한 사실관계는 다음과 같다:

① 이 사건 ○○2구역 주택재개발 정비사업조합(이하 '○○2구역 조합'이라고 한다)의 정관은 조합원과 임원의 자격과 지위에 관하여 다음과 같이 규정하고 있다. 조합원은 사업시행구역 안의 토지 또는 건축물의 소유자 또는 그 지상권자로 한다(제9조 제1항). 조합원은 임원의 선임권 및 피선임권을 갖는데(제10조 제1항 제3호), 조합원이 건축물의 소유권 등을 양도하였을 때에는 조합원의 자격을 즉시 상실한다(제11조 제1항). 조합의 임원은 총회에서 조합 설립에 동의한 조합원 중에서 선임하고, 임기가 만료된 임원은 그 후임자가 선임될 때까지 그 직무를 수행한다(제15조 제2, 5항).

② 피고인 1은 2007. 7. 2. ○○2구역 조합의 이사로 선임되어 2009. 7. 2. 그 임기가 종료되었다. ○○2구역 조합은 2011. 5. 21. 정기총회를 개최하여 피고인 1의 후임이사를 포함하여 조합의 이사 9명을 모두 선출하였다. ○○2구역 조합은 2012. 5. 12. 다시 임시총회를 개최하여 피고인 1을 조합장으로 선출하고 후임이사 9명을 선출하였으며, 2012. 6. 11. 피고인 1 등의 이사 퇴임과 후임이사들의 이사 취임 등기를 마쳤다.

③ 피고인 1은 2007. 7. 2. ○○2구역 조합의 이사로 선임될 당시

○○2구역 조합 사업시행구역 안에 있는 부산 수영구 광안동(주소 생략) 소재 토지 및 건물(이하 '광안동(주소 생략) 부동산'이라고 한다)을 소유하고 있었다. 그런데 피고인 1은 2010. 8. 25. 강제경매로 인한 매각으로 광안동(주소 생략) 부동산의 소유권을 상실하였다.

④ 피고인 1은 2010. 8. 25. 광안동(주소 생략) 부동산의 소유권을 상실하거나 2009. 7. 2. 이사의 임기가 만료되고 2011. 5. 21. 후임이사가 선출된 후에도 조합사무실에서 열리는 임원회의에 적극적으로 참석하는 등 여전히 이사로서 조합의 중요한 의사결정에 참여하였고, 대외적으로도 위와 같이 조합 이사로 등기된 상태에서 이사로 행세하며 조합장 선출을 위하여 총회를 개최하기 위한 활동을 계속하면서 공소외인으로부터 총회 개최 비용 등의 명목으로 이 사건 돈을 수수하기도 하였다.

2) 한편 '피고인 2는 2010. 12. 27. 공소외 2 주식회사를 설립하고 2011. 3. 11. 부산광역시에 정비사업전문관리업 등록을 한 후 그때부터 정비사업전문관리업을 하는 사람'인데, 피고인 1과 함께 2011. 4. 20.경 부산 연제구에 있는 ☆☆☆☆식당에서 ♨♨개발 대표 피고인 3(대판: 공소외인)을 만나 향후 ○○2구역 주택재개발사업의 철거용역업체로 선정해 주겠다고 약속하고 그 대가로 1억 원을 수수하였다.

또한 피고인 2는 2011. 9. 29.경 부산 동래구에 있는 자신이 운영하는 공소외 2 주식회사 사무소에서, 위와 같은 명목으로 피고인 3(대판: 공소외인)의 심부름으로 온 공소외 10으로부터 2천만 원을 수수한 후, 1천만 원은 피고인 1의 지시에 따라 소송비용으로 법무법인 ◐◐ 명의 계좌로 송금하고 나머지 1천만 원을 피고인 1에게 교부하였다.[1)]

1) 부산지방법원 2015. 4. 1. 선고 2014고합673, 2015고합18(병합), 31(병합) 판결 중 2014고합673 범죄사실 참조.

[소송의 경과]

○ 제1심 판결: 부산지방법원 2015. 4. 1. 선고 2014고합673, 2015고합18(병합), 31(병합) 판결[2)]

1) 제1심에서 ① 피고인 2가 운영하는 공소외 2 주식회사는 이 사건 범행이 일어난 2011. 4. 20.경과 2011. 9. 29.경 당시 조합에 의해 정비사업전문관리업체로 선정되지 않은 상태여서 도시정비법 제84조에 의해 의제되는 피고인 2의 지위는 '공무원 또는 중재인이 아니라 공무원 또는 중재인이 될 자에 해당한다'고 변소하고, ② 부산지법 2014고합673 사건의 범행당시 시행중이던 구 도시정비법(2010. 4. 15. 법률 제10268호로 개정되기 전의 것)에서는 현행법과 달리 시공자와 공사에 관한 계약을 체결할 때 철거공사에 관한 사항을 포함시켜야 할 의무가 조합에게 부과되지 않으므로 '철거업체 선정에 관한 업무'에 있어서는 피고인 2가 공무원으로 의제되지 않는다고 변소하였다.

2) 위 ①의 변소에 대해 제1심 판결은 "정비사업전문관리업자의 임·직원이 일정한 자본·기술인력 등의 기준을 갖추어 시·도지사에게 등록한 후에는 조합설립추진위원회로부터 정비사업전문관리업자로 선정되기 전이라도 그 직무에 관하여 뇌물을 수수한 때에 형법 제129조 내지 제132조의 적용대상"이 되고,[3)] 이 사건의 경우 피고인 2는 위 공소외 2 주식회사를 설립하고 2011. 3. 11. 부산광역시에 정비사업전문관리업 등록을 마쳤기 때문에 정비사업 업무에 관한 한 2011. 3. 11.부터 바로 공무원으로 의제되는 것이다.

또한 위 ②의 주장에 대해서는 '도시정비법 제69조 제1항 제4호에 설계자 및 시공자 선정에 관한 업무의 지원을 정비사업전문관리업자

2) 이 중 2014고합673 사건은 피고인 1과 2의 뇌물수수의 공동범행 및 피고인 3의 뇌물공여를, 2015고합18 사건은 피고인 1의 피해자 공소외 3에 대한 상해를, 2015고합31 사건은 피고인 3의 피해자 피고인 2에 대한 상해를 각 공소사실로 한 것이 병합된 것이다. 여기서는 위 [대상판결]과 관련이 있는 2014고합673 사건을 중심으로 논의를 진행한다.

3) 대법원 2008. 9. 25. 선고 2008도2590 판결 참조.

의 업무 중 하나로 규정'되어 있으므로 비록 범행당시 조합이 시공자와 공사에 관한 계약을 체결할 때 철거공사에 관한 사항을 포함시켜야 할 의무가 법률에 의해 조합에게 부과되지 않았다고 하더라도, '철거공사가 재건축사업의 진행과정상 필요불가결한 공사인 점에 비추어 보면 철거공사의 시공자 선정에 관한 업무도 도시정비법 제69조 제1항 제4호 소정의 정비사업전문관리업자의 업무에 포함된다고 할 것'이라는 이유로 그 주장을 받아들이지 않았다.

제1심법원인 부산지방법원은 위 피고인 2를 징역 5년 및 벌금 1억2천만 원에 처하고, 피고인 1에 대해서는 검사의 뇌물수수의 공소사실에 대해 "별다른 언급 없이 정비사업전문관리업체의 대표자로서 도시정비법에 따라 공무원으로 의제되는 피고인 2의 범행에 그러한 신분이 없는 피고인 1이 가담한 것으로 보고 피고인 1에게 형법 제33조를 적용"하여 징역 6년 및 벌금 2억 원에 처하는 한편, 이들 피고인이 위 각 벌금을 납입하지 아니하는 경우 각 30만 원을 1일로 환산한 기간 노역장에 유치하는 환형처분도 선고하였다.[4]

○ **항소심 판결**: 부산고등법원 2015. 9. 24. 선고 2015노221, 423(병합) 판결

3) 피고인들의 항소에 대해,[5] 원심판결[6]인 부산고등법원은 제1심

4) 이와 동시에 제1심 판결은 피고인 1에 대해 1억2천만 원의 추징과 함께 위 벌금 및 추징금에 상당한 금액의, 피고인 2에 대해서는 위 벌금에 상당한 금액의 각 가납을 명하였다.

5) 대상판결과 관련되어 있는, 피고인들의 항소이유의 요지는 제2심에서 아래와 같이 정리되어 있다. 먼저 피고인 1은 ① 피고인 2와 공모하여 공소외 1(대판: 공소외인)로부터 철거용역업체 선정 대가로 금품을 수수한 사실이 전혀 없음에도, 신빙성이 없는 공소외 1(대판: 공소외인) 등의 진술만을 증거로 이 부분 공소사실을 유죄로 인정한 원심판결에는 '사실오인의 위법'이 있고, ② 피고인 2가 대표자로 있는 공소외 2 주식회사는 이 사건 금품수수 당시 ○○2구역 조합의 정비사업전문관리업체가 아니었고, 조합과 관련한 어떠한 업무도 수행한 적이 없으므로, 피고인 2의 이 사건 금품수수 행위에 대해 직무관련성이 인정되지 않아 뇌물죄가 성립하지 않는다. 그럼에도 피고인 2에게 뇌

판결에서와 달리 피고인 1은 이 사건 범행 당시 ○○2구역 조합의 이사로서의 자격을 상실하지 않았으므로 도시정비법 제84조에 의해 공무원으로 의제된다고 보았다:

○○2구역 조합의 이사인 피고인 1의 2년 임기는 2009. 7. 2. 종료되었으나, 이 사건 금품수수 당시까지도 후임이사를 선출할 수 없어 피고인 1은 법인등기부등본에 여전히 이사로 등기되어 있었을 뿐만 아니라 ○○2구역 조합의 정관 제15조 제5항은 "임기가 만료된 임원은 그 후임자가 선임될 때까지 그 직무를 수행한다."라고 정하고 있으므로, 피고인 1은 임기만료 후에도 후임이사가 선임될 때까지 이사로서 권한과 책임이 있다고 판단하였다.[7] 나아가 "임원의 임기가 만료된 이후에도 임원들이 필요할 때 조합사무실에서 모여 회의 등을 하였고, 피고인 1 역시 임원회의마다 참석"하였을 뿐만 아니라 ○○2구역 조합의 '조합장 선출을 위해 임기가 만료된 뒤에도 이사의 지위에서 총회를 개최하려 한 사실'도 인정하였다.

다른 한편, 피고인 1은 ○○2구역 조합 사업시행구역 안에 있는 부산 수영구(주소 2 생략) 소재 토지 및 건물(이하 '수영구 부동산'이라고 한다)에 관하여 2007. 12. 27.부터 자신과 공소외 9가 공유관계였다가 2012. 3. 16.에 비로소 공소외 9의 공유지분을 모두 매수하여 단독소유

물죄가 성립함을 전제로 피고인에게 형법 제33조에 따른 공범으로서 이 부분 공소사실을 유죄로 인정한 원심판결에는 '법리오해의 위법'이 있다.
다음으로 피고인 2는 공소외 2 회사의 대표자인 자신이 피고인 1을 조합장으로 취임할 수 있도록 도와주려고 한 것은 정비사업전문관리업무와 전혀 무관하고, 이 사건 금품수수 당시 피고인 2는 ○○2구역 조합의 정비사업전문관리업체로 선정되지도 않았으며, 위 조합과 관련하여 정비사업전문관리업자로서의 업무를 사실상 담당하고 있지도 않았으므로, 뇌물죄에 있어서 직무관련성이 인정되지 아니함에도 이 부분 공소사실을 유죄로 인정한 원심판결에는 '법리오해의 위법'이 있다.

6) 부산고등법원 2015. 9. 24. 선고 2015노221, 423(병합) 판결.

7) 피고인 1이 조합장으로 선출된 2012. 5. 12.에서야 후임이사 9명도 선출되었으며, 그에 따라 피고인의 이사 퇴임은 2012. 6. 11.자로, 후임이사들의 취임등기는 2012. 6. 5.자로 각 등기되어 있다.

하게 되었고 2007. 12. 27.부터 2012. 3. 16.까지 대표조합원은 공소외 9였기 때문에 ○○2구역 조합의 정관 제9조 제4항(토지 또는 건물의 소유권을 수인이 공유하는 경우 그 수인을 대표하는 1인을 조합원으로 보고, 그 대표조합원만이 조합원으로서의 법률행위를 할 수 있다는 내용), 제10조(조합원의 자격이 있는 자만이 조합 임원의 선임권과 피선임권을 가진다는 내용)에 따라 위 수영구 부동산의 소유만으로는 임원 또는 조합원의 자격이 없었고, 같은 구(주소 3 생략) 제나동 제1층 제105호(이하 '제나동 부동산'이라고 한다)에 관한 소유권은 2011. 4. 8.에 취득했으므로 위 정관 제15조 제2항 제2호(피선출일 현재 사업시행구역 안에서 1년 이상 건축물 또는 토지를 소유한 자로서 사업시행구역 관할 행정동 안에서 10년 이상 연속 거주하고 있는 자)에 따라 소유권을 취득한 지 1년이 지나지 않은 이 사건 금품수수 시기인 2011. 4. 8. 및 2011. 9. 29.에는 조합임원에 선출될 자격이 없었으며 조합임원도 아니었다고 주장하였다.

4) 그러나 원심법원에서는 피고인 1은 2007. 7. 2. ○○2구역 조합의 이사로 선임되었는데, 당시 광안동(주소생략) 부동산[8]의 소유자로서 이사자격에 아무런 문제가 없었다. 비록 제나동 부동산의 취득시기가 2011. 4. 8.이어서 정관 제15조 제2항 제2호의 요건을 충족하지 못한 것으로 보더라도 위 수영구 부동산의 공유지분의 소유로 정관 제15조 제2항 제2호 소정의 1년 이상 소유 요건을 갖춘 것으로 볼 수 있다. 대표조합원으로서 '법률행위를 할 자격'을 갖춘 여부와 공유지분을 소유하여 '조합원의 자격'을 지니는 여부는 별개로 파악하여야 할 것이기 때문이다. 또한 피고인 1은 조합장이 되기 위해 임원의 자격요건을 잃지 않도록 노력하였을 뿐만 아니라 2011. 5. 21. 총회를 대비하여 법무법인으로부터 위 각 부동산에 관하여 각 분양대상자에 해당하여 임원후보자격이 있다는 취지의 의견서를 받기까지 하였다는 점 등에 비추어 이 사건 금품수수 당시 피고인 1이 임원으로서의 자격을 상실하

8) 위 광안동 부동산은 2010. 8. 25. 강제경매로 제3자에게 소유권이 이전되었다가 2011. 9. 14. 매매로 피고인 1에게 다시 소유권이 이전되었다.

였다고 볼 수 없다고 판단하였다.

다음으로 피고인 2의 뇌물죄에서의 직무관련성에 대하여 "공무원이 얻는 어떤 이익이 직무와 대가관계가 있는 부당한 이익으로서 뇌물에 해당하는지 여부는 당해 공무원의 직무의 내용, 직무와 이익제공자와의 관계, 쌍방간에 특수한 사적인 친분관계가 존재하는지의 여부, 이익의 다과, 이익을 수수한 경위와 시기 등의 제반 사정을 참작하여 결정하여야 할 것"[9]이고, 이는 도시정비법 제84조에 의하여 공무원으로 의제되는 정비사업전문관리업자의 임·직원의 경우도 마찬가지이다. 이 경우 "임·직원이 얻는 어떤 이익을 직무와 대가관계가 있는 부당한 이익으로서 뇌물에 해당하는 것으로 보려면 정비사업전문관리업자가 반드시 정비조합이나 조합설립추진위원회와 사이에 특정 재건축·재개발 정비사업에 관하여 구체적인 업무위탁계약을 체결하여 그 직무에 관하여 이익을 취득하여야 하는 것은 아니라고 할 것"[10]이라는 법리에 따라 "피고인 등이 공소외 1(대판: 공소외인)로부터 받은 이 사건 돈은 피고인 등의 직무와 대가관계가 있는 부당한 이익으로서 뇌물에 해당하는 것"으로 인정하였다.

5) 항소심인 부산고등법원은 제1심의 판결 중 배상명령을 제외한 모든 부분을 파기하고 자판하면서 피고인 1, 2에 대한 제1심의 판결 주문을 그대로 유지하였다.[11]

[판례연구]

Ⅰ. 들어가는 말

1) [대상판결]은 주택재개발 정비사업 조합의 임원이 직무수행권을 상실한 후에도 조합의 법인등기부에 임원으로 등기되어 있는 상태

9) 대법원 2007. 4. 27. 선고 2005도4204 판결 참조.
10) 대법원 2008. 9. 25. 선고 2008도2590 판결 등 참조.
11) 다만 환형유치에 있어서는 단수금액을 버리는 것으로 부가하였다.

에서 계속하여 실질적으로 조합의 임원으로서의 직무를 수행한 이상, 그 직무수행의 공정과 그에 대한 사회의 신뢰 및 직무수행의 불가매수성은 여전히 보호되어야 한다는 이유에서 피고인들의 상고를 모두 기각하였다.

그러나 여기서 유의해야 할 점은 대상판결에서는 사실관계의 일부를 원심법원과는 다르게 확정하고 있다는 사실이다. 즉, 대상판결은 피고인 1을 포함한 ○○2구역 조합의 후임임원의 선출시기를 2011. 5. 21.로 보고, 이 사건 금품수수 당시에 피고인 1은 ○○2구역 조합 이사의 직무수행권을 상실한 것으로 전제하고 있다. 또 사업시행구역 안에 있는 피고인 1의 다른 부동산에 대한 소유관계와 조합원의 자격요건에 대해서는 언급함이 없이, 피고인 1은 광안동(주소생략) 부동산의 소유자였으나 그에 대한 소유권을 상실함으로써 조합원의 자격 및 조합 이사의 지위를 상실하였다는 전제에서 전술한 판결요지와 같이 판단한다.[12)]

2) 뇌물죄는 공무원 또는 중재인이 직무집행과 관련하여 부당한 이득을 취하는 것을 내용으로 하는 범죄이다. 형법 제129조 제1항 소정의 수뢰죄가 공무원의 신분범이라는 것은 다언이 필요 없는 자명한 사실이다. 여기서 구성요건요소인 '공무원'이라는 신분은 법적 지위이다. 신분범에서 범행당시에 외형적으로는 그 신분을 갖추고 있는 것처럼 보이지만, 그 신분의 획득과정에 하자가 있거나 또는 존속요건을 갖추지 못하여 법적으로 그 신분이 유효하다고 볼 수 없는 경우에도 신분범의 범죄가 성립하는지가 문제될 수 있다. 이는 결국 신분범의 구성요건의 일부를 이루는 신분개념의 범위를 확장하는 문제이기 때문에 죄형법정주의와 관련되어 있다.

---

12) 대법원의 입장에서는 자신의 결론, 이른바 '대는 소를 포함한다.'는 논증에 따라 조합원이나 임원이 아닌 경우에도 임원으로 등기되어 있고 정관에 근거하여 임원의 직무를 수행한 사실이 있다면 사실상의 임원으로 판단되며, 뇌물죄의 보호법익을 감안하여 의제 공무원으로 뇌물죄의 주체성을 긍정해야 한다는 것이다. 그렇다면 원심법원에서와 같이 굳이 피고인 1의 조합원 자격의 유지나 지위에 관한 사실 확정은 핵심논제가 아니었을 것이다.

이와 관련하여 최근 상반되는 두 개의 판결이 보이는데,[13] 하나는 대법원 2014. 3. 27. 선고 2013도11357 판결(이하 '비교판결 1'이라고 한다)로서, 임용결격사유가 있어 공무원 임용이 당연무효인 자도 수뢰죄의 주체가 될 수 있다고 판시한다. 이에 반해 대법원 2014. 5. 22. 선고 2012도7190 전원합의체 판결(이하 '비교판결 2'라고 한다)에서는 조합설립인가처분이 무효여서 처음부터 도시정비법상의 조합이 성립되었다고 할 수 없는 경우 그 성립되지 아니한 조합의 임원은 도시정비법상의 범죄의 주체인 조합임원에 해당하지 않는다고 판단하고 있다. 참고로 도시정비법 제84조는 "형법 제129조 내지 제132조의 적용에 있어서 추진위원회의 위원장 · 조합의 임원 및 정비사업전문관리업자의 대표자(법인인 경우에는 임원을 말한다) · 직원 및 위탁관리자는 이를 공무원으로 본다."라고 규정하여 정비사업을 추진하기 위한 조합의 임원에 대해서는 공무원으로 의제하여 뇌물죄의 주체성을 인정하고 있다.

3) 위 대상판결의 사안처럼 피고인 1이 조합 임원의 지위를 상실하거나 직무수행권을 상실한 이후에도 임원으로 등기되어 있는 상태에서 실질적으로 임원으로서의 직무를 수행한 이상 그를 도시정비법 제84조의 공무원으로 의제되는 임원에 해당한다고 보는 것은 피고인에게 불리한 형법상 금지되는 유추가 아닌지 의문이다. 이에 대해 대상판결의 논지와 같이 긍정적으로 답할 수 있다고 하더라도 이제는 그와 같은 가벌성의 확장이나 창설이 국회가 제정한 형식적 의미의 성문법률에 해당하지 않는 정관상의 규정에 의하여 그 신분적 자격과 지위를 연장하더라도 죄형법정주의 파생원칙의 하나인 성문법률주의에 위배되는 것은 아닌지가 검토되어야 한다.

헌법상으로도 일정한 경우 예외적으로 법률 이외의 명령이나 규

13) 대법원의 두 개의 판결에 대해서는 상충된다는 의견도 있고, 양 판결이 모순되지 않는다는 견해도 있다. 상충되는 것처럼 보인다는 견해로는 이근우, "법률적 무효와 이미 존재했던 사실상태의 형법적 취급", 형사판례연구[23], 박영사, 2015, 43면. 이에 대해 반드시 모순되는 것은 아니라는 견해로는 오영근, "2014년도 형법판례 회고", 형사판례연구[23], 박영사, 2015, 736면.

칙에 의하여 범죄와 형벌을 규정하는 것을 허용하고 있다. "특히 긴급한 필요가 있거나 미리 법률로써 자세히 정할 수 없는 부득이한 사정이 있는 경우에 한하여" 법률의 하위규범에 위임하여 범죄와 형벌에 관한 법규를 규정할 수 있다. 형벌법규에 대한 위임입법의 범위와 한계에 관하여 대법원 판례는 일관되게 위임법률이 구성요건을 규정하고 있는 경우에는 "처벌대상인 행위가 어떠한 것인지 예측할 수 있을 정도로 구체적으로 정해야 하고", 형벌에 대해 규정한 경우에는 "형벌의 종류 및 그 상한과 폭을 명확히 규정"해야 한다고 판시하고 있다.[14] 이러한 요구를 충족시키지 못하는 경우 그와 같은 형벌법규는 헌법상 포괄위임입법금지의 원칙에 반하는 규정으로서 헌법위반이 된다.[15] 요컨대, 조합의 정관을 법률의 하위규범으로 볼 수 있는지, 정관에 의하여 조합 임원으로 실제 활동했다는 사실과 도시정비법에 의한 공무원 의제가 동일한 차원의 (평가)문제로 볼 수 있을 것인지가 문제의 중핵이다.[16]

이하에서는 대상판결과 관련이 있는 유사사안에 대한 최근 대법원판례에서의 법리와 비교하여 대상판결처럼 의제공무원의 범위를 확대하는 일에 제동을 걸고자 한다.

---

14) 대법원 2000. 10. 27. 선고 2000도1007 판결; 대법원 2002. 11. 26. 선고 2002도2998 판결; 대법원 2006. 6. 15. 선고 2004도756 판결 등 참조. 위의 2가지 허용요건을 충족하는 경우 명령 등의 하위규범도 보충규범의 형태로 범죄와 형벌에 관한 사항을 규정할 수 있다. 나아가 시행규칙에 재위임하는 것도 가능하다.

15) 헌법재판소 2000. 7. 20.자 99헌가15 결정.

16) 물론, 관련 법령의 체계적 이해에 따르면 주택재개발 정비사업 조합의 정관은 법률의 하위보충규범으로 이해가능하다. "도시 및 주거환경정비법"상으로 위 조합에는 법인격이 인정되며(동법 제18조 제1항), 법인의 설립에는 정관의 작성과 설립등기를 필요로 하는데(민법 제40조, 제49조 제2항 참조) 특히 "도시 및 주거환경정비법" 제20조 제1항은 정비사업조합의 정관에 필요적 기재사항을 구체적으로 적시하고 있을 뿐만 아니라 동조 제2항에서는 국토교통부장관에게 이들 내용이 포함된 표준정관의 작성과 보급을 요청하기까지 하고 있다. 이에 따르면 이 조합의 정관을 법률의 하위보충규범으로 인정하는 데에는 이론의 여지가 없다.

Ⅱ. 유사사안의 판례 법리와 비교

1. 비교판결 1의 경우

1) 대상판결에서 제시되어 있는 실질적 논거의 하나가 '형법상 뇌물죄의 보호법익'인데, 이는 공무원의 "직무집행의 공정과 그에 대한 사회의 신뢰 및 직무행위의 불가매수성"을 보호하는 것이다. 비교판결 1에 의하면, 법령에 기한 임명권자에 의하여 임용되어 공무에 종사하여 온 사람이 나중에 임용결격자로 밝혀져 당초의 임용행위가 무효라고 하더라도, 그가 임용행위라는 외관을 갖추어 실제로 공무를 수행한 이상 공무수행의 공정과 그에 대한 사회의 신뢰 및 직무행위의 불가매수성은 여전히 보호되어야 한다. 따라서 이러한 사람은 형법 제129조에서 규정한 공무원으로 봄이 타당하고, 그가 직무에 관하여 뇌물을 수수한 때에는 수뢰죄로 처벌할 수 있다고 한다.[17)]

2) 그런데 비교판결 1에서 대법원은 뇌물죄의 보호법익만을 강조하고 구체적 논증 없이 결론을 제시하고 있다. 비교판결 1의 원심판결[18)]에 제시되어 있는 긍정설의 구체적 논거로는 ① 형벌법규의 해석에는 법률문언의 통상적인 의미를 벗어나지 않는 한 그 법률의 입법취지와 목적, 입법연혁 등을 고려한 목적론적 해석이 배제되는 것이 아니라는 점, ② 형법 제129조에서의 공무원이라 함은 국가공무원법과 지방공무원법상 공무원 및 다른 법률에 따라 위 규정을 적용할 때 공무원으로 간주되는 자 외에 법령에 기하여 국가 또는 지방자치단체 및 이에 준하는 공법인의 사무에 종사하는 자도 포함한다는 점, ③ 법령에 의한 임용권을 가지는 자에 의해 임용되고 공무를 담당하게 된 자라면 그 직명 내지 자격이 법령에 규정되어 있는지 아닌지를 불문하고 위 법령에 기하여 공무에 종사하는 자라고 할 수 있다는 점, ④ 임용결격공무원이 임용결격사유가 발견되기 전에 국민에 대하여 행한

---

17) 대법원 2014. 3. 27. 선고 2013도11357 판결.
18) 춘천지방법원 2013. 9. 4. 선고 2013노445 판결.

직무집행의 효력은 사후에 임용결격사유가 밝혀진다고 하더라도 당연히 무효로 되는 것은 아니라는 점, ⑤ 뇌물죄가 공무원의 직무행위의 불가매수성 및 직무집행의 공정과 이에 대한 사회의 신뢰를 그 보호법익으로 하고 있다는 점이다.

3) 위와 같은 판례의 법리에 대해 학계에서는 가벌성을 확장하는 유추에 해당한다고 비판한다.[19] 비판의 주요 논거는 대략 다음과 같이 정리된다. ① 당연무효의 법리에 의하면, 처음부터 공무원의 지위가 인정될 수 없다는 무효에 관한 판례이론의 당연한 귀결은 신분범의 주체성을 부인하는 것이다. ② 구성적 신분에 해당하는 '형법상의 공무원'에 명문의 규정 없이 이른바 '해석상 공무원'을 포함시키는 것은 형법상 금지된 유추에 해당한다. ③ 이른바 해석상 공무원을 공무원의 개념에 포함시킨다고 하더라도 공무원의 임용이 당연무효인 경우, 실제로 공무에 종사한 사실이 있다고 하여 이를 '법령에 근거에 기하여' 공무에 종사하는 것으로 볼 수 없다. ④ 판례의 긍정설은 뇌물죄의 보호법익을 강조하는데, 이는 처벌의 필요성을 강조하는 것에 지나지 않는다.

한편 학계의 비판적 견해들 중에는 비교판결 1의 사안과 같은 경우 처벌의 필요성이 있다는 점까지 부인하는 것은 아닌 것으로 보인다. 예컨대, 배임수재죄가 성립할 수 있으므로 무리하게 뇌물죄를 적용할 필요가 없다고 하는 견해[20]도 있고, 이론상 불능미수가 성립할 수 있으므로 뇌물죄의 미수범 처벌규정을 신설할 필요가 있다는 입법론[21]도 제시되어 있다.

---

19) 반병동, "임용결격사유로 인하여 임용이 당연무효인 공무원이 뇌물을 수수한 경우 뇌물죄가 성립되는지 여부", 판례연구 제27집, 부산판례연구회, 2016. 2, 53면 이하; 박동률, "임용결격자에 대한 공무원임용과 뇌물죄에서의 공무원", 법학논고 제47집, 경북대학교 법학연구원, 2014. 8, 207면 이하; 최호진, "임용결격공무원에 대한 뇌물죄의 성립가능성", 인권과 정의 제444호, 대한변호사협회, 2014. 9, 73면 이하 등.

20) 반병동, 앞의 논문; 박동률, 앞의 논문 등.

21) 최호진, 앞의 논문, 88면.

2. 비교판결 2의 경우

1) 비교판결 2에서는 주택재개발 정비사업을 시행하려는 어떤 조합이 조합설립인가처분을 받았다 하더라도 그 인가처분이 무효여서 처음부터 구 도시정비법 제13조에서 정한 조합이 성립되었다고 할 수 없는 경우, 그 성립되지 아니한 조합의 조합장, 이사 또는 감사로 선임된 자는 구 도시정비법 제85조 제5호 위반죄 또는 제86조 제6호 위반죄의 주체인 '조합의 임원' 또는 '조합임원'이라고 할 수 없다고 보아 그러한 자의 행위에 대해서는 구 도시정비법 제85조 제5호 위반죄 또는 제86조 제6호 위반죄로 처벌할 수 없다고 판시한다.[22]

비교판결 2는 수뢰죄의 주체로서의 공무원과 직접적인 관련은 없지만, 신분범에서 그 신분이 법적으로 유효하지 않기 때문에 외관상 신분이 있는 것처럼 보이더라도 형법상 비신분자로 취급된다는 것을 판시하고 있어서 위 대상판결(및 비교판결 1)과 대비되는 판결이다. 특히 여기서 문제된 도시정비법은 대상판결에서 문제되고 있는 법률이기도 하다. 비교판결 2의 다수의견의 논리에 따라 '그 성립되지 아니한 조합의 이사로 선임된 자'가 '조합임원'에 해당하지 않는다고 보면, 결국 도시정비법 제84조도 적용될 수 없어 이러한 자는 수뢰죄의 주체가 될 수 없다고 해야 한다.

2) 그런데 이와 같은 비교판결 2의 다수의견과 달리 위 대상판결에서는 조합원의 자격이 없어 임원의 지위 및 직무수행권을 상실한 상태에서 사실상 임원으로서의 직무를 수행한 자에 대해 공무원을 의제함으로써 뇌물죄의 주체성을 인정하고 신분범의 성립을 긍정했는데, 그와 같은 대법원의 규범논리에 모순은 없는 것인지 아니면 이를 달리 보아야 할 합리적인 근거가 있는 것인지를 검토할 필요가 있다. 이를 위해 먼저 비교판결 2의 다수의견 및 이를 보충하는 보충의견[23]

22) 대법원 2014. 5. 22. 선고 2012도7190 전원합의체 판결.

23) 다수의견 대법원장 양승태(재판장), 대법관 양창수, 민일영, 이인복, 이상훈, 김용덕(주심), 박보영, 김소영, 조희대 및 다수의견에 대한 대법관 이인복, 이상훈, 김용덕의 보충의견.

의 주요논거를 정리하면, ① 조합설립인가처분은 조합에 행정주체의 지위를 부여하는 설권적 처분이다. ② 조합설립인가처분의 무효는 아직 인가처분을 받지 아니한 경우와 아무런 차이가 없으므로, 이러한 경우 공법인으로서의 조합의 실체는 처음부터 존재하지 않는다. ③ 도시정비법 제85조 제5호 및 제86조 제6호는 조합이 성립되어 공법인이라는 특수한 지위에서 정비사업에 관한 업무를 수행함을 전제로 하는데, 조합이 불성립한 경우에는 위 규정들의 적용대상이 되지 않는다. ④ 대법원은 종래 형사처벌의 전제가 되는 행정처분이 무효인 경우 형사처벌을 할 수 없다[24]는 견해를 밝혀 왔고, 이러한 법리는 이 경우에도 타당하다. ⑤ 피고인에게 불리한 확장해석이나 유추해석은 금지되는데, 도시정비법상의 '조합임원'은 범죄성립을 위한 구성요건이고, 이는 원칙적으로 개별 법령의 해석으로 결정되는 것이지 형사법에 독자적인 개념이나 판단 영역이 있는 것이 아니다. 따라서 조합설립인가처분이 무효여서 조합임원이라는 법적 지위가 인정될 수 없는 이상, 형사처벌을 위하여 이를 달리 볼 수는 없다. 특히나 형벌법규의 해석은 엄격해야 하며, 명문의 형벌법규의 의미를 피고인에게 불리한 방향으로 지나치게 확장해석하거나 유추해석하는 것은 죄형법정주의의 원칙에 비추어 허용되지 않기 때문에 더욱 그러하다.[25]

---

24) 대법원은 "소방시설 설치유지 및 안전관리에 관한 법률" 제9조에 의한 소방시설 등의 설치 또는 유지·관리에 대한 명령이 무효인 경우에 위 명령에 따른 의무위반이 생기지 아니하므로 행정형벌을 부과할 수 없다고 판단하였고(대법원 2011. 11. 10. 선고 2011도11109 판결 참조), 또한 조세범처벌법 제9조 제1항의 조세포탈죄는 납세의무자가 국가에 대하여 지고 있는 것으로 인정되는 일정액의 조세채무를 포탈한 것을 범죄로 보아 형벌을 과하는 것으로서, 조세포탈죄가 성립하기 위하여는 조세법률주의에 따라 세법이 정한 과세요건이 충족되어 조세채권이 성립해 있어야 하므로, 세법이 납세의무자로 하여금 납세의무를 지도록 정한 과세요건이 구비되지 않는 한 조세채무가 성립하지 않음은 물론 조세포탈죄도 성립할 여지가 없다고 판단하였다(대법원 1989. 9. 29. 선고 89도1356 판결; 대법원 2005. 6. 10. 선고 2003도5631 판결 등 참조).

25) 대법원 2011. 8. 25. 선고 2011도7725 판결 등 참조.

3) 이와 달리 비교판결 2의 반대의견 및 반대의견의 보충의견의 주요논거는 다음과 같이 정리된다.[26] ① 형법은 그 규범목적에 따라 사법이나 공법의 효력과 일치시키지 아니하고 형법적 보호를 부여할 수 있으므로 공법상의 당연무효 법리가 형법의 해석에 그대로 적용될 것은 아니다. ② 다수의견에 의한 해석은 형법의 법익보호 기능을 근본적으로 부정한다. ③ 조합설립인가처분이 무효라고 하더라도, 무효가 확정되기 전까지는 실체가 있는 행정처분으로 작용하면서 공법질서를 형성하므로 조합이 공법상의 지위를 상실하는 확정적인 판단을 받기까지는 조합임원에 대한 법적 명령이나 금지가 유효하게 존재한다. 조합원과 조합의 법적 이익을 정당하게 보호할 수 있기 위해서는 조합의 지위에 관한 최종적·확정적 판단에 관계없이 조합설립인가처분에 의하여 실제로 법적 실체를 갖게 된 조합은 투명하고 공정하게 운영될 수 있도록 하여야 하기 때문이다. ④ 형법은 행위규범으로서 행위당시의 실체를 전제로 금지나 명령을 하므로, 행위당시의 실체 그 자체에 대해 적용되고 해석되어야 한다. 조합임원이 시공자 등으로부터 금품을 수수하였다면 그 시점에서 범죄가 성립된다. 이와 같이 행위시점에 그 행위자가 객관적으로 조합임원이었고, 자신이 조합임원이라는 사실을 분명하게 인식한 상태에서 조합임원에게 주어진 법적 명령이나 금지를 위반한 이상, 이 범죄성립 이후에 조합설립인가처분 무효 확인 또는 취소의 판결이 확정되었다고 하더라도 행위당시의 형벌규정에 의해 처벌되는 것은 죄형법정주의를 위반하는 것이라 할 수 없다. 나아가 범죄행위가 기수에 이른 후에 생겨난 조합설립인가처분 무효 또는 취소라는 사정을 반영하여 이미 성립된 범죄를 그에 관한 재판시점에서 달리 평가할 수 있느냐의 문제는 죄형법정주의와 차원을 달리하는 별개의 문제에 해당한다.

---

26) 대법관 신영철, 고영한, 김창석, 김신의 반대의견 및 반대의견에 대한 대법관 김창석의 보충의견.

3. 대상판결과의 비교

1) 위 대상판결과 비교판결 1, 2는 모두 '법률상 효력 없는 신분'을 가진 자가 '사실상·외견상의 신분'을 가진 채로 신분범의 구성요건을 실현시킨 사안이라는 데에 공통점이 있다.[27] 대상판결과 비교판결 1에서는 신분범의 요건은 '외견상의 신분'으로 충족되는 데 반해, 비교판결 2에서는 이와 달리 '법률상 효력 있는 신분'을 갖추어야 한다고 판시하고 있어 서로 모순되는 판결인 것으로 볼 수 있다. 하지만 이를 일반화할 수는 없을 것이다. '신분범'의 종류에 속하는 범죄라 하더라도 개별조문의 해석에 따라서는 '외견상의 신분'까지 포함하는 규정도 있을 수 있고, 반대로 '법률상 효력 있는 신분'에만 국한해야 하는 경우도 있을 수 있기 때문이다.

특히 비교판결 2의 경우, 도시정비법 제85조 제5호 및 제86조 제6호는 동법 제24조 또는 제81조의 위반행위를 처벌하는 규정인데, 이들 벌칙규정은 조합의 설립이 유효임을 전제로 하여 조합원의 이해 등을 보호하기 위하여 조합임원에게 의무를 부과한 규정이라는 점을 감안한다면, 조합의 설립이 무효인 경우에 그 단체의 임원은 위 규정상의 의무를 부담하는 주체라고 보기 어렵다고 할 것이다.[28]

이와 달리 비교판결 1의 경우에서처럼 공무원의 임용결격사유가 있다고 하더라도 그 사람이 공무원으로서 공무를 수행하지 않은 것은 아니므로 뇌물죄의 주체가 될 수 있다고 해석할 수 있을 것이다. 같은 취지에서 어떤 법적 행위가 무효로 판단되어 그 법적인 효과가 부정되는 경우라고 하더라도 이는 본래부터 존재하지 않았던 것과 같은 존재론적 無의 상태를 의미하는 것은 아니다. 법률행위의 효력을 법원이 무효라고 판단하더라도 그것이 곧 사실상태가 존재하지 않은 것까

27) 오영근, 앞의 논문, 735면.

28) 특히 오영근, 앞의 논문, 736면에서는 위 대상판결과 비교판결 2에는 그 처벌규정의 위치 차이에 근거하여 대법원의 규범논리가 반드시 모순되는 것도 아니며 비교판결 2가 비교판결 1의 입장을 변경하는 것으로 해석할 필요도 없다고 한다.

지 의미하는 것은 아니라는 것이다.[29)] 민법이나 행정법에 의하여 무효에 해당하는 경우라도 이를 당연무효의 법리에 따라 형법적 관점에서도 그대로 적용되지는 않는다. 민법 등에서의 법률행위의 효력판단과 형법에서의 사실행위에 대한 불법판단에는 그 차이가 있기 때문이다.[30)] 이런 점을 위 대상판결에서는 직무수행의 사실에서 "공무수행의 공정과 그에 대한 사회의 신뢰 및 직무행위의 불가매수성은 여전히 보호되어야" 하는 것으로 강조하고 있다. 같은 맥락에서 대상판결도 도시정비법상 ○○2구역 조합이 당연무효의 조합인 것이 아니며 다만 조합의 임원이 임기만료 후에도 사실상 그 조합의 임원으로 활동한 경우이므로, 그와 같은 활동에는 뇌물죄에서 상정하고 있는 행위반가치가 인정될 여지가 있다고 본다.

2) 앞에서 신분범의 경우에 그 신분의 개념과 범위가 반드시 '법률상 효력이 있을 것'을 요구하는 것은 아니라고 하였다. 대상판결에 있어서도 법률상 효력이 없는 신분임에도 불구하고 그 신분범의 신분에 포함될 여지가 있었던 경우는 아니었을까 추단해볼 수 있다.

그런데 위와 같은 해석은 형법상 뇌물죄의 주체에 관한 해석을 기존의 대법원 판례와 같이 넓게 인정할 경우에만 가능한 것이다. 즉 기존의 대법원 판례와 같이, '공무원' 또는 '공무원으로 간주되는 자'뿐만 아니라 이런 자들과 마찬가지의 활동을 하는 자[31)]까지 형법 제129조 내지 제132조의 '공무원'에 해당한다고 보게 되면, 임용결격사유가 있었던 공무원(비교판결 1)이나, 본래 공무원으로 의제되는 신분을 갖

29) 이근우, 앞의 논문, 37면.

30) 오영근, 앞의 논문, 736면에서도 뇌물수수죄에서 '공무원'의 개념은 형법에 규정되어 있어 형법의 독자적 관점에서 해석될 여지가 많지만, 도시정비법 같은 법률에서의 '조합임원'의 개념 해석은 형법과 달리 행정법적 관점에서 엄격하게 해석될 필요가 있다고 하여 비교판결 2의 입장을 수긍하는 긍정적인 평가를 한다.

31) 판례의 표현을 빌리면, "법령에 기하여 국가 또는 지방자치단체 및 이에 준하는 공법인의 사무에 종사하는 자로서 노무의 내용이 단순한 기계적·육체적인 것에 한정되어 있지 않은 자"를 의미한다(대법원 2011. 3. 10. 선고 2010도14394 판결 참조).

추었었지만 그 신분을 상실한 후에도 여전히 계속하여 동일한 활동을 하던 자(대상판결)도 뇌물죄의 주체로 볼 여지가 있을 것이다. 그러나 뇌물죄의 주체에 관한 이러한 해석 자체는 가벌성을 확장시키는 확장해석 내지 유추로서 죄형법정주의에 위반될 것이다. 위 대상판결의 핵심은 수뢰죄의 주체로서 '공무원'으로 의제되는 범위에 관한 것이므로 판례상 공무원의 개념 · 범위를 선결적으로 검토해야 할 것이다. 형법에 규정되어 있는 '형법상 고유한 개념의 인정범위'를 형법의 독자적 관점을 강조하여 해석하여야 하는 경우에는 더욱 그러할 것이다.

Ⅲ. 뇌물죄의 주체인 공무원의 의미

1. 판례상 공무원의 개념

1) 대법원의 반복된 판시에 따르면, 뇌물죄에 있어서 공무원이란 "국가공무원법과 지방공무원법상 공무원 및 다른 법률에 따라 위 규정들을 적용할 때 공무원으로 간주되는 자 외에 법령에 기하여 국가 또는 지방자치단체 및 이에 준하는 공법인의 사무에 종사하는 자로서 노무의 내용이 단순한 기계적 · 육체적인 것에 한정되어 있지 않은 자를 말한다."[32] 특히 엄밀한 의미의 '공무원' 또는 '공무원으로 간주되는 자'를 넘어 대법원이 해석상 인정하고 있는 '법령에 기하여 (중략) 사무에 종사하는 자'를 학계에서는 이른바 '해석상 공무원' 또는 '공무원 개념의 확장'이라고도 지칭한다.[33]

32) 대법원 2011. 3. 10. 선고 2010도14394 판결 등 다수.

33) 해석에 의한 공무원 개념의 확장은 국가공무원법, 지방공무원법 등에서 규정하고 있는 공무원 또는 공무원 간주규정에 의한 공무원이 아니더라도 해석에 의하여 뇌물죄의 주체인 공무원으로 보고 뇌물죄를 적용하는 것을 의미한. 이를 인정하는 이유는 반드시 개별법령에 기한 신분상 공무원의 지위에 있지 않더라도 법령에 근거하여 공무를 수행하는 이상 그러한 공무의 공정성이나 불가매수성, 즉 뇌물죄의 보호법익은 보호되어야 하기 때문이다(이광훈, "판례평석: 도시 및 주거환경정비법상 조합 임원에 대한 공무원 개념의 확장", 법률신문 2017. 4. 17.).

2) 종래 학계에서는 이른바 해석상 공무원을 일반적으로 인정하여 왔지만, 이러한 해석이 가벌성을 확대하므로 금지되는 확장해석 내지 유추가 아닌가 하는 의문도 없지 않았다. 그런 차제에 최근 헌법재판소는 형법상 뇌물죄에 대해 한정위헌결정[34]을 하면서 "형법 제129조 제1항의 '공무원'은 국가공무원법 · 지방공무원법에 따른 공무원이나, 다른 법률에 따라 이 사건 법률조항의 공무원으로 간주되는 사람으로 해석된다."면서, "그런데 법원은 국가공무원법이나 지방공무원법에 따른 공무원이 아님에도 법령에 기하여 공무에 종사한다는 이유로 공무원 의제규정이 없는 사인을 형법 제129조 제1항의 공무원에 포함된다고 해석하여 왔는바, 이는 결국 처벌의 필요성만을 지나치게 강조하여 범죄와 형벌에 대한 규정이 없음에도 구성요건을 확대한 것으로 죄형법정주의와 조화될 수 없다."고 결단하였다.

3) 실제로도 대법원의 기존 태도에서 일관되게 나타났던 표현은 대법원 2012. 7. 26. 선고 2012도5692 판결을 마지막으로 더 이상 판례에서 등장하지 않는데, 이는 2012. 12. 27.에 있었던 헌법재판소의 2011헌바117 한정위헌결정을 존중하려는 태도라고 본다. 헌법재판소 2011헌바117 결정을 존중한다면, 뇌물죄의 주체는 해석상 엄밀한 의미의 공무원으로 제한되어야 하고, 비교판결 1이나 대상판결과 같은 논증과 법리는 문제가 있다. 특히 대상판결에서 피고인 1은 금품을 수수할 당시 조합의 임원이 아니었음이 명백하므로, 사실상 임원의 역할을 수행했다는 것만으로 뇌물죄의 주체성을 인정할 수는 없는 것이다.[35]

요컨대, 대법원은 명시적으로 표현은 하고 있지 않지만, 사실상 헌법재판소가 위헌적인 해석이라고 결정한 논리를 여전히 사용하고 있는 것이나 다름없다고 본다. 그러한 논리(기존의 공무원 범위 확장 법리)가 아니라면 대상판결과 같은 결론에 이를 수 없기 때문이다.

---

34) 헌법재판소 2012. 12. 27. 선고 2011헌바117 결정 참조.

35) 원심판결에서는 이 문제에 집중하여 심리하였다. 하지만 조합원 자격과 대표조합원으로서의 법률행위 자격을 구별하여 피고인 1의 항변을 배척한 바 있다.

2. 공무원의 의제와 공무활동의 수행

1) 대상판결을 보면, 피고인 1은 조합원 자격을 상실하였거나 이사로서의 직무수행권도 없음에도 불구하고 형식적으로는 아직 이사 등기가 되어 있어 이사로서의 외관을 갖추고 있고, 실질적으로 이사로서의 활동을 하였으므로 비록 적법한 이사의 지위에 있지 아니하더라도 해석에 의하여 공무원으로 본 것으로 판시하고 있는바, 이는 위 2013도11357 판결에서 적시하고 있는 취지와 함께 하고 있는 것으로 보인다. 비교판결 1에서 대법원은 임용행위가 무효여서 법률상 적법한 공무원이 아니게 되었더라도 공무원 임용이라는 외관과 실질적으로 공무원으로서의 직무수행을 한 경우에는 이를 공무원으로 의제함으로써 해석상으로 공무원 개념을 확장하였다.

대법원의 판시취지에 따르면, 형법상 뇌물죄의 적용에 있어 공무원으로 보게 되는 도시정비법 제84조의 임원 등을 폭넓게 판단함으로써 형법의 가벌성을 확장하여 죄형법정주의에 반할 우려가 있는 것도 사실이지만, 그 뇌물죄의 보호법익, 형식적으로 등기되어 있고 실질적으로 직무수행을 하고 있는 자는 사회통념상 일반인의 인식으로는 그 조합의 임원으로 볼 수밖에 없으며 따라서 그에게 직무에 관련된 금전을 수여하는 행위 및 그 임원으로 등기된 자가 그러한 금전을 수수하는 행위를 금지할 수밖에 없다는 불가피성을 근거로 제시하고 있다.

적법한 직무수행권은 없더라도 이른바 사실상 임원으로 행동하며 금품을 수수한 경우 처벌해야 할 필요가 있다. 그러나 뇌물죄의 적용에 있어 사실상 공무원처럼 행동하며 뇌물을 수수하였다고 하더라도 뇌물죄로 처벌할 수는 없을 것이다. 조합이나 주식회사의 경우 임원 지위의 획득이 공무원의 자격발생처럼 명확하지 않고 임원의 자격과 관련한 분쟁이 많기 때문에 사실상 임원에 대한 처벌의 필요성은 더욱 클 수 있다. 하지만 형법의 해석과 적용에 있어서 형법 및 관련 법규정의 입법취지와 목적을 고려해야 한다고 하더라도 법률문언의 한

계를 뛰어넘는 해석은 죄형법정주의 원칙상 허용될 수 없는 해석방법이다.[36)]

2) 유추해석금지원칙은 죄형법정주의의 내용으로서 법률에 규정이 없는 사항에 대하여 그것과 유사한 성질을 가지는 사항에 관한 법률을 적용하는 것을 금지하는 원칙을 말한다. 다만 어의(語義)의 최대한의 한계내에서 목적론적 견지에서 최대한 넓게 구성요건에 포섭하는 해석을 확장해석이라 하여 허용하는 것이 일반적인 견해이나 판례는 사과나무를 소훼한 사건에서 "…유추해석이나 확장해석에 해당한다고 볼 수 없다"[37)]고 하며 확장해석을 유추해석과 비슷하게 이해하여 금지된다는 입장이다.[38)] 그런데 다른 한편으로 대법원은 또한 형벌법규의 해석에 있어서도 법률문언의 통상적인 의미를 벗어나지 않는 한 그 법률의 입법취지와 목적, 입법연혁 등을 고려한 목적론적 해석이 배제되는 것은 아니라고 한다.[39)]

도시정비법 제84조는 그 문언이 '조합의 임원'이라고 규정하여 직무수행권이 있는지의 여부는 문제되지 않는다고 해석할 여지가 있으나 임기가 만료되고 후임 이사가 선출되는 등으로 이사의 자격을 상실한 사람까지 임원에 해당한다고 볼 여지는 없다. 입법공백을 메우고 처벌의 필요성이 있는 행위를 처벌하기 위해 형벌법규를 유연하게 해석하려는 입장과, 법률문언에 충실하여 죄형법정주의의 원칙을 지키고자 하는 입장은 항상 갈등관계에 있다. 하지만, 국가형벌권은 오·남용되어서는 아니 되며, 이는 엄격한 요건 하에서 행사되어야 한다.

36) 이경렬, "형사사법재판과 법률해석의 방법", 성균관법학 제27권 제4호, 성균관대학교 법학연구소, 2015. 12, 235면.

37) 대법원 1994. 12. 20.자 94모32 전원합의체 결정.

38) 대법원 2009. 12. 10. 선고 2009도3053 판결: 형벌법규의 해석은 엄격하여야 하고, 명문규정의 의미를 피고인에게 불리한 방향으로 지나치게 확장해석하거나 유추해석하는 것은 죄형법정주의의 원칙에 어긋나는 것으로서 허용되지 않는다.

39) 대법원 2002. 2. 21. 선고 2001도2819 전원합의체 판결; 대법원 2003. 1. 10. 선고 2002도2363 판결; 대법원 2006. 5. 12. 선고 2005도6525 판결; 대법원 2013. 11. 28. 선고 2012도4230 판결 등 참조.

특히 대상판결의 사안에서는 제1심 판결과 같이 피고인 2에 대해서는 도시정비법에 의한 공무원의 지위가 인정되므로 이에 가공한 피고인 1은 형법 제33조 본문에 따라 공동정범이 성립될 수 있었다. 처벌의 공백이 발생하지 않는 경우임에도 불구하고 대법원이 헌법재판소의 결정에 따른 결론을 내린 것은 다른 사안에서 발생할 처벌의 공백을 방지하고 사후 발생할 여러 사건들에 대하여 이정표를 제시하고자 하는 점에 의미가 있겠지만, 굳이 이 사안에서 피고인에게 불리한 무리한 해석을 했어야 했는지는 의문이 아닐 수 없다.

참고로 대법원은 2014. 1. 23. 선고 2013도9690 판결에서는 도시정비법에서 정하는 '정비사업전문관리업자'가 주식회사인 경우, 동법 제84조에 의해 공무원으로 의제되는 임원은 수뢰행위 당시 상업등기부에 대표이사, 이사, 감사로 등기된 사람에 한정되며 실질적 경영자라고 하더라도 주식회사의 임원으로 등기되지 아니한 사람을 도시정비법 제84조에서 공무원으로 의제되는 임원에 해당한다고 해석하는 것은 유추 내지 확장해석으로 죄형법정주의에 반하여 허용될 수 없다고 판시하고 있다.

Ⅳ. 결 어

대상판결의 결론을 논리적으로 정당화하기 위해서는 필연적으로 '공무원 개념의 확장' 법리를 전제로 해야 한다. 그러나 이 법리는 헌법재판소에서 위헌적인 해석이라고 결정했던 법리이고, 현재 대법원에서도 판결문에 명시적으로는 적시하지 않는 법리이다. 헌법재판소의 2011헌바117 한정위헌결정의 효력을 명시적으로 부정하려는 취지가 아닌 이상, 대법원은 헌법재판소에 의해 위헌적인 해석이라고 결정된 법리를 묵시적으로 논리의 전제로 삼고 있는 위 대상판결과 같은 판단을 하지 말아야 한다.

현실적으로 특정 행위를 처벌할 필요가 있다고 하더라도 이를 사전에 성문의 법으로 미리 규정하지 않았다면 처벌할 수 없다. 이것이 현대 형법의 근간을 이루고 있는 죄형법정주의의 기본원칙이다. 입법의 불비는 입법으로서 해결해야 하지 법원이 유추해석으로 형사입법의 불비를 보완하려는 시도는 바람직하지 않다.

도시정비법상 주거환경 정비사업조합의 임원이 그 자격을 상실하였지만 임원으로 등기되어 있고 실제로 그 조합의 업무를 수행한 바 있는 '사실상의 임원'을 처벌하기 위하여 도시정비법 제84조에 따른 '공무원으로 의제되는 임원'에 포함시키는 것은 형법상 허용되는 법률문언의 해석 한계를 넘어서는 '이중의 의제'로서 형법상 금지되는 유추에 해당한다고 본다.

[주 제 어]
신분범, 뇌물죄, 공무원, 죄형법정주의, 유추금지

[Key words]
Sonderdelikt, bribery, public official, the principle of "nulla poena sine lege", prohibition of analogy

접수일자: 2017. 5. 7. 심사일자: 2017. 6. 1. 게재확정일자: 2017. 6. 5.

[참고문헌]

박동률, “임용결격자에 대한 공무원임용과 뇌물죄에서의 공무원”, 법학논고 제47집, 경북대학교 법학연구원, 2014. 8.

반병동, “임용결격사유로 인하여 임용이 당연무효인 공무원이 뇌물을 수수한 경우 뇌물죄가 성립되는지 여부”, 판례연구 제27집, 부산판례연구회, 2016. 2.

오영근, “2014년도 형법판례 회고”, 형사판례연구[23], 박영사, 2015. 6.

이경렬, “형사사법재판과 법률해석의 방법”, 성균관법학 제27권 제4호, 성균관대학교 법학연구소, 2015. 12.

이광훈, “판례평석: 도시 및 주거환경정비법상 조합 임원에 대한 공무원 개념의 확장”, 법률신문 2017. 4. 17.(https://www.lawtimes.co.kr/Legal-Info/Cases-Commentary-View?serial=1184; 검색일: 2017. 5. 5.).

이근우, “법률적 무효와 이미 존재했던 사실상태의 형법적 취급”, 형사판례연구[23], 박영사, 2015. 6.

최호진, “임용결격공무원에 대한 뇌물죄의 성립가능성”, 인권과 정의 제444호, 대한변호사협회, 2014. 9.

[Abstract]

A De Facto Duty and Legal Fiction of Public Officials - Focusing on Punishment of "Sonderdelikt" (crime related to job position) -

Lee, Kyung-Lyul*

Korean Supreme Court's case, 2015 Do 15798 sentenced on January 14, 2016 dismissed the defendants' appeal. In the case the executives of the Housing Redevelopment and Maintenance Association substantially performed their duties even after they had lost their authorities. The court, however, stated that the fairness of performance, social trust should be protected as long as they were registered as executives in the association's register at the time. It also pointed out that the executives' duties were not transferable or sellable.

In order to logically justify the judgment the concept of 'public official' should be expanded in terms of legal principle. Korean Constitutional Court, however, had considered this kind of concept expansion as an unconstitutional interpretation in its 2011 Heonba 117 case. It logically follows that the Supreme Court should not make judgement such as the above appeal case which can be an unconstitutional interpretation.

It cannot be interpreted that City Maintenance Law's article 84 which regulates 'legal fiction of public officials in applying penal provisions' includes 'the substantial executives' of the above appeal case. This is a 'double legal fiction' which exceeds interpretation of legal texts permitted

* Professor, School of Law, Sungkyunkwan University, Ph.D in Law.

by Criminal Law and also a wrong analogy prohibited by the law.

There can be a practical need to punish a certain act. It is, however, impossible to punish the act without any relevant legal stipulation. This is the principle of legality. The solution to a defect in legislation is not an analogical interpretation, but, simply, legislation.

산업안전보건법에서 범죄주체와 책임의 불일치

이 근 우*

[대상판결] 대법원 2014. 5. 29. 선고 2014도3542 판결

[판결요지]

사업주가 자신이 운영하는 사업장에서 기계 · 기구, 그 밖의 설비에 의한 위험(산업안전보건법 제23조 제1항 제1호), 폭발성, 발화성 및 인화성 물질 등에 의한 위험(같은 항 제2호), 전기, 열, 그 밖의 에너지에 의한 위험(같은 항 제3호)을 예방하기 위하여 필요한 조치로서 산업안전보건기준에 관한 규칙에 따른 안전조치를 하지 않은 채, 근로자에게 안전상의 위험성이 있는 작업을 하도록 지시한 경우에는, 산업안전보건법 제67조 제1호, 제23조 제1항 위반죄가 성립하며, 이러한 법리는 사업주가 소속 근로자로 하여금 사업주로부터 도급을 받은 제3자가 수행하는 작업을 현장에서 감시 · 감독하도록 지시한 경우에도 그 감시 · 감독 작업에 위와 같은 안전상의 위험성이 있는 때에는 마찬가지로 적용된다.

[주 문]

원심판결 중 피고인 1에 대한 부분 및 피고인 2 주식회사에 대한 무죄부분을 각 파기하고, 이 부분 사건을 광주지방법원 본원 합의부에

---

* 가천대학교 법학과 부교수, 법학박사.

환송한다.

[이 유]

상고이유를 판단한다.

1. 산업안전·보건에 관한 기준을 확립하고 그 책임의 소재를 명확하게 하여 산업재해를 예방하고 쾌적한 작업환경을 조성함으로써 근로자의 안전과 보건을 유지·증진하려는 산업안전보건법의 목적(같은 법 제1조)과 같은 법 제67조 제1호, 제23조 제1항의 각 규정 내용 등에 비추어 보면, 사업주가 같은 법 제23조 제1항 각 호의 위험 예방을 위하여 필요한 조치를 취하지 아니하는 경우에는 이로 인하여 실제로 재해가 발생하였는지 여부에 관계없이 같은 법 제67조 제1호에 의한 산업안전보건법 위반죄가 성립한다(대법원 2006. 4. 28. 선고 2005도3700 판결 참조).

그리고 사업주가 자신이 운영하는 사업장에서 기계·기구, 그 밖의 설비에 의한 위험(제1호), 폭발성, 발화성 및 인화성 물질 등에 의한 위험(제2호), 전기, 열, 그 밖의 에너지에 의한 위험(제3호)을 예방하기 위하여 필요한 조치로서 산업안전보건기준에 관한 규칙에 따른 안전조치를 하지 않은 채, 근로자에게 안전상의 위험성이 있는 작업을 하도록 지시한 경우에는, 산업안전보건법 제67조 제1호, 제23조 제1항 위반죄가 성립하며(대법원 2007. 3. 29. 선고 2006도8874 판결 등 참조), 이러한 법리는 사업주가 소속 근로자로 하여금 사업주로부터 도급을 받은 제3자가 수행하는 작업을 현장에서 감시·감독하도록 지시한 경우에도 그 감시·감독 작업에 위와 같은 안전상의 위험성이 있는 때에는 마찬가지로 적용된다.

2. 피고인들에 대한 이 사건 공소사실 중 2013. 3. 14.자 폭발사고 관련 산업안전보건법위반 부분에 관하여, (1) 제1심은, ① 사업주가 소속 근로자로 하여금 직접 위험성이 있는 작업을 하도록 지시한 것이

아니라, 위 작업을 도급 준 다음 수급업체에서 수행하는 작업을 지시·감독하도록 한 것에 불과한 경우에는 사업주에게 그 근로자에 대하여 산업안전보건법 제67조 제1호, 제23조 제1항에서 정한 안전조치의무가 있다고 볼 수 없다는 전제 아래에서, ② 사업주인 피고인 2 주식회사(이하 '피고인 회사'라 한다)의 ○○공장에서 발생된 위 폭발사고 당일에, 용접작업을 비롯하여 인화성 물질 등에 의한 화재 및 폭발의 위험이 있는 맨홀설치작업 등의 작업은 하청업제의 근로자들이 수행하였고, 공소외인을 비롯한 피고인 회사 소속 직원들은 맨홀설치작업에 앞서 이 사건 사일로 내부의 가스체크를 하거나 가용접 상태를 검수하는 등의 감시·감독업무만을 담당하는 데에 그쳤다는 이유를 들어, 피고인 회사 및 위 ○○공장의 공장장으로서 안전보건관리책임자인 피고인 1에게 산업안전보건법 제23조 제1항에 따른 안전조치를 할 의무가 있다고 보기 어렵다고 보아 무죄로 판단하였고, (2) 원심은 판시와 같은 이유로, 제1심의 이러한 판단이 정당하다고 인정하였다.

3. 가. 그러나 제1심판결 및 원심판결 이유에서 사업주가 작업을 도급 준 다음 소속 근로자로 하여금 수급업체에서 수행하는 작업을 지시·감독하도록 한 것에 불과한 경우에는 사업주에게 소속 근로자에 대하여 산업안전보건법 제23조 제1항에 따른 안전조치의무가 없다고 단정하여 전제로 삼은 부분은, 앞서 본 법리에 배치되는 것으로서 잘못이라 할 것이다.

나. 그리고 피고인 1에 대한 제1심 판시 업무상과실치사 및 업무상과실치상 범죄사실과 아울러 원심판결 이유를 앞서 본 법리에 비추어 보면, 피고인 회사의 안전보건관리책임자인 피고인 1은, 비록 공소외인 등 피고인 회사 소속 직원들에게 직접 이 사건 사일로 맨홀설치작업을 하도록 지시한 것은 아니라고 하더라도, 이 사건 사일로 내부에 존재하는 플러프를 완전히 제거하는 등의 사전 작업이 이루어지지 아니하여 용접작업을 비롯한 인화성 물질 등에 의하여 화재 및 폭발이 발생할 위험이 있는 위 맨홀설치작업 현장에 위 직원들을 배치하

여 그 작업을 감시 · 감독하게 한 이상, 위 직원들이 그 감시 · 감독 과정에서 처할 수 있는 위와 같은 위험을 예방하기 위하여 필요한 안전조치를 할 의무가 있다고 보아야 한다.

4. 따라서 이와 달리 피고인들에게 위 폭발사고와 관련하여 피고인 회사 소속 직원들을 위하여 산업안전보건법 제23조 제1항에 따른 안전조치를 하여야 할 의무가 있다고 보기 어렵다고 잘못 인정하여, 그 안전조치의무 위반에 관하여 더 나아가 살피지 아니한 채, 이 부분 공소사실에 대하여 무죄로 인정한 원심의 판단에는, 위 법률 규정에서 정한 안전조치의무에 관한 법리를 오해하여 판결에 영향을 미친 위법이 있다. 이를 지적하는 상고이유 주장은 이유 있다.

5. 이러한 이유로 원심판결 중 피고인들에 대한 위 폭발사고 관련 산업안전보건법위반 공소사실에 관한 부분은 파기되어야 한다.

그런데 원심판결 중 피고인 1에 대한 유죄부분과 위 파기부분은 형법 제37조 전단의 경합범 관계 또는 형법 제40조의 상상적 경합범 관계에 있어 그 전체에 대하여 하나의 형이 선고되어야 하므로, 원심판결 중 피고인 1에 대한 유죄부분도 위 파기부분과 함께 파기되어야 하고, 결국 원심판결 중 피고인 1에 대한 부분은 전부 파기되어야 한다.

6. 그러므로 원심판결 중 피고인 1에 대한 부분 및 피고인 회사에 대한 무죄부분을 각 파기하고, 이 부분 사건을 다시 심리 · 판단하게 하기 위하여 원심법원에 환송하기로 하여, 관여 대법관의 일치된 의견으로 주문과 같이 판결한다.

대법관 신영철(재판장) 이상훈 김용덕(주심) 김소영

[사실관계] 요약

사건의 경과는 다음과 같다.[1] 석유화학가공제품을 제조, 판매하는 D산업은 2012년에 발생한 화재사고로 파손된 사일로의 신형교체 및 내부관찰·청소용 맨홀을 설치하기로 결정하고 피고인1이 최종 승인하였다. D산업은 2013. 1. Y기술(하청업체)과 사일로 교체 및 맨홀설치에 대한 도급계약을 체결하였다. D산업 여수공장은 2013. 3. 14. 8:00경 사일로 등 설치를 위한 작업허가서를 발행, 교부하여 하여 Y기술의 맨홀설치작업을 허가하였고, Y기술은 오전 중 사일로 2기의 교체작업을 완료하였다. 점심식사 후 Y기술은 나머지 사일로 4기 중 2기에 맨홀을 설치하는 작업을 진행하고, 진행사항을 D산업에 보고하였다. 이후 Y기술 소속 작업자들은 맨홀을 부착할 보강판을 가(假)용접하여 설치한 후 D산업 직원에게 검수를 요청하였으나, 작업을 감시·감독하던 D산업 직원들로부터 보강판의 위치를 수정할 것을 지시받았다. 저녁식사 후 위 수정지시에 따라 Y기술 소속 작업자들은 보강판을 다시 설치하는 가용접 작업을 진행하던 중 20:51경 사일로 2기가 폭발하였다. 이 폭발사고로 현장에서 일하던 근로자 중 6명이 사망하고, 10명이 중화상 및 골절상을 입었다. D산업 소속 피해자 1명을 제외하고는 사상자 모두 하청업체인 Y기술 소속 근로자들이었다. 검사는 맨홀 등 설치작업에 관여하고 이를 지시했던 D산업 근로자 9명과 Y기술 근로자 2명에게 형법상 업무상과실치사상죄를 적용하였고, D산업과 하청업체에 대하여는 모두 산업안전보건법 위반죄를 적용하였다.

검사는 피고인 1이 사업주인 D산업 여수공장의 안전보건관리책임자로서 2013년 D산업 여수공장 정기보수계획을 수립하고 사고발생 당일 실시된 맨홀설치작업을 하는 과정에서 D산업 소속 근로자들이 유해·위험예방조치를 취하지 않은 채 내부의 인화성 고체인 플러프

1) 사실관계는 강선희, "원청업체의 산업안전보건법 제23조 제1항 위반 책임 — 대법원 2014. 5. 29. 선고 2014도3542 판결 —", 노동 리뷰, 한국노동연구원, 2014. 8, 76-80면의 내용을 발췌, 요약한 것임. 보다 상세한 내용은 이 글을 참조할 것.

분진이 완전히 제거되지 않은 사일로에 Y기술 작업자들이 불꽃이 발생할 수 있는 기구를 사용하여 작업을 하는 것을 감시, 감독하도록 하였고(산업안전보건법 제23조 제1항 위반), D산업은 그와 같은 위반행위에 대하여 양벌규정상 사업주로서 처벌을 받아야 한다고 주장하였다. 그리고 위 폭발사고 직후 3. 18.부터 4. 1.까지 광주지방고용노동청에서 실시한 특별감독 시 적발된 폐수처리장 옥내 작업장 바닥을 안전하고 청결한 상태로 유지하지 않은 것을 포함하는 총 429건의 산업안전보건법 위반도 같이 기소하였다.

1심(광주지방법원 순천지원 2013. 9. 30. 선고 2013고단954 · 1469 · 1727 판결)은 "산업안전보건법 제67조 제1호, 제23조 제1항의 위반죄는 사업주가 자신이 운영하는 사업장에서 산업안전기준에 관한 규칙이 정한 안전조치를 하지 않은 채 소속 근로자들에게 위 법 제23조 제1항 각 호에서 정한 안전상의 위험이 있는 작업을 하도록 지시하거나 그 안전조치를 하지 않은 상태에서 위 작업이 이루어지고 있다는 사실을 알면서도 이를 방치하였을 때에 성립하는 것이므로, 사업주가 그 소속 근로자들로 하여금 직접 위험성이 있는 작업을 하도록 한 것이 아니라 위 작업을 도급을 준 다음 하청업체에서 수행하는 작업을 감시 · 감독하도록 한 데에 불과한 경우에는 사업주에게 위 근로자들에 대하여 위 조항의 안전조치의무가 있다고 볼 수 없다"고 전제한 뒤, 사고발생당일 D산업의 직원들은 맨홀설치작업에 앞서 사일로 내부의 가스체크를 하거나 가용접 상태를 검수하는 등의 감시 · 감독 업무만을 담당하였으며, 용접작업을 비롯하여 인화성 물질 등에 의한 화재 및 폭발의 위험이 있는 작업은 하청업체인 Y기술의 근로자들이 수행하였다는 사실을 알 수 있는바, 이와 같이 D산업 소속 근로자들이 산업재해의 위험성이 있는 작업을 직접 수행하지 않고 하청업체의 작업자들을 감시 · 감독하는 데에 그쳤다면, D산업과 피고인 1에게 위 하청업체 근로자들에 대하여 산업안전보건법 제23조 제1항에 따른 안전조치를 취하여야 할 의무가 있다고는 보기 어렵다는 이유로 이 부분 공소사실에 대해서 무죄를 선고하면서, 소 잃고 외양간 고치는 식으로 실시된 지방노동청의 특별감독을 통해 먼지털이식으로 적발된 총 429건의 산업안전보건법 위반에 대해서는 D산업에 벌금 3천만 원을 선고하였다. 검사는 무죄 부분에 대해 항소하였으나 항소심(광주지방법원 2014. 2. 19. 선고 2013노2217 판결)도 1심과 같은 결론을 내렸고, 이에 검사는 대법원에 상고하였다.

대법원은 위 [판결요지]와 같은 취지로 D산업과 피고인 1에 대한 원심판결 중 무죄 부분을 파기환송함으로써 산업안전보건법 제67조 제1호 및 제23조 제1항의 위반 책임을 인정하였다. 종전에 대법원은 산업안전보건법 제23조에 따른 사업주의 안전조치의무의 보호대상은 실질적인 '고용관계'가 있는 소속 근로자에 대한 것으로 한정되며, 이들에게 안전상의 위험성이 있는 작업을 하도록 지시하거나 안전조치가 취해지지 않은 상태에서 위와 같은 작업이 이루어졌다고 인정되는 경우에 성립하는 범죄라고 계속적으로 판단하여 왔다.[2] 그런데 이번 판결에서는 하청업체 소속 근로자가 사상하였음에도 원청업체 법인의 책임을 묻는 것으로 여겨지는 판결이어서 이를 긍정적으로 평가하기도 한다.

그러나 판결문을 살펴보면 종전의 법리를 변경한 것이 아니라, 직접 작업을 수행하지는 않고 감독 업무만을 수행한 것이기는 하지만, 원청업체 소속 근로자가 작업 현장에 있었고, 그가 부상당하였다는 점을 이유로 원청업체 법인을 처벌한 것이다.

[평 석]

Ⅰ. 들어가며

이 글은 안전조치 의무 위반으로 인하여 근로자가 死傷된 경우에

2) 대법원 2010. 6. 24. 선고 2010도2615 판결. 동일한 취지로 대법원 2002. 8. 27. 선고 2002도27 판결; 대법원 2006. 4. 28. 선고 2005도3700 판결 등 참조.

사업주의 형사책임을 묻는 산업안전보건법 제66조의2에 대한 최근의 대법원 판결을 중심으로 소위 '행정형법'이라고 불리는 형벌구성요건 유형에서 전형적으로 나타나는 몇 가지 문제에 대해 검토하고, 특히 동법상 의무의 주체로서 범죄주체가 되어야 할 자와 실제로 처벌 받는 자 사이의 책임의 불일치에 대해 비판적으로 분석하고자 한다. 대상 판결에 대해서 노동법학계에서는 몇 편의 평석이 있었고, 그 의의를 긍정적으로 평가하기도 하였다.[3] 그러나 필자의 판단에 대상판결도 산업안전보건법이 가지는 내재적 문제점, 즉 개별 법령의 말미에 부록처럼 붙어 있는 범죄구성요건의 나열된 목록, 소위 '행정형법'이라고 불리는 특별한 형벌구성요건이 가지는 행정편의적 입법과 그 여파로 나타나는 파편화의 문제점을 그대로 노출하고 있지만, 법원은 이 점을 특별히 지적하지 않는 대신 예외적인 사실관계를 근거로 법인인 사업주의 책임을 인정하였다. 물론 주어진 법률과 기소된 사건 범위에 구속될 수밖에 없는 司法의 본질적 한계를 인정하지만, 법원도 본질적 입법상 오류가 있는 법률에 대해서는 결과지향의 억지해석을 통하여 문제를 회피하기 보다는 판결이유에서라도 이를 정면으로 지적하여야 하는 것이 바람직한 것으로 보인다.

평석대상 판결은 대법원 2014. 5. 29. 선고 2014도3542 판결이고, 원심판결은 광주지법 2014. 2. 19. 선고 2013노2217 판결이며, 제1심은 광주지방법원 순천지원 2013. 9. 30. 선고 2013고단954, 2013고단1469

3) 대표적으로 강선희, 앞의 논문, 78, 80면에서는 대법원의 입장을 진일보한 것으로 평가하면서 산업안전보건법 자체의 법률상 문제점을 지적하고 있다. 그러나 필자의 판단으로는 하청업체 근로자의 부상에 대하여 원청업체의 사업주로서의 성격을 인정한 법리 변화가 있는 것이 아니라, 해당 사안에서 우연히도 원청업체 소속 근로자가 사고 현장에서 작업 감독 업무를 수행하다가 부상을 입었기 때문에 처벌 규정에서의 사업주로서 인정한 것뿐이어서 결과적으로 원청업체가 처벌받게 되었지만 법리적으로는 큰 의의가 있는 판결로 보이지는 않는다. 대상판결의 법리 하에서라도 강선희 박사가 적절히 지적하고 있는 것처럼 앞으로 사고 발생 우려가 있는 작업 현장에 원청업체 소속 근로자를 보내지 않는다면, 다시 말해서 좀 더 부실하게 감독한다면 원청 사업주의 처벌 가능성은 여전히 희박하기 때문이다.

(병합), 2013고단1727(병합) 판결이다. 이 사건은 드물게도 대법원 종합 법률정보에서 1, 2, 3심 판결문 모두가 검색된다. 이것을 법원이 이 사건에 대해 특별한 자부심을 가지는 것으로까지 해석할 수는 없을 것이지만, 이례적이라고는 할 수 있을 것이다. 하지만 발생한 사건 자체는 2013. 3. 14. D산업 여수공장에서 화학물질을 담았던 사일로를 용접하던 중 폭발이 일어나 6명이 사망하고, 10명이 중화상 및 골절상을 입은 것이다. 산업현장에서 오늘도 발생하고 있는 산업재해에 관한 여타의 사건에 비하여 그다지 특별할 것은 없는, 어떤 분들의 속된 언어로 말하자면 언제라도 발생하기 마련인 '교통사고' 같은 것일 뿐일지도 모른다. 물론 사건이 터지고 나자 광주지방노동청은 D산업에 대해 '특별근로감독'을 실시한 결과 작업장 바닥 청소불량과 같은 다른 산업안전보건법 위반 총 429건도 함께 '적발'[4]하였고, 검사의 기소에 대하여 1심에서 내려진 벌금은 3천만 원이었다. 기업회계를 잘 모르긴 하지만 D산업은 이 벌금과 변호사 비용 등도 피해자 보상비와 함께 '비용'으로 처리하였을 것이다. 한편 같은 공장에서는 2012년 6월 경에도 같은 원인물질로 인한 폭발, 화재 사고가 있었고, 이번 사고는 8개월 전에 폭발로 파손되었던 사일로에 대한 수리과정에서 발생한 사고였다는 점도 기억할 필요가 있다. 앞서 일어났던 사고가 반복되고 있는 셈이기 때문이다.

Ⅱ. 소위 행정형법의 전형적 문제들

1. 파편화된, 상충되는 법률들

한때는 실정법률을 해석·적용자는 감히 넘어설 수 없는 신성한 무엇으로 여겨야 하는 것으로 배우고 가르쳤다. 입법론을 주장하는 것

4) 2017. 5. 1. 발생한 삼성중공업 크레인 충돌 사고에 따라 부산지방고용노동청이 실시한 특별감독에서 866건의 산업안전보건법 위반을 적발했다고 한다. 위험관리의 행정형법에서 요구되는 것은 사후 적발이 아니라, 예방이어야 함은 너무 당연한 일이다. 하지만 이 당연한 것을 기대하기는 힘들다.

은 해석론과는 전혀 별개의 무엇으로 여겨졌던 것이다. 하지만 지금 보는 입법의 실상은 뭔가 어설퍼 보이고, 애초에 어설프게 입법된 법률을 해석, 적용하는 자들의 수고로움은 상당 부분 허무한 일이다. 여기서 몇 마디로 다 언급할 수는 없지만, 정부입법이든 의원입법이든 입법 과정에서 노출되는 문제점은 거의 유사하다. 어떤 특정 법률의 '소관 부처'는 자신들의 권한, 관할범위, 조직은 늘리면서도 실제의 事前 관리, 감독에 따르는 행정력 투입은 최대한 줄이기 위해서 대상자들에게 가능한 많은 의무를 부과하고 그 위반에 대한 事後 벌칙으로서 형벌을 사용한다. 그런데 이러한 입법과정에서 부록화된 범죄구성요건들은 철저히 입법의 사실상 주체가 되는 '소관 부처'의 관점에서 제작되는 것이다. 이 과정에서 다른 부처 소관 법률 등과 저촉 여부는 고려하지 않거나, 법무부, 법제처, 국회 입법조사처 등에서 걸러줄 것으로 여기고 가볍게 떠넘겨버린다. 결국 부실한 법률이 그대로 법률로서 효력을 발생하는 경우가 발생하는 것이다.

조금은 독특한 예를 들자면, 지금은 폐지된 제주국제자유도시특별법[법률 제7678호] 제5장은 외국인의 출입국 사항 이외에 외국인전용의료기관, 약국의 특례(제20조의4)를 규정하고 있었고, 그 위반에 대해서 "제106조(벌칙)는 제20조의4 제6항 또는 제7항의 규정을 위반하여 외국인전용 의료기관 또는 약국에 종사하는 의사 또는 약사는 5년 이하의 징역 또는 5천만 원 이하의 벌금에 처한다. 제107조의2(벌칙)는 제20조의4 제8항의 규정을 위반하여 외국인전용 의료기관 또는 약국의 표시를 하지 아니한 자는 1년 이하의 징역 또는 1천만 원 이하의 벌금에 처한다."는 구성요건을 두었다. 그런데 동법 제112조(고발 및 통고처분) 제1항은 제5장의 각 규정에 위반한 사건은 사무소장·출장소장 또는 외국인보호소장의 고발이 없는 한 공소를 제기할 수 없다고 규정하여 그 위반 사건이 출입국관리사무소의 전속고발권과 통고처분의 대상이 된다고 규정하였다. 이러한 규정체계에 의문을 느낀 필자가 출입국관리 당국에 이 통고처분 기준표에 대한 법령질의를 하였는데, 돌아온 답변은 그것을 왜 우리가 하는가, 이런 법이 어디 있는가라는 것이었다. 이렇게 허점 많은 법이 누구도 모르는 사이에 실정법이 된 것이다. 추측하자면 이 법은 그 전에 서해안 일부에 자유로운 출입국을 보장하는 무역항을 조성하려 했던 다른 유사 법률을 바탕으로 신법을 입법하면서 외국인 병원, 약국, 학교 설립 규정을 제5장에 끼워 넣어놓고는 통고처분 규정은 원래 참조했던 법률의 형태 그대로 둔 탓으로 보였다. 이 규정은 '제주특별자치도 설치 및 국제자유도시 조성을 위한 특별법'[법률 제7849호, 2006. 2. 21. 제정]에서 분야별로 벌칙 규정을 나누면서 외견상의 충돌은 해소되었다.

지금도 여전히 실정법에 남아 있는 비슷한 예로는 경범죄 처벌법 위반의 경우이다. 이 법률이 뭔가 이상하다 싶어도 겨우 몇 만 원의 범칙금만 내면 끝나는 일이어서 그냥 넘어가는 것이 대부분이다. 그런데 사법경찰관리의 직무를 수행할 자와 그 직무범위에 관한 법률[법률 제14411호]에서 직무에 의한 당연직 특별사법경찰관리이거나 검사장의 지명을 받아 특별사법경찰관리의 지위에 있게 된 국토교통부와 그 소속 기관에 근무하며 철도공안 사무에 종사하는 4급부터 9급까지의 국가공무원이나 「자연공원법」 제34조에 따라 공원관리청에 근무하며 같은 법에 따른 공원관리 업무에 종사하는 4급부터 9급까지의 국가공무원 및 지방공무원들은 특별사법경찰관리로서 관할범위 내에서는 경범죄처벌법 위반의 범죄를 단속할 수는 있지만, 동법에 따른 통고처분 권한은 없다. 만약 이들에게 단속된 사람이 있다면 범칙금만 내고 끝나는 것이 아니라 당연히 경찰서장 등이 청구주체가 되는 즉결심판도 받을 수 없어서 결국 법률상으로는 검찰로 송치되어야 한다.[5]

5) 경범죄 처벌법 제7조 내지 제9조, 즉결심판에 관한 절차법 제3조, 사법경찰관리의 직무를 수행할 자와 그 직무범위에 관한 법률 제6조 제1호 내지 제4호, 제11호, 제13호 참조. 여러 차례 경찰청 측에 이 부분을 지적하였지만, 법률은 그대로이다. 다들 자기 일이 아닌 것이다.

2. 참조 규정들

소위 행정형법이라고 부르는 범주의 규정들은 '형법'이나 형사특별법을 해석하는 방식으로 해석하기에는 많은 난점이 있다. 그 가운데 가장 먼저 맞닥뜨리게 되는 것은 이들 조문이 단일 법률, 단일조문으로만은 해석하기 힘들고, 하나의 규범체계를 구성하는 같은 법의 다른 부분 혹은 하위 법령, 훈령, 고시 등이나 다른 법령을 참조해야 하는 경우가 많은데, 어떤 경우는 그것이 한두 단계가 아니라 4~5단계를 건너서 참조되는 경우도 있다. 또 어떤 경우는 혼자서는 이 迷宮을 빠져나오지 못할 수도 있어서 결국은 아쉬운대로 '관계기관의 유권해석'을 받아야 빠져나올 수 있을지도 모른다.[6] 하지만 유권해석을 내려주는 기관이 어느 정도 '유권적'이어야 면책될 수 있는지를 대법원이 결정해주는 경우도 있음은 교과서에도 잘 나타나 있다.[7]

3. 명령규범들

여기서 길게 언급할 수는 없지만, 일반 형법, 형사특별법상의 범죄와 행정형법상의 범죄가 가장 상이한 성격을 나타내는 것은 어떠한 행동이 형법적으로 금지된 것인가를 인식할 수 있는 계기에 대한 것이라는 점이 필자의 개인적인 생각이다. 형법은 대부분 금지규범, 즉 부작위 명령으로 이루어져 있어서 위구감이 느껴지면, 즉 어떤 행동을 할 때 의심스럽고, 꺼림칙하면 그 행동을 하지 않으면 규범을 준수하는 것이 되는 것이 대부분이다. 즉 무엇인가를 하지 않아서 범죄가 되는 것은 형법에서는 예외적 경우이므로 무엇을 하여야 하는가에 대한 적

6) 산업안전보건법의 경우 2009년 보고서에서는 1개의 법률과 1개의 시행령, 3개의 시행규칙, 60여 개의 고시, 17개의 예규, 3개의 훈령 및 각종 기술상의 지침 및 작업환경 표준 등으로 구성되어 있다고 한다. 조흠학 외 3인, "법제사적 의미에서 산압안전보건법의 역할과 지위에 관한 연구", 산업안전보건공단 산업안전보건연구원, 2009, 57면 참조. 다만 고시, 예규, 훈령은 지도, 권고적 효력만 지닌다고 한다.

7) 김성돈, 형법총론(제4판), 2015, 408-409면은 위법성의 착오에서 전문가 혹은 유관기관에의 조회 사례를 보여주고 있다.

극적 명령은 보다 분명하게 인식될 수 있어야 하는 것으로 본다. 또한 형법상의 금지는 일부 규정을 제외하면 어느 정도 정상적인 삶을 영위한 사람은 생활 속에서 그 금지를 인식할 수 있는 계기가 있었다고 할 수 있기 때문에 구체적으로 세밀하게 금지를 몰랐더라도 처벌할 수 있다고 하는 이론적 설명이 어느 정도는 긍정될 수 있을 것이다.

그러나 행정형법상의 벌칙 규정들의 전제가 되는 금지, 명령의 상당수는 일상적인 사회생활 과정에서는 습득할 수 없는 적극적, 구체적인 것이어서 형법의 그것보다 더 구체적으로 세밀하게 인식될 수 있어야 그 위반에 대한 처벌이 이론적으로 긍정될 수 있다는 점에서 큰 차이가 있다는 점을 간과해서는 안 된다. 물론 이러한 문제점은 해당 법률의 처벌 규정이 특정한 자격 조건, 행정청의 면허, 허가를 전제로 영위되는 사업의 경우여서 그러한 종사자만이 의무와 행위의 주체로서 처벌 대상인 경우에는 자격, 면허, 허가 취득 과정에서 해당자는 자신의 의무를 습득하였던 것으로 이론구성시킬 수 있을 것이지만, 또한 상당수의 구성요건에서는 그 수범자를 '누구든지'로 규정하고 있어서 문제가 될 수 있는 것이다.

4. 법률용어로서의 엄밀성

이러한 문제는 또한 당해 법률에서 사용된 용어의 구체성과도 관련된다. 소위 행정형법은 어떤 개별 법률들을 묶어놓은 범주가 아니라 그 개별 법률 말미에 붙은 형벌 목록을 통칭하는 것이고, 형법 제8조에 따라 특별한 규정이 없다면 형법의 적용을 받는 것이다. 그리고 당연히 '특별한 규정'은 형벌구성요건으로서 넘어설 수 없는 헌법상의 원칙을 따라야 하는 것이다. 보통 이러한 법률의 다른 부분은 거의 순수하게 행정법적으로 조직을 창설하고, 권한을 부여하거나 행정목적을 달성하기 위해 수범자 영역을 설정하고 그들에게 각종의 특별 의무를 부과하는 것이어서 형법이론과는 거리가 멀어 보인다. 하지만 이 과정에서 부록에 있는 벌칙 규정들이 본문의 각종 의무, 금지들을 그대로 자신의 형벌구성요건의 구성요건요소로 삼기 때문에 문제가 발생한다. 본문에서는 행정목적 달성이라는 합목적성에 따라 넓게 해석되던 용어들이라도 형벌구성요건으로 해석되는 경우에는 헌법원칙인 죄형법정주의가 해석, 적용상의 지침이 되어야 한다. 형법상의 용어도 추상적으로 보이는 것이 있지만 오랫동안의 논의와 판결을 통하여 해석, 적용의 기준이 설정되어 있다. 그러나 이들 분야에서는 이러한 기준 없이 여전히 합목적성, 상식만으로 해결하고자 한다. 관점을 바꾸어 일반인인 수범자의 입장에서 보면 전혀 상식적이지 않은 경우도 허다한 것이다.

Ⅲ. 산업안전보건법 제66조의2 위반의 주체는 누구인가?

1. 범죄주체를 찾아서

이 글은 이 사고로 6명의 근로자가 사망하였는데, 왜 1, 2심에서는 사업주인 D산업이 산업안전보건법 제66조의2로 처벌받지 않고, 제67조 제1호 위반으로 처벌받았으며, 최종적으로 사업주인 D산업이 납부하게 된 벌금 3,500만 원은 당해 법조 위반에 따른 충분한 형벌로서의 목적을 달성할 수 있는가, 동법 제66조의2가 참조하는 제23조의 의무주체인 사업주가 아니라, 공장장으로서 안건보건책임자이기는 하지만, 결국은 피용자에 불과한 피고인 1은 왜, 어떤 조문에 의해서 징역 8월이라는 실형을 선고받았는가 하는 의문을 풀어가는 것에서 출발한다.[8] 보통 일정 정도의 법률 교육을 통하여 훈련을 받고 자격을 가진 사람

8) 2014. 7. 3. 광주지법 형사항소1부에서 공장장 피고인1은 업무상과실치사상죄 및 산업안전보건법 위반으로 징역 8월이 유지되고, D산업은 3,000만 원 외에 벌금 500만 원이 추가되었는데 대법원의 파기환송 취지상 산업안전보건법 위반의 유죄에 따른 것으로 보임. 박두용, "산업안전보건법 개정, 무엇을 해야 하는가?", 경제사회발전노사정위원회, 제11차 산업안전혁신위원회 전체회의 자료, 발제문(출처: www.esdc.go.kr), 14면 참조. 최종적 파기환송심 원문은 미확인.

이라면 따로 해당 법률을 공부하지 않아도 대략의 정황, 법리 전개를 파악할 수 있는 경우가 대부분이지만, 어떤 경우에는 법전이나 판결문만을 가지고서는 이러한 결론에 이르는 길을 찾는 것은 쉽지 않다.

> **산업안전보건법 [법률 제13906호, 2016. 1. 27., 일부개정]**
>
> 고용노동부(산재예방정책과) 044-202-7690
>
> **제1장 총칙** <개정 2009.2.6.>
>
> **제1조(목적)** 이 법은 산업안전·보건에 관한 기준을 확립하고 그 책임의 소재를 명확하게 하여 산업재해를 예방하고 쾌적한 작업환경을 조성함으로써 근로자의 안전과 보건을 유지·증진함을 목적으로 한다.
>
> **제2조(정의)** 이 법에서 사용하는 용어의 뜻은 다음과 같다.
>
> 1. "산업재해"란 근로자가 업무에 관계되는 건설물·설비·원재료·가스·증기·분진 등에 의하거나 작업 또는 그 밖의 업무로 인하여 사망 또는 부상하거나 질병에 걸리는 것을 말한다.
> 2. "근로자"란 「근로기준법」 제2조제1항제1호에 따른 근로자를 말한다.
> 3. "사업주"란 근로자를 사용하여 사업을 하는 자를 말한다.
>
> (이하 이 조의 각호 생략)
>
> **제3조(적용 범위)** ① 이 법은 모든 사업 또는 사업장(이하 "사업"이라 한다)에 적용한다. 다만, 유해·위험의 정도, 사업의 종류·규모 및 사업의 소재지 등을 고려하여 대통령령으로 정하는 사업에는 이 법의 전부 또는 일부를 적용하지 아니할 수 있다.
>
> ② 이 법과 이 법에 따른 명령은 국가·지방자치단체 및 「공공기관의 운영에 관한 법률」 제5조에 따른 공기업에 적용한다.
>
> **제5조(사업주 등의 의무)** ① 사업주는 다음 각 호의 사항을 이행함으로써 근로자의 안전과 건강을 유지·증진시키는 한편, 국가의 산업재해 예방시책에 따라야 한다.
>
> 1. 이 법과 이 법에 따른 명령으로 정하는 산업재해 예방을 위한 기준을 지킬 것
> 2. 근로자의 신체적 피로와 정신적 스트레스 등을 줄일 수 있는 쾌적한 작업환경을 조성하고 근로조건을 개선할 것
> 3. 해당 사업장의 안전·보건에 관한 정보를 근로자에게 제공할 것

② 다음 각 호의 어느 하나에 해당하는 자는 설계 · 제조 · 수입 또는 건설을 할 때 이 법과 이 법에 따른 명령으로 정하는 기준을 지켜야 하고, 그 물건을 사용함으로 인하여 발생하는 산업재해를 방지하기 위하여 필요한 조치를 하여야 한다. <개정 2013.6.12.>

1. 기계 · 기구와 그 밖의 설비를 설계 · 제조 또는 수입하는 자
2. 원재료 등을 제조 · 수입하는 자
3. 건설물을 설계 · 건설하는 자

제66조의2(벌칙) 제23조제1항부터 제3항까지 또는 제24조제1항을 위반하여 근로자를 사망에 이르게 한 자는 7년 이하의 징역 또는 1억원 이하의 벌금에 처한다.

제23조(안전조치) ① 사업주는 사업을 할 때 다음 각 호의 위험을 예방하기 위하여 필요한 조치를 하여야 한다.

1. 기계 · 기구, 그 밖의 설비에 의한 위험
2. 폭발성, 발화성 및 인화성 물질 등에 의한 위험
3. 전기, 열, 그 밖의 에너지에 의한 위험

② 사업주는 굴착, 채석, 하역, 벌목, 운송, 조작, 운반, 해체, 중량물 취급, 그 밖의 작업을 할 때 불량한 작업방법 등으로 인하여 발생하는 위험을 방지하기 위하여 필요한 조치를 하여야 한다.

③ 사업주는 작업 중 근로자가 추락할 위험이 있는 장소, 토사 · 구축물 등이 붕괴할 우려가 있는 장소, 물체가 떨어지거나 날아올 위험이 있는 장소, 그 밖에 작업 시 천재지변으로 인한 위험이 발생할 우려가 있는 장소에는 그 위험을 방지하기 위하여 필요한 조치를 하여야 한다.

④ 제1항부터 제3항까지의 규정에 따라 사업주가 하여야 할 안전상의 조치 사항은 고용노동부령으로 정한다.

제24조(보건조치) ① 사업주는 사업을 할 때 다음 각 호의 건강장해를 예방하기 위하여 필요한 조치를 하여야 한다.

1. 원재료 · 가스 · 증기 · 분진 · 흄(fume) · 미스트(mist) · 산소결핍 · 병원체 등에 의한 건강장해
2. 방사선 · 유해광선 · 고온 · 저온 · 초음파 · 소음 · 진동 · 이상기압 등에 의한 건강장해

3. 사업장에서 배출되는 기체 · 액체 또는 찌꺼기 등에 의한 건강장해
4. 계측감시(計測監視), 컴퓨터 단말기 조작, 정밀공작 등의 작업에 의한 건강장해
5. 단순반복작업 또는 인체에 과도한 부담을 주는 작업에 의한 건강장해
6. 환기 · 채광 · 조명 · 보온 · 방습 · 청결 등의 적정기준을 유지하지 아니하여 발생하는 건강장해

② 제1항에 따라 사업주가 하여야 할 보건상의 조치 사항은 고용노동부령으로 정한다.

「산업안전보건기준에 관한 규칙」 예시

제420조(정의) 이 장에서 사용하는 용어의 뜻은 다음과 같다. <개정 2012.3.5, 2013.3.21>

1. "관리대상 유해물질"이란 법 제24조제1항제1호에 따른 원재료 · 가스 · 증기 · 분진 등으로서 유기화합물, 금속류, 산 · 알칼리류, 가스상태 물질류 등 별표 12에서 정한 물질을 말한다.
2. "유기화합물"이란 상온 · 상압(常壓)에서 휘발성이 있는 액체로서 다른 물질을 녹이는 성질이 있는 유기용제(有機溶劑)를 포함한 탄화수소계 화합물 중 별표 12 제1호에 따른 물질을 말한다.
3. "금속류"란 고체가 되었을 때 금속광택이 나고 전기 · 열을 잘 전달하며, 전성(展性)과 연성(延性)을 가진 물질 중 별표 12 제2호에 따른 물질을 말한다. (이하 생략)

제67조(벌칙) 다음 각 호의 어느 하나에 해당하는 자는 5년 이하의 징역 또는 5천만원 이하의 벌금에 처한다.

1. 제23조제1항부터 제3항까지, 제24조제1항, 제26조제1항, 제28조제1항, 제37조제1항, 제38조제1항, 제38조의4제1항 또는 제52조제2항을 위반한 자
2. 제38조제5항, 제48조제4항 또는 제51조제7항에 따른 명령을 위반한 자

제67조의2(벌칙) 다음 각 호의 어느 하나에 해당하는 자는 3년 이하의 징역 또는 2천만원 이하의 벌금에 처한다.

1. 제33조제3항, 제34조제2항, 제34조의4제1항, 제38조제3항, 제38조의3, 제46조, 제47조제1항 또는 제49조의2제1항 후단을 위반한 자

2. 제34조의4제2항, 제38조제4항, 제38조의2제4항, 제43조제2항, 제49조의2제3항 · 제10항 또는 제51조제6항에 따른 명령을 위반한 자

제68조(벌칙) 다음 각 호의 어느 하나에 해당하는 자는 1년 이하의 징역 또는 1천만원 이하의 벌금에 처한다.

1. 제26조제5항을 위반하여 중대재해 발생현장을 훼손한 자
2. 제29조제3항, 같은 조 제5항 전단, 제33조제1항 · 제2항, 제34조의2제2항 · 제3항, 제35조의4제1항, 제52조의6 또는 제63조를 위반한 자
3. 제34조의2제4항 또는 제35조의4제2항에 따른 명령을 위반한 자

제69조(벌칙) 다음 각 호의 어느 하나에 해당하는 자는 1천만원 이하의 벌금에 처한다.

1. 제29조제8항, 제35조제1항, 제35조의2제2항 · 제3항, 제40조제2항 · 제7항, 제43조제5항 또는 제45조제1항 · 제2항을 위반한 자
2. 제35조의2제4항 또는 제40조제4항 · 제8항에 따른 명령을 위반한 자
3. 제42조제3항에 따른 작업환경측정 결과에 따라 근로자의 건강을 보호하기 위하여 해당 시설 · 설비의 설치 · 개선 또는 건강진단의 실시 등의 조치를 하지 아니한 자

제70조(벌칙) 제29조제1항 또는 제4항을 위반한 자는 500만원 이하의 벌금에 처한다.

제71조(양벌규정) 법인의 대표자나 법인 또는 개인의 대리인, 사용인, 그 밖의 종업원이 그 법인 또는 개인의 업무에 관하여 제66조의2, 제67조, 제67조의2 또는 제68조부터 제70조까지의 어느 하나에 해당하는 위반행위를 하면 그 행위자를 벌하는 외에 그 법인 또는 개인에게도 해당 조문의 벌금형을 과(科)한다. 다만, 법인 또는 개인이 그 위반행위를 방지하기 위하여 해당 업무에 관하여 상당한 주의와 감독을 게을리하지 아니한 경우에는 그러하지 아니하다.

2. 산업안전보건법 제66조2의 분석

산업안전보건법 제66조의2(벌칙)는 제23조 제1항부터 제3항까지 또는 제24조 제1항을 위반하여 근로자를 사망에 이르게 한 자는 7년 이하의 징역 또는 1억 원 이하의 벌금에 처한다고 규정하고 있으므로,

제66조의2에서의 범죄주체가 되기 위해서는 법 제23조 제1항부터 제3항까지 또는 제24조 제1항을 위반한 자이어야 한다. 그런데 "제23조(안전조치) ① 사업주는 사업을 할 때 다음 각 호의 위험을 예방하기 위하여 필요한 조치를 하여야 한다. 제24조(보건조치) ① 사업주는 사업을 할 때 다음 각 호의 건강장해를 예방하기 위하여 필요한 조치를 하여야 한다."라고 규정하고 있으므로 제23조, 제24조 각 항을 위반할 수 있는 자는 '사업주'라는 신분이 있어야 하는 것이다.

즉 제66조의2로서 처벌받는 '사업주'는 D산업이라고 보아야 한다. 그런데 제1심, 제2심에서 D산업은 본조 위반에 대해 무죄를 선고받았다. 그 이유는 무엇인가? 사업주임에 분명하고 근로자 다수가 사상되었음에도 D산업이 무죄를 받은 것은 제23조의 안전조치를 충실히 이행하였기 때문에 인과관계가 부정되거나, 객관적 귀속이 인정되지 않은 것이 아니라, 제66조의2의 '근로자'가 그 근로자가 아니라는, 조금은 이해하기 힘든 이유 때문이다. 이를 이해하기 위해서는 근로자 개념을 통념과 달리 산업안전법의 체계 내에서 검토해야 한다. 산업안전보건법 제1조에 따르면 "이 법은 산업안전·보건에 관한 기준을 확립하고 그 책임의 소재를 명확하게 하여 산업재해를 예방하고 쾌적한 작업환경을 조성함으로써 근로자의 안전과 보건을 유지·증진함을 목적으로 한다." 즉 처벌이 주된 목적은 아니어도, '그 책임의 소재는 명확'하게 하는 것이 이 법의 목적 중의 하나이지만, 책임의 소재를 따라가는 작업의 환경은 '쾌적'하지는 않다. 법 제2조(정의)에서 "근로자"란 「근로기준법」 제2조 제1항 제1호에 따른 근로자를 말한다. "사업주"란 근로자를 사용하여 사업을 하는 자를 말한다고 규정하고 있어서 불가피하게 근로기준법[법률 제12325호, 2014. 1. 21.]을 참조해야 한다.[9]

9) 제2조(정의) ① 이 법에서 사용하는 용어의 뜻은 다음과 같다.

1. "근로자"란 직업의 종류와 관계없이 임금을 목적으로 사업이나 사업장에 근로를 제공하는 자를 말한다.
2. "사용자"란 사업주 또는 사업 경영 담당자, 그 밖에 근로자에 관한 사항에 대하여 사업주를 위하여 행위하는 자를 말한다.

여기까지 와도 아직 의문을 풀 수 없다. 노동법학의 또 다른 논점이 개입되어 있는 것이다. 요약해서 말하자면 대법원의 "해석상" 산업안전보건법 제66조의2[10]가 말하는 '근로자'는 '사업주와 고용관계를 맺은 근로자'를 말하는 것이지 모든 근로자를 말하는 것이 아니어서 사업주의 사업장에서 실제로 근로하던 자가 사망하였어도 그가 다른 사업주의 소속인 경우에는 적용되지 않는다는 것이다. 동시에 임금을 목적으로 근로를 제공하여야 '근로자'로 볼 수 있으므로 일반 방문자나 무급의 실습생 등이 사상하였더라도 동법 위반에 해당하지 않는다는 것이다. 이것이 제1심, 제2심에서 D산업이 제66조의2 위반에 대하여 무죄가 된 이유이다. 대법원이 유죄 취지로 파기환송하기는 했지만, 그 이유는 폭발위험성 있는 용접작업이라는 위험작업을 직접 수행하는 작업자로서가 아니라, 감독자로서라도 어떻든 작업현장에 D산업 소속 근로자가 존재했고, 그가 사상되었다는 이유로 파기환송한 것뿐이다.

어떤 법문의 의미를 유사한 법적 개념으로부터 도출하는 것이 일응 타당해 보이지만, 본래의 입법 취지를 넘어서는 엄격해석은 형벌구성요건의 해석으로서도 언제나 긍정적으로 평가할 수 있는 것은 아니다. 위험한 설비의 이송이 이루어지는 사업장 내 작업구역에 출입통제가 제대로 이루어지지 않아서 근로자가 아닌 일반 방문자가 사망한 경우를 상정하여 보자. 사업주의 안전조치가 이루어지지 않아서 발생

---

10) 이 조항에 대한 형사법적 시각에서의 분석으로는 우희숙, "산업재해와 형사책임 ― 산업안전법 제66조의2를 중심으로", 서울대학교 법학, 제54권 제1호, 2013. 3, 135-157면; 김성룡, "형사벌 · 행정형벌과 과태료 부과기준 및 산업안전보건법상 처벌규정의 적정성 검토", 강원법학 제34권, 2011. 10, 61-111면 참조. 여기서는 의무위반의 경중 등으로 세분화하는 방안을 제시하고 있다. 이러한 논의는 동 규정의 법정형이 지나치게 높아서 법적용자가 적용을 피하고 있는 것으로 파악하면서 그 실효성을 높일 수 있는 방안을 구상하고 있는 것이라 할 수 있다. 후술하겠지만, 이 논문에서 지적되고 있는 산업안전보건법 제66조의2의 법정형의 적정성에 대해서는 '업무상경과실(통상과실)'에 대응되는 '업무상중과실' 개념을 추출하여 입법화함으로써 설명될 수 있다고 생각한다.

한 사고이고 어쩌면 비난의 정도는 더 높음에도 '사업주 소속 근로자'가 아니므로 동 규정을 적용할 수 없다는 것이라면, 비록 법 제1조에서 말하는 '작업장 안전'을 해쳤지만, 결과가 부당해도 법원이 '근로자'라고 명시된 법문의 해석을 넘어설 수 없었기 때문에 발생하는 불가피한 한계라고 할 수 있을 것이지만, 동 규정에서 근로자라고만 규정하고 있을 뿐, 누구의 소속인지를 규정하고 있지 않음에도 굳이 근로기준법까지 거슬러 올라가서 제한해석하여야만 하는 이유가 있을까? 대법원이 진정으로 인명보호라는 점을 생각하여 원심을 파기환송하려한 것이라면, 사실관계가 아니라 적극적으로 피해자가 어느 업체 소속인가가 아니라 사업주가 안전관리를 지배할 수 있는 사업장 내 범위, 공간을 중심으로 법리를 전개시킬 수 없었을까 하는 아쉬움이 남는 것이다.

3. 피고인 1의 형사책임의 근거

피고인 1은 D산업의 여수공장의 공장장으로서 안전보건관리책임자로서 법 제13조 각호가 정하는 업무를 총괄관리하고 하위 직원인 안전관리자와 보건관리자를 지휘, 감독하는 자이다. 그러나 법 제67조 제1호는 '제23조제1항부터 제3항까지…'를 위반한 자를 처벌하는 규정인데, 법 제23조는 '사업주'의 안전조치를 규정하고 있는 조문이어서 필요한 조치를 할 책임은 '사업주'에게 있는 것으로 규정되어 있다. 따라서 제67조 위반의 주체도 사업주로 보아야 한다. 그렇다면 피고인 1은 어떠한 해석, 적용을 통하여 처벌된 것인가? 형법이론에서는 이러한 경우를 신분범 혹은 의무범으로 취급하고 있다. 이 경우 비신분자, 비의무자의 단독범행은 불가능하다. 그러나 행정형법에서는 의무자인 사업주는 면책되고, 비의무자이지만 '행위자'로 지목된 누군가는 단독으로, 혹은 더 중하게 처벌할 수도 있다는 기이한 결론이 가능할지도 모른다.

법 제71조 양벌규정을 살펴보면, "법인의 대표자나 법인 또는 개인의 대리인, 사용인, 그 밖의 종업원이 그 법인 또는 개인의 업무에 관하여 제66조의2, 제67조, 제67조의2 또는 제68조부터 제70조까지의 어느 하나에 해당하는 위반행위를 하면 그 행위자를 벌하는 외에 그 법인 또는 개인에게도 해당 조문의 벌금형을 과(科)한다. 다만, 법인 또는 개인이 그 위반행위를 방지하기 위하여 해당 업무에 관하여 상당한 주의와 감독을 게을리하지 아니한 경우에는 그러하지 아니하다." 라고 규정되어 있어서 느닷없이 '행위자'라는 개념이 등장한다. 이는 '제66조의2, 제67조, 제67조의2 또는 제68조부터 제70조까지의 어느 하나에 해당하는 위반행위'의 행위자를 지칭하는 것일텐데, 이들 벌칙조항이 참조하고 있는 해당 조문에서는 각종 의무를 지는 것은 '사업주'일 뿐이다. 그러나 대법원은 오랫동안 이러한 양벌규정을 근거로 실제로 당해 업무를 집행한 자를 처벌할 수 있다고 하고 있다.[11)12)] 이를 흔히 '수범자 범위의 확장'으로 부르는 이 법리전개를 어떻게 형법적으로 정당화할 수 있을 것인가는 의문이다.

4. 양벌규정에서 비신분자의 처벌에 대한 논의

이러한 현상을 지적하는 연구에서는 이를 '수범자 범위의 확장' 혹은 '이른바 역적용사례'라고 하여 논의한다.[13)] 기본적인 문언적 해석을 통해서 보면, 양벌규정 자체의 직접적인 수범자는 원칙적으로 영업주인 '법인 또는 개인' 등이지 물리적 행위를 실제로 수행한 자연인이 아니다. 물론 자연인도 개별법상의 벌칙 조항의 위반행위가 있다면 그 조문(통상 양벌규정과 대비되는 의미로 '벌칙 본조'라고 부르는)에 의해 처

11) 이주원, "산업안전보건법상 양벌규정에 의한 사업주와 행위자의 처벌", 고려법학 제51권, 2008, 285-325면 참조.

12) 전형배, "산업안전보건법의 양벌규정 개정에 관한 연구", 안암법학 제27권, 2008에서는 양벌규정의 문제를 노동법적 시각에서 비판하다가 해결책으로서는 영국의 기업책임법 법리 도입론으로 귀결된다.

13) 김성돈, 앞의 책, 181-183면.

벌되기 때문이다. 그런데 벌칙 본조에서도 문제는 사업주, 영업주라는 일정한 신분자만을 처벌대상으로 하고 있는 경우 그러한 신분이 없는 자연인 위반행위자는 처벌될 수 없음이 원칙이다. 비신분자인 자연인 위반행위자를 처벌하는 근거가 존재하지 않기 때문이다. 그런데 이러한 경우에도 양벌규정에 포함된 "행위자를 벌하는 외에"라는 문언을 근거로 이 비신분자인 자연인까지 수범자로 확대하는 근거로 삼으려는 견해가 있는 것이다. 산업안전보건법처럼 행정법적 의무가 사업주에게만 부과되어 있고, 종업원은 의무없는 자(비신분자)인 경우에도 양벌규정이 종업원의 처벌을 위한 법적근거로 될 수 있다고 보는 것이다. 양벌규정상의 '행위자를 벌'한다는 문언을 적극적으로 해석하여 어쨌든 '행위자를 벌'한다고 보아, 벌칙 본조에도 불구하고 이 문언이 수범자 범위 확대기능을 하는 것이므로, 이 문언에 의하여 직접 행위자를 처벌할 수 있다[14]고 하면서, 양벌규정으로 법인을 처벌하면서 실제로 그 법인을 위해 범죄행위를 저지른 자를 처벌하지 않는 것은 이론상 모순이라고 한다. 다만 처벌긍정설을 취할 경우에도 처벌근거법조가 양벌규정인지 벌칙조항인지 아니면 그 양자의 결합인지에 대해 견해가 일치하지 않는다.[15]

이러한 입장에 반대하여 신분범의 경우 비신분자는 단독으로는 신분범의 정범이 될 수 없고, '행위자를 벌하는 외에'라는 양벌규정이 신분범을 비신분범으로 만들 수도 없을 뿐 아니라 양벌규정은 행위자를 처벌하는 경우에 법인이나 그 대표자를 처벌하기 위한 규정일 뿐이라고 보면서 독일 형법 제14조와 같은 대리인책임규정이 없음에도 불구하고 양벌규정을 근거로 처벌의 공백을 보충하는 것은 허용되는 해석의 한계를 벗어난 유추라고 보아 양벌규정이 수범자의 범위를 확대하는 기능을 할 수 없기 때문에 비신분자인 직접행위자를 처벌할

---

14) 조병선, "양벌규정과 형사책임", 형사판례연구[3], 1995, 17면.
15) 정금천, "양벌규정과 법인의 형사책임", 지송 이재상 교수 화갑기념논문집(I), 146면.

수 없다는 견해가 있다.[16] 양벌규정에서 일정한 신분자만 범죄주체로 하고 있는 경우 이 규정이 비신분자인 직접행위자(종업원 등)까지 행위주체로 인정하고 있는 것이 아님은 분명하며, 이러한 양벌규정의 형식이 "행위자 처벌을 새롭게 정한 것인지의 여부가 명확하지 않음에도 불구하고 형사처벌의 근거가 된다고 해석하는 것은 죄형법정주의의 원칙에 배치되는 태도라고 할 수밖에 없다"는 대법원 1999. 7. 15. 선고 95도2870 전원합의체 판결의 소수의견을 인정하면서 법인이 처벌되면서 법인을 위하여 범죄행위를 범한 자가 처벌되지 않는 법적용상의 흠결이 생기더라도 그러한 처벌의 흠결은 독일형법 제14조의 "타인을 위한 행위"라는 규정[17]과 같은 입법적인 조치를 취하기 전까지는 어쩔 수 없는 결론임을 인정해야 한다는 견해도 있다.[18]

대법원은 비신분자도 각 본조의 벌칙조항과 양벌규정을 근거로 처벌된다고 하여 양벌규정의 수범자 범위 확대기능을 인정한다.[19] 특히 건축법위반사건에서는 건축법상의 양벌규정에 의한 수범자 범위 확대기능을 부정해오다가, 1997년 전원합의체 판결을 통하여 그 태도를 변경하였다.[20][21]

---

16) 이재상, "1999년의 형사판례 회고", 형사판례연구[8]. 2000, 575면; 허일태, "피고인에게 불리한 판례의 변경과 소급효금지원칙", 형사판례연구[9], 2001, 142면.

17) 독일형법 제14조 제1항 1. 법인의 대표권 있는 기관으로서 2. 인적 회사의 대표권 있는 사원으로서 3. 타인의 법정대리인으로서 행위하는 때에는 특별한 일신적 자격, 관계 또는 사정(특별한 일신적 요소)이 가벌성의 기초가 되는 법규는 이 요소가 대리인에게는 존재하지 아니하나 본인에게 존재하는 경우에는 대리인에게도 이를 적용한다.
주의해야 할 것은 독일의 논리도 피용자로서 단순 대리인이 아니라 본인 자신과 동일시 될 수 있는 대표자 등에 대한 규정이라는 점이다.

18) 김성돈, 앞의 책, 183면.

19) 대법원 1992. 11. 10. 선고 92도2324 판결(증기관리법 제36조); 대법원 2004. 5. 14. 선고 2004도74 판결(구 산업안전보건법 제71조의 양벌규정).

20) 대법원 1997. 7. 15. 선고 95도2870 전원합의체 판결은 "구 건축법(1991. 5. 31. 법률 제4381호로 전문 개정되기 전의 것) 제54조 내지 제56조의 벌칙규정에서 그 적용대상자를 건축주, 공사감리자, 공사시공자 등 일정한 업무주로 한정한 경우에 있어서, 같은 법 제87조의 양벌규정은 업무주가 아니면서 당해 업무를 실제로 집행하는 자가 있는 때에 위 벌칙규정의 실효성을 확보하기

생각해보면, 양벌규정은 직접적, 물리적 행위자 이외의 자 중에 형사책임을 묻고 싶은 자에게도 형사책임을 손쉽게 추궁하기 위해 만들어낸 입법형식이라고 할 수 있고, 이렇게 확장된 배경에는 주관설에

위하여 그 적용대상자를 당해 업무를 실제로 집행하는 자에게까지 확장함으로써 그러한 자가 당해 업무집행과 관련하여 위 벌칙규정의 위반행위를 한 경우 위 양벌규정에 의하여 처벌할 수 있도록 한 행위자의 처벌규정"이라고 보고 있다.

21) 이러한 대법원 전원합의체 판결 뒤에는 타당한 법리를 발견하기 위한 여러 모색이 있었던 것으로 보인다. 대법원판례해설에는 여기에 관한 몇몇 논문이 있다. 서희종, "행정형벌에서 양벌규정과 위반행위의 주체(1991. 11. 12. 선고, 91도801 판결)", 대법원판례해설(제16호), 1991년 하반기, 724면 이하는 비교적 상세하게 이를 검토하는데, 특히 벌칙규정에 선행하는 금지규정의 상대방이 한정되는지를 언급하면서 일본 학설과 판결을 소개한 후 우리 법원의 판결을 분석하는데 이를 통하여 그 간의 법원의 고충을 짐작할 수 있다. 김영태, "양벌규정과 법인의 대표자의 처벌(건축법 제78조)", 대법원판례해설(제25호), 1996년 상반기, 578면 이하에서도 이러한 논의가 나온다. 특히 이 글에서 주목할 점은 이러한 수범자 확장을 통한 '행위자'처벌이 '건축행위를 한 노무자들까지 처벌'하는 것이 아닌가 하는 부분을 지적하고 있다는 점이다. 물론 약간의 논변을 거쳐 부당하지 않다고 하고는 있으나, 여기에 구성요건의 입법적 문제가 숨어 있다는 점을 은연 중에 나타내 보인다고 할 수 있다. 이는 사실 '건축'이라는 단어의 해석 문제이기도 하기 때문이다. 콘크리트를 붓거나 벽돌을 쌓는 것까지도 이 법에서의 건축이라고 보아야 하는 것인지 하는 것이다. 또한 이 글의 대상이 된 舊건축법 제78조 제1항은 "법인의 경우에는 대표자를 건축주로 본다."는 규정을 가지고 있었다는 점을 확인할 수 있다. 이 간주규정을 통해 각각의 영역에서 표면적으로 드러나는 객관적, 물리적 행위자가 아니라, 숨어있는 이익귀속자를 처벌하고자 하는 의지를 읽을 수 있기 때문이다. 또한 584면 이하에서 과거 일본 明治시대의 轉嫁責任 등을 소개하면서 三罰規定의 예를 소개한다. 즉 법인, 행위자 외에 회사상층부-대표자까지도 처벌하는 것이다. 이재환, "친고죄의 경우 양벌규정에 의하여 처벌받는 자에 대하여 별도의 고소를 요하는지 여부", 대법원판례해설(제26호), 1996년 하반기, 473-476면 이하에도 책임의 성격논의가 언급되고 특히 여기서는 주로 면책사유가 있는지를 기준으로 법률들을 분류하여 검토하고 있다. 친고죄인 저작권법 위반과 관련한 판결 분석을 통하여 결론에서 '통상의 양벌규정은 원래의 위법행위와 별개의 범죄를 규정한 것이 아니라는 점을 명시'한 것(479면)이라고 평가하고 있다. 그러나 이것은 이렇게 쉽게 논할 것은 아니다. 법령의 의무 규정 위반이라는 본범에 대하여 양벌규정에 의한 처벌의 공범관계를 어떻게 평가해야 할 것인가라는 조금은 난해한 주제에 연결되어 있기 때문이다.

따르는 이익귀속과 같은 소박한 직관적 인식이 자리 잡고 있는 것으로 보인다. 이를 통해서 배후의 자에 대해 구체적 범행기여를 검토할 필요 없이 자동적으로 형사책임을 물을 수 있는 것이다. 또한 양벌규정에서 형사책임이 확장되는 대상에 사업주, 영업주로서 '법인'이라는 문구만 삽입하면 되므로 형법이론에서는 자연인과 달리 형사책임의 이론적 구성이 쉽지 않은 법인에 대해 손쉽게 형사책임을 부과하기 위해 무비판적으로 남용되고 있다. 그런데 직접적 물리적 행위를 수행함으로써 벌을 받는 자연인 이외에 그 이익을 얻는 배후의 자가 법인이더라도 형사처벌하여야 한다는 정도를 넘어서, 반대로 법인을 처벌하는 경우라면 특별한 처벌 규정 없는 자연인도 처벌할 수 있다고 하는 소위 '역적용'의 논리 전개는 보다 심각한 문제가 있다.

Ⅳ. 형사처벌의 대상과 입법만능주의

1. 누가 처벌 받아야 하는가

어떤 범죄에 대하여 '누가 형사처벌 받아야 하는가'라는 질문에 대한 거의 직관적인 대답은 그 행위, 그 결과 발생에 책임이 있는 자가 그 책임만큼 처벌도 받아야 한다는 것이고, 형법이론은 이를 세밀히 탐구해가는 작업일 것이다. 어떤 범죄에 대하여 형사책임을 져야할 자를 선별함에 있어서 형법이론에서 단일정범체계와 정범·공범 구별체계가 있고, 우리 형법체계는 전체 범행에 중심적 기여를 한 자, 즉 '정범'을 결정하고 그에 가공한 자를 교사, 방조범으로 하고 있다. 이러한 체계 하에서 범죄에 기여한 자 가운데서 누구를 정범으로 할 것인가에 대해 역사적으로 다양한 견해가 있었고, 오늘날은 Roxin의 이론에 기반한 '범행지배설'이 일반화되어 있다. 즉 그 범죄행위 전반을 지배한 자를 정범으로 보아 단독정범의 경우 '실행행위 지배', 간접정범의 경우는 '우월한 의사지배', 공동정범의 경우는 '기능적 행위지배'

로 보는 것이다. 다만 여기에서 신분범, 의무범, 자수범, 목적범 등에서는 범죄구성요건에서 행위자에게 특별한 요건이 없다면 '행위지배'가 있더라도 단독으로는 정범으로 인정할 수 없다고 본다. 다만 범행지배설에서도 반대로 행위자가 처벌받지 아니하거나 과실범으로 처벌받는 경우에 고의로 그를 이용(교사/방조)한 자는 물리적 행위 없이도 간접정범으로서 정범성이 인정된다. 처벌받지 않는 행위자를 이용한 사업주를 처벌하기 위해서는 본래 의사지배에 상당한 범행지배가 있었어야 하는 것이다.

한편 20세기 초반에 우리나라에도 적용되었던 飮食店取締法 등과 같이 종업원 등이 구성요건적 행위를 하였을 때, 행위자인 종업원 등을 오히려 벌하지 아니하고 업주만을 처벌하는 소위 轉嫁責任 규정은 행위자가 아닌 자에게 형사책임을 轉嫁하는 규정이므로 지금의 관점으로 보면 심히 부당하게 보이는 것이어서 정범 결정 이론에서 主觀說의 하나인 利益說[22]의 관점에서 이해하여야 할지도 모른다. 하지만 여전히 오늘날 법원 판결이나 여러 문헌에서도 '이익귀속주체로서의 법인'이라는 표현이 자주 나타나는데, 어쩌면 이러한 표현 속에 책임귀속에 대한 직관적 인식이 자리 잡고 있는 것은 아닌가 생각되기도 한다.[23] 그런데 행위주체와 이익귀속주체의 분리가 드물게 나타나는 형법과 달리 소위 행정형법에서는 이러한 분리가 나타나는 것이 예외적인 현상이 아니다. 그런데 '이익귀속자'가 책임을 져야 한다는 이 소박한 직관적 인식도 '도급' 제도의 적극적 활용을 통해 더 멀어지게 된다. 사업주의 안전조치 미흡으로 인하여 사상사고가 발생하면 형사책임을 지게 하는 산업안전보건법과 같은 법률이 존재하므로, 사업주

22) 김일수, 한국형법Ⅱ, 241면 참조.

23) 그러나 '이익귀속주체'라는 것이 일응의 타당성을 가진다고 해도 좀 더 깊이 생각해보면 법인의 경우 궁극적으로는 주주 혹은 대주주나 의사결정기관으로서의 이사(회)로 거슬러 올라갈 수 있을 것인데, 산재사고의 방지를 위해 형사처벌이 반드시 필요한 것이라고 한다면 누구를 처벌대상자로 하여야 할 것인지 형벌의 목적 등과 관련해서 보다 세심한 검토가 필요할 것으로 보인다.

는 형사책임 부담의 위험을 지기보다는 회사 내 일부 위험 사업 부분을 하도급 주는 방식으로 '위험의 외주화'를 실시하고, 동시에 그만큼 더 큰 이익을 얻는 원래 사업장의 사업주도 형사처벌의 위험으로부터 멀어지는 것이다.24)

다른 한편 대법원은 법인이 私法상 의무의 주체인 경우 법인대표자가 직접 타인의 사무를 처리하는 자로 보아 그를 정범으로 본다(대법원 1984. 10. 10. 선고 82도2595 전원합의체 판결). 이 판결의 소수의견(전상석)은 다수의견이 어째서 사법상의 의무주체와 범죄주체를 따로 파악하려는 것인지 이해하기 어렵다고 비판하면서 대표자는 그 법인에 대하여 의무를 지는 자이지 직접 타인에 대하여 의무를 지는 자가 아니므로 판례변경에 반대하고 있다.25) 맥락은 조금 다르지만, 대법원 1997. 1. 24. 선고 96도524 판결에서는 "건축법 위반에서 법인격 없는 사단과 같은 단체는 법인과 마찬가지로 사법상의 권리의무의 주체가 될 수 있음은 별론으로 하더라도, 법률에 명문의 규정이 없는 한 그 범죄능력은 없고 그 단체의 업무는 단체를 대표하는 자연인인 대표기관의 의사결정에 따른 대표행위에 의하여 실현될 수밖에 없다(대법원

---

24) 노상헌, "사내하도급, 위험의 외주화에 대한 법적 규제 — Ⅳ 일본의 법령을 중심으로", 강원법학 제48권, 2016. 6, 강원대학교 비교법학연구소, 67-97면 등은 이러한 문제점을 지적하고 있다. 한편 물론 하청업체의 사업주가 자기 소속의 근로자에 대하여 사업주로서의 책임을 지게 되기는 하지만, 이 경우 현실적으로 작업이 이루어지는 사업장이라는 공간에 대한 안전조치의 과정을 지배할 수 있는 현실적 능력이 부족한 경우가 대부분이다. 어떠한 경우에는 일부 위험업무를 인수한 하청업체가 전적으로 책임을 지는 것이 타당한 경우도 있다. 건축작업장 내에 화물 이송을 위한 타워크레인 설치에 관한 판결에서 나타나듯 적어도 타워크레인 설치라고 하는 특정 업무에 특화된 업체가 위험관리를 더 잘 할 수 있기 때문이다. 그러나 이 경우에도 원사업장을 지배하는 사업주로서는 자신이 알고 있는 범위에서 안전관리에 대한 충분한 정보제공은 필요하다고 보아야 한다.

25) 여기에 대한 평석으로는 손지열, "법인 대표이사의 이중분양행위와 배임죄", 대법원판례해설(제3호), 1984년 상반기; 김오수, "법인의 의사결정기관의 구성원(단위농협의 총대)이 배임수재죄의 주체가 될 수 있는지 여부", 대법원판례해설, 1989년 하반기 참조.

1984. 10. 10. 선고 82도2595 판결 참조). 구 건축법(1995. 1. 5. 법률 제4919호로 개정되기 전의 것) 제26조 제1항의 규정에 의하여 건축물의 유지·관리의무를 지는 '소유자 또는 관리자'가 법인격 없는 사단인 경우에는 자연인인 대표기관이 그 업무를 수행하는 것이므로 같은 법 제79조 제4호에서 같은 법 제26조 제1항의 규정에 위반한 자라 함은 법인격 없는 사단의 대표기관인 자연인을 의미한다고 할 것"이라고 유사한 취지로 판시하고 있다. 이러한 경우에는 법인 자체가 아니라 대표자인 자연인을 처벌한다는 법리가 존재하는 것이다. 이러한 법리의 변화의 배후에도 맨 처음 제기하였던 소박한 물음과 답변이 있다. 특히 단순한 피용인이 아니라 私法적으로는 법인의 행위로 간주되는 代表者라는 점도 주목할 필요가 있다. 당연히 객관설에 가까운 범행지배설에서 신분범이나 의무범이 아닌 지배범의 단독정범으로서의 정범 표지는 행위지배이므로 '구성요건적 행위를 육체적으로 수행한 자'를 중심으로 파악하는 경우에도 이익귀속자 내지는 의사결정자에게 일정한 책임추궁이 있어야 한다는 소박한 관점은 쉽게 떨치기 힘든 것이다.

그렇다면 만약 이러한 양벌규정이 존재하지 않은 경우라면 구성요건적 행위자 이외의 자를 처벌하는 것이 전혀 불가능한 것일까? 당연히 아니다. 직접 행위자 배후의 이익귀속자를 처벌할 수 있는 경우를 생각하여 보면, 수사기관에서 피용자인 행위자와 사용주 내지 상급자 간의 공모관계, 교사, 방조[26]관계를 밝혀내고 이를 소송상 입증할 수 있다면 양벌규정 없이도 공범으로서의 책임 추궁은 가능하였을 것이다.[27] 이렇게 보면 본래의 양벌규정은 직관적으로 존재할 것으로 추측되는 범행기여 관계를 전제하지만, 여기에 따르는 공범관계에 대한 수사, 입증상의 난점을 회피하고 이를 법률상 의제하고 있었던 것은

26) 결과 발생을 방지할 의무 있는 자가 행위자의 위법행동을 방지하지 않아서 결과가 발생하였다는 '부작위에 의한 방조'로서의 책임을 말한다.

27) 그러나 현실적으로는 개개의 사안에서 이러한 공모나 교사관계가 없는 경우도 많을 것이다. 안전불감증 내지 부실시공은 예전부터 그래왔던 것, 일종의 업계의 관행일 수도 있기 때문이다.

아닌가 하는 추측이 가능하다. 그러나 당연히 이는 위헌적 요소가 다분하기 때문에 헌법재판소도 이를 고려하여 양벌규정에서 책임 없음을 입증할 수 있으면 면책될 가능성을 열어둔 것이라고 판단된다.

2. 법인의 처벌은 위헌적인가

형법이론은 목적 달성을 위해 자신의 행위를 결정하고 실행한 자에 대하여 그러한 의사결정과 결과발생에 대한 책임비난으로 형사책임을 구성한다. 그렇기 때문에 법인의 경우 자연인과 같은 거동이 불가능하므로 형법범의 주체가 되지 않는다고 보는 것이 일반적이다. 결국 문제는 '法人'이라는 실체에 대한 것이다. 법인이라는 용어 자체가 본래는 권리, 의무의 주체로서 人(自然人)은 아니지만, 법으로 人으로 보도록 규정되어 있으니 人이 된 것이라는 점을 보여주고 있다. 人間을 중심으로 책임의 근거를 탐구하여 온 형법학의 입장에서는 당연한 이론적 귀결로서 범죄주체에서 법인의 형사책임을 부정하는 것이 일반적이고 다만 명문으로 법인 처벌을 규정한 양벌규정의 해석을 두고 견해가 나뉘지만, 법인 처벌 규정 자체를 위헌 무효로 보는 의견은 지금은 찾아보기 힘들다. 다만 양벌규정의 성격을 두고 종래에 여러 견해 대립이 있었으나, 헌법재판소의 위헌결정 이후 과실책임설(법인의 자기책임설)로 의견이 모아지고 있는 것 같다.[28)][29)]

그런데 헌법재판소의 취지를 다시 한번 살펴보아야겠지만 헌법재판소가 전제하고 있는 양벌규정이라는 것은 구성요건적 행위자인 자

---

28) 종전의 입법적 흐름에 대해서는 이주원, 앞의 논문, 289면 각주에서 박기석, "양벌규정에 대한 판례분석", 강의중교수정년기념논문집, 교학연구사, 2002, 429면을 인용하여 (과거에는) 우리나라도 양벌규정에서 면책규정을 삭제하는 흐름이며, 이는 일본의 경우도 마찬가지라고 한다.

29) 김성돈, "양벌규정과 책임원칙의 재조명", 형사법연구 제27권 제3호, 123-157면은 이 문제를 깊이 파고 들면서 어떤 식으로 변경하든 지금의 체계 하에서는 양벌 규정 자체가 책임원칙 위반의 의심을 벗어날 수 없음을 지적하면서, 법인 처벌을 헌법상 책임원칙의 예외로 보아야 할 것인지에 대한 의문을 던지고 있다.

연인을 처벌하면서 동시에 그를 사용하는 사업주 등을 처벌하는 형식의 양벌규정인 것으로 보이는데, 이 경우 정범인 자연인인 행위자에 대하여 범죄의 가벌성이 모두 충족되는 것을 전제로 법인, 개인 기타 사용자의 사용자로서의 선임, 감독상 과실에 따르는 책임이라고 하는 자기책임[30]으로 이론구성될 수 있을 것이고, 이렇게 보면 아무래도 정범의 행위책임보다 경한 관리, 감독책임만으로 보아 사용주 등에게 징역형을 과하지 않고, 벌금형으로만 벌하게 하는 것까지는 어느 정도 수긍할 만하다고 할 수 있다. 어떤 특정 자연인(대표자) 등을 지정하여 처벌하는 것보다는 오히려 형벌 부과로 인한 부정적 효과가 적고 희석되어 있기 때문이다.

3. 소위 '수범자 범위의 확장'의 경우

그런데 자연인인 행위자가 처벌 규정에 해당하여 처벌을 받는 경우에 법인도 처벌 받는다는 논리구성이 아니라, 자연인인 업무집행자를 처벌하는 근거 규정이 없더라도 양벌규정 문구 속에 '그 행위자를 벌하는 외에'라는 문언이 들어 있다고 해서, 이를 '행위자' 처벌의 근거로 보아 '업무집행자'를 사업주 등만이 범죄주체로 규정된 벌칙 본조에 의하여 처벌할 수 있다고 하는 것이 '수범자 범위의 확장'의 논리이다. 이렇게 되면 선행하는 의무규정의 주체는 사업주이지만, 법인인 사업주의 경우 직접 해당 업무를 수행하는 담당자(사업주의 피용자 중 법 제13조 내지 제16조의3이 정하는 안전보건관리책임자, 관리감독자, 안전관리자, 보건관리자, 안전보건담당자로 사업주로부터 발령 받은 자)는

30) 아직 더 많은 고민이 있어야 할 문제이지만, 하나의 사건에서 동시에 처벌받게 되는 행위자인 피용자와 사용자로서의 법인의 공범관계는 무엇일까를 생각해보면, 교사/방조 관계를 밝혀내지 않는 한 법인처벌 근거를 '자기책임설'만으로 보면 행위자와 법인은 책임의 근거가 다른 일종의 동시범 관계라고 보아야 하는데, 친고죄였던 저작권법 위반 사건 등에서 대법원은 공범관계를 인정하는 것처럼 별도 고소가 필요 없다고 본 바가 있다(특히 부작위에 의한 방조 등)(과실범의 공동정범으로서도 이론구성할 수 있지만, 이 사건은 피용자는 고의범으로 보인다).

법 제71조 양벌규정에 의하여 '제66조의2, 제67조, 제67조의2 또는 제68조부터 제70조까지의 어느 하나에 해당하는 위반행위'에 대한 '행위자'가 되고 벌칙 본조에 의한 처벌을 받게 된다는 이론구성인 것이다. 이것은 과연 타당한 것인가?

이러한 논리에는 심각한 문제가 숨어 있다. 업무집행자에 대한 처벌의 근거가 되는 양벌규정의 '행위자' 개념에 대해 별도의 추가적인 법리적 근거가 있어야 한다고 보기 때문이다. 당연히 모든 행위가 형사처벌의 근거가 될 수 있는 것은 아니다. 그것이 처벌구성요건이 예정하고 있는 자에 의한, 처벌구성요건에서 규정하고 있는 바의 행위로 파악될 수 있어야 한다.

즉 공장장인 피고인 1을 양벌규정에서의 '행위자'로 보려면 그가 어떤 행위를 하였어야 하는데, 용접작업을 하거나 벽돌을 나르거나 하는 것 등은 여기서의 행위가 될 수 없다. 그 행위는 해당 조문을 위반하는 구성요건에 해당하는 '안전조치 위반' 행위이어야 하기 때문이다. 그런데 이를 산업안전보건법 양벌규정의 해석에 대입하여 본다면, 동법 제67조는 제23조 각호, 제24조 각호의 의무를 위반한 자를 처벌하는 구성요건으로서 각 조항을 '침해할 수 있는 자'는 동 조항의 의무자인 '사업주'뿐이다. 즉 사업주 아닌 자가 안전조치를 불이행한 행위는 제23조 1, 2, 3호 위반행위라고 할 수 없는 것이다. 물론 피고인 1은 안전보건관리책임자로서의 법 제13조상의 의무를 지지만, 이는 제67조의 벌칙 규정의 처벌대상이 아니어서 이를 법령상의 작위의무로 보더라도 직접 처벌의 근거가 되기에는 부족하며, 회사 내부의 업무분장에 따른 책임이 직접 형사처벌의 근거가 될 수는 없다(예를 들어 이 사건 공장장이 이 사건 수리 결정 당시에 외국 출장을 가면서 업무 전반에 대하여 A부장에게 위임시켰다고 할 때, A를 '행위자'로 볼 수 있을 것인가? 이를 긍정한다면 책임지기 싫은 사람은 모두 전결처리하면 되는 것이다).

특히 의무범은 구성요건에 앞서 존재하는 형법외적 특별의무를 침해할 수 있는 사람만이 정범이 될 수 있는 구성요건으로서 형법외적 특별의무의 침해만이 정범성을 근거지우고 범행지배와 같은 다른 표지의 존재를 필요로 하지 않는다는 것이 특성이다. 따라서 구성요건적으로 특별한 의무침해가 없는 한 비록 외견적 행위가 있어서 범행지배처럼 보이더라도 행위자는 정범이 아니라 단지 방조범에 불과하다.[31] 과실범에서 정범은 객관적 주의의무를 부담하는 자이고, 형법에서는 통상적 일반인으로서 생활상의 주의의무를 인정하고 있다. 부작위범에서는 법령상의 작위의무를 지는 자이고, 부진정부작위범에서는 그래서 동가치성의 요건이 추가된다고 할 수 있다. 다시 말해서 신분범성, 의무범성이라는 것을 전적으로 부정하지 않는다면 몰라도, 산업안전보건법의 양벌규정에서의 '행위자' 개념에서 '행위'라는 것은 단순한 사실행위자가 아니라 구성요건에 해당하는 행위를 한 자이어야 하고, 이렇게 볼 때 피용자에 불과한 피고인 1을 곧바로 '행위자'로 볼 수는 없다. 신분 없는 자, 의무 없는 자의 행위를 단독으로는 '구성요건적 행위'로 파악할 수 없기 때문이다. 즉 양벌규정의 '행위자를 벌하는 외에'라는 문언을 근거로 처벌하려면 처벌대상자가 산업안전보건법의 의무규범의 주체가 되는 '사업주'와 동등하게 취급될 수 있어서 그의 일정한 작위/부작위가 사업주의 법률위반 행위와 형법적으로 동등하게 평가될 수 있어야 가능한 것이다. 이 점에 대한 논증은 찾아보기 힘들다. 비록 이 사건에는 공장장이고 안전보건관리책임자라는 지위에 있어서 어느 정도 수긍할 만한 면이 있지만 대부분의 사고에서는 사업장 내의 안전조치 여부를 결정할 수 없는 현장소장급인 경우도 많다.

4. 제도화된 책임전가, 책임의 은폐

이상에서 검토한 바와 같이 양벌규정의 문언에 의하여 별도의 처벌 규정 없는 자를 처벌하는 현재의 대법원의 법리는 형법이론적으로

---

31) 김일수, 앞의 책, 249-250면 참조.

무리한 것일뿐더러 그 처벌의 효과에 있어서도 본래 형사처벌의 대상이 되는 자의 책임을 은폐하는, '제도화된 책임전가'로 기능하는 것으로 보인다. 즉 양벌규정의 다음 부분을 보면 '그 법인 또는 개인에게도 해당 조문의 벌금형을 과한다'고 하고 있어서 본래 안전의무의 의무주체였던 사업주인 법인 또는 개인은 벌금형만 받게 된다. '행위자'가 자신의 행위로서 처벌 받는 것이 긍정되는 경우 그를 선임, 감독하는 데에 과실이 있었던 것에 불과한 사업주의 책임이라면 정범의 형에 비하여 감경되는 것이 타당할지도 모른다. 하지만 이 경우는 다르다. 법률에 명시적으로 자신의 책임을 근거짓는 규정이 없음에도 이러한 '해석'에 의해 벌을 받게 되는 '법률상 의무 없는 자'는 벌칙 본조의 징역형까지도 고스란히 받아야 하고, 심지어 벌금에 그치더라도 그가 납부한 벌금은 연말정산에서 소득공제 대상이 되기 않아서 사업주의 뒷거래를 통한 보전이 없다면 고스란히 자신의 재정적 부담으로 남는다. 더구나 벌금형만 선고받는 법인과 달리 징역형을 선고받게 되고, 해당 사업장이나 다른 유사 사업장에서 비슷한 역할을 하다가 또 인명사고가 발생하면 '누범'에 해당하여 소위 '곱징역'을 사는 경우가 발생할 수도 있다. 만약 사업주가 회사여서 벌금을 기업의 회계처리상 비용으로 할 수 있다면,32) 이러한 처벌상의 불균형은 심화된다.

이렇게 되면 결국 법률상 의무를 이행하여야 할 의무자의 피용자인 자가 '자기 책임' 없이 본래 처벌 받아야 할 자보다 더 큰 벌을 고스란히 받아야 하는 것이다. '서양의 (代身) 매맞는 소년(whipping boy)'이나 흥부의 '매품 팔기'가 떠오른다. 더 친숙한 말로는 '바지 사장'이다. 이렇게 누구든지 대충 적당히 형사처벌만 받으면 법적 정의가 회복되는 것인가?

양벌규정에서 '법인의 대표자'라는 것이 보이지만 이것 역시 마찬

32) 박두용, 발제문, 13면도 산업안전보건법이 (현실과 달리) 개인을 상정한 처벌조항을 가지고 있으며, 12면에서는 과태료는 세금 정도로 치부한다고까지 말한다. 물론 '정말로 법대로 한다면 공장을 닫아야할지도 모른다.'고 지적하고 있다.

가지이다. 법원은 이를 법인의 대표자가 직접 의무위반 행위를 하였어야 사업주인 법인을 처벌한다는 취지로 읽으므로, 소규모 회사에서 대표가 직접 안전조치 여부를 결정하는 규모에서나 적용가능하다고 보아야 한다. 대법원 1995. 5. 26. 선고 95도230 판결에서는 상시근로자 140명 정도의 보일러 제조, 판매회사의 대표이사를 처벌한 바 있다. 그러나 대법원 1994. 5. 24. 선고 94도660 판결에서는 터널굴착공사를 도급받은 건설회사의 현장소장과 위 공사를 발주한 한국전력공사의 지소장에게 과실범의 공동정범을 인정하면서도 대표이사인 피고인 1 및 피고인 4 회사 토목사업본부장인 피고인 5는 그 판시와 같은 피고인 4 회사 및 그 토목사업본부의 각 사업규모와 조직, 경영체제, 위 피고인들의 직책과 업무내용 등에 비추어 볼 때 소속 직원들에 대한 일반적, 추상적인 지휘감독책임은 있을지언정 이 사건 공사현장에서의 사고를 방지하여야 할 구체적이고 직접적인 주의의무는 없으며, 피고인 4 회사 토목사업본부 소속 토목지원담당이사인 피고인 6은 그 판시와 같은 피고인 4 회사의 지휘체제상 이른바 현장관리임원으로서 이 사건 공사현장에 대하여 행정적인 지원업무만을 처리하였을 뿐 시공업무에 관여한 것이 아니므로 이 사건 공사현장에서의 사고를 방지하여야 할 구체적이고 직접적인 주의의무는 없다는 이유로 건설회사의 대표이사는 위 '사업주'에 해당하지 아니한다고 한다. 결국 적당히 현장소장, 지소장급에서 처벌되고 많은 비용이 드는 안전조치를 시행할 능력 있는 높은 분들은 잘 모르셨으므로 처벌되지 않는 것이다.[33)]

이렇게 되면 결국 산업안전보건법 제13조 내지 제16조의3 규정은 대신 총대를 맬 사람의 목록이 되는 셈이다. 50인 이하의 사업장에 추가 적용되는 것으로 개정된 법 제16조의3 규정은 소규모 사업장의 안전을 강화하려는 것인지 혹은 직접 책임을 져야했던 사장님의 부담을

33) 전형배, "산업안전보건법상 도급인 사업주의 책임구조: 영국 법제와의 비교 연구", 강원법학 제48권, 2016. 6, 강원대학교 비교법학연구소, 1-30면. 26면도 '근로자에 불과한 중간관리자'를 처벌하는 수사실무를 지적하고 있다. 김영태, 대법원판례해설, 583면도 이러한 문제가 있을 수 있음을 지적하고 있기는 하다.

덜어줄 사람을 지정할 수 있도록 일종의 편의를 보아준 것인지 의문이다. 소위 떡값검사 사건처럼 '아랫사람이 전결 처리'해서 회장님이 모른다고 하면 다 면책되어야 하는가 하는 문제는 '입증 부족'이라는 이론적으로는 충분히 수긍할 수 있는 경우지만 뭔가 소박한 직관에는 반하는 것인데, 반대로 舊건축법처럼 법조문에 '사업주가 법인인 경우 대표자도 행위자로 본다.'는 간주규정만 하나 넣으면 해결되는 입법기술적 문제로 보이기도 한다. 실제로 여러 차례 개정안이 발의되어 법인 대표자나 업무집행 책임자에게 곧바로 징역형까지도 가하도록 시도된 바 있다. 물론 심정적으로는 이해가 가지만 지금 우리에 요구되는 것은 이러한 거친 입법적 결단이 필요하다는 것은 아니다.

Ⅴ. 글을 맺으며

이상에서 다소 거칠게 산업안전보건법상 벌칙 규정의 문제점을 일부나마 비판하여 보았다. 특히 산업안전보건법의 경우처럼 소위 '수범자 범위의 확장' 법리가 적용되는 경우에는 형법학에서 이중처벌 내지 처벌의 확장이라고 비판받는 양벌규정이 오히려 본래 책임져야 할 자로부터 제대로 된 책임을 묻는 것을 차단하는 장치로 활용되는 것은 아닌가 하는 의문을 제기하는 것이다.[34] 우리의 오늘날의 행정형법

34) 권혁, "산업안전 및 산재보험 사각지대 해소 방안", 경제사회발전노사정위원회, 제11차 산업안전혁신위원회 전체회의 자료, 발제문(출처: www.esdc.go.kr), 10면, 12면에서는 조금 다른, 노동법적 시각에서 제재의 한계, 역할과 책임의 괴리를 지적하고 있다. 박지순, "산업안전보건법체계의 문제점과 과제", 경제사회발전노사정위원회, 제10차 산업안전혁신위원회 전체회의 자료, 발제문(출처: www.esdc.go.kr), 3면, 특히 10-15면에서 이 점을 지적하면서 다양한 실효성 확보수단을 논하고 있다. 그런데 14면에서는 일벌백계를 말하고, 고의/과실을 논하거나 상습범 가중, 입증책임 전환을 논하는 등 형사법적 시각과는 다른 시각을 보이고 있다. 박두용, 발제문, 11-13면은 현실을 정확하게 지적하고 있고, 18면에서는 산업안전감독관을 일반 근로감독관에서 분리하자고 주장, 특사경 역할을 강조하고 있다. 조흠학, "산업안전보건법적용 체계의 실효성을 위한 소고", 경제사회발전노사정위원회, 제10차 산업안전혁신위원회 전체회의

의 영역에서는 법이 이것을 제도화하고 법원이 동조하고 있는 것은 아닌가? 물론 이러한 필자의 비판이 지나치고 거친 것일 수도 있지만, 책임에 상응하는 형벌이라는 도달하기 힘든 이상에 대해 조금은 다가가 보려는 출발점이라고 생각해주시면 감사하겠다.

물론 산업안전보건법의 벌칙 규정에는 다른 문제도 남아있다. 법 제66조의2를 '결과적 가중범'으로 파악하는 것이 타당한가,[35] 산업안전보건법 제66조의2의 법정형의 적정성과 같은 문제들은 추후의 연구를 통해 보완해 가도록 하겠다.

자료, 발제문(출처: www.esdc.go.kr), 1-6면은 연혁이 상세하게 소개되고 있다. 7면 이하에서는 법령(하위 규정까지) 체계도를 보여주고 있다. 11면 이하에서는 양벌규정을 설명하는데 조금은 독특한 시각을 보여준다. 다만 12면에서는 실제적인 경영진에 대한 사업주책임을 명시할 것을 주장하고 있다; "산업안전보건법에 있어서 사업주책임 범위에 관한 고찰", 노동법논총 제29집; "산업안전보건법처벌의 사업주책임에 관한 연구", 사회법연구 제5호, 2006. 1, 178-188면은 범죄분석 통계를 활용하여 처벌의 미흡함을 보여주고 있다. 정규, "산업안전보건법상 규제완화의 문제점과 대응방안", 법과 정책연구 제15집 제4호, 한국법정책학회, 2015. 12, 1427면 이하에서 산재현황을 지적하면서 1440면에서 매우 낮은 수준의 벌금형이 선고되는 경우가 많음을 지적하고 있다. 나민오, "산업안전보건법의 체계와 입법방향에 관한 연구", 노동연구 제19집(2010. 4.). 이러한 문제를 지적하면서 그 근본적 원인 중의 하나로 산업안전보건법이 '근로기준법'의 일부였던 성격을 극복하지 못하였다는 점을 지적하고 있다.

35) 형법적 시각에서의 논문으로는 손동권, "이중기능적 양벌규정 — 산업안전보건법의 적용사례를 중심으로 —", 민주사회를 위한 변론 제5호, 1995, 131-148면.

[주 제 어]

산업안전보건법, 범죄주체, 구성요건적 행위, 제도화된 책임전가, 양벌규정

[Key words]

Industrial Safety and Health Act, Crimine Subject, Criminal Act, Institutionalized Responsibility Transfer, Concurrent Punishment Clause

접수일자: 2017. 5. 8. 심사일자: 2017. 5. 31. 게재확정일자: 2017. 6. 5.

[참고문헌]

강선희, "원청업체의 산업안전보건법 제23조 제1항 위반 책임 — 대법원 2014. 5. 29. 선고 2014도3542 판결" — , 노동 리뷰 2014년 8월호, 한국노동연구원.

권 혁, "산업안전 및 산재보험 사각지대 해소 방안", 경제사회발전노사정위원회, 제11차 산업안전혁신위원회 전체회의 자료, 발제문(출처: www.esdc.go.kr).

김성돈, "양벌규정과 책임원칙의 재조명", 형사법연구 제27권 제3호.

김성돈, 형법총론(제4판), 성균관대학교 출판부, 2015.

김성룡, "형사벌 · 행정형벌과 과태료 부과기준 및 산업안전보건법상 처벌규정의 적정성 검토", 강원법학 제34권, 2011. 10.

김영태, "양벌규정과 법인의 대표자의 처벌(건축법 제78조)", 대법원판례해설(제25호), 1996년 상반기.

김오수, "법인의 의사결정기관의 구성원(단위농협의 총대)이 배임수재죄의 주체가 될 수 있는지 여부", 대법원판례해설, 1989년 하반기.

김일수, 한국형법Ⅱ, 박영사, 1996.

나민오, "산업안전보건법의 체계와 입법방향에 관한 연구", 노동연구 제19집, 2010. 4.

노상헌, "사내하도급, 위험의 외주화에 대한 법적 규제 — 일본의 법령을 중심으로", 강원법학 제48권, 강원대학교 비교법학연구소, 2016. 6.

박기석, "양벌규정에 대한 판례분석", 강의중교수정년기념논문집, 교학연구사, 2002.

박두용, "산업안전보건법 개정, 무엇을 해야 하는가?", 경제사회발전노사정위원회, 제11차 산업안전혁신위원회 전체회의 자료, 발제문(출처: www.esdc.go.kr).

박지순, "산업안전보건법체계의 문제점과 과제", 경제사회발전노사정위원회, 제10차 산업안전혁신위원회 전체회의 자료, 발제문(출처: www.esdc.go.kr).

손동권, "이중기능적 양벌규정 — 산업안전보건법의 적용사례를 중심으로 — ", 민주사회를 위한 변론 제5호, 1995.

서희종, “행정형벌에서 양벌규정과 위반행위의 주체(1991. 11. 12 선고, 91도 801 판결)”, 대법원판례해설(제16호), 1991년 하반기.

손지열, “법인 대표이사의 이중분양행위와 배임죄”, 대법원판례해설(제3호), 1984년 상반기.

우희숙, “산업재해와 형사책임 — 산업안전법 제66조의2를 중심으로”, 서울대학교 법학 제54권 제1호, 2013. 3.

이재환, “친고죄의 경우 양벌규정에 의하여 처벌받는 자에 대하여 별도의 고소를 요하는지 여부”, 대법원판례해설(제26호), 1996년 하반기.

이주원, “산업안전보건법상 양벌규정에 의한 사업주와 행위자의 처벌”, 고려법학 제51권, 2008.

전형배, “산업안전보건법상 도급인 사업주의 책임구조: 영국 법제와의 비교연구”, 강원법학 제48권, 강원대학교 비교법학연구소, 2016. 6.

전형배, “산업안전보건법의 양벌규정 개정에 관한 연구”, 안암법학 제27권, 2008.

정 규, “산업안전보건법상 규제완화의 문제점과 대응방안”, 법과 정책연구 제15집 제4호, 한국법정책학회, 2015. 12.

조흠학, “산업안전보건법에 있어서 사업주책임 범위에 관한 고찰”, 노동법논총 제29집.

조흠학, “산업안전보건법적용 체계의 실효성을 위한 소고”, 경제사회발전노사정위원회, 제10차 산업안전혁신위원회 전체회의 자료, 발제문(출처: www.esdc.go.kr).

조흠학, “산업안전보건법처벌의 사업주책임에 관한 연구”, 사회법연구 제5호, 2006. 1.

조흠학 외 3인, 법제사적 의미에서 산압안전보건법의 역할과 지위에 관한 연구, 산업안전보건공단 산업안전보건연구원, 2009.

최명선, 산재범죄 가중처벌법 입법연구, 2013 국회 연구용역 과제 보고서, 국회사무처, 2013. 12.

[Abstract]

Inconsistency between the Crime Subject and Responsibility in the Industrial Safety and Health Act

Lee, Keun-woo*

This article is based on the recent Supreme Court decision on Article 66-2 of the Industrial Safety and Health Act, which calls for the criminal responsibility of the employer in the event of a worker being killed or injured because of violation of the safety measure, I want to critically analyze some of the problems that appear. There was some comment on the judgment of the labor law in academia, and it was positively evaluated that the significance of the case was further on the position of the Supreme Court. And it is pointing out the problem of the law of the industrial safety health law itself. However, my judgment is that there is not a change in the judiciary that recognizes the nature of the employer as an employer in the case of the rise of the contractor's worker, but because the employee of the laborer accidentally performed work supervision duties at the accident site, But only as an employer in the punishment rule, and as a result, the original company was punished, but it does not appear to be a judicial judgment with great significance. If the employees of the original company are not sent to the work site where there is a possibility of accidents in the future, the possibility of punishment by the original employer is still insufficient if they are supervised more poorly.

However, in my judgment, the object of judgment is the inherent

* Associate professor, Gachon university, Ph.D in Law.

problem of the Industrial Safety and Health Act, namely, the listed list of the constitutional elements of the crime, which is appended to the end of the individual statute, a special penalty constitutional requirement called “administrative criminal law” The Court has not specifically pointed this point, but instead acknowledged the corporation’s liability on the basis of exceptional facts. Although the Court recognizes the inherent limitations of the judiciary which must be bound by the given laws and the scope of the indicted cases, the Court is also concerned with the legality of the law, It should be pointed out.

형사판례법리로서 가정적 승낙의 논리구조 비판

– 설명의무위반과 결과와의 관계/ 주의의무위반과 결과와의 관계–
–요건-효과의 관계 / 원인-결과의 관계–
–가정적 승낙은 없다–

이 용 식*

[대상판례 1] 대법원 2015. 6. 24. 선고 2014도11315 판결

고령의 간경변 환자에게 화상 치료를 위한 가피절제술과 피부이식수술을 실시하기 전에 의사 갑은 출혈과 혈액량 감소로 신부전이 발생하여 생명이 위험할 수 있다는 점에 대해 환자에게 설명을 하지 아니한 채 수술을 실시하여 환자로 하여금 신부전으로 사망케 하였다. 환자의 남편은 환자가 화상을 입기 전 다른 의사로부터 환자가 간경변을 앓고 있기 때문에 어떠한 수술이라도 받으면 사망할 수 있다는 말을 들었고, 이러한 이유로 환자와 남편은 의사의 거듭된 수술 권유에도 불구하고 계속 수술을 받기를 거부하였다. 이로 보건대 환자와 남편은 의사 갑이 수술의 위험성에 관하여 설명하였는지 여부에 관계없이 이 사건 수술이 위험할 수 있다는 점을 이미 충분히 인식하고 있었던 것으로 보인다. 그렇다면 의사 갑이 환자나 남편에게 수술의 위험성에 관하여 설명하였다고 하더라도 환자나 남편이 수술을 거부하였을 것이라고 단정하기 어렵다. 그리하여 의사 갑의 설명의무 위반

* 서울대학교 법학대학원 교수.

과 환자의 사망 사이에 상당인과관계가 있다는 사실이 합리적 의심의 여지가 없이 증명되었다고 보기 어렵다. 그런데도 이와 달리 설명의무를 위반한 피고인의 과실로 인하여 피해자가 사망에 이르렀다고 판단하는 것은 의사의 설명의무 위반으로 인한 업무상과실치사죄의 인과관계에 관한 법리를 오해한 잘못이 있다.

[대상판례 2] 대법원 2011. 4. 14. 선고 2010도10104 판결

한의사 갑이 환자에게 문진하여 과거 봉침을 맞고도 별다른 이상반응이 없었다는 답변을 듣고 부작용에 대한 충분한 사전 설명 없이 환부인 목 부위에 봉침시술을 하였는데, 환자가 시술 직후 쇼크반응을 나타내는 등 상해를 입었다. 의사가 설명의무를 위반한 채 의료행위를 하였고 환자에게 상해가 발생하였다고 하더라도, 의사가 업무상 과실로 인한 형사책임을 지기 위해서는 피해자의 상해와 의사의 설명의무 위반 내지는 승낙취득 과정에서의 잘못 사이에 상당인과관계가 존재하여야 한다. 피해자는 이전에도 여러 차례 봉침시술을 받아왔었고 봉침시술로 인하여 아나필락시 쇼크 및 면역치료가 필요한 상태에 이르는 발생빈도가 낮은 점 등에 비추어 한의사 갑이 봉침시술에 앞서 환자에게 설명의무를 다하였다 하더라도 환자가 봉침시술을 거부하였을 것이라고 볼 수 없으므로, 의사의 설명의무 위반과 피해자의 상해 사이에 상당인과관계를 인정하기 어렵다.

[연 구]

Ⅰ. 들어가며

1. 환자의 자기결정권

피해자의 승낙은 상해의 경우 통설과 판례는 위법성조각사유로 보고 있다. 특히 의사의 치료행위에서 유효한 승낙의 전제조건으로서 의사의 설명의무가 요구된다. 물론 이는 피해자의 승낙을 구성요건해당성 배제사유로 보더라도 마찬가지로 의사의 설명의무는 유효한 승낙의 전제조건이 되고 있다. 그리하여 의사의 설명의무 위반은 피해자의 승낙의 유효성을 부정하게 되어 의사의 치료행위의 구성요건해당성 혹은 위법성이 조각되지 아니한다. 즉 의사가 치료행위를 행하기 전에 환자에게 침습내용을 설명할 때 그 환자의 병적 상태에 비추어 일반적으로 필요한 설명을 태만히 하고, 환자는 그 하자있는 설명에 기초하여 치료침습을 승낙하는 경우가 그러하다. 이 경우 충분한 지식과 정보에 기초하지 않은 환자의 승낙이 무효가 되면 의사에 대하여 고의나 과실에 의한 상해죄가 성립된다는 것이다. 여기에서 의사의 설명의무는 유효한 승낙의 전제가 되는 정보제공의무이며 치료침습의 내용과 범위, 상정되는 결과, 발생가능성이 있는 합병증이나 장애 등의 설명을 그 내용으로 한다. 이에 반하여 예컨대 용량을 오인하면 생명·신체에 위험을 미치게 될 우려가 있는 약의 용법을 설명한다든가 타과의 진단이나 정밀검사를 받을 필요가 있다고 생각되는 환자에게 그 진료나 검사의 필요성을 설명하는 의무는 '의료과실'로서 단적으로 과실범의 성부가 문제로 되는 것이다. 즉 본 주제에서 우리가 다루는 설명의무 위반의 문제(가정적 승낙의 문제)는 진단상의 과실이나 치료 내지 수술상의 과실, 즉 의료과실이 없다 혹은 증명되지 않았다는 것을 전제로 하여 논의되는 것이다. 의사의 설명의무의 범위는 확대되고 있다. 과대화되고 있다. 환자의 자기결정권! 의료에 있어서 근본원리는 치료가 아니라 피해자인 환자의 의사이다! 치료행위가 성공하여도 환자의 승낙이 없는 경우에는 위법성이 조각되지 아니한다!

2. 승낙이 없는 치료행위의 부분적 정당화?

그러나 의사에게 불충분한 설명 혹은 부분적인 설명상의 하자가 있었다는 것만으로 치료행위가 상해죄를 구성한다는 논리에는 반대도 강하다. 환자의 자기결정권은 절대적인 것인가? 환자의 자기결정권에 반하면 곧바로 상해죄의 위법성이 인정되는가? 피해자의 의사에 배치되는 치료행위는 곧바로 상해죄로 처벌되는가? 현재까지 의사의 설명의무위반만을 근거로 상해죄의 성립을 인정한 형사판례는 없다. 단지 '설명에 관한 과오'를 상해죄로 처벌할 것인가? 설명의 완전히 무효는 아닌, 부분적 하자를 이유로 승낙 전체를 무효로 할 것인가? 이러한 경우 의사의 처벌범위를 한정하려는 논리의 하나로서 모색된 것이 가정적 승낙론이다. 그리고 우리나라에서도 가정적 승낙을 명시적으로 인정한 형사판례가 등장하였다. 상기한 2개의 대상판례가 그것이다. 대상판례들은 의사의 치료행위에 대한 피해자의 승낙과 관련된 아주 이론적인 판례이기 때문에 별다른 관심을 받지 못하고 있다. 가정적 승낙론이란 의사가 설명의무를 충분히 다하였다고 하더라도 환자는 마찬가지로 그 치료행위를 승낙했다고 인정되는 경우에는, 실제로 의사가 범한 설명의무 위반은 결국 설명없는 승낙이 발생시키는 효과에 중요한 의미는 없고 따라서 정당화되거나 기수불법을 묻지 않는다는 것이다.[1)] 이 발상을 논리로 구현하기 위해서 차용한 것이 과실범에 있어서 인정되고 있는 '합법적 대체행위이론'(의무위반관련성)의 논법이다. 이러한 합법적 대체행위론은 우리나라 형사판례상으로도 인정되고 있는 법리이다. 여기에서 실질적으로 채용되고 있는 논리는 실제로 주의의무에 위반한 '현실사례'와 주의의무를 다하였다고 가정된 '가정사례'를 비교하여 동일한 결과가 발생하였다면, 그 주의의무위반은 결

1) 김성돈, 형법총론, 제4판, 2015, 332면.

과발생에 중요한 의미를 가지는 것이 아니므로 그 결과를 주의의무 위반행위에 귀속시킬 수는 없다는 것이다. 즉 여기에서는 인과관계 내지 객관적 귀속의 부정이 문제가 되고 있다. 그런데 가정적 승낙의 경우에도 '의사의 설명의무위반이 없었더라도 환자는 승낙했을 것이기 때문에' 마찬가지로 객관적 귀속의 문제가 아닌가 하는 것이다. 즉 과실범에서의 주의의무와 의사의 수술에서 상해죄의 성부를 결정하는 요건의 하나인 설명의무는 — 그 의미의 내용은 다르지만 — 구조적으로는 유사하다는 점이 있다는 것이다(이하 Ⅲ). 그리고 범죄체계상의 문제로서 결과귀속은 구성요건해당성 단계에서의 논의인데, 위법성조각단계인 정당화사유에 있어서도 결과귀속이 문제로 되는가 하는 종래에는 없었던 새로운 논점이 있다(이하 Ⅳ). 그런데 중요한 것은 합법적 대체행위론에서 이론적인 유추 내지 차용을 통하여 등장한 가정적 승낙론이 실제로는 그 논리구조에 있어서 전자와는 전혀 다른 것이 아닌가 하는 논리구조에 대한 비판이라고 생각된다(이하 Ⅴ). 그리고 가정적 승낙론을 긍정하지 않더라도 예컨대 설명의무의 축소 등 의사의 형사책임을 제한하기 위한 다른 방법도 충분히 고려될 수 있다(이하 Ⅵ). 그 이전에 의사의 치료행위에 있어서 피해자인 환자의 승낙이 가지는 의미에 관하여 우선 살펴본다(이하 Ⅱ).

Ⅱ. 치료행위에 있어서 승낙의 위치

1. 승낙의 제한적 고려

환자의 승낙이 의사의 치료행위에 있어서 어떠한 위치를 갖고 있느냐? 어느 정도의 의미를 가지느냐? 이러한 위치지움을 이해하는 것이 적어도 필자에게는 솔직히 쉽지가 않다. 상당히 혼란스러운 것이 사실이다. 일반적인 신체상해에 대한 승낙은 무한정하게 그 승낙의 유효성이 인정되는 것은 아니고, 사회상규에 의한 제한을 받아서 승낙이 있다는 것만으로는 위법성이 조각되지 않는다고 통설과 판례는 해석하고 있다(승낙이 있어도 적법은 아니다). 이러한 제한적인 고려는 치료행위에 있어서도 그러하다고 생각된다. 승낙이 없는 치료행위를 처벌하는 형사판례가 아직 보이지 않는 현상을 고려하면 그렇게 볼 수 있을 것 같기 때문이다. 승낙에 의한 일반적인 신체상해에서의 자기결정권과 마찬가지로, 치료행위에 있어서도 환자의 자기결정권을 존중하라고 목소리는 높이지만 실제로는 그렇지 않다는 것이다. 일반적인 승낙상해와 마찬가지로 치료행위에 있어서의 환자의 승낙도 확고한 기반을 가지고 있지 못하다고 보여진다. 즉 우리나라의 형사실무는 자기결정권을 의식하면서도 치료행위의 의학적 적응성을 중시하는 입장을 견지하고 있기 때문에, 환자의 승낙이 결여된 치료행위이지만 이것이 일괄적으로 위법성을 가지는 것이라고는 생각하지 않고 있는 것으로 보인다(승낙이 없어도 위법은 아니다). 의사가 설명의무를 다하지 않은 것만으로는 환자의 승낙의 유효성 자체가 부정되는 것은 아니며, 따라서 치료행위는 정당화되거나 혹은 승낙의 유효성이 의문시되거나 인정되지 않더라도 기타 다른 정당화의 요건과 관련하여 정당화의 여지가 있다는 실체법상의 고려가 형사실무에 정착되고 있는 것은 아닌가 생각된다. 즉 설명의무위반이 있었다는 것만으로는 위법성까지 인정되지는 않는다는 사고이다. 민법상으로는 위법하다고 하여도 형법상으로는 위법하지 않다는 것이다. 그런데 학설상으로는 환자의 승낙이 극히 중요하다. 그렇지만 상해죄의 보호법익에 피해자의 의사가 포함된다는 견해는 존재하지 아니한다.[2) 환자의 승낙만으로는 치료행위가 정당화되지 않는다고 보고 있다. 이와 같이 볼 때 승낙의 치료행위에 있어서의 위치를 이해하는 것이 곤란한 상황에 있다.

2) 김성돈, “의사의 설명의무위반의 효과와 가정적 승낙의 법리”, 형사판례연구 [21], 2013, 55면 참조.

2. 치료행위의 위법성조각(구성요건해당성 인정) — 왜 위법성조각인가?

자신의 신체에 대한 치료적 침습행위, 예컨대 수술을 받아야 하는 환자들은 누구나 먼저 자신의 건강희생을 치르고 나중에 건강회복을 얻는다. 신체의 종국적 악화라는 위험을 가지고 환자는 신체회복의 기회를 얻는다. 심지어 환자는 생명연장을 위하여 생명을 걸어야만 한다. 이 점이 바로 의사의 치료행위가 비록 의료과실이 없이 행하여졌더라도 상해죄에 해당하는 근거이다.[3] 장래 우리가 의사의 전단적 치료행위를 처벌하는 특별구성요건을 갖게 되더라도 그것은 어디까지나 상해죄의 특수사례이지, 자유에 관한 독자적인 범죄는 아니다. 이에 대하여는 상해죄의 구성요건은 신체의 완전성이라는 법익을 보호하는 것이므로, 자기결정권의 보호를 목적으로 하는 구성요건으로 할 수는 없다는 비판이 제기될 수 있다. 그러나 개인적 법익의 보호는 그 법익을 처분하는 권리와 분리될 수 없으며, 이는 신체의 완전성에 대한 이익에도 타당하다.[4]

의사의 치료행위가 상해죄의 구성요건에 해당한다는 것에 대하여는 지속적으로 비판이 있어 왔다. 즉 상해죄의 구성요건해당성을 인정하는 것은 의사의 치료행위를 단지 자연적으로 여러 단계로 쪼개어 고찰하는 것으로서, 건강상태의 개선 회복이라는 치료행위의 본래 목적과 의미를 망각한 것이라는 비판이다. 치료행위의 본래 의미는 도달한 혹은 의도한 최종결과를 고려하여, 치료행위가 환자의 건강에 대하여 가져오는 이익과 손해를 형량하여 결정된다는 것이다.[5] 그러나 법익에 대한 이익과 손해를 형량한다는 것은 법익주체인 환자에게 타인

3) Puppe, Die strafrechtliche Verantwortlichkeit des Arztes bei mangelnder Aufklärung über eine Behandlungsalternative, GA 2003, 765; Die hypothetische Einwilligung und das Selbstbestimmungsrecht des Patienten, ZIS 2016, 372.

4) Puppe, GA 2003, 765; ZIS 2016, 367f.; Tag, Richterliche Rechtsfortbildung im Allgemeinen Teil am Beispiel der hypothetischen Einwilligung, ZStW 127 (2015), 525; Swoboda, Die hypothetische Einwilligung, ZIS 2013, 30.

5) Welzel, Das Deutsche Strafrecht, 11.Aufl., 1969, S.269.

에 의해 결정된 평가척도를 강요하는 것이다.[6] 재산적 법익의 경우라면 몰라도, 개인의 생명 신체에 관하여는 그러한 형량은 받아들일 수 없는 것이다. 더구나 그 형량의 기준들도 분명하지 아니하다. 그러한 형량을 의사나 법관이 결정하는가? 단지 환자 자신만이 그러한 결정을 할 권한이 있다. 이때 심지어 아주 완전히 합리적이지만은 아닌 이유들도 존중되어야 한다. 법원은 의사를 환자의 보호자로 만들어서는 아니된다. '어떠한 건강희생을 통하여, 어떠한 위험과 어떠한 부담을 가지고' 환자가 건강회복의 가능성을 얻어야 하는지? 이는 의사가 아니라 환자가 결정하는 것이다. 그러한 치료행위의 위험이 비록 의료과실 없이 실현되었다고 하더라도, 환자가 그 위험을 다른 위험과 비교하여 인식하면서 선택하였는지 아니면 의사가 다른 위험을 침묵하여 그 위험이 강요된 것인지 여부는 환자에게는 본질적 차이가 있는 것이다.

3. 가정적 승낙

의사에 의한 환자의 치료행위는 상해죄의 구성요건에 해당하는 경우에 있어서도, 환자의 유효한 승낙이 존재하면 위법성이 조각될 수 있다고 통설과 판례는 보고 있다. 의료적 침습행위의 정당화의 전형적 국면이다. 그러나 이에 그치지 아니하고, 위법성은 그 환자가 진실한 설명을 받았더라도 실제로 행하여진 수술을 승낙하였을 경우에도 조각된다고 말할 수 있는가? 가정적 승낙이라는 용어로 표현되는 이러한 명제는 '뭔가 좀 잘 안 맞는다'는 느낌을 준다.[7] 적어도 학설상 반드시 일반적으로 인정되는 것은 아니다. 그 이론적 근거가 명확하지는 않다. 이러한 느낌이 드는 것은 '설명하지도 않았는데도 어쨌든 승낙했을 것이라'고 하여 당해 사항의 설명을 불필요하다고 하는 것은 아

6) NK-Puppe, 4.Aufl., 2013, Vor §13 Rn.80; S/S-Eser, 29.Aufl., 2014, §223 Rn.31; Fischer, 63.Aufl., 2016, §223 Rn.9bf.

7) Gropp, Hypothetische Einwilligung im Strafrecht?, FS-Schroeder, 2006, S.197.

무래도 환자의 자기결정권을 없는 것으로 만들어 버리기 때문일 것이다. 본 논문은 가정적 승낙이라는 사고가 의미하는 바를 새롭게 바라보려고 시도해 보았다(Ⅵ 이하). 일견 받아들이기 어렵다고 느껴지는 가정적 승낙론의 원점 내지 정체를 살펴보려는 것이다. 가정적 승낙의 논의전제는 (1) 의료과실이 없다는 것 (2) 설명의무위반, 즉 환자의 자기결정권 침해만 있다는 것 (3) 설명의무위반, 즉 환자의 자기결정권 침해만 있는 경우를 의료과실 정도로 가볍게 볼 수 없고 형사처벌하는데, 자유에 관한 죄가 아니라 신체에 관한 상해죄로 처벌한다는 것이다. 이러한 세 가지 논의전제 하에서 가정적 승낙은 상해죄로 처벌하기 위한 성립요건을 논하는 것이다.

Ⅲ. 객관적 구성요건의 배제 — 상당인과관계 부정설

1. 인과관계에 의한 해결

대상판례에서 묻고 있는 요건은 의사의 설명의무위반과 결과와의 인과관계 내지 의무위반관련이다. 여기에서 결과가 구체적으로 무엇을 말하는가 논의가 있을 수 있지만, 치료침습 그 자체에 수반하는 예컨대 수술에 있어서 절개·적출·출혈 등 생리적 기능장애인 '침해결과' 및 치료침습에 기인하여 예컨대 수술 후의 합병증 등 그 이전에는 없었던 생리적 기능장애 내지 전체적 건강상태의 악화인 '악화결과'라고 할 수 있다. 본 대상판례에서도 의사가 설명의무를 위반한 채 의료행위를 하였다가 환자에게 상해 또는 사망의 결과가 발생한 경우 설명의무위반이 의사에게 업무상 과실로 인한 형사책임을 지우기 위한 요건임을 분명히 하고 있다.

종래 일반적으로 설명의무의 위반은 승낙을 무효로 하므로 위법성이 조각되지 않는다고 말하여 왔다. 그런데 이러한 위법성조각사유의 시각이 아니라 판례는 이제 하자있는 설명과 구성요건적 결과 사이의 인과관계가 추가적으로 요구된다고 한다. 환자가 만약 충분히 설명했을 때 치료침습에 대하여 승낙했을 것이라면, 그 설명의무 위반은 의료침습에 인과적이지 않다는 것이다(설명의무에 위반한 승낙 — 치료침습).

우선 승낙은 치료행위를 야기하는 것인가? 정당화하는 것인가? 법에서 승낙은 치료행위를 야기한다는 것이 아니라, 정당화한다는 의미를 갖는다. 승낙과 치료행위의 관련은 인과관계가 아니다(이는 승낙을 구성요건배제의 요건으로 보는 경우에도 마찬가지이다). 어쨌든 인과관계의 문제라고 하면서[8] 하자있는 승낙의 인과관계를 검토함에 있어서 이제는 설명의 하자가 현실적으로 승낙을 야기했는가 하고 묻는다. 그리하여 의사가 환자에게 충분히 설명했더라도 환자는 승낙했을 경우에는 설명의무위반과 결과 사이에 상당인과관계가 부정된다고 한다. 그러나 설명의무위반이라는 것이 구성요건적 결과를 야기할 수는 없는 것이다. 구성요건적 결과에 인과관계를 가지는 것은 치료침습행위 자체이다.[9] 무효인 승낙에 의한 침습행위의 위법의 본질은 의사에 반한 침습행위 자체이며, 설명의무위반은 아니다. 설명의무의 이행은 단지 승낙에 의한 정당화 그리하여 불법의 배제라는 법적 효과를 인정하게 할 뿐이다(요건-효과 관계). 즉 정당화사유의 내부에서 인과관계에 의한 논증은 인정되지 아니한다. 정당화사유는 인과관계의 외부에 존재한다고 말해지기 때문이다.[10] 즉 설명의 하자(정당화사유의 요건)와 피해자 신체에의 침습결과 사이에 인과관계는 존재하지 아니한다 내지 양자의 관계는 인과관계라고는 할 수 없다. 위법성조각사유의 요건과 결과와의 관계는 인과적인 관련성이 없다. 위법성조각사유의 요건은 결과를 야기하는 것이 아니라 결과의 불법을 배제하는 효과를 가지는 것이다.[11] 규범적인 관련성이다. 그런데 가정적 승낙의 접근방식

8) 김성돈, 전게논문, 43면, 53면은 대상판결이 인과관계의 문제로 포장 혹은 치환하고 있다고 표현한다.

9) Jansen, Die hypothetische Einwilligung im Strafrecht, ZJS 2011, 485; Albrecht, Die hypothetische Einwilligung im Strafrecht, 2010, S.182.

10) Gropp, FS-Schroeder, S.200.

11) Puppe, GA 2003, 770.

은 위법성조각에 필요한 형식적인 요구(설명의무-승낙이라는 요건-효과 관계)를 실질적인 요건(설명의무-승낙이라는 원인-결과 관계)인 것처럼 위장하고 은폐하고 변경시키고 있다.[12)]

가설적 대체원인을 고려할 것인가 하는 문제는 인과관계의 문제가 아니다.[13)] 판례는 설명의무에 위반한 승낙에 의하여 현실적으로 치료침습이 행하여졌다는 인과관계를 인정하는 전제에서 우선 출발한다. 그리고 다시 가정적 승낙의 법리에 의하여 그 인과관계를 부정하고 있다. 인과관계를 두 번 고려하고 있다. 인과관계가 일면 있기도 하고, 일면 없기도 하다. 이렇게 볼 때 가능한 가정적인 승낙은 결과 즉 치료침습에 대하여 인과적인 관련성은 없는 것이다. 그러한 소위 법적 의미의 인과관계는 현실적 인과관계가 아니며, 사실적인 사태의 경과와는 무관하다.[14)] 그것은 객관적 귀속의 방식이다. 즉 판례는 인과관계라고 말하면서, 현실적인 인과관계가 아니라 가설적인 인과관계를 검토하고 있다. 그러나 주의의무에 합치되는 행위를 했더라도 결과는 역시 발생했을 것인가 하는 문제를 검토한다는 것 자체가 이미 그러한 인과프로세스가 현실에서는 이루어지지 않았다는 것을 확인해 준다. 따라서 이는 가설적 인과관계가 아니라 의제적 인과관계라고 할 수 있을 것이다.

2. 설명의무위반과 과실범에서 주의의무위반의 차이

(1) 설명의무와 주의의무의 관계

이와 같이 가정적 승낙의 문제는 ― 그것을 구성요건해당성의 문제라고 본다면 ― 환자의 유효한 승낙의 전제조건인 의사의 설명의무

12) Böse, Unrechtsausschluss durch hypothetische Dispositionen über das geschützte Rechtsgüter?, ZIS 2016, 495.

13) Otto/Albrecht, Die Bedeutung der hypothetischen Einwilligung für den ärztlichen Heileingriff, Jura 2010, 268; Puppe, GA 2003, 770; ZIS 2016, 371; Sternberg-Lieben, Strafrechtliche Behandlung ärztlicher Aufklärungsfehler, FS-Beulke, 2015, S.302.

14) Otto/Albrecht, Jura 2010, 268.

를 위반한 행위와 (그것이 없었더라도 환자의 승낙은 얻을 수 있었을 것이고 동일한 상해결과는 발생했을 것이므로) 구성요건적 결과 사이의 관계이기 때문에, 그것은 과실범에 있어서 주의의무위반행위와 결과와의 관계에 속하는 문제가 아닌가 생각해 볼 수 있다. 이 경우 유효한 승낙을 얻지 아니하고 수술하는 행위가 과실행위이다. 주의의무위반의 실체는 사전적으로 위험을 창출한다고 판단되는 행위를 의미한다. 과실범의 실행행위를 설명의무 위반행위에서 구하는 것이 불가능하지는 않을 것이다. 그리하여 판례는 설명의무를 — 아무런 설명없이 — 주의의무라고 한다. 설명의무 위반은 주의의무위반, 즉 (의료)과실인가? 설명의무위반은 주의의무위반, 즉 구성요건적 과실이 아니다.[15] 두 가지 측면에서 그렇지 아니하다.

(2) 치료행위와 관련된 더 엄중한 귀책표지

설명의 하자에 대한 책임 내지 설명의무위반은 가정적 승낙론에 의해 주의의무위반 내지 의료과실(진료 치료상의 과실)과 동일하게 취급됨으로써 하강조정된 것이다. 즉 가정적 승낙론은 설명의무를 주의의무 내지 의료과실의 수준으로 낮추려는 것이다. 환자의 의사결정에 중요한 사실에 관하여 설명의 부족 내지 하자가 존재하면, 그로부터 부여된 승낙의 내용적 하자가 인정되는 것이다. 그리고 이러한 승낙의 내용적 하자는 전체 치료행위의 위법성조각을 저지하여 상해죄가 인정되는 것이다. 단 환자가 필요한 설명을 다른 방법으로 취득했다고 보여지는 경우에만, 그러한 결론에 의심이 발생할 수 있다.[16] 결국 설명의 하자가 있는 경우에 의사는 형사책임을 질 위험이 의료과실의 경우보다 훨씬 큰 것이다.[17] 설명의무가 주의의무보다 더욱 중하게 다루어진다. '주의깊게 치료'하는 것보다, '주의깊고 완전하게 설명'하는

15) Krüger, Zur hypothetischen Einwilligung, FS-Beulke, 2015, S.141; Schlehofer, Pflichtwidrigkeit und Pflichtwidrigkeitszusammemhang als Rechtswidrigkeits voraussetzungen?, FS-Puppe, 2011, S.954; Sternberg-Lieben, FS-Beulke, S.301.

16) Puppe, GA 2003, 776.

17) Puppe, GA 2003, 776.

것이 더욱 중하고 엄하게 요구된다.[18] 그러므로 가정적 승낙론에 의하여 설명의무를 주의의무 수준으로 하강조정하는 것이 올바른 방향인가 의문이다.

(3) 의사의 설명의무를 근거지우는 규범의 보호목적 — 유효한 승낙 / 결과발생의 회피

다른 측면에서 피해자의 승낙의 전제로서의 의사의 설명의무는 결과발생을 회피할 목적을 가진 것인가? 실행행위로서의 과실행위는 — 그것이 없었더라면 결과가 발생하지 않았다고 할 수 있으면 — 결과발생의 원인이 되는 것이라고 말할 수 있다. 주의의무는 결과발생을 회피하려는 목적을 가지는 것이다.[19] 그러나 설명의무 규범의 목적은 피해자의 승낙에 있다. 즉 치료의 의의, 목적, 효과, 부작용, 대체치료의 유무 등에 관하여 환자가 충분하게 이해하여 승낙한 것이 아니라면 유효한 승낙이 아니게 하여, 승낙의 효과에 관하여 제약을 설정하려는 데 설명의무 규범의 목적이 있다.[20] 수술의 결과로서의 상해결과를 회피한다는 것은 직접적인 목적이 아니다. 오히려 유효한 승낙이 없는 「위법한」 상해결과의 발생을 회피하는 것이 목적이다. 설명의무를 부과하는 규범은 유효한 승낙을 얻는다는 목적을 가지는 것이지, 수술의 결과 자체를 회피한다는 목적을 직접적으로 가지는 것은 아니다. 설명의무는 주의의무가 아니다.[21] 그것은 설명이 없었더라면 승낙이 없었고, 승낙이 없었더라면 수술은 행해지지 않았고 따라서 상해결과도 발생하지 않았다는 연관성이 있다고 말하는 것에 그친다. 결국 설명의무는 환자의 승낙의 유효성의 전제조건이기 때문에, 설명의무위반이 있으면 비록 승낙이 있어도 그 승낙은 무효가 되는 것이다. 결국 의사의 설명의무는 치료침습의 내용 그 자체 이외에 당해 종류의 침

18) Puppe, GA 2003, 776.
19) Haas, Zur Bedeutung hypothetischer Geschehensverläufe für den Ausschluss des Tatunrechts, GA 2015, 157.
20) Jansen, ZJS 2011, 485.
21) Haas, GA 2015, 157.

해에 수반하여 전형적으로 상정되는 일정한 리스크, 합병증, 부작용 등에 관하여 환자에게 정보를 제공하여, 승낙 판단을 할 때 경고를 발하려는 취지의 의무이다.

결국 주위의무, 즉 과실은 범죄성립 자체를 결정하는 것이고, 설명의무는 승낙의 유효성의 전제조건이다.[22] 즉 설명의무의반은 과실과 본질을 달리한다.[23] 그런데 판례가 취하는 가정적 승낙론에 의하면 설명의무를 과실범에 있어서의 주의의무와 동일시하고[24][25] 따라서 설명의무위반만으로는 승낙의 무효를 인정하기에 충분하지 않다. 승낙이 무효가 되려면 추가적으로 설명의 하자와 실제로 행하여진 승낙과의 인과관계가 필요하게 된다.

3. 설명의무위반과 결과와의 관계

그리하여 가정적 승낙은 충분한 설명이 있었다면 그래도 환자는 승낙하였을 것인 경우에는, 승낙은 유효하고 수술 자체는 동일하게 이루어져 결국 동일한 결과가 발생한 것이라고 말할 수 있다는 것이다. 무효한 승낙에 의한 수술이든 유효한 승낙에 의한 수술이든, 수술은 수술이기 때문에 구성요건단계에서는 동일한 결과가 발생하는 것이라는 의미이다. 물론 이 말 자체는 강변할 수 없는 것은 아니다. 그러나 무효한 승낙을 전제로 하는가 아니면 유효한 승낙을 전제로 하는가에는 큰 차이가 있으며 동일한 결과가 발생했다고는 말할 수 없는 것이 아닌가 생각된다. 무효한 동의를 전제로 한 '위법한 결과'인가 아니

---

22) 신양균, "의사의 치료행위와 가정적 승낙", 비교형사법연구 제12권 제1호, 2010, 98면.

23) 김성돈, 전게논문, 36면.

24) 김성돈, 상게논문, 39면.

25) 송민경, "대법원 형사판결과 법관의 법률구속성 원칙"에 대한 지정토론문, 3면은 설명의무의 하자를 환자의 자기결정권을 침해하는 '절차상의 과실'로 이해할 수 있다고 한다(2017. 6. 19. 대법원 형사법연구회 · 한국형사판례연구회 공동학술대회 자료집). 그러나 승낙절차상의 과실이라면 그 법적 효과는 승낙의 유효 · 무효와 관련되는 것뿐이다.

면 유효한 동의를 전제로 한 '적법한 결과'인가 하는 차이가 있다. 이러한 차이는 과실범에 있어서 합법적 대체행위론은 불법을 근거지우는 측면에서 구성요건적 결과의 귀속문제이고, 가정적 승낙에서는 불법을 조각하는 측면에서 그 구성요건적 결과의 귀속을 문제삼으려고 한다는 구조상의 차이 때문이라고 볼 수 있다. 즉 구성요건단계에서 '결과'의 귀속은 되지만 (사실적으로), 위법성조각단계에서 그 '결과의 반가치(불법성)'는 부정되어 (평가적으로), 그 결과는 위법한 것은 아니게 된다.[26)]

Ⅳ. 위법성조각단계에서의 해결

1. 합법적 대체행위론의 위법성단계에의 원용 ― 부분적 위법성조각 / 결과불법의 조각

기수범의 위법성의 심사는 ― 통상의 이해와는 달리 ― 구성요건에 해당하는 행위가 정당화되지 않는다는 것이 확정되어도 종결되는 것이 아니라, 나아가 결과가 발생한 것이 정당화사유가 없었기 때문이라는 것이 심사되지 않으면 안 된다고 한다. 그리하여 구성요건 단계에서에서 의무위반과 결과의 관계와 마찬가지로, 정당화사유 차원에서도 결과는 설명의무위반에 근거하지 않으면 안 된다는 원리가 타당하다는 입장이다. 즉 가정적 승낙은 「행위의 위법성을 긍정하면서 단지 구성요건적 결과의 귀속을 부정한다」는 것이다. 그리하여 결과반가치인 상해 · 사망 결과는 설명의무위반이라는 행위반가치에 근거할 것이 필요하다고 한다. 그렇지 않은 경우에는 미수불법에 그친다는 것이다.[27)] 즉 가정적 승낙을 위법성조각사유로 파악하는 입장과 달리, 이 견해에 의하면 가정적 승낙이 인정되는 경우에도 행위불법의 존재는 부정되지 않는다. 오히려 정당화사유가 충족되지 않고 행위의 위법성

26) Haas, GA 2015, 153.
27) Kuhlen, Objektive Zurechnung bei Rechtfertigungsgründen, FS-Roxin, 2001, S.338f.

이 확정된 때에 비로소 그 정당화의 하자와 결과 간에 귀속연관성을 문제로 할 수 있다.[28] 또 가정적 승낙에 의하여 결과귀속이 부정되어도 행위불법을 이유로 한 미수범처벌의 여지는 남기 때문에, 설명의무에 위반한 의사를 반드시 불가벌로 하는 것은 아니라고 한다.[29]

그런데 도대체 왜 이러는 것일까? 구성요건단계에서 결과귀속이 이미 끝났는데, 무슨 결과귀속이 위법성조각단계에서 또 남아있나? 본 학설의 견해는 그렇다는 것이다. 혹시 남아있을 수 있기 때문에 위법성조각단계에서도 결과의 객관적 귀속을 원용하여 검토해야 할 경우가 있다는 것이다. 행위자가 "자기가 구성요건 실현을 이룬 것은 아니다"라고 말하는 데 대한 응답이 객관적 귀속론의 배후에 있는 기본적 사고이다.[30] 즉 우연한 결과책임을 배제하려는 것이다. 우연한 결과책임을 배제하려는 노력은 구성요건단계에서 거의 대부분 이루어지지만, 아직 충분히 걸러지지 않은 우연한 결과책임이 위법성조각사유단계에서도 남아있을 수 있기 때문에, 그러할 경우에는 위법성조각사유 단계에서 객관적 귀속이 검토되어야 한다는 것이다.[31] 의사의 치료행위에 있어서 의료과실로 인한 상해·사망 결과에 관한 결과귀속은 검토되었지만, 의사의 설명의무위반으로 결과가 발생했는지 아니면 다른 요인에 의한 결과발생이라고 평가되어야 하는지 여부는 아직 검토되지 않았다.[32] 이와 같은 우연한 결과책임을 배제하기 위하여 결과의 객관적 귀속이 위법성단계에서 논의되는 것이라는 입장이다. 그렇다고 이것이 사례검토를 다시 구성요건해당성 단계로 거꾸로 끌고가는 것은 아니다. 원래 의사의 설명의무 위반은 환자의 승낙과 관련하여 위법성조각단계에서 처음으로 검토하는 것이기 때문이다.

또한 위법성조각사유의 전제사실에 관한 착오의 경우에도 이러한

---

28) Kuhlen, FS-Roxin, S.338f.

29) Kuhlen, FS-Roxin, S.340.

30) 조기영, "구성요건과 위법성의 구별", 형사법연구 제22권 제3호, 2010, 123면.

31) Schlehofer, FS-Puppe, S.958.

32) 김성돈, 전게논문, 37면 참조.

우연한 결과책임 배제의 문제가 생길 수 있다.[33] 일단 구성요건에 해당하고 위법성조각사유 단계에서 구성요건 고의가 조각되고 과실범의 성부만이 문제된다고 하자. 이때 과실의 유무를 따지고 또한 우연한 결과책임을 배제하기 위하여 과실범의 결과귀속 문제가 검토될 것이다. 이 부분은 구성요건단계에서 원래 한번도 검토되지 않았던 부분이다. 따라서 이것이 사례검토를 다시 구성요건해당성 단계로 거꾸로 끌고가는 것은 아니다.[34] 물론 아주 널리 보면 위법성조각단계에서 우연한 결과책임의 배제를 위한 객관적 결과귀속의 적용이라고 부를 수도 있을 것이다.

우리의 테마인 설명의무는 유효한 승낙의 전제이므로 설명의무를 다하지 않은 승낙은 무효이다. 무효인 승낙에 의한 의료침습도 또한 유효한 승낙에 의한 치료침습도 — 수술은 수술이므로 — 동일한 결과가 발생한 것이라는 판단은 구성요건단계에서는 강변할 수 없는 논리는 아니라고도 할 수 있다. 그러나 위법성조각사유의 단계, 즉 위법성 평가의 차원에서는 유효한 승낙에 의한 '정당한 수술결과'와 무효인 승낙에 의한 '위법한 수술결과'는 동일한 결과라고는 할 수 없다. 위법성단계에서는 객관적으로 귀속된 행위에 대하여 위법한가 정당한가를 판단하는 것이 중요하며, 일정한 실행행위가 결과를 야기했는가 아닌가는 중요하지 않다. '과실'행위가 '사망'결과를 야기했다는 점이 아니라, '위법한' 행위가 '위법한' 결과를 야기했는가 하는 점이 중요하다. 즉 정당화사유에 있어서는 단순한 '결과'가 아니라, '불법결과'가 문제이다. 설명의무를 다한 승낙과 수술은 적법하고, 적법한 결과가 발생한다. 그렇지 아니한 경우의 불법한 결과와는 다른 결과이다.

설명의무를 다하지 않아 무효인 승낙밖에 얻지 않은 '위법한' 행위가 '위법한' 결과를 발생시킨다는 것은 의문은 없다. 이때 가정적 승

33) Schlehofer, FS-Puppe, S.959.

34) 박홍식, "의사의 치료행위에 대한 형법적 이해", 법학논집(이화여대) 제17권 제3호, 2013, 161면.

낙에 의하게 되면 '적법하게' 설명의무를 다했더라면 '유효한 승낙'이 있었을 것이며 따라서 '적법한' 결과가 발생하게 된다. 그러므로 양자의 경우에 동일한 '위법한' 결과가 발생한 것은 아니다. 이와 같이 의사의 설명의무위반과 결과와의 관계는 과실범에 있어서 주의의무위반과 결과의 관계와는 성질을 달리한다. 결국 가정적 승낙은 형법에 있어서 가상문제이다.

합법적 대체행위 사례와 가정적 승낙사례는 서로 다른 사실관계에 관한 것이다. 따라서 동일한 기준에 의하여 판단할 수 없다. 전자는 행위자가 '행위당시에' 법익에 대한 위험을 허용된 위험 이상으로 증대시킨 것이 아니다. 이에 반하여 후자는 설명의무를 위반한 의사가 '행위당시에' 허용되지 않은 위험을 창출하고 이 위험이 결과에 실현된 것이다. 그러므로 의사의 치료행위는 승낙에 의하여 정당화되지 않는 것이다.[35] 행위당시에 현실적으로 승낙을 받았지만 유효한 승낙이 아닌 의료적 침습은 위법한 법익침해이며, 이를 행위후 가정적 승낙에 의하여 변경시킬 수는 없다.[36]

구성요건단계의 객관적 귀속에 있어서는 과실이 없었더라도 결과가 발생했는가 아닌가를 묻는다. 이에 비하여 정당화사유에 있어서의 귀속은 '설명이 있었다면 승낙했겠는가'만이 문제로 되고 있다. 설명의무에 합치되는 설명의 경우에 → 승낙의 존재가 가정되고 있다. 승낙의 가정에 의하여 → 결과의 발생이 추론되고 있다. 문제의 중심에는 승낙이 있었는가 어떤가 여부가 자리하고 있다. 여기에서 가정적 승낙이 있겠는가 어떤가 하는 판단의 대상은 환자의 의사결단이다. 이에 반하여 통상 구성요건단계의 사후판단의 대상은 사람의 의사 결단이 아니라 결과발생의 객관적인 확률이다.

35) 조기영, 전게논문, 128면.

36) Albrecht, Hypothetische Einwilligung, S.259ff.

2. 독자적 위법성조각사유

독일판례는 합법적 대체행위와 가정적 승낙의 차이를 분명하게 인식하였다. 그리하여 양자를 동일시하지 아니하고 가정적 승낙을 현실적 승낙이나 추정적 승낙과는 다른 독자적인 위법성조각사유로 인정한다.[37] 진실한 설명을 받았더라도 현재 행하여진 수술을 승낙하였다고 인정되면 위법성이 조각된다.

이러한 견해의 근거는 불명확하다. 위법성조각사유의 요건들을 실제로 갖추지 못한 가정적 승낙에 대하여 왜 완전한 정당화의 효과를 부여하는 것인가를 설명하지 못하고 있다. 가정적 승낙의 경우를 보다 우월적 법익이 유지되는 경우라고 말할 수는 없다. 환자는 행위시점에 자기법익의 보호를 유효하게 포기하지 않고 있다. 경우에 따라서 존재할 수도 있는 가정적 의사를 중시한다는 것은 — 환자의 현실적인 의사를 존중하는 것에 비하여 — 보다 높은 이익이라고는 말할 수 없다.[38] 환자의 자기결정권의 침해도 상해죄의 불법내용에 포함시킨다면, 의무위반연관성의 결여를 인정하는 것은 곤란하다.[39]

가정적 승낙은 가정적으로 존재할 수 있었던 승낙의 단순한 의제이다.[40] '현실적인' 자기결정과 '가설적인' 자기결정의 차이를 무시하고 있는 것이다. 가정적 승낙으로 의료적 침습행위의 위법성을 변경시킬 수는 없는 것이다.[41] 현실적인 승낙이 자기결정권을 위하여 더 우월한 수단이라고 할 수 있다. 가정적 승낙을 인정하게 되면 의사는 불충분한 설명을 함으로써 모든 위험을 환자에게 떠넘길 수 있게 된다. 이와 같이 가정적 승낙은 전통적인 형법이론의 기본원칙과 조화되지 아니

37) Wessels/Beulke, AT, 46.Aufl., 2016, Rn.584.
38) Saliger, Alternativen zur hypothetischen Einwilligung im Strafrecht, FS-Beulke, 2015, S.266; Sternberg-Lieben, FS-Beulke, S.302.
39) Böse, ZIS 2016, 497.
40) Otto/Albrecht, Jura 2010, 269.
41) Albrecht, Hypothetische Einwilligung, S.309ff.

한다. 가정적 승낙의 논리대로라면 피해자의 승낙이라는 위법성조각사유 이외에 다른 모든 위법성조각사유들도 이와 같이 가정적으로 인정될 수 있는 것이 아닌가 의문이다.42) 결국 위법성조각의 요건을 갖추지 못했음에도 불구하고 가정적 승낙에 의하여 위법성조각을 인정하려는 것은 환자자율의 원칙을 침해하는 것이 된다고 할 수 있다.

Ⅴ. 판례에 있어서의 가정적 승낙의 논리에 대한 비판적 고찰

1. 판례의 가정적 승낙론에 관한 해석

형법에서의 가정적 승낙은 객관적 귀속론 내지 의무위반관련성론을 무리하게 위법성조각사유에 응용하려는 것이 아닌가 보여진다. 이러한 무리가 있는 논법이 등장한 것은 의료형법의 영역에서 보여지는 처벌범위의 과도한 확장경향에 대처하여, 처벌을 적정한 범위로 제한하려는 정책적 배려가 그 배경으로 되고 있다고 한다.43) 즉 의사의 설명의무의 범위가 날로 확대되는 경향에 있고, 의사의 설명의무에 부분적인 하자가 있는 경우에 그에 기초한 환자의 승낙이 전부 무효로 되어 상해죄의 죄책을 지게 된다는 것이다. 가정적 승낙은 가령 의사가 충분한 설명을 하였더라도 결국 환자의 승낙이 있고 동일한 침습이 실시된다고 생각되는 경우에, 침습결과를 의사의 현실적인 설명의무 위반에는 귀속시키지 않는다는 논법이다. 즉 의사의 현실적인 설명의무위반이 없었을 경우를 상정하여 결국 현실사례와 동일한 침습이 실시되었을 것이라는 점을 근거로, 침습결과를 설명의무에 귀속시키지 않는다는 것이다. 이는 합법적 대체행위론이 유추적으로 응용된 것으로 일견 명확한 구조상의 평행관계가 보인다. 그러나 이러한 논리적 평행관계에는 근본적인 문제가 있다.

---

42) 김성돈, 전게논문, 52면.

43) Duttge, Die hypothetische Einwilligung als Strafausschlie- ßungsgrund, FS-Schroeder, 2006, S.187; Gropp, FS-Schroeder, S.207.

2. 논리구조의 비판

가정적 승낙에 있어서 가정사례는 '환자의 승낙이 있게 되어 결국 동일한 치료침습이 행하여진다'는 것이다. 따라서 이 가정사례의 경우 침습결과는 정당화된다. 그렇다면 가정사례에서 의료침습이 '정당하게' 실시되므로, 「현실적으로 설명의무위반이 있고 환자의 유효한 승낙없이 실시된 '위법한' 현실사례의 치료침습도 의사에게 결과귀속되지 않는다」고 말하는 것이다. 이것은 이상하다. 합법적 대체행위론에서는 가령 주의의무위반이 없었더라도 어쨌든 동일한 '위법한' 법익침해결과가 발생하였기 때문에, 당해 '위법한' 법익침해결과는 주의의무위반행위에는 귀속되지 않는다. 이 경우 결과귀속이 부정되는 이유는 주의의무를 다하였다고 하더라도 어느 쪽이든 '동일한 위법한' 법익침해결과가 발생한 이상, 주의의무위반 유무가 당해 결과를 좌우한다고 평가할 수 없다는 것이다. 그러나 가정적 승낙의 경우 현실사례와 가정사례에서 '동일한 위법한' 결과는 발생하지 않는다. 현실사례에 있어서 침습결과는 승낙이 없었으므로 '위법한' 결과인데, 가정사례에 있어서 침습결과는 승낙이 유효하므로 '적법한' 결과가 되고, 양자에서 결과는 동일하지 않다. 결과 자체가 서로 다른 별개의 종류이므로 불가벌성의 유추는 기능하지 않는다. 가정사례에서 설명의무 이행과 동의의 유효성과의 관계는 개념적 법률평가적인 관계(요건-효과 관계)이지, 사실적인 인과관계는 아니므로, 양자간에 가정적 인과경과를 문제로 할 수 있는 여지는 없다. 말하자면 그냥 '위법한'을 그냥 '적법한'으로 바꾸는 것 뿐이다.[44] 설명의무는 법적 효과를 가져오지, 결과를 야기하는 것이 아니다.[45]

가정적 승낙에 있어서 판례의 판단방법은 합법적 대체행위론과는 근본적으로 다르다. 합법적 대체행위의 경우에는 「가벌성을 근거지우

44) Sternberg-Lieben, FS-Beulke, S.302.

45) Haas, GA 2015, 153.

는」 '범죄결과'가 현실사례와 가정사례에서 동일하다는 이유가 귀속조각의 근거인데, 가정적 승낙에서는 「가벌성을 조각시키는 요소」인 피해자의 승낙 '표시라는 사실'이 현실사례와 가정사례에서 동일하다는 이유가 귀속조각의 근거가 되고 있다.[46] 그런데 승낙이 표시되면 이는 유효한 승낙이 되는 것이다. 그러므로 결국 가정적 승낙의 경우에는 현실사례와 가정사례에서 결과가 다르게 되는 것이다.

Ⅵ. 가정적 승낙의 다른 해결방안

1. 의사에 의한 환자의 자기결정권만의 침해와 신체에 대한 상해죄의 성립 여부

가정적 승낙이 나오게 된 배경에는 확대되는 '설명의무의 위반(자기결정권침해)만'을 근거로 의사에 대하여 광범위한 '상해죄(까지)'의 성립을 인정해야 할 것은 아니라는 사고가 존재한다.[47] 환자의 자기결정권을 근거로 하는 설명의무위반이 의료과실 내지 주의의무보다 엄중한 귀책요소라고 하더라도 또 그렇기 때문에 형사책임을 물어야 한다고 하더라도, 그렇다고 모든 사안들에 대해 전부 — 자유에 관한 죄로서 처벌하는 것이 아니라 — 신체적 법익에 대한 죄로서 상해죄의 죄책을 물어야 할 것인가 하는 문제에서 가정적 승낙론이 등장하게 된 것이다. 따라서 가정적 승낙론의 실질내용 자체에는 타당한 점이 있다. 가정적 승낙의 중심문제는 의사의 '형사책임의 제한'에 있지 아니하다. 환자의 자기결정권을 침해하는 자유에 관한 죄로 처벌하는 것이 아니라, 신체에 관한 죄로서의 '상해죄'로 모든 경우들을 형사처벌하는 것이 당벌성의 관점에서 과도한 처벌 내지 지나친 것이라는 관점에 있다.

그런데 어떠한 방법으로 이를 실현할 것인가? 설명의무위반과 사

46) Sickor, Logische Unstimmigkeiten in der höchstrichterlichen Prüfungsformel zur hypothetischen Einwilligung, JR 2008, 180.

47) 김성돈, 전게논문, 55면 참조.

망·상해와의 상당인과관계를 요구하는 방법으로 이를 실현하려는 가정적 승낙론은 위에서 검토한 바와 같이 그 법리구조와 논리구조에 있어서 도저히 받아들일 수 없다. 그리하여 가정적 승낙의 법리에 의한 해결을 지지할 수 없다면, 다른 방법에 의하여 의사의 상해죄의 형사책임을 인정해야 할 합리적인 범위를 모색할 필요가 있게 된다. 어떠한 경우에만 상해죄의 성립을 인정해야 할 것인가? 상해죄의 성립을 어떠한 방법으로 제한할 것인가? 이를 위해 승낙의 유효성을 검토하는 방향, 추정적 승낙의 적용범위를 확대하는 방향, 치료행위에 대한 고의를 부정하는 방향, 의사의 설명의무를 보다 제한적으로 이해하는 방향이 등이 고려된다. 이하에서는 마지막 방안에 관하여 간략히 살펴본다. 문제가 원래 기원한 그곳에서 그 문제를 해결하는 것이 법적으로 올바른 길이라고 일단 보여지기 때문이다.

그렇다면 이는 자연스럽게 설명의무위반과 승낙의 유효성이라는 두 표지의 해석문제로 돌아간다. 의사의 설명의무 인정범위를 제한해석하고, 환자의 승낙의 유효성 인정가능범위를 확대해석하는 것이다. 바로 이것이 가정적 승낙의 실체이다. 이것이 가정적 승낙의 출발점이자 도달점이다. 가정적 승낙론은 의사의 치료행위에 있어서 설명의무위반만으로도, 즉 환자의 자기결정권 침해만으로도 자유에 관한 죄가 아닌 신체상해죄로 처벌가능하도록 요건을 마련하려는 것이다. 그런데 판례는 그것을 설명의무위반과 결과와의 상당인과관계에서 찾고 말았다. (이런!) (어째 이런 일이!) 이것이 바로 가정적 승낙론이 수난을 겪게 되는 지점이다.

의사가 어떠한 설명의무를 다하여야 하는가 또 설명의무위반이 있더라도 어떤 경우에 그 승낙이 유효로 되는가는 사례에 따라 유형적으로 밝혀져야 할 것이다. 설명의무위반이 승낙의 유효성에 영향을 미치지 아니하는 경미한 것인 경우도 있을 수 있다는 점을 부인할 수 없다. 그러나 그것은 승낙의 유효성 요건에 관한 문제이며, 결과귀속의 문제는 아니다.

2. 설명의무의 제한 해석

유효한 승낙을 얻기 위하여 필요한 설명의무의 범위는 신체적 법익에 관계되는 것에 한정되어야 한다.[48] 그러므로 우선 치료침습의 구체적 내용(즉 환자의 신체에 무엇을 행하는가)에 관한 사항이 신체적 법익에 관한 사항에 포함된다는 것은 다툼이 없을 것이다. 안전성· 성공률 · 부작용과 같은 부수리스크에 관한 사항도 설명의무에 포함될 것이다(물론 후유증·부작용 등 부수리스크에 관한 설명은 치료침습과 직접적으로 결부된 것은 아니라는 이유로 신체관련성을 부정하는 견해도[49] 있다). 치료의 성공률 · 위험성과 무관계한 사정은 신체적 법익과는 무관하여 설명의무의 범위에서 제외된다. 설명의무의 목적은 승낙을 부여할 때 환자의 자기결정권을 보호하는 데 있다. 그러나 모든 설명의무들이 모두 다 이러한 목적에 기여하는 것들은 아닐 것이다. 치료비용이나 보험처리 가능여부와 같이 신체적 이익에 직접적인 관련이 없는 정보는 설명의무의 보호목적에서 제외된다.[50]

3. 현실적 승낙의 유효성 인정가능범위의 확대 해석 — 의사결정의 자율성 실현여부

이와 같이 설명의무를 제한하고 이 제한된 범위내의 사항을 의사가 설명하지 않은 경우에도, 승낙의 유효성이 부정되는 것이 원칙이지만 그렇다고 무조건 승낙의 유효성이 부정되는 것은 아니다.[51] 환자의 신체적 이익에 해당하는 사항이라고 하더라도 나아가 '환자의 의사결정에 중요하지 않은 경우에는' 설명의무의 보호목적에 포함되지 아니하다.[52] 이를 위해서는 우선 승낙의 존재와 유효성의 문제를 구별하는

48) Puppe, ZIS 2016, 372.
49) Strenberg-Lieben, FS-Beulke, S.309f.
50) Puppe, ZIS 2016, 372.
51) Vgl. Otto, Jura 2006, 270.
52) Puppe, ZIS 2016, 372.

것이 유익하지 않을까 보여진다.

(1) 승낙의 존재

치료침습에 대한 승낙의 존재가 긍정되기 위해서는 위에서 언급한 당해 침습의 구체적 내용(자신의 신체에 대해 무엇을 하는가)을 인식·이해하고 그것을 인용하는 심리상태가 필요하다.[53] 치료침습의 구체적 내용은 승낙의 대상이 되는 사항이므로, 이러한 인식이 결여된 경우에는 승낙의 유효성 평가 이전에 승낙의 존재 자체가 인정되지 아니한다. 이러한 승낙부존재 사례의 경우에, 만약 설명들었다면 승낙했을 것이라는 가정적 승낙을 이유로 행위자의 가벌성을 제한하는 것은 타당하지 않다고 생각된다. 현실적으로 발생한 것은 승낙에 의하지 않은 위법한 침해결과이며, 행위자는 현실적인 승낙을 취득하여 그 위법한 결과의 발생을 회피해야 한다. 현실적인 승낙이 부존재한 이상, '환자의 자율성이 실현되었다'고 평가할 여지는 없다. 고도로 인격적인 결단으로서의 환자의 자율은 사후적으로 회복될 수 없는 것으로, 현실적 승낙과 가정적 승낙은 질적으로 구별된다.[54]

(2) 승낙의 유효성 — 정보의 입수

이에 비하여 안전성·성공률·부작용 등 부수리스크는 존재하는 승낙이 유효하게 평가되기 위하여 필요한 정보인가 아닌가 하는 관점에서 문제가 된다. 일단 존재가 긍정되는 환자의 승낙에 대하여, 그 유효성을 인정하기 위해서는 치료침습을 인용하는 심리상태의 형성과정이 자율적이라고 평가되어야 한다. 구체적으로는 판단에 필요한 정보의 입수를 방해받지 않고 의사형성이 이루어지는 것이 필요하다. 승낙의 존부와는 달리, 승낙의 유효성 문제는 특히 평가적인 측면을 갖고 있다. 의사형성 과정이 어느 정도까지 충실한 경우에 자율적인 결정이라고 평가할 수 있을까는 자기결정을 형법이 어느 정도까지 철저히 보

53) Haas, GA 2015, 147; Otto, Jura 2010, 270.
54) Saliger, FS-Beulke, S.265f.

호할 것인가에 관한 가치결정에 따라 크게 변동될 수 있는 것이다.

완벽하게 이상적인 자기결정의 실현을 지향할 수는 없다.[55] 현실에서 인간의 자기결정은 모든 정보를 완전하게 장악하는 것도 아니고 항상 불완전한 정보에 기초하는 것도 아니다. 따라서 모든 정보의 결여를 이유로 형법적 개입을 인정하는 것은 타당하지 않다. 형법이 개입해야 하는 것은 환자의 의사결정에 필요한 「중요한 정보」의 입수가 부당하게 저해되었다고 평가될 수 있는 경우에 한정되어야 한다. 문제는 「중요한 정보」의 범위를 어떻게 획정할 것인가 이다. 이에는 정보의 주관적 중요성과 객관적 중요성을 구별하여 논의하는 것이 유익해 보인다.

(3) 주관적 중요성

우선 환자 본인에게 중요하지 않은 정보의 결여는 — 비록 그것이 합리적인 환자에게는 필요한 것이라고 하더라도 — 의사형성의 자율성에 아무런 영향을 미치지 않는다고 보아야 할 것이다. 즉 해당 정보가 환자의 의사결정에 중요하지 않은 경우에는 설명의무의 보호목적과 관련성이 없다.[56] 위에서 다루었던 '소위 가정적 승낙'이 인정되는 경우란 '설명사항이 환자 본인에게 중요성이 결여된 경우'라고 이해될 수 있다. '적절한 설명을 하였다고 하더라도 승낙했다'는 것은 의사가 행한 현실적으로 부적절 내지 불충분한 설명이 환자의 결의에 결정적인 영향을 가진 것은 아니었다고 할 수 있기 때문이다(물론 주관적 중요성을 결여하는 사항에 관하여는 설명의무의 대상 밖이라고 볼 수도 있을 것이다. 그러나 설명의무를 구체적인 피해자의 의사에 좌우시키는 것은 부자연스럽다).

이러한 경우 중에는 환자가 설명사항에 대하여 전혀 무관심하거나, 관심은 있지만 설명을 들어도 결단결과에는 영향이 없는 양자가 포함될 수 있다. 전자는 주관적 중요성이 부정되어 승낙의 유효성에

55) Rönnau, Willensmängel bei der Einwilligung im Strafrecht, 2001, S.220.

56) Puppe, ZIS 2016, 372.

영향을 미치지 아니한다고 생각된다. 그런데 후자의 경우에 주관적 중요성을 부정하면 의사에게 유리하게 승낙의 유효성이 긍정될 것이다. 따라서 이 경우 결단결과에의 영향을 묻지 아니하고, 본인에게 관심이 있는 정보는 전부 주관적 중요성을 긍정하는 이론구성도 가능하다. 결단의 결과와 관계없이 관심있는 정보에 기초한 승낙과 그렇지 아니한 승낙은 자율성의 실현이라는 관점에서 질적인 차이가 있으므로, 후자는 무효로 해야 한다는 것이다. 그러나 이 경우 관심있는 정보에 기초하여 의사결정을 할 기회 자체가 상해죄규정을 수단으로 보호되는 결과가 될 수 있다는 점이 있다. 추상적인 자기결정권 자체의 보호는 손해배상 등 다른 수단에 위임하면 충분할 것이다.

(4) 객관적 중요성

주관적 중요성이 인정되는 정보가 결여되었다고 하여 전부 승낙이 무효라고 할 수는 없다고 생각된다. 다시 이에 형법이 개입할 것인가 아닌가 하는 관점에서 승낙의 유효성에 영향을 미친 정보로 객관적인 제한을 하지 않으면 안 된다. 즉 정보의 주관적 중요성이 긍정되는 경우에는 다시 당해 정보의 객관적 중요성의 유무가 심사되어야 한다.

객관적 중요성이 인정되는 정보의 범위를 어떻게 획정할 것인가는 어려운 문제이다. 통상 치료행위의 안전성, 성공률, 침습에 수반되는 위험성 등이 중요한 정보일 것이다. 본인의 신체적 이익에 관한 정보만이 중요한 정보라고는 할 것인가? 예컨대 생명에 위험이 있는 자식을 구하기 위하여 헌혈이 필요하다고 모친을 기망하여 모친이 채혈에 동의한 경우, 모친 본인의 신체적 이익과는 관계없는 사정도 승낙에 영향을 미친다. 자식이 위험상태에 있는가 아닌가 하는 정보는 모친에게 물론 주관적으로 중요하지만, 그것이 객관적으로도 이해가능하며 자율적인 의사결정에 대한 필요한 정보라고 생각되고 있다. 이 경우에도 자기의 신체를 어떻게 처분할 것인가 하는 즉 신체와 관련된 자기결정권이 침해되고 있다. 이러한 신체와 관련된 자기결정권을 보호하는 것이 신체와 무관계한 추상적인 자기결정권을 상해죄의 보호법익에 포함시키는 것은 아니라고 생각된다.

(5) 정보입수의 부당한 저해 — 예컨대 기망

정보입수의 부당한 저해는 적극적인 기망에 의한 경우 뿐만 아니라 당해 정보를 고지할 의무를 태만히 함으로써도 행해질 수 있다. 의사형성과정에서 중요한 것은 '중요한 정보에의 도달가능성'이 어느 정도 확보되고 있는가이며, 적극적인 기망이 있는 경우에는 도달가능성의 정도가 극히 낮기 때문이다. 그러나 적극적 기망이 있으면 정보의 내용이나 중요성을 일체 묻지 않고 항상 승낙의 유효성에 영향을 미친다고 해석할 수는 없다.[57] 당해 정보에 주관적 중요성이 인정되지 않기 때문에, 그 기망이 수술에 대하여 현실적으로 승낙의 유효성에 영향을 주지 않는 경우가 있을 수 있을 것이다.

최종적인 승낙의 유효성 판단은 — 정보의 중요성의 정도와 당해 정보의 입수의 저해의 정도를 종합적으로 고려하여 — 자율적인 의사결정과정의 중대한 침해가 되었다고 평가되는가 아닌가 하는 관점에서 신중하게 행할 필요가 있다. 다시 말하면 문제되는 정보의 중요성과 정보입수에 대한 간섭의 강도에는 상호보충적인 관계가 인정된다는 것이다. 따라서 정보의 중요성 정도가 높지 않은 경우에도 그것을 보충하는 강한 간섭(예컨대 정교한 위장을 수반하는 기망)이 인정된다면, 의사형성의 자율성이 저해되었다고 평가될 여지가 있다. 이러한 방법은 동의의 유효성을 유연하게 판단할 수 있게 하는 이점이 있는 반면

57) 그러나 Saliger, FS-Beulke, S.270f.는 의사에 의한 기망이 행해진 경우 — 협박이나 강제가 행해진 경우와 마찬가지로 — 환자의 자기책임적인 결단이 있었다고 인정할 수 없기 때문에 항상 승낙은 무효가 된다고 한다. Otto, Jura 2010, 270면도 기망에 의한 승낙은 모두 환자 자율성의 표현이 아니므로 위법성조각이 부정된다고 한다.

에, 그 명확한 한계가 애매하다는 면도 있다. 앞으로의 과제이다.

Ⅶ. 대상판결의 해석 방법

그런데 이와 같이 설명의무위반과 승낙의 유효성이라는 두 표지의 해석문제로 돌아가서, 의사의 설명의무 인정범위를 제한해석하고 환자의 승낙의 유효성 인정가능범위를 확대해석하는 해결방법을 바로 대법원판례가 정확히 취하고 있다. 즉 대법원은 사안이 의사의 설명의무위반과 사망·상해 결과와의 인과관계 문제라고 잘못 관념하여 표현은 그렇게 말하고 있지만, 이어지는 실제 판단에 있어서는 전혀 인과관계의 문제로 해결하지 않는 것이다. 말로는 '인과관계'의 문제라고 목청을 세우지만, 실제로는 바로 위에서 살펴본 '해석을 통하여' 해결하고 있다. 즉 판례는 인과관계의 문제라고 말하면서 인과관계의 문제로 해결하지 않는다. 문제설정은 완전히 잘못하고 있지만 (이런!)(탄식/황당), 문제해결은 완전히 올바른 결론에 도달하고 있다 (우와!)(경이/놀람).

[대상판결 1] 주관적 중요성의 결여

화상수술 사건에서는 우선 승낙의 존부가 검토되어야 한다. 본건에서 환자의 수술에 대한 승낙이 존재한다. 그런데 본건 수술의 위험성에 관하여 의사가 설명하였는지가 분명하지 않다. 수술의 위험성은 중요한 정보이다. 소위 가정적 승낙이 인정되는 경우란 '설명사항이 환자 본인에게 중요성이 결여된 경우'라고 이해될 수 있다. '적절한 설명을 하였다고 하더라도 승낙했다'는 것은 의사가 행한 현실적으로 부적절 내지 불충분한 설명이 환자의 결의에 결정적인 영향을 가진 것은 아니었다고 할 수 있기 때문이다. 가정적 승낙이 인정되는 경우, 즉 수술의 위험성에 관하여 '적절한 설명이 행해졌을 경우에도 승낙은 마찬가지로 부여되었을' 경우에는, 당해 정보에 주관적 중요성이 인정되지 않기 때문에 수술에 대한 현실적인 승낙의 유효성에 영향을 미치지 않은 것이 된다. 물론 수술의 위험성은 객관적 중요성이 인정되는 사항이다. 그러므로 수술의 위험성, 수술자체의 필요성, 안전성, 위험성에 관계되는 설명은 승낙의 유효성에 영향을 미친다고 볼 수 있다. 설명의 하자가 승낙의 내용적 하자를 가져오면 위법한 결과에로 연결되는 것이다.

그러나 이 경우 환자가 그 결여된 해당 정보를 다른 방법으로 얻었다면, 이때에는 설명의무위반에도 불구하고 그에 기한 승낙은 그 해당정보를 포함한 내용을 갖게 되는 것이다.58) 물론 환자가 그 수술의 위험성을 알지 못했다면, 그 위험성은 허용되지 않는 위험이 되고 그 위험이 결과에 실현된 것이다. 그렇기 때문에 [대상판결 1]은 “피해자의 남편은 피해자인 환자가 화상을 입기 전 다른 의사로부터 다른 의사로부터 간경변을 앓고 있기 때문에 어떠한 수술이라도 받으면 사망할 수 있다는 말을 들었고, 이러한 이유로 환자와 남편은 의사의 거듭된 수술 권유에도 불구하고 계속 수술받기를 거부하였던 사실을 알수 있다. 이로 보건대 간경변을 앓고 있는 피해자 환자와 남편은 — 의사가 수술의 위험성에 관하여 설명하였는지 여부에 관계없이 — 이 사건 수술이 위험할 수 있다는 점을 이미 충분히 인식하고 있었던 것으로 보인다. 그렇다면 의사가 환자나 남편에게 수술의 위험성에 관하여 설명하였다고 하더라도 환자나 남편이 수술을 거부하였을 것이라고 단정하기 어렵다. 따라서 의사의 설명의무 위반과 환자의 사망 사이에 상당인과관계가 있다는 사실이 합리적 의심의 여지가 없이 증명되었다고 보기 어렵다. 이와 달리 설명의무를 위반한 의사의 과실로 인하여 환자가 사망에 이르렀다고 보는 원심판결에는 의사의 설명의무위반으로 인한 업무상 과실치사죄의 인과관계에 관한 법리를 오해한 잘못이 있다”고 판시하고 있다.

본건 수술의 객관적 위험성은 높아서 그 객관적 중요성이 인정되

58) Puppe, GA 2003, 772.

는 정보이므로, 의사는 이를 환자에게 설명할 의무가 있다. 그런데 검사는 당해 수술의 위험성에 관하여 설명을 하지 않았다. 즉 설명부존재의 사례라고 주장한다. 만약 설명부존재의 사안이라면 의사의 수술행위는 정당화될 수 없다고 생각된다. 그런데 법원은 "수술의 위험성에 관한 설명을 하였는지 여부에 관계없이"라고 말함으로써, 설명존재여부에 관한 증명이 없어 설명이 존재하는 것으로 보고 있는 듯한 여지를 주고 있다. 그런데 설사 의사가 환자에게 본건 수술의 위험성을 설명하지 않았다고 하더라도 — 수술의 위험성에 관하여 이미 주관적으로 알고 있었기 때문에 — 환자는 수술을 승낙했을 것이고 따라서 어차피 사망했을 것이라고 판단하여 설명의무위반과 사망 사이에 상당인과관계를 부정하고 있다. 그러나 이는 상당인과관계를 부정할 것이 아니다. 환자가 수술의 위험성에 관하여 이미 다른 방법으로 알고 있었기 때문에 그에 기초한 수술에 대한 현실적인 승낙은 유효하다고 말하는 것이 타당하다. 판례도 사실은 바로 그렇게 말하고 있는 것이다.

[대상판결 2] 객관적 중요성의 결여

봉침시술 사건은 우선 승낙존재의 사례이다. 그런데 의사의 불충분한 설명이 문제되었던 것이다. 우선 봉침시술의 부작용은 당해 정보의 주관적 중요성이 긍정되는 경우이다. 그러면 다시 당해 정보의 객관적 중요성의 유무가 심사되지 않으면 안 된다. 시술의 부작용은 객관적으로 중요한 정보이다(물론 시술의 부작용은 수술자체의 필요성이나 안전성과 무관계하다고 본다면, 이 점에 관한 불충분한 설명은 승낙의 유효성에 영향을 미치지 않는다고 볼 여지도 있을 것이다). 따라서 봉침시술의 부작용에 관한 설명은 원칙적으로 필요하다. 그런데 환자는 봉침시술의 부작용에 관하여 설명을 받지 못하였다.

판례는 의사의 설명의무위반과 발생한 쇼크와 면역치료 필요상태라는 상해결과 사이에 상당인과관계를 묻고 있다. 즉 설명의무위반과 시술의 부작용 사이에 상당인과관계가 존재하는가 하는 문제를 판단해야 한다. “본건 아나필릭시 쇼크는 봉침시술에 따라 나타날 수 있는 과민반응 중 전신 즉시형 과민반응으로서 10만 명당 2-3명의 빈도로 발생한다”, “환자가 이전에도 여러 차례 봉침시술을 받아왔었고 봉침시술로 인하여 아나필락시 쇼크 및 면역치료가 필요한 상태에 이르는 발생빈도가 낮은 점 등에 비추어”, 판례는 환자가 진실한 사정을 알고 있었더라도 봉침시술에 결과적으로는 승낙했을 것이라고 하여 상당인과관계를 부정하고 있다.

그런데 설명의무에 위반하여 승낙을 받아 치료행위가 이루어지고 부작용이 발생한 본 사안에서, 그 부작용이 당해 종류의 치료행위에 전형적으로 부수되는 것이며 의사가 설명을 충분히 하지 않은 경우에는 그 부작용의 발생은 의사의 설명의무위반이 실현된 것이라고 평가될 수 있다. 그러나 발생된 부작용이 극히 희소하게 밖에 볼 수 없는 것으로서 일반적으로 의사가 설명할 필요가 없는 종류의 것인 경우에는, 그 부작용의 결과를 의사의 설명의무위반에 귀속시킬 수 없다. 이러한 사고는 인과관계를 문제삼는 것이 아니라, 의사의 설명의무위반과 일정한 관련성이 있는 결과에 관해서만 그 귀속을 인정하여 의사에의 결과귀속 범위를 한정하려는 귀속적 사고가 표현된 것이다.

그러나 이러한 부작용은 추상적으로는 존재하지만 본건 구체적인 사례에 있어서 이러한 추상적 위험의 실현이 예견될 수 있는 징후는 주어지지 않았다. 그러므로 환자는 당해 침습의 구체적인 위험에 관하여 설명 받은 것이고 환자의 승낙은 유효하다고 해석하여야 한다. 환자는 본건 치료침습의 구체적 위험에 관하여 알고 있었던 것이기 때문이다. 판례도 사실은 바로 그렇게 말하고 있는 것이다.

Ⅷ. 판례가 염두에 두고 있는 가정적 승낙의 진정한 실체는 무엇인가?

우리나라에서 형사판례법리로 인정되고 있는 가정적 승낙론에 관하여 왜 법원이 그러한 사고를 전개하지 않으면 아니 되었을까? 치료행위의 유용성을 고려에 넣은 것일까? 가정적 승낙의 법리는 왜 판례에 의하여 지지되고 있는가? 가정적 승낙론은 도대체 어떠한 문제에 대하여 어떠한 해결을 도모하는 것일까? 정말 그 정체는 무엇일까? 이러한 문제는 위에서 살펴본 바와 같이 「현실적인 승낙이 실제 행하여진 침습을 카버하고 있는가」하는 것이 쟁점이다. 일반적으로 의료적 침습에 대한 승낙은 당해 침습에 관한 의학적 사정이 전부 '설명되었을 때 유효'한 승낙이 될 수 있다. 그러나 이는 「설명되면 그것으로 족하다」는 것이 아니다. 환자의 「이해」가 얻어지지 않았다고 평가되면, 침습은 정당화되지 않는다. 또한 설명하지 않았더라도 환자의 「이해」가 얻어졌다고 평가되면, 침습은 정당화될 수 있다. 가정적 승낙론이 나타나는 것은—물론 예외적인 상황이지만—바로 이러한 국면이다. 가정적 승낙론이 정말 묻고 있는 것은 필요한 설명이 결여되었더라도—환자가 당해 침습의 필요성을 「이해」하고—승낙하였는가 여부이다.

이러한 관찰은 우리나라 형사판례에 있어서 가정적 승낙론의 뿌리는 '가정적 사고'를 본질로 하는 것은 아니라는 점을 보여주는 것이라고 생각된다. 판례에서 기점이 되고 있는 것은 침습내용의 설명이 분명히 결여되고 있지만, 환자는 "이미 알고 있는 것은 아닌가" 혹은 "마음에 걸려한 것은 아니지 않은가" 하는 문제상황이다. 만족스러운 수술의 결과를 얻지 못했을 경우에 특히 환자는 '설명했더라면 승낙하지 않았다'는 주장을 하는데, 반드시 전부 신용할 수 있는 것은 아니다.

문제는 아주 심플하다. 수술 전의 설명이 불완전하더라도, 환자의 승낙의 범위내의 침습이라면 위법한 상해행위에 해당되지 않는다. 그러나 '승낙의 범위'가 어떻게 되나 여하를 결정하기 위해서는, 수술시점에 환자가 가지고 있던 '인식이 어떠했는가' 여하를 고려하지 않을 수 없다. 이때 '가정적으로 불완전한 설명을 완전한 설명으로 대체하여 어떻게 의사결정 하였을까' 하는 점을 고려하는 것은 중요한 단서나 실마리를 제공한다. 만약 아무것도 변하지 않는다면, 실제의 침습이 승낙의 범위 내에 있었다고 인정하기 쉬울 것이다. 「가정적」 승낙이라고 말은 하지만 증명의 대상은 실제의 침습이 「승낙」의 범위 내에 있는가이다. 즉 실제의 침습이 포함되는 「현실적 승낙」의 존재를 인정할 수 있는가? 여부가 문제되는 것인데, 이를 「가정적 승낙」이 인정되는가? 하는 말로 표현하고 있는 것이다. 즉 가정적 승낙의 문제는 「존재하지 않는 승낙이 가정적으로 인정된다」는 의미가 아니다. 「존재하는 현실적 승낙이 실제의 침습을 포함하고 있는가 아닌가」하는 문제다. 가정적 승낙이라는 용어가 우리가 바라보는 시각에 오해를 가져오고 있다. 「잠재적 승낙」이라고 부르는 것이 조금 나을 것이다. 바로 이것이 소위 가정적 승낙의 정체이다.

Ⅸ. 나가며

가정적 승낙의 인정으로 판례는 위법성조각사유에서 가정적인 사건경과를 고려하여 불법을 배제할 수 있는 디딤돌 내지 돌파구를 갖게 되었고 불법배제에의 길을 열었다. 그러나 가정적 승낙은 형법에 있어서 가상문제이다. 승낙이 없는 치료행위에 대한 결과귀속의 문제도 아니고 위법성조각이 인정된다는 문제도 아니다. 가정적 승낙이라는 테마에서 취급되는 사례군은 「현실적 승낙」의 존재와 유효성의 문제로 환원된다. 구체적으로는 환자의 자율성이 실현되었다고 할 수 있는 조건의 분석적인 검토를 통하여 적절한 해결을 도모하는 것이다. '적절한 설명을 했다고 하더라도 승낙했다'는 경우는 당해 설명사항이 환자 본인에게 중요성을 결여하기 때문에 승낙의 유효성에 대한 영향이 인정되지 않는 것이다. 그렇지만 승낙 부존재 사례의 경우에도 만약 설명했더라면 얻을 수 있었다는 '가공의 승낙'을 근거로 널리 행위의 가벌성을 제한하려는 것은 허용되지 아니한다. 물론 승낙 부존재의 경우에도 추정적 승낙에 의한 정당화의 여지는 별도로 남는다. 그 정당화의 범위는 보충성을 요구하는가 아닌가 그리고 어느 정도 요구하는가 하는 점에 의존하게 된다. 이는 보충성이 요구되는 이론적 근거에 의하여 검토되어야 할 문제이다. 어쨌든 가정적 승낙이라는 테마에서 취급되는 문제는 '논점의 진정한 소재'를 정확히 인식하는 것을 통하여 해결되어야 할 것이다. 가정적 승낙론은 법문제의 체계적 위치지움을 등한시하고 체계적으로 아주 다른 관련하에 발전해 온 사고를 일대일로 원용했을 때, 법적용이 얼마나 잘못될 수 있는지를 보여주는 드라마같은 실례이다.[59]

Ⅹ. 나왔는데

1. 합법적 대체행위론에 있어서 객관적 귀속론의 파단? —논리구조 자체가 갖고 있는 문제점

구성요건단계에서는 구성요건적 행위와 결과와의 사이에 인과관계 내지 귀속관계(원인-결과 관계)이고, 위법성조각단계에서는 위법성조각을 인정하기 위한 법적 요건과 그에 따르는 법적 효과의 관계(요건-효과 관계)이기 때문에 구성요건단계의 합법적 대체행위의 객관적 결과귀속론을 위법성조각단계에 원용할 수 없다고 결론지었다. 전혀 차원을 달리하는 관련성 문제라는 것이다. 그런데 이러한 점을 뛰어넘어 설사 원용을 인정한다고 하더라도, 본 논문에서는 합법적 대체행위라는 객관적 귀속론의 논리구조가 구성요건단계와 위법성조각단계(가정적 승낙)에서 전혀 다르다고 결론지었다. 명백히 다르다. 즉 구성요건단계에서는 사실적으로 '결과'의 귀속은 되지만, 위법성조각단계에서는 평가적으로 그 '결과의 반가치(불법성)'가 조각되면 '적법한 결

59) Puppe, ZIS 2016, 372.

과'가 되고, 조각되지 않으면 당연히 '위법한 결과'가 된다는 것이다. 즉 위법성조각에서는 현실사례와 가정사례가 결과가 — 적법인가 위법인가로 — 항상 다른 결과가 발생한다는 것이다.

그런데 가정적 승낙론에서는 왜 이러한 명백한 차이를 무시하는가? 단지 의사의 처벌범위가 과도하게 확장되는 것을 방지하려는 정책적 배려 때문인가? 가정적 승낙론은 이러한 정책적 배려가 단적으로 나타난 현상에 불과한 것인가? 가정적 승낙론에 따라 위법성조각단계에 합법적 대체행위론을 원용하면, 만약 설명의무를 다하였다면 유효하게 승낙하였을 것이고 따라서 침습 '결과'가 적법하게 되어 결국 동일한 결과가 발생하지 않는다는 결론을 내려야 하는데,[60] 동일한 결과가 발생한다고 결론을 도출하고 있다. 즉 합법적 대체행위론을 적용하더라도 위법성조각단계에서는「행위반가치가 없다고 가정하면, 당연히 결과반가치도 없게 되는」것이다. 당연히 '적법한' 결과가 된다. 그런데 합법적 대체행위를 위법성조각단계에 원용하면서도 그냥 그대로 '구성요건단계에서 행위반가치가 없다고 가정하여 그래도 동일한 구성요건적 결과가 발생했다'는 동일한 논리를 강요한다. 왜 이렇게까지 하는 것일까? 단순히 의사의 형사처벌을 제한하려고 그러는 것인가?

통설의 논리는 즉 행위반가치가 없을 경우에 구성요건단계에서는 현실사례와 가정사례가 동일한 결과, 즉 불법한 결과이지만, 위법성조각단계에서는 행위반가치가 없다고 가정하면 현실사례에서는 위법한 결과 그리고 가정사례에서는 적법한 결과가 발생되어 양자는 동일한 결과가 발생하는 것이 아니게 된다는 것이다. 이러한 사고의 기초가 되고 있는 근거는 '불법을 근거지울 경우와 조각하는 경우는 논리구조가 다르다'는 것이다. 그런데 정말 그러한 것일까? 이러한 의문을 가정적 승낙은 제기하고 있는 것이다. 행위반가치가 없다고 가정하면 도대체 거기에서 발생하는 결과반가치가 구성요건단계 다르고 위법성조각단계 다르고 그럴 수 있는 것인가? 행위반가치 없이 그래서 행위반

60) Gropp, FS-Schroeder, S.204.

가치와 결부되지 않고 별개 독립하여 결과반가치만이 존재한다는 그런 관념은 인정될 수 없는 것 아닌가? 행위반가치와 결부되지 않는 결과반가치만 이라는 것은 형법상 무의미하다. 행위반가치가 없는 이상, '결과'는 형법상 의미를 갖지 아니한다는 것이다. 그렇다면 이는 구성요건단계에서도 마찬가지로서 합법적 대체행위에 의하여 적법한 행위를 하였더라면 적법한 결과가 발생되므로 결국 동일한 결과가 아니라 다른 결과가 발생한 것으로 보아야 한다. 결국 구성요건해당성 단계에서 객관적 귀속이론은 그 이론적 발상에 있어서 논리구조 자체가 문제를 안고 있는 것은 아닌가?

결국 현실사례와 가정사례에서 달라지는 것은「결과에 대한 법적 평가」뿐이며, 결과발생이라는 외적 사실 그자체는 동일하다. 즉 '외적 사실로서는' 동일한 결과가 발생하고 있는 것이다. 결국 행위반가치가 없는 경우 구성요건단계나 정당화단계나 양자 모두 결과에 대한 '법적 평가가 달라져서' 다른 결과가 발생했다고 하거나 아니면 '외적 사실로서는' 동일한 결과가 발생한다고 해야 하는 것이 아닐까? 가정적 승낙론은 후자를 일관하려는 논리구조이다. 통설은 구성요건단계에서는 후자, 위법성조각단계에서는 전자를 취하는 논리구조이다.

2. 일반적인 경우와 치료행위에 있어서 피해자의 승낙의 구별?

가정적 승낙론이 도출하는 귀결은 의사의 치료행위와 관련해서만 본다면 타당한 점이 있는 것 같이 생각된다. 그렇다면 치료행위의 1요건으로서 환자의 승낙과 그 자체 위법성조각사유로서의 일반적인 피해자의 승낙을 동일하게 취급할 것인가 하는 의문이 든다. 독일에서는 이러한 두가지 승낙의 요건은 동일하다고 해석되고 있다.[61] 이는 신체의 건강을 회복시킨다는 플러스가치를 가지는 치료행위에 그다지 중요성 내지 특수성을 부여하고 있지 않다는 것이다. 환자의 자기결정권

61) Mitsch, Die hypothetische Einwilligung im Arztstrafrecht, JZ 2005, 280; S/S-Sternberg-Lieben, §223 Rn.37.

이 중심에 있다고 생각된다. 그런데 오히려 이러한 플러스가치 때문에 치료행위는 구성요건에 해당하지 않는다는 견해도 있다.[62] 상해죄에서 피해자의 승낙은 그 위법성조각의 효과를 — 사회상규에 의하여 — 제한받는다. 결국 치료행위에 있어서 피해자의 승낙은 승낙론의 내부 혹은 외부에서 뭔가 조정을 할 필요가 있는 것은 아닌가 생각된다. 그렇지만 일반적인 피해자의 승낙과는 다른 정당화를 치료행위에서 발견할 수 있다는 근거에서 가정적 승낙의 법리가 활용되는 것은 아니다. 가정적 승낙론의 실질내용 자체 내지 정체는 일반적인 피해자의 승낙과는 선을 긋는 치료행위의 특수성을 고려한 이론이라기보다는, 환자의 자기결정권을 중심에 놓으면서도 자유에 관한 죄를 넘어가는 의사의 상해죄 성립을 긍정하면서도 이를 제한하려는 우수한 이론이라고 생각된다. 물론 치료행위의 특수성 유용성 플러스가치를 고려해야 한다. 그 점은 승낙의 유효성 요건의 해석에 의하여 고려하고 있는 것이다.

[주 제 어]
가정적 승낙, 설명의무, 주의의무, 합법적 대체행위, 인과관계, 승낙의 유효성

[Key words]
Aufklärungspflicht, hypothetische Einwilligung, Sorgfaltswidrigkeit, rechtsmaßiges Alternativverhalten, Kausalzusammenhang, Wirksamkeit der Einwilligung

접수일자: 2017. 5. 10. 심사일자: 2017. 6. 1. 게재확정일자: 2017. 6. 5.

62) 대표적으로 이재상/장영민/강동범, 형법각론, 제10판 보정판, 2017, 50면.

[참고문헌]

김성돈, 형법총론, 제4판, 2015.

______, “의사의 설명의무위반의 효과와 가정적 승낙의 법리”, 형사판례연구[21], 2013.

박흥식, “의사의 치료행위에 대한 형법적 이해”, 법학논집(이화여대) 제17권 제3호, 2013.

신양균, “의사의 치료행위와 가정적 승낙”, 비교형사법연구 제12권 제1호, 2010.

이재상 · 장영민 · 강동범, 형법각론, 제10판 보정판, 2017.

조기영, “구성요건과 위법성의 구분”, 형사법연구 제22권 제3호, 2010.

Albrecht, Die hypothetische Einwilligung im Strafrecht, 2010.

Böse, Unrechtsausschluss durch hypothetische Dispositionen über das geschützte Rechtsgüter?, ZIS 2016.

Duttge, Die hypothetische Einwilligung als Strafausschließungsgrund, FS-Schroeder, 2006.

Fischer, 63.Aufl., 2016.

Gropp, Hypothetische Einwilligung im Strafrecht?, FS-Schroeder, 2006.

Haas, Zur Bedeutung hypothetischer Geschehensverläufe für den Ausschluss des Tatunrechts, GA 2015.

Jansen, Die hypothetische Einwilligung im Strafrecht, ZJS 2011.

Krüger, Zur hypothetischen Einwilligung, FS-Beulke, 2015.

Kuhlen, Objektive Zurechnung bei Rechtfertigungsgründen, FS-Roxin, 2001.

Mitsch, Die hypothetische Einwilligung im Arztstrafrecht, JZ 2005.

NK-Puppe, 4.Aufl., 2013.

Otto/Albrecht, Die Bedeutung der hypothetischen Einwilligung für den ärztlichen Heileingriff, Jura 2010.

Puppe, Die strafrechtliche Verantwortlichkeit des Arztes bei mangelnder Aufklärung über eine Behandlungsalternative, GA 2003.

_______, Die hypothetische Einwilligung und das Selbstbestimmungsrecht des Patienten, ZIS 2016.

Rönnau, Willensmängel bei der Einwilligung im Strafrecht, 2001.

Saliger, Alternativen zur hypothetischen Einwilligung im Strafrecht, FS-Beulke, 2015.

Schlehofer, Pflichtwidrigkeit und Pflichtwidrigkeitszusammemhang als Rechtswidrigkeits-voraussetzungen?, FS-Puppe, 2011.

S/S-, 29.Aufl., 2014.

Sickor, Logische Unstimmigkeiten in der höchstrichterlichen Prüfungsformel zur hypothetischen Einwilligung, JR 2008.

Sternberg-Lieben, Strafrechtliche Behandlung ärztlicher Aufklärungsfehler, FS-Beulke, 2015.

Swoboda, Die hypothetische Einwilligung, ZIS 2013, 18.

Tag, Richterliche Rechtsfortbildung im Allgemeinen Teil am Beispiel der hypothetischen Einwilligung, ZStW 127 (2015).

Welzel, Das Deutsche Strafrecht, 11.Aufl., 1969.

Wessels/Beulke, AT, 46.Aufl., 2016.

[Zusammenfassung]

Kritik der logischen Struktur in der hypothetischen Einwilligung

Lee, Yong-Sik*

Der vorliegende Beitrag behandelt die logische Struktur der hypothetischen Einwilligung im Vergleich mit dem rechtsmässigen Alternativverhalten. Infolge einer mangelhaften Aufklärung wird die Einwilligung zur Unwirksamkeit und ist der Erfolg rechtswidrig. Mit der Ersetzung durch eine ordnungsgemässe Aufklärung wird die Einwilligung zur Wirksamkeit und ist der Erfolg rechtsmässig. Beide Erfolge sind deshalb nicht die gleichen. Die Zurechnung des Erfloges muss daher abgelehnt werden. Auf der Tatbestandsebene sind aber beide Erfolge beim rechtsmässigen Altenativverhalten anders. Die Zurechnung des Erfolges muss also ausgechlossen werden.

Die Übertragung der Schlussfolgerung der Tatbestandsebene auf die Rechtswidrigkeitsebene ist deshalb logisch unmöglich. Dies zeigt die logische Unstimmigkeit der Argumentationsfigur der hypothetischen Einwilligung. Die von der koreanischen Rechtsprechung suggerierte Vergleichbarkeit der hypothetischen Einwilligung mit dem rechtsmässigen Alternativverhalten erweist sich also bei näherer Untersuchung aus logischen Gründen als unhaltbar.

Von daher behandelt die koreanische Rechtsprechung ohne Grund die Aufklärungspflict als Sorgfaltswidrigkeit. Das Problem ist wieder zurück zur Tatbetandsebene verlagert. Dann stellt sie diese Pflichtwidrigkeitszusammenhang fest mit der Kausalität. Sie versteht diesen Zusammenhang als Kausalzusammenhang.

* Professor, School of Law, Seoul National University, Ph.D in Law.

Der Zusammenhang zwischen Aufklärungsmängel und Erfolg ist kein Kausalzusammenhang. Sie sind nur rechtliche Vorraussetzungen und rechtliche Folge.

'횡령 후 처분행위'에 대한 형법적 평가

김 봉 수*

[대상판결] 대법원 2013. 2. 21. 선고 2010도10500 전원합의체 판결(횡령)

〈'명의수탁자의 처분과 횡령' 관련 사건〉 [공2013상,599]

[사실관계]

피고인은 1995. 10. 20. 피해자 종중으로부터 위 종중 소유인 파주시 적성면 토지를 명의신탁받아 보관하던 중 자신의 개인 채무 변제에 사용하기 위한 돈을 차용하기 위하여 위 토지에 관하여 1995. 11. 30. 채권최고액 1,400만 원의 근저당권을, 2003. 4. 15. 채권최고액 750만 원의 근저당권을 각 설정한 사실, 그 후 피고인들이 공모하여 2009. 2. 21. 이 토지를 공소외인에게 1억 9,300만 원에 매도하였다.

[판결요지]

[1] 선행 처분행위로 횡령죄가 기수에 이른 후 이루어진 후행 처분행위가 별도로 횡령죄를 구성하는지 여부 및 타인의 부동산을 보관 중인 자가 그 부동산에 근저당권설정등기를 마침으로써 횡령행위가 기수에 이른 후 같은 부동산에 별개의 근저당권을 설정하거나 해당 부동산을 매각한 행위가 별도로 횡령죄를 구성하는지 여부(원칙적 적극)

* 전남대학교 법학전문대학원 부교수, 법학박사.

[다수의견]

(가) (이하 a, b, c 등의 구분은 설명의 편의를 위해 필자가 구분한 것임)

a. 횡령죄는 다른 사람의 재물에 관한 소유권 등 본권을 보호법익으로 하고 법익침해의 위험이 있으면 침해의 결과가 발생되지 아니하더라도 성립하는 위험범이다.

b. 그리고 일단 특정한 처분행위(이를 '선행 처분행위'라 한다)로 인하여 법익침해의 위험이 발생함으로써 횡령죄가 기수에 이른 후 종국적인 법익침해의 결과가 발생하기 전에 새로운 처분행위(이를 '후행 처분행위'라 한다)가 이루어졌을 때, 후행 처분행위가 선행 처분행위에 의하여 발생한 ① 위험을 현실적인 법익침해로 완성하는 수단에 불과하거나 그 과정에서 당연히 예상될 수 있는 것으로서 ② 새로운 위험을 추가하는 것이 아니라면 후행 처분행위에 의해 발생한 위험은 선행 처분행위에 의하여 이미 성립된 횡령죄에 의해 평가된 위험에 포함되는 것이므로 후행 처분행위는 이른바 불가벌적 사후행위에 해당한다.

c. 그러나 후행 처분행위가 이를 넘어서서, 선행 처분행위로 ❶ 예상할 수 없는 새로운 위험을 추가함으로써 법익침해에 대한 위험을 증가시키거나 선행 처분행위와는 ❷ 무관한 방법으로 법익침해의 결과를 발생시키는 경우라면, 이는 선행 처분행위에 의하여 이미 성립된 횡령죄에 의해 평가된 위험의 범위를 벗어나는 것이므로 특별한 사정이 없는 한 별도로 횡령죄를 구성한다고 보아야 한다.

(나) 따라서 타인의 부동산을 보관 중인 자가 불법영득의사를 가지고 그 부동산에 근저당권설정등기를 경료함으로써 일단 횡령행위가 기수에 이르렀다 하더라도 ㉠ 그 후 같은 부동산에 별개의 근저당권을 설정하여 새로운 법익침해의 위험을 추가함으로써 법익침해의 위험을 증가시키거나 ㉡ 해당 부동산을 매각함으로써 기존의 근저당권과 관계없이 법익침해의 결과를 발생시켰다면, 이는 당초의 근저당권

실행을 위한 임의경매에 의한 매각 등 그 근저당권으로 인해 당연히 예상될 수 있는 범위를 넘어 새로운 법익침해의 위험을 추가시키거나 법익침해의 결과를 발생시킨 것이므로 특별한 사정이 없는 한 불가벌적 사후행위로 볼 수 없고, 별도로 횡령죄를 구성한다.

[별개의견]

(가) 타인의 부동산에 근저당권을 설정하는 선행 횡령행위로 인하여 부동산 전체에 대한 소유권 침해의 위험이 발생함으로써 그에 대한 횡령죄가 성립하는 이상, 그 이후에 이루어진 당해 부동산에 대한 별개의 근저당권설정행위나 당해 부동산의 매각행위 등의 후행 횡령행위는 이미 소유권 침해의 위험이 발생한 부동산 전체에 대하여 다시 소유권 침해의 위험을 발생시킨 것에 불과하므로, 특별한 사정이 없는 한 선행 횡령행위에 의하여 평가되어 버린 불가벌적 사후행위로 보는 것이 논리상 자연스럽다.

(나) 선행 횡령행위로 발생한 소유권 침해의 위험이 미약하여 과도한 비용과 노력을 들이지 아니하고도 그 위험을 제거하거나 원상회복할 수 있는 상태에서 그보다 월등히 큰 위험을 초래하는 후행 횡령행위를 저지른 경우에는 그 행위의 반사회성이나 가벌성이 충분히 인정되고 일반인으로서도 그에 대한 처벌을 감수함이 마땅하다고 여길 만하다. 이와 같은 경우에는 예외적으로 이를 불가벌적 사후행위로 볼 것이 아니라 처벌대상으로 삼을 필요가 있다. 기존의 판례를 변경하지 아니하고도 이러한 해석이 가능하고, 이러한 해석을 하려면 판례를 변경하여야 한다고 보더라도 그 범위 내에서만 제한적으로 변경함으로써 충분하다.

[반대의견]

(가) 형법 제355조 제1항에서 규정한 횡령죄는 재물의 영득을 구성요건적 행위로 삼는다는 점에서 재산상의 이익을 대상으로 하는 같

은 조 제2항의 배임죄와 구분되는데, 재물에 대한 불법영득의사는 피해자의 소유권 등 본권에 대한 전면적 침해를 본질적 내용으로 하므로 그러한 불법영득의사에 기한 횡령행위가 있을 경우 이미 그에 의한 법익침해의 결과나 위험은 그 소유권 등의 객체인 재물의 전체에 미친다고 볼 수밖에 없고, 따라서 일단 위와 같은 횡령죄가 성립한 후에는 재물의 보관자에 의한 새로운 처분행위가 있다고 하여 별도의 법익침해의 결과나 위험이 발생할 수 없음은 당연한 논리적 귀결이다.

(나) 타인의 부동산을 보관 중인 자가 그 부동산의 일부 재산상 가치를 신임관계에 반하여 유용하는 행위로서, 즉 배임행위로서 제3자에게 근저당권을 설정한 것이 아니라, 아예 해당 부동산을 재물로서 불법적으로 영득할 의사로, 즉 횡령행위로서 근저당권을 설정한 것이라면, 이러한 횡령행위에 의한 법익침해의 결과나 위험은 그때 이미 위 부동산에 관한 소유권 전체에 미치게 되고, 이 경우 후행 처분행위에 의한 추가적 법익침해의 결과나 위험은 법논리상 불가능하다고 보아야 한다.

[2] 피해자 갑 종중으로부터 종중 소유의 토지를 명의신탁받아 보관 중이던 피고인 을이 자신의 개인 채무 변제에 사용할 돈을 차용하기 위해 위 토지에 근저당권을 설정하였는데, 그 후 피고인 을, 병이 공모하여 위 토지를 정에게 매도한 사안에서, 피고인들이 토지를 매도한 행위는 선행 근저당권설정행위 이후에 이루어진 것이어서 불가벌적 사후행위에 해당한다는 취지의 피고인들 주장을 배척하고 위 토지 매도행위가 별도의 횡령죄를 구성한다고 본 원심판단을 정당하다고 한 사례.

[평 석]

Ⅰ. 대상판결의 의미와 한계

대법원은 위 전원합의체 판결을 통해 '횡령죄 성립 이후 행해진 횡령행위'에 대해 일정한 경우에는 별도의 횡령죄가 성립할 가능성이 있음을 인정하였다. 이러한 대법원의 입장변경에 대해서는, "횡령죄는 소유권 범죄라는 전통적인 인식을 출발점으로 하면서도, 횡령과 배임을 단일 조문에 규정한 우리 형법의 특수성과 특경가법이라는 한국적 상황을 매개로 한 실무의 인식변화를 정확히 반영"[1]했다고 긍정적으로 평가하는 입장이 있는 반면, 대상판결의 별개의견 및 반대의견이 지적한 바와 같이 '전면적인' 판례변경의 성급함을 지적하거나,[2] 명확한 논거제시가 없다[3]는 점을 들어 대상판결을 비판하는 입장이 공존한다.

이처럼 평가가 엇갈리는 가장 큰 이유는 아마도 대상판결(다수의견)이 결론만을 제시하고 있을 뿐, 그 논리적 근거에 대해서는 침묵하고 있기 때문으로 판단된다. 따라서 이하에서는 다수견해가 생략하고 있는 논리적 전제들은 무엇이고, 그 내용은 과연 타당한 것인지 살펴보고자 한다.

이를 위해 이 논문에서는 [죄의 성립] 문제와 [죄수의 판단] 문제를 나누어 접근하고자 한다. 먼저 [죄의 성립]에서는 피고인의 행위들, 즉 첫 번째 근저당권설정행위(이하 '제1행위'로 약칭), 두 번째 근저당권설정행위(이하 '제2행위'로 약칭) 그리고 매각행위(이하 '제3행위'로 약칭)를 중심으로 죄의 성립여부를 검토하고, [죄수의 판단]에서는 성립한 범죄들 간의 죄수 관계(불가벌적 사후행위인지, 포괄일죄인지, 실체적 경

1) 신동운, "횡령 후의 횡령죄 성립 여부", 서울대학교 법학 제54권 제4호, 2013. 12, 311면.
2) 조현욱, "명의수탁자의 보관부동산 후행 처분행위의 불가벌적 사후행위 해당 여부 — 대법원 2013. 2. 21. 선고 2010도10500 전원합의체 판결 —", 경북대학교 법학논고 제42집, 2013. 5, 214면.
3) 이경렬, "'명의수탁자의 처분과 횡령'의 불가벌적 사후행위", 형사판례연구[22], 2014, 169면.

합인지)를 어떠한 기준을 가지고 어떻게 평가하는 것이 바람직한지에 대해 살펴보고자 한다.

Ⅱ. 죄의 성립에 관한 판단

1. [다수의견]의 논리

대상판결에서 [다수의견]은 횡령죄가 '위험범'이라는 전제에서 출발하여 제1행위에 대해서 "타인의 부동산을 보관 중인 자가 불법영득의사를 가지고 그 부동산에 근저당권설정등기를 경료함으로써 일단 횡령행위의 기수에 이르렀다"고 평가한 후, 제2행위는 "별개의 근저당권을 설정하여 새로운 법익침해의 위험을 추가함으로써 법익침해의 위험을 증가"시킨 것으로, 제3행위는 "기존의 근저당권과 관계없이 법익침해의 결과를 발생"시킨 것으로 평가하면서, "특별한 사정이 없는 한 별도로 횡령죄를 구성한다"고 판시하고 있다.

하지만 기존 평석들은 제2행위에 대한 평가를 생략한 채 제1행위를 선행행위로, 제3행위를 후행행위로 놓고 양 죄의 죄수관계만을 검토하는 경향을 보인다. 그러나 위 판결요지의 [1]-(나)에서 [다수의견]은 별개의견처럼 위험의 대소(大小)를 구분하지 않고, '별개의 근저당권'을 설정하는 행위는 '새로운 법익침해의 위험을 추가'하는 것으로 평가하고 있다. 따라서 판결요지의 [1]-(가)에서 제시한 [다수의견]의 판단기준(❶ 예상할 수 없는 새로운 위험 추가, ❷ 무관한 방법에 의한 법익침해)에 비추어 볼 때, 제2행위도 별도의 횡령죄가 된다고 보는 것이 논리적이다. 물론 [다수의견]이 "특별한 사정이 없는 한"이라는 애매한 표현을 사용하여 조건부로 결론을 제시하고는 있으나, 제2행위가 그 '특별한 사정'에 해당한다는 명시적인 언급이 없는 한 이에 대해서도 횡령죄의 성립을 인정하는 것이 타당하다. 따라서 대상판결은 모두 3개의 횡령죄를 인정한 것으로 보아야 한다.

그렇다면 위 대상판결 사안에서 과연 3개의 횡령죄가 성립하는지 검토해 보자.

2. 피고인의 제1 · 제2 근저당권설정행위에 대한 평가

(1) 문제제기 — 근저당권설정행위는 횡령행위인가 vs 배임행위인가?

[다수의견]은 선행행위(제1의 근저당권설정행위)가 당연히 횡령죄에 해당한다는 것을 전제로 한 후, 후행행위가 새로운 위험을 추가 내지 증대한 것인지에 대해서만 언급하고 있다. 반면 반대의견은 주문의 마지막에서 "선행 처분행위가 과연 횡령행위로서 이루어진 것인지, 아니면 배임행위에 그친 것인지"를 따져봐야 한다고 지적함으로써, 선행행위에 대한 횡령죄의 성립을 당연시 하고 있는 [다수의견]에 대해 의문을 제기한다. 즉 반대의견은 부동산의 보관자의 근저당권설정행위가 "그 부동산의 일부 재산상 가치를 신임관계에 반하여 유용하는 행위로서, 즉 배임행위"로서 행해진 것인지 아니면 "해당 부동산을 재물로서 불법적으로 영득한 의사로, 즉 횡령행위"로서 행해진 것인지 구분해야 한다는 입장이다. 제3자에 대한 근저당권설정행위는 경우에 따라 배임행위도 횡령행위도 될 수 있다는 것이 반대의견의 주장이다.

결국 이러한 문제제기는 횡령죄와 배임죄를 어떠한 기준에 따라 구별할 것인지에 대한 물음으로까지 거슬러 올라간다.

(2) "불법영득의사를 추정할 수 있는 객관적 행위(횡령행위)"가 존재하는지 여부

양 죄의 구별과 관련해서는 '객체(재물 vs 재산상 이익)', '범의(불법영득의사 vs 유용의사)' 또는 '주체(보관자 vs 사무처리자)'에 따라 양자를 구별하면서도, 형법전상 편제의 비교법적 특수성 또는 '대는 소를 포함한다'는 법원리(?)를 근거로 양자를 특별법-일반법의 관계로 파악하여 그 경계를 허무는 등 일관성이 결여된 법해석이 공존한다. 그리고 양 죄의 구별과 관련하여 혼란이 발생하는 대표적인 사례군이 바로

'부동산'이다.

부동산은 그 '물성 자체'에 초점을 맞추면 동산(물건)과 더불어 '재물'에 해당하지만, 그 '경제적 가치'가 거래대상인 경우에는 '재산상 이익'으로 볼 여지도 충분하다. 따라서 부동산의 범죄객체로서 성격을 획일적으로 평가하여 이를 기준으로 횡령죄나 배임죄의 성립을 논하는 것은 바람직하지 않다. 그렇다면 불법영득의사의 존부를 통한 구별은 가능한가?

대법원은 횡령죄의 성격을 '영득죄'로 파악하면서 주관적 구성요건요소로서 고의와 별도로 '불법영득의사'를 요구한다. 여기서 '불법영득의사'란 "타인의 재물을 보관하는 자가 자기 또는 제3자의 이익을 꾀할 목적으로 위탁의 취지에 반하여 타인의 재물을 자기의 소유인 것처럼 권한 없이 스스로 처분하는 의사"[4]를 말한다. 하지만 (배임죄와 차별화되는) 횡령죄의 특수한 구성요건요소로서 불법영득의사의 존부를 확인하는 방법은 (행위자가 자백을 하지 않는 한) 결국 고의와 마찬가지로 행위자의 행위(그 구체적인 내용과 상황 등)를 통해서 추정할 수밖에 없다.[5] 즉 논리적으로 불법영득의사의 존재를 확인하기 위해서는 "영득의사가 외부에서 인식될 수는 있는 객관적 행위"가 필요하다.

형법에 의해 금지되는 구성요건행위는 보호법익을 전제로 한다. 대법원은 "형법상 횡령죄는 재물에 대한 소유권 등 본권을 보호법익으로 하는 위험범"이라 보고, 기수시점과 관련하여 횡령죄의 구성요건결과로서의 '위험'은 '구체적 위험'이라 판시하고 있다.[6] 결국 대법원

4) 대법원 2016. 8. 30. 선고 2013도658 판결

5) 대법원 2014. 6. 26. 선고 2014도753 판결. 업무상횡령죄에서 불법영득의 의사는 자기 또는 제3자의 이익을 꾀할 목적으로 업무상의 임무에 위배하여 보관하고 있는 타인의 재물을 자기의 소유인 것과 같이 사실상 또는 법률상 처분하는 의사를 의미하는데, 이는 내심의 의사에 속하여 피고인이 이를 부인하는 경우, 이러한 주관적 요소로 되는 사실은 사물의 성질상 그와 상당한 관련성이 있는 간접사실 또는 정황사실을 증명하는 방법에 의하여 이를 입증할 수밖에 없다(대법원 2011. 9. 8. 선고 2011도6457 판결 등 참조).

6) 횡령죄의 기수 및 미수에 대한 보다 자세한 내용은 김봉수, "횡령죄의 미수범 성립 여부", 형사판례연구[21], 2013, 225-251면; 이용식, "횡령죄의 기수성

판례의 법리에 따르면, 횡령죄의 구성요건행위(횡령행위)는 소유권에 대한 침해의 위험을 창출하는 행위이고, 그러한 위험창출행위가 객관적으로 확인될 때 불법영득의사의 존재도 추정될 수 있으며, 법익침해의 위험이 구체화되었을 때 횡령죄의 기수가 인정될 수 있다.

(3) 근저당권설정은 "소유권에 대한 침해위험의 창출 · 실현행위 (횡령행위)"인가?

민법상 (근)저당권은 담보물권의 일종이다. 이는 부동산의 소유자가 소유권을 유지한 상태에서 일정기간 동안 그 부동산의 경제적 가치를 유동자산(현금)화하는 제도이다. 바로 소유권이 소유자에게 유보되어 있다는 이 담보물권의 본질적 특성 때문에, 채무불이행이 발생한 경우에도 담보권실행을 위한 임의경매 등 별도의 청산절차를 필요로 하는 것이다.

대상판결의 판결요지를 보면, [다수의견]은 피고인의 근저당권설정행위를 통해 채무불이행에 따른 담보권실행(임의경매에 따른 매각 등)의 위험이 창출된 것이고, 이를 '소유권에 대한 구체적 위험'으로 보아 위험범인 횡령죄의 기수를 인정한 것으로 판단된다. 하지만 담보권실행이라는 민법상 가능성을 곧바로 횡령죄의 결과인 '소유권에 대한 구체적 위험'으로 보는 것이 타당한지에 대해서는 의문이다.

전술한 바와 같이 배임죄와 구별되는 횡령죄의 실행행위로서 횡령행위는 '불법영득의사를 추정할 수 있는 객관적 행위'로서 '소유권'에 대한 '구체적 위험'을 창출 · 실현해야 한다. 따라서 문제의 근저당권설정이 횡령죄의 실행행위에 해당하는지를 평가하기 위해서는 이에 대한 면밀한 검토가 전제되어야 한다.

예컨대, 당시 부동산의 가액과 채권최고액의 비율, 근저당권설정자의 채무이행 가능성 등을 토대로 당해 근저당권설정으로 인한 담보물권실행의 잠재적 가능성이 소유권자의 '소유권'을 위협할 수준의 것

립에 관한 논의 구조", 형사판례연구[21], 2013, 253-285면 참조.

인지(구체적 위험의 창출 · 실현에 해당하는지)를 형법적 관점에서 신중히 검토하는 과정이 필요하다. 그러나 대상판결 사안의 하급심을 물론 전원합의체 판결에서도 이러한 검토는 보이지 않는다. 이는 "어떠한 행위에 의하여 소유권 등 본권 침해에 대한 구체적인 위험이 발생하였는지 여부는 해당 재물의 속성, 재산권의 확보방법, 거래실정 등의 제반사정을 고려하여 합리적으로 판단하여야 한다"[7]고 판시한 기존의 대법원 입장과도 배치된다는 점에서 문제가 있다.

생각건대, '근저당권설정=횡령행위'라고 획일적으로 판단할 것이 아니라 근저당권의 채권최고액 및 실제 채무액이 부동산 가액 대비 현저히 낮은 경우와 같이 근저당권설정으로 인한 담보권실행의 위험(민법상 가능성)이 미약한 경우에는 '불법영득의사'나 '소유권'에 대한 침해위험을 막연하게 인정할 것이 아니라, 단지 신임관계에 위배하여 부동산의 재산적 가치를 유용하는 행위, 즉 배임행위로 평가하는 것이 타당하다.

3. 사후행위들(제2 근저당권설정행위 및 매각행위)에 대한 평가

(1) 횡령죄의 성립을 둘러싼 [전부가치설 vs 실질가치설]의 대립 논쟁

전술한 바와 같이 대상판결은 제2행위와 제3행위를 묶어 사후행위로 보고 전자는 '새로운 위험추가'를 이유로, 후자는 '무관한 방법에 의한 법익침해결과의 발생'을 이유로 별도의 횡령죄를 인정하고 있다.

이처럼 사후행위들을 각각 횡령죄로 규율하는 [다수의견]의 결론은 기존 판례의 논리, 즉 "재물에 대한 불법영득의사는 피해자의 소유권 등 본권에 대한 전면적 침해를 본질적 내용으로 하므로 그러한 불법영득의사에 기한 횡령행위가 있을 경우 이미 그에 의한 법익침해의 결과나 위험은 그 소유권 등의 객체인 재물의 전체에 미친다"는 소위 '전부가치설'에 배치된다. 바로 이런 이유 때문에 위 대상판결이 '전부

7) 대법원 2012. 8. 17. 선고 2011도9113 판결.

가치설'을 포기하고, 배임죄 영역에서 인정되어오던 '실질가치설'을 취한 의미있는 판례로 평가되기도 한다.

또한 실질가치설은 전부가치설에 기반한 기존의 판례의 한계를 지적하는데, 예컨대 10억 원의 부동산에 채권최고액 100만 원의 근저당권을 설정하였다고 하더라도 그것이 부동산 전체에 대한 횡령의사의 발현이라고 평가할 수 있다면 부동산 전체에 대해 횡령죄가 성립하고, 이후 선행위자가 그 10억 원에 그 부동산을 팔더라도, 후자를 불가벌적 사후행위라고 보아 처벌하지 않는 것은 형평성에 반한다는 비판이 그것이다.

하지만 이러한 비판에는 논리적 모순이 내포되어 있다. 앞서 기술한 바와 같이 불법영득의사는 이를 추정할 만한 객관적 행위를 전제로 한다. 전부가치설을 비판하기 위해 제시되고 있는 위 사례를 자세히 보면, "100만 원의 근저당권을 설정하였다고 하더라도 그것이 부동산 전체에 대한 횡령의사의 발현이라고 평가할 수 있다면"이라는 전제를 이미 깔고 논리를 전개한다. 그러나 다시 강조하여 말하면, 객관적 행위로부터 불법영득의사가 추정되는 것이지, 불법영득의사를 전제로 행위를 평가하는 것이 아니다. 따라서 위 사례에서 10억 원의 부동산에 대한 채권최고액 100만 원의 근저당설정은 불법영득의사를 추정할 수 있는 객관적 행위에 해당하지 않는다. 따라서 불법영득의사가 부정된다고 보면 배임죄가 성립하거나, 횡령죄로 보더라도 미수로 평가해야 하는 사안이다. 배임죄의 성립을 논외로 하고 이를 횡령죄로 이론구성을 하더라도 위 사안은 선행 근저당권설정행위에 의한 횡령죄의 미수와 사후 매각행위에 의한 횡령죄의 기수로서 전형적인 법조경합의 보충관계로 보아 종국적으로는 매각행위에 의한 횡령죄의 기수범(1개의 횡령죄)만이 성립한다고 보는 것이 타당하다. 따라서 위와 같은 사례를 들어 사후 횡령행위를 불가벌로 평가해 온 기존의 판례 법리를 비판하는 것은 옳지 않다.

요컨대, 사후행위의 횡령죄 성립 여부를 둘러싸고 현재 진행되고 있는 [전부가치설과 실질가치설]의 대립논쟁은 논의의 시작을 행위자의 행위가 '불법영득의사를 추정할 수 있는 객관적 행위'로 평가할 수 있는지에서 출발하지 않고, 이미 불법영득의사의 존재를 전제로 논리 전개를 하고 있다는 점에서 그 출발점부터 잘못되어 있다.

불법영득의사가 재물의 전부에 미친다는 '전부가치설'은 주관적 의사에 불과한 불법영득의사 그 자체에서 도출되는 것이 아니라, 이를 추정할 수 있는 객관적 행위(횡령죄의 법익에 대해 구체적 위험을 초래할 수준의 행위)가 있을 때, 이를 주관적 차원에서 재평가한 것에 불과하다. 따라서 객관적인 행위평가를 도외시하고 불법영득의사의 존부를 논하거나 영득의사가 미치는 범위가 재물 전부인지 아니면 일부인지를 논하는 것은 논리적 오류로서 무의미하다.

(2) '실질가치설'에 대한 비판적 검토

실질가치설은 횡령죄 성립 이후 별도의 횡령죄 성립을 인정한 대상판결의 [다수견해]를 재물에 대한 부분적 가치의 침해를 인정한 것으로 이해한다. 그렇다면 실질가치설은 과연 대상판결의 결론을 모순 없이 설명해 낼 수 있을까?

우선 횡령죄가 재물 그 자체(전부)에 대한 범죄가 아니라 재물의 가치를 객체로 하는 범죄로서 일부가치에 대한 횡령죄의 성립도 가능하다는 실질가치설의 주장을 그대로 수용한다고 하더라도, 대상판결의 사안은 근저당권설정에 의한 일부가치에 대한 침해(위험)와 매각행위로 인한 전부가치의 침해가 공존하는 사안이라는 점을 주목할 필요가 있다. 예컨대, 3억 원의 부동산에 채권최고액 9천만 원의 제1 근저당권설정 후 다시 5천만 원의 제2 근저당권을 설정한 경우처럼, 실질가치설에 따르면 일부가치(9천만 원에 상응하는 부동산의 가치)에 대한 침해와 일부가치(5천만 원에 상응하는 가치)에 대한 침해가 공존가능하고, 이에 대해 각각 횡령죄의 성립을 인정하는 것이 이론상 가능하다. 하지만 근저당권설정 후 매각하는 경우처럼 일부가치 침해 이후에 부동산의 가치전부를 침해하는 사후행위가 이루어진 때에는 양자가 공존하여 각자 별도의 횡령죄로 평가될 수 있을지 의문이다.

이와 관련하여 실질가치설은 횡령과 배임의 동질성 및 이득액 산정방식의 일관성 등을 근거로 사기죄 및 배임죄의 이득액 산정에서 재물의 시가가 아니라 취득하는 담보가치(피담보채권액)를 실질적인 이득액(손해액)으로 보는 대법원법리의 변화를 횡령죄의 영역에까지 확대적용해야 한다[8]고 주장한다. 예컨대 3억 원의 부동산에 대해 9천만 원의 근저당권을 설정하여 한 이후에 다시 동일 부동산을 3억 원에 매각한 경우, 위 주장대로라면 9천만 원에 대한 횡령죄가 성립하고, 나머지 2억 1천만 원에 대한 횡령죄의 성립만이 가능해야 한다. 하지만 위 사안에서는 사후 횡령행위로 인하여 행위자가 실제로 얻은 이득액은 선행행위로 취득한 일부가치(9천만 원)를 제외한 나머지(2억 1천만 원)가 아니라 부동산의 가치 전부에 해당하는 이익(3억 원)이다. 따라서 이득액 산정방식에 근거한 실질가치설은 선후행위에 의해 침해된 일부가치의 합이 전체가치를 초과하는 경우나 선행행위에 의해서는 일부가치만 침해되었지만 사후행위에 의해서 전부가치가 침해된 경우에는 이론적 한계를 드러낸다. 그리고 이와 같은 실질가치설의 한계는 대상판결사안에서도 그대로 나타난다.

4. 소결 — 횡령죄와 배임죄의 관계 정립에 대한 소고

지금까지 횡령죄와 배임죄의 관계에 관해서 많은 논의가 있었음에도 불구하고 여전히 혼란스러운 이유는 지나치게 개별 범죄구성요건 하나에 집착하는 '국지적' 접근방식에 있다고 판단된다. 예컨대, '주체가 보관자이면 횡령죄', '객체가 재물이면 횡령죄', '불법영득의사가 있으면 횡령죄'라는 식으로 횡령죄의 범죄구성요건, 특히 그 중에서도 주체와 객체의 특성에 천착함으로써 지엽적인 요소를 존부확인만으로

8) 이상원, "횡령죄의 이득액과 가벌적 후행행위", 저스티스 통권 제131호, 2012. 8, 182-201면.

횡령죄와 배임죄를 구별하고자 하는 방식이 문제이다.

배임죄와 횡령죄를 [일반법-특별법]의 관계로 이해할 때, 특별법인 횡령죄가 일반법인 배임죄와 구별되는 지점은 특정 범죄구성요건(주체 또는 객체 등)에 국한되지 않는다. 횡령죄는 타인의 '재물'을 '보관'하고 있는 자가 '불법영득의사'를 가지고 타인의 재물에 대한 '소유권 등 본권을 침해'하는 범죄로서, 여기서 '재물'과 '보관자의 지위' 그리고 '불법영득의사'는 별개로 고찰될 대상이 아니라 하나의 덩어리(일체)로서 파악되어야 한다. 즉 '소유권에 대한 침해범죄'라는 횡령죄의 보호법익 측면에서 보면, 각 구성요건들은 개념적으로 긴밀하게 연결되어 하나의 덩어리를 이룸으로써 (배임과 구별되는) '횡령(행위)'을 표상한다는 점에서 '불가분적'이다. 따라서 횡령죄의 성립을 검토함에 있어서는 '재물', '보관자의 지위', '불법영득의사' 등 개별 구성요건요소 중 하나 또는 몇 가지만 갖추면 횡령죄가 성립하는 것이 아니라, 어느 하나라도 충족되지 않으면 범죄가 성립하지 않는다고 엄격하게 해석하는 것이 [일반법-특별법]의 관계에서 특별규정을 해석하는 합리적인 방향이 아닌가 한다. 왜냐하면 위 요소들은 개별적으로 의미를 갖는 것이 아니라, 일체를 이루어서 기능해야 비로소 '소유권의 침해 내지 위태화'를 초래할 수 있고, 그럼으로써 횡령죄의 본질에 접근할 수 있기 때문이다.

본 평석에서 논의를 주체나 객체가 아니라 '불법영득의사를 추정할 수 있는 객관적 행위', 즉 실행행위의 존부 내지 평가에서 시작한 것도 이러한 맥락에서이다. 왜냐하면 각 요소들은 실행행위로 수렴되어 행위반가치를 형성하고, 실행행위를 통해서만 비로소 '법익침해'에 기여할 수 있기 때문이다. 따라서 단순히 개별 구성요건요소가 존재하는지 그 자체가 중요한 것이 아니다. 이들 요소들이 모두 충족(일체화)되어 특정한 행위가 비로소 횡령죄의 실행행위로서 현실화/객관화되어야 하고, 그제서야 해당 행위로 인해 '소유권을 법익침해 내지 위태화(횡령)'가 이루어졌는지를 실질적으로 평가할 수 있다.

요컨대, 재물성, 보관자의 지위, 불법영득의사는 횡령죄의 성립을 위한 필요조건으로서, 어느 하나만 충족되지 않더라도 횡령죄의 성립을 인정할 수 없다. 하지만 위 요소들이 모두 갖추어졌다고 해서 바로 횡령죄의 성립을 인정하는 '형식적 접근'만으로는 배임죄와의 관계에서 특별법적 지위에 있는 횡령죄의 특성을 온전히 파악할 수 없다. 따라서 위 요소들이 개별적/형식적으로 갖추어졌다 하더라도, 횡령죄의 행위반가치가 완성되기 위해서는, 이 요소들이 실행행위를 통해서 '법익(소유권)의 침해 내지 위태화'라는 결과반가치 속에서 실질적인 의미를 가져야 한다. 예컨대, 명의신탁재산에 대한 근저당권설정행위라 하더라도 채권최고액 등을 고려하여 봤을 때, 재물에 대한 소유권을 형해화할 수준에 이르지 못하는 경우(소유권침해라고 보기 어려운 경우)처럼, 형식적(외관상)으로는 타인의 재물에 대한 보관자의 처분행위이긴 하나, 실질적으로는 소유권침해 내지 위태화에 이르지 못하였다면 횡령죄가 성립할 수 없다고 보는 것이 타당하다.

Ⅲ. 죄수 관계에 관한 판단

1. "기수에 이른 후 종국적 법익침해의 결과가 발생하기 전"의 의미

[다수의견]은 "일단 특정한 처분행위로 인하여 법익침해의 위험이 발생함으로써 횡령죄가 기수에 이른 후 종국적인 법익침해의 결과가 발생하기 전에 새로운 처분행위가 이루어졌을 때"라는 표현을 쓰고 있다. 이 표현만을 놓고 보면 마치 종국적인 법익침해의 결과가 발생하기 '(이)전'과 '(이)후'를 구별하여, 전자에 한하여 불가벌적 사후행위(의 시간적 한계)를 인정하는 듯한 인상을 준다. 도대체 위 대상판결에서 대법원은 왜 이러한 표현을 사용한 것일까? 그렇다면 '종국적 법익침해의 결과가 발생한 이후'에 사후행위가 행해진 경우에는 어떻게 평

가할 것인가?

생각건대, 이에 대해서는 아래와 같이 3가지의 해석이 가능할 것으로 판단된다.

(i) '기수 이후 종국적 법익침해 이전'에 발생한 사후행위에 대해서만 일정한 조건(다수의견-b-①, ②) 하에서 불가벌적 사후행위를 제한적으로 인정하고, 종국적 법익침해 이전이더라도 [다수의견]-c-❶, ❷에 해당하거나 종국적 법익침해 이후의 사후행위에 대해서는 별도의 범죄성립만을 인정하겠다는 의미, 즉 불가벌적 사후행위의 시간적 성립(인정)범위를 '기수 이후 종국적 법익침해 이전'으로 제한하는 취지로 대법원이 위와 같은 표현을 사용한 것으로 이해하는 방식

(ii) 기존 판례 입장처럼 기수 이후의 통상적인 사후행위는 원칙적으로 (불가벌적 사후행위로서) 불가벌이지만, 예외적으로 '기수 후 종국적 법익침해 이전'에 [다수의견]-c-❶, ❷에 해당하는 사후행위는 별도의 범죄성립을 인정하겠다는 취지로 이해하는 방식

(iii) '기수 이후 종국적 법익침해 전'이라는 표현에 큰 의미를 부여하지 않고, 종국적 법익침해 이전 혹은 이후를 불문하고, [다수의견]-b-①,②에 해당하면 불가벌적 사후행위로, [다수의견]-c-❶, ❷에 해당하면 별도의 범죄성립을 인정하겠다는 취지로 해석하는 방식

하지만 위 3가지 해석론 중 (iii)은 "기수 이후 종국적 법익침해의 결과가 발생하기 전"이라는 명시적 문구가 존재함에도 이를 무시하고 해석론을 전개하고 있다는 점에서 문제가 있고, (ii)와 같이 위 표현을 제한된 시간적 범위 내에서만 예외적으로 횡령 후 횡령의 성립을 인정하는 취지로 이해하는 것은 대법원이 횡령죄를 위험범으로 해석함으로써 형법적 개입시기를 앞당겨 왔다는 점과 이러한 취지라면 굳이 전원합의체 판결을 통해 기존 판례의 입장을 변경할 필요성이 그리 크지 않다는 점에서 [다수의견]보다는 [별개의견] 내지 [반대의견]에 더 가깝다.

[표 1] 불가벌적 사후행위의 시간적 성립범위

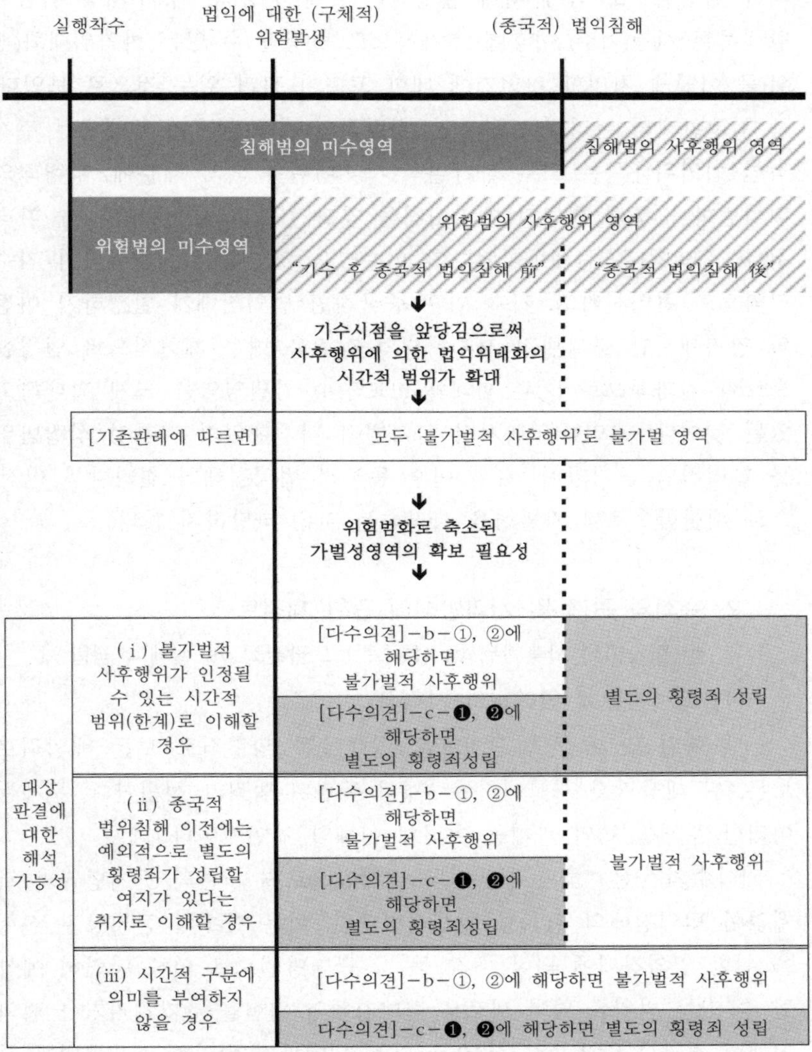

추측건대, 대법원이 위와 같은 표현을 사용한 이유는 횡령죄의 성격을 위험범으로 봄에 따라 발생하는 규율의 공백, 즉 구체적 위험이 발생하는 시점(기수) 이후에 추가적으로 발생할 수 있는 법익위태화(행위)를 어떻게 처리할 것인지에 대한 고민이 깔려 있는 것으로 보인다. 즉 기존판례의 논리대로 하자면, 횡령죄의 기수 이후에 행해지는 추가적인 법익위태화는 모두 불가벌적 사후행위가 되기 때문에, 횡령죄의 위험범화를 통해 형법의 개입시점을 앞당긴 법효과가 반감된다. 따라서 [다수의견]은 침해범이었다면 미수였을 영역을 위험범화하여 기수영역으로 편입시키고, 기수 이후 종국적인 법익침해가 발생하기 이전의 영역에서만 불가벌적 사후행위의 성립을 매우 제한적으로 인정함으로써 결과적으로 (기존 판례와 비교하여) 가벌영역을 크게 확대하고 있는 것이다. 그러나 (i)처럼 불가벌적 사후행위의 시간적 성립범위를 합리적인 근거없이 '기수 이후 종국적 법익침해의 결과발생 이전'으로 제한함으로써 가벌성을 확장하는 것은 타당하지 않다.

2. 수죄의 관계 및 처리방식에 관한 재검토
— 불가벌적 사후행위 vs (특수한) 포괄일죄 vs 실체적 경합

(1) 죄수판단에 있어서의 시각차

제1행위 및 제2행위(근저당권설정행위)를 횡령죄로 보든 배임죄로 보든, 위 대상판결 사안에서는 3개의 독립된 범죄가 성립한다. 문제는 이러한 수죄(數罪)의 관계를 어떻게 이해할 것인지이다.

[다수의견]은 "해당 부동산을 매각함으로써 기존의 근저당권과 관계없이 법익침해의 결과를 발생시켰다면, 이는 당초의 근저당권 실행을 위한 임의경매에 의한 매각 등 그 근저당권으로 인해 당연히 예상될 수 있는 범위를 넘어 새로운 법익침해의 위험을 추가시키거나 법익침해의 결과를 발생시킨 것"으로 다소 애매하게 평가한 후 "특별한 사정이 없는 한 불가벌적 사후행위로 볼 수 없고, 별도로 횡령죄를 구성

한다"고 설시함으로써, 각 죄들의 실체적 경합 관계를 인정하고 있다.

반면 [별개의견]은 횡령 후 횡령행위를 원칙적으로 불가벌적 사후행위로 보아야 한다고 하면서도 위 사안에서 제3행위(매각행위)는 "선행의 근저당권설정행위로 발생한 위험보다 월등히 큰 위험을 초래하는 것으로서 새로운 법익침해를 수반하는 것이라고 평가할 수도 있으므로, 이를 선행 횡령행위에 의하여 이미 평가되어 버린 불가벌적 사후행위라고 보기는 마땅치 않다"고 설시하면서 결론적으로 별도의 횡령죄 성립을 긍정한다.

하지만 [반대의견]은 "재물에 대한 불법영득의사는 피해자의 소유권 등 본권에 대한 전면적 침해를 본질적 내용"으로 한다는 점을 근거로 제3행위인 매각행위는 불가벌적 사후행위에 해당한다고 설시하고 있다.

[다수의견]은 불가벌적 사후행위가 아니기 때문에 별도의 횡령죄가 성립하다는 식의 소극적 설시를 함으로써, 선·후 횡령죄가 실체적 경합관계에 있다는 결론만을 제시하고 있다. 반면 [반대의견] 뿐만 아니라 [별개의견]은 재물에 대한 전면적 침해라는 불법영득의사의 내용을 근거로 제시하고 있다. 때문에 [다수의견]이 죄수판단에 있어서 명확한 논거나 견해를 제시하지 않고 있음에도 불구하고, 일반적으로 [별개·반대의견]과 [다수의견] 간의 의견대립이 '전부가치설'과 '실질가치설'의 대립으로 쟁점화되는 것이다. 물론 순수하게 죄수론 차원에서 횡령죄 이후의 횡령행위를 '(특별한) 포괄일죄'로 보아야 한다는 견해도 제시되고 있다.

따라서 이하에는 수 개의 횡령죄 간의 관계를 어떻게 이해하고 처리하는 것이 바람직한지에 대해서 살펴보고자 한다.

(2) '불가벌적 사후행위'의 본질과 죄수판단과정에서의 올바른 자리매김

일반적인 정의에 따르면, 불가벌적 사후행위란 선행 범죄(행위)에 의하여 획득된 위법한 이익 또는 상태를 사후적으로 확보, 이용, 처분하려는 행위가 별도의 구성요건에 해당하더라도 선행 범죄의 포괄적 평가범위 내에 흡수되어 별도로 처벌되지 아니하는 경우를 의미한다.9) 즉 불가벌적 사후행위의 법리적 토대는 "이중평가금지의 원칙"에서 찾을 수 있다.

불가벌적 사후행의 인정기준만 놓고 본다면 대상판결의 [다수의견]이 제시하고 있는 기준은 크게 문제될 것이 없다. 즉 [다수의견]은 '① 위험을 현실적인 법익침해로 완성하는 수단에 불과하거나 그 과정에서 당연히 예상될 수 있는 것으로서 ② 새로운 위험을 추가하는 것이 아닐 것'을 불가벌적 사후행위의 인정기준으로 제시함으로써, '위험의 신규성'을 판단기준으로 삼고 있는데, 여기서의 '새로운'을 '선행행위의 불법평가에 포함되어 있지 않다'는 의미로 읽는다면, 이 역시 '이중평가금지원칙'을 구현하는 기준으로 이해할 수 있다. 부정기준으로 제시한 '무관한 방법에 의한 법익침해(❷)' 역시 동일한 객체에 대한 법익침해라 할지도 행위태양 및 내용이 달라질 경우에는 불법의 평가에 있어서 포함관계가 부정되기 때문에, 이중평가에 해당하지 않는다고 볼 수 있다는 점에서 불가벌적 사후행위 여부에 대한 판단기준 자체는 타당하다. 문제는 기준이 아니라 사실포섭에 있어서 '근저당권설정행위'에 대해 면밀한 행위평가 없이 불법영득의사를 인정하여 횡령죄를 인정하는 데 있다. 왜냐하면 앞서 기술한 바와 같이 근저당권설정행위는 행위평가에 따라서 불법영득의사가 추정되는 횡령행위일 수도 있고, 그렇지 않은 배임행위로 평가될 수도 있기 때문이다.

그리고 이보다 더 심각한 문제는 불가벌적 사후행위의 본질을 '법조경합의 흡수관계'로 보아 불가벌적 사후행위에 해당하면 범죄성립을 부정하고, 선행범죄의 일죄만 성립한다고 보는 다수설 및 판례의 이해방식에서 기인한다. 불가벌적 사후행위를 이렇게 이해하게 되면,

9) 김정한, "불가벌적 사후행위의 본질과 처벌에 관한 실무적 고찰", 인권과 정의 제429호, 2012. 11, 50면; 임웅, "불가벌적 사후행위, 사전행위, 수반행위에 대한 형법적 고찰", 형사정책연구 제20권 제3호, 2009 가을호, 274면.

더 이상 죄수판단의 문제가 아니라 사후행위에 대한 죄의 성립문제로 회귀해 버리고 만다. 대상판결에서 '불법영득의사의 내용적 범위(전부가치설 vs 실질가치설)'가 쟁점이 되는 상황도, 그리고 이로 인해 [죄의 성립]과 [죄수판단]의 문제가 혼재되어 혼란을 초래하는 것도 이와 무관하지 않다.

따라서 위와 같은 논의의 혼란을 피하기 위해서는 불가벌적 사후행위의 본질이 무엇인지, 이 법리가 죄수판단과정에서 어떠한 의미와 기능을 수행하는지에 대해 고민해 보고, 이를 통해서 죄수판단과정을 단계화하여 판단순서 및 기준을 명확히 할 필요성이 있다.[10]

[표 2] 죄수판단에 있어서 사후행위에 대한 평가[11]

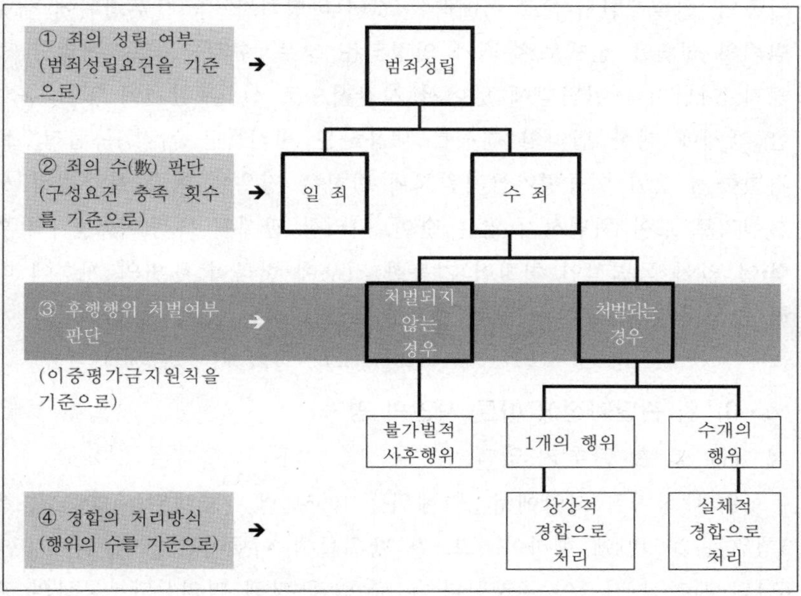

10) 이에 대한 보다 자세한 논의는 김봉수, "불가벌적 사후행위에 관한 연구", 원광법학 제33권 제1호, 2017. 3, 175-198면 참조.

11) 김봉수, 앞의 논문, 185면에서 재인용.

이를 위한 합리적인 판단순서 및 기준에 대한 생각을 도식화하면 다음과 같다.

불가벌적 사후행위의 본질[12]과 관련해서는, ㉠ 보충관계설, ㉡ 흡수관계설, ㉢ 포괄일죄설, ㉣ 인적처벌조각사유설, ㉤ 범죄복합형태설 등 다양한 견해가 대립한다.

하지만 개념정의에서도 확인되듯이 불가벌적 사후행위는 "별도로 처벌되는지 아닌지", 다시 말해 '처벌 여부'에 관한 문제이지, 사후행위에 대해 범죄가 성립하는지 아닌지 [죄의 성립 여부]나 [죄의 수]에 관한 문제가 아니다. (물론 불가벌적 사후행위의 본질론과 관련해서는 다양한 견해대립이 존재하지만) 불가벌적 사후행위의 법리는 이미 성립한 수개의 죄들 간에 이중평가에 의한 불이익이 발생하지 않도록 하는 일종의 '처벌제한사유'로 이해하는 것이 타당하다. 즉 사후행위에 대한 범죄의 성립을 전제로 수죄가 인정되는 경우, 수죄를 모두 처벌할 것인지, 아닌지를 판단함에 있어서 시간적으로 선·후관계에 있고 동일한 객체에 대한 법익의 침해를 내용하는 범죄들을 각각 독립적으로 처벌하는 것이 이중평가금지원칙에 반하는 경우에 이를 불가벌적 사후행위로 보아 처벌하지 않는 반면, 이러한 관계적 특성(이중평가의 위험)이 없어 독립적인 처벌이 가능한 경우에 한하여 행위의 개수에 따라 상상적 경합 또는 실체적 경합으로 처리하는 것이 필요하다.

3. 위 판단과정에 따른 사안의 평가

(1) 꿸 '첫 단추'가 없다.

위 대상판결 사안에서 제1행위는 1995년에, 제2행위는 2003년, 제3행위는 2009년에 행하여졌고, 각 행위들이 이루어진 시점 간에 8년, 6년의 시간적 간격이 존재한다. 이로 인해 당해 명의신탁부동산의 재산적 가치(예컨대 '시가')에 있어서 큰 변동이 있을 수 있다. 때문에 채권최고액 1,400만 원과 750만 원의 근저당권설정이 당시 부동산의 재

12) 이에 대한 상세한 설명은 김정한, 앞의 논문, 51-56면을 참조.

산적 가치와 비교하여 '보호법익인 소유권에 위험을 초래할 만한(=불법영득의사를 추정할 수 있을 만한=재물의 가치 전부 또는 이에 준하는 가치를 침해하는) 객관적 행위(=횡령행위)'인지, 아닌지(=배임행위)를 정확히 평가하기 위해서는 각 행위당시 부동산의 재산적 가치가 (적어도 추정치라도) 제시되고 검토되었어야 한다. 하지만 대법원판결은 물론 하급심판결에서도 이에 대한 언급이나 검토는 찾아볼 수 없다.

이러한 다소 어이없는 상황은 '행위'가 아니라 '불법영득의사'에서 접근하기 때문이다. 즉 추정의 근거(토대)가 되는 사실로서 행위에 대한 객관적·실질적 평가를 소홀히 한 채, 추정의 결과물인 불법영득의사의 존재를 형식적·획일적으로 인정해 온 데서 비롯된 것이다. 이러한 접근방식의 오류와 사고의 획일성 내지 경직성은 판례가 '수십 년간 명의신탁자의 근저당권설정행위는 횡령죄로 구성해 왔기 때문에, 이제 와서 배임죄로 이론 구성하는 것은 바람직하지 못하다'[13]는 몇몇 비판들 속에서도 오롯이 확인된다. 오류가 오래되면 정답이 되고, 함부로 바꿀 수 없는 것이 되는지 의문스럽고, 대법원의 전원합의체 판결 제도의 존재이유가 과연 무엇인지도 다시 생각해 볼 일이다.

논의의 첫 단추로서 중요한 판단자료가 없는 상황이기 때문에, 대상판결 사안에 대한 평석의 가능성은 가히 무한하다. 따라서 이하에서는 전술한 내용들을 토대로 나름의 평석을 시도해 보고자 한다.

(2) [횡령죄-별도의 횡령죄-별도의 횡령죄]의 성립 가능성에 대한 검토

제1행와 제2행위는 내용상 근저당권설정이라는 점에서, 제2행위와 제3행위는 사후행위라는 점에서 상호관련성을 갖는다. 먼저 앞서 비판한 바와 같이 불법영득의사의 전부효를 인정할 것이지, 일부효도 가능한지의 문제로 접근하게 되면, 실질가치설로 귀결될 수밖에 없다.

13) 우인성, "횡령죄의 불가벌적 사후행위에 관한 판례의 변경", 347-348면; 이상원, "횡령인가 불가벌적 사후행위인가", 형사판례의 제문제 제7권, 2014. 2, 121면.

하지만 실질가치설은 [부분가치-부분가치]의 관계, 즉 2개의 근저당권 설정에 의한 횡령죄의 성립문제는 설명할 수 있지만, [부분가치-전부가치]의 관계, 즉 선행횡령죄들과 관계에서 매각행위에 의한 마지막 횡령죄가 성립할 수 있는지에 대해서는 한계를 드러낸다.

설사 실질가치설을 근거로 각 행위에 대해 횡령죄의 성립을 인정하더라도, 죄수판단에서 다시 문제가 발생한다. 즉 앞서 실질가치설의 한계를 지적하면서 이야기했듯이 [부분가치의 침해-전부가치의 침해]에서 발생하는 이중평가의 문제가 그것이다.

한편 죄의 성립에 관해서는 [횡령죄-횡령죄-횡령죄]를 인정하면서도 이를 실체적 경합범으로 규율했을 때 발생하는 이중평가의 문제를 죄수판단과정에서 해결하고자 하는 이론적 시도가 있는데, 소위 '특별한 포괄일죄'를 인정하자는 견해가 그것이다. 즉 횡령죄의 객체와 횡령행위로 인한 취득한 것(가치)을 구별하여 "횡령죄에 있어서도 선행처분행위(근저당권설정)로 인하여 소유권을 침해하였음은 명백하지만 그로 인해 침해된 부분이 그 물건의 일부가치에 불과하고, 후행처분행위(매매행위)에 의하여 선행처분행위로 침해되지 아니한 부분(그 물건의 나머지 가치)이 새롭게 침해된 것이라면, 선행처분행위와 후행처분행위는 연속범으로서 포괄하여 일죄가 성립한다"[14]는 것이다.

그러나 위 사안에서는 각 행위별로 8년, 6년의 시간적 간격이 있기 때문에, 연속범의 '시간적 계속성' 요건을 충족시키기 어렵다. 또한 포괄일죄설은 사후 횡령행위에 의해 침해된 가치를 선행범죄에서 침해되고 남은 가치에 한정함으로써 이중평가의 문제를 해결하려 한다. 하지만 예를 들어 시가 3억 원의 부동산을 선행횡령행위에 의한 근저당권 채권최고액(9천만 원)을 제외하고 2억 1천만 원에 매각하였다면, 사후 매각행위를 나머지 가치에 대한 침해행위로 평가하는 것이 가능하지만, 만약 행위자가 3억 원에 매각하였다면, 과연 이러한 경우도

14) 김대웅, "횡령한 부동산에 대한 횡령죄의 성립 여부", 형사법연구[18], 2010, 160-161면.

선행횡령으로 침해된 가치를 제외한 나머지 가치에 대한 횡령으로 볼 수 있을지 의문이다.

(3) [횡령죄-불가벌적 횡령행위-불가벌적 횡령행위]의 성립 가능성에 대한 검토

앞서 강조한 바와 같이 횡령죄의 성립 여부는 행위에 대한 평가에서부터 시작해야 한다. 불법영득의사는 객관적 행위를 전제로 추정될 수 있을 뿐이기 때문이다. 물론 대상판결 사안의 경우 행위 당시의 부동산가치에 대한 자료가 없기 때문에 행위평가에 어려움이 있지만, 경우의 수를 나누어 검토해 보자.

먼저 제1 근저당권설정액이 당시 부동산의 가치 전부에 상응하고, 행위자의 재산상태 등을 고려했을 때 채무불이행으로 인한 담보권실행 가능성이 매우 높아 부동산에 대한 소유권 침해의 구체적 위험이 있다면, 이는 불법영득의사가 추정되는 객관적 행위(횡령행위)로서 횡령죄의 기수범이 성립한다. 이미 선행 횡령행위를 통해 부동산 가치의 전부 내지 적어도 이에 근접한 침해위험이 발생한 이상, 후행 횡령행위들은 비록 각각 횡령죄의 구성요건을 충족하여 죄의 성립은 인정된다 하더라도 이중평가금지원칙에 따라 불가벌적 사후행위로서 처벌되지 않는다고 보는 것이 합리적이다.

생각건대, 객관적이고 실질적인 행위평가를 전제로 한다면, 횡령죄의 성립 이후의 횡령행위를 불가벌적 사후행위로 평가해 온 기존의 판례태도 자체가 오히려 타당하다. 이와 같이 선행 횡령죄를 인정함에 있어서 행위의 일정한 수준을 요구하게 되면, 선행범죄에 비해 월등히 큰 후행범죄를 불가벌적 사후행위로 평가함으로써 발생할 수 있는 처벌의 공백 내지 형평성의 문제도 해소될 수 있다.

따라서 위 대상판결 사안을 해결하기 위해서는 전원합의체 판결을 통해 불가벌적 사후행위의 인정기준을 수정하면서까지 별도의 횡령죄를 인정할 것이 아니라, 선행행위에 의해 횡령죄가 과연 성립하는지를 엄격한 행위평가의 기준을 통해 검토하면 충분했다는 점에서 아쉬움이 남는다.

(4) [배임-배임-횡령]의 성립 가능성에 대한 검토

만약 (3)에서의 가정과 달리 제1 근저당권설정이 당시 부동산 시가 및 채무불이행의 가능성 등을 고려했을 때, 소유권 침해의 구체적 위험을 발생시키지 못하는 수준의 행위였다면, 이로부터 불법영득의사는 추정되지 않고, 따라서 횡령이 아닌 배임죄가 성립한다고 보아야 한다. 2개의 배임죄 간에는 물론 2개의 배임죄와 매각에 의한 횡령죄 간에 있어서도 이중평가의 문제가 발생하지 않고, 보호법익 및 행위태양 등에서 횡령과 배임을 구별하고 있는 판례태도를 고려하면 3개의 죄는 모두 처벌가능한 경합관계에 있다고 평가할 수 있다. 따라서 행위의 수를 기준으로 판단했을 때 각 죄에 대해서는 실체적 경합이 인정된다.

Ⅳ. 결론—'호미'로도 충분하다.

지금까지 살펴본 결과, 전원합의체 판결의 문제점은 (1) 선행행위인 제1행위에 대해 과연 횡령죄를 인정할 수 있는가를 판단함에 있어서 객관적인 '행위'의 평가에서 출발하지 않고, 추상적으로 불법영득의사의 존부 및 그 효력범위의 문제로 접근했다는 점, (2) 수십 년간 명의신탁부동산에 대한 수탁자의 근저당권설정행위는 횡령죄로 보아왔다는 점을 들어 사실포섭단계에서 당해 행위가 갖는 의미를 구체적으로 검토하지 않고 획일적으로 평가하여 횡령죄를 인정했다는 점, (3) 1,400만 원의 근저당권설정행위를 횡령죄로 평가한 후, 불가벌적 사후행위의 범위를 넓게 인정해 온 기존판례를 적용할 경우 발생하는 처벌의 공백을 메우기 위해 명확한 근거제시 없이 '별도의 횡령죄' 성립을 인정했다는 점이다.

따라서 애초에 선행행위에 대한 엄격한 행위평가를 통해 소유권 침해에 이르지 못하는 행위는 배임행위로 보고, 소유권에 대한 실질적인 위험을 초래하는 행위만을 횡령죄로 규율하였다면, 횡령죄 성립 이후의 횡령행위를 불가벌적 사후행위로 평가함으로써 발생하는 형평성의 문제는 물론 처벌의 공백문제도 발생하지 않았을 것이다. 결국 대법원의 위 전원합의체 판결은 '호미로 막을 것을 가래로 막은 격'이다.

이와 같은 우(遇)를 반복하지 않기 위해서는, 횡령과 배임의 구별과 관련하여 '불법영득의사'에 너무 큰 의미를 부여한 나머지 이를 논의의 출발점으로 삼아 온 기존의 접근방식에서 벗어나야 한다. 무엇보다 이를 위해서는 일반적인 고의는 물론 재산범죄에서 특별히 요구되는 초과주관적 구성요건으로서의 불법영득의사 역시 행위를 근거로 한 추정의 산물임을, 따라서 횡령죄를 인정하기 위해서는 구체적 상황을 토대로 엄격한 행위평가가 선행되어야 한다는 점을 명확히 인식할 필요가 있다.

또한 불가벌적 사후행위를 법조경합의 흡수관계로 봄으로써 [죄수판단] 문제를 다시 [죄의 성립] 문제로 환원할 것이 아니라, 불가벌적 사후행위의 개념에서 출발하여 이를 처벌제한사유로 자리매김하고, 죄의 수에 관한 판단 이후에 성립한 수죄를 모두 각각 처벌하는 것이 타당한지를 검토하는 과정에서 불가벌의 사유로서 자리매김하는 것이 필요하다고 본다. 즉 행위주체와 행위객체가 동일하고, 시간적 선후관계에 있는 행위들에 의해 법익침해가 발생한 경우, 내용적으로 후행행위가 선행행위의 불법을 확보, 이용, 처분하는 것에 불과한 경우에는 이중평가금지원칙에 따라 처벌을 제한하는 것이다. 이와 같이 [죄의 성립]과 [죄수판단] 이후에 수죄인 경우에 한하여 [(독립적인) 처벌의 필요성 여부]의 심사단계를 추가로 둠으로써, 이중평가금지원칙에 따른 불가벌영역과 추후 경합처리를 요하는 처벌영역을 나누어 검토하는 것이 판단순서 및 기준의 착종현상을 방지하는 데 있어서 유용할 것으로 생각한다.

[주 제 어]

불가벌적 사후행위, 이중(평가)위험, 횡령죄와 배임죄의 구별, 법조경합, 죄수판단

[Key words]

Unpunishable Act After Crime, double risk, distinction of embezzlement and breach crime of trust, Competition of the provision, a comprehensive crime, Standard of counting crimes

접수일자: 2017. 5. 9. 심사일자: 2017. 6. 1. 게재확정일자: 2017. 6. 5.

[참고문헌]

김대웅, "횡령한 부동산에 대한 횡령죄의 성립 여부", 형사법연구[18], 2010.

김봉수, "횡령죄의 미수범 성립 여부", 형사판례연구[21], 2013.

______, "불가벌적 사후행위에 관한 연구", 원광법학 제33권 제1호, 2017. 3.

김병휘, "횡령 이후의 횡령물 처분행위에 대한 횡령죄 성립 여부 ― 대상판결: 대법원 2013. 2. 21. 선고 2010도10500 전원합의체 판결 ― ", 재판과 판례 제24집, 2015. 12.

김성돈, "법조경합의 유형과 그 판단방법", 법조 제580호, 2005. 1.

김정한, "불가벌적 사후행위의 본질과 처벌에 관한 실무적 고찰", 인권과 정의 제429호, 2012. 11.

문영식, "명의신탁 부동산의 처분행위에 관한 형법정책", 형사법의 신동향 통권 제51호, 2016. 6.

신동운, "횡령 후의 횡령죄 성립 여부", 서울대학교 법학 제54권 제4호, 2013. 12.

안호봉, "선행 범죄인 배임의 범행을 저지른 후 다시 같은 피해자를 상대로 동종의 범행(횡령 또는 배임)을 저지른 경우 후행범죄가 불가벌적 사후행위에 해당하는지 여부에 관한 고찰", 재판실무연구 제5권, 2013.

이경렬, "'명의수탁자의 처분과 횡령'의 불가벌적 사후행위", 형사판례연구[22], 2014.

이상원, "횡령죄의 이득액과 가벌적 후행행위", 저스티스 통권 제131호, 2012. 8.

이용식, "횡령죄의 기수성립에 관한 논의 구조", 형사판례연구[21], 2013.

임 웅, "불가벌적 사후행위, 사전행위, 수반행위에 대한 형법적 고찰", 형사정책연구 제20권 제3호, 2009 가을호.

______, "재산범죄에 있어서 '재물'과 '재산상의 이익' 개념에 대한 비판적 고찰", 형사법연구 제21권 제4호, 2009 겨울호.

우인성, "횡령죄의 불가벌적 사후행위에 관한 판례의 변경", 사법 제24호, 2013. 6.

오광석/주석진, "명의수탁자의 근저당권설정행위와 횡령죄의 불가벌적 사후

행위: 대법원 2013. 2. 21. 선고 2010도10500 전원합의체 판결”, 법학평론 제4권, 2013. 12.

정정원, “부동산 명의수탁자의 후행 처분행위의 불가벌적 사후행위 해당 여부 — 대법원 2013. 2. 21. 선고 2010도10500 전원합의체 판결과 관련하여 —”, 한양법학 제25권 제1집, 2014. 2.

조현욱, “명의수탁자의 보관부동산 후행 처분행위의 불가벌적 사후행위 해당여부 — 대법원 2013. 2. 21. 선고 2010도10500 전원합의체 판결 —”, 경북대학교 법학논고 제42집, 2013. 5.

하태인, “형사실무상 일죄의 유형과 인정기준”, 비교형사법연구 제18권 제4호, 2016. 12.

[Abstract]

Evaluation of a criminal law on the 'act of disposal after the embezzlement'

Kim, Bong-Su*

The point of this Supreme Court Cases are (1) Does the accused's act putting up maximal collateral constitute a charge of embezzlement? (2) Should the act of disposal after the embezzlement be punished as an independent crime?

In my relationship with breach crime of trust, the embezzlement has a character as the special law. Therefore, where the embezzlement is concerned, it needs to be strictly interpreted. If the accused's act has not reached the level to trespass on some one's proprietary rights, the establishment of embezzlement should be denied and the breach crime of trust should be reviewed.

On the one hand, the term "Unpunishable Act After Crime" means that the act after crime (the post act) is unpunishable whenever the punishable crime (the previous act) is committed and it contains a whole illegality of the post act.

In this case, nevertheless if the post act is punished as an independent crime, it occurs the problem of the double risk necessarily. On the other hand, the illegality of the post act exceeds the previous one, it is no more unpunishable.

In the several criminal cases, the "Unpunishable Act After Crime" is mentioned in the property crimes like embezzlement, fraud, malpractice, and theft. In the criminal investigation and the trial, the "Unpunishable

* Professor, School of Law, Chonnam National University, Ph.D in Law.

Act After Crime" could influence a judgment of the court, an arraignment of the prosecutor, a statute of limitations, an appeal, and so on.

Eventually, the concept of the "Unpunishable Act After Crime" prevents a suspect from the double punishment or double risk. But it may cause harm to substantial criminal justice because unpunishable act after crime shall be exempted from legal sanctions even though it should be a punishable crime in a different circumstances. So it is important that establish a elaborate standard to define if a certain act is an unpunishable act after crime or not.

특수폭행죄의 해석에 있어 '위험한 물건'의 의미

류 부 곤*

[대상판결] 대법원 2014. 6. 12. 선고 2014도1894 판결

[사실관계]

피고인은 ○○○○당 소속 제18대 국회의원으로, 대한민국과 미합중국 간의 자유무역협정 비준동의안의 국회 본회의 심리를 막기 위하여 2011년 11월 22일 15시58분경 성명불상자로부터 CS최루분말 비산형 최루탄(제조모델 SY-44, 이하 '이 사건 최루탄'이라고 한다) 1개가 든 가방을 전달받은 다음, 같은 날 16시 8분경 국회 본회의장 의장석 앞 발언대 뒤에서 이 사건 최루탄의 안전고리와 안전레버를 제거하여 이 사건 최루탄을 터뜨리고, 이어 이 사건 최루탄의 몸체에 남아 있던 최루분말을 국회의장석에 있던 정○○ 국회부의장에게 뿌리는 행위를 하여 (구) 폭력행위 등 처벌에 관한 법률[1] 제3조 제1항(집단·흉기등폭행) 위반의 죄로 기소되었다.

---

* 한경대학교 법학과 부교수.

1) 2016년 1월 6일자로 개정되기 전의 법률이다. 대상판결이 적용한 해당 법률규정은 2015년 9월 24일 헌법재판소의 위헌결정으로 효력이 상실되었다. 헌법재판소 2015. 9. 24. 선고 2014헌바154·398 결정 참조.

[판시사항]

가. 폭력행위 등 처벌에 관한 법률 제3조 제1항의 '위험한 물건'은 흉기는 아니라고 하더라도 널리 사람의 생명, 신체에 해를 가하는 데 사용할 수 있는 일체의 물건을 포함한다고 할 것이므로, 본래 살상용·파괴용으로 만들어진 것뿐만 아니라 다른 목적으로 만들어진 물건도 그것이 사람의 생명·신체에 해를 가하는 데 사용되면 위 조항의 '위험한 물건'이라 할 것이고, 위 조항에서 정한 '위험한 물건'에 해당하는지 여부는 구체적인 사안에서 사회통념에 비추어 그 물건을 사용하면 상대방이나 제3자가 생명 또는 신체에 위험을 느낄 수 있는지 여부에 따라 판단하여야 한다.

나. 원심판결 이유에 의하면, 원심은, ① 이 사건 최루탄의 신관은 관체를 파괴하여 최루물질을 공중에 비산시키는 역할을 하므로 신관 폭발에 의한 직접 위험은 크지 않으나 기폭관이 파열하면서 생성되는 구리 관체의 파편에 의한 상해 위험성이 존재한다는 국립과학연구소의 감정 회보, ② 이 사건 최루탄의 탄통 소재는 강화플라스틱(FRP, fiber reinforced plastics)으로서 깨어지는 구조가 아니고 찢어지는 재료로 되어 있어 파편으로 인한 사람의 생명과 신체에는 영향이 없으나 근접거리에서는 상당히 위험요소가 있다는 최루탄 제조업체에 대한 사실조회 회신, ③ 피해자들과 이 사건 최루탄 폭발 지점의 물리적 거리가 상당히 근접하였기 때문에 자칫 일부 피해자들의 신체에 파편으로 말미암아 치명적인 피해가 발생할 우려가 있었던 점, ④ 다수 피해자에게 이 사건 최루탄에서 비산된 최루분말로 인한 신체적 고통이 현실적으로 나타난 점 등을 근거로, 이 사건 최루탄과 최루분말은 사회통념에 비추어 상대방이나 제3자로 하여금 생명 또는 신체에 위험을 느낄 수 있도록 하기에 충분한 물건으로서 폭력행위 등 처벌에 관한 법률 제3조 제1항의 위험한 물건에 해당한다고 판단하였다.

다. 원심판결 이유를 위 법리와 원심 및 제1심이 적법하게 채택한 증거들에 비추어 살펴보면, 원심의 위와 같은 판단은 정당한 것으로 수긍할 수 있고, 거기에 폭력행위 등 처벌에 관한 법률 제3조 제1항의 '위험한 물건'에 관한 법리를 오해한 잘못이 없다.

[참조판례 1] 대법원 2010. 4. 29. 선고 2010도930 판결

어떤 물건이 폭력행위 등 처벌에 관한 법률 제3조 제1항에 정한 '위험한 물건'에 해당하는지 여부는 구체적인 사안에서 사회통념에 비추어 그 물건을 사용하면 상대방이나 제3자가 생명 또는 신체에 위험을 느낄 수 있는지 여부에 따라 판단하여야 한다.

원심판결 이유에 의하면, 원심은 그 판시와 같은 사실을 인정한 다음, 피고인이 술에 취하여 경륜장 매표소에서 행패를 부리자 피해자들을 비롯한 다수의 경륜장 직원들이 피고인을 제지하였고 이에 피고인이 경륜장 사무실로 들어가자 위 직원들이 따라 들어간 점, 피고인은 사무실 안에서도 위 직원들 5~6명이 있는 상태에서 소화기들을 던지며 소란을 피웠는데 특정인을 겨냥하여 던진 것으로는 보이지 아니하는 점, 피해자들이 상해를 입지 않은 점 등의 여러 사정을 종합하면, 피고인이 위 소화기들을 던진 행위로 인하여 사회통념상 피해자들이나 제3자가 생명 또는 신체에 위험을 느꼈던 것으로는 보기 어렵다고 판단하여 피고인에 대한 폭력행위 등 처벌에 관한 법률 제3조 제1항 위반죄가 성립하지 아니한다고 보았다.

앞서 본 법리를 원심 인정의 사실관계에 비추어 보면, 원심의 위와 같은 판단은 정당한 것으로 수긍할 수 있고, 거기에 상고이유로 주장하는 폭력행위 등 처벌에 관한 법률 제3조 제1항에 정한 '위험한 물건'에 관한 법리오해 등의 위법이 없다.

[참조판례 2] 대법원 2009. 3. 26. 선고 2007도3520 판결

어떤 물건이 폭력행위 등 처벌에 관한 법률 제3조 제1항에 정한

'위험한 물건'에 해당하는지 여부는 구체적인 사안에서 사회통념에 비추어 그 물건을 사용하면 상대방이나 제3자가 생명 또는 신체에 위험을 느낄 수 있는지 여부에 따라 판단하여야 하고, 이러한 판단 기준은 자동차를 사용하여 사람의 생명 또는 신체에 위해를 가하거나 다른 사람의 재물을 손괴한 경우에도 마찬가지로 적용된다.

원심판결 이유에 의하면, 원심은 그 판시와 같이 사실을 인정한 다음, 피고인이 이혼 분쟁 과정에서 자신의 아들을 승낙 없이 자동차에 태우고 떠나려고 하는 피해자들 일행을 상대로 급하게 추격 또는 제지하는 과정에서 이 사건 자동차를 사용하게 된 점, 이 사건 범행은 소형승용차(라노스)로 중형승용차(쏘나타)를 충격한 것이고, 충격할 당시 두 차량 모두 정차하여 있다가 막 출발하는 상태로서 차량 속도가 빠르지 않았으며 상대방 차량의 손괴 정도가 그다지 심하지 아니한 점, 이 사건 자동차의 충격으로 피해자들이 입은 상해의 정도가 비교적 경미한 점 등의 여러 사정을 종합하면, 피고인의 이 사건 자동차 운행으로 인하여 사회통념상 상대방이나 제3자가 생명 또는 신체에 위험을 느꼈다고 보기 어렵다고 판단하여 피고인에 대한 폭력행위 등 처벌에 관한 법률 제3조 제1항 위반죄가 성립하지 아니한다고 보았다.

앞서 본 법리 및 기록에 비추어 살펴보면, 원심의 위와 같은 판단은 정당하고, 거기에 상고이유로 주장하는 폭력행위 등 처벌에 관한 법률 제3조 제1항에 정한 '위험한 물건'에 관한 법리오해 등의 위법이 없다.

[연 구]

Ⅰ. 문제의 제기

형법의 각칙에는 표제에 '특수'라는 명칭이 부여된 범죄가 다수 존재한다.[2] 이들 범죄의 구성요건은, 특수절도와 특수강도의 경우를

2) 개인적 법익에 대한 죄에서는 제258조의2(특수상해), 제261조(특수폭행), 제278

제외하고[3], 공히 기본범죄행위를 '단체 또는 다중의 위력을 보이거나 위험한 물건을 휴대하여' 행한 경우라고 규정되어 있다. 그런데 이와 같이 상해나 폭행 등의 폭력적 행위를 단체 또는 다중의 위력을 보여서 행하거나 위험한 물건을 휴대하여 행한 경우에 성립하는 '특수'범죄유형은, 그 기본범죄의 유형을 막론하고, 일률적으로 기본범죄보다 법정형이 상당히 가중되어 있다는 점[4]에서 범죄행위를 행함에 있어 '특수'범죄유형이 상정하는 전제조건 혹은 상황 그 자체가 불법의 측면에서 상당한 의미를 가지고 있다고 볼 수 있으며, 이러한 사실은 형법해석의 관점에서 보면 그 내용을 최대한 구체적이고 명확하게 해석해야할 필요성이 있다는 것을 의미한다고 할 수 있다. 즉 '단체 또는 다중의 위력을 보이는 것'과 '위험한 물건을 휴대하는 것'은 이에 수반된 범죄행위의 불법성을 특별하게 가중시키는 일정한 불법가중사유라고 할 수 있고, 그러므로 행위자에게는 범죄행위가 '보통의' 범죄행위

조(특수체포 · 특수감금), 제284조(특수협박), 제320조(특수주거침입), 제331조(특수절도), 제334조(특수강도), 제350조의2(특수공갈), 제369조(특수손괴)가 있으며, 국가적 법익에 대한 죄에서는 제144조(특수공무방해)가 있다. 그 외에도 '특수'라는 표제를 사용하지는 않았지만 제324조(강요)도 제2항에서 '특수강요'에 해당하는 내용을 규정하고 있다.

3) 특수절도와 특수강도는 ① 야간에 주거 등에 침입(절도의 경우는 건조물 손괴)하여 범행을 하거나, ② 흉기를 휴대하거나 2인 이상이 합동하여 범행을 한 경우이다. 한편 형법에는 규정되어 있지 않으나, 성폭력범죄의 처벌 등에 관한 특례법 제4조는 '특수강간 등'이라는 표제 하에 '흉기나 그 밖의 위험한 물건을 지닌 채 또는 2명 이상이 합동하여' 형법상의 강간죄를 범한 경우를 규정하고 있다.

4) 자유형의 법정형을 기준으로 상해, 체포감금, 주거침입, 공갈, 손괴 및 공무방해의 경우 장기형이 2분의 1 이상 가중되어 있고, 특히 폭행, 협박, 강요의 경우에는 장기형이 2배 이상 가중되어 있다. 형법 뿐만 아니라 2016년 1월 6일자로 개정되기 전의 폭력행위 등 처벌에 관한 법률에서는 이와 같은 형법상의 '특수'범죄유형에 해당하는 행위들에 대하여, 폭행 · 협박 · 주거침입 · 재물손괴의 경우에는 1년 이상의 유기징역, 존속폭행 · 체포감금 · 존속협박 · 강요의 경우에는 2년 이상의 유기징역, 상해 · 존속상해 · 존속체포감금 · 공갈의 경우에는 3년 이상의 유기징역을 규정하고 있었고, 대상판결도 이 법률규정을 적용하여 판결하였다.

인지 '특수한' 범죄행위인지 여부를 판단할 수 있는 예측가능성이 담보될 필요가 있다는 점에서 해석상의 구체성과 명확성이 요구된다는 것이다.

이러한 상황에서 대상판결은 형법상 '특수'범죄가 성립할 수 있는 요건 중에서 '위험한 물건을 휴대하는 것'의 의미에 대하여 판단하고 있다. 구체적으로는 행위자가 폭행을 하는 상황에서 사용하고 있는 물건이 '위험한 물건'에 해당하는지의 여부에 대하여 다루고 있다. 현재의 논의 상황에서 '물건'에 대해서는 민법 제98조의 '유체물 및 전기 기타 관리할 수 있는 자연력'이라는 규정에 의하여 상대적으로 해석의 구체성과 명확성이 인정된다고 할 수 있다.[5] 그러나 '위험한'이라는 수식어의 의미가 무엇이고 통상의 폭력적 범죄행위를 '특수한' 범죄행위로 평가하게 하는 '위험한 물건을 휴대'하였다는 것이 어떠한 상황을 의미하는 것인지에 대해서는 법문언 자체에서 구체화할 수 없는 분명한 한계점[6]으로 인하여 이하와 같은 해석상의 혼란이 존재하고 있다.

---

5) 이를테면 사람의 신체는 물건에 포함되지 않는다. 같은 취지로 하민경, "상해죄와 '특수상해죄'의 적용사이—'위험한 물건'은 정말 모호한가?", 법학논총(전남대) 제34집 제1호, 2014, 327면.

6) 이러한 이유로 '위험한 물건'이라는 법적 표현에 대해서는 죄형법정주의의 명확성원칙에 의한 문제제기가 있어왔다. 이에 대해 최근의 학자들은 대체로, 변화하는 사회에서 미래에 발생가능한 일정한 행위상황을 추상적·포괄적으로 담아내야 하는 법언어는 규범적인 가치평가에 의한 해석을 요구하는 포괄적 모호성을 본질적으로 가질 수밖에 없다고 인정하면서, 현대적 의미의 명확성원칙이란 그 사회를 구성하는 많은 사람들이 같은 방식으로 그 법률언어를 사용하고 이해하면 그 의미가 명확해 지는 것으로 이해해야 한다고 한다. 이에 대한 상세한 설명은 하민경, 앞의 논문, 324-326면 참조. 한편 헌법재판소도 폭처법의 해당 규정에 대한 위헌판단에서 "결국 '위험한 물건'이냐 여부는 물건의 객관적 성질과 그 사용방법을 종합하여 구체적인 경우에 사회통념에 따라 판단될 수 있다. 그리고 어떤 물건이 그 성질과 사용방법에 따라 사람을 살상할 수 있는지 여부는 건전한 상식과 통상적인 법감정을 가진 사람이라면 일의적으로 파악할 수 있다"고 하여 해당 규정이 명확성의 원칙에 반하지 않는다고 판단하고 있다. 헌법재판소 2015. 9. 24. 선고 2014헌바154·398 결정 참조.

'특수'범죄를 성립시키는 '위험한 물건'의 의미에 대하여 교과서 차원에서의 설명은 "그 본래의 성질이나 사용방법에 따라서 사람의 생명·신체에 해를 줄 수 있는 물건을 말한다"[7]거나, "물건의 객관적인 성질에 비추어 그 사용방법에 따라서는 사람의 생명이나 신체에 해를 끼칠 수 있는 물건을 가리킨다"[8] 등과 같이 대체로 그 물건이 사람의 생명이나 신체에 위해를 가할 수 있는 성질을 가진 경우라고 설명하면서, 무기와 같이 본래의 성질상 살상을 위해 제조된 물건 뿐만 아니라 본래의 용도는 위험한 물건이 아니지만 사람을 살상하는 데 사용될 수 있는 물건도 포함하는데[9], 그러한 성질여부의 판단기준은 물건의 객관적인 성질이나 사용방법이라고 하고 있어서, 다소 구체적이지 않은 설명이지만, 물건의 객관적인 측면에서 위험성을 판단할 수 있다는 입장으로 보여진다.[10] 그러나 이와 같은 통상적인 설명을 채용하면서도 이에 추가하여 '상대방이나 제3자가 위험성을 느끼는지 여부'도 판단의 기준으로 포함한다는 설명[11]도 보이는데 이러한 설명은 대법원 판례의 주류적 경향을 반영한 것으로 보인다. 대법원은 어떤 물건이 '위험한 물건'에 해당하는지의 여부는, 대상판결의 판시사항에서 설시하는 바와 같이 "구체적인 사안에 따라서 사회통념에 비추어 그 물건을 사용하면 그 상대방이나 제3자가 곧 위험성을 느낄 수 있으리라고 인정되는 물건인가의 여부에 따라 이를 판단함이 상당하다고할 것"[12]이라는 입장을 보이고 있다.[13] 즉 대법원의 초기판례에

7) 김일수/서보학, 새로쓴 형법각론 제8판(증보판), 박영사, 2016, 69면.
8) 정영일, 형법강의 각론, 학림, 2013, 30면. 유사한 표현으로 정성근/박광민, 형법각론(제4판), 삼영사, 2011, 70면
9) 김일수/서보학, 앞의 책, 69면.
10) 후술하는, 구조기능적 위험성을 기준으로 유형화하는 입장도 이러한 객관적 판단방법으로 평가할 수 있을 것이다.
11) 박상기, 형법각론(제8판), 박영사, 2011, 62면; 배종대, 형법각론(제7전정판), 홍문사, 2010, 124면; 이재상, 형법각론(제9판), 박영사, 2013, 65면.
12) 이러한 설명이 처음 등장하는 것은 대법원 1981. 7. 28. 선고 81도1046 판결이다(당해 판시사항에서는 대법원 1961. 1. 18. 선고 4293형상896 판결을 참조하고 있으나 현재 대법원 판례검색에서 이 판례는 검색이 되지 않는다). 그런데

의한 해석도 "그 물건의 본래의 성질상 사람을 살상할 특성을 갖춘 물건은 물론이고, 그 용법에 따라서는 사람을 살상할 수 있는 물건도 소정의 위험한 물건에 해당한다"[14]고 하여 해당 물건의 객관적 속성과 사용효과를 판단의 기본적 기준으로 보고 있는 것으로 보이지만 구체적인 위험성의 판단에 있어서는 위와 같이 설시함으로써 해당 물건의 위험성에 대한 주관적 인식가능성을 주된 기준으로 하고 있는 것으로 보인다.[15] 그런데 이러한 해석기준의 이론적 타당성 여부와는 별개로, 적지 않은 다양한 사례[16]에 대하여 대법원이 이러한 일관된 해석기준을 사용하고 있음에도 불구하고 실제 도출된 판단의 결과는 해당 조문의 구체적 해석과 예측가능성의 담보라는 측면에서 여전히 많은 의문점을 야기하고 있다. 우선 다양한 생활용품들이나 일상에서 도구로 사용되는 물건들 혹은 일상생활환경에서 흔히 접할 수 있는 물건들[17]이 광범위하게 위험한 물건으로 인정되고 있다는 점에서 물건의 위험성의 한계가 분명하지 않다는 문제점이 있으며, 특히 동일한 성격 혹은 같은 물건의 경우에도 실제 사례에서 사용된 결과에 따라 위험성을 다르게 보는 사례[18]가 있다는 점에서 '위험한 물건'에 대한

이 판례는 이러한 이유로 길이 1m, 직경 5cm의 각목을 위험한 물건에 해당하지 않는다고 판시하였다.

13) 지금까지 나온 대법원 판례의 사례유형에 대한 상세한 내용정리는 하민경, 앞의 논문, 327-329면 참조.

14) 대법원 1981. 7. 28. 선고 81도1046 판결.

15) 그러나 초기 일부 판례에서는 해당 물건의 객관적 속성만으로 위험성을 인정하거나 위험성의 주관적 인식을 판단기준에서 배제하는 듯한 인상을 주는 입장도 보인다. 대법원 1971. 4. 30. 선고 71도430 판결 및 1980. 9. 24. 선고 80도1958 판결 참조

"안전면도용 칼날은 사람들이 보통 그것을 보았다고 해서 곧 겁을 낼만한 그러한 흉한 물건은 아니라 할지라도 그 용법에 따라서 능히 사람을 살상하고 제물을 손괴할 수 있는 위험한 물건에 해당한다 할 것이므로(후략)."

16) 각종 문헌에 의하여 정리되고 있는 대법원 판례사례만 약 30여 개에 달한다.

17) 유리병, 걸레자루, 당구큐대, 쪽가위, 쇠젓가락, 재단용 칼, 의자, 곡괭이자루, 갈쿠리, 열쇠뭉치, 세멘벽돌, 돌맹이 등.

18) 돌멩이(대법원 1995. 11. 24. 선고 95도2282 판결, 긍정)와 당구공(대법원 2008. 1. 17. 선고 2007도9624 판결, 부정), 당구큐대(대법원 2002. 9. 6. 선고 2002도

판단기준의 객관성을 의심케 하고 있다.

이러한 문제상황에 대해 이하에서는, 해석의 구체화를 위해 범죄 구성요건으로서의 위험의 의미와 형법에서의 '특수'범죄 유형을 가중 처벌하는 불법의 근거에 대한 논의과정을 통해 형법상 '특수'범죄가 성립하기 위한 '위험한 물건'의 의미를 모색하고자 한다. 그런데 형법상 '특수'범죄가 성립하기 위한 요건은 '위험한 물건'의 존재만으로 충족되는 것이 아니라 그러한 물건을 '휴대'하였다라는 행위상황이 추가적으로 요구되는 것이므로 물건을 휴대한다는 것의 의미도 함께 논의될 필요는 있다. 여기에 대해서는 '휴대'라는 것의 사전적 의미가 손에 드는 등 몸에 지니는 것이라는 점에서 몸에 지니거나 손에 들 수 없는 물건은 휴대의 개념에 포함될 수 없다는 설명이 있으나(협의설[19]), 대법원은 "이러한 물건을 '휴대하여'라는 말은 소지뿐만 아니라 널리 이용한다는 뜻도 포함하고 있다"[20]고 하여 물건의 위험성을 적극적으로 실현하는 일체의 행위를 포함하는 광의설의 입장에서 이해하고 있다. 그런데 이러한 논란은 자동차나 부동의 물건과 같은 특수한 상황[21]에 한정되고 있으므로, 이 글에서는 휴대라는 상황은 행위자가 위험한 물건의 위험성을 실현할 의도로 사용이 가능한 상태로 몸에 지

2812 판결(긍정), 대법원 2004. 5. 14. 선고 2004도176(부정)), 자동차(대법원 2010. 11. 11. 선고 2010도10256 판결(긍정), 참조판례 2(부정)) 등은 동일한 물건인데 달리 판단한 경우이며, 소화기(참조판례 1)는 돌멩이나 벽돌보다 더 크고 무거움에도 위험성을 부정하였다.

19) 강용현, "자동차를 이용한 폭행과 위험한 물건의 휴대", 저스티스 제31권 제4호, 1998, 119면; 최준혁, "'위험한 물건을 휴대하여'의 해석", 경찰법연구 제8권 제1호, 2010, 185면 이하.

20) 대법원 1997. 5. 30. 선고 97도597 판결. 이 판례의 결론에 대해 찬성하는 견해로 김일수/서보학, 앞의 책, 70면; 박상기, 앞의 책, 63면; 배종대, 앞의 책, 126면 등. 이러한 판례의 태도에 반대하는 견해로는 오영근, 형법각론(제2판), 박영사, 2009, 86면; 임웅, 형법각론(제4정판), 법문사, 2012, 80면; 이재상, 앞의 책, 66면; 정영일, 앞의 책, 30면.

21) 광의설의 입장에서 부동의 물건을 이용한 경우에도 위험한 물건을 휴대한 것으로 해석하는 입장으로, 김성환, "특수상해죄의 위험한 물건개념", 형사법연구 제21호, 2004, 269면.

니거나 현장에 두고 있는 상태를 의미한다[22]는 정도로 정리하고 '위험한 물건'의 의미에 논의를 집중하고자 한다.

Ⅱ. 형법적 위험개념과 물건의 속성으로서의 위험성

1. 위험개념에 대한 논의필요성

'위험한 물건'이라는 표현에서 '위험'이란 무엇인가? 앞서 기술한 바와 같이 '위험한 물건'에 대한 일반적인 설명은 그 물건의 성질이나 사용방법에 따라서 사람의 생명이나 신체에 대한 위해를 가할 수 있는 물건이라고 설명하고 있으므로 이러한 설명을 그대로 따르면 물건의 위험성은 그 물건의 사용으로 인한 생명·신체에 대한 위해의 가능성이라고 표현할 수 있다. 그런데 이러한 물건의 '위험성'은 형법상의 불법요소가 되기 위해서는 두 가지의 점에서 구체적인 규명이 필요한 개념이다. 첫째는 위험성 자체를 판단하는 방법론의 차원에서, 물건의 속성으로 존재하는 법익침해의 가능성으로서의 위험성이라는 것이 과학적이고 객관적인 측정의 산물인지 주관적인 혹은 규범적인 인식이나 평가의 결과인지 하는 점이다. 특정한 행동이나 물건의 속성으로서의 위험이라는 것은 보호법익에 대한 침해가 발생하기 전 단계(ex ente)에서 혹은 실제로 발생한 결과를 배제하고 행해지는 판단이기 때문이다.[23] 둘째는 구체적으로 어떤 종류의 위험이 얼마만큼 존재하는 경우에 형법적 불법요소로서의 위험성이 긍정될 수 있는가의 문제이다. 형법은 법익보호를 제1차적 목적으로 하고 있으므로 이 문제는 해당 규정의 보호법익이 무엇인지, 즉 물건의 위험성으로 위협을 받게 되는 보호법익이 무엇인지와 관련되어 있다. 이러한 두 번째 질문에 대한 궁극적인 답변을 위해서는 형법상 '특수'범죄의 불법근거와 구조

22) 법조문의 표현상 물건의 위험성과는 별개로 휴대행위 자체의 '위험성'을 요구한다고는 보기 어렵기 때문이다.

23) 이러한 위험성 판단이 전형적으로 행해지는 영역이 형법 제27조의 불능미수에 있어서의 위험성 판단이다.

가 규명되어야 할 것이다.

2. 형법적 위험개념의 실체에 대한 논의

가. 주관적 위험설과 객관적 위험설

형법에서 위험개념의 본질에 대하여 근대 형법학의 초창기에 등장한 주관적 위험설은 행위자의 행위는 보호법익을 침해하거나 아니면 보호법익에 아무런 해를 끼치지 못하거나 둘 중 하나라는 인과일원론에 근거하여, 위험하다는 판단은 인간의 불완전하고 부정확한 인식에 기인한다고 한다.[24] 이러한 주관적 위험설은 불행한 사태를 가까스로 모면했거나 불행한 사태가 바로 눈앞에 닥쳤을 때 사회구성원들의 일상 언어에 실재하는 현상으로 존재하는 위험이라는 개념을 허구로 치부한다는 점에서도 원론적인 비판[25]을 받지만, 특정한 행위가 행해지고 그로 인해 법익침해의 결과가 발생하지 않았다는 일정한 인과과정의 전개를 전제로 하고 있다는 점에서 가설적인 인과과정만을 상정하고 행해지는 판단인 물건의 속성으로서의 위험성 판단에는 채용할 수 없는 입장이다. 그러므로 위험의 개념은 가능성과 유해성이라는 두 가지의 요소로 이루어져 있고 법익침해의 가능성이 곧 위험이라고 하는 객관적 위험설이 일반적인 형법상의 위험개념에 대한 학설사의 전개과정에서도 통설의 위치를 차지하게 되었던 것[26]과 같이, 물건의 속성으로서의 위험성이라는 것도 법익침해의 가능성이라는 객관적인 관점에서 그 의미를 파악할 수밖에 없다.

객관적 위험설의 입장에서 위험이란 보호법익의 침해라는 결과발생의 가능성을 의미한다. 그러나 '가능성(Wahrscheinlichkeit)'이라는 개념도 양적 · 질적으로 굉장히 다양한 스펙트럼을 가질 수밖에 없어서,[27]

---

24) 주관적 위험설에 관한 상세한 설명은 남궁호경, 위험범에 관한 연구: 독일에 있어서의 위험개념 논의를 중심으로, 서울대학교 박사학위논문, 1985, 15면 이하 참조.

25) 안원하, "형법상의 위험개념", 법학연구(부산대학교) 제48권 제1호, 2007, 5면.

26) 안원하, 앞의 논문, 5-6면.

우리는 다시금 다의적이고 광범위한 의미를 가지는 가능성의 여러 모습들 중에서 어떠한 것을 형법규범의 영역으로 끌어들일 것인가의 문제를 규명해야 한다. 일차적으로 객관적 위험으로서의 가능성이라는 개념은 통계적 의미의 가능성으로 표현될 수 있다. 일정한 사태가 법익침해라는 형법적으로 유의미한 결과를 야기할 수 있는 통계적 빈도가 위험으로 표현된다. 그러나 통계적 빈도로 표현된 위험은 자연과학적 관점에서 위험이 존재하느냐 그렇지 않느냐 또는 존재하는 위험의 양이 얼마만큼인지에 대한 답을 줄 수는 있지만, 어느 정도의 '빈도'가 형법적으로도 위험하다고 판정될 수 있는지는 다시금 법관이나 해석자의 형량이나 평가가 필요하다. 특히 물건의 속성에 대한 위험성의 판단은 그 물건의 사용으로 인해 발생한 사람들의 많은 실제 경험을 통계적으로 처리·분석하여 그 결과를 도출해 낼 수도 있지만, 위험범에서의 위험판단과 같이 확정적으로 행해진 행위에 대한 판단[28]의 경우와는 달리 물건이 사용되는 상황은 굉장히 다양할 수 있기 때문에 발생할 수 있는 결과들을 일률적으로 통계처리하는 것은 신뢰도가 상당히 낮을 수밖에 없다. 예를 들면 드릴이라는 전동공구를 사용하다 신체가 손상된 경우(그러한 데이터를 다 수집하는 것은 불가능 하겠지만)의 빈도는, 그러한 공구를 사용하는 주체와 상황의 다양성으로 인해 당해 공구의 위험성을 일률적으로 표현해 줄 수 없다는 것이다.[29] 또

27) 양적인 측면에서 가능성은 자연과학적으로 그 일이 일어날 확률이 0%인 경우와 100%인 경우를 제외하고 모두 가능성이 인정될 수 있으며, 질적인 측면에서는, 예를 들면 중대한 신체적 위협으로 인해 강요된 행위의 기대가능성과 같이 물리적으로는 가능하지만 규범적으로는 가능하지 않다고 평가가 달라질 수 있는 경우가 있다.

28) 위험범에서의 위험성 판단은 확정된 특정한 행위를 전제로 한다. 예를 들면 건물에 불을 지른 경우 그 행위의 위험성은 "건물에 불을 질렀다"라는 다양한 상황을 다 고려하는 것이 아니라 해당 행위가 행해진 건물의 규모 및 소재, 주변 건물이나 사람의 존재와 거리 등이 다 확정된 상태에서 피해발생의 가능성을 판단하는 것이다.

29) 이를테면 통계적 측정의 결과 드릴의 사용에서의 신체손상빈도가 5%로 나왔다고 해서 드릴이라는 물건의 위험성을 100점 만점에 5점이라고 평가할 수는

한 아직 그 물건에 대한 충분한 데이터가 없는 경우, 이를테면 신개발 물품의 경우 그 물건의 통계적 법익침해의 가능성은, 유사한 성격의 물건에 대한 자료를 통하는 방법도 가능하겠지만, 원칙적으로는 도출되기 어렵다. 결국 물건의 속성으로서의 위험이라는 것은 통계적 차원의 가능성이 아닌 규범적·평가적 의미의 가능성으로 표현될 수밖에 없다.

나. 위험에 대한 규범적 평가의 기준

객관적 위험설에 의해 법익침해의 가능성이라는 것이 위험개념의 근저에 자리하고 있다는 것이 확인되었지만 여기서 더 나아가 규범적·평가적 의미의 가능성이 형법적인 위험성의 본질이라면 위험성으로 인정되기 위한 규범적 평가의 기준은 무엇이어야 하는지에 대한 논의가 필요하다. 여기에 대해서는 "위험 개념의 가장 주된 임무는 적대적인 방향에서 보호법익과 접촉하는 행위 중에서 법적 공동체가 형벌로 대응해야 할 행위를 선별하는 것이다. 형법의 보충성을 상기한다면 형벌로 대응해야 할 행위는 사회적으로 보호법익의 존재를 위협하는 행위에 한정해야 할 것이다"[30]라는 문장이 논의의 출발점이 어디에 있어야 하는지를 잘 보여주고 있다고 생각한다. 이를 물건의 속성으로서의 위험성에 대해서 다시 표현하면 '보호법익에 대한 물건의 적대적인 사용행위'가 형법적인 선별의 대상이 될 것이며, 형법적으로 위험하다는 것은 '사회적으로 보호법익을 위협하도록 사용될 수 있는 물건의 속성'이라고 표현될 수 있을 것이다. 즉 물건의 위험성은 그 물건의 적대적 사용행위, 즉 범죄행위의 목적으로 사용하는 행위를 전제로 하여 판단되는 것이고 그 물건이 사회적으로 보호법익을 위협하도록 사용될 수 있다는 것이 인정될 때 확인될 수 있는 것이다. 여기서 '사회적으로'라는 것이 중요한 의미를 가지는데, 해당 물건이 범죄행위의 목적으로 사용되는 경우 보호법익을 위협할 수 있는 속성을 가진 것

없다는 것이다.

30) 안원하, 앞의 논문, 9면(밑줄은 필자 주).

인지의 여부가 과학적·통계적 방법이 아닌 '사회적 판단'이라는 방법에 의해서 규명되어야 한다는 것을 의미한다. 이는 일반적으로 범죄가 무엇인가 하는 논의에서 실질적 의미의 범죄개념을 충족하기 위해서 '사회적 유해성'이라는 것이 인정되어야 한다는 것과 맥락을 같이 한다고 할 수 있다.

다. 규범적 위험판단의 주체

결국 형법적으로 위험한 물건으로 인정되기 위해서는 '사회적' 유해성이라는 실질적 의미의 범죄개념을 충족하기 위한 수준의 위험, 즉 사회적으로 유의미하다고 인정할 수준의 법익침해 가능성이 필요하다. 그리고 이러한 사회적 유해성 판단의 주체는 위험개념이 객관성을 갖춘 규범적 개념이어야 하므로 피해자와 같은 특정한 당사자 개인이 아닌 사회일반인이 된다.[31] 그런데 본래 현상학적으로 보호법익에 대한 위협이라는 내용을 가지는 위험은 발생한 결과와 같이 객관적으로 확인하는 것이 아니라 당해 위험으로부터 보호받고자 하는 법익의 주체가 '인식'하는 것이므로 하나의 상황에서 확인된 위험은 사람의 인식에 의해서 이루어지는 주관적인 결과물이다. 따라서 위험은 개인의 입장에서 보면 주관적인 것이다. 그러나 이러한 위험에 대해 규범적 관점에서 확인하고 승인하기 위해서는 이를 객관화할 것이 필요하고(이것이 객관적 위험설의 주된 취지이다), 위험판단의 주체가 사회일반인이 된다는 것은 당해 사회 구성원 개개인의 주관적 인식에 의해서 나온 결과를 취합하여 추론하는 방법을 통하여 이를 객관화한다는 것을 의미한다. 즉 규범적으로 승인된 위험은 객관화된 사회구성원의 주관적 인식의 총체 혹은 주관적 인식의 총합을 객관화하는 과정의 결과

31) 형법의 규범력 형성의 측면에서도 일정한 문제상황에 대해 형법적으로 보호해야 한다는 사회여론의 형성이 전제되어 "그 사태에 대한 동일한 생각을 가진 사람들이 다수를 이루게 된다면 객관성을 갖추게 되고 그것이 곧 형법의 규범력이 된다"고 할 수 있기 때문이다. 형법의 법익보호에 대한 규범력의 형성과정을 자세히 설명한 문헌으로 김재현, "형법 제27조 위험성 표지의 독자성 여부", 서울대학교 법학 제56권 제2호, 2015, 212-214면 참조.

라고 표현할 수 있다. 이러한 논의는 결국 형법상의 위험은 객관적인 개념이라고는 하지만 그 출발점 내지는 본질적인 부분은 인간의 주관적 인식, 즉 주관적인 성격을 가지고 있다는 점을 보여주는 것이다.

Ⅲ. '특수'범죄에 있어서 위험한 물건의 의미에 대한 구체적 판단

1. 특수폭행죄의 가중처벌의 근거

'위험한 물건'이 인정되기 위한 물건의 속성으로서의 위험성이 사회적 유해성이 인정될 만한 정도의 보호법익에 대한 침해의 가능성이라고 개념을 정리한다면 그 내용을 구체화하기 위해서는 이 때의 보호법익을 무엇이라고 보아야 하는지, 또한 사회적 유해성이 인정될 정도의 침해가능성이라는 것은 어느 정도인지에 대한 구체적인 분석이 필요하다. 여기서는 일단 형법상의 '특수'범죄를 별도로 두어서 보호하고자 하는 피해자의 법익이 무엇인지를 밝히기 위하여 특수폭행죄의 가중처벌근거에 대하여 논하고자 한다.

가. 특수폭행죄의 가중처벌근거에 대한 오해

일반적으로 폭행죄 자체의 보호법익은 상해죄와 같이 신체의 완전성 내지 신체의 불가침성에 있다고 한다.[32] 특수폭행죄도 폭행죄의 일종인 이상 신체의 건재 내지는 불가침성이 기본적인 보호법익이라는 점은 의심의 여지가 없다. 그런데 특수폭행죄는 단순폭행죄보다 가중처벌을 하도록 규정되어 있는데 폭행죄는 거동범으로 결과에 대한 구체적인 고려가 불법에 포함되지 않으므로 특수폭행행위가 단순폭행행위보다 불법이 가중되어 있다고 할 수 있다. 이에 대해 교과서 차원의 논의에서는 특수폭행행위가 수단과 방법에 있어 '위험성'이 더 크

---

32) 물론 주지하다시피 상해죄와 폭행죄의 보호법익이 동일한지 여부에 대해서는 견해의 대립이 있다. 두 죄의 보호법익을 구별해야 한다는 입장에서는 상해죄는 신체의 건강, 폭행죄의 신체의 건재로 본다. 이에 대한 상세한 논의는 박상기, 앞의 책, 37-38면 참조.

기 때문이라는 설명을 하고 있다. 단순폭행죄의 보호법익을 신체의 건재함이라고 표현한다면 특수폭행행위는 신체의 건재함에 대한 위험성이 더 높으므로 행위반가치가 더 크다는 것이다. 이 때 신체의 건재함에 대한 위험성이 더 높다라는 것의 구체적인 의미에 대해서는 예상되는 피해의 양이 증대되는 것이라는 양적인 측면의 해석이 있을 수 있고, 반면에 신체의 건재함을 침해하는 결과발생의 가능성 자체가 높아지는 것이라는 질적인 측면에서의 해석이 있을 수 있다. 우리의 일상언어에서 위험성이 더 크다는 것은 결과발생 자체의 확률보다는 발생가능한 결과의 심각성에 더욱 좌우되는 경향이 있고,[33] 기본범죄가 폭행임에도 위험한 물건에 대해 살상력, 즉 '생명'에 대한 침해의 가능성까지 고려한다는 일반적인 설명[34]이 주를 이루고 있는 것으로 볼 때 명시적이지는 않지만 일반적으로는 피해의 양적 증대를 '더 큰 위험성'이라고 해석하는 것으로 생각된다. 일례로 대법원 판례[35]는 피해자가 위험성을 인식할 겨를도 없이 물건을 집어던져 폭행하는 경우에 그 물건이 다른 종류의 물건에 비하여 상대적으로 피해가 크게 발생할 수 있는 물건(사례의 경우 깨어진 유리조각)인 경우에는 '위험한 물건을 휴대'한 것으로 평가한다. 이 사례는 '휴대'의 개념과 관련하여 논의되는 사례이지만, 물건을 집어던지는 경우에 폭행이라는 구성요건적 결과발생의 가능성 자체는 그 물건이 위험한 물건이냐 그렇지 않냐에 따라 차이가 발생하지 않기 때문에 이 사례에서의 가중된 행위반가치는 결국 피해의 양적 증대가능성이라고 볼 수밖에 없다.

나. 가중처벌의 근거 — 범행기회와 성공가능성의 증대

그러나 피해의 양은 결과이며, 이는 양형에서 고려될 사유이다.

---

33) 예컨대 똑같이 상해의 목적으로 사람을 칼로 찌르는 경우에도 허벅지를 찌르는 것보다 복부를 찌르는 것을 일반적으로 '더 위험하다'라고 말한다.

34) 대상판결의 판시사항에서도 "사람의 생명, 신체에 해를 가하는 데 사용할 수 있는 일체의 물건"이라고 표현하고 있다.

35) 대법원 1982. 2. 23. 선고 81도3074 판결. 대부분의 교과서적인 견해도 이러한 판례의 입장에 동조하고 있다.

또한 위험한 물건을 휴대하여 폭행을 했는데 그 물건의 사용으로 인하여 상해나 사망의 결과가 발생한 경우에는 특수폭행죄보다 더 높은 법정형이 규정된 폭행치사상의 죄가 성립하고 그 발생한 중대한 결과에 대한 평가가 행해진다. 앞서 설명한 바와 같이 위험성을 보호법익에 대한 침해의 가능성이라고 한다면 더 큰 위험성이라는 것은 침해의 가능성이 보다 높아진 것을 의미한다고 할 수 있고, 그렇게 본다면 폭행이라는 피해를 당할 가능성이 일정하게 높아진다는 것, 즉 범죄의 성공가능성이 높아진다는 점이 특수폭행죄가 단순폭행죄에 비교하여 가지는 본질적인 차이점 내지는 특수폭행죄에 대한 불법을 달리 평가할 근거가 될 수 있을 것이다. 특히 '위험한 물건의 휴대'라는 구성요건을 피해의 양적 증대가능성이라는 측면에서 파악할 경우 우선, 피해의 양적 증대 가능성과는 표현상 직접적인 관련이 없는[36] '단체 또는 다중의 위력을 보여'라는 구성요건과의 체계적인 관련성이 문제가 될 수 있다. 또 한편으로는 '위험한 물건의 휴대'라는 구성요건이 신체의 건재함을 보호법익으로 하지 않는 범죄에도 형이 가중되는 '특수'범죄의 구성요건으로 사용되고 있다는 점이다. 즉 특수협박이나 특수강요, 특수주거침입 등에서 협박, 강요, 주거침입 등의 피해가 위험한 물건으로 인하여 양적으로 증대될 수 있다는 것은 생각하기 어렵다.

위험한 물건의 사용이 야기할 수 있는 여러 가지 효과에 대한 사회학적 연구결과들도 이러한 해석을 뒷받침한다. 즉 흉기와 같은 위험한 물건을 사용하는 경우 피해자의 제압이 보다 용이해져서 힘의 측면에서 대등하거나 약한 주체가 범행을 실행할 수 있는 상황을 만드는 효과가 있으며, 피해자의 측면에서는 위험한 물건의 존재를 인식함으로 인해 저항을 포기하게 되는 효과가 있다고 한다.[37] 이와 같이 위

36) 물론 이 경우에도 단체나 다중이 직접 폭력행사에 참여하게 되면 피해의 양적 증대가능성은 인정이 될 수 있다.

37) 박순진, "폭력범죄에 있어 흉기의 사용에 대한 고찰", 형사정책연구 제41호, 2000, 96면; 하정은/이현성/김범준, "흉기의 심리적 표상에 관한 연구", 사회과학연구(충남대학교) 제25권 제2호, 2014, 447면.

험한 물건의 사용은 범죄불법의 실현가능성을 현저히 증가시키는 것이고 불법의 실현을 최대한 방지한다는 형법의 기능적 취지라는 측면에서 보면 이는 일반적인 행위상황보다 더욱 허용할 수 없는 것이고 이것이 불법의 양적 측면으로 반영될 수 있는 것이다.

결론적으로 '위험한 물건의 휴대'라는 구성요건이 가지는 불법성은 범행기회와 성공가능성의 증대라는 측면에 있는 것이고,38) 이러한 유형의 '특수'범죄구성요건의 보호법익은 범죄피해로부터 벗어나고자 하는 피해자의 선택의 자유나 의사실현의 자유라고 보아야 한다.39)

2. 학설에 의해 시도된 구체화 논의와 평가

가. 물건의 구체적 유형화를 통해 객관화하는 입장

일부 견해는 위험한 물건의 판단방법으로 물건의 '구조기능적 위험성'을 기준으로 유형화하여 판단하는 방법을 제안하고 있다. 이들 견해는, 해당 물건에 대한 각각 유형화된 '물건의 구조기능적 위험성'과 '물건의 실제 사용방법'의 판단결과를 점수화하여 이를 결합하는 방식에 의해 일정 이상의 점수가 도출되는 경우에는 구체적 위험성이 인정된다거나,40) 이와 유사하게, 일상의 도구들의 구조기능적 성질을 '상당한 반위해적 이용' 기준으로 등급화(1단계-위해의 용도로 사용되는 가장 위험한 물건, 2단계-위해적·반위해적 사용의 빈도가 비슷한 중간단계의 위험한 물건, 3단계-반위해적 이용의 빈도가 높아 위험성이 가장 낮은 물건)하고, 다시 이와 별개로 실제 사용방법 정도의 위험성을 생명·신체에 대한 침해의 직접성의 정도로 유형화하여, 각각의 유형에 점수를 부여하고 이를 조합하여 물건의 위험성을 최종적으로 판단하는 방

38) 같은 취지로, 박찬걸, "'흉기 기타 위험한 물건을 휴대하여'의 개정방안", 법학논총(조선대) 제17권 제3호, 2010, 298면. 행위자체의 행위반가치가 증가되었다는 점과 함께 부수적으로 이러한 취지를 인정하고 있는 견해로 김성환, 앞의 논문, 267면; 최준혁, 앞의 논문, 177면.

39) 그런 면에서 형법상 강요죄의 보호법익과 유사하다고 할 수 있다.

40) 이상돈, "'위험한 물건을 휴대하여'의 해석에서 법정책의 지평", 판례연구(고려대학교) 제6호, 1994, 222-225면.

식[41]을 제안하고 있다. 그러나 이러한 판단방식은, 정밀하고 객관화된 판단기준을 마련하려는 시도라는 점에서는 의미를 찾을 수 있으나, 각각의 유형화된 특성에 대하여 부여되는 점수에 대한 근거가 극히 부족하며(즉, 왜 유형별 위험성의 점수가 3점 만점이며, 등급별로 동일하게 1점의 차이가 나야 하는지), 문제되는 대부분의 사례에서는 물건의 속성이 (위의 견해에 의한 등급분류에 의할 때) 중간단계의 위험성을 가지는 것인지 낮은 단계의 위험성을 가지는 것인지 자체에 대한 판단이 어렵거나 관점에 따라 달리 볼 수 있는 경우[42]라서 등급판정 자체가 어려운 경우라고 할 수 있는데 이를 전제로 하여 해결방안을 제시하고 있다는 점에서 실제 사례에 대한 해석론으로는 부족하다고 보여진다.[43]

결론적으로, 물건의 생명·신체침해의 가능성에 대한 객관적 판단은 의미가 없다. 왜냐하면 이는 거의 무한대의 확장이 가능하기 때문이다. 평범한 물건도 사용방법에 따라 얼마든지 위험한 상황을 만들 수 있기 때문이다. 즉 여러 가지 사례에서 문제되고 있는 위험한 물건들도 주위에서 흔히 볼 수 있는 일상용품들이 다수이므로 물건의 객관적 신체침해적 속성이나 성상만으로는 위험한 물건을 판단한다는 것은 거의 불가능에 가깝다.[44]

나. 주관적 의도를 평가의 중심에 두는 입장

이에 대해 개별 사례에서 행위자가 사용한 물건이 위험한 물건인지 여부를 적절히 평가하기 위해서는 주관적 구성요건, 즉 행위자의

41) 하민경, 앞의 논문, 336면.
42) 이러한 방식을 제안하는 하민경, 앞의 논문, 336면은 당구큐대는 중간단계의 위험성을 가진 것이고, 의자는 낮은 단계의 위험성을 가진 물건으로 예를 들고 있으나, 이는 과거사례에서 당구장에서의 폭행사건이 많이 다루어졌다는 영향을 받은 것이라고 보여지며 일상에서 의자가 당구큐대보다 위험성이 일률적으로 낮다고 볼 근거는 없다고 생각한다.
43) 같은 취지로, 송문호, "형법상 '위험한 물건'", 법학연구(전북대학교) 통권 제42집, 2014, 68면.
44) 송문호, 앞의 논문, 67면.

의도를 고려하여야 한다는 입장이 있다. 이 입장은 대법원의 상당수 판례들이 사용할 의도 아래 이를 소지할 것을 명시적으로 요구하고 있으며[45], 또한 특정한 물건을 사용한 경우에도 행위자가 그 물건의 위험성을 적극적으로 이용하지 아니하여 피해자가 위협을 느꼈을 것으로 보기 어려운 상황에서는 위험한 물건을 인정하지 않는 것[46]에 주목하여, 대법원의 이러한 태도는 위험한 용도로 사용할 의도가 없는 경우에는 폭처법을 적용하지 않겠다는 뜻으로, 위험한 물건을 사용했는지의 여부는 행위자가 물건의 위험성을 고려하고 위험성을 이용하여 적극적으로 사용할 의도가 있었는지가 결정적인 기준이 되어야 한다고 주장한다.[47] 그러면서 나아가 결국 위험한 물건의 위험성은 물건의 속성에 따라 결정될 수 없고, 행위자가 그 물건을 임의적으로 위험하게 사용하는가의 여부에 달린 것이라고 정리한다.[48]

물건의 객관적 속성이 아니라 행위자의 이용의도를 고려하여 위험한 물건의 여부를 파악해야 한다는 점에서 위험의 주관적 속성을 충분히 반영하고 물건의 객관적 속성에 따라 분류하는 관점의 한계를 극복하고 있다는 점에서 의미있는 논의의 진전이라고 평가할 수 있겠

45) 대법원 1990. 4. 24. 선고 90도401 판결: "폭력행위등처벌에관한법률의 목적과 그 제3조 제1항의 규정취지에 비추어보면, 같은 법 제3조 제1항 소정의 흉기 기타 위험한 물건(이하 흉기라고 한다)을 휴대하여 그 죄를 범한 자란 범행현장에서 그 범행에 사용하려는 의도아래 흉기를 소지하거나 몸에 지니는 경우를 가리키는 것이지 그 범행과는 전혀 무관하게 우연히 이를 소지하게 된 경우까지를 포함하는 것은 아니라고 할 것이다. 원심이 인정한 사실에 의하면, 피고인은 1989. 8. 23.의 판시 범행일에 버섯을 채취하러 산에 가면서 칼을 휴대한 것일뿐 판시 주거침입에 사용할 의도 아래 이를 소지한 것이 아니고 판시 주거침입시에 이를 사용한 것도 아니라는 것인 바 기록에 비추어 보면 원심의 이와 같은 사실인정은 수긍이 되고 거기에 소론과 같은 채증법칙에 위배된 바 있다고 할 수 없고, 사실이 그러하다면 피고인은 같은 법 제3조 제1항 소정의 흉기를 휴대하여 주거침입의 죄를 범한자라고 할 수는 없으므로 이와 같은 취지의 원심판단은 정당하다."

46) 참조판례 1과 2가 그러한 사례이다.

47) 송문호, 앞의 논문, 71면.

48) 송문호, 앞의 논문, 73면.

지만, 이러한 입장은 결정적으로 범죄구성요건요소인 위험성은 불법의 측면에서 객관적이고 규범적인 결과물이어야 한다는 요청을 충족하지 못한다. 즉 물건의 위험성은 행위자의 사용의도에 따라 달라지므로 물건 자체가 가지는 객관적 위험성이라는 것은 해석의 영역에서 완전히 사라지게 되므로 '위험한 물건'이라는 구성요건요소에 대한 해석은 공허해 지는 것이고, 개별 사례에서의 임의적인(보다 부정적으로 표현하면 법관의 자의적인) 평가작용에 의존해야 한다는 결론에 이르게 된다. 또한 이러한 결론은 '위험한 물건을 휴대하여'라는 문구를 사실상 '물건을 위험하게 사용하여'라고 바꾸어 읽는 것이라고 할 수 있어서 해석의 기본적 방법인 문리적 해석에 반할 여지가 있어 보인다.

3. '특수'범죄의 보호법익에 따른 위험성의 구체화 시도

가. 위험성 판단의 척도 — 피해자 제압의 가능성

특수폭행죄 가중처벌의 근거에 대한 논의를 통하여 형법상 '특수'범죄의 보호법익이 범죄피해로부터 벗어나고자 하는 피해자의 선택의 자유나 의사실현의 자유라고 해석하였다. 따라서 이러한 피해자의 자유를 침해할 만한 성질, 즉 피해자의 저항을 제압하거나 제압할 만한 현저한 가능성이라는 척도를 물건의 위험성을 판단하는 척도로 사용해야 한다. 결국 위험한 물건에서 위험개념은 결과발생의 가능성이라고 할 수 있는데, 이때의 결과는 상해나 폭행의 결과 그 자체가 아닌 범죄자가 의도한 상해나 폭행이라는 범행이 성공하는 것을 의미하고 그러한 성공가능성이 '위험한 물건'이라는 표지가 가지는 위험성의 내용이 되는 것이다. 달리 표현하면 위험한 물건이라는 것은 행위자가 의도한 상해나 폭행행위자체의 기회제공과 범행성공에 대한 기여도가 인정되는 물건이라고 할 수 있다.

나. 위험성의 정도

물건이 가지는 범행에 대한 기여도는 물건의 객관적인 속성에 존재하는 사람의 생명이나 신체에 대한 위해의 가능성에 기반하여 판단된다. 그러나 종래와 같이 생명·신체에 대한 일반적인 위해의 가능성이 위험성을 곧바로 의미하지는 않는다. 구체적으로 해당 물건이 범행의 성공가능성을 높이는 위험성이 있다고 평가되기 위해서는 그러한 생명·신체에 대한 위해적 성격이 평균적인 일반인의 신체를 이용한 통상적인 방어행위를 무력화하거나 현저히 곤란하게 할 수 있는 정도에 이르러야 한다. 즉 평균인의 일반적인 신체가 통상적으로 감당할 수 없는 정도의 침해적 성질을 내포하고 있어야 한다는 것이다.[49] 그래서 그러한 물건을 범행상황에서 '휴대'하였을 때 통상적으로 행위자는 피해자에 대한 힘의 절대적 우위를, 피해자는 방어적 의사실현의 곤란함을 충분히 인식할 만하다는 사회일반적인 평가가 가능한 물건이 '특수'범죄에서의 위험한 물건이라고 할 수 있다. 함께 규정된 구성요건인 '단체 또는 다중의 위력을 보이는 것'에서 '단체 또는 다중의 위력'이 위험성을 가지는 것은 통상적으로 한 명의 피해자가 단체나 다중이 행사할 수 있는 세력이나 완력 등을 감당하기가 어렵다는 평가에 기인한 것으로 볼 수 있다면, 규정체계적인 해석이나 형법의 보충성의 관점에서 '위험한 물건'도 그러한 차원에서 해석이 되는 것이 바람직하다고 생각한다.

이러한 기준에 의하면 물건자체의 상해나 폭행의 결과에 대한 위험성(전통적으로 위험한 물건인지 여부를 판단해왔던 기준)이 전혀 없는 물건, 이를테면 사후적으로 보았을때 피해자에 대한 객관적 침해력이 없는 물건도 이것이 가해자가 피해자의 의사를 제압하고 자신의 행동을 실행에 옮김에 현저한 기여를 한 것이라면 '위험한 물건'이라고 평가할 여지가 있다고 생각한다. 위험의 본질이 사람의 인식에 의해 확인되는 주관적 속성을 가지고 있기 때문이다. 그러나 이 경우 통상적

---

49) 신체를 쉽게 찢거나 베거나 자를 수 있는 도구, 평균적인 사람의 근력으로 감당하기 힘들 정도의 현저히 강하거나 무겁게 작용하는 도구 등이라고 할 수 있다.

인 사람들이 보더라도 실제 침해력을 가졌을 것으로 판단할 만한 외관과 속성의 존재여부는 엄격히 입증되어야 한다.

대법원이 상당수의 판결에서 피해자가 해당 물건에 대하여 위협을 느낄만한 상황인가 여부를 판단의 기준으로 하고 있는 것은, 위험의 본질이 주관적인 것이라는 측면과 이 글에서 분석하여 본 것과 같이 위험한 물건에서의 위험성은 피해자의 자유의사를 제압할 수 있는 가능성을 의미한다는 측면에서 보면 기본적인 판단의 방향성에 있어서는 타당한 면이 있다고 볼 수 있으나, 그것을 지나치게 실제로 행하여진 행위의 결과와 결합하여 판단하려 한 점(실제 피해가 발생했는지 여부와 결합하여 판단하는 것, 정당방위상황 등 행위자체의 정당성이 인정될 수 있는 경우에는 위험성을 부정하는 경향을 보이는 것 등)은 객관적 위험설의 입장에 의한 규범적 위험개념에서는 주관적 인식의 객관화를 요구한다는 점에서 타당한 입장이라고 볼 수 없다. 어디까지나 위험 자체는 객관적으로 평가되어야 하는 것이고, 따라서 동일한 물건을 범행의 성공을 위하여 사용한 경우 그 물건이 가지는 범행기회제공이나 성공가능성에 대한 기여도는 항상 동등하다고 볼 수 있으므로, 그러한 위험성이 피해자에게 인식된 상황에서는 그 물건의 위험성도 동일하게 평가되어야 한다.

Ⅳ. 대상판결에 대한 평가

국회 본회장의 발언대 앞에서 최루탄을 터뜨리고 최루분말을 뿌린 행위에 대하여 이 사건의 최루탄과 최루분말이 특수폭행죄[50]의 구성요건인 '위험한 물건'에 해당하는지 여부에 대하여 판단한 대상판결은, 판시사항에서 보는 바와 같이 기본적으로 위험한 물건의 범주에는 널리 사람의 생명·신체에 해를 가하는 데 사용할 수 있는 일체의 물건이 포함된다고 하여 종래의 판례와 같이 가중처벌되는 특수폭행죄

50) 물론 실제 대상판결에서는 폭력행위 등 처벌에 관한 법률 제3조를 적용하였다.

가 성립하기 위한 특별한 불법의 근거가 되는 위험한 물건의 유형적 특성에 대해서는 제한을 두지 않는 개방적인 입장을 유지하고 있다. 그러면서 '그 물건을 사용하면 상대방이나 제3자가 생명 또는 신체에 위험을 느낄 수 있는지 여부'를 위험성 판단의 척도로 사용하고 있다. 일단 앞서 언급한 바와 같이 위험성의 주관적 측면을 판단의 중심에 두고 있다는 점과 이에 대해 '사회통념에 비추어'라고 하여 판단의 방법은 사회일반인의 객관적인 평가를 기준으로 하는 듯한 모습을 보이는 점은 주관적 위험인식의 객관화라는 형법적 위험개념 판단방식에 부합하는 것으로 보인다.

그러나 대상판결의 판시사항에 나타난 이 사건 최루탄과 최루분말에 대한 분석과 평가는 이 물건이 일반적으로 사람의 신체에 위해를 가할 가능성이 있는가에 대한 분석과 평가에 치우쳐 있을 뿐, 그러한 위해의 가능성이 피해자나 일반적인 제3자에게 어떠한 심리적 영향을 줄 수 있는지에 대해서는 판단하지 않고 있다. 즉 이 사건의 최루탄과 최루분말이 경우에 따라서는 주변 사람의 신체에 피해가 발생할 우려가 없지 않다는 정도의 입증(위해가 발생할 가능성이 충분히 있다)만으로 일반적인 사람들이 '충분히' 위험을 느낄 만하다고 단정하는 오류를 범하고 있다. 앞서 논의한 바와 같이 '위해의 발생가능성' 자체가 충분하다는 것은 특수폭행죄의 가중처벌근거로 인정될 만한 '충분한 위험성'을 인정하기에는 충분하지 않다. 최루탄과 최루분말을 '위험한 물건'으로 인정하기 위해서는 해당 물건이 가진 위해발생의 가능성과 그 효과에 대하여 '범행의 기회제공과 성공가능성에 대한 기여도의 측면에서 사회통념상' 인정될 만한 '위험성'이 있었는지 여부를 검토하고 입증했어야 한다.[51)]

51) 대상판결의 원심판결(서울고등법원 2014. 1. 27. 선고 2013노1028 판결) 판시이유 기술 중에는 "국회 의정기록과 소속 속기사인 피해자 공소외 9가 당심 법정에 출석하여 최루탄 폭발로 인하여 생명이나 신체에 위험을 느낀 적은 없으며 병원치료도 받지 않았다는 취지로 진술하였다"라는 내용이 있다.

[주 제 어]
위험한 물건, 특수폭행죄, 위험판단, 가중처벌, 성공가능성

[Key words]
dangerous thing, special violence crime, assessment of danger, aggravated punishment, possibility of success

접수일자: 2017. 5. 10. 심사일자: 2017. 6. 1. 게재확정일자: 2017. 6. 5.

[참고문헌]

강용현, "자동차를 이용한 폭행과 위험한 물건의 휴대", 저스티스 제31권 제4호, 1998.

김성환, "특수상해죄의 위험한 물건개념", 형사법연구 제21호, 2004.

김재현, "형법 제27조 위험성 표지의 독자성 여부", 서울대학교 법학 제56권 제2호, 2015.

남궁호경, 위험범에 관한 연구: 독일에 있어서의 위험개념 논의를 중심으로, 서울대학교 박사학위논문, 1985.

박순진, "폭력범죄에 있어 흉기의 사용에 대한 고찰", 형사정책연구 제41호, 2000.

박찬걸, "'흉기 기타 위험한 물건을 휴대하여'의 개정방안", 법학논총(조선대) 제17권 제3호, 2010.

송문호, "형법상 '위험한 물건'", 법학연구(전북대학교) 통권 제42집, 2014.

안원하, "형법상의 위험개념", 법학연구(부산대학교) 제48권 제1호, 2007.

이상돈, "'위험한 물건을 휴대하여'의 해석에서 법정책의 지평", 판례연구(고려대학교) 제6호, 1994.

최준혁, "'위험한 물건을 휴대하여'의 해석", 경찰법연구 제8권 제1호, 2010.

하민경, "상해죄와 '특수상해죄'의 적용사이 — '위험한 물건'은 정말 모호한가?", 법학논총(전남대) 제34집 제1호, 2014.

하정은/이현성/김범준, "흉기의 심리적 표상에 관한 연구", 사회과학연구(충남대학교) 제25권 제2호, 2014.

[Abstract]

Meaning of 'dangerous thing' for the interpretation of special violence crime

Ryu, Bu-gon*

The object judgment judges the meaning of the dangerous thing among the requirements that the special crime can be established in criminal law. Specifically, it is whether or not an object used by an actor in an assault situation corresponds to a dangerous thing. The meaning of a dangerous thing that constitutes a special crime is generally explained as having the property that the thing can harm human life or body. The Supreme Court of Korea explains about that: According to a specific matter, when using the object in perspective of social common sense, it is important to judge whether is the thing that can be recognized as dangerous by the victim or the third person. However, the results of actual judgments by the Supreme Court have many questions in terms of the specificity of interpretation and ensuring of predictability. And the objectivity of judgment criteria for dangerous objects is doubtful. Through the process of discussing the meaning of danger as a constituent of crime and the basis of illegal punishment of special crime, this article studies the meaning of dangerous things, which is a requirement for special crimes.

As a result, this article sees the freedom of the victim's will to escape the crime as a protection against special crimes under criminal law, suggests that the possibility of overcoming the resistance of the victim is the criterion for judging the danger of the object. Accordingly, when an actor carried an object in a crime, whether the thing is a dangerous thing

* Professor, dept. of Law, Hankyong National University, Ph.D in Law.

is assessed by the following criteria : Whether it is possible for the general assessment of the fact that the object normally provides the actor with an absolute advantage of strength and makes the victim aware of the difficulty of defending.

모바일 단체대화방에서의 대화와 공연성

한 제 희*

[대상판결 1] 대법원 2008. 2. 14. 선고 2007도8155 판결

[공소사실 요지]

피고인은 2006. 2.부터 자신의 인터넷 블로그에 A라는 여성이 회사 상무로부터 돈을 받는 조건으로 B부장의 사생활을 보고한다는 내용의 소설 '꽃뱀'을 게재했다. 피고인은 주인공 A가 위 블로그 회원인 피해자 C를 모델로 한 것임을 암시하는 듯한 내용으로 이 소설을 썼고, 2006. 5. 위 블로그 회원 D가 일대일 비밀대화를 통해 "꽃뱀이 누구냐"고 묻자 "C이다. 증거가 필요하면 줄 수 있다"라고 대답함으로써 공연히 피해자 C의 명예를 훼손하였다.

[판결 이유]

명예훼손죄의 구성요건인 공연성은 불특정 또는 다수인이 인식할 수 있는 상태를 의미하므로 비록 개별적으로 한 사람에 대하여 사실을 유포하였다 하더라도 그로부터 불특정 또는 다수인에게 전파될 가능성이 있다면 공연성의 요건을 충족한다 할 것이다.

원심이 판시한 일대일 비밀대화란 피고인이 D[1]의 인터넷 블로그

* 법무부 인권조사과장(검사).

1) 판결 원문에는 "D의 인터넷 블로그"라고 기재되어 있으나, 앞뒤 문맥상 "피

의 비공개 대화방에서 D와 사이에 일대일로 대화하면서 그로부터 비밀을 지키겠다는 말을 듣고 한 대화를 일컫는 것으로 보이는데, 위 대화가 인터넷을 통하여 일대일로 이루어졌다는 사정만으로 그 대화 상대방이 대화내용을 불특정 또는 다수인에게 전파할 가능성이 없다고 할 수는 없는 것이고, 또 D가 비밀을 지키겠다고 말하였다고 하여 그가 당연히 대화내용을 불특정 또는 다수인에게 전파할 가능성이 없다고 할 수도 없는 것이므로, 원심이 판시한 위와 같은 사정만으로 위 대화가 공연성이 없다고 할 수는 없다.

[대상판결 2] 서울서부지방법원 2016. 3. 24. 선고 2015노1522 판결(대법원 2016. 8. 29. 선고 2016도4699 판결로 확정)

[공소사실 요지]

피고인, A, B, C, D, 피해자 E는 가학, 피가학 성애를 주제로 한 인터넷 다음 카페의 친목동호회 회원이다. 피고인은 2014. 1.부터 2014. 2.까지 총 16회에 걸쳐 휴대전화로 모바일 메신저인 카카오톡 그룹채팅방에 접속하여 A, B, C, D와 함께 채팅하면서 피해자 E를 성적으로 희화하여 욕설하고 비방하는 내용의 글을 게시함으로써 공연히 피해자 E를 모욕하였다.

[판결 이유]

모욕죄의 구성요건인 '공연성'은 불특정 또는 다수인이 인식할 수 있는 상태를 의미하므로 비록 개별적으로 한 사람에 대하여 사실을 유포하였다 하더라도 그로부터 불특정 또는 다수인에게 전파될 가능성이 있다면 공연성의 요건을 충족한다.

원심에서 인정한 다음과 같은 사정들을 종합해 보면, 피고인의 대

고인의 인터넷 블로그"의 오기인 것으로 보인다.

화내용은 전파될 가능성이 있어 공연성이 있다.

- 피고인이 A, B, C, D와 함께 카카오톡 그룹채팅방에서 범죄사실 기재 대화를 하고 그 내용을 퍼트리지 않기로 상호 약속하였다 하더라도, 그 사정만으로 대화 상대방인 A, B, C, D가 대화내용을 불특정 또는 다수인에게 전파할 가능성이 없다고 할 수 없다. 달리 대화 상대방인 A, B, C, D가 범죄사실 기재 대화내용을 타인에게 전파하지 않을 것이라고 볼 만한 특별한 신분관계도 없다.
- 범죄사실 기재 대화내용도 피해자를 대상으로 한 성적인 욕설과 비방으로 전파될 가능성이 많다.
- 피고인이 메시지를 보낸 상대방은 4명이고, 이들 모두는 온라인 커뮤니티에서 피해자와 함께 활동하였을 뿐만 아니라 오프라인 정기모임에서도 피해자를 만나 서로 알고 있는 사이이다.
- 피고인은 피해자뿐만 아니라 온라인 커뮤니티의 다른 회원인 F[2]에 대하여도 같은 방법으로 명예를 훼손하거나 모욕하였는데, D는 피고인이 보낸 메시지를 피해자뿐만 아니라 F에게도 알려주었다.

[연 구]

Ⅰ. 뒷담화는 처벌되어야 하는가

1. 사안의 개요

대상판결 1은 명예훼손죄에서의 전파가능성 이론을, 대상판결 2는 모욕죄에서의 전파가능성 이론을 법원이 각각 인정한 판결이다.

가. 대상판결 1 사안

대상판결과 원심판결에 기재된 내용에 의하면, 피고인과 D, 그리

2) 판결의 문맥 및 판결에 기재된 성명으로 보아 여성 회원인 것으로 보인다.

고 피해자 C는 피고인이 운영하는 인터넷 블로그의 회원들로서 피고인이 쓰고 게재한 '꽃뱀'이라는 소설을 위 블로그의 많은 회원들이 읽었는데, 피고인이 위 소설은 실제 있었던 일에 관한 것이고 실존인물인 등장인물의 실명을 알고 싶은 사람은 비밀글, 쪽지, 메일을 보내주면 알려주겠다고 말하여 다른 회원들은 위 소설의 실제 주인공이 누구인지 궁금해 하게 되었고, 피고인은 D와 위 블로그에서 일대일 비밀대화를 나누다 피해자 C가 위 소설의 주인공임을 알려주게 되었다.

1심과 항소심은 피고인과 D가 나눈 대화는 피고인의 인터넷 블로그에서 이루어진 일대일 비밀대화이므로 공연성이 없다는 이유로 모두 무죄를 선고하였고, 검사는 D가 최소한 '꽃뱀'이 누구인지 궁금해 하는 블로그 회원들에게 피고인으로부터 들은 말을 전파할 가능성이 있고 피고인도 그와 같은 전파가능성을 용인하고 있었다는 이유로 항소와 상고를 제기하였다.

상고심인 대상판결에서는 앞서 본 바와 같이 피고인의 대화내용이 전파가능성 있어 공연성이 인정된다는 취지로 판시하였다.

나. 대상판결 2 사안

피고인은 자신이 A, B, C, D와 나눈 범죄사실 기재 대화는 카카오톡 그룹채팅방에서 대화하면서 그 내용을 퍼트리지 않기로 상호 약속한 비밀대화이므로 모욕죄의 구성요건인 공연성이 인정되지 않는다고 주장하였다.

이에 대해 1심은 피고인과 A, B, C, D가 카카오톡 그룹채팅방에서 범죄사실과 같은 대화를 하고 그 내용을 퍼트리지 않기로 약속하였더라도 그 사정만으로 대화 상대방이 대화내용을 불특정 또는 다수인에게 전파할 가능성이 없다고 할 수 없어 공연성이 인정된다고 판시하였고, 항소심인 대상판결에서도 같은 결론에 이르렀다. 상고심 역시 이러한 공연성의 법리에 문제가 없다고 하면서 대상판결의 결론을 그대로 인정하였다.

2. 문제의 제기

대한민국 대표 모바일 메신저 '카카오톡'. 2015년 4분기 기준으로 카카오톡 국내 가입자 수는 4,006만 명, 우리나라 인구(약 5,155만 명)의 78%가 카카오톡을 이용하고 있는 셈인데, 친목회나 동창회 등 각종 모임에서 이른바 '단톡방', 단체대화방, 그룹채팅방(이하에서는 '단체대화방'으로 부르기로 한다)을 만드는 것은 누구에게나 당연한 일상이 되었다.[3] 이런 서비스로는 '단톡방'만 있는 게 아니다. 국내 제일의 포털 네이버가 운영하는 단체대화방 '밴드'도 많은 사용자들을 불러 모으고 있다. 스마트폰과 카카오톡 등의 전 국민적 보급과 확산으로 말미암아 대화에는 점잖기 짝이 없던 대한민국이 어느새 때와 장소를 가리지 않고 엄청난 대화가 넘쳐나는, 대화 과잉의 사회가 되었다.

말이 많으면 탈도 많은 법, 과거 술자리 같은 데서 안주감으로 씹히다 이내 허공 속에 흩어져버리곤 하던 대화들이 이제는 스마트폰 화면 속의 문자로, 경우에 따라선 캡쳐된 이미지 파일로 만들어져 사람들 사이를 떠돌아다니기 시작하면서 이런저런 舌禍들을 낳고 있다. 모바일 단체대화방에서의 대화와 관련하여 명예를 훼손당했느니, 모욕을 당했느니 하는 일들을 언론보도를 통해 흔히 접할 수 있다. 최근 1-2년 사이에는 대학교 남학생들끼리 단체대화방을 개설하여 같은 학과 또는 같은 모임의 여학생들을 성적으로 흉보고 놀리는 내용의 대화를 하였다가 이를 보다 못한 내부자의 제보로 징계를 받았다는 등의 사례들이 줄을 잇고 있다.[4]

흔히 단체대화방의 경우 그에 가입되어 있는 구성원의 수 자체가 다수여서 그 안에서의 대화가 당연히 공연성을 충족하는 경우가 있는

3) 2016. 3. 12.자 조선닷컴 보도, "[Why] 부장과도 시댁과도 24시간 연결―'단톡방 스트레스'"(http://news.chosun.com/site/data/html_dir/2016/03/11/2016031101900.html).

4) 2016. 7. 27.자 주간동아 보도, "단톡방도 채팅방도 공개적 전파성이 관건"(http://weekly.donga.com/List/3/all/11/544431/1); 2016. 6. 15.자 JTBC 뉴스 보도, "[팩트체크] 단톡방 '우리끼리 음담패설' 괜찮은 건가?"(http://news.jtbc.joins.com/article/article.aspx?news_id=NB11253751).

가 하면, 공연성을 인정할 만한 다수인에 못 미치는 소수인이 참여한 대화방도 무수히 존재한다. 여자친구에게 보낸 문자메시지에서 어느 치어리더에 대한 험담을 했던 프로야구 선수 사건에서 보듯, 심지어 단 두 사람 간에 있었던 모바일상의 대화내용이 외부에 유출되면서 급기야 명예훼손죄가 인정된 사례도 있었다.5)

이런 보도들을 접하면서 가장 처음으로 든 의문은 과연 소수인이 참여하는 모바일 단체대화방에서의 대화, 더 나아가 일대일 대화에서의 발언 행위가 명예훼손죄나 모욕죄에 필요한 공연성 요건을 충족하였다고 볼 수 있느냐 하는 것이었다. 이는 소수인이 모여, 극단적으로는 단 두 사람끼리 그 자리에 없는 제3자에 대한 이른바 '뒷담화'를 나눴을 뿐인데, 이를 두고 공연성이 인정된다는 이유로 명예훼손죄나 모욕죄로 처벌하는 게 가능한가의 문제이다. 여러 사람 앞에서 공개적으로 누군가를 흉본 게 아니고 관심사가 비슷한 몇몇이 끼리끼리 모여 그 자리에 없는 누군가를 몰래 흉본 것뿐인데, 얼핏 생각하기에는 당연히 공연성을 인정할 수 없다고 보았고, 이걸 형사처벌까지 하는 것은 난센스가 아닌가 하는 생각이 들었다. 그리고 이런 난센스를 꼬집어보고 싶은 마음에 이 글을 시작하게 되었다.

그래서 이 글에서는 ① 피해자가 없는 자리에서 이루어진, ② 불특정 또는 다수인이라고 볼 수 없는 소수인 간에 이루어진, ③ 오프라인이 아니라 인터넷 또는 모바일상에서 이루어진 명예훼손죄와 모욕죄 사례를 놓고, 공연성 요건의 해석방법에 대해 살펴보려 한다.

공연성 요건을 다루려고 하니 우선 공연성 요건이 명예훼손죄나 모욕죄에 왜 필요한지를 살펴보아야 했고(Ⅱ. 공연성 요건은 왜 필요한가), 소수인 간의 대화가 공연성이 있는지를 말하려니 전파가능성 이론이 과연 타당한 이론인지를 검토하여야 했다(Ⅲ. 전파가능성 이론은

5) 2016. 7. 7.자 연합뉴스 보도, "'박기량 명예훼손' 장성우 항소심서도 벌금 700만 원" (http://www.yonhapnews.co.kr/sports/2016/07/07/1001000000AKR20160707076100061.HTML).

타당한가). 그런데 막상 이렇게 살펴보고 검토하다 보니, 이 글을 시작하게 했던 초심이 그만 변질되어, 현행법의 해석론 하에서 판례의 전파가능성 이론이 함부로 빨간 펜을 들이대도 괜찮은 허술한 이론만은 아니라는 결론에 이르게 되었다(Ⅳ. 대상판결 사안의 검토).

Ⅱ. 공연성 요건은 왜 필요한가

1. 공연성의 의의

명예훼손죄와 모욕죄의 구성요건인 '공연성'의 의미에 대해서는 '불특정 또는 다수인이 인식할 수 있는 상태'라고 보는 것이 통설과 판례의 견해이다.[6] 불특정인인 경우에는 다수이든 아니든 상관없고, 다수인인 경우에는 불특정인이든 아니든 상관없다고 한다.[7] 불특정인이란 행위 당시에 상대방이 누구인가가 구체적으로 특정되어 있지 않다는 뜻이 아니라 상대방이 특수한 관계에 의해 한정된 자가 아니라는 뜻으로 보고,[8] 다수인의 규모에 대해서는 단순히 2명 이상으로는 족하지 않고 상당한 다수임을 요한다고 본다.[9] 물론 이와는 달리 특정이든 불특정이든 적어도 다수인이 직접 인식할 수 있는 상태여야 한다는 견해도 있다.[10]

여기서 불특정 또는 다수인이 '인식할 수 있는 상태'의 의미와 관련하여, '직접' 인식할 수 있는 상태여야 하느냐 아니면 '간접적으로' 인식할 수 있는 상태이면 되느냐에 대해 견해 대립이 있다. 전자가 직접인식상태설로서 다수설인데, 이는 불특정 또는 다수인이 직접 인식할 수 있는 상태여야 하므로 명예훼손이나 모욕의 발언내용을 듣는

6) 박재윤 외, 주석 형법 각칙(4)(제4판), 한국사법행정학회(2006), 384면; 안경옥, "명예훼손죄의 '공연성' 해석의 재검토", 법조 제575호, 법조협회(2004), 84면.
7) 박재윤 외, 앞의 책, 384면.
8) 박재윤 외, 앞의 책, 384면.
9) 조현욱, "명예훼손죄에 있어서 공연성의 의미와 판단기준", 법학연구 제32집, 한국법학회(2008), 362면.
10) 안경옥, 앞의 논문, 99면.

불특정 또는 다수인들이 그 발언 현장에 실제로 있을 것을 요하는 견해라고 볼 수 있다. 후자의 경우는 판례가 지지하는 전파가능성 이론으로, 이 경우 발언내용을 듣는 불특정 또는 다수인들이 그 발언 현장에 실재하여야 할 필요는 없고 발언 당시의 객관적인 상황에 비추어 이들이 장차 가해자의 발언내용을 들을 가능성만 있으면 족하다고 보는 견해이다.

참고로, 명예훼손 또는 모욕 발언이 행해질 당시 그 면전에 피해자가 있을 것을 요하는지에 대해서는,[11] 피해자의 면전성은 법문상 구성요건이 아니므로 당연히 요구되지는 않는다. 즉, 명예훼손이나 모욕행위가 피해자의 면전에서 이루어질 필요는 없다.[12]

명예훼손죄나 모욕죄의 성립을 위해 우리 형법이 공연성을 요구하는 이유를 알아보기 위해, 다른 나라에서도 명예훼손죄나 모욕죄에 공연성이 요구되고 있는지 잠시 보기로 한다.

먼저 일본 형법의 경우, 우리와 마찬가지로 명예훼손죄와 모욕죄의 성립에 공연성을 요구하고 있다.[13]

그리고 독일 형법은 명예훼손죄의 경우 원칙적으로 공연성을 요구하지는 않으나, 이러한 행위가 공연히 이루어진 경우에는 형을 가중하는 구조를 취하고 있다. 여기서 독일의 판례와 다수설은 공연성의 의미를 '불특정이면서 다수인'으로 이해하고 있어, 이를 '불특정 또는 다수인'으로 보고 있는 우리 판례와 학설에 비해 공연성을 인정하는 범위가 좁은 편이다.[14] 또 독일의 판례와 다수설은 전파가능성 이론도 부정하고 있어, 전파가능성 이론을 인정하는 우리 판례에 비해서도 공연성을 인정하는 범위가 좁다.[15] 다만, 모욕죄의 경우에는 공연성이라

11) 정정원, "이른바 '사이버모욕죄'의 입법적 신설 논의에 관한 검토", 한양법학 제24권 제3집, 한양법학회(2013), 354면.
12) 박재윤 외, 앞의 책, 382면.
13) 서보학, "제2장 「개인적 법익에 대한 죄 분야」, V. 명예에 관한 죄 규정의 개정방안", 형사정책연구원 연구총서, 한국형사정책연구원(2009), 224면.
14) 서보학, 앞의 논문, 224면; 안경옥, 앞의 논문, 95면.
15) 안경옥, 앞의 논문, 96면.

는 구성요건을 요구하지 않는다.[16)]

프랑스에는 공연성을 요구하는 명예훼손죄와 공연성을 요구하지 않는 명예훼손죄의 두 가지가 규정되어 있다.[17)] 스위스 형법과 오스트리아 형법은 명예훼손죄에 있어 공연성을 요구하지는 않으나, 오스트리아 형법의 모욕죄는 공연성을 요구한다.[18)]

이와 같이 외국 입법례에서는 명예훼손죄나 모욕죄의 성립에 공연성을 요구하기도 하고 요구하지 않기도 하는 등 그 구성요건이 제각각이다. 즉, 명예훼손죄나 모욕죄는 그 범죄 자체가 논리필연적으로 반드시 그 구성요건으로서 공연성을 필요로 하는 것이 아니라, 각국의 입법적 연혁과 필요에 따라 공연성을 구성요건으로 삼을 수도 있고 그렇지 않을 수도 있다는 것이다.

그러면 명예훼손죄나 모욕죄가 반드시 논리적으로 공연성을 필요로 하는 것은 아니라는데, 우리 형법이 굳이 공연성을 요구하는 구조를 취하고 있는 이유는 무엇일까. 이번에는 그 답을 찾기 위해 명예훼손죄와 모욕죄의 보호법익과 공연성과의 관계를 따져보기로 한다.

2. 공연성과 보호법익의 관계

가. 명예훼손죄의 보호법익과 공연성

명예훼손죄의 보호법익은 흔히 사람의 인격적 가치에 대한 외부적 평가, 또는 사람의 사회생활상의 지위와 능력에 대해 사회적으로 주어지는 평가를 말하는 외부적 명예라고 일컬어진다.[19)]

가해자가 적시한 사실 자체로 인해 피해자의 외부적 명예가 침해되는 것을 보호하기 위해서는 당연하게도 공연성이라는 요건이 필요하다. 가해자가 피해자에 대해 어떠한 사실을 적시하는 말을 할 때 이

16) 윤해성, “형법 체계상의 공연성”, 형사정책연구 제20권 제1호, 한국형사정책연구원(2009), 425면.
17) 서보학, 앞의 논문, 219면.
18) 서보학, 앞의 논문, 225면.
19) 박재윤 외, 앞의 책, 378면.

를 보거나 듣는 제3자가 존재하지 않는다면 피해자에 대한 '외부적' 평가가 저해될 수가 없고, 결국 피해자의 입장에서는 침해되는 명예가 있다고 볼 수 없게 되기 때문이다. 즉, 피해자에 대한 험담을 누군가(가능하면 많은 사람이) 듣고 피해자를 평가할 수 있어야만 피해자의 외부적 명예가 침해된다는 말이다.

나. 모욕죄의 보호법익과 공연성

모욕죄의 경우에는, 명예훼손죄와 마찬가지로 외부적 명예가 보호법익이라는 견해, 피해자가 자기 자신의 인격적 가치에 대하여 스스로 갖고 있는 가치의식 또는 감정으로서의 주관적인 평가를 말하는 명예감정을 보호법익으로 보는 견해[20] 등이 있는데, 다수설과 판례는 모욕죄의 보호법익 역시 피해자 자신이 스스로에 대해 갖고 있는 내부적 명예나 명예감정이 아니라 명예훼손죄와 마찬가지로 외부적 명예라고 해석한다.[21]

비록 모욕행위가 있는 경우에는 누군가가 보고 있는 자리에서뿐만 아니라 다른 사람은 없이 가해자와 피해자 단 둘이 있는 자리에서도 피해자의 입장에서는 마찬가지의 경멸감을 느낄 수 있다는 점이 명예훼손의 경우와는 다소 다른 측면이 있다. 그러나 이 경우에 침해를 당한 것은 피해자의 외부적 명예가 아니라 피해자 자신이 스스로에 대해 갖고 있는 명예감정이라 할 것인데, 모욕죄의 보호법익이 명예감정이라고 보는 입장에서는 공연한 상황에서 모욕을 당하면 피해자의 명예감정 침해가 더욱 극심해지고 이러한 극심한 침해를 법이 보호하기 위해 공연성이라는 요건이 필요한 것이라고 볼 수 있을 것이다.[22]

---

20) 김두상, "사이버 공간에서의 명예훼손 및 모욕에 관한 규정 검토", 법학연구 제21권 제1호, 경상대학교 법학연구소(2013), 181면; 박경신 외 1, "모욕죄의 보호법익 및 법원의 현행 적용방식에 대한 헌법적 평가", 언론과 법 제10권 제2호, 한국언론법학회(2011), 445면.

21) 박재윤 외, 앞의 책, 378면.

22) 박경신, 앞의 논문, 450면.

그러나 피해자 내심의 주관적인 명예감정까지 형법이 보호할 필요는 없는 것이고,[23] 명예감정을 보호법익으로 보게 되면 피해자가 없는 자리에서의 모욕행위나 피해자가 알지 못하는 모욕행위에 대해서는 피해자가 언젠가 이를 인지할 때까지 범죄가 성립되지 않거나 미수상태에 머물다 피해자의 인지로 인해 비로소 범죄 성립 또는 기수에 이르는 것으로 보아야 하지 않겠느냐는 문제가 있다(물론 모욕죄는 위험범으로 해석하므로 행위 즉시 기수에 이르는 것이긴 하지만).[24]

결국 모욕죄의 보호법익을 다수설 및 판례와 같이 외부적 명예라고 본다면, 피해자에 대한 외부적 평가의 저해를 보호하기 위해서는 반드시 공연성이라는 요건이 필요하다고 하여야 한다. 명예훼손죄의 보호법익에서 본 것과 마찬가지로, 피해자의 외부적 명예가 침해되는 것을 보호하려는 게 아니라면 굳이 불특정 또는 다수인에게 모욕행위 당시의 발언내용이 노출될 필요가 없기 때문이다.[25]

Ⅲ. 전파가능성 이론은 타당한가

1. 전파가능성 이론의 의의

전파가능성 이론 또는 전파성 이론이라 함은, 불특정 또는 다수인이 인식할 수 있는 상태라는 공연성의 의미에 관하여 사실을 적시한 상대방이 한 사람인 경우라 하더라도 그 말을 들은 사람이 불특정 또는 다수인에게 그 말을 전파할 가능성이 있으면 공연성이 인정된다고 보는 이론을 말한다.[26]

이 이론은 일본 대심원이 1919. 4. 18. “공연히는 반드시 사실을 적시한 장소에 있던 인원이 다중일 것을 요하는 것이 아니고 관계없는 두세 사람에 대하여 사실을 고지한 경우라 하더라도 다른 다수인

23) 김두상, 앞의 논문, 181면; 박경신, 앞의 논문, 450면.
24) 이에 대한 반대 견해로는 정정원, 앞의 논문, 355면.
25) 박경신, 앞의 논문, 450면.
26) 박재윤 외, 앞의 책, 386면.

에게 전파될 사정이 있으면 이를 공연히라고 칭하는 데 방해가 되지 않는다"라고 판시한 이래 일본 최고재판소가 채택하고 있고,[27] 우리 대법원도 1968. 12. 24. 선고 68도1569 판결 이래로 지금까지 확고하게 지지하고 있는 이론이다.

판례의 전파가능성 이론에 대해서는 비판하는 의견이 절대 다수설이다.[28] 공연성을 법률구성요건으로 함으로써 가벌적 행위의 범위를 축소시키고자 하는 형법의 근본취지를 무시하고 부당한 유추해석을 통하여 표현의 자유를 지나치게 제한하게 된다는 견해,[29] '공연히'라는 명문규정의 의미에 반하여 처벌대상이 부당하게 확대될 수 있는 해석이라는 견해,[30] 모욕죄는 명예훼손죄와는 달리 전파될 '사실' 자체가 없으므로 전파가능성 이론을 논할 필요조차 없다는 견해,[31] 어떤 상황은 전파가능성이 있고 어떤 상황은 그렇지 않느냐에 대해 판례의 처벌기준이 일관되지 않아 부당하다는 견해[32] 등이 그것이다.

2. 전파될 가능성이 있는 사실

그러면 가해자로부터 소수인이 직접 보고 들은 내용 중 어떤 내용이 불특정 또는 다수인에게 다시 전파될 가능성이 있어야 하는 것

---

27) 박재윤 외, 앞의 책, 386면; 오영근, "명예훼손죄의 공연성", 형사판례연구[1], 한국형사판례연구회(1993), 143면; 윤해성, 앞의 논문, 427면; 이인호 외 1, "명예훼손죄의 공연성 구성요건에 관한 비판적 고찰", 언론과 법 제12권 제2호, 한국언론법학회(2013), 80면.

28) 다수설과는 달리 판례의 전파가능성 이론을 지지하는 견해로는 김우진, "명예훼손죄에 있어서의 공연성", 형사판례연구[9], 한국형사판례연구회(2001).

29) 박재윤 외, 앞의 책, 386면.

30) 김상호, "형법상 모욕과 비방", 저스티스 통권 제103호, 한국법학원(2008), 58면; 오영근, 앞의 논문, 144면; 윤해성, 앞의 논문, 426, 436면.

31) 오영근, 앞의 논문, 147면; 윤해성, 앞의 논문, 427면; 이성기, "경찰관에 대한 모욕죄의 성립과 처벌에 관한 형사법적 검토", 한양법학 제25권 제4집, 한양법학회(2014), 429면; 박상기, 형법각론(제8판), 박영사(2011), 191면; 오영근, 형법각론(제2판), 박영사(2009), 228면; 정웅석 · 백승민, 형법강의(개정 제4판), 대명출판사(2014), 809면.

32) 오영근, 앞의 논문, 145면.

일까.

명예훼손죄의 경우 가해자가 적시한 사실 중 피해자에 대한 외부적 평가를 저하시킬만한 '사실' 자체가 전파될 가능성이 있다고 보는 것이라는 데 이견이 없다.

다만, 모욕죄의 경우는 좀 다른데, ① 가해자가 말한 '발언내용 자체'가 전파된다는 의견이 있을 수 있고, ② '가해자가 피해자를 모욕했다는 사실'이 전파된다는 의견이 있을 수 있고,[33] ③ '모욕행위를 한 사람의 저질성'이 전파된다는 의견이 있을 수 있고,[34] ④ 피해자가 가해자로부터 저렇게 모욕행위를 당하는 걸 보니 피해자가 뭔가 비난받을 짓을 했거나 문제 있는 사람인가 보다라는 '중간전달자의 주관적 생각이나 느낌'이 전파된다는 의견이 있을 수 있다.

생각건대, ②의 경우 가해자의 발언내용 자체가 함께 전파되지 않는다면 단지 가해자가 피해자를 모욕했다는 사실 자체의 전파만으로는 피해자의 외부적 명예가 침해된다고 보기 어렵고, ③의 경우 명예훼손죄와 모욕죄의 보호법익과는 아무런 관계가 없는 사실이며, ④의 경우에도 가해자의 발언내용 자체가 함께 전파되지 않는 이상 중간전달자의 주관적 생각이나 느낌이 전달되는 것만으로는 모욕죄에서 보호하고자 하는 피해자의 외부적 명예가 침해된다고 볼 수는 없으므로, 명예훼손죄에서의 해석과 마찬가지로 ①과 같이 가해자가 말한 발언내용 자체가 공연한 상황에 놓이게 될 경우 피해자의 외부적 명예가 침해되는 것이고 이것이 전파될 가능성이 있는 사실이라고 보아야 할 것이다.

가해자가 행한 발언내용 중 피해자의 외부적 명예가 침해될 수 있는 발언내용이 전파될 가능성이 있어야 한다고 하는데, 그러면 어떠한 발언내용이 피해자의 외부적 명예를 침해할 만한 것인가.

생각건대, 우리가 사실이 적시되지는 않으나 피해자의 외부적 평

---

33) 이성기, 앞의 논문, 429면.
34) 박경신, 앞의 논문, 445면.

가를 저해하는 표현이어서 흔히 모욕죄로 의율하는 말들을 보면 모두 그 성격이 동일하지는 않음을 알 수 있다. 예를 들어 "개새끼"와 같은 흔히 쓰이는 단순한 욕설의 경우, 이는 가해자가 피해자에 대해 어떠한 이유로 격분하여 순간적으로 감정이 폭발하면서 내뱉는 경멸적 표현의 말일 뿐이고, 여기에는 전혀 아무런 사실적시가 존재하지는 않는다. 아무도 이 말을 듣고 "피해자가 개의 자식인가 보다"라고 생각하지는 않는다는 말이다. 한편, 다른 예를 들어 "고문관"과 같은 욕설의 경우(물론 이 역시 개개의 상황에 따라 앞의 예와 마찬가지로 순간적인 감정표출에 따른 단순한 경멸적 표현에 불과할 수도 있으나), 일반적으로는 "고문관"에는 행동이나 일처리가 어딘가 모자란 사람이라는 의미가 담겨 있다. 따라서 이는 아무런 사실적시가 없는 앞의 예와는 달리, 명예훼손죄에 있어서의 사실적시에는 이르지 못하더라도 어느 정도의 사실적시성 표현에 해당하고, 이러한 표현으로 인해 상대방이 모자란 사람이라는 식으로 외부적 평가가 저해될 수 있는 것이다.[35)]

즉, 흔히 모욕적인 표현의 말들도 단순한 감정표출에 따른 경멸적 발언과 다소라도 사실적시에 가까운 의미를 담고 있는 발언으로 구분할 수 있는데, 피해자의 외부적 명예가 침해되기 위해서는 단순히 경멸적 표현에 불과한 말만으로는 부족하고 다소라도 사실적시에 가까운 말에 이르러야 할 필요가 있다. 가해자가 피해자에게 단순히 "개새끼"라고 욕설하는 것을 제3자가 보고 듣는다고 하여 곧바로 피해자의 외부적 명예가 침해된다고 말할 수는 없기 때문이다.

특히 전파가능성 이론의 측면에서 보더라도, 단순한 경멸적 표현의 욕설이나 발언의 경우에는 그 자체가 사실은 아무런 의미가 없는 순간적인 감정표현에 불과하므로, 이것이 굳이 불특정 또는 다수인에게 다시 그대로 전파될 만한 이유가 거의 없고 실제로 전파되리라 보기도 어렵다. 모욕발언 자체에 어떠한 사실적시성 내용이 포함되어 있어야만 그 내용이 장차 불특정 또는 다수인에게 전파될 가능성이 있

35) 박경신, 앞의 논문, 451면.

을 것이고, 그렇기에 모욕발언 중 사실적시성 표현과 그렇지 않은 것을 구분하여 모욕죄의 성립 여부를 따져보아야 한다는 것이다.

이제까지 판례가 모욕죄가 성립하는 것으로 인정하여온 사례를 일부 예로 든다면, "도둑놈, 죽일놈",[36] "저 망할 년 저기 오네",[37] "너 공무원 맞아, 이거 또라이 아냐",[38] "듣보잡, 함량미달, 함량이 모자라도 창피한 줄 모를 정도로 멍청하게 충성할 사람"[39] 등에서 볼 수 있는 발언내용들의 경우, 각각의 피해자가 실제로 절도범이라거나 죽어 마땅한 사람, 또는 망해야 마땅한 사람, 또는 매우 이상하고 무능력한 공무원, 또는 매우 무능력하고 무지한 사람이라는 의미의 말들로 볼 수는 없고, 가해자가 단지 격한 감정을 표출하면서 피해자에 대해 극도의 혐오감정을 표현한 말일 뿐이다. 즉, 사람들이 이러한 말을 듣고 피해자가 절도범이거나 죽어 마땅한 사람 등으로 여기지는 않을 것이므로 그러한 발언으로 인해 피해자에 대한 사회적 평가 자체가 저하되지는 않고, 결국 피해자의 내부적 명예 또는 명예감정만 침해될 뿐이라는 것이다.

이와 반대로, 판례가 모욕죄가 성립한다고 판시하여온 사례 중, "야 이 개같은 잡년아, 시집을 열두 번을 간 년아, 자식도 못 낳는 창녀같은 년",[40] "늙은 화냥년의 간나, 너가 화냥질을 했잖아",[41] "빨갱이 계집년, 첩년",[42] "애꾸눈, 병신"[43]과 같은 사례들의 경우, 가해자가 피해자에 대한 어떠한 특정한 '사실'을 '적시'하였다고 할 만한 발언들이라고는 볼 수 없으나, '사실적시'에 준할 만한 내용들을 포함하고 있는 발언들이다. 즉 이러한 발언들은 각각의 피해자들에게 결혼을 여러

36) 대법원 1961. 2. 24. 선고 4293형상864 판결.
37) 대법원 1990. 9. 25. 선고 90도873 판결.
38) 대법원 2011. 3. 9. 선고 2010도16215 판결.
39) 대법원 2011. 12. 22. 선고 2010도10130 판결.
40) 대법원 1985. 10. 22. 선고 85도1629 판결.
41) 대법원 1987. 5. 12. 선고 87도739 판결.
42) 대법원 1981. 11. 24. 선고 81도2280 판결.
43) 대법원 1994. 10. 25. 선고 94도1770 판결.

번 할 정도로 행실이 좋지 않고 자녀도 갖지 못한 여자, 또는 화냥년이라는 말을 들을 정도로 행실이 좋지 못한 여자, 또는 남편이 공산주의자인 여자, 또는 한쪽 눈이 실명되었거나 신체에 어떠한 장애가 있는 사람 등의 의미를 갖고 있어, 이를 듣는 사람으로 하여금 피해자에 대한 그릇된 평가에 이름으로써 피해자의 외부적 명예가 침해되게 할 수 있는 표현들이므로 모욕죄가 인정된다고 해석하여야 한다.

통설과 판례는 모욕죄에 있어서의 '모욕'의 의미를 사실을 적시하지 아니하고 단순히 사람의 사회적 평가를 저하시킬 만한 추상적 판단이나 경멸적 감정을 표현하는 것이고, 단순한 농담, 무례, 불친절, 건방진 표현은 모욕이라고 할 수 없다고 보고 있는데,[44] 보호법익과의 관계에 비추어 이러한 '모욕'의 개념을 엄격하게 해석한다면 전파가능성 이론을 적용하더라도 모욕죄가 부당하게 확대해석되는 것을 방지하고 그 범위를 합리적으로 제한할 수 있을 것이다.

3. 전파가능성 이론의 타당성

가. 명문규정의 해석과 현장성 요건

명예훼손죄와 모욕죄의 보호법익이 보호받는 정도는 위험범이라고 해석하는 것이 통설과 판례이므로,[45] 명예훼손적 발언과 모욕적 발언을 불특정 또는 다수인이 실제로 인식하여 피해자의 외부적 명예가 반드시 침해되는 결과가 발생하여야만 하는 것이 아니라 이들이 인식할 수 있는 상태에 놓여 피해자의 외부적 명예가 침해당할 우려만 있으면 된다. 전파가능성 이론의 근거 중 하나가 명예훼손죄와 모욕죄의 위험범적 성격과 부합한다는 것인데, 전파가능성 이론을 따를 경우 문제되는 발언을 보거나 듣는 불특정 또는 다수인이 범죄현장에 실제로 있을 것을 요하지 않고 불특정 또는 다수인이 간접적으로 인식할 수 있는 상태에 있으면 족하다고 볼 수 있다.

---

44) 박재윤 외, 앞의 책, 461면.
45) 박재윤 외, 앞의 책, 381면.

'공연히'의 사전적 의미는 '숨김없고 떳떳하게'이고, 정보통신망 이용촉진 및 정보보호 등에 관한 법률 제70조에 규정된 명예훼손죄에서의 구성요건인 '공공연하게'의 사전적 의미는 '사실을 숨김없이 버젓하게 드러내 놓은 상태에 있게'이다.[46] 이 글에서 소재로 삼은 일대일 비밀대화나 단체대화방에서의 대화가 '숨김없이', '버젓이', '드러내 놓은' 것이라고는 볼 수 없어 공연성의 사전적 의미에는 일응 부합한다고 보기 어렵다. 전파가능성 이론의 가장 큰 약점이 여기에 있다.

그러나 법률용어는 규범적 개념이므로 그 의미가 반드시 사전적 개념과 일치하여야 한다고 볼 수는 없고, 위와 같은 사전적 의미에 명예훼손죄나 모욕죄의 성립에 있어 반드시 현장성, 즉 범죄현장에 불특정 또는 다수인이 실재하여 있어야 한다는 의미가 포함되어 있다고 볼 수 있는 것도 아니다.

또한, 외부적 명예의 침해라는 결과가 불특정 또는 다수인이 그 행위현장에서 문제의 발언을 직접 보고 들음으로써 이루어지는 것과, 그들이 행위현장에 있지는 않았으나 순차적으로 이를 전해들음으로써 이루어지는 것은, 발언내용이 알려지는 과정이 다를 뿐이지 결과 면에서는 사실상 동일하다.[47] 명예훼손죄와 모욕죄의 보호법익이 피해자의 외부적 명예이고 공연성이라는 요건이 반드시 불특정 또는 다수인의 현장성을 요구하는 것은 아니라고 본다면, 사실상 동일한 결과에 침해되는 법익도 동일한 두 사례를 놓고 어떤 경우는 공연성이 인정되어 처벌할 수 있고 어떤 경우는 공연성이 인정되지 않아 처벌할 수 없다는 것은 불합리하다.

그리고 명예훼손죄나 모욕죄가 성립되는 경우 중, 가해자가 미리 작정을 하고 누군가에 대한 험담을 공공연한 자리에서 일시에 발언하지 않고 소수인에게 각각 암암리에 말함으로써 결과적으로 다수인에게 퍼뜨리는 경우도 볼 수 있다. 즉, 공연히 또는 공공연하게라는 말

46) 동아 새국어사전, 동아출판사.

47) 안경옥, 앞의 논문, 88면; 윤해성, 앞의 논문, 436면.

의 의미를 반드시 불특정 또는 다수인이 행위현장에 일시에 있는 상태에서 드러내놓고 발언을 해야 하는 것으로 해석할 것이 아니라, 행위자가 이 사람한테 말하였다가 다음에는 저 사람에게 말하는 경우와 같이, 수회에 걸쳐 각각 한사람씩에게(그러다보면 결국에는 여러 사람에게) 누군가의 험담을 몰래 하고 돌아다니는 경우를 말한다고 볼 수도 있는 것이다. 이러한 경우 역시 일시에 여러 사람 앞에서 말한 것과 동일한 결과에 이르게 되고 단지 행위방법에만 차이가 있을 뿐이기 때문이다.

따라서 공연성의 의미를 범죄현장에 불특정 또는 다수인이 반드시 실재하여 직접 발언내용을 인식할 수 있는 상태에 있어야 한다는 것으로 한정하여 해석하는 것만이 명문규정에 부합하는 해석이라고 볼 수는 없다.

나. 말의 전파와 글의 전파

판례의 전파가능성 이론을 따를 때, 모바일이나 인터넷상에서는 그 공간의 특성상 모든 개인 간의 정보유통행위에 전파가능성이 인정되므로 처벌범위가 부당하게 확대될 수 있다는 비판이 가능하다.[48]

명예훼손 행위나 모욕 행위는 말에 의해 이루어지는 경우와 글에 의해 이루어지는 경우 등 대부분 이 두 가지 방법으로 행해지곤 한다. 이 글에서 소재로 삼고 있는 모바일상에서의 명예훼손이나 모욕의 경우뿐만 아니라, 종래 오프라인에서도 역시 누군가를 비방하는 내용이 담긴 전단지를 배포하거나 문서를 물리적 게시판에 게시한다든지 하는 방법으로 글에 의한 명예훼손 또는 모욕 행위를 하는 사례가 적잖이 있어왔다. 이 경우에는 그러한 글을 불특정 또는 다수인이 볼 수 있는 장소에 놓아두는 것만으로 행위를 '공연히' 한 것이 된다.

전파가능성 이론의 적용 측면에서 보면, 말에 의한 행위보다 글에 의한 행위가 훨씬 전파가능성이 크다고 할 수 있다. 말은 본래의 표현

48) 류부곤, "SNS상에서의 정보유통과 '공연성' 개념", 형사정책 제26권 제1호, 한국형사정책학회(2014), 292면.

과 내용 그대로를 재현하는 게 곤란하거나 그 말 자체가 시간의 경과에 따라 자연히 소멸해버려 별 문제가 발생하지 않을 수 있으나, 글은 그 원본 자체를 남에게 보여주거나 사진촬영이나 화면 캡쳐 등의 방법을 이용한 별도의 사본이나 이미지 생성을 통해 본래의 표현과 내용 그대로 타인에게 전달될 수 있고 그 글이 어딘가 남아있는 한 시간이 경과하더라도 잊히지 않고 계속 전파될 수 있기 때문이다.

즉, 글에 의한 명예훼손 또는 모욕행위가 말에 의한 그것보다는 불특정 또는 다수인이 인식할 수 있는 상태에 놓이게 될 우려가 많고, 모바일이나 인터넷상의 글은 더욱 그러하다. 글에 의한 명예훼손 또는 모욕행위의 경우에 불특정 또는 다수인의 현장성을 요구한다면, 오히려 명예훼손죄나 모욕죄의 성립범위를 부당하게 축소시킬 수 있는 반면, 전파가능성 이론의 적용이 보다 자연스러운 측면이 있기 때문이다.

더구나 요새 SNS 등에 의한 글의 전파는 종래 물리적 게시판이나 전단지 등에 의한 글의 전파와는 또 차원이 다르고, 전파가능성 이론이 유용한 이론임을 알 수 있는 상황이 되었다.

따라서 말에 의한 행위와 대비되는 글에 의한 행위의 특성을 감안할 때 전파가능성 이론을 적용함이 타당하다.

다. 불특정인에 대한 전파

다수설과 판례는 불특정인의 경우에는 그 수가 소수여도 공연성이 인정된다고 해석하는데, 불특정인의 경우 소수여도 공연성을 인정하는 이유는 불특정인이 또다른 불특정인들에게 가해자의 발언내용을 전파할 가능성이 있기 때문이라고 볼 수도 있고,[49] 그 수가 소수라 하더라도 피해자와 특수한 관계에 있지 않은 외부인(예컨대 가족이나 이해관계를 같이하는 직장 동료 이외의 사람)에게 발언내용이 알려지는 것 자체로 피해자의 외부적 명예가 침해될 수 있기 때문이다.

그렇다면 통상 전파가능성 이론이 적용되는 영역은 피해자와 특

49) 김우진, 앞의 논문, 267면; 안경옥, 앞의 논문, 92면.

수한 관계에 있지 않아 전파가능성이 있는 사람이 가해자의 발언내용을 듣게 되는 경우이므로, 이는 바로 앞에서 말한 소수의 불특정인이 가해자의 발언내용을 '공연히' 듣는 경우와 사실상 동일한 사례라고 할 것이다.

특히 기자에게 가해자의 발언내용을 전달하는 경우를 상정하여 본다면, 기자는 누구보다 전파가능성을 인정하기 쉬운 직업군에 있는 사람일텐데, 이런 경우 공연성이 인정되지 않는다고 하여 기자에 대한 전파를 방치하는 것은 공연성의 개념을 너무 협소하게 인정하는 것이 될 것이다. 또한, SNS 등에 의한 전파의 경우 그 대상자가 일반인이라 하더라도, 그 결과는 기자 1인에게 전파하는 경우와 그다지 결과 면에서 다르지 않을 정도로 SNS 등에 의한 전파의 강력함을 고려할 때, 역시 전파가능성 이론이 유용하게 적용될 수 있는 영역이라고 할 것이다.

따라서 소수의 불특정인이 범죄현장에 있는 상황의 경우에는 전파가능성 이론을 적용하는 것이 부당하다고 보기 어렵다.

라. 모욕죄와 전파가능성 이론

모욕죄에 있어서는 전파되는 '사실' 자체가 없으므로 전파가능성 이론이 적용될 수 없다는 의견이 다수설이다.[50]

그러나 앞서 본 바와 같이 모욕죄의 경우에도 전파될 '사실'이 없는 것이 아니라, 모욕발언 자체에 어떠한 사실적시성 내용이 포함되어 있는 경우에는 그 내용이 장차 불특정 또는 다수인에게 전파될 가능성이 있는 것이므로, 전파가능성 이론의 적용을 아예 부정하기는 곤란하다고 보아야 한다.

결국 명예훼손죄는 물론 모욕죄도 전파가능성 이론의 적용이 가능하다고 봄이 상당하다.

---

50) 주석 31) 참조.

Ⅳ. 대상판결 사안의 검토

1. 대상판결 1

피고인이 자신의 블로그 회원 D에게 한 말은 자신의 소설 '꽃뱀'의 실제 주인공이 피해자 C로서 그가 회사 상무로부터 돈을 받고 부장의 사생활을 보고한다는 내용으로, 이는 불특정 또는 다수인이 알게 될 경우 피해자의 외부적 명예를 침해할 수 있는 말이다.

그리고 피고인과 D 사이의 일대일 비밀대화는, 그 자체로는 공연성이 없다고 볼 여지가 있다. 그러나 위 블로그 회원들 사이에 소설 '꽃뱀'의 실제 주인공이 누구인지가 관심사가 되어 이를 궁금해하는 회원들이 많은 상태였는데, 피고인이 먼저 블로그 회원들에게 누구든지 주인공이 누구인지 알고 싶은 사람에게는 이를 살짝 알려주겠다고 공지까지 하였던 점에 비추어 보면, 피고인이 D 외에 다른 회원들에게도 이미 이를 알려주었거나 장차 알려줄 가능성이 농후하였다.

대상판결의 기재내용상 위 블로그의 회원 수가 얼마나 되는지, 피고인과 D가 서로 어느 정도 친분관계가 있는지는 명확하지 않으나, 아마도 인터넷 블로그의 특성상 위 블로그의 회원은 상당한 다수이고 피고인과 D는 서로 전혀 일면식이 없는 사이일 가능성이 많다. 만약 그렇다면 피고인은 불특정인인 D에게 피해자 C에 대한 명예를 훼손할만한 말을 한 것이므로, 공연성이 인정되어 명예훼손죄가 성립한다.

설령 공연성을 인정하기 어렵다 하더라도, 전파가능성 이론을 적용하면 피고인과 D 사이의 일대일 비밀대화가 얼마든지 불특정 또는 다수인에게 전파될 가능성이 있었으므로, 대상판결의 결론과 같이 명예훼손죄가 성립한다고 봄이 타당하다.

2. 대상판결 2

피고인이 단체대화방에서 A, B, C, D에게 한 말은 구체적인 사실의 적시는 없으나 피해자 E가 성에 관심이 많고 적극적이니 그와 잘 해보라고 하는 등 그를 성적으로 희화하는 내용으로, 불특정 또는 다수인이 알게 될 경우 피해자의 외부적 명예를 침해할 수 있는, 모욕에 해당하는 말이다.

그리고 피고인과 A, B, C, D 사이의 모바일 단체대화방 대화는, 이들은 물론 피해자 모두 인터넷 다음 카페의 회원이었고 더구나 이 카페는 가학, 피가학 성애를 주제로 한 모임이어서 한 여성 회원의 성과 관련된 내용은 남성 회원들 간에 얼마든지 관심사가 될 수 있는 내용이고, 또한 비슷한 관심사를 가진 사람들이 모인 모임의 성격상 얼마든지 그 외의 다른 회원들에게도 이러한 대화내용이 전파될 가능성이 있었으며, 실제로 다른 회원인 F에게도 피해자 E에 대한 내용이 전파된 사실이 있기까지 한 이상, 전파가능성 이론을 적용하여 공연성을 인정할 수 있는 사안이라고 봄이 타당하다.

Ⅴ. 그래도 실패한 뒷담화는 처벌되어야 한다.

뻔히 잘 아는 가까운 사람들에 의해 입에 담기 민망한 대화의 소재가 되어 마음에 지우기 힘든 상처를 입었을 피해자의 입장을 고려하여 극소수인 사이에 있었던 대화내용이라도 적극 처벌하여야 한다는 입장이 있을 수 있고, 극소수인 사이에 있었던 사적인 대화에까지 국가의 형벌권이 미치게 하는 것은 지나친 표현의 자유 제약이라는 입장이 있을 수 있고, 양자의 입장은 각각 그 나름의 일리가 있기도 하다.

가만 생각해보면, 뒷담화 중에서도 '성공한 뒷담화', 즉 소수인 간에 나눈 대화이긴 하나 그러한 사실이 피해자의 귀에 들어가지 않아 아무런 문제도 생기지 않은 채 유야무야 잘 넘어간 경우가 있을 것인가 하면, '실패한 뒷담화', 즉 소수인 간의 대화내용이 흘러흘러 피해자의 귀에 들어가 이에 격분한 피해자의 이의제기로 말미암아 법적 분쟁에 이르게 된 경우도 있을 것이다.[51] 사실 두 상황 모두 소수인끼리 피해자가 없는 자리에서 피해자에 대한 뒷담화를 나누었다는 상황은 동일하나, 이후 그러한 사실이 밖으로 유출되어 결국 피해자의 귀에 들어갔느냐 그렇지 않았느냐의 차이만 있을 뿐이다. 이 두 사례의 차이점을 설명하는 이론이 바로 전파가능성 이론 또는 전파성 이론이다.

전파가능성 이론은, 공연성이라는 요건이 반드시 불특정 또는 다수인이 범행현장에 실재하여야 할 것까지 요구하는 것은 아니라는 점, 종래의 말에 의한 명예훼손 또는 모욕행위에 비해 인터넷 또는 모바일에서의 글에 의한 명예훼손 또는 모욕행위가 보다 전파성이 강하여 전파가능성 이론의 적용이 의미가 있는 점, 불특정인을 대상으로 한 명예훼손 또는 모욕행위의 경우 소수인만으로도 공연성을 인정하는 것과 비교하여 보면 전파가능성 이론을 인정한다고 하여 불합리한 결과가 야기되는 것은 아닌 점, 모욕죄에서도 단순한 경멸적 표현에 그치지 않고 어느 정도 피해자의 외부적 평가를 저하시킬 수 있을만한 표현의 경우 전파가 가능한 점 등을 고려하여 보면, 여전히 그 의의가 있는 이론이라고 평가할 수 있다.

수십 년간 판례의 확고한 지지를 받고 있는 전파가능성 이론은 표현의 자유와 관련하여 많은 비판을 받고 있는 것은 사실이나, 반드시 그렇다고만 볼 것은 아니다. 왜냐하면 형법 제310조의 위법성조각사유 특칙 또는 형법 제20조의 사회상규에 따른 위법성조각사유가 존재하고 있는 점을 감안하면, 표현의 자유를 지나치게 침해할 가능성이 있는 사안에 대해서는 전파가능성 이론의 적용을 문제 삼을 것이 아니라 위 위법성조각사유에 의해 구제받을 수 있는 방법이 존재하기 때문이다.

스마트폰의 시대 도래 이후 전파가 용이한 온갖 하드웨어와 소프

51) 실패한, 즉 유출되어 피해자가 알게된 뒷담화만 처벌하면 되는 것이므로, 명예훼손죄와 모욕죄가 반의사불벌죄이거나 친고죄인 것은 참 일리 있는 입법이다.

트웨어가 충분히 갖춰진 요즘, 이 시대가 전파가능성 이론의 생명력을 연장하여 준 역설을 우리는 목격하고 있는 것인지도 모른다.

[주 제 어]
명예훼손, 모욕, 공연성, 전파가능성, 단체대화방

[Key words]
defamation, insult, publicity, theory of propagation, group chat room

접수일자: 2017. 5. 1. 심사일자: 2017. 6. 1. 게재확정일자: 2017. 6. 5.

[참고문헌]

박상기, 형법각론(제8판), 박영사, 2011.

박재윤 외, 주석 형법 각칙(4)(제4판), 한국사법행정학회, 2006.

오영근, 형법각론(제2판), 박영사, 2009.

정웅석 · 백승민, 형사소송법(개정 제4판), 대명출판사, 2014.

김두상, "사이버 공간에서의 명예훼손 및 모욕에 관한 규정 검토", 법학연구 제21권 제1호, 경상대학교 법학연구소, 2013.

김상호, "형법상 모욕과 비방", 저스티스 통권 제103호, 한국법학원, 2008.

김우진, "명예훼손죄에 있어서의 공연성", 형사판례연구[9], 한국형사판례연구회, 2001.

김현철, "사이버 모욕죄의 헌법적 쟁점", 공법학연구 제10권 제3호, 한국비교공법학회, 2009.

류부곤, "SNS상에서의 정보유통과 '공연성' 개념", 형사정책 제26권 제1호, 한국형사정책학회, 2014.

박경신 · 김가연, "모욕죄의 보호법익 및 법원의 현행 적용방식에 대한 헌법적 평가", 언론과 법 제10권 제2호, 한국언론법학회, 2011.

서보학, "제2장 「개인적 법익에 대한 죄 분야」, Ⅴ. 명예에 관한 죄 규정의 개정방안", 형사정책연구원 연구총서, 한국형사정책연구원, 2009.

안경옥, "명예훼손죄의 '공연성' 해석의 재검토", 법조 제575호, 법조협회, 2004.

오영근, "명예훼손죄의 공연성", 형사판례연구[1], 한국형사판례연구회, 1993.

윤해성, "형법 체계상의 공연성", 형사정책연구 제20권 제1호, 한국형사정책연구원, 2009.

이성기, "경찰관에 대한 모욕죄의 성립과 처벌에 관한 형사법적 검토", 한양법학 제25권 제4집, 한양법학회, 2014.

이인호 · 이구현, "명예훼손죄의 공연성 구성요건에 관한 비판적 고찰", 언론과 법 제12권 제2호, 한국언론법학회, 2013.

정정원, "이른바 '사이버모욕죄'의 입법적 신설 논의에 관한 검토", 한양법학 제24권 제3집, 한양법학회, 2013.
조현욱, “명예훼손죄에 있어서 공연성의 의미와 판단기준”, 법학연구 제32집, 한국법학회, 2008.
표성수, “형법상 모욕죄의 문제와 개선방안”, 법조 제703호, 법조협회, 2015.

[Abstract]

Conversation in mobile group chat rooms and its publicity

Han, Je-Hee*

The Supreme Court recognizes that if there is a possibility of propagating both defamation and insult, it is public. Whether or not a conversation in mobile or internet group chat rooms where only two or only a few participants are affected is a libel, it is also important whether the publicity is recognized by the possibility of propagation.

The theory of propagation is still a meaningful theory. This is because, in order for publicity to be recognized, an indefinite or large number of people must not actually exist in a crime scene. In addition, defamation or insult by writing on the internet or mobile are far more dominant compared to defamation or insult by speech, and the application of the theory of propagation is beneficial. In the case of defamation or insulting an unspecified person, admitting the theory of propagation does not lead to unreasonable results when compared with the recognition of publicity by only a minority. In the case of insults, it is possible to spread the expression in a way that can not just be a mere contemptuous expression but also deteriorate the external evaluation of the victim.

The theory of propagation that has been firmly supported by decades of decades has been criticized for freedom of expression, but it is not inevitably wrong. Because it can be relieved in accordance with Article 310 and Article 20 of the Criminal Code for matters that may unduly undermine freedom of expression.

---

* Director of Human rights investigation division, Ministry of Justice(Public Prosecutor).

형법상 강제추행죄의 역할
— 대법원 2015. 4. 23. 선고 2014도16129 판결 —

이 원 상*

[대상판례]

1. 제1심 판결

(1) 범죄사실

피고인은 조명기구 도·소매업, 수입자동차 대출 관련업을 하는 사람이다. 피고인은 2013. 8. 8. 16:30경 김해시 장유면 대청리 62-4에 있는 피고인이 운영하는 다이아몬드빌딩 2층 환웅조명사무실에서 피해자 전○○(여, 26세)를 수입자동차 견적에 대한 교육을 시켜주겠다고 데리고 와, 덥다는 이유로 바지를 벗고 트렁크팬티만 입은 채 소파에 앉아 피해자에게 고스톱을 치자고 하여 피해자를 피고인의 옆 의자에 앉게 하였다. 이후 피고인은 피해자에게 "다리를 주무르라"라고 하면서 왼쪽 다리를 소파 앞에 있던 탁자 위에 올려놓고 오른쪽 다리를 피해자의 허벅지 위에 올려 피해자를 강제로 추행하고, 피고인의 종아리를 주무르는 피해자에게 "더 위로, 더 위로, 다른 곳도 만져라."라고 말하며 트렁크팬티 사이로 발기된 성기를 보이게 하였다.

* 조선대학교 법학과 조교수.

(2) 법령의 적용

1. 범죄사실에 대한 해당법조 및 형의 선택
형법 제298조(징역형 선택)

2. 집행유예
형법 제62조 제1항(아래 양형의 이유 중 유리한 정상 참작)

3. 수강명령
성폭력범죄의 처벌 등에 관한 특례법 제16조 제2항

(3) 신상정보의 등록 및 제출의무

등록대상 성범죄인 판시 범죄사실에 관하여 피고인에 대한 유죄판결이 확정되는 경우 피고인은 성폭력범죄의 처벌 등에 관한 특례법 제42조 제1항에 따른 신상정보 등록대상자가 되므로, 같은 법 제43조에 따라 주소지를 관할하는 경찰관서의 장에게 신상정보를 제출할 의무가 있다.

(4) 등록정보의 공개 및 고지 여부

피고인의 연령, 직업, 재범위험성, 범행의 동기, 경과 및 죄의 경중, 공개명령 또는 고지명령으로 인하여 피고인이 입는 불이익의 정도와 예상되는 부작용, 그로 인해 달성할 수 있는 등록대상 성폭력범죄의 예방효과, 피해자 보호 효과 등을 종합적으로 고려하여 볼 때 성폭력범죄의 처벌 등에 관한 특례법 제47조 제1항, 제49조 제1항, 아동·청소년의 성보호에 관한 법률 제49조 제1항 단서, 제50조 제1항 단서에 따라 신상정보를 공개 · 고지하여서는 아니 될 특별한 사정이 있다고 판단되므로, 피고인에 대하여 공개명령, 고지명령을 선고하지 아니한다.

(5) 양형의 이유

[권고형의 범위]

일반적 기준 > 강제추행죄(13세이상 대상) > 제1유형(일반강제추행) > 기본영역(6월~2년)

[선고형의 결정]

피고인이 이 사건 범행을 부인하며 반성하는 기색이 부족한 점, 이 사건 범행의 발생 경위 및 수법, 범행 전후의 정황, 피고인과 피해자와의 관계 등에 비추어 죄질이 좋지 않다. 그러나 피고인이 동종 범행으로 처벌받은 전력이 없고, 벌금형을 넘는 전과가 없는 점 등을 유리한 정상으로 참작하고, 그 밖에 강제추행의 부위 및 정도, 피고인의 성행 및 환경 등 양형의 조건이 되는 제반사정들을 고려하여 주문과 같이 형을 정한다.

(6) 주 문

1. 피고인을 징역 6월에 처한다.
2. 다만, 이 판결 확정일부터 2년간 위 형의 집행을 유예한다.
3. 피고인에게 80시간의 성폭력치료강의 수강을 명한다.

2. 제2심 판결

(1) 주 문

원심판결을 파기한다.

피고인은 무죄.

이 판결의 요지를 공시한다.

(2) 이 유

가. 항소이유의 요지

(가) 사실오인 내지 법리오해

피고인은 ① 왼쪽 다리와 오른쪽 다리 모두 소파 앞에 있던 탁자 위에 올려놓았고, 전○○에게 “더 위로, 더 위로, 다른 곳도 만져라”고 말한 사실이 없으며 발기된 성기를 의도적으로 보여준 것은 아니다. ② 또한 전○○에게 폭행 또는 협박을 가하지 않았음에도 불구하고 피고인에게 강제추행죄의 죄책을 인정한 원심판결에는 사실을 오인하거나 법리를 오해한 위법이 있다는 취지로 주장한다.

(나) 양형부당

또한 피고인은 예비적으로 원심이 선고한 형(징역 6월에 집행유예 2년, 성폭력치료강의 수강명령 80시간)이 너무 무거워서 부당하다고 주장한다.

나. 사실오인 내지 법리오해 주장에 대한 판단

(가) 이 부분 공소사실의 요지

피고인은 조명기구 도·소매업, 수입자동차 대출 관련업을 하는 사람이다. 피고인은 2013. 8. 8. 16:30경 김해시 장유면 대청리 62-4에 있는 피고인이 운영하는 다이아몬드빌딩 2층 환웅조명사무실에서 전○○(여, 26세)를 수입자동차 견적에 대한 교육을 시켜주겠다고 데리고 와, 덥다는 이유로 바지를 벗고 트렁크팬티만 입은 채 소파에 앉아 전○○에게 고스톱을 치자고 하여 전○○를 피고인의 옆 의자에 앉게 하였다. 이후 피고인은 전○○에게 "다리를 주무르라"라고 하면서 왼쪽 다리를 소파 앞에 있던 탁자 위에 올려 놓고 오른쪽 다리를 전○○의 허벅지 위에 올려 전○○를 강제로 추행하고, 피고인의 종아리를 주무르는 전○○에게 "더 위로, 더 위로, 다른 곳도 만져라."라고 말하며 트렁크팬티 사이로 발기된 성기를 보이게 하였다.

(나) 판 단

1) 사실오인 주장에 대한 판단

원심이 적법하게 채택하여 조사한 증거들을 종합하면, 피고인이 이 사건 공소사실 기재와 같이 왼쪽 다리를 소파 앞에 있던 탁자 위에 올려 놓고 오른쪽 다리를 전○○의 허벅지 위에 올린 다음 피고인의 종아리를 주무르는 전○○에게 "다른 곳도 만져라."는 취지로 말하며 트렁크팬티 사이로 발기된 성기를 보이게 한 사실이 넉넉히 인정되므로, 피고인의 이 부분 주장은 이유 없다.

2) 법리오해 주장에 대한 판단

가) 형법 제298조는 "폭행 또는 협박으로 사람에 대하여 추행을

한 자"를 강제추행죄로 벌할 것을 정한다. 그런데 강제추행죄는 개인의 성적 자유라는 개인적 법익을 침해하는 죄로서, 위 법규정에서의 '추행'이란 일반인에게 성적 수치심이나 혐오감을 일으키고 선량한 성적 도덕관념에 반하는 행위인 것만으로는 부족하고 그 행위의 상대방인 피해자의 성적 자기결정의 자유를 침해하는 것이어야 한다.

따라서 건전한 성풍속이라는 일반적인 사회적 법익을 보호하려는 목적을 가진 형법 제245조의 공연음란죄에서 정하는 '음란한 행위'(또는 이른바 과다노출에 관한 경범죄 처벌법 제1조 제41호에서 정하는 행위)가 특정한 사람을 상대로 행하여졌다고 해서 반드시 그 사람에 대하여 '추행'이 된다고 말할 수 없고, 무엇보다도 문제의 행위가 피해자의 성적 자유를 침해하는 것으로 평가될 수 있어야 한다. 그리고 이에 해당하는지 여부는 피해자의 의사·성별·연령, 행위자와 피해자의 관계, 그 행위에 이르게 된 경위, 구체적 행위태양, 주위의 객관적 상황 등을 종합적으로 고려하여 정하여진다.

또한 강제추행죄는 폭행 또는 협박을 가하여 사람을 추행함으로써 성립하는 것으로서 그 폭행 또는 협박이 항거를 곤란하게 할 정도일 것을 요한다. 그리고 그 폭행 등이 피해자의 항거를 곤란하게 할 정도의 것이었는지 여부는 그 폭행 등의 내용과 정도는 물론, 유형력을 행사하게 된 경위, 피해자와의 관계, 추행 당시와 그 후의 정황 등 모든 사정을 종합하여 판단하여야 한다(대법원 2012. 7. 26. 선고 2011도8805 판결 등 참조).

나) 위와 같은 법리에 비추어 이 사건에 관하여 보건대 원심이 적법하게 채택하여 조사한 증거들에 의하면 다음과 같은 사정을 알 수 있다.

① 전○○은 26세의 여자로 2013. 7. 30.경부터 피고인이 운영하는 KT 캐피탈의 직원으로 근무하게 됐다. 전○○은 피고인으로부터 업무관련 교육을 받기 위하여 이 사건 공소사실 기재일에 피고인이 별도로 운영하는 이 사건 공소사실 기재의 조명기구 가게에 방문했다. 전

○○은 김밥을 사서 위 사무실에 들어왔는데 손님이 올 수 있으니 문을 잠그라는 피고인의 지시에 따라 전○○은 위 사무실의 문을 잠궜다(이후 아래 (3)항에 따라 피고인이 준 돈으로 전○○이 커피를 사 들고 들어오면서도 위 사무실의 문을 잠궜다).

② 피고인은 전○○과 함께 김밥을 먹고 나서 덥다면서 반바지로 갈아입어도 되겠냐는 동의를 얻었고 전○○에게 보지 말라는 손짓을 한 뒤 트렁크팬티만 입은 상태로 쇼파에 앉았다.

③ 피고인은 전○○에게 업무 관련 교육을 마치고 이긴 사람의 소원을 들어주기로 하여 고스톱을 쳤는데, 첫 번째 게임에서는 전○○가 이겨 전○○의 요구에 따라 피고인이 전○○에게 커피를 사줬다. 이어진 두 번째 게임에서는 피고인이 이겼고 전○○에게 피고인의 다리를 주무르라고 했다.

④ 피고인이 쇼파에 앉아 두 다리를 쇼파 앞에 있던 탁자 위에 올려놓자 전○○이 피고인의 옆 쪽으로 자리를 옮겨 앉은 뒤 피고인의 종아리 부위를 주물렀는데 피고인은 전○○에게 '다리 말고 다른 곳을 주물러라'는 취지로 말하기도 했다. 전○○이 피고인의 다리를 주무르던 도중 피고인은 오른쪽 다리를 전○○의 허벅지 위에 올렸으며 전○○은 자신의 다리 위에 얹어진 피고인의 오른쪽 다리의 무릎 조금 위 쪽 부분까지 주물렀다. 이어서 피고인이 다시 왼쪽 다리를 주무르라고 하여 전○○은 허리를 숙여 피고인의 왼쪽 다리를 주무르고 있던 도중 피고인의 트렁크팬티 사이로 발기된 피고인의 성기를 보게 되었다.

앞서 본 전○○의 성별·연령, 전○○이 피고인의 다리를 주무르게 된 경위 및 피고인의 요구가 있었다고는 하나 전○○이 직접 위 위 사무실의 문을 잠궜고 전○○로서는 다리를 주무르라는 피고인의 요구를 거절할 수도 있었을 것으로 보이는 점, 전○○도 '피고인이 다리를 주무르라고 했을 때 폭행이나 협박 같은 것은 없었지만 내기를 해서 무조건 들어주기라는 약속을 했고 피고인이 직장상사이기도 했으며 앞의 내기에서 피고인이 커피를 사주기도 했기 때문에 피고인의 요구를 거절할 수는 없었다’라고 진술하였을 뿐인 점(증거기록 제13, 14쪽), 피고인이 전○○의 신체를 만지는 등의 직접적인 신체접촉을 시도하지는 않았고 전○○의 다리 위에 자신의 다리를 얹기는 하였으나 앞서 본 경위 등에 비추어 이를 두고 전○○이 피고인의 다리를 주무를 수밖에 없게 만드는 유형력의 행사라거나 이로 인하여 전○○의 항거를 곤란하게 할 정도라고 보기도 어려운 점 등을 종합하여 보면, 피고인의 이 사건 공소사실 기재와 같은 행위, 특히 전○○에게 다리를 안마하게 하고 발기된 자신의 성기를 보이게 한 것이 비록 객관적으로 일반인에게 성적 수치심이나 혐오감을 일으키게 하는 행위라고 할 수 있을지는 몰라도 피고인이 폭행 또는 협박으로 ‘추행’을 하였다고 볼 수는 없고, 달리 이를 인정할 증거가 없다[강제추행죄는 상대방에 대하여 폭행 또는 협박을 가하여 항거를 곤란하게 한 뒤에 추행행위를 하는 경우뿐만 아니라 폭행행위 자체가 추행행위라고 인정되는 경우도 포함되는 것이며, 이 경우에 있어서의 폭행은 반드시 상대방의 의사를 억압할 정도의 것임을 요하지 않고 상대방의 의사에 반하는 유형력의 행사가 있는 이상 그 힘의 대소강약을 불문하나(대법원 2002. 4. 26. 선고 2001도2417 판결 등 참조), 이는 상대방이 항거를 할 시간적 여유 등이 없는 상태에서 있었던 유형력의 행사 그 자체가 추행행위로 인정되는 경우 그 추행행위에 앞서 항거가 곤란한 폭행이나 협박이 있었던 것은 아니지만 그 추행행위 자체 역시 유형력의 행사로서 이에 대한 상대방의 항거가 곤란했음을 이유로 강제추행죄의 성립을 인정하는 것인 점, 그런데 전○○이 피고인의 다리를 주무르게 된 경위 및 피고인이 오른쪽 다리를 전○○의 허벅지 위에 올리기 이전의 상황 및 이후에도 전○○이 피고인의 다리를 계속 주무른 점 등에 비추어 보면 피고인이 오른쪽 다리를 전○○의 허벅지 위에 올린 부분만을 떼어내어 폭행행위 자체가 추행행위라고 인정되는 소위 기습추행에 해당한다고 보기는 어렵다].

다) 따라서 이를 지적하는 피고인의 주장은 이유 있다.

다. 결 론

피고인의 법리오해 주장은 이유 있으므로, 피고인의 예비적 양형부당 주장에 관한 판단을 생략한 채 형사소송법 제364조 제6항에 의하여 원심판결을 파기하고 변론을 거쳐 다음과 같이 다시 판결한다.

(3) 다시 쓰는 판결

이 부분 공소사실의 요지는 위 제2의 가항 기재와 같고, 이는 앞서 본 제2의 나항과 같은 이유로 범죄의 증명이 없는 경우에 해당하여 형사소송법 제325조 후단에 따라 무죄를 선고하며 형법 제58조 제2항에 의하여 피고인에 대한 이 판결의 요지를 공시하기로 한다.

3. 대법원 판결

(1) 주 문

상고를 기각한다.

(2) 이 유

상고이유에 대하여 판단한다.

원심은 판시와 같은 이유를 들어 피고인의 행위가 형법 제298조에서 정한 '폭행 또는 협박에 의한 추행'에 해당하지 아니하므로, 이 사건 공소사실에 관하여 범죄의 증명이 없다고 판단하여, 피고인에 대하여 무죄를 선고하였다. 원심판결 이유를 관련 법리와 기록에 비추어 살펴보면 원심의 이러한 판단에 상고이유 주장과 같이 논리와 경험의 법칙을 위반하여 자유심증주의의 한계를 벗어나거나 강제추행죄에 관한 법리를 오해한 위법이 없다.

그러므로 상고를 기각하기로 하여, 관여 대법관의 일치된 의견으로 주문과 같이 판결한다.

[판례 분석]

I. 서 론

성범죄는 인류의 역사만큼이나 오래전부터 발생해 오고 있다. 따라서 성범죄에 대한 논쟁도 그만큼이나 끊임없이 계속되고 있다. 특히 과거에는 성범죄로 취급되지 않던 것들이 인권에 대한 인식강화와 사회 및 문화적인 변화에 따라 현재는 성범죄로 다루어지는 경우도 있다. 따라서 성범죄의 개념도 계속적으로 확장되어 가고 있다. 그런 가운데 우리 형사법체계에서는 제32장 '강간과 추행의 죄'의 장에서 성범죄의 유형을 구분하여 처벌하고 있으며, 여러 법률에서도 성범죄와 관련된 다양한 유형의 행위들을 처벌하고 있다. 즉, 기본적으로 우리 형법에서는 강간과 유사강간,[1] 강제추행, 미성년자 등에 대한 간음, 업무상 위력에 의한 간음과 같은 행위를 처벌하고 있으며, 치사 및 치상, 상습범 등에 대해서는 가중처벌하고 있으며, 그 외의 특별한 유형들에 대해서는 성폭력처벌법이나 청소년보호법 등 특별법에서 처벌하고 있다.

그와 같은 여러 성범죄 유형 가운데 최근 들어 강제추행죄가 사회적으로 많은 이슈가 되고 있다. 이는 강제추행죄의 범위에 포함될 수 있는 성범죄의 유형이 매우 다양하고 넓기 때문이다. 그런데 문제는 강제추행죄의 하한을 어떻게 설정하는 것에 있다. 즉, 강제추행죄는 폭행 또는 협박으로 타인을 추행하는 행위를 처벌하고 있는데, 폭행 또는 협방의 정도와 추행의 개념범위에 따라서 강제추행죄에 범위가 결정된다. 그런 가운데 2015년 회사 여직원에게 문을 잠근 뒤 트렁

---

1) 유사강간죄의 신설로 기존의 강간죄와 강제추행죄 사이에 중간영역이 형성되어 강제추행죄에 해당하는 행위 일부가 보다 명확하게 처벌될 수 있고, 유사강간죄로서 보다 강하게 처벌될 수는 있지만, 보호법익에 비추어 볼 때, 큰 의미는 없고, 오히려 유사강간죄는 강간죄와 동일하게 취급되어야 한다는 주장도 제기되고 있다. 임정호, "유사강간죄에 관한 재검토 — 입법방식의 문제점을 중심으로", 서울법학 제21권 제3호, 2014, 638-640면.

크 팬티 차림으로 여직원의 허벅지 위에 다리를 올리고 주무르도록 요구한 사장이 강제추행죄로 기소되었지만, 결국 대법원에서 무죄를 선고하면서 사회적으로 많은 논란이 되었다. 1심에서는 징역 6월에 집행유예 2년, 성폭력 치료강의 80시간이 선고되었지만, 2심에서 강제추행죄에 대해 무죄를 선고하였고, 대법원은 2심 판결에 손을 들어주면서 해당 행위에 대해 강제추행죄가 적용되지 않았기 때문이다. 그에 따라 여성 단체 등에서는 규탄 성명을 발표하기도 하였으며,[2] 각종 언론에서는 앞다투어 관련 내용을 보도하였다.

해당 사안의 재판에서처럼 법원에서도 강제추행죄와 관련해서 하급심과 상급심의 판단이 다르게 나타나게 되는 것은[3] 이후에 살펴보겠지만, 대법원이 강제추행 여부를 심사할 때 적용하는 기준이 다소 모호하기 때문이다. 다만, 강제추행죄는 모든 성추행 행위를 처벌하기 위한 장치는 아니다. 따라서 해당 사안이 반드시 강제추행죄로 포섭되어 처벌되어야 할 사안인지에 대해서는 좀 더 면밀한 검토가 필요하게 된다. 또한 강제추행죄로 처벌될 수 없다면 그냥 허용되는 행위로 인정해야 할지, 그렇지 않다면 추가적인 입법이 필요한지도 살펴볼 필요가 있다. 더욱이 특별법에서는 형법상 강제추행죄를 범한 경우 다양한 방법으로 가중처벌하거나 보안처분을 부과하고 있기 때문에 어느 정도의 성추행행위가 강제추행죄에 포섭될 수 있을지 여부는 매우 중요하다.

이에 본 논문에서는 해당 판례를 중심으로 강제추행죄가 성범죄에 대응하는 것에 있어서, 또한 우리 형법에서 어떤 역할을 수행해야 하는지에 대해 살펴보고, 특히 강제추행죄에 해당되지 않는 성추행행

2) 『(사)한국여성의전화, 강제추행 무죄판결 대법원 규탄 성명』, 〈http://www.dt.co.kr/contents.html?article_no=2015051402109952660007(2017. 5. 10. 최종방문)〉.

3) 또한 자고가라며 여성의 손목을 잡은 행위로 인해 성폭력범죄의 처벌 등에 관한 특례법 위반으로 기소된 사안에서도 원심에서는 300만 원 벌금형이 선고되었지만 대법원에서는 원심을 깨고 무죄 취지로 환송하였다〈http://www.etoday.co.kr/news/section/newsview.php?idxno=1048501(2017. 5. 10 최종방문)〉.

위의 경우 어떤 방법으로 대응해야 할지에 대해서 고찰해 보고자 한다. 그를 위해 우선 우리 형법상 성범죄를 어떻게 처벌하고 있는지 그 법적 체계를 살펴보고(Ⅱ), 강제추행죄에 포함될 수 있는 행위 유형이 어떤 것이 있는지에 대해 학설과 판례의 견해를 중심으로 분석해 본 후(Ⅲ), 본 판결에 대한 견해와 구체적인 대처방안에 대해 견해를 제시해 보고(Ⅵ) 결론을 내려 보고자 한다(Ⅴ).

Ⅱ. 현행법상 강제추행 관련 처벌규정 체계

(1) 형법상 강제추행죄의 성립범위

형법 제정 자료를 살펴보면 강제추행죄는 형법초안과 법제사법위원회 및 국회의원 수정안에서 '제32장 정조에 관한 죄'의 제320조에 규정되어 있었다. 해당 규정을 보면 "폭행 또는 협박으로 타인에 대하여 외설행위를 한 자는 10년 이하의 징역 또는 10만 환 이하의 벌금에 처한다"라고 규정되어 있었다.[4] 그런데 제정형법에서는 같은 장 제298조에 규정되었으며, 어떤 이유인지 알 수 없지만 '외설행위'가 '추행'으로 변경되었고, 벌금형도 5만 환으로 낮아졌다.[5] 이 후, 1995년 12월 29일 일부개정을 통해서 제32장의 제목이 '강간과 추행의 죄'로 바뀌었고, 강제추행죄의 벌금액도 5만 환에서 1천 500만 원으로 변경되어 지금에 이르고 있다.[6] 이를 보면 일단 강제추행죄의 '추행'행위는 적어도 '외설행위'와는 구분을 지을 필요가 있게 된다. 또한 형법 제정당시에는 단순추행행위에 대해서는 민사불법은 될 수 있어도 형사불법은 될 수 없다는 의미가 있는 것으로 보이는데, 이는 그때까지 '성적 자기결정권'이라는 개념이 확실하지 않았기 때문인 것으로 보인

4) 신동운, 형법 제·개정 자료집, 한국형사정책연구원 연구총서, 2009, 463면.
5) 위와 동일.
6) 국가법령정보센터 홈페이지 참조〈http://www.law.go.kr/lsInfoP.do?lsiSeq=62388&ancYd=19951229&ancNo=05057&efYd=19960701&nwJoYnInfo=N&efGubun=Y&chrClsCd=010202#0000(2017. 5. 10. 최종방문)〉.

다.[7] 하지만 이후 '정조의 죄'의 장이 '강간과 추행의 죄'로 바뀌고, 성적 자기결정권이 보호법익으로 확립되면서 단순추행죄도 처벌이 필요하다는 인식이 확산되면서 단순추행죄의 행위 가운데 일부는 '공중밀집장소추행죄'과 같은 형태로 처벌될 수 있게 되었다.[8]

그런 역사적인 배경을 바탕으로 현행 형법을 살펴보면, 제32장에서는 강간과 유사강간, 강제추행 행위를 구분하여 처벌하고 있다.[9] 기존에는 강간죄와 강제추행죄만이 규정되어 폭행 또는 협박에 의해 간음을[10] 하는 경우에는 제297조의 강간죄로 처벌되고, 간음 이외의 행위는 모두 강제추행죄로 처벌되었다. 그러나 2012년 12월 18일 형법개정을 통해 강제추행에 속하던 행위 가운데 간음에 해당하지 않는 유사 간음행위는 유사강간죄에 의해서 처벌받게 되었다.[11] 그러므로 제32장의 구조를 보면, 폭행 또는 협박으로 사람을 강간한 자는 제297조(강간)에 의해서 처벌되고, 강간이 아닌 구강이나 항문 등의 신체에 성기를 넣거나 성기 또는 항문에 손가락 등 신체일부나 도구 등을 넣은 행위를 한 자는 제297조의2(유사강간)에 의해서 처벌되며, 추행한 자는 제298조(강제추행)에 의해 처벌된다. 그리고 상해나 치상(제301조), 살인이나 치사(제301조의2)의 경우에는 상당하게 가중처벌된다. 따라서 폭행 또는 협박은 제32장의 범죄에서 필요조건이 된다.

하지만 제32장의 다른 범죄를 보면, 성범죄에 있어 반드시 폭행

7) 이경재, "강제추행죄를 둘러싼 몇 가지 문제점", 형사판례연구[23], 2015, 176면.
8) 이경재, 앞의 글, 177면.
9) 강간죄와 강제추행죄를 우리형법과 같이 법정형에 의해 서열화 시키고 강간죄가 강제추행죄에 비해 성적 자기결정권의 침해 정도가 본질적으로 큰 것과 같은 입법형태는 다소 문제가 있어 보인다. 따라서 강간과 강제추행의 엄격한 구별에 의한 입법방식보다는 상대화를 통해 불법정도 및 행위태양을 통해 유형화하고, 법정형을 결정하는 것이 보다 적절하다고 하다는 견해도 제기되고 있다. 김성돈, "성폭력범죄의 행위유형에 대한 비판적 형법도그마틱", 성균관법학 제23권 제2호, 2011, 164면.
10) 간음이란 남성의 성기를 여성성기에 삽입하는 성교행위를 의미하기 때문에 사실상 행위와 주체, 객채의 유형이 상당히 제한된다. 한인섭, "성폭력의 법적 문제와 대책", 인간발달연구 제3권 제1호, 1996, 183면.
11) 김성돈, 형법각론(제3판), SKKUP, 2013, 167면.

또는 협박이 요구되는 것은 아니다. 사람이 심신상실 또는 항거불능의 상태에 있는 경우에는 폭력 또는 협박이 필요하지 않지만 제299조(준강간, 준강제추행)에 의해 폭행 또는 협박에 의한 경우와 동일하게 처벌되고, 미성년자의 경우에는 위계 또는 위력만으로도 제302조(미성년자 등에 대한 간음)에 의해 처벌될 수 있으며, 13세 미만의 경우에는 위계 또는 위력도 필요하지 않고 간음 또는 추행행위만으로도 제305조(미성년자에 대한 간음, 추행)에 의해 폭행 또는 협박이 있는 경우와 동일하게 처벌된다. 그리고 상습범의 경우에는 제305조의2(상습범)에 의해 각각의 정한 형의 2분의 1까지 가중된다.

그런데 여기서 주목해야 할 것으로 제32장에서는 제297조, 제297조의2, 제298조 및 제299조의 경우 미수범을 처벌하고 있다는 것이다(제300조). 따라서 해당 조문의 체계적인 관계를 보면, 폭행 또는 협박을 통해 간음이나 유사간음행위를 하려다 미수에 그치게 되면 해당 범죄에 대해서는 미수범이 되지만, 강제추행죄의 경우에는 기수가 성립할 수 있게 된다. 다만, 해당 범죄의 미수죄와 강제추행죄가 법조경합 특별관계가 되어 강제추행죄는 성립하지 않고, 해당 범죄(강간 또는 유사강간죄)의 미수죄만이 성립하게 된다.[12] 이와 같은 형법상의 구조를 바탕으로 형법 제298조의 강제추행죄가 성립할 수 있는 경우로는 일단 폭행 또는 협박이 존재해야 하고, 추행의 고의가 있어야 하며, 추행에 해당하는 행위를 행하여야 한다. 따라서 폭행 또는 협박이 존재하지 않고 추행만이 있는 경우, 폭행 또는 협박이 있었지만 간음 또는 유사간음행위의 미수에 그친 경우 등은 강제추행죄가 성립하지 않는다. 또한 추행의 고의 없이 폭행 또는 협박을 하고, 이후 추행의 고의가 생겨 추행행위를 하는 경우에도 강제추행죄는 성립하지 않게 된다. 물론 그와 같은 행위가 성추행행위에 속하는 것은 당연하다. 다만, 강제추행죄에 포섭되지 않는다는 것이다.

---

12) 김일수/서보학, 새로쓴 형법각론, 박영사, 2015, 137면.

(2) 강제추행죄의 성립범위 확대

형법상 강제추행죄는 다른 법률들을 통해서 그 적용범위가 확대되기도 하며, 처벌 정도가 강화되기도 한다. 즉, 형법상 강제추행죄가 성립하지 않는 경우에도 일정한 성추행행위가 처벌되기도 하며, 성립하는 경우 추가적인 요건들로 인해 보다 강하게 처벌될 수 있다. 일단 후자의 예를 들자면, 「성폭력범죄의 처벌 등에 관한 특례법(이하 '성폭력처벌법'이라고 함)」을 살펴보면 강제추행은 다양한 행위유형과 결합하고 있다. 성폭력처벌법에 따르면 형법상 주거침입(형법 제319조 제1항), 야간주거침입절도(형법 제330조), 특수절도(형법 제331조)죄를 범하였거나 미수에 그친 자가 형법 제298조의 강제추행죄를 범한 경우 무기 또는 5년 이상의 징역으로 처벌받는다(제3조 제1항). 형법상 특수강도(제334조)의 기수 또는 미수를 범한 자가 강제추행을 한 경우 사형, 무기징역 또는 10년 이하의 징역형에 처해진다(제3조 제2항). 또한 흉기나 그 밖의 위험한 물건을 지닌 채 또는 2명 이상이 합동하여 강제추행죄를 저지르면 3년 이상의 유기징역형이 선고될 수 있다(제4조 제2항).

친족관계인 자가 강제추행죄를 저지른 경우 5년 이상의 유기징역에 처해진다(제5조 제2항). 신체적인 또는 정신적인 장애가 있는 자에 대해 강제추행죄를 저지르면 3년 이상의 유기징역 또는 2천만 원 이상 5천만 원 이하의 벌금형이 선고될 수 있으며(제6조 제3항), 위계 또는 위력으로 추행한 경우는 1년 이상의 유기징역 또는 1천만 원 이상 3천만 원 이하의 벌금에 처해진다(동조 제6항). 그리고 만일 가해자가 장애인의 보호, 교육 등을 목적으로 하는 시설의 장 또는 종사자인 경우라면 형의 2분의 1까지 가중처벌 될 수 있다. 피해자가 13세 미만의 미성년자라면 5년 이상의 유기징역 또는 3천만 원 이상 5천만 원 이하의 벌금형을 받을 수 있으며(제7조 제3항), 위계 또는 위력으로 추행한 경우에도 동일한 형으로 처벌될 수 있다(동조 제5항).

더 나아가 동 법률에 규정된 강제추행 관련 범죄의 기수 또는 미수로 인해 피해자가 상해를 입거나 상해에 이르게 된 경우에는 무기징역 또는 10년 이상의 징역이나(제8조 제1항) 무기징역 또는 7년 이상의 징역에 처해질 수 있고(제2항), 피해자가 살해되는 경우에는 사형 또는 무기징역형을(제9조 제1항), 사망에 이르게 된 경우에는 무기징역 또는 10년 이상의 징역(동조 제2항)이나 사형, 무기징역 또는 10년 이상의 징역이 선고될 수 있다(동조 제3항). 형법의 제301조(강간등 상해 · 치상), 제301조의2(강간등 살인 · 치사) 규정이 미수범에 대해서는 적용되지 않는 것에 비하면 성폭력처벌법에서 미수범을 처벌하고 있는 것은 처벌범위와 정도를 확대하고 강화하는 것이다.

그리고 미성년자를 대상으로 강제추행을 저지르는 행위에 대해서는 「아동 · 청소년의 성보호에 관한 법률(이하 '청소년성보호법'이라고 함)」에도 규정되어 있다. 청소년성보호법에 따르면 아동 · 청소년에 대해서 형법상 강제추행죄를 저지르는 경우 2년 이상의 유기징역 또는 1천만 원 이상 3천만 원 이하의 벌금에 처해지고(제7조 제3항, 제4항), 위계 또는 위력을 통해서 추행하는 경우에도 동일하게 처벌된다(제7조 제5항). 그리고 동 법률에서의 강제추행죄와 관련된 행위로 피해자가 상해 또는 상해에 이르게 되면 무기징역 또는 7년 이상의 징역에(제9조), 살해되는 경우에는 사형 또는 무기징역형에 처해지며(제10조 제1항), 사망에 이르게 되면 사형, 무기징역 또는 10년 이상의 징역이 선고될 수 있다(동조 제2항). 더욱이 19세 이상의 사람이 장애 아동 · 청소년을 추행한 경우 또는 장애 아동 · 청소년으로 하여금 다른 사람을 추행하게 하는 경우에는 10년 이하의 징역 또는 1천5백만 원 이하의 벌금에 처해진다(제8조 제2항).[13]

---

13) 동 법률에 따르면, 장애 아동 · 청소년이란 "「장애인복지법」 제2조 제1항에 따른 장애인으로서 신체적인 또는 정신적인 장애로 사물을 변별하거나 의사를 결정할 능력이 미약한 13세 이상의 아동 · 청소년"을 의미한다(제8조 제1항).

(3) 다른 법률을 통한 성추행행위 처벌

앞서 언급한 바와 같이 형법상 강제추행죄의 경우 폭행 또는 협박을 수단으로 하고 있기 때문에 그를 수단으로 하지 않는 추행행위는 포함될 수 없다. 따라서 위력[14] 또는 위계[15]를 수단으로 하거나 특별한 유형의 추행행위는 성폭력처벌법에 의해 처벌될 수 있다.[16] 그러므로 업무, 고용이나 그 밖의 관계로 인하여 자기의 보호, 감독을 받는 사람에 대하여 위계 또는 위력으로 추행하는 경우 2년 이하의 징역 또는 5백만 원 이하의 벌금형을 받을 수 있다(제10조 제1항). 법률에 따라 구금된 사람을 감호하는 사람이 그 구금된 사람을 추행하는 경우에는 3년 이하의 징역 또는 1천5백만 원 이하의 벌금에 처해진다(제2항). 그리고 대중교통수단, 공연·집회 장소, 그 밖에 공중이[17] 밀집하는 장소에서는 폭행이나 협박, 위력이나 위계가 없더라도 사람을 추행

---

14) 위력은 일반적으로 "사람의 의사를 제압하는 유·무형의 힘"이나 "폭행·협박은 물론 행위자의 지위 권세를 이용하여 상대방의 의사를 제압하는 일체의 행위", "폭행·협박을 포함하여 사람의 의사결정에 영향을 줄 수 있는 일체의 힘" 등으로 이해된다. 안경옥, "'위력'에 의한 간음·추행죄의 판단기준 및 형법상 성범죄규정의 개선방안", 경희법학 제50권 제4호, 2015, 214면.

15) 위계란 "기망을 통하여 상대방을 착오에 빠뜨려 정상적인 성적 판단을 어렵게 하는 행위"로서 간음이나 추행행위와 불가분성이 인정되는 기망행위이어야 한다. 김슬기, "성폭력범죄의 행위태양에 관한 연구 — 미국과의 비교를 중심으로", 형사법의 신동향 통권 제38호, 2013, 10면.

16) 그러나 이처럼 성폭력 관련 범죄를 여러 법률에 마치 촘촘한 그물처럼 규정하여 엄벌하겠다는 의지를 보이는 관련 법률 체계에 대해서는 비판이 제기되기도 한다. 따라서 성폭력 범죄에 대해서는 "엄격한 처벌이 아닌 확실한 처벌"과 "치료를 통한 재사회화"라는 기본정책을 바탕으로 중복 규정과 과잉형벌을 정비하고, 이원화된 신상정보 관련 제도를 개선하며, 전자장치부착과 보호관찰의 관계의 재정립 등 입법적인 차원에서의 정비가 요청되기도 한다. 김혜정, "성폭력범죄에 대한 대응의 재검토" 법학논총 제20권 제1호, 2013, 376-386면 참조.

17) 이 때, '공중이 밀집하는 장소'라 함은 범죄자의 행위 당시 상황을 의미하는 것이 아니라 '공중의 이용에 항상 제공 및 개방된 상태에 놓여 있는 곳'을 의미하게 된다. 배종대, 형법총론, 홍문사, 2016, 46/6; 대법원 2009. 10. 29. 선고 2009도5704 판결.

하게 되면 1년 이하의 징역 또는 3백만 원 이하의 벌금형에 처해질 수 있다(제11조). 자기의 성적 욕망을 만족시킬 목적으로 공중화장실 및 목욕장 등 대통령령으로 정하는 공공장소에 침입하거나 같은 장소에서 퇴거의 요구를 받고 응하지 아니하는 사람은 1년 이하의 징역 또는 3백만 원 이하의 벌금에 처해진다(제12조). 또한 카메라나 그 밖에 이와 유사한 기능을 갖춘 기계장치를 이용하여 성적 욕망 또는 수치심을 유발할 수 있는 다른 사람의 신체를 그 의사에 반하여 촬영하거나 그 촬영물을 반포·판매·임대·제공 또는 공공연하게 전시·상영한 자는 5년 이하의 징역 또는 1천만 원 이하의 벌금에 처해지고(제14조 제1항), 촬영이 촬영 당시에는 촬영대상자의 의사에 반하지 아니하는 경우에도 사후에 그 의사에 반하여 촬영물을 반포·판매·임대·제공 또는 공공연하게 전시·상영한 자는 3년 이하의 징역 또는 5백만 원 이하의 벌금에 처해지며(동조 제2항), 영리를 목적으로 정보통신망을 이용하여 유포한 자는 7년 이하의 징역 또는 3천만 원 이하의 벌금형을 받을 수 있다(동조 제3항). 그리고 미수범도 처벌된다(제15조). 이처럼 형법상 강제추행에 해당하지 않는 추행행위의 일부유형들은 성폭력처벌법에 의해 처벌될 수 있다.

이 외에도 성희롱행위도 제재가 가해질 수 있다.[18] 「남녀고용평등과 일·가정 양립 지원에 관한 법률(이하 '남녀고용평등법'이라고 함)」에서는 사업주가 직장 내 성희롱을 하는 경우(제12조)에는 1천만 원 이하의 과태료가 부과되고(제39조 제2항), 성희롱 피해 근로자나 성희롱을 주장하는 근로자에게 해고나 그 밖의 불리한 조치를 취하는 경우에는 3년 이하의 징역 또는 2천만 원 이하의 벌금에 처해질 수 있다(제37조

18) 성희롱과 강제추행의 구분을 할 때, 성희롱은 피해자의 주관적 감정을 침해하는 사소한 성적 침해로 보고, 추행은 사회적 중요성 또는 성적 의미가 객관적으로 인정될만한 성적 침해로 보아 구분하는 견해도 있다. 김용세, "성희롱의 개념과 구제 — 희롱과 강제추행의 한계", 법문화연구소 새울법학 논문집 제3집, 1999, 146면. 다만, 해당 견해에 따르더라도 '사소한'이라든지 '중요성', '성적 의미' 등의 해석이 매우 모호하기 때문에 성희롱과 강제추행죄의 추행이 명확히 구분되지는 않는다.

제2항 제2호). 「아동복지법」에서는 18세 미만의 아동의 경우(제3조 제1호) 아동에게 성적 수치심을 주는 성희롱을 하는 경우(제17조)에도 10년 이하의 징역 또는 5천만 원 이하의 벌금에 처해진다(제71조 제1항 제1의2호). 또한 「노인복지법」에서도 "노인에게 성적 수치심을 주는 성폭행·성희롱 등의 행위"를 하는 경우(제39조의9) 5년 이하의 징역 또는 1천5백만 원 이하의 벌금이 부과되며(제55조의3 제1호), 「장애인차별금지 및 권리구제 등에 관한 법률(이하 '장애인차별금지법'이라고 함)」에서는 "누구든지 장애인의 성적 자기결정권을 침해하거나 수치심을 자극하는 언어표현, 희롱, 장애 상태를 이용한 추행 및 강간 등을 행해서는 안 된다"라고 규정되어 있으며(제32조 제5항) 위반할 경우 3년 이하의 징역 또는 3천만 원 이하의 벌금에 처해진다(제49조 제1항).

이처럼 여러 법률에서는 강제추행죄에 포함되지 않는 각종 성추행행위에 대해 다양한 처벌규정을 두고 있다. 그러므로 성추행행위가 강제추행죄에는 해당하지 않더라도 다른 법률에 의해 처벌될 수 있다. 다만, 성인을 대상으로 하는 성추행의 경우에는 특정한 유형의 성추행행위만을 처벌하고 있기 때문에 모든 성추행행위가 처벌되는 것은 아니다. 그에 따라서 형법이나 성폭력처벌법 등에 추가로 성추행행위 관련 조항이 신설될 필요성이 제기되기도 한다.[19]

(4) 강제추행죄로 인한 부과처분

강제추행죄를 범하는 경우 경우에 따라서는 형사처벌 외에 추가적인 제제가 가해지기도 한다. 예를 들어, 성폭력처벌법에서는 성폭력범죄에 대해 다양한 부과처분을 규정하고 있다. 강제추행죄를 저지른 경우에는 국민의 알권리 보장과 피의자의 재범 방지 및 범죄 예방을

---

19) 그에 따라 형법 제260조 폭행죄와 별도로 "성적인 언동을 수단으로 상대방을 괴롭힌 자도 제1항의 형과 같다"는 규정을 신설하거나 형법 제311조 모욕죄 규정에 "성적인 언동으로 상대방에게 굴욕감을 유발한 자도 전항의 형과 같다"라고 규정하는 방안도 제시되고 있다. 이수창, "성희롱 행위에 대한 형사법적 규제", 형사법의 신동향 통권 제44호, 2014, 149면.

위해서 피의자의 얼굴이 공개될 수 있다(제25조). 선고유예가 선고되는 경우 1년 동안 보호관찰을 받을 수 있다(제16조 제1항). 유죄판결을 받을 경우에는 5백 시간의 범위 내에서 성폭력 치료프로그램 이수명령이 내려질 수도 있다(동조 제2항). 또한 신상정보 등록대상자에 해당하여(제42조) 자신의 주소지를 관할하는 경찰관서의 장에게 신상정보를 제공해야 하고(제42조 제1항), 해당 정보는 20년간 보존 및 관리된다(제45조 제1항). 등록정보는 성범죄 관련 범죄 예방 및 수사를 위해서 검사 또는 각급 경찰관서의 장에게 배포될 수 있으며(제42조 제1항), 공개 될 수도 있고(제43조 제1항), 경우에 따라서는 고지될 수도 있다(제49조 제1항).

강제추행죄를 저지른 자가 형기를 마친 뒤에는 위치추적 전자장치가 부착될 수 있다. 「특정 범죄자에 대한 보호관찰 및 전자장치 부착 등에 관한 법률(이하 '전자장치부착법'이라고 함)」에 따르면 강제추행죄는 해당법률의 대상범죄이다(제2조 제2호). 그러므로 검찰이 요건을 검토하여 청구를 하게 되면(제5조), 법원의 부착명령 선고에 의해 부착될 수 있다(제9조). 또한 강제추행죄는 「성폭력범죄자의 성충동 약물치료에 관한 법률(이하 '성충동약물치료법'이라고 함)」의 대상이 되기 때문에(제2조 제2호) 검찰의 청구와(제4조) 법원의 치료명령 선고(제8조 제1항)에 의해 집행될 수 있다. 이처럼 형법 제298조 강제추행죄에 포함되는 경우에는 형벌 외에도 강력하고 다양한 부과처분이 가능하게 되므로 성추행행위가 강제추행죄에 포함되는지 여부는 매우 중요하게 된다. 그러므로 형법상 강제추행죄 성립 요건과 범위에 대해서 좀 더 살펴볼 필요성이 있다.

Ⅲ. 강제추행죄 성립요건과 범위

(1) 강제추행의 성립 요건

앞서 살펴본 바와 같이 성추행행위가 강제추행죄에 해당되는 경우에는 형사처벌뿐 아니라 부과처분이 취해질 수 있다. 그러므로 강제추행죄의 성립요건과 범위를 정하는 것은 매우 중요하다. 강제추행죄의 상한을 판단하는 것에는 큰 문제가 없어 보이지만, 문제는 하한을 설정하는 것이다. 강제추행죄의 요건인 폭행 또는 협박의 정도 및 추행의 개념범위에 따라 강제추행죄의 하한이 결정되기 때문이다. 그리고 강제추행의 고의가 있으면 폭행 또는 협박의 실행에 착수한 경우 강제추행죄의 미수범이 성립할 수 있으므로 고의 및 실행의 착수 여부도 매우 중요하게 된다.

먼저 강제추행죄에서는 어떤 행위가 추행이 되는지가 문제가 된다. 일부 학설에 따르면 행위자의 주관적인 의도를 고려하여 행위자가 성적으로 자극이나 흥분, 만족을 목적으로[20] "일반인에게 성적 수치심과 혐오의 감정"을 일으킬 만한 행위를 하는 것을 추행으로 보는 견해가 있다.[21] 우리 헌법재판소도 "강제추행이란 성욕을 만족시키거나 성욕을 자극하기 위하여 상대방의 성적 수치심이나 혐오감을 불러일으키는 성기삽입 외의 일체의 행위를 말하는 것으로…"라고 판시하고[22] 있는 것을 보면 같은 견해를 취하고 있는 것으로 보인다. 그에 반해 일부 견해는 행위자의 주관적인 의도는 배제하고 일반인의 관점에서 성적 수치심과 혐오의 감정을 기준으로 추행여부를 결정해야 한다고 본다.[23] 또한 다른 견해는 일반인의 관점에 피해자 성적 자유의

---

20) '정조에 관한 죄'라고 규정된 당시의 문헌에서도 행위자의 성욕의 흥분, 자극 또는 만족을 목적을 기본 요건으로 하고 있다. 이왕연, "정조에 관한 죄", 원광법학 제3권, 1973, 89면.

21) 박상기, 형법각론(제8판), 박영사, 2011, 157면; 임웅, 형법각론(제5전정판), 법문사, 2013, 196면. 동 견해에서는 공연음란죄의 음란과 강제추행죄의 추행의 개념이 동일하게 취급된다; 김준호, "형법상 강제추행 개념의 해석 범위", 저스티스 통권 제153호, 2016, 85면.

22) 헌재 2004. 6. 24. 선고 2003헌바63 결정.

23) 손동권/김재윤, (새로운)형법각론, 율곡출판사, 2013, 159면; 오영근, 형법각론(제3판), 박영사, 2014, 146면; 이재상, 형법각론(제9판), 박영사, 2013, 167면; 정성근/박광민, 형법각론(제2판), 성균관대학출판부, 2015, 196면; 이 견해는 음란의 개념과 추행의 개념을 확연히 구분하고 있다; 김준호, 앞의 글, 86면.

침해를 고려하여 일반인에게 성적 수치심과 혐오의 감정을 일으키면서 피해자의 성적 자유를 침해하는 행위로 보고 있다.[24] 각각의 학설 모두 장단점이 있지만, 강제추행죄의 보호법익이 피해자의 성적 자기결정권 침해라는 점을 고려하게 되면 세 번째 학설이 좀 더 설득력이 있어 보인다.[25] 대법원 판례도 적어도 명확하지는 않지만 세 번째의 견해를 취하고 있는 것으로 보인다.[26] 또한 강제추행죄에 있어서 주관적 요건도 고려할 필요가 있다. 특히 추행의 고의는 강제추행죄의 미수범과 관련해서 중요한 역할을 하는데, 추행의 고의가 있는 상태에서 폭행 또는 협박의 실행의 착수가 있게 되면 강제추행죄의 미수범이 성립하기 때문이다. 이는 강제추행죄의 실행의 착수시기를 추행의 시기가 아닌 폭행 또는 협박 시로 보는 견해가 많기 때문이다. 그러므로 뒤에서 살펴보겠지만 법원은 백허그(Back Hug)와 같이 추행의 고의가 인정되면 비록 백허그를 하지 않았다고 하더라도 양팔을 벌리고 접근하는 경우에도 강제추행죄의 실행의 착수를 인정하기도 한다.[27] 다만, 앞서 언급한 것과 같이 강제추행죄에서 주관적 요건으로 "성욕을 자극·흥분·만족시키려는 주관적 동기나 목적"까지는 필요하지 않다.

다음으로 강제추행죄에서의 폭행 및 협박의 정도에 대해 살펴보면, 여러 교과서에서는 강제추행죄의 폭행 정도를 강간죄와 동일하게 피해자의 반항을 불가능하게 하거나 현저히 곤란하게 할 정도를 요구하고 있다. 강학상 이를 협의의 폭행이라고 하는데 전자의 경우에 따

---

24) 김성돈, 앞의 책, 179면; 배종대, 앞의 책, 248면.

25) 김성돈, 앞의 책, 179면; 따라서 본 견해에 따르면 일반인이 보기에는 추행과 같이 보여도 피해자가 성적 자기결정권을 침해당하지 않았다고 한다면 추행이 되지 않을 수 있으며, 신체접촉에 의해 피해자가 성적 자기결정권을 침해당했다고 생각하더라도 일반인의 관점에서 추행에 해당하지 않는다고 하는 경우에도 추행이 되지 않을 수 있을 것이다. 다만, 본 견해가 적절히 작동하기 위해서는 강제추행죄에 이전과 같이 친고죄 규정이 필요할 것으로 보인다. 친고죄 폐지의 문제점에 대해서는 선종수, "개정형법상 성폭력범죄에 대한 검토 — 강간죄와 유사강간죄를 중심으로", 동아법학 제62호, 2014, 200-202면.

26) 이경재, 앞의 글, 179면.

27) 대법원 2015. 9. 10. 선고 2015도6980, 2015모2524 판결.

르면 강간죄 및 유사강간죄와 강제추행죄의 구분은 간음 및 유사간음인지, 추행인지에 따라서만 다를 뿐이며, 강제추행죄는 강간죄 및 유사강간죄의 전단계로서의 역할도 수행하게 된다. 이는 대개 간음 및 유사간음이 행해지기 위해서는 추행행위가 동반되기 때문이다. 이런 견해는 강제추행죄는 강간죄와 단지 행위불법이 다르다는 입장에 서 있고, 일부 견해에서 제기되는 것과 같이 강제추행죄의 법정형이 낮기 때문에 폭행 및 협박의 정도를 낮게 설정하는 것은 적절하지 않고, 그로 인해 강제추행죄가 남용될 위험도 있다고 한다.[28]

그에 반해 일부 문헌에서는 강제추행죄의 폭행 및 협박의 정도를 강간죄의 정도와 단순 폭행 및 협박죄의 정도의 중간정도인 '항거에 곤란을 느끼거나 의사에 반하는 정도'라고 한다. 이는 강제추행죄의 행위 유형이 강간죄 정도의 폭력 및 협박이 동반되는 경우는 많지 않다는 현실을 고려한 것으로 생각된다. 그리고 일부 견해는 추행의 유형이 다양하며, 폭행 자체가 추행이 되기도 하므로 상대방의 의사에 반하는 정도로도 강제추행이 가능한 것으로 본다.[29] 대법원도 "강제추행죄는 상대방에 대하여 폭행 또는 협박을 가하여 항거를 곤란하게 한 뒤에 추행행위를 하는 경우뿐만 아니라 폭행행위 자체가 추행행위라고 인정되는 경우도 포함되는 것이며, 이 경우에 있어서의 폭행은 반드시 상대방의 의사를 억압할 정도의 것임을 요하지 않고 상대방의 의사에 반하는 유형력의 행사가 있는 이상 그 힘의 대소강약을 불문한다고 할 것이고…"라고 하며 후자의 견해를 취하고 있는 것으로 보인다.[30] 그러나 뒤에서 살펴보겠지만 법원은 강제추행죄의 폭행의 정

28) 배종대, 앞의 책, 45/3. 법정형이 낮기 때문에 폭행 또는 협박의 정도를 낮게 설정하는 것은 다소 문제가 될 수 있는 것이 유사강간죄가 새롭게 규정되었는데 유사강간죄의 법정형은 강간죄보다 낮게 규정되어 있기 때문이다. 그러므로 해당 논리를 적용하게 되면 유사강간죄의 폭행 또는 협박의 정도를 적어도 강간죄보다는 낮게 설정해야 한다. 그러므로 법정형은 폭행 또는 협박 이후의 행위불법이 다르기 때문이라고 보는 것이 보다 합리적으로 보인다.

29) 김성돈, 앞의 책, 177면.

30) 대법원 2002. 4. 26. 선고 2001도2417 판결.

도를 일반적인 강제추행행위와 기습추행의 두 부분으로 나누어서 설정하는 이원적인 입장을 취하고 있는 것으로 보인다.[31]

(2) 강제추행죄의 요건이 완화된 기습추행

강제추행죄는 경우에 따라서 그 범위가 상당히 확장될 수 있기 때문에 합리적인 제한이 요구된다. 그에 따라 일부 학설에서는 소위 '중대한 신체접촉 이론'에 의해서 강제추행죄의 성립을 제한하고 있다. 그에 따라 "여자의 손이나 허벅지를 만지는 일, 옷을 입고 있는 여자의 가슴을 만지거나 엉덩이를 쓰다듬는 일"등은 그 중대성을 고려하여 강제추행죄에 해당하지 않는 것으로 보기도 한다.[32] 이는 그와 같은 행위가 '일반인의 성적 수치심이나 혐오감'을 일으키는 정도는 아니기 때문이라는 견해와[33] 일반인의 성적 수치심이나 혐오감은 일으키지만 그 정도가 미미하여 피해자의 성적 자기결정권을 침해하는 것이 아니라는 견해,[34] 앞의 두 경우에는 모두 해당하지만 형법의 보충성 및 비범죄화 요청에 따라 제한해야 한다는 견해 등이 있다.[35] 어떤 견해이든 미미한 행위라고 판단되는 경우에는 신체접촉이 있다고 하더라도 강제추행죄의 범위에서 제외시키고 있다.

하지만 일부 견해는 그와 같은 제한에 반대를 하며 법원의 기습추행을 지지하는 견해를 보기기도 한다.[36] 앞서 언급한 바와 같이 법원은 기습추행을 인정하면서 강제추행의 범위를 확장하고 있다. '기습강간'이라는 개념은 인정되지 않는 반면 기습추행이라는 개념이 인정되는 이유는 강간죄의 사람의 신체적 특징 때문에 폭행 및 협박과 간음 사이에 시간적 간격이 있을 수밖에 없다. 그에 반해 강제추행은 여러 판례에서도 다루어지고 있는 것과 같이 폭행과 동시에 추행이 행

31) 이상돈, 형법강론, 박영사, 2015, 859면.
32) 김일수/서보학, 앞의 책, 136면.
33) 손동권/김재윤, 앞의 책, 159면.
34) 배종대, 앞의 책, 248면.
35) 이정원, 형법각론, 새문사, 2012, 181면.
36) 김준호, 앞의 글, 194-195면.

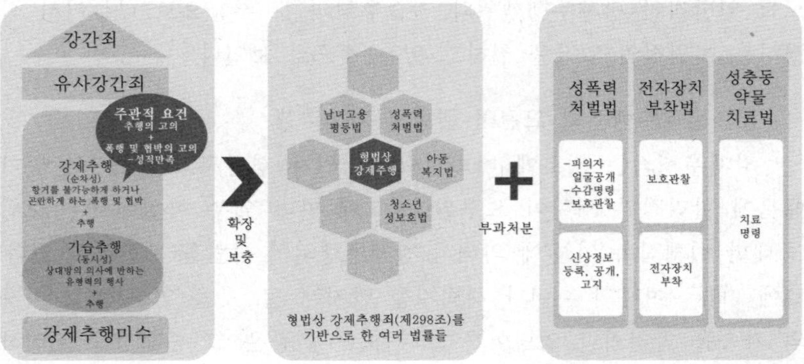

[그림 1] 강제추행죄 적용 프로세스

해질 수 있다.[37] 그러므로 '기습'의 의미는 폭행 또는 협박과 추행이 이시에 이루어지는지, 동시에 이루어지는지를 구분하기 위한 용어라고 할 것이다.

그런데 법원은 기습추행의 요건에 있어 폭행의 정도를 상당히 낮게 설정하고 있다. 대법원은 "…폭행행위 자체가 추행행위라고 인정되는 경우도 포함되는 것이라 할 것이고 뒤의 경우에 있어서의 폭행은 반드시 상대방의 의사를 억압할 정도의 것임을 요하지 않고 다만 상대방의 의사에 반하는 유형력의 행사가 있는 이상 그 힘의 대소 강약을 불문한다고 보아야 할 것이다…"라고 밝히고 있으며,[38] 그와 같은 견해를 계속해서 유지하고 있다.[39] 따라서 피해자를 뒤에서 껴안고 부루스를 추면서 피해자의 유방을 만진 사안에서도 기습추행을 인정해

37) 대법원도 기존에는 기습추행을 인정하지 않았지만, 대법원 1983. 6. 28. 선고 83도399 판결에서 가해자가 피해자를 팔로 힘껏 껴안은 채 강제로 두 차례에 걸쳐 입을 맞춘 사안에 대해 강죄추행죄를 인정하지 않은 원심(서울고판 1982. 10. 22. 선고 82노2069 판결)판결을 뒤집으면서 기습추행을 인정하고 있다. 이에 대한 자세한 분석으로 김준호, 앞의 글, 95-97면.

38) 대법원 1983. 6. 28. 선고 83도399 판결.

39) 대법원 1992. 2. 28. 선고 91도3182 판결; 대법원 1994. 8. 23. 선고 94도630 판결.

서 강제추행죄를 적용하고 있다[40] 그러나 법원의 이와 같은 적용방식은 형법 제298조의 강제추행죄를 과도하게 확대하는 것이라는 비판이 제기되기도 한다.[41] 어찌되었든 법원의 태도는 제298조 조문에 대해 일반적인 강제추행죄와 동시적인 기습추행죄를 이원적으로 적용하는 이원설의 입장에 서 있다고도 볼 수 있다. 그에 따라 법원은 강제추행죄의 범위에 일부 단순성추행행위도 포함하게 된다.

Ⅳ. 해당 사안의 검토

(1) 판례 분석

해당 사안의 1심 판결을 살펴보면, "피고인은 조명기구 도·소매업, 수입자동차 대출 관련업을 하는 사람이다. 피고인은 2013. 8. 8. 16:30경 김해시 장유면 대청리 62-4에 있는 피고인이 운영하는 다이아몬드빌딩 2층 환웅조명사무실에서 피해자 전○○(여, 26세)를 수입자동차 견적에 대한 교육을 시켜주겠다고 데리고 와, 덥다는 이유로 바지를 벗고 트렁크팬티만 입은 채 소파에 앉아 피해자에게 고스톱을 치자고 하여 피해자를 피고인의 옆 의자에 앉게 하였다. 이후 피고인은 피해자에게 "다리를 주무르라"라고 하면서 왼쪽 다리를 소파 앞에 있던 탁자 위에 올려놓고 오른쪽 다리를 피해자의 허벅지 위에 올려 피해자를 강제로 추행하고, 피고인의 종아리를 주무르는 피해자에게 "더 위로, 더 위로, 다른 곳도 만져라."라고 말하며 트렁크팬티 사이로 발기된 성기를 보이게 하였다"라고 서술되어 있다. 이를 보면, 1심 법원은 피고인의 행위가 강제성이 있다고 판단하고 있다. 다만, 강제성 판단 이유에 대해서는 기술되어 있지 않다.

그러나 2심 판결을 보면 2심 재판부도 기본적인 상황에 대해서는 인정을 하고 있다. 그러나 피의자의 행위가 폭행 또는 협박에 해당하

40) 대법원 2002. 4. 26. 선고 2001도2417 판결.

41) 배종대, 앞의 책, 45/3.

는지에 대해서는 1심 재판부와 다른 견해를 보이고 있다. 기본적으로 2심 재판부도 강제추행죄의 기존의 법원입장에 서 있는 것으로 보인다. 그러므로 추행 여부에 대해서는 '음란한 행위'와는 구분하고 있으며, 추행이 성립하는 요건을 "피해자의 의사 · 성별 · 연령, 행위자와 피해자의 관계, 그 행위에 이르게 된 경위, 구체적 행위태양, 주위의 객관적 상황 등을 종합적으로" 고려해야 한다고 밝히고 있다.[42] 그에 따라 2심 법원은 사안을 분석해 볼 때, 피의자가 피해자의 허벅지에 다리를 올리거나, 피해자가 트렁크 사이로 피의자의 발기된 성기를 보이도록 한 행위는 '음란한 행위'에는 포함될 수 있다고 하더라도 '추행'에는 해당하지 않는다는 판단을 내리고 있다. 다만, 이와 같은 법원의 태도가 일관적인지에 대해서는 다소 의구심이 드는 것이 강제추행죄와 관련된 일련의 대법원 판결문에서는 "선량한 성적 도덕관념에 반하는 행위"라는 기준을 적용하는 표현을 쓰고 있기 때문이다.[43]

또한 2심 법원은 강제추행죄의 폭행 또는 협박의 정도를 "…항거를 곤란하게 할 정도일 것을 요한다. 그리고 그 폭행 등이 피해자의 항거를 곤란하게 할 정도의 것이었는지 여부는 그 폭행 등의 내용과 정도는 물론, 유형력을 행사하게 된 경위, 피해자와의 관계, 추행 당시와 그 후의 정황 등 모든 사정을 종합하여 판단하여야 한다…"라고 밝히고 있다. 따라서 2심 법원은 ① 피의자가 시켰지만, 피해자 스스로 문을 잠궜다는 점, ② 반바지를 입을 때 피해자의 동의를 구한 점, ③ 피해자가 주무르게 된 이유가 소원 들어주기 고스톱에서 피해자가 패하였기 때문인 점, ④ 피해자도 피고인의 폭행이나 협박은 없었으나 직장상사이자 이전 판에서 본인이 이겼을 때 소원을 들어주었기 때문에 거절할 수 없었다고 진술하고 있고, 피해자의 신체를 적극적으로 만지는 등의 행위 등이 없었다는 등 여러 상황을 종합적으로 검토하

42) 일부 문헌에서도 '음란'과 '추행'의 개념은 구분되어야 한다고 보고 있다; 김준호, 앞의 글, 87면.
43) 대법원 2013. 9. 26. 선고 2013도5856 판결.

여 폭행 또는 협박에 해당하지 않는다고 판단하고 있다.

그런데 언론과 시민단체에 의해서 해당 판결이 비판받는 가운데 하나는 폭력 및 협박의 정도를 강화시켰다는 것이다. 기존의 판례에서 대법원은 강제추행죄의 폭행의 정도를 "…이 경우에 있어서의 폭행은 반드시 상대방의 의사를 억압할 정도의 것임을 요하지 않고 상대방의 의사에 반하는 유형력의 행사가 있는 이상 그 힘의 대소강약을 불문한다…"라고 밝히고 있기 때문이다.[44] 그러나 2심 판결문에서도 나타나고 있듯이 강제추행죄에서 폭행 및 협박의 정도는 2가지 종류로 나타나고 있다. 폭행 또는 협박 이후에 추행이 있는 경우의 폭행 또는 협박의 정도는 본 판례에서처럼 항거를 곤란하게 할 정도를 요구하고 있다. 그러나 기습추행의 경우에는 그 정도가 상당히 완화되어 상대방의 의사에 반하는 유형력의 행사가 있는 이상 힘의 대소강약을 불문하고 있다. 그에 따라서 2심 법원은 본 사안은 기습추행에 해당하지 않고 일반적인 강제추행의 유형에 속하기 때문에 항거를 곤란하게 할 정도를 요구하고 있으며, 해당 사안을 보면 항거를 곤란하게 할 정도에 해당하지 않는다고 판단하여 폭행 및 협박이 성립하지 않는다고 판단하고 있다.

결론적으로 2심 법원은 유죄를 판결한 1심 법원의 판결을 뒤고 무죄를 선고하였으며, 대법원은 2심 판결이 논리와 경험의 법칙을 위반하여 자유심증주의의 한계를 벗어나거나 강제추행죄에 관한 법리를 오해한 위법이 없다는 이유로 검찰의 상고를 기각하였다.

(2) 해당 판결의 문제점 도출

해당 판결문을 볼 때, 다음과 같이 크게 세 가지의 관점에서 문제점을 도출해 볼 수 있다.

첫째로, 하나의 구성요건에서 폭행의 정도를 두 종류로 구분하고 있다는 점이다. 앞서 언급한 바와 같이 법원은 강제추행죄의 폭행 정

44) 대법원 2002. 4. 26. 선고 2001도2417 판결.

도를 두 종류로 나누어서 적용하고 있는 것으로 보인다. 하나는 일반적인 경우로 강제추행이 폭행 후에 추행이 이루어지는 경우이다. 이 때, 판례는 폭행의 정도를 '항거를 곤란하게 하는 정도'를 요구하고 있다. 여러 형법 교과서에서 강제추행의 폭행정도를 강간죄에서의 폭행과 같은 정도로 보고 있는 것에 비하면 그 정도가 완화된 것이다. 다른 하나는 강제추행죄의 유형에 기습추행을 포함하면서 '상대방의 의사에 반하는 유형력의 행사' 정도를 요구하는 것이다. 따라서 가해자의 행위가 폭행과 추행이 동시에 이루어지는 기습추행에 해당하게 되면 폭행의 정도는 전자의 경우보다도 훨씬 완화된다. 물론 폭행의 정도가 항거를 곤란하게 하면서 동시에 추행을 하는 경우도 있겠지만 단순 성추행행위에 해당하는 정도도 강제추행죄에 포함될 수 있게 된다. 그러므로 단순 성추행행위가 강제추행죄에 포함되는 것에 대한 문제점이 도출될 수 있다.[45)]

둘째로, 추행의 기준이 여전히 매우 모호하다는 것이다. 여러 형법 교과서에서는 모든 신체접촉이 추행에 해당하는 것이 아니라 신체에서 성적으로 민감한 부분에 접촉이 있는 경우, 즉 예를 들어, 입술이나 귀, 유두, 가슴 등은 추행의 대상이 되지만[46)] 팔목이나 어깨 등과 같이 성적으로 크게 민감하지 않은 부분에 접촉하는 것은 추행에 해당하지 않는 것으로 본다. 그런데 판결문에서도 볼 수 있듯이 추행 여부는 "피해자의 의사 · 성별 · 연령, 행위자와 피해자의 관계, 그 행위에 이르게 된 경위, 구체적 행위태양, 주위의 객관적 상황" 등 여러 요소들을 종합적으로 판단하여 결정할 수 있게 된다. 물론 이는 추행행위의 비정형성에 기인한 것이다. 그러나 그 기준이 너무 모호하기 때문에 법원 내에서도 서로 다른 판단이 나타나게 된다는 것이다. 본 사안도 1심 판단과 2심 및 대법원의 판단이 다르게 나타나고 있으며,

45) 이에 반해 판례가 제298조의 해석 범위에 이질적인 두 개념을 포섭하고 있는 것은 해석의 한계를 넘은 것도 아니고, 강제추행죄 전반의 구성체계를 해하는 것도 아니라고 하는 견해도 있다. 김준호, 앞의 글, 104면.

46) 대법원 2013. 9. 26. 선고 2013도5856 판결.

다른 판례에서도 그와 같은 경우가 나타나고 있다.[47] 그러므로 그와 같은 추행 판정의 기준은 지속적으로 문제가 될 수밖에 없을 것이다.

셋째로, 고의 부분을 살펴볼 필요가 있다. 강제추행죄의 고의는 폭행 또는 협박으로 사람을 추행한다는 인식을 필요로 하며, 피해자의 저항이 있으면 그를 극복하여 추행하겠다는 확정적 고의 뿐 아니라 미필적 고의만으로도 충분하다.[48] 그러므로 고의를 고려해서 기존 판례의 견해에 따르면 해당 사안이 강제추행죄 기수는 될 수 없지만, 미수는 성립할 수 있을 가능성이 생기게 된다. 해당 사안을 살펴보면 피의자가 업무를 가르쳐준다는 명목이라고 하더라도 젊은 여직원을 사무실로 데리고 와서 문을 잠그도록 하고, 트렁크만 입은 차림으로 소원 들어주기 고스톱을 쳤으며, 자신이 이겼을 때, 자신의 다리를 주무르라고 하면서 여직원의 허벅지에 다리를 올리는 행위가 추행행위에 이르지는 못했다고 하더라도 추행의 고의가 없었다고 할지는 의문이다. 따라서 강제추행죄는 강제추행의 고의를 가지고 상대방에게 폭행 또는 협박을 가한 때 실행의 착수를 인정하고 있으므로[49] 본 사안에서 피의자의 추행의 고의가 인정된다고 볼 때, 피의자의 행위가 실행의 착수만 인정이 되더라도 강제추행죄의 미수가 성립하게 된다.

이에 대해 대법원 판례를 살펴보면 야간에 가해자가 17세 미성년자를 뒤에서 껴안으려고 한 사안에서 "…피고인은 피해자를 추행하기 위하여 뒤따라간 것으로 보이므로 추행의 고의를 충분히 인정할 수 있고, 피고인이 피해자에게 가까이 접근하여 갑자기 뒤에서 피해자를 껴안는 행위는 일반인에게 성적 수치심이나 혐오감을 일으키게 하고

47) 대법원 2012. 7. 26. 선고 2011도8805 판결에서도 행위자가 자신을 무시하는 피해자를 뒤 쫓아가면서 욕설과 함께 바지를 벗어 성기를 보여준 사안에 대해 원심법원(부산지법 2011. 6. 24. 선고 2011노758 판결)은 강제추행죄의 성립을 인정하였지만, 대법원은 인정하지 않았다. 강제추행죄와 관련해서 이처럼 법원의 견해가 다른 경우는 여러 사례를 찾아볼 수 있다.

48) 조현욱, "강제추행죄의 구성요건 중 강제추행의 의미와 그 판단기준", 홍익법학 제14권 제1호, 2013, 461면.

49) 김일수/서보학, 앞의 책, 138면.

선량한 성적 도덕관념에 반하는 행위로서 피해자의 성적 자유를 침해하는 행위라 할 것이어서 그 자체로 이른바 '기습추행' 행위로 볼 수 있으므로, 실제로 피고인의 팔이 피해자의 몸에 닿지는 않았다 하더라도 위와 같이 양팔을 높이 들어 갑자기 뒤에서 피해자를 껴안으려는 행위는 피해자의 의사에 반하는 유형력의 행사로서 폭행행위에 해당하고, 그때에 이른바 '기습추행'에 관한 실행의 착수가 있다고 볼 수 있다…"라고 밝히고 있다.[50] 해당 사안에 대해 많은 학자들이 취하고 있는 절충설에 따르면 가해자의 범행계획과 구성요건을 실현하기 위한 시간적·장소적 근접성 여부, 그리고 그 어떤 중간개입적인 행위도 없이 구성요건이 직접적으로 실현될 있는지 여부를 고려해 볼 때, 신체적 접촉이 없이도 실행의 착수를 인정할 수 있다는 견해도 있는 반면,[51] 적어도 신체적 접촉이 있어야 실행의 착수를 인정할 수 있다는 견해도 있다.[52] 적어도 어떤 견해에 의하던 본 사안의 경우를 고려해 보면 피의자가 다리를 허벅지에 올리고 주무르게 한 행위는 적어도 실행의 착수로 인정할 수도 있을 것으로 보인다. 다만, 해당 판례를 보면 추행의 고의에 대한 부분은 없으며, 단지 행위가 추행행위에는 속하지 않는다는 것만을 밝히고 있으며, 그에 따라 미수에 대한 판단은 하지 않고 있다.

(3) 강제추행죄 적용의 개선점

앞서 살펴본 바와 같이 해당 판례에 대해서 크게 세 가지의 문제점을 도출해 보았다. 다만, 해당 판례에서 강제추행죄 미수에 대한 여

---

50) 대법원 2015. 9. 10. 선고 2015도6980, 2015모2524 판결.

51) 안경옥, "실행의 착수 판단에 대한 검토", 형사판례연구 1월 발표 자료집, 2016, 16면. 해당 견해에 따르면 가해자는 피해자를 껴안음으로써 추행하려는 계획을 가지고 있었고, 그 계획에 따라 1미터까지 접근하여 피해자를 안으려고 했으므로 시간적·장소적 근접성이 충족되고, 해당 행위를 하는 것에 있어 여타 중간개입행위도 필요 없으므로 강제추행죄의 실행의 착수는 인정된다.

52) 이원상, "강제추행죄 적용범위에 대한 문제점 고찰", 단국대학교 법학논총 제40권 제1호, 2016, 111면.

부는 고려하고 있지 않으므로 앞의 두 가지의 문제에 대해 개선점을 생각해 보았다. 먼저 기습추행죄는 강제추행죄에서 독립시키는 방안을 고민해 볼 필요가 있다. 기습추행죄의 구성요건이 일반적인 강제추행죄의 구성요건을 완화시키면서 강제추행죄의 역할을 상당히 넓히고 있다.[53] 단순 성추행행위에 해당하는 유형에 강제추행죄가 적용되면 행위불법성에 비해 부과되는 책임이 과해질 수 있다. 따라서 기습추행에 대한 문제는 강제추행죄로 해결하는 것이 아닌 다른 성추행 관련 규정으로 해결하려는 노력이 필요해 보인다. 또한 경우에 따라서는 형법 제324조의 강요죄로 처벌할 수도 있을 것이다. 다만, 그럼에도 불구하고 일부 단순 성추행행위는 처벌이 불가능하게 될 수 있을 것이다. 그러나 그 정도가 크지 않은 경우에는 형법의 보충성을 고려해 보면 조직 내에서의 징계나 남녀고용평등법과 같이 과태료 처분도 가능할 것이다. 그럼에도 불구하고 처벌의 필요성이 있다고 판단되는 단순 성추행행위에 대해서는 추가적인 입법을 통해 형법에 관련 규정을 두는 것이 보다 적절할 것으로 사료된다.[54]

또한 추행의 기준은 적어도 어느 정도 유형화 된 기준을 제시할 필요가 있다. 예를 들어, 민법에서 보면 무수하게 많은 계약의 유형이 있지만, 그 가운데 15개의 전형계약을 규정하고 있는 것과 같이 다양한 강제추행의 유형 가운데 전형적인 유형을 설정하는 것도 고려해

53) 이에 대해 '기습추행'의 '기습'은 폭행의 강도와는 관련 없는 개념이며, 단지 행위태양이기 때문에 판례의 태도가 폭행의 정도를 완화시키는 것이 아니라는 견해도 있을 수 있다. 그러나 기습으로 인한 추행의 경우 폭행과 추행이 거의 동시에 이루어지고, 이때의 폭행의 정도는 앞서 언급한 바와 같이 일반적인 강제추행죄의 폭행의 정도보다는 완화된 폭행의 행위태양을 보이고 있기 때문에 '기습'은 폭행의 정도와 관련이 있다고 생각된다.

54) 단순추행죄의 신설로 기습추행 인정을 통해 과도하게 확장되던 처벌이 비례성을 유지할 수 있게 되고, 기존의 규정으로 처벌이 불가능하던 추행행위도 처벌이 가능해져서 사회 구성원의 성의식 재고 및 성적 자기결정권의 보호확장, 그리고 성형법 축소해석을 통해 형법의 '겸억성 원칙'에도 부합할 것이라는 견해도 있다. 조현욱, 앞의 글, 674면; 같은 견해로 김혁돈, "강제추행죄에 있어서의 강제추행의 개념", 형사법연구 제21권 제1호, 2009, 511면.

볼 수 있을 것이다. 종합적인 판단으로 인해 법원에서 조차도 강제추행여부에 대한 견해가 갈리고 있는 상황에서 일반 시민이 행위 당시에 강제추행 여부를 판단하는 것은 매우 어렵다고 할 것이다. 더욱이 최근 추행여부가 일반인의 관점 보다는 피해자의 관점을 많이 반영하고 있기 때문에 추행 여부의 판단은 더욱 모호하다고 할 것이다. 따라서 일부 문헌에서는 강제추행 유형을 좀 더 구체화하기도 한다.[55] 그와 같이 성추행행위 가운데 강제추행죄에 포섭하여 처벌할 필요성이 있는 행위들에 대해 유형화 시키고, 유형화에 해당되지 않는 성추행행위들에 대해서는 강제추행죄가 아닌 다른 방법을 통해 제재하는 방법을 모색할 필요성이 있다.

V. 결 론

강제추행죄는 사람의 성적 자기결정권을 침해하는 행위를 처벌하기 위한 것이다. 폭행 또는 협박으로 간음을 하면 강간죄로, 유사간음을 하면 유사강간죄로 처벌되기 때문에 그에 속하지 않는 행위는 강제추행죄로 처벌된다. 그러나 모든 성추행행위가 강제추행죄로 처벌되는 것은 아니다. 폭행 또는 협박이 반드시 수반되어야 하고, 추행행위라고 인정될 수 있는 행위가 있어야지만 강제추행죄로 처벌될 수 있다. 따라서 위력 또는 위계에 의하거나 단순히 추행만이 있는 경우는 강제추행죄가 아닌 다른 법률에 의해 해당 요건이 충족될 때 처벌될 수 있다.

그런데 최근에는 강제추행죄의 적용범위가 상당히 넓어지고 있는 추세이다. 또한 시민들도 웬만한 유형의 성추행행위는 강제추행죄라고 인식하는 경우가 많아지면서 법감정적으로도 강제추행죄가 넓게 적용되는 것에 대한 반감도 크지 않은 것 같다. 그런데 우리 형법에서 강제추행죄의 역할을 지금처럼 확대시키는 것은 다소 적절하지 않다

55) 김준호, 앞의 글, 97-103면.

고 생각된다. 이는 강제추행죄가 강간이나 유사강간죄에 해당하지 않는 모든 성추행과 관련된 범죄를 처벌하기 위함이 아니라 좀 더 높은 강제력을 동원하여 사람의 성적 자기결정권을 침해하는 것을 처벌하기 위해 기획되었다는 판단에서 그렇다. 물론 모든 종류의 성추행행위는 비난받아 마땅한 행위이다. 그러나 가능한 한 현행 법상의 강제추행죄에 포함하여 처벌하려고 하는 것은 다시금 고려해 볼 필요가 있다. 이는 낮은 정도의 성추행행위가 강제추행죄에 포함될 경우 형벌뿐 아니라 여러 가지 부과처분들이 함께 판결될 가능성이 높기 때문에 범죄자의 책임을 넘어설 수 있다는 우려 때문이다. 그런 관점에서 해당 판결의 결과에 대해 언론이나 시민단체의 비판이 있었지만 결론적으로는 법원의 판단에 동의하는 바이다.

그러나 강제추행죄에 대해서 법원이 가지고 있는 견해에 대해서는 다소 생각이 다르다. 우선 음란한 행위와 추행을 구분하는 것은 적절해 보인다. 형법이 제정되면서 본래는 '외설행위'라고 규정되어 있는 것이 '추행'으로 변경된 것을 고려해 볼 때, 강제추행죄는 음란한 행위를 처벌하는 것이 아니라 추행행위를 처벌하기 위한 것이기 때문이다. 다만, 그와 같은 구분이 법원의 명확한 견해인지는 다소 모호하다. 그런데 법원은 강제추행죄에 대해서 크게 두 단계로 검토하는 것으로 보인다. 하나는 그 행위가 일반적인 강제추행에 해당되는지를 살펴보고, 만일 그렇지 않은 경우 기습추행에 해당하는지를 검토하는 것이다. 그에 따르면 다소 폭력 및 협박의 정도가 높은 강제추행죄는 전자에 의해 해결이 가능하게 된다. 그에 반해 성추행행위에 가까운 강제추행죄는 기습추행으로 해결을 하게 된다. 그러나 이처럼 기습추행을 인정하면서 강제추행죄라는 하나의 구성요건에서 폭행 및 협박의 정도를 이분화 하여 고려하는 것은 다소 적절치 않아 보인다. 그러므로 기습추행을 강제추행죄에서 분리하고 성추행행위에 대해서는 강제추행죄가 아닌 다른 규정들에 그 역할을 일임하는 것이 보다 적절할 것이다.

최근 공인들의 성추행 사건에 대해 사회적 관심이 높아지고 있고, 점차로 성추행 가해자에 대해서도 강력한 처벌이 요구되고 있는 가운데 강제추행죄의 역할을 축소하자는 주장을 하는 것은 상당한 부담이다. 그러나 이 글의 목적은 강제추행죄의 역할을 축소하여 성추행행위에 대해 좀 더 관대해지자는 것이 아니라 법률의 취지에 보다 합리적이고 합당하게 운영하는 것이 오히려 성범죄에 대한 적절한 대응책이 될 수 있다는 것에 있다. 기본적으로 성범죄는 상대방을 인간으로 존중하는 것이 아니라 성적 대상으로 폄하하는 사고에서 기인한다고 생각한다. 따라서 우리 사회에 뿌리 깊게 자리잡고 있는 그와 같은 사고를 해소하기 위해 더욱 많은 노력이 필요할 것이다. 오직 형사처벌의 강화만이 만능키는 아닐 것이다. 다만, 성추행행위의 유형과 정도에 적합하게 적절한 형사처벌은 불가피하되 가중한 책임을 부과하지 않도록 하여 형법의 책임주의와 부합하도록 하는 노력도 함께 필요할 것이다.

[주 제 어]
강간죄, 유사강간죄, 강죄추행죄, 기습추행, 부과처분

[Key words]
Rape, Imitative Rape, Indecent Act by Compulsion, Indecent Act by Blitz, Handling of Public Security

접수일자: 2017. 5. 7. 심사일자: 2017. 6. 2. 게재확정일자: 2017. 6. 5.

[참고문헌]

김성돈, 형법각론(제3판), SKKUP, 2013.

______, “성폭력범죄의 행위유형에 대한 비판적 형법도그마틱”, 성균관법학 제23권 제2호, 2011.

김슬기, “성폭력범죄의 행위태양에 관한 연구—미국과의 비교를 중심으로”, 형사법의 신동향 통권 제38호, 2013.

김용세, “성희롱의 개념과 구제—성희롱과 강제추행의 한계”, 법문화연구소 새울법학 논문집 제3집, 1999.

김일수/서보학, 새로쓴 형법각론, 박영사, 2015.

김준호, “형법상 강제추행 개념의 해석 범위”, 저스티스 통권 제153호, 2016

김혁돈, “강제추행죄에 있어서의 강제추행의 개념”, 형사법연구 제21권 제1호, 2009.

김혜정, “성폭력범죄에 대한 대응의 재검토” 법학논총 제20권 제1호, 2013.

박상기, 형법각론(제8판), 박영사, 2011.

배종대, 형법총론, 홍문사, 2016.

손동권/김재윤, (새로운)형법각론, 율곡출판사, 2013.

선종수, “개정형법상 성폭력범죄에 대한 검토—강간죄와 유사강간죄를 중심으로”, 동아법학 제62호, 2014.

신동운, 형법 제·개정 자료집, 한국형사정책연구원 연구총서, 2009.

안경옥, “실행의 착수 판단에 대한 검토”, 형사판례연구 1월 발표 자료집, 2016.

______, “‘위력’에 의한 간음·추행죄의 판단기준 및 형법상 성범죄규정의 개선방안”, 경희법학 제50권 제4호, 2015.

오영근, 형법각론(제3판), 박영사, 2014.

임 웅, 형법각론(제5전정판), 법문사, 2013.

이경재, “강제추행죄를 둘러산 몇 가지 문제점”, 형사판례연구[23], 2015.

이수창, “성희롱 행위에 대한 형사법적 규제”, 형사법의 신동향 통권 제44호, 2014.

이왕연, “정조에 관한 죄”, 원광법학 제3권, 1973.

이원상, “강제추행죄 적용범위에 대한 문제점 고찰”, 단국대학교 법학논총 제40권 제1호, 2016.

이정원, 형법각론, 새문사, 2012.

이재상 형법각론(제9판), 박영사, 2013.

임정호, “유사강간죄에 관한 재검토 — 입법방식의 문제점을 중심으로”, 서울법학 제21권 제3호, 2014.

조현욱, “기습추행의 의미와 그 판단기준”, 일감법학 제33호, 2016.

______, “강제추행죄의 구성요건 중 강제추행의 의미와 그 판단기준”, 홍익법학 제14권 제1호, 2013.

정성근/박광민, 형법각론(제2판), 성균관대학 출판부, 2015.

한인섭, “성폭력의 법적 문제와 대책”, 인간발달연구 제3권 제1호, 1996.

[Abstract]

The Role of the Indecent Act by Comulsion in Criminal Law

Lee, Won-Sang*

Recently, the scope of indecent act by compulsion has widened significantly. Also, the citizens are increasingly aware that most cases of indecent assault are done by forcible compulsion so, there is no animosity towards the expansion of indecent act by compulsion. However, it is somewhat inappropriate to expand the role of indecent act by compulsion in our criminal law. Because, in our criminal justice system, it is not intended to punish anyone for abusing all sexual harassment, but it is designed to punish people for violating their sexual decision-making rights by mobilizing force. Of course, indecent acts are reprehensible. But, it is necessary to think again about trying to punish indecent acts in the area of indecent act by compulsion. That is why the responsibility of the criminal law can be damaged. In such a sense, I agree with the supreme court decision in conclude.

However, there has been a growing social interest in recent sexual assault. And the demand for punishment for indecent assault is on the rise. Therefore, it is a great burden to insist on reducing the role of indecent act of compulsion in criminal law. This paper does not claim to be lenient on sexual assault by reducing the role of indecent act of compulsion. but, within the principle of criminal law, indecent act of compulsion in criminal law should be more rationally applied. Because, criminal punishment is not the master key to solve all crimes. Indecent

* Assistant Professor, Chosun Univesity, Ph.D in Law.

act by blitz(sexual harrassment) should not be included in the concept of indecent act by compulsion. Thus, indecent act by blitz should be punishable by a separate crime as sexual harrassment. And indecent act by compulsion should just play its own role. as it were, indecent act by compulsion should play its planned role in principles of responsibility of criminal law.

최근 5년간의 주요 재산범죄 판례의 동향

안 경 옥*

Ⅰ. 들어가는 말

2011년까지의 주요 재산범죄 관련 판례에 대한 소개와 평가는 형사판례연구 20주년 기념 학술대회의 발표 논문에서 언급되었다.[1] 본고에서는 2012년부터 2016년까지 최근 5년간의 주요 재산범죄 — 절도, 강도, 사기, 횡령, 배임죄 — 관련 판례의 내용과 쟁점 및 기존 판례 태도와의 차이점을 정리하였다.[2] 함께 이들 판례에 대한 학계의 논의내용이나 비판점도 간략히 서술하였다. 주요 재산범죄 판결들을 살펴봄으로써 대법원 판결의 흐름이나 동향을 알 수 있었으며, 더 나아가 형법 해석과 관련하여 계속해서 생각해볼 내용이나, 필요하다면 입법론적 개선내용도 제시하고자 하였다.

---

* 경희대학교 법학전문대학원 교수.

1) 박형준, "2000년대 초기 대법원판례의 동향", 「형사판례연구」 제20권(2012), 85면 이하 참조.

2) 대상판결은 대법원 전원합의체 판결과 함께 매년 형사판례연구회에서 발표된 '형법판례 회고'를 참고하였고, 아울러 학계에서 논의가 많았던 판례를 선택하였다.

Ⅱ. 절도죄에 관한 중요 판례

1. 명의신탁 자동차의 소유권 귀속관계

가. 대법원 2012. 4. 26. 선고 2010도11771 판결은 피고인이 자신의 모 갑 명의로 구입·등록하여 갑에게 명의신탁한 자동차를 을에게 담보로 제공한 후 을 몰래 가져가 절취하였다는 내용으로 기소된 사안에서, 을에 대한 관계에서 자동차의 소유자는 갑이고 피고인은 소유자가 아니므로 을이 점유하고 있는 자동차를 임의로 가져간 이상 절도죄가 성립한다고 본 원심판단[3]을 정당하다고 하였다. 대법원은 당사자 사이에 자동차의 소유권을 그 등록명의자 아닌 자가 보유하기로 약정한 경우, 그 약정 당사자 사이의 내부관계에 있어서는 등록명의자 아닌 자가 소유권을 보유하게 된다고 하더라도 제3자에 대한 관계에 있어서는 어디까지나 그 등록명의자가 자동차의 소유자라고 보았다.[4] 이러한 판례의 태도는 다른 여러 판결에서도 일관되게 나타나고 있다.[5]

나. 자동차의 소유권이 누구에게 귀속되느냐에 따라 피고인의 행위는 절도죄 아니면 권리행사방해죄 성립여부가 문제된다.[6] 자동차 소유권의 득실변경은 등록을 하여야 그 효력이 생기는 것이므로 그 등록이 없는 한 피고인은 대외적 관계에서는 물론 당사자의 대내적

---

3) 의정부지법 2010. 8. 27. 선고 2009노2823 판결.

4) 대법원 5. 30. 선고 2000도5767 판결; 대법원 2007. 1. 11. 선고 2006도4498 판결.

5) 대법원 1980. 11. 11. 선고 80도131 판결; 대법원 2001. 10. 26. 선고 2001도4546 판결; 대법원 2010. 2. 25. 선고 2009도5064 판결; 대법원 2014. 2. 21. 선고 2013도14139 판결; 대법원 2014. 9. 25. 선고 2014도8984 판결.

6) 대내관계에서 소유자인 갑이 담보설정된 자동차를 몰래 가져가더라도 명의수탁자는 피해자가 될 수 없다는 견해에 따르면 피고인의 행위는 절도죄가 아닌 권리행사방해죄를 구성한다는 것이다(이창섭, "담보로 제공된 명의신탁 승용차를 몰래 가져간 명의신탁자의 형사책임", 「형사법연구」 제24권 제4호 (2012), 318면. 명의신탁된 차량에 관련된 형사사례 분석에 대해서는 류전철, "차량등록제와 관련된 형사법적 문제 — 대법원 2015. 6. 25. 선고 2015도1944 전원합의체 판결 —", 「법조 최신판례분석」(2016. 8), 626면 이하 참조).

관계에서도 그 소유권을 취득할 수 없다고 하겠다.[7] 명의신탁 사례의 경우도 대외적인 관계에서는 수탁자가 소유자가 되므로, 이 사건 자동차는 피고인의 소유가 아니며, 제3자에게 담보 제공된 차량을 피고인이 임의로 가져갔기 때문에 절도죄의 객체인 '타인 점유, 타인 소유'의 재물에 해당한다.

2. '타인의 점유'의 의미 및 판단기준

가. 대법원 2012. 4. 26. 선고 2010도6334 판결은 피고인이 내연관계에 있는 갑과 아파트에서 동거하다가, 갑의 사망으로 갑의 상속인인 을 및 병 소유에 속하게 된 부동산 등기권리증 등 서류들이 들어 있는 가방을 위 아파트에서 가지고 가 절취하였다는 내용으로 기소된 사안에서, 피고인이 갑의 사망 전부터 아파트에서 갑과 함께 거주하였고, 갑의 자식인 을 및 병은 위 아파트에서 전혀 거주한 일이 없이 다른 곳에서 거주·생활하다가 갑의 사망으로 아파트 등의 소유권을 상속하였으나, 을 및 병이 갑 사망 후 피고인이 가방을 가지고 가기까지 그들의 소유권 등에 기하여 아파트 또는 그곳에 있던 가방의 인도 등을 요구한 일이 전혀 없는 사정 등에 비추어, 피고인이 가방을 들고 나온 시점에 을 및 병이 아파트에 있던 가방을 사실상 지배하여 점유하고 있었다고 볼 수 없어 피고인의 행위가 을 등의 가방에 대한 점유를 침해하여 절도죄를 구성한다고 할 수 없는데도, 이와 달리 보아 절도죄를 인정한 원심판결[8]에 절도죄의 점유에 관한 법리오해 등의 위법이 있다고 보았다.

나. (1) 형법상 점유의 의미에 대해 대법원의 태도는 대체로 다음과 같이 정리할 수 있다. 첫째, 현실적으로 어떠한 재물을 지배하는 순수한 사실상의 관계를 말하는 것이다.[9] 둘째, 민법상 점유와 반드시

7) 대법원 2007. 1. 11. 선고 2006도4498 판결; 대법원 2013. 2. 28. 선고 2012도15303 판결.
8) 대전지법 2010. 5. 4. 선고 2010노382 판결.
9) 대법원 1982. 8. 25. 선고 80도509 판결; 대법원 2001. 10. 26. 선고 2001도4546

일치하는 것은 아니어서 종전 점유자의 점유가 그의 사망으로 인해 상속인에게 당연히 이전되는 것은 아니다. 셋째, 재물에 대한 사실상의 지배가 점유이므로 주관적 요소로서 점유하고자 하는 지배의사가 필요하다.[10]

위의 점유 개념에 비추어 볼 때 사자(死者)에게 형법상 점유를 인정할 수 있는가, 사자의 점유를 부정한다면 종전 점유자의 사망으로 인해 점유의 상속을 인정할 수 있는지 여부가 문제된다. 먼저 사자의 점유와 관련하여, 대법원은 피해자의 생전에 가진 점유가 사망 후에도 여전히 계속되는 경우 피해자인 사자의 점유를 인정할 수 있다고 하였다.[11] 즉 판례가 사자의 점유를 인정하고 있는 범위는 사망 직후, 범행현장에 국한한다고 볼 수 있다. 학계에서는 사자의 점유를 인정하는 견해와 부정하는 견해로 나뉜다.[12] 물론 인정하는 견해도 판례와 마찬가지로 생전 점유가 사후 일정 시간 계속되는 것으로 보는 견해가 많다.[13] 사자의 점유를 부정하는 견해는 사자는 점유의사를 가질 수 없으며, 사망 이후의 시간 길이에 따라 사자의 점유를 인정하는 것은 타당하지 않다는 것이다.[14] 물론 사자의 점유를 인정한다 하더라도, 대상판결의 사안처럼, 갑의 사망 이후 3일이 지나도 사자의 생전 점유가 계속된다고 볼 수는 없다고 하겠다.[15]

(2) 다음으로 형사상으로도 점유가 상속되어 이 사건 가방에 대해

판결; 대법원 2013. 7. 11. 선고 2013도5355 판결.

10) 대법원 1982. 8. 25. 선고 80도509 판결; 손동권, “절도죄에서의 사자의 점유”, 「형법판례 150선」, 한국형사판례연구회(2016), 박영사, 222면.

11) 대법원 1993. 9. 28. 선고 93도2143 판결. 술값 채무를 면탈할 목적으로 술집 주인을 살해하고 곧바로 피해자가 소지하던 현금을 탈취한 경우 강도살인죄를 인정한 판결도 있다(대법원 1999. 3. 9. 선고 99도242 판결).

12) 김성룡, “형법에서 사자의 점유”, 「형사판례연구」 제21권(2013), 219면.

13) 사자의 점유에 대한 국내외의 논의내용은 김성룡, 앞의 논문, 206면 이하 참조.

14) 손동권, 앞의 논문, 223면.

15) 사자의 점유에 대한 국내의 논의는 처음부터 탈취(강취)의사로 살해 후 재물을 영득한 경우와 살해 후 영득의 의사가 생겨 사자의 재물을 영득한 경우 및 제3자가 영득한 경우로 나누어 검토한다(김성룡, 앞의 논문, 214면).

상속인들인 을, 병의 점유를 인정할 수 있는지가 문제된다. 우선 피고인이 사실혼 배우자이므로 이 사건 아파트에 대한 소유권은 갑의 사망과 동시에 을, 병 피해자들만이 상속받는다. 다만 형법상 점유개념이 반드시 민법상 개념과 같을 필요는 없으며, 민법상 점유와 달리 자동적으로 상속되지 않는다고 보아, 사실혼관계에 있던 피고인에게 사자의 재물에 대한 보관자, 즉 사실상 점유자를 인정할 수 있겠다. 을과 병은 피고인과 함께 이 사건 아파트에 거주한 것이 아니므로 이 사건 가방에 대해 사실상 지배하고 있다고 인정하기는 어렵다.

3. '절도죄에서 불법영득의사'의 의미

가. 대법원 2014. 2. 21. 선고 2013도14139 판결의 사실관계를 살펴보면, 피고인이 승용차를 리스하여 운행하던 중 사채업자에게 돈을 빌리고 그 승용차를 인도한 후 피고인이 차용금을 변제하지 못하자 사채업자가 승용차를 피해자에게 매도하였는데, 피고인이 승용차를 회수하기 위해 피해자와 만나기로 약속한 다음 보조열쇠를 이용하여 약속장소에 주차되어 있는 승용차를 임의로 가져갔다는 내용으로 기소된 사안이다. 이에 대해 원심은 피고인이 소유자에게 위 승용차를 반납하고자 하는 의도에서 승용차를 가져간 것으로 보이고 이것이 소유자의 의사에 반한다고 볼 수 없고 실제로 그 승용차가 소유자인 H 캐피탈에 반납되었으므로 피고인의 행위는 절취행위로 볼 수 없다고 하였다.[16] 그러나 대법원은 피고인이 어떠한 물건을 점유자의 의사에 반하여 취거하는 행위가 결과적으로 소유자의 이익으로 된다는 사정 또는 소유자의 추정적 승낙이 있다고 볼 만한 사정이 있는 경우라도 불법영득의사는 인정될 수 있다고 하여,[17] 원심판결을 파기 환송하였다.

나. 불법영득의사의 의미에 대해서는 판결마다 약간의 차이가 있다. 즉 불법영득의사를 단순히 권리자를 배제하고 타인의 물건을 자기

16) 수원지법 2013. 10. 24. 선고 2013노2656 판결.
17) 대법원 2014. 2. 21. 선고 2013도14139 판결.

의 소유물과 같이 이용·처분할 의사를 의미한다고 하는 판결이 있는가 하면,[18] 타인의 물건을 그 권리자를 배제하고 자기의 소유물과 같이 그 경제적 용법에 따라 이용·처분하고자 하는 의사를 의미한다고 보는 판결도 있다.[19] 그러나 해당 판결에서 불법영득의사는 영구적으로 그 물건의 '경제적 이익'을 보유할 의사임은 요하지 않는다거나,[20] 불법영득의사가 물건 그 자체를 영득할 의사인지 물건의 가치만을 영득할 의사인지를 불문한다고 하였다.[21] 여기서 불법영득의사의 의미와 관련하여, '경제적 용법에 따라'라는 표현이 필요한 것인지, 영득의사의 대상이 물건이나 목적물 그 자체가 아닌, 물건의 경제적 가치도 대상이 되는지, 그리고 일시 사용과 불법영득의사의 구별 여부 등이 문제된다고 하겠다.

먼저 대법원은 물건 자체를 영득할 의사인지 물건, 목적물의 가치만을 영득할 의사인지는 상관없이 불법영득의사를 인정하므로, 물건을 장시간 점유하거나 사용하는 경우,[22] 사용 후 그 물건을 다른 곳에 유기하는 경우,[23] 혹은 타인의 예금통장을 절취, 예금을 인출한 후 그 통장을 되돌려준 경우처럼 물건 자체가 가지는 경제적 가치가 상실되었다면 불법영득의사를 인정하여 사용절도와 구별하였다.[24] 그러나 재물 자체가 아닌 재물의 경제적 가치가 상실되었을 때도 불법영득의사를 인정하는 것은 불법이득의사와의 구별을 어렵고, 그 구체적인 판

18) 대법원 2012. 7. 12. 선고 2012도1132 판결.
19) 대법원 2003. 1. 24. 선고 2001도991 판결; 대법원 2000. 11. 28. 선고 2000도2123 판결.
20) 대법원 2012. 7. 12. 선고 2012도1132 판결.
21) 대법원 1998. 11. 10. 선고 98도2642 판결; 대법원 2012. 4. 26. 선고 2010도11771 판결 등 참조.
22) 대법원 2011. 8. 18. 선고 2010도9570 판결.
23) 대법원 2002. 9. 6. 선고 2002도3465 판결.
24) 대법원 1998. 11. 10. 선고 98도2642 판결. 타인의 직불카드를 무단 사용하여 자신의 예금계좌로 돈을 이체시킨 후 곧 직불카드를 반환한 경우에는 그 직불카드에 대한 불법영득의사는 없다고 보았다(대법원 2006. 3. 9. 선고 2005도7819판결).

단기준도 분명하지 않다.[25] 그리고 한두 시간 사용 후 휴대점 입구에 두고 간 경우도 불법영득의사를 인정하거나, 피고인이 승용차 소유자인 H캐피탈을 배제할 의사가 없고 오히려 소유자의 지위를 회복시켜 주려는 의사가 있는 경우에도 피고인에게 불법영득의사를 인정하는 것은 불법영득의사에 대한 판례의 태도와 맞지 않는다고 할 수 있다.[26] 물론 불법영득의사를 재산범죄에서 인정하는 판례나 다수설에 대해 불법영득의사가 명문으로 규정되어 있지 않은 우리 형법에서는 고의 외에 별도로 불법영득의사의 개념이 불필요하다는 견해도 있다.[27]

Ⅲ. 강도죄에 관한 중요 판례

1. 준강도의 주체

가. 대법원 2014. 5. 16. 선고 2014도2521 판결은 피고인이 술집 운영자 갑으로부터 술값의 지급을 요구받자 갑을 유인·폭행하고 도주함으로써 술값의 지급을 면하여 재산상 이익을 취득하고 상해를 가하였다고 하여 강도상해로 기소되었는데, 원심이 위 공소사실을 '피고인이 갑에게 지급해야 할 술값의 지급을 면하여 재산상 이익을 취득하고 갑을 폭행하였다'는 범죄사실로 인정하여 준강도죄를 적용한 사안에서, 원심이 인정한 범죄사실에는 그 자체로 절도의 실행에 착수하였다는 내용이 포함되어 있지 않음에도 준강도죄를 적용하여 유죄로 인정한 원심판결[28]에 준강도죄의 주체에 관한 법리오해의 잘못이 있다고 하였다.

나. 위 판결의 피고인이 준강도죄의 주체인가 하는 점이 문제된

25) 박찬걸, "절도죄에서의 불법영득의사", 「형법판례 150선」, 한국형사판례연구회(2016), 227면.
26) 오영근(c), "2014년도 형법판례 회고", 「형사판례연구」 제23권(2015), 747면.
27) 오영근(c), 앞의 논문, 748면.
28) 서울고법 2014. 2. 7. 선고 2013노3133 판결.

다. 준강도죄의 주체는 절도범이고,[29] 절도죄는 재물을 객체로 하므로, 술값 지급을 면하여 재산상 이익을 취하고자 피해자를 폭행하였다면, 이는 형법 제335조의 준강도의 규정에 맞지 않는다. 오히려 이 사안은 강도죄의 기·미수 여부가 문제된다고 할 수 있다. 즉 채무면제라는 (소극적) 재산상 이익을 얻고자 반항을 억압하기에 충분한 폭행, 협박을 하였다면 강도죄 성립이, 상해의 정도가 경미하다면 강도상해죄가 아닌 강도죄로 처벌하는 것이 옳다고 하겠다.[30]

2. 강도상해죄의 '강도의 기회에'의 의미

가. 대법원 2014. 9. 26. 선고 2014도9567 판결의 사안[31]에 대해, 원심은 강도상해죄를 인정하였는데,[32] 대법원도 피고인이 피해자로부터 강취한 택시에 피해자를 태우고 돌아다니는 동안 피해자는 피고인의 강도범행에 의하여 계속 제압된 상태에 있었다고 할 것이므로, 피고인이 그로부터 도망하려는 피해자에게 상해를 가한 경우 사회통념상 강도범행이 완료되지 아니한 상태에서 '강도의 기회'에 상해행위를 저지른 것으로 강도상해죄를 인정하였다.

---

29) 대법원 2003. 10. 24. 선고 2003도4417 판결.

30) 이 사안의 경우 항소심이 준강도를 인정하는 것은 피고인이 강도누범에 해당될 수 있어 특강법에 의해 형기가 지나치게 가중될 수 있는 점에 기인하였다고 하였다(오영근(c), 앞의 논문, 752면).

31) 피고인은 2014. 1. 28. 05 : 41경 피해자가 운행 중이던 택시에 승객인 양 탑승한 후, 같은 날 06 : 40경 미리 준비한 흉기인 회칼을 보여주면서 위협한 뒤 청색 테이프로 피해자의 손과 발을 묶었다. 이후 피고인은 위 택시를 운전하여 가다가 같은 날 06 : 54경 위 택시를 세워 피해자를 짐칸에 옮겨 태우고 미리 준비한 노끈으로 목과 팔 등을 묶은 다음, 피해자의 주머니 속 지갑에 들어 있는 피해자 소유의 현금과 신용카드 2장을 빼앗았고, 같은 날 09 : 07경부터 09 : 10경까지 새마을금고에서 피해자로부터 강취한 신용카드로 현금을 인출하였다. 같은 날 09 : 43경 피해자가 결박을 풀고 달아나자 피고인은 흉기인 위 회칼을 들고 쫓아가 피해자의 어깨를 잡아당겨 넘어뜨리고, 피해자가 피고인이 손에 쥐고 있는 위 회칼의 칼날 부분을 잡자 회칼을 위쪽으로 잡아당겨 피해자에게 상해를 가하였다(서울고법 2014. 7. 9. 선고 2014노87 판결).

32) 서울고법 2014. 7. 9. 선고 2014노87 판결.

나. 강도상해죄의 상해는 '강도의 기회에' 발생하여야 한다. 강도의 기회는 강도범행의 실행 중이거나 실행 직후 또는 실행의 범의를 포기한 직후로서 사회통념상 범죄행위가 완료되지 않았다고 볼 수 있는 단계를 말한다.[33] 사회통념상 범죄행위가 완료되지 않았다는 것은 대상판결처럼 피해자가 아직 피고인의 심리적 억압상태 하에 있는 경우도 해당한다고 볼 수 있다.[34]

참고로 강도상해 · 치상죄와 관련하여서는, 강도죄나 특수강도죄의 형량이 각각 3년 이상의 징역, 무기 또는 5년 이상의 징역이고, 강도죄가 필연적으로 신체 상해를 동반하거나 동반할 개연성이 있으므로 강도상해나 치상죄를 별도로 규정할 필요가 있는지 입법론상 재검토할 필요가 있다는 견해가 있다.[35]

Ⅳ. 사기죄에 관한 중요 판례

1. 자동차 양도 후 절취할 의사와 기망행위

가. 대법원 2016. 3. 24. 선고 2015도17452 판결은 피고인 등이 피해자 갑 등에게 자동차를 매도하겠다고 거짓말하고 자동차를 양도하면서 매매대금을 편취한 다음, 자동차에 미리 부착해 놓은 지피에스(GPS)로 위치를 추적하여 자동차를 절취하였다고 하여 사기 및 특수절도로 기소된 사안에 대해, 피고인이 갑 등에게 승용차를 인도하고 소유권이전등록에 필요한 일체의 서류를 교부함으로써 갑 등이 언제든지 승용차의 소유권이전등록을 마칠 수 있게 된 이상, 갑 등에게 일단 승용차의 소유권을 이전할 의사가 있었다고 보는 것이 거래관념에 맞으며, 승용차를 매도할 당시 곧바로 다시 절취할 의사를 가지고 있으면서도 이를 숨긴 것을 기망이라고 할 수도 없다고 보아 사기죄를

33) 대법원 1996. 7. 12. 선고 96도1108 판결; 대법원 2004. 6. 24. 선고 2004도1098 판결.
34) 또한 같은 취지의 판결로 1992. 1. 21. 선고 91도2727 판결.
35) 오영근(c), 앞의 논문, 750면.

인정한 원심판결을[36] 파기환송하였다.

나. (1) 대상판결의 쟁점은 자동차를 매도한 이후 다시 절취할 의사를 가지고 있으면서도 이를 숨긴 행위가 사기죄의 기망행위에 해당하는가 하는 점이다. 사기죄의 기망행위는 널리 거래관계에서 지켜야 할 신의칙에 반하는 행위로서 사람들을 착오에 빠뜨리는 일체의 행위라고 본다.[37] 기망행위는 구체적으로 증명할 수 있는 현재와 과거의 사실을 그 대상으로 하며, 피기망자인 상대방이 재산처분행위를 하도록 그 판단의 기초가 되는 '사실'이라고 할 수 있다. 그리고 기망행위는 명시적, 묵시적, 부작위에 의해 가능한데, 그 중 묵시적 기망행위는 허위의 주장을 행동을 통해 설명하는 경우, 즉 행위자의 행위가 어떤 설명가치를 가지는 경우이다.[38] 대법원은 백화점 변칙세일,[39] 원산지 허위표시,[40] 또는 용도사기[41] 등에서 거래의 신의칙에 반하는 정도의 기망인가를 판단하는데, 그 구체적 기준이 제시되고 있지 않다는 비판도 있다.[42]

(2) 피고인이 자동차를 매도할 당시 곧바로 다시 절취할 의사를 숨겼다 하더라도 자동차 인도에 필요한 서류도 함께 교부하였다면 피해자가 자동차 매도사실과 관련하여 기망 당하였거나 그로 인한 피해자의 착오가 있다고 보기 어렵다. 그리고 나중에 다시 자동차를 절취하겠다는 '의사'를 숨긴 것이 구체적으로 어떤 '사실'을 이야기하거나

36) 인천지법 2015. 10. 16. 선고 2015노1180 판결.

37) 안경옥(a), "사기죄의 기망행위", 「형사판례연구」 제5권(1997), 242면; 김일수/서보학, 「형법각론」(제8판), 박영사, 339면; 박상기, 「형법학」(제3판), 집현재, 2016, 636면; 이재상/장영민/강동범, 「형법각론」(제10판), 박영사, 2016, 331면; 정영일, 「형법강의 각론」, 학림, 2013, 213면.

38) 김성돈, 「형법각론」(제4판), SKKUP, 2016, 344면; 김일수/서보학, 앞의 책, 342면; 이재상 외, 앞의 책, 333면; 정영일, 앞의 책, 213면.

39) 대법원 1992. 9. 14. 선고 91도2994판결.

40) 대법원 1997. 9. 9. 선고 97도1561 판결.

41) 대법원 1995. 9. 15. 선고 95도707 판결.

42) 이정원, "사기죄와 재산상 손해, 「형법판례 150선」, 한국형사판례연구회(2016), 252면.

(명시적 기망), 행동으로 보여주어(묵시적) 피해자를 기망한 것이라고 보기도 어렵다. 따라서 사기죄를 인정하지 않는 것이 옳다고 하겠다.

참고로 대상판결의 사안에서 피고인이 자동차 소유자의 승낙을 받고 위 승용차를 팔기로 하였고, 피해자 갑 등에게 아직 자동차의 소유권이 이전되었다고 보기 어려워 절도죄가 아닌 권리행사방해죄가, 소유자에게는 그 공동정범이 성립한다는 견해도 있다.[43]

2. 재산처분행위의 의미와 요건

가. 대법원 2012. 6. 28. 선고 2012도4773 판결은 피고인이 피해자 갑에게 사업자등록 명의를 빌려주면 세금이나 채무는 모두 자신이 변제하겠다고 속여 그로부터 명의를 대여 받아 호텔을 운영하면서 갑으로 하여금 호텔에 관한 각종 세금 및 채무 등을 부담하게 함으로써 재산상 이익을 편취하였다는 내용으로 기소된 사안이다. 원심은 이 사건 피해자의 처분행위는 장차 피고인으로 하여금 재산상의 채무부담을 면하게 해주는 피해자의 명의대여 행위라고 보아[44] 사기죄를 인정하였다. 그러나 대법원은 다른 특별한 사정이 없는 한 갑이 피고인에게 사업자등록 명의를 대여하였다는 것만으로 피고인이 이 부분 공소사실 기재와 같은 채무를 면하는 재산상 이익을 취득하는 피해자의 재산적 처분행위가 있다고 보기 어려워, 원심판결을 파기환송하였다.

나. (1) 판례에 따르면 사기죄의 재산 처분행위는 피기망자가 범인 등에게 재물을 교부하거나 재산상의 이익을 부여하는 행위로, 피기망자가 처분의사를 가지고 그 의사에 지배된 행위여야 한다.[45]

학계에서는 처분행위의 요소로 처분의사가 필요한지 여부와 그

43) 오영근(e), "2016년도 형법판례 회고", 「2017년 1월 9일 한국형사판례연구회」 제1차 발표논문, 9면.

44) 서울중앙지법 2012. 4. 5. 선고 2011노4194, 2011초기4802 판결.

45) 대법원 1999. 7. 9. 선고 99도1326 판결; 대법원 2001. 4. 27. 선고 99도484 판결; 대법원 2002. 7. 26. 선고 2002도2620 판결; 대법원 2002. 11. 22. 선고 2000도4419 판결; 대법원 2007. 3. 30. 선고 2005도5972 판결; 대법원 2011. 4. 14. 선고 2011도769 판결.

내용이 무엇인지에 대해 견해의 대립이 있다.[46] 먼저 처분의사 불요설은 처분행위는 객관적으로 손해를 초래할 수 있는 행위이면 족하고 거기에 처분의사는 필요하지 않다고 한다. 처분의사 필요설은 손실을 가져오는 처분행위로 인정되기 위해서는 자기 재산에 대한 결정의사가 필요하며, 주관적 의사가 없는 행위는 행위라고 보기 어렵다는 점을 들어 처분의사가 필요하다는 입장이다.[47] 판례는 처분행위는 처분의사, 즉 처분결과를 인식하고 객관적으로는 이러한 의사에 지배된 행위임을 요한다고 하여 필요설의 입장이라고 할 수 있다.[48]

(2) 처분의사의 내용과 관련하여서는, 처분의사는 처분결과에 대해 인식이 필요하다는 견해와 처분행위에 대한 인식만 있으면 처분의사를 인정할 수 있다는 견해 등으로 나뉜다. 처분의사는 처분행위를 하는 상황을 인식하면서 객관적으로 손실을 초래하는 경우 그 인식가능성만 있으면 충분하다고 하겠다.[49] 대상판결의 사안에서는 피해자가 자신의 사업자 명의를 피고인에게 대여하였다고 하여 자신에게 재산 감소를 가져올 수 있는 상황이나 그 가능성을 인식하였다고 보기 어렵다. 따라서 피해자의 행위는 재산처분행위에 해당하지 않는다고 보아야 할 것이다.

3. 차용사기와 소극적 이익

가. 대법원 2012. 4. 13. 선고 2012도1101 판결은 피고인이 피해자들을 기망하여 부동산을 매도하면서 매매대금 중 일부를 피해자들의 피고인에 대한 기존 채권과 상계하는 방법으로 지급받아 채무 소멸의 재산상 이익을 취득하였다는 내용으로 기소된 사안에서, 피고인이 상계에 의하여 기존 채무가 소멸되는 재산상 이익을 취득하였다고 보아

46) 김재봉, “사기죄와 처분의사”, 「형법판례 150선」, 한국형사판례연구회(2016), 254면 이하 참조.

47) 상세한 내용은 김재봉, 앞의 논문, 255면 참조.

48) 대법원 1999. 7. 9. 선고 99도1326 판결.

49) 김재봉, 앞의 논문, 255면.

사기죄를 인정한 원심판단[50]을 정당하다고 하였다.[51]

나. (1) 대상판결의 쟁점은 변제할 의사나 능력이 없음에도 불구하고 금전을 차용하면서 그 용도를 사실대로 고지하지 않은 경우 기망행위를 인정할 수 있는지 여부와 상계에 의하여 기존 채무가 소멸되는 소극적 이익도 재산상 이익을 취득하였다고 볼 수 있는가 하는 점이다. 대법원은 타인으로부터 금전을 차용하는 경우에 그 차용한 금전의 용도나 변제할 자금의 마련방법에 관하여 사실대로 고지하였더라면 상대방이 응하지 않았을 경우에 그 용도나 변제자금의 마련방법에 관하여 진실에 반하는 사실을 고지하여 금전을 교부받은 경우에는 사기죄가 성립한다고 하였다.[52]

학계에서는 차용금의 용도에 대해 기망하는 것 — 소위 용도사기 — 이 사기죄의 기망이나 착오에 해당하는가에 대해서는 견해의 대립이 있으나,[53] 사기죄의 기망행위는 거래의 신의칙에 반하는 기망행위여야 하며, 금전차용의 경우는 행위자가 차용금의 용도에 대해 기망했는가 하는 점보다는 차용금을 변제할 의사나 능력을 기망했는가 하는 점에 더 중점을 두어야 한다.[54] 그것은 차용금의 용도에 대해 사실대로 고지하지 않았다 하더라도 변제의사나 능력이 있다면 사기죄의 고의를 인정하기 어렵고, 피해자도 금전을 빌려준다는 데에 대한 착오가 있다고 보기 어렵기 때문이다.[55]

---

50) 서울고법 2012. 1. 5. 선고 2010노3505, 2011노2004, 3208 판결.

51) 피고인은 갑으로부터 빌린 돈을 을에 대한 기존 채무의 변제에 사용할 생각이었을 뿐 사업자금으로 사용할 것은 아니었고 자력이 없어 갑으로부터 돈을 빌리더라도 이를 변제할 의사나 능력이 없었음에도 을과 공모하여, 갑에게 파주에서 부동산 사업을 위한 공사비가 필요한데 파주시 검산동 소재 토지에 대한 가압류 관련 채권이 있고 파주시 동패리 소재 토지에 대한 수용보상금 중 30%를 받을 수 있으니 5억 원을 빌려주면 2개월 후에 합계 6억 원을 변제하겠다고 거짓말하여 그로부터 5억 원을 편취하였다는 공소사실로 기소되었다(서울고법 2012. 1. 5. 선고 2010노3505, 2011노2004, 3208 판결).

52) 대법원 2005. 9. 15. 선고 2003도5382 판결 등 참조.

53) 안경옥(a), 앞의 논문, 202-205면; 김일수/서보학, 앞의 책, 420-421면.

54) 오영근(a), "2012년도 형법판례 회고", 「형사판례연구」 제21권(2013), 662면.

55) 오영근(a), 앞의 논문, 662면.

(2) 다음으로 재산의 개념을 법률적 개념이 아닌 경제적 관점에서 판단한다면 채무를 면제하는 등의 소극적 이익도 재산상 이익에 포함될 수 있으므로, 피해자를 기망하여 부동산을 매도하면서 매매대금 중 일부를 피해자의 기존 채권과 상계하는 방법으로 지급받아 재산상 이익을 취득하였다면 사기죄가 성립한다.[56)]

4. 경제적 이익을 기대할 수 있는 지위와 재산상 이익, 기수시기

가. (1) 대법원 2012. 9. 27. 선고 2011도282 판결은 피고인이 자신이 개발한 주식운용프로그램을 이용하면 상당한 수익을 낼 수 있고 만일 손해가 발생하더라도 원금과 은행 정기예금 이자 상당의 반환은 보장하겠다는 취지로 피해자 갑을 기망하여 갑의 자금이 예치된 갑 명의 주식계좌에 대한 사용권한을 부여받아 재산상 이익을 취득하였다는 내용으로 기소된 사안에서, 주식운용에 따른 수익금이 발생할 경우 피고인이 그 중 1/2에 해당하는 돈을 매달 지급받기로 약정한 점 등 제반 사정을 종합하면, 피고인은 장래의 수익 발생을 조건으로 한 수익분배청구권을 취득하였을 뿐 아니라 그러한 경제적 이익을 기대할 수 있는 자금운용의 권한과 지위를 획득하였고, 이는 주식거래의 특성 등에 비추어 충분히 경제적 가치가 있다고 평가할 수 있으므로 갑을 기망하여 그러한 권한과 지위를 획득한 것 자체를 사기죄의 객체인 재산상 이익을 취득한 것으로 볼 수 있다는 이유로, 피고인에게 사기죄를 인정한 원심판단[57)]의 결론을 정당하다고 하였다.

(2) 대법원 2013. 11. 28. 선고 2011도7229 판결은 갑 주식회사의 실질적 운영자인 피고인 등이 공모하여, 회사에 대한 고의 부도 준비 사실 등을 숨긴 채 갑 회사 명의로 대한주택보증 주식회사(이하 '대한주택보증'이라고 한다)와 임대보증금 보증약정을 체결하여 재산상 이익을 취득하였다고 하여 구 특정경제범죄 가중처벌 등에 관한 법률(2012. 2.

---

56) 대법원 2009. 2. 12. 선고 2008도10971 판결.

57) 서울고법 2010. 12. 29. 선고 2010노1930 판결.

10. 법률 제11304호로 개정되기 전의 것) 위반(사기)으로 기소된 사안에서, 대한주택보증의 임대보증금 보증서 발급이 피고인 등의 기망행위에 의하여 이루어졌다면 그로써 사기죄는 성립하고, 피고인 등이 취득한 재산상 이익은 대한주택보증이 보증한 임대보증금 상당액이며, 임대주택법에 따라 민간건설 공공임대주택 임대사업자의 임대보증금 보증가입이 강제된다 하여 달리 볼 것이 아닌데도, 이와 달리 보아 사기죄가 성립하지 않는다고 한 원심판결[58]에 사기죄의 기수 시기와 재산상 이익액의 산정에 관한 법리오해의 위법이 있다고 하였다.

나. (1) 대상판결 1, 2는 사기죄의 객체인 재산상 이득과 관련하여, 재산상 이익을 얻을 수 있는 권한이나 지위를 획득한 것이 재산상 이익이나 이득을 취득한 것으로 볼 수 있는가 하는 점이 문제된다. 대법원은 일관되게 재산상 이익을 얻을 지위나 권한을 획득한 것 자체가 이미 재산상 이익이라고 판단하였다.[59] 더 나아가 대법원은 재산상 이익을 얻을 수 있는 구체적 지위나 권한이 아닌, 재산상 이익을 얻을 '외견상의' 가능성만으로 재산상 이익을 인정한 판례들도 있다. 한 예로 강도죄 관련 판례[60]에서 대법원은 '재산상 이익은 반드시 사법상 유효한 재산상의 이득만을 의미하지는 않고 외견상 재산이득을 얻을 것으로 인정할 수 있는 사실관계만 있으면 된다'고 하였다.[61] 그리고 사기죄에서도 재산상 이익은 외관상 금액을 지급받을 수 있는 가능성으로 충분하다고 하였다.[62]

(2) 재산상 이익이나 이득의 개념에 장차 이익을 얻을 수 있는 가능성이나 외견상의 가능성을 모두 포함한다면 관련 범죄의 성립 범위

58) 대전고법 2011. 5. 19. 선고 (청주)2010노221 판결.
59) 대법원 1996. 4. 9. 선고 95도2466 판결; 대법원 2001. 2. 9. 선고 2000도5000 판결.
60) 대법원 1994. 2. 22. 선고 93도428 판결.
61) 따라서 행위자가 피해자로 하여금 매출전표에 서명하게 한 다음 이를 교부받아 소지함으로써 이미 외관상 각 매출전표를 제출하여 신용카드회사들로부터 그 금액을 지급받을 수 있는 상태가 되었을 경우 강도죄의 재산상 이익을 취득하였다고 하였다(대법원 1994. 2. 22. 선고 93도428 판결).
62) 대법원 1997. 2. 25. 선고 96도3411 판결.

가 모호하거나 자의적일 수밖에 없다.[63] 그러므로 재산상 이익을 얻을 가능성은 단순히 막연한 외견상의 가능성이나 개연성이 아니라, 상황이 정상적으로 진행될 경우 재산증가가 확실히 기대되는 정도 구체적인 가능성이나 그러한 지위 또는 법적 권한으로 해석하는 것이 옳다고 하겠다.[64]

5. 소송사기의 실행의 착수 및 재산처분행위

가. (1) 대법원 2015. 2. 12. 선고 2014도10086 판결의 사안[65]에 대해, 원심은 소유권이전등기청구권에 대한 압류신청을 하여 압류명령을 받는다고 하더라도 피고인은 그 부동산에 관하여 아무런 권리를 취득하지 않고, 소유권이전등기청구권에 대한 압류신청과 부동산 자체에 대한 경매신청은 별개의 행위이므로 피고인이 소유권이전등기청구권에 대하여 압류신청을 한 것만으로는 소송사기의 실행에 착수하지 않았다고 보아 이 부분 공소사실을 무죄로 판단하였다.[66] 그러나 대법원은 소유권이전등기청구권에 대한 압류는 당해 부동산에 대한 경매의 실시를 위한 사전 단계로서의 의미를 가지나, 전체로서의 강제집행절차를 위한 일련의 시작행위라고 할 수 있으므로, 허위 채권에 기한 공정증서를 집행권원으로 하여 채무자의 소유권이전등기청구권에 대하여 압류신청을 한 시점에 소송사기의 실행에 착수하였다고 보았다.

(2) 대법원 2013. 11. 28. 선고 2013도459 판결은 피해자가 자기의

---

63) 안경옥(b), "형법상 재산상 이익의 개념과 '이익을 얻을 가능성'의 범위", 「비교형사법연구」 제12권 제2호(2010), 87면.

64) 안경옥(b), 앞의 논문, 88면.

65) 피고인이 허위 내용의 약속어음 공정증서를 집행권원으로 하여 대전 동구(주소 생략) 토지에 관한 피해자 A 회사의 대전광역시 동구청에 대한 소유권이전등기청구권에 대하여 압류신청을 하여 그 압류명령 결정을 받았고, 위 토지에 대한 소유권이전등기가 A 회사 명의로 경료되면 위 토지에 대하여 경매절차를 진행하고자 하였으나, A 회사의 채권자가 A 회사를 통하여 채권자 명의로 소유권이전등기를 마치는 바람에 그 뜻을 이루지 못하여 미수에 그쳤다는 것이다(청주지법 2014. 7. 24. 선고 2014노22 판결).

66) 청주지법 2014. 7. 24. 선고 2014노22 판결.

비용과 노력으로 건물을 신축하여 그 소유권을 원시취득한 미등기건물의 소유자가 있고, 그에 대한 채권담보 등을 위하여 건축허가명의만을 가진 자가 따로 있는 상황에서, 건축허가명의자에 대한 채권자가 위 명의자와 공모하여 명의자를 상대로 위 건물에 관한 강제경매를 신청하여 법원의 경매개시결정이 내려지고, 그에 따라 위 명의자 앞으로 촉탁에 의한 소유권보존등기가 되고 나아가 그 경매절차에서 건물이 매각된 사안이다. 원심은 위 경매절차에 의하여 이 사건 주택이 매각될 위기에 처하게 된 이상 위 강제경매신청은 피고인이 법원을 기망하여 피해자의 처분행위에 갈음하는 결정을 구한 것으로 볼 수 있다고 판단하였다.[67] 그에 반해 대법원은 위 경매절차에서 한 법원의 재판이나 법원의 촉탁에 의한 소유권보존등기의 효력은 그 재판의 당사자도 아닌 위 진정한 소유자에게는 미치지 아니하는 것이어서, 피기망자인 법원의 재판이 피해자의 처분행위에 갈음하는 내용과 효력이 있는 것이라고 보기는 어렵다고 하여,[68] 원심판단을 파기환송하였다.

나. (1) 위 판결 1, 2는 강제집행절차를 통한 소송사기의 경우 언제 실행의 착수를 인정할 수 있는지와 법원의 재판이 사기죄의 재산상 처분행위에 해당한다고 볼 수 있는지 여부가 쟁점이다. 먼저 소송사기의 실행의 착수와 관련하여, 미수는 범죄의 구성요건의 일부를 실현하는 행위까지는 아니더라도 구성요건의 실현에 이르는 현실적 위험성을 포함하는 행위를 한 때에 인정된다.[69] 소송사기의 실행의 착수는 법원을 기망한다는 인식을 가지고 소를 제기한 때 인정할 수 있다.[70] 문제는 허위 채권에 기한 공정증서를 집행권원으로 하여 채무자의 소유권이전등기청구권에 압류신청을 한 때에 이미 피고인이 재산상 이익을 얻고, 그 결과 피해자의 재산 감소를 가져올 수 있는 위험성, 즉 재산이라는 보호법익을 침해할 위험성이 이미 개시되었다고 볼

67) 수원지법 2012. 12. 20. 선고 2012노3781 판결.
68) 대법원 2006. 4. 7. 선고 2005도9858 전원합의체 판결.
69) 대법원 2008. 4. 10. 선고 2008도1464 판결.
70) 대법원 1993. 9. 14. 선고 93도915 판결.

수 있는가 하는 점이다. 단순히 채무자의 소유권이전등기청구권에 압류신청을 한 것만으로는 피고인이 재산상 이익을 얻을 수 있는 직접적인 행위나 밀접한 행위를 하였다고 보기 어렵다고 본다. 따라서 실행의 착수나 미수를 인정하지 않아야 할 것이다.

(2) 다음으로 소제기와 승소판결이 있음에도 불구하고 승소판결 등의 효력이 진정한 소유자에게 미치지 않는다는 이유로 소송사기의 성립을 부정하는 것이 적절한가 하는 점에 대해서도 의문이 든다.[71] 대법원은 처분행위가 민사상 무효라 하더라도 재산상 이익이나 이익을 얻을 가능성 — 외견상 가능성 — 만 있어도 재산범죄가 성립할 수 있다는 입장이다. 따라서 승소판결이나 소송상 화해의 효력이 진정한 소유자에게 미치는가의 여부는 소송사기의 성립에 영향이 없다고 해야 하며, 위 대상판결 2의 경우는 소송사기의 기수나 미수를 인정하는 것이 옳다고 하겠다.[72]

6. 차용사기와 편취의 범의

가. 먼저 대법원 2016. 4. 2. 선고 2012도14516 판결의 사기죄 관련 부분의 공소사실의 요지[73]에 대해 원심은 피고인에게 편취의 범의가 있었다고 단정하고 이를 유죄로 인정하였다.[74] 그러나 대법원은 피고인이 2001. 1. 29.부터 2004. 3. 5.까지 이 사건 차용금의 약 4배에 이르는 금액을 카드대금 등의 변제 명목으로 피해자에게 지급하였고, 의류사업이나 보험설계사로서의 영업을 하면서 지속적으로 소득을 얻고

71) 김태명, 「판례 형법각론」(제2판), 피앤씨미디어, 2016, 356면.
72) 김태명, 앞의 책, 356-357면.
73) 피고인이 2002년 8월경 약 3,000만 원 내지 4,000만 원 상당의 채무를 부담하고 있는 반면 특별한 재산이 없어 피해자 갑으로부터 돈을 빌리더라도 변제할 의사나 능력이 없었음에도, 2002. 8. 11. 갑에게 "2,000만 원을 빌려주면 원금과 이자를 틀림없이 변제하겠다."고 거짓말하여 이에 속은 피해자로부터 그 자리에서 차용금 명목으로 2,000만 원을 교부받아 이를 편취하였다는 것이다(인천지법 2012. 11. 9. 선고 2012노2476 판결).
74) 인천지법 2012. 11. 9. 선고 2012노2476 판결.

있었으며, 이 사건 차용일 이후 비교적 꾸준하게 월 60만 원 상당의 약정이자를 지급해 온 사정 등에 비추어 볼 때, 차용 당시 차용금 2,000만 원을 변제할 의사나 능력이 없었다고 단정하기는 어렵다고 하였다. 그리고 갑이 이 사건 차용 당시 피고인의 자금능력이 충분하지 아니하여 변제기에 변제가 어려울 수 있다는 위험을 예상하고 있었거나 충분히 예상할 수 있었다고 보이므로, 피고인이 이 사건 차용 당시 차용금을 변제할 의사나 능력이 없었음에도 피해자에 대하여 거짓말을 하여 돈을 편취할 고의가 있었다고 단정하기 어려우므로 대법원은 원심판단 중 유죄부분을 파기환송하였다.

나. 판례의 일관된 태도에 따르면 기망행위에 대한 고의로서 편취의 범의는, 피고인이 자백하지 아니하는 한, 범행 전후의 피고인의 재력, 환경, 범행의 내용, 거래의 이행과정, 피해자와의 관계 등과 같은 객관적인 사정을 종합하여 판단하여야 한다고 하였다.[75)]

그리고 차용금의 편취에 의한 사기죄의 경우 사기의 고의가 있었는지 여부는 차용 당시를 기준으로 판단하여야 한다. 따라서 차용 당시에는 변제할 의사나 능력이 있었다면 그 후에 차용금을 변제하지 못하였다고 하더라도 이는 단순한 민사상의 채무불이행에 불과할 뿐 사기죄가 성립하지 않는다.[76)] 물론 변제의 의사가 없거나 약속한 변제기일내에 변제할 능력이 없음에도 불구하고 변제할 것처럼 가장하여 금원을 차용하거나 물품을 구입한 경우에는 편취의 고의를 인정할 수 있겠다.[77)] 다만 변제의사 또는 변제능력이 없으면 사기죄가 성립한다는 표현은 사기죄가 고의범인데도 변제할 의사가 있더라도 변제할 능력이 없으면 사기범이 될 수 있다는 오해의 소지가 있다고 비판하는 견해도 있다.[78)]

75) 대법원 1996. 3. 26. 선고 95도3034 판결.
76) 대법원 2008. 2. 14. 선고 2007도10770 판결.
77) 대법원 1986. 9. 9. 선고 86도1227 판결; 대법원 2014. 5. 16. 선고 2013도12003 판결; 대법원 2015. 6. 11. 선고 2015도1809 판결.
78) 박찬호, “차용사기에 있어서 편취의 범의 — 변제할 의사와 변제할 능력 사이의 상관관계 —”, 「판례연구」 제27집(2016), 762면 이하.

7. 컴퓨터사용사기죄의 '부정한 정보의 입력'의 의미

가. 대법원 2013. 11. 14. 선고 2011도4440 판결은 피고인이 갑 주식회사에서 운영하는 전자복권구매시스템에서 은행환불명령을 입력하여 가상계좌 잔액이 1,000원 이하로 되었을 때 복권 구매명령을 입력하면 가상계좌로 복권 구매요청금과 동일한 액수의 가상현금이 입금되는 프로그램 오류를 이용하여 잔액을 1,000원 이하로 만들고 다시 복권 구매명령을 입력하는 행위를 반복함으로써 피고인의 가상계좌로 구매요청금 상당의 금액이 입금되게 한 사안에서, 피고인의 행위는 형법 제347조의2에서 정한 '허위의 정보 입력'에 해당하지는 않더라도, 프로그램 자체에서 발생하는 오류를 적극적으로 이용하여 사무처리의 목적에 비추어 정당하지 아니한 사무처리를 하게 한 행위로서 '부정한 명령의 입력'에 해당한다고 하였다.

나. 대상판결의 쟁점은 피고인이 프로그램의 오류를 적극적으로 이용하는 것도 컴퓨터사용사기죄의 '부정한 명령의 입력'에 해당하는가 하는 점이다. 본 죄의 '부정한 명령의 입력'은 당해 사무처리시스템에 예정되어 있는 사무처리의 목적에 비추어 지시해서는 안 될 명령을 입력하는 것을 의미한다고 본다면,[79] 당해 사무처리시스템의 프로그램을 구성하는 개개의 명령을 부정하게 변개·삭제하는 행위는 물론 프로그램 자체에서 발생하는 오류를 적극적으로 이용하여 그 사무처리의 목적에 비추어 정당하지 아니한 사무처리를 하게 하는 행위도 특별한 사정이 없는 한 위 '부정한 명령의 입력'에 해당한다고 보는 것이 옳다고 하겠다.

8. 컴퓨터등사용사기죄에서 '정보처리', '재산상 이익 취득'의 의미

가. 대법원 2014. 3. 13. 선고 2013도16099 판결의 사안은 피고인들이 악성프로그램을 사용하여 낙찰예정가를 알아냈고, 그로 인해 직접 재산상 권리의무의 변동이 발생한 것은 아니고, 입찰자들의 투찰행위

79) 대법원 2010. 9. 9. 선고 2008도128 판결.

를 통하여 입찰자들의 투찰행위를 통하여 낙찰받게 됨으로써 재산상의 이익을 취득하였다는 것이다.[80] 이에 대해 원심은 사기죄의 기망행위와 피해자의 재산적 처분행위 사이에는 상당인과관계가 있는 것으로 족하고, 비록 지방자치단체의 최종적 선정절차가 남아있더라도 상당인과관계가 부정되는 것은 아니라는 이유로 이 부분 공소사실을 유죄로 인정하였다.[81]

대법원은 적격심사를 거치게 되어 있는 이 사건 각 시설공사의 전자입찰에 있어서 특정 건설사가 낙찰하한가에 대한 정보를 사전에 알고 투찰할 경우 그 건설사가 낙찰자로 결정될 가능성이 높은 것은 사실이나, 낙찰하한가에 가장 근접한 금액으로 투찰한 건설사라고 하더라도 적격심사를 거쳐 일정 기준 이상이 되어야만 낙찰자로 결정될 수 있는 점 등을 감안할 때, 피고인 1 등이 조달청의 국가종합전자조달시스템에 입찰자들이 선택한 추첨번호가 변경되어 저장되도록 하는 등 권한 없이 정보를 변경하여 정보처리를 하게 함으로써 직접적으로 얻은 것은 낙찰하한가에 대한 정보일 뿐, 위와 같은 정보처리의 직접적인 결과 특정 건설사가 낙찰자로 결정되어 낙찰금액 상당의 재산상 이익을 얻게 되었다거나 그 낙찰자 결정이 사람의 처분행위가 개재됨이 없이 컴퓨터 등의 정보처리과정에서 이루어졌다고 보기 어렵다고 하였다. 그럼에도 이 부분 공소사실이 컴퓨터등사용사기죄 또는 그 미수죄의 구성요건에 해당된다고 보아 이를 유죄로 인정한 원심판결을

80) 피고인이 시설공사 발주처인 지방자치단체 등의 재무관 컴퓨터에는 암호화되기 직전 15개의 예비가격과 그 추첨번호를 해킹하여 볼 수 있는 악성프로그램을, 입찰자의 컴퓨터에는 입찰금액을 입력하면서 선택하는 2개의 예비가격 추첨번호가 미리 지정된 추첨번호 4개 중에서 선택되어 조달청 서버로 전송되도록 하는 악성프로그램을 각각 설치하여 낙찰하한가를 미리 알아낸 다음 특정 건설사에 낙찰이 가능한 입찰금액을 알려주어 그 건설사가 낙찰 받게 함으로써 낙찰금액 상당의 재산상 이익을 취득하게 하거나 미수에 그쳤다는 공소사실(무죄로 판단한 부분 제외)로 기소된 사안이다(서울중앙지법 2013. 12. 5. 선고 2013노2402 판결).

81) 서울중앙지법 2013. 12. 5. 선고 2013노2402 판결.

파기환송하였다.

나. 위 판결은 컴퓨터사용사기죄의 '정보의 변경'이라는 행위태양과 '처분행위의 직접성'의 의미에 대해 판단하고 있다. 즉 대법원은 정보처리는 직접적인 재산처분의 효과를 가지는 것이어야 하고, 그 중간에 인간이 개입하게 되면 컴퓨터사용사기죄는 성립할 수 없다고 보아, 정보처리의 직접성을 명시적으로 언급하였다.

컴퓨터사용사기죄의 '정보처리'는 사기죄에서 피해자의 처분행위에 상응하므로, 입력된 허위의 정보 등에 의하여 계산이나 데이터의 처리가 이루어짐으로써 직접적으로 재산처분의 결과를 초래하여야 하고, 행위자나 제3자의 '재산상 이익 취득'은 사람의 처분행위가 개재됨이 없이 컴퓨터 등에 의한 정보처리 과정에서 이루어져야 한다.[82] 그러므로 컴퓨터 등 정보처리장치에 허위의 정보나 부정한 명령을 입력하였다고 하더라도 사람의 처분행위가 개재된 경우에는 본죄가 아니라 사기죄 여부가 문제된다고 하겠다.[83]

Ⅴ. 횡령죄에 관한 중요 판례

1. 차량 명의자가 아닌 지입차주의 차량 보관자의 지위 여부

가. 대법원 2015. 6. 25. 선고 2015도1944 전원합의체 판결의 공소사실을 살펴보면, 피해자 회사가 지입한 4대의 차량은 등록명의자인 각 지입회사 소유이고 나머지 2대의 차량은 피해자 회사의 소유임을

82) 처분행위의 직접성과 관련하여, 개입된 인간의 행위가 어떤 의미를 가지는지, 그 인간의 행위의 범위가 어디까지 인지 등 실질적으로 컴퓨터의 정보처리가 직접적인 재산처분의 효력을 가지는 것인가를 중심으로 판단하는 것이 바람직하다는 견해도 있다(김성룡, "컴퓨터등 사용사기죄에서 권한 없는 정보의 변경과 재산처분의 직접성", 「형사판례연구」 제23권, 210면).

83) 낙찰예정가의 사전 입수와 같은 유형의 입찰방애는 일부 기망적 요소가 있다고 하여도 입찰제도의 특성상 입찰방해죄만 성립한다는 견해도 있다. 이에 대해서는 한상훈, "입찰방해와 컴퓨터사용사기죄, 사기죄의 직접성", 「형사판례연구」 제24권, 307면 이하 참조.

전제로 하여 회사 대표이사인 A가 보관하다가 사실상 처분하는 방법으로 횡령한 차량들을 피고인이 구입하여 장물을 취득하였다는 것이다. 이에 대해 원심은 장물취득죄를 인정하였고,[84] 대법원도 원심의 판단이 횡령죄의 보관자 지위에 관한 법리를 오해하여 판결에 영향을 미친 위법이 없다고 하였다.

나. (1) 위 판결의 쟁점은 두 가지로 요약할 수 있다. 하나는 지입차량의 소유권이 누구에게 귀속되는가 하는 점이고, 다른 하나는 차량의 등록명의자가 아니더라도 차량에 대한 사실상 지배력을 가지고 있는 경우 횡령죄의 주체인 '보관자'의 지위를 가질 수 있는가 하는 점이다.

종래 대법원은 소유권의 취득에 등록이 필요한 차량에 대한 횡령죄에서 타인의 재물을 보관하는 사람의 지위는 일반 동산의 경우와 달리 차량에 대한 점유 여부가 아니라 등록에 의하여 차량을 제3자에게 법률상 유효하게 처분할 수 있는 권능 유무에 따라 결정하여야 한다고 하였다.[85] 대상판결의 경우 지입차주인 갑은 대외적으로 차량의 소유자가 아니므로 이를 처분하여도 횡령죄의 보관자의 지위에 해당하지 않고 횡령죄가 성립하지 않는 이상 위 차량을 취득한 피고인에게도 장물취득죄의 죄책을 물을 수 없게 된다.[86] 그 결과 회사의 요구로 지입차량을 회사 차고지에 입고하였다가 회사의 승낙을 받지 않고 이를 가져간 행위는 횡령죄뿐만 아니라 권리행사방해죄도 성립되지 않아,[87] 지입회사의 차량을 보관하고 있던 지입차주가 무단으로 가져

84) 대전지법 2015. 1. 15. 선고 2014노2665 판결.

85) 대법원 1978. 10. 10. 선고 78도1714 판결; 대법원 2006. 12. 22. 선고 2004도3276 판결

86) 서정민, "횡령죄와 위탁관계 — 지입차량의 처분", 「형법판례 150선」, 한국형사판례연구회(2016), 271면.

87) 대법원 2003. 5. 30. 선고 2000도5767 판결. 재물이나 소유의 개념을 법률적 재산개념이 아닌 경제적 재산개념으로 이해한다면 권리행사방해죄도 성립할 수 있다는 견해도 있다(오영근(d), "2015년도 형법판례 회고", 「형사판례연구」 제24권(2016), 654면).

간 행위에 대해 아무런 형사법적 대응을 할 수 없다는 문제점이 지적되었다.[88)]

(2) 횡령죄의 재물의 보관은 재물에 대한 사실상 또는 법률상 지배력이 있는 상태여야 하며, 보관은 위탁관계에 기인한 것이어야 하며, 이러한 위탁관계는 법령이나 위임 등의 계약 외에도 사무관리, 관습, 조리, 신의칙에 의해서도 성립한다.[89)]

횡령의 대상별로 '보관'의 의미를 살펴보면, 먼저 동산인 경우에는 통상 타인 소유의 동산을 점유하여 사실상 지배력을 가진 사람이 횡령죄의 보관자가 된다. 반면에 부동산의 경우에는 대법원은 그 부동산에 대한 사실상의 지배, 즉 단순히 점유하고 있다는 사실이 아니라 부동산을 제3자에게 유효하게 처분할 수 있는 지위에 있는지 여부를 가지고 판단한다.[90)] 자동차는 자동차관리법 제6조에 의해 소유권의 득실변경은 등록이 필요하지만, 부동산이 아닌 동산이므로 '보관자의 지위'를 인정하기 위해서는 재물을 유효하게 처분할 수 있는 권능이 있어야 하는 것은 아니라고 볼 수 있다. 대상판결의 결론은 사실상 지배권자에 의한 거래가 빈번하게 이뤄지는 현실을 고려하고 진정한 권리자를 보호할 수 있다는 점에서 옳다고 하겠다.[91)]

---

88) 김태명, 앞의 책, 406면. 지입차량 관련 민·형사판례에 대해서는 민철기, "차량의 등기명의자가 아닌 지입차주가 차량의 보관자의 지위에 있다고 볼 수 있는지 여부", 「대법원판례해설」 제104호(2015 상반기) 363면 이하 참조. 그러나 리스나 렌트카를 반환거부하거나 담보로 제공한 경우는 종래에도 대법원이 인정한 판례들도 다수 있다. 대표적으로 대법원 2014. 9. 4. 선고 2014도6873판결. 다른 판결에 대해서는 민철기, 앞의 논문, 375면 이하 참조.

89) 대법원 1987. 10. 13. 선고 87도1778 판결; 대법원 2004. 12. 9. 선고 2004도5904 판결; 대법원 2013. 12. 12. 선고 2012도16315 판결.

90) 대법원 2005. 6. 24. 선고 2005도2413 판결; 대법원 2004. 5. 27. 선고 2003도6988 판결).

91) 민철기, 앞의 논문, 382면; 서정민, "자동차 횡령죄의 보관자 지위", 「서울대학교 법학」 제56권 제3호, 서울대학교 법학연구소(2015), 271면. 반면에 지입회사의 소유권 강화를 만들었다는 점에서 향후 발생할 수 있는 지입회사와 지입차주 간의 법적 분쟁이 우려된다는 견해도 있다(류전철, 앞의 논문, 637면).

2. 중간생략등기형 명의신탁에서 신탁부동산을 임의로 처분한 행위

가. (1) 종래 대법원은 명의신탁자가 매수한 부동산에 관하여 부동산 실권리자명의 등기에 관한 법률을 위반하여 명의수탁자와 맺은 명의신탁약정에 따라 매도인에게서 바로 명의수탁자 명의로 소유권이전등기를 마친 이른바 중간생략등기형 명의신탁을 한 경우, 명의수탁자가 명의신탁자에 대한 관계에서 '타인의 재물을 보관하는 자'의 지위에 있다고 보아 명의수탁자가 그 명의로 신탁된 부동산을 임의로 처분하거나 반환을 거부하면 명의신탁자에 대한 횡령죄가 성립한다고 판시하였다.[92]

(2) 그런데 대법원 2016. 5. 19. 선고 2014도6992 전원합의체 판결은 중간생략등기형 명의수탁자가 신탁 받은 부동산을 임의로 처분하더라도 명의신탁자에 대한 관계에서 횡령죄가 성립하지 않는다고 하여 종래의 판례의 입장을 변경한 판결이다. 대법원은 중간생략등기형 명의신탁의 경우 명의수탁자 명의의 소유권 이전등기는 무효이며, 신탁자를 신탁부동산의 실질적 소유권자로 평가하는 것은 부동산실명법의 규정과 취지에 반하며, 명의신탁자와 수탁자 사이에 존재하는 위탁관계는 형법상 보호할 만한 가치 있는 신임관계라고 볼 수 없다는 점을 들고 있다. 그리고 대법원은 중간생략등기형 명의신탁에 따라 명의수탁자 앞으로 등기가 이전되는 경우와 악의의 계약명의신탁에서 명의수탁자 앞으로 등기가 이전되는 경우와 유사한 부분이 많으며, 구체적인 사건에서 명의신탁약정이 중간생략등기형 명의신탁인지 아니면 매도인 악의의 계약명의신탁인지를 구별하는 것은 쉽지 않은데, 명의

92) 대법원 2001. 11. 27. 선고 2000도3463 판결; 대법원 2002. 2. 22. 선고 2001도6209 판결; 대법원 2002. 8. 27. 선고 2002도2926 판결; 대법원 2003. 5. 16. 선고 2002도619 판결; 대법원 2005. 3. 24. 선고 2004도1789 판결; 대법원 2007. 6. 28. 선고 2006다48632 판결; 대법원 2008. 2. 29. 선고 2007도11029 판결; 대법원 2008. 4. 10. 선고 2008도1033 판결; 대법원 2010. 1. 28. 선고 2009도1884 판결; 대법원 2010. 9. 30. 선고 2010도8556 판결(폐기).

수탁자의 신탁부동산 임의 처분행위에 대하여 매도인 악의의 계약명의신탁의 경우 신탁부동산을 수탁자가 임의로 처분한 행위에 대해서는 횡령죄로 처벌하지 않으면서,[93] 중간생략등기형 명의신탁의 사안만 횡령죄로 처벌하는 것은 부당하다고 하였다.[94] 그 결과 수탁자는 신탁자의 재물을 보관하는 자라고 할 수 없으며, 신탁 받은 부동산을 임의로 처분하여도 명의신탁자에 대한 관계에서 횡령죄가 성립하지 않는다고 하였다.

나. (1) 중간생략등기형 명의신탁 부동산을 임의로 처분하는 경우 학계에서는 횡령죄의 불능미수설, 매도인에 대한 횡령죄설, 명의신탁자에 대한 횡령죄설, 신탁자에 대한 배임죄설, 무죄설 등이 대립하였다.[95]

(2) 횡령죄의 본질이 신임관계에 기초하여 위탁된 타인의 물건을 위법하게 영득하는 데에 있으며, 이때의 위탁이나 신임관계는 횡령죄로 보호할만한 가치가 있는 신임에 한하는데, 명의신탁자와 수탁자 간의 위탁신임관계는 보호할 만한 가치가 있는 신임관계로 보기 어렵다.[96] 그리고 판시내용처럼, 중간생략형 명의신탁과 악의의 계약명의신탁의 경우인지 구별하는 것도 쉽지 않으며, 중간생략형 명의신탁의 경우 횡령죄를 인정한다면 부동산실명법의 취지에 반하므로 수탁자가 임의로 신탁부동산을 처분하는 행위에 대해서는 횡령죄가 성립하지

93) 대법원 2012. 11. 29. 선고 2011도7361 판결. 대법원은 계약명의신탁의 경우 매도인이 선의인 경우에도 횡령죄나 배임죄 성립을 부정하였다. 그것은 수탁자와 매도인간의 매매계약에 기해 부동산 이전등기를 수탁자 명의로 경료한 경우 그 소유권이전등기에 의한 부동산의 물권변동은 유효하므로 수탁자가 이를 처분하여도 횡령죄나 배임죄의 죄책을 지지 않는다(대법원 2000. 3. 24. 선고 98도4347 판결).

94) 대법원 2016. 5. 19. 선고 2014도6992 전원합의체 판결.

95) 강수진, “중간생략등기형 명의신탁과 횡령죄”, 「형법판례 150선」, 한국형사판례연구회(2016), 박영사, 265면. 명의신탁된 부동산의 처분과 형사법률관계에 대해서는 우인성, “명의신탁 부동산의 처분과 재산범죄의 성립여부”, 「형사판례연구」 제24권(2016), 360면 이하 참조.

96) 우인성, 앞의 논문, 379-384면.

않는다고 보는 판례의 태도가 옳다고 하겠다.

참고로 2자간(양자간) 명의신탁등기형의 경우 소유자에게서 명의신탁 받은 부동산을 임의로 처분한 수탁자에 대해서는 판례나 다수설이 횡령죄를 인정한다.[97] 명의신탁의 사안에서 수탁자와 신탁자간에는 형법이 보호할 가치 있는 위탁신임관계가 없다고 한다면 2자간 명의신탁의 경우에도 횡령죄를 인정하지 않는 것이 타당하다고 하겠다.[98]

3. 운송회사의 근로자가 운송수입금을 임의로 소비한 경우

가. 대법원 2014. 4. 30. 선고 2013도8799 판결은 운송회사가 근로자가 납입한 운송수입금을 월 단위로 정산하여 그 운송수입금이 월간 운송수입금 기준액인 사납금을 초과하는 경우에는 그 초과금액에 대하여 운송회사와 근로자에게 일정 비율로 배분하여 정산하고, 사납금에 미달되는 경우에는 그 부족금액에 대하여 근로자의 급여에서 공제하여 정산하기로 하는 약정이 체결되었다면, 근로자가 사납금 초과 수입금을 개인 자신에게 직접 귀속시키는 경우와는 달리, 근로자가 애초 거둔 운송수입금 전액은 운송회사의 관리와 지배 아래 있다고 봄이 상당하므로 근로자가 운송수입금을 임의로 소비하였다면 횡령죄를 구성한다고 하였다.

나. 용도나 목적을 정하고 있는 금전이나, 금전의 수수를 수반하는 사무처리를 위임받는 자가나 수수한 금전을 임의로 소비한 행위에 대해, 판례는 용도나 목적을 정하고 있는 금전은 정해진 용도나 목적에 사용할 때까지 이에 대한 소유권은 위탁자에게,[99] 위임자를 위하여 제3자로부터 수령한 금전도 달리 특별한 사정이 없는 한 위임자의 소

97) 대법원 1996. 11. 29. 선고 96도1755 판결; 대법원 2001. 11. 27. 선고 2000도3463 판결.

98) 강수진, 앞의 논문 265면; 오영근(e), 앞의 논문, 3면.

99) 대법원 2012. 5. 24. 선고 2011도11450 판결; 대법원 2014. 3. 13. 선고 2012도6336 판결.

유를 인정한다.[100] 수임자에게는 위의 위탁관계에 기한 보관자의 지위를 인정할 수 있으므로, 수수한 금전을 임의로 소비한 때에는 횡령죄가 성립한다고 보았다.

학계에서는 금전의 소유는 점유가 이전되면 함께 이전되므로 횡령이 아닌 배임이 문제된다는 견해도 있으며, 당사자 사이에 별도의 채권, 채무가 존재하여 수령한 금전에 관한 정산절차가 남아 있는 등 위임자에게 반환하여야 할 금액을 쉽게 확정할 수 없는 사정이 있다면 수령한 금전의 소유권을 바로 위임자 소유로 귀속시키는 약정이 있다고는 단정할 수는 없다는 견해도 있다.[101]

4. 회사의 이사 등이 보관 중인 회사 자금으로 뇌물을 공여한 경우

가. 대법원 2013. 4. 25. 선고 2011도9238 판결은 회사의 이사 등이 보관 중인 회사 자금(비자금)으로 회사의 영업을 위해 뇌물이나 리베이트 등을 제공한 경우 횡령죄가 성립할 수 있는가 하는 점이 문제된다. 이에 대해 원심은 이 사건 비자금 조성행위 자체만으로는 불법영득의 의사가 실현된 것으로 볼 수 없을 뿐만 아니라 구체적 지출 및 송금행위와 관련하여서도 피고인들의 불법영득의사가 있었다고 보기 어렵다는 이유로,[102] 위 피고인들에 대한 각 횡령의 점에 대해 전부

100) 대법원 1996. 6. 14. 선고 96도106 판결; 대법원 2004. 3. 12. 선고 2004도134 판결; 김태명, 앞의 책, 415면; 하태영, “용도를 지정받은 금전의 임의사용과 횡령죄”, 「형법판례 150선」, 한국형사판례연구회(2016), 박영사, 261면.

101) 하태영, 앞의 논문, 261면; 홍승면, “금전수수를 수반하는 사무처리를 위임받은 자가 수령한 금전이 사무처리의 위임에 따라 위임자를 위하여 수령한 것인지 여부의 판단방법”, 「대법원 판례해설」 제59권(2005 하반기) 참조.

102) 문제가 된 A 회사의 부산지사는 법정관리 하에서 허용되는 영업활동비만으로는 선박 회사 등에 지급하여야 할 리베이트, 부산지사 및 본사의 영업활동비와 조직운영비 등을 충당할 수 없었기 때문에 이 사건 비자금을 조성하였고, 공소외 1 회사 본사도 위와 같은 부산지사의 비자금 조성 및 사용에 관해 통지를 받거나 예산을 미리 책정하는 등의 방법으로 관리하고 있었고, 위와 같이 조성된 비자금은 대부분 그 목적대로 지출되었거나, 선박회사 등

무죄로 판단하였다.[103)]

그러나 대법원은 원심의 판단과 달리, 회사가 기업활동을 할 때 뇌물공여를 금지하는 법률 규정은 준수해야 하므로 회사의 이사 등이 업무상의 임무에 위배하여 보관 중인 회사의 자금으로 뇌물을 공여하였다면 이는 오로지 회사의 이익을 도모할 목적이 아니라 뇌물공여 상대방의 이익을 도모할 목적이나 기타 다른 목적으로 행하여진 것이므로, 피고인인 이사 등은 회사에 대해 업무상횡령죄의 죄책을 진다고 하였다.[104)]

나. (1) 비자금 조성행위와 관련하여 대법원은 비자금을 조성한 목적이 무엇인가에 따라 횡령죄의 불법영득의사 여부를 판단한다.[105)] 즉 비자금 조성행위가 개인적 용도로 착복할 목적이었다면 비자금을 조성한 행위만으로도 횡령죄의 불법영득의사가 실현되었다고 볼 수 있다. 반면에 비자금 조성행위의 목적이 장부상의 분식(粉飾)에 불과하거나 법인의 운영에 필요한 자금을 조달하는 수단으로 인정되는 경우에는 불법영득의 의사를 인정하기 어렵다고 보았다. 즉 행위자에게 법인의 자금을 빼내어 착복할 목적이 있었는지 여부는 그 법인의 성격과 비자금의 조성 동기, 방법, 규모, 기간, 비자금의 보관방법 및 실제 사용용도 등 제반 사정을 종합적으로 고려하여 판단하여야 한다고 하였다.[106)]

문제는 비자금조성행위에 대해 그 목적이 무엇인가에 따라 횡령

에 지급된 리베이트 등은 모두 회사의 영업을 위하여 지출된 것으로 보아 불법영득의사가 있었다고 보기 어렵다는 것이다(서울고법 2011. 7. 1. 선고 2010노3069 판결).

103) 서울고법 2011. 7. 1. 선고 2010노3069 판결.

104) 대법원 2005. 5. 26. 선고 2003도5519 판결; 대법원 2005. 10. 28. 선고 2003다69638 판결 등 참조

105) 대법원 1999. 9. 17. 선고 99도2889 판결; 대법원 2005. 5. 26. 선고 2003도5519 판결; 대법원 2006. 8. 24. 선고 2006도3039 판결; 대법원 2010. 12. 9. 선고 2010도11015 판결; 대법원 2011. 9. 8. 선고 2011도5165 판결; 대법원 2012 8. 30. 선고 2011도2252 판결.

106) 대법원 2010. 12. 9. 선고 2010도11015 판결 참조.

죄의 불법영득의사를 판단하는 것이 타당한가 하는 점이다.[107] 그리고 비자금 조성행위만으로 불법영득의사가 '실현'되었다고 볼 수 있는지,[108] 아니면 불법영득의사가 '표시'되었다고 할 수 있는지[109] 여부와, 횡령죄의 기수시기를 볼법영득의사가 외부로 표시되면 기수를 인정하는 표시설에 따를 것인지 아니면 실제 불법영득의사 실현되어야 하는 실현설의 입장을 따를 것인지도 생각해볼 필요가 있다.

(2) 판례는 불법영득의사가 외부로 표현되면 횡령죄의 기수가 성립하며,[110] 실제 피해자의 소유권 등에 대한 침해를 전제로 하지 않기 때문에 횡령죄의 범죄적 성격을 위험범으로 본다. 학계에서도 표시설은 불법영득의사가 외부적, 객관적으로 표현되기만 하면 횡령죄의 기수가 된다는 견해로, 판례와 같은 취지의 내용이다.[111] 표시설에 따를 경우 횡령죄의 미수는 실제 인정하기 어렵다. 그리고 행위자의 영득의사가 표시되는 행위만 있으면 타인의 재물을 '영득'한 것이므로 횡령죄는 거동범 내지 위험범으로 해석하게 된다.[112] 반면에 실현설은 행위자의 처분행위로 인해 불법영득의사가 실현되어야 기수가 된다는 견해로, 불법영득의사가 실현되지 못한 경우에는 횡령죄의 미수를 인정한다.[113] 그리고 불법영득의사가 초과주관적 구성요건요소가 아니라 고의 속에 포함되는 것을 해석하는 견해도 있다. 그것은 고의에는 불법영득의사의 표현으로서의 '횡령행위'에 대한 인식이 포함되는 것이기 때문이라고 하였다.[114]

(3) 횡령죄를 위험범으로 판단하는 판례의 태도에 대해서는 횡령

107) 상세하게는 안경옥(c), "비자금 조성행위의 형사처벌에 대한 한·독 판례 비교 및 검토", 「형사법의 신동향」 통권 제41권(2013), 124-127면.

108) 대표적으로 대법원 2010. 12. 9. 선고 2010도11015 판결; 대법원 2013. 4. 25. 선고 2011도9238 판결.

109) 대법원 2010. 5. 13. 선고 2009도1373 판결.

110) 대법원 2004. 12. 9. 선고 2004도5904 판결.

111) 김일수/서보학, 앞의 책, 307면; 오영근, 「형법각론」(제3판), 2015, 430면.

112) 안경옥(c), 앞의 논문, 128면.

113) 김성돈, 앞의 책, 411-412면; 이재상 외, 앞의 책, 408-409면.

114) 정영일, 앞의 책, 269면.

죄의 기수시기를 앞당겨 현행 횡령죄 미수범 처벌규정을 무의미하게 하게 하며, 타 재산범죄의 침해범적 성격과도 맞지 않다고 볼 수 있다.[115] 그러므로 비자금을 조성하는 행위와 관련하여서는, 이를 조성하는 단계가 아닌, 실제 비자금을 개인적으로 착복하는 등의 행위가 있어야 기수를 인정하고 그 이전의 단계에서는 미수를 인정하는 것이 옳다고 하겠다. 그리고 보관자가 리베이트 제공 등, 자기 또는 제3자의 이익을 위한 것이 아니라 재물 소유자의 이익을 위해 보관중인 금전이나 비자금을 사용하였다면, 배임증재나 뇌물죄는 별론으로 하고, 횡령죄의 불법영득의사를 인정하기 어렵다고 하겠다.[116]

5. 횡령의 객체를 확정하는 기준 및 불법영득의사

가. 먼저 대법원 2016. 8. 30. 선고 2013도658 판결의 사안과 원심의 판단내용을 보면, 원심은 피고인 갑과 을 등은 피고인 5의 A 회사 울산공장 임직원으로 하여금 그곳에서 생산한 섬유제품을 세금계산서 발행 없이 무자료로 A 회사 대리점들에 판매하게 한 후, 병 등 대리점의 사장들로부터 무자료 거래대금을 현금으로 전달받아 관리하다가 갑과 가족들의 개인적 용도로 사용하는 등의 방법으로 '섬유제품'을 빼돌려 무자료로 판매함으로써 횡령하였다고 인정하였다. 그리고 병 등은 이 무자료 거래를 통하여 A 회사의 '섬유제품'을 빼돌리는 것을 알면서도, 무자료 거래로 섬유제품을 공급받고 그러한 사실이 발각되지 않도록 그 대금을 현금으로 직접 을에게 지급하는 등으로 갑 등의 범행을 방조하였다는 것이다.[117]

반면에 대법원은 갑은 자신이 지배하는 A 회사에서 생산된 섬유제품 자체를 영득할 의사로 무자료 거래를 한 것이 아니라, 섬유제품 판매대금으로 비자금을 조성하여 그 비자금을 개인적으로 영득할 의

115) 김태명, 앞의 책, 435면.
116) 박상기, 앞의 책, 675면; 이재상 외, 앞의 책, 410면.
117) 서울고법 2012. 12. 20. 선고 2012노755 판결.

사로 무자료 거래를 하였다고 볼 수 있으므로, 이 사건 횡령행위의 객체는 '섬유제품'이 아니라 섬유제품의 '판매대금'이라고 하였다. 그리고 섬유제품의 무자료 판매행위만으로 곧바로 갑 등의 '섬유제품'에 대한 불법영득의사가 외부에 인식될 수 있는 정도에 이르렀다고 평가하기 어렵고, 섬유제품의 판매대금이 비밀리에 현금으로 을에게 전달된 때 또는 전달된 대금이 개인적인 목적으로 소비된 때 비로소 '판매대금'에 대한 영득의사가 외부에 표현된 것으로 볼 수 있다고 하였다.118)

나. 대법원은 여러 단계의 과정을 거쳐 횡령행위가 이루어지는 경우는 재물의 소유관계나, 어떤 재물을 영득할 의사로 횡령행위를 한 것인지 등의 제반사정을 종합적으로 고려하여 횡령의 객체를 확정해야 한다고 하였다. 그리고 횡령행위는 불법영득의사를 실현하는 일체의 행위를 말하는 것으로, 단순한 내심의 의사만으로는 횡령행위가 있었다고 할 수 없고, 불법영득의사가 외부에 인식될 수 있는 객관적 행위가 있을 때 횡령죄가 성립한다고 하여 종래의 표시설의 입장을 그대로 유지하였다.119)

위 판결의 사안에 대해 대법원은 섬유제품보다는 그 판매대금을 비자금으로 조성, 개인적 용도로 사용했다는 점에 주목하여 횡령의 대상이나 불법영득의사 여부를 판단하였다. 보관중인 금전이나 비자금을 개인적 용도 등으로 임의 소비한 행위나 불법영득의사에 대해서는 앞의 4. 해당 판결에서 검토한 바가 있으므로 여기서는 생략하기로 한다.

6. 불법영득의사의 표현과 횡령죄의 기 · 미수

가. 먼저 대법원 2012. 8. 17. 선고 2011도9113 판결의 사실관계를 보면, 피고인이 동업계약에 따라 수목을 가식 및 관리하여 오던 중 피해자와 사이에 아무런 협의절차를 거치지도 아니한 채 이 사건 수목

118) 대법원 2016. 8. 30. 선고 2013도658 판결.

119) 대법원 1993. 3. 9. 선고 92도2999 판결; 대법원 2004. 12. 9. 선고 2004도5904 판결.

을 제3자에게 처분하기로 마음먹고 마치 수목의 단독 소유자인 것처럼 행세하면서, 수목에 관한 매매계약을 체결하고 계약금만 수령하였을 뿐 수목에 관한 분리, 보관, 반출, 매수인의 명의의 명인방법 등의 일련의 조치가 행해지는 것은 피해자가 미연에 방지하였다는 것이다.[120]

이에 대해 원심은, 이 사건 수목은 피해자가 임치한 제3자의 토지에 정착된 부동산으로서 피고인이 수목에 관하여 피고인 또는 부동산 매수인 명의의 명인방법 등의 조치를 취한 적도 없고 이 사건 수목을 토지에서 분리·보관하거나 분리·반출한 사실도 발견되지 아니하고, 단순히 피고인이 이 사건 수목에 관한 매매계약을 체결하고 계약금을 수령한 사실만으로는 횡령죄의 실행의 착수의 단계를 넘어 더 나아가 기수범에 이르렀다고 보기는 어렵다고 하였다. 대법원도 횡령죄를 단순히 위험범이 아닌 구체적 위험범으로 해석한 원심의 태도가 타당하다고 하였다.[121] 그리고 횡령죄의 기수 판단기준을 소유자의 본권 침해에 대한 구체적인 위험이라는 '행위'가 아닌 '법익'의 관점에서 기수 여부를 판단하였다.[122]

나. (1) 횡령죄의 기·미수 여부를 소유권 등의 보호법익에 대한 위험이나 구체적 위험으로 판단하는 판례의 태도에 대해, 범죄의 성립 여부를 법문에 규정된 구성요건 요소를 모두 실현하였는지의 여부가 아닌, 보호법익에 대한 침해 내지 구체적 위험의 발생에 의해 판단해서는 안 된다는 비판이 있다.[123] 그것은 횡령죄의 구성요건적 요소를 모두 실현하지 못하였다면 소유권의 보호법익에 대한 침해가 있더라도 기수가 성립하지 못하며, 마찬가지로 모든 구성요건적 요소를 실현

120) 상세한 사실관계는 김봉수, "횡령죄의 미수범 성립여부", 「형사판례연구」 제21권(2013), 225-226면.

121) 춘천지법 2011. 6. 22. 선고 2010노197 판결.

122) 김봉수, 앞의 논문, 240면; 이용식(b), "횡령죄의 기수성립에 관한 논의 구조 ―횡령죄의 구조―", 「형사판례연구」 제21권(2013), 277-280면.

123) 이용식(a), "횡령죄의 기수시기", 「형법판례 150선」, 한국형사판례연구회, 박영사, 267면.

했다 하더라도 보호법익에 대한 침해가 없는 경우도 기수가 성립할 수 없기 때문이라고 하였다.[124] 그리고 횡령죄가 영득죄의 성격을 가지는 것도 간과하였는데, 영득의 개념상 이는 실질적으로 소유권 등 재산적 법익의 침해를 전제로 하며, 횡령죄를 침해범으로 파악, 기수시기를 늦추는 것이 더 타당하다는 비판도 있다.[125]

(2) 횡령죄의 보호법익이 소유권이고, 행위자의 횡령행위를 통해 소유권이 침해될 위험은 기수나 미수 모두 존재하기 때문에 법익침해의 위험이 있다면 횡령행위의 불법영득의사가 '표현'되는 행위로 보아 기수성립을 인정하는 것은 옳지 않다. 여기서 표시설(표현설)의 내용과 기준은 실행의 착수를 판단하는 하나의 기준으로 이해할 수 있다는 견해[126]가 타당하며, 횡령죄의 구성요건요소를 모두 '실현'하지 못하였다면 소유권이라는 보호법익이 침해될 위험이 있다고 하더라도 기수가 아닌 미수를 인정해야 한다. 아울러 횡령죄의 기수시기를 불법영득 '의사'가 실현되는가, 표시되는가를 기준으로 하는 것이 아니라, 횡령죄가 영득범죄이므로 재물을 '영득'한 결과가 발생했는가를 기준으로, 즉 구성요건이 실현되었는가를 기준으로 횡령죄의 기수 여부를 판단해야 하는 것이 옳다고 하겠다.

7. 횡령죄의 본질과 불가벌적 사후행위

가. 대법원 2013. 2. 21. 선고 2010도10500 전원합의체 판결은 피해자 갑 종중으로부터 종중 소유의 토지를 명의신탁받아 보관 중이던 피고인 을이 자신의 개인 채무 변제에 사용할 돈을 차용하기 위해 위 토지에 근저당권을 설정하였는데, 그 후 피고인 을, 병이 공모하여 위 토지를 정에게 매도한 사안에서, 피고인들이 토지를 매도한 행위는 선행 근저당권설정행위 이후에 이루어진 것이어서 불가벌적 사후행위에

124) 이용식(a), 앞의 논문, 267면.
125) 김봉수, 앞의 논문, 241면.
126) 김봉수, 앞의 논문, 246면.

해당한다는 취지의 피고인들 주장을 배척하고 위 토지 매도행위가 별도의 횡령죄를 구성한다고 본 원심판단을 정당하다고 하였다.

나. (1) 위 판결의 사안에 대해, 대법원은 피고인들의 토지 매도행위가 별도의 횡령죄를 구성한다고 본 원심판단을 정당하다고 하였으나, 2016년 중간생략등기형 명의신탁 관련 판결이 나온 이후에는 2자간 명의신탁된 부동산을 처분하는 행위도 횡령죄를 구성하지 않을 가능성이 있다. 다만 여기서는 명의수탁된 부동산에 대해 횡령죄의 처분행위가 될 수 있는 행위가 둘 이상 있는 경우, 선행 처분행위로 횡령죄가 성립한 이후에 후행 처분행위가 불가벌적 사후행위인지, 아니면 선행 처분행위로 인한 횡령죄와 별개인 횡령죄가 성립할 수 있는지 여부만 검토한다.

(2) 위 판결의 다수의견은 선행 처분행위로 인해 횡령죄가 기수에 이른 후에 '후행 처분행위'가 선행 처분행위로 예상할 수 없는 새로운 위험을 추가함으로써 법익침해에 대한 위험을 증가시키거나, 선행 처분행위와는 무관한 방법으로 법익침해의 결과를 발생시키는 경우라면 별도의 횡령죄가 성립하고, 그렇지 않은 경우라면 불가벌적 사후행위로 보았다. 원심도 피고인들의 이 사건 토지 매도행위가 횡령죄를 구성한다고 보아 이를 모두 유죄로 인정하였다.[127] 이러한 태도는 종래 대법원이 명의신탁 부동산의 임의 처분행위에 대해 횡령죄 성립 후의 횡령행위가 불가벌적 사후행위라는 이유로 횡령죄를 인정하지 않았던 판례내용을[128] 변경한 것이다.

한편 위 판결의 반대의견은 후행 횡령행위를 통해 별개의 횡령죄가 성립한다는 점을 비판하였다. 그것은 해당 부동산을 불법영득할 의사로 근저당권 설정 등의 횡령행위를 하였다면, 이러한 횡령행위를 통한 법익침해의 결과나 위험은 위 부동산의 소유권 전체에 미치지 때

---

127) 의정부지법 2010. 7. 23. 선고 2010노594 판결.

128) 대표적으로 대법원 1998. 2. 24. 선고 97도3282 판결; 대법원 2006. 11. 9. 선고 2005도8699 판결.

문에 후행행위를 통해 추가적인 법익침해의 결과나 위험은 불가능하기 때문인 것이다.

(3) 판례의 다수의견에 찬성하는 견해도 있으나,[129] 후행 횡령행위(처분행위)로 인해 새로운 법익 침해가 있는 경우 선행 횡령행위로 인한 횡령죄와는 별개의 횡령죄를 인정할 수 있다는 견해는 횡령죄가 타인의 재물을 영득하는 범죄라는 점에서, 그리고 재물에 대한 소유권이 침해된 이상 다시 소유권을 침해할 수 있는가 하는 점에서 신중히 판단해야 할 문제이다.[130] 그 외에도, 앞서의 대상판결에서 검토한 바와 같이, 보호법익에 대한 침해내지 위험을 기준으로 횡령죄의 기수여부를 판단하는 것이 타당한가 하는 점에 대한 논의는 여기서도 유용하다고 하겠다.

Ⅵ. 배임죄에 관한 중요 판례

1. 채무자가 대물변제예약에 따라 부동산에 관한 소유권을 이전해 줄 의무와 배임죄의 '타인의 사무'

가. (1) 대법원 2014. 8. 21. 선고 2014도3363 전원합의체 판결의 사안[131]에 대해 원심은 피고인에 대해 배임죄를 인정하였다.[132] 그에 반

129) 백원기, "횡령 후의 횡령 — 횡령죄와 불가벌적 사후행위", 「형법판례 150선」, 한국형사판례연구회(2016), 박영사, 275면; 이경렬, "'명의수탁자의 처분과 횡령'의 불가벌적 사후행위", 「형사판례연구」 제22권(2014), 165면. 다만 이경렬 교수는 법익에 대한 새로운 침해가 아닌, 단순히 법익침해의 위험이 추가됨을 이유로 불가벌적 사후행위를 부정하는 것은 대상판결의 다수의견은 타당하지 않다는 입장이다.

130) 대상판결의 다수의견이 새로운 판단기준을 선언하고 있을 뿐 그 실질적 논거는 결여하고 있다는 비판은 신동운, "횡령 후의 횡령죄 성립여부", 「서울대학교 법학」 제54권 제4호(2013. 12), 297면.

131) 피고인이 공소외인에게 차용금 3억 원을 변제하지 못할 경우 피고인의 어머니 소유의 이 사건 부동산에 대한 유증상속분을 대물변제하기로 약정하였고, 그 후 피고인은 유증을 원인으로 이 사건 부동산에 관한 소유권이전등기를 마쳤음에도 이를 누나와 자형에게 매도함으로써 이 사건 부동산의 실제 재산상 가치인 1억 8,500만 원 상당의 재산상 이익을 취득하고 공소외인

해 대법원의 다수의견은 채권담보를 목적으로 한 대물변제예약의 궁극적 목적은 차용금반환채무의 이행 확보에 있고, 채무자가 대물변제예약에 따라 부동산에 관한 소유권이전등기절차를 이행할 의무는 그 궁극적 목적을 달성하기 위해 채무자에게 요구되는 부수적 내용이어서 이를 가지고 배임죄에서 말하는 신임관계에 기초하여 채권자의 재산을 보호 또는 관리하여야 하는 '타인의 사무'에 해당한다고 볼 수는 없다고 하였다. 그러므로 채권 담보를 위한 대물변제예약 사안에서 채무자가 대물로 변제하기로 한 부동산을 제3자에게 처분하였다고 하더라도 형법상 배임죄가 성립하는 것은 아니라고 하였다.

(2) 종래 대법원은 부동산 매매에서 매도인이 중도금을 수령한 후에는 그 계약의 내용에 좇아 소유권이전등기를 하여야 하는 의무를 이행하는 것은 채무자로서의 자기 사무의 처리라는 측면과 상대방의 재산보전에 협력하는 타인 사무의 처리라는 성격을 동시에 가지므로, 이러한 단계에 이른 후에 매도인이 그 부동산을 제3자에게 처분하는 행위는 매수인을 위한 등기협력의무를 위반하는 것으로서 배임죄에 해당한다고 하였다.[133] 그 외에 근저당권설정계약을 체결한 후 그에 따른 등기절차를 이행하기 전에 제3자에게 부동산을 처분하거나 근저당권설정등기를 하여 준 경우, 부동산에 대한 전세권설정계약이나 양도담보설정계약 후 그에 따른 등기절차를 이행하기 전에 제3자에게 근저당권설정등기나 전세권설정등기를 하여 줌으로써 담보능력 감소의 위험을 발생시킨 경우 등에도 배임죄의 성립을 인정하였다.[134]

위 판결의 반대의견도 판례의 축적을 통하여, 등기협력의무 등 거

에게 동액 상당의 손해를 입혔다고 하여 기소된 사안이다(대구지법 2014. 2. 13. 선고 2013노3665 판결).

132) 대구지법 2014. 2. 13. 선고 2013노3665 판결.

133) 대법원 1986. 7. 8. 선고 85도1873 판결; 대법원 1988. 12. 13. 선고 88도750 판결; 대법원 2008. 7. 10. 선고 2008도3766 판결 등 참조.

134) 대법원 2008. 3. 27. 선고 2007도9328 판결; 대법원 2011. 11. 10. 선고 2011도11224 판결; 대법원 1993. 9. 28. 선고 93도2206 판결; 대법원 1997. 6. 24. 선고 96도1218 판결 등.

래 상대방의 재산보전에 협력하여야 할 의무가 있는 사람이 고의로 그 임무를 위반하여 상대방에게 회복하기 어려운 손해를 입힌 경우에는 배임죄로 처벌받을 수 있다는 것이 우리 사회의 확립된 법원칙이므로, 이 사건과 같이 담보 목적으로 부동산에 관한 대물변제예약을 체결한 후 그 부동산을 제3자에게 임의로 처분한 경우에도 배임죄가 성립한다고 보아야 한다고 하였다.

(3) 참고로 동산의 이중매매나 이중양도와 관련하여서는 본고에서 소개하지 않은 2008도10479 전원합의체 판결이 중요한 의미를 가진다.[135] 이 판결의 다수의견은 매매의 목적물이 동산일 경우, 매도인은 매수인에게 계약에 정한 바에 따라 그 목적물인 동산을 인도함으로써 계약의 이행을 완료하게 되고 그때 매수인은 매매목적물에 대한 권리를 취득하게 되는 것이므로, 매도인에게 자기의 사무인 동산인도채무 외에 별도로 '매수인의 재산의 보호 내지 관리 행위에 협력할 의무'가 있다고 할 수 없다고 하였다. 이 판결의 반대의견은 매매계약의 당사자 사이에 중도금을 수수하는 등으로 계약의 이행이 진행되어 다른 특별한 사정이 없는 한 임의로 계약을 해제할 수 없는 단계에 이른 때에는 그 계약의 내용에 좇은 채무의 이행은 채무자로서의 자기 사무의 처리라는 측면과 아울러 상대방의 재산보전에 협력하는 타인 사무의 처리라는 성격을 동시에 가지게 되므로, 채무자에게는 배임죄의 주체인 '타인의 사무를 처리하는 자'의 지위를 인정하였다.

나. (1) 학계의 견해를 살펴보면, 부동산의 이중매매나 이중양도의 경우 다수설은 대상판결 이전까지는 행위자가 중도금이나 잔금 수령 이후에는 배임죄 성립을 인정하였다.[136] 반면에 부정설은 대물변제예약된 부동산의 경우에만 배임죄 성립을 부정하는 것인지는 분명하지 않다. 동산의 이중매매 등에 대해서는 부동산의 경우와 구별 없이 중

135) 대법원 2011. 1. 20. 선고 2008도10479 전원합의체 판결; 이에 대해서는 박형준, 앞의 논문, 110면 이하 참조.

136) 대표적으로 박상기, 「형법각론」(제7판), 2008, 410면.

도금 수령이후에는 배임죄를 인정하자는 견해와 동산의 경우에는 배임죄를 부정하는 견해가 있다.137)

(2) 우리 민법상 형식주의에 따라 소유권등기이전 전까지 부동산의 소유권은 매도인에게 있으므로 매도인이 제1매수인과 매매계약을 체결하였으나 소유권이전등기를 경료하기 전 제2매수인에게 소유권이전등기를 경료하였다면 이는 제1매수인에 대해서는 채무불이행을 한 것에 불과한 것이라고 볼 수 있다. 매도인의 소유권이전등기의무를 채권자의 재산보전에 협력할 의무라든가, 재산보전에 협력할 의무가 그 본질적 내용이 되어 매도인이 타인인 채권자(매수인)의 사무를 대신 처리하는 관계라고 보기도 힘들다. 결국 부동산거래에서 매도인이 등기절차를 이행할 의무를 이행하는 것은 자기 사무의 처리에 불과하다고 하겠다.138)

여기서 매도인이 계약금을 받았느냐 중도금을 받았느냐는 별로 중요하지 않다고 하겠다. 중도금을 받았다 하더라도 매매계약을 통해 매도인이 소유권을 이전해 줄 소유권이전등기의무는 전형적인 민사상 채권·채무관계상의 의무에 불과하며, 제1매수인에게 이전하지 않는 것은 단순히 채무불이행이며, 매도인에게는 이러한 채무불이행을 금전적으로 배상해야 할 손해배상책임이 있다고 하겠다.139)

---

137) 이와 관련하여서는, 안경옥(d), "배임죄의 타인의 사무를 처리하는 자의 의미", 585면 이하 참조.

138) 등기협력의무는 민사상의 등기절차이행의무과 같으며, 등기협력의무는 매도인이 등기에 필요한 서류를 가지고 등기소에 출석하거나 혹은 등기에 필요한 서류를 등기권리자인 매수인에게 제공하는 것에 불과하다고 한다. 등기절차이행의무라는 민사적 의무를 위반하였다면 그에 따른 민사적 책임을 지는 것으로 충분하고 배임죄로 처벌하자고 말하는 것은 쉽지 않다고 한다(2014도3363 판결 보충의견). 박운삼, "부동산이중매매와 배임죄의 성부", 「판례연구」 제27집(2010), 884, 885면.

139) 김종구/이동명, "동산이중양도의 배임죄 성립 여부 — 대법원 2011. 1. 20. 선고 2008도10479 전원합의체 판결", 「법학연구」 제51권(2013), 433면; 주지홍, "부동산이중매매에 있어서 배임죄 적용 결과 민사법질서에 미치는 부정적 영향", 「법학연구」 제51권, 부산대학교 법학연구소, 2010, 320면.

(3) 동산의 이중매매 등과 관련하여서도 동산은 인도에 의해 물권변동이 생기므로, 매도인이 동산을 제1매수인에게 매도하는 계약을 체결하고 아직 인도전에 제2매수인에게 이중으로 매도하여 그 목적물을 제2매수인에게 인도하였다면 제2매수인이 소유권을 취득하게 된다. 이때 매도인은 자신의 소유권을 이전하기 이전에 누구에게 소유권을 이전할 것인지를 자유롭게 결정할 수 있으며, 마찬가지로 제1매수인에 대해서는 채무불이행으로 인한 손해배상책임을 질 수 있다. 그러나 이러한 채무불이행으로 인한 손해배상은 전적으로 민사상의 문제이며, 자신의 소유권을 제1매수인이 아닌 제2매수인에게 이전했다 하더라도 손해배상 이외의 형사처벌을 하는 것은 형법이 지나치게 사적자치의 영역에 개입하거나 '민사사건의 형사화'의 한 유형으로 볼 수 있다고 할 수 있다.[140] 그러한 점에서 동산의 이중매매 뿐만 아니라 부동산의 이중매매나 이중저당 등 배임죄를 인정해온 종래 판례의 태도에 대한 전면적인 검토가 필요하다는 견해에[141] 찬성할 수 있다.[142]

2. 채무자가 투자금 반환채무의 변제를 위하여 담보로 제공한 임차권 등의 권리를 그대로 유지할 계약상 의무와 '타인의 사무'

가. 대법원 2015. 3. 26. 선고 2015도1301 판결과 관련하여, 먼저 원심은 피고인이 아울렛 의류매장의 운영과 관련하여 공소외인으로부터 투자를 받으면서 투자금반환채무의 변제를 위하여 의류매장에 관

140) 강동욱, "부동산과 동산의 이중매매 매도인의 형사책임", 「형법판례 150선」, 한국형사판례연구회(2016), 283면.

141) 박운삼, 앞의 논문, 882, 883면; 박찬호, 앞의 논문, 773면.

142) 배임죄 구성요건과 관련하여, 민사적 법률관계에 형벌의 적용을 제한하고자 하는 대표적 사례로, 경영판단과 배임죄 성립 여부를 들 수 있다. 경영판단의 원칙은 경영자가 선의로 상당한 주의를 기울여 자신의 권한 범위 내에 행한 거래에 대해서는 회사에 손해가 발생하였다는 결과만으로 책임을 묻거나 주의의무를 소홀히 한 과실이 있다는 이유로 책임을 물을 수 없다고 하였다(대법원 2004. 5. 22. 선고 2002도4229 판결).

한 임차인 명의와 판매대금의 입금계좌 명의를 공소외인 앞으로 변경해 주었음에도 제3자에게 의류매장에 관한 임차인의 지위 등 권리 일체를 양도한 행위가 배임죄에 해당하는지가 쟁점인 이 사건에서, 피고인이 의류매장에 관한 임차인 명의와 판매대금의 입금계좌 명의를 공소외인 앞으로 그대로 유지하여야 할 의무는 단순한 민사상의 채무로서 자기의 사무에 불과하여 타인의 사무에 해당하지 않는다고 보아 배임죄에 관한 공소사실을 무죄로 판단하였다.

대법원도 채무자가 채무의 담보를 위하여 채권자에게 임차권이나 기타의 권리를 제공하였다가 이를 채권자 아닌 제3자에게 양도하더라도 이는 배임죄를 구성하지 않고 단순히 민사상의 채무불이행에 해당하며, 채무자가 투자금 반환 채무의 변제를 위하여 담보로 제공한 임차권 등의 권리를 그대로 유지할 계약상 의무는 배임죄의 '타인의 사무'에 해당한다고 볼 수 없다고 하였다.

나. 담보로 제공한 임차권의 양도와 관련하여 배임죄의 성부가 문제된 대상판결에 대해서도 앞서 1.에서 언급한 부동산이나 동산의 이중매매나 이중양도와 배임죄 성립 여부라는 문제와 마찬가지로, 타인의 사무인지 여부를 해석하면서 가능한 한 계약이나 채무 불이행 등의 사적 자치 영역에 지나치게 개입한다거나 민사사건을 형사화하는 것은 옳지 않다고 하겠다.

3. 자동차를 담보로 제공하고 점유하는 채무자가 부당히 담보가치를 감소시킨 경우

가. 대법원 2012. 9. 13. 선고 2010도1665 판결과 관련하여, 원심은 피고인이 저당권이 설정된 자동차를 저당권자의 허락을 받지 않고 임의로 제3자에게 양도담보로 제공하였다고 하더라도 저당권에는 영향이 없는 것이어서 배임죄를 구성하지 않는다고 하였다.[143] 반면에 대법원은 자동차에 대하여 저당권이 설정되는 경우 자동차의 교환가치

143) 부산지법 2010. 8. 20. 선고 2010노361 판결.

는 그 저당권에 포섭되고, 저당권설정자가 자동차를 매도하여 그 소유자가 달라지더라도 저당권에는 영향이 없으므로, 특별한 사정이 없는 한 저당권설정자가 단순히 그 저당권의 목적인 자동차를 다른 사람에게 매도한 것만으로는 배임죄에 해당하지 아니하나, 자동차를 담보로 제공하고 점유하는 채무자가 부당히 그 담보가치를 감소시키는 행위를 한 경우 배임죄의 죄책을 면할 수 없다고 하였다.[144] 대상판결의 요지에서 나타난 바와 같이, 피고인의 행위는 미필적으로나마 갑 회사의 자동차에 대한 추급권 행사가 불가능하게 될 수 있음을 알면서도 그 담보가치를 실질적으로 상실시키는 것으로서 배임죄가 성립되는 특별한 사정이 있는 경우에 해당한다고 하였다.

나. (1) 위 판결의 쟁점은 두 가지로 요약할 수 있다. 하나는 어머니 명의로 차를 담보 제공한 피고인이 자동차 매매계약이나 대출계약의 실질적 당사자로 보아 이 사건 자동차를 보관할 의무가 있으며, 배임죄의 주체로서 '타인의 사무를 처리하는 자'의 지위에 있는가 하는 점이다. 다른 하나는 피고인의 행위가 위 자동차의 담보가치를 감소시키는 행위로서 재산상 손해를 인정할 수 있는가 하는 점이다.

배임죄의 본질이 권한남용이 아닌, 신임관계 위반에 있다는 배신설에 따른다면 배임죄의 주체인 '타인의 사무를 처리하는 자'는 반드시 법적 권한이나 계약이 아닌, 신의칙에 근거해 사무처리자의 지위를 인정할 수 있다. 따라서 비록 피고인의 자동차 명의인은 아니지만 피해자를 위한 사무를 처리하는 신의칙상의 의무를 대법원이 실질적으로 인정하였다는 점에서 타당하다고 하겠다.[145]

(2) 다음으로 위 판결의 사안에서 재산상 손해가 발생하였는가 하는 점에 대해서는, 원칙적으로 피고인이 자동차를 매도하여 그 소유자가 달라지더라도 근저당권 설정에는 영향이 없으므로 특별한 사정이

144) 대법원 1989. 7. 25. 선고 89도350 판결 참조.

145) 이정민, "배임죄에서의 재산상 손해", 「형법판례 150선」, 한국형사판례연구회 (2016), 281면.

없는 한 승용차를 매도한 행위는 배임죄를 구성하지 않는다. 그러나 본 사안의 피고인의 행위―성명불상자에게 자동차를 넘기고, 그 소재가 파악되지 않아 피해자가 인도명령을 받았으나 결국 집행 불능에 이르게 한 행위―는 이 사건 자동차의 담보가치를 감소시켰으므로 배임죄의 손해가 발생했다고 볼 수 있다. 손해에 대한 판례의 태도는 다음 판결에서 정리한다.

4. 대표권 남용행위와 재산상 실해 발생의 위험

가. 대법원 2012. 5. 24. 선고 2012도2142 판결은 갑 주식회사 대표이사인 피고인이 자신의 채권자들에게 갑 회사 명의의 금전소비대차 공정증서와 약속어음 공정증서를 작성해 줌으로써 갑 회사에 재산상 손해를 가하였다고 하여 구 특정경제범죄 가중처벌 등에 관한 법률(2012. 2. 10. 법률 제11304호로 개정되기 전의 것) 위반(배임) 등으로 기소된 사안에서, 피고인의 행위는 대표권을 남용한 행위로서 상대방들도 피고인이 갑 회사의 이익과 관계없이 자기 또는 제3자의 이익을 도모할 목적으로 공정증서를 작성해 준다는 것을 알았거나 충분히 알 수 있었으므로 모두 무효이고, 그로 인하여 갑 회사에 재산상 손해가 발생하였다거나 재산상 실해 발생의 위험이 초래되었다고 볼 수 없다는 이유로 무죄를 선고한 원심판단을 정당하다고 하였다.

나. (1) 대표권 남용행위와 관련하여 대법원의 태도는 다음과 같이 정리해 볼 수 있다. 먼저 회사의 대표이사가 한 대표권 남용행위는 설사 대표이사가 회사의 영리목적과 관계없이 자기 또는 제3자의 이익을 도모할 목적으로 그 권한을 남용한 것이라 할지라도 일단 회사의 행위로서 유효하지만, 그 행위의 상대방이 대표이사의 진의를 알았거나 알 수 있었을 때에는 회사에 대하여 무효가 된다.[146)]

회사 대표이사 등의 대표권 남용행위를 그 상대방이 알았거나 알

146) 대표적으로 대법원 2001. 1. 19. 선고 2000도4787 판결; 대법원 2011. 9. 29. 선고 2011도8110 판결.

수 있었기 때문에 법률상 무효인 경우인 경우에도 손해나 손해발생의 위험이 있으면 배임죄를 인정할 수 있으나, 예외적으로 약속어음이 유통되지 않는다는 등의 특별한 사정이 있다면 손해발생의 위험조차도 없어 배임죄 성립이 부정될 수 있다.147) 그리고 회사 대표자의 배임행위가 법률상 무효라 하더라도 경제적 관점에서 파악하여 재산상 실해 발생의 위험을 초래한 경우에는 '손해를 가한 때'에 해당되어 배임죄를 구성하는 것이고,148) 아울러 일단 손해의 위험성을 발생시킨 이상 사후에 피해가 회복되었거나 회복가능성이 생겼다고 하더라도 배임죄 성립에 영향을 주는 것은 아니다.149)

(2) 회사의 대표이사인 행위자가 대표권을 남용하여 약속어음 등을 작성하였다고 해서 바로 손해와 동등한 위험을 인정하기는 어렵다. 그것은 법률상 무효가 되는 경우 피해자인 회사가 제3자에게 금원 등을 지불할 위험이 발생하지 않을 수 있기 때문이다. 다만 법률행위로 인해 실제 피해자인 회사가 손해배상 등의 이행의무를 부담하였다면 아직 그러한 의무를 이행하기 전이라도 손해와 동등한 위험을 인정할 수 있으며, 변제능력이 없는 자에게 대출이 이루어졌다면 대출한 시점에서 손해와 동등한 구체적인 위험을 인정할 수 있다고 하겠다.150)

---

147) 대법원 2013. 2. 14. 선고 2011도10302 판결.

148) 대법원 2012. 12. 27. 선고 2012도10822 판결. 이 판결에서 대법원은 약속어음이 제3자에게 유통될 경우 회사가 소지인에 대하여 어음금 채무를 부담할 위험은 이미 발생하였다 할 것이므로, 그 약속어음이 제3자에게 유통되지 아니한다는 특별한 사정이 없는 한 경제적 관점에서는 회사에 대하여 배임죄에서의 재산상 실해 발생의 위험이 초래되었다고 봄이 상당하다고 하였다. 어음의 유통 가능성과 관련한 재산상 실해 발생의 위험에 대해서는, 박진환, "대표권 남용에 기한 약속어음발행이라는 사실을 상대방이 알고 있었던 경우 배임죄에서의 실해발생의 위험 유무", 「대법원판례해설」 제94호(2012년 하반기), 1110면 이하 참조.

149) 대법원 1999. 6. 25. 선고 99도1141 판결.

150) 권오성, "대표권 남용과 배임죄 — 대법원 2012. 5. 24. 선고 2012도2142 판결 —", 「법학논총」 제30집 제4호, 198-199면; 안경옥(e), "회사 대표이사의 대표권 남용행위 중 법률상 무효행위에 대한 형법적 평가", 「경희법학」 제48권 제4호(2013), 165-166면.

(3) 참고로 손해발생의 위험이 있는 경우, 이를 행위자의 이득액과 동일시할 수 있는가 하는 점도 문제가 되고 있다. 이는 특경법의 적용에 있어 중요하다.[151] 가령 자신의 대출채무를 담보하기 위해 회사 명의의 약속어음을 발행하는 것은 그 자체로 손해발생의 위험을 인정할 수 있다. 다음으로 위험발생이 있는 시점, 즉 배임죄의 위태범설에 따라 기수시점에 의해 손해발생의 위험이 있는 시점, 즉 약속어음의 발행 교부시점으로 볼 수 있다. 이 때 어음발행액수를 이득액으로 평가, 5억 원 이상인 경우는 특경법이 적용될 수 있는데,[152] 이러한 이득액 사정에 대해 의문을 제기하는 견해들이 있다.[153]

마지막으로 손해가 발생하지 않았다 하더라도 배임행위는 있으므로 행위자의 고의와 불법영득의사의 유무를 판단, 배임죄의 미수범 처벌은 가능하다고 해야 할 것이다.[154] 배임죄의 고의와 불법이득의사를 인정할 수 있는 경우로는 자신의 채무면제 등 개인적인 이익을 위해 대표권 남용 등의 법률상 무효행위나 다른 배임행위를 행하는 경우를 들 수 있다.

5. 손해와 동등한 구체적인 위험

가. 대법원 2015. 9. 10. 선고 2015도6745 판결의 사안에 대해 원심은, 피해자인 모 ○○은행에 10억 원 상당의 구체적인 실해 발생의 위험이 초래되었음을 전제로 피고인에 대한 특정경제범죄 가중처벌 등

151) 대표권 남용행위와 관련하여서는 대법원 2012. 12. 27. 선고 2012도10822 판결이 대표적인 예이다.

152) 대법원 2012. 12. 27. 선고 2012도10822 판결.

153) 손동권, "배임 경영자에게 적용되는 업무상 배임죄의 구성요건요소로서의 재산상 손해와 이익(이득액)", 「형사판례연구」 제24권(2016), 421면 이하 참조.

154) 박진환, 앞의 논문, 1120면. 그러나 '손해발생'이라는 요건에 손해발생의 위험을 포함시킨다면 미수범 처벌을 앞당기거나, 법문에 대한 금지된 유추해석 해당하여 죄형법정주의에 반한다는 견해에 대해서는, 졸저, "배임죄의 실해발생의 위험", 판례월보 제357호(2006), 44면; 오영근, 「형법각론」 제2판(2009), 512면.

에 관한 법률 위반(배임)의 유죄를 인정하였다. 그에 반해 대법원은 보증인인 갑 은행에 경제적인 관점에서 손해가 발생한 것과 같은 정도로 구체적인 위험이 초래되었음을 전제로 피고인에게 유죄를 인정한 원심판결은 잘못이라고 판단하였다. 그 이유는 배임죄의 재산상의 손해에는 현실적인 손해가 발생한 경우뿐만 아니라 재산상 실해 발생의 위험도 포함되나, 재산상 손해로 평가할 수 있는 재산상 손해 발생의 위험은 본인에게 손해가 발생할 막연한 위험이 있는 것만으로는 부족하고 경제적인 관점에서 보아 본인에게 손해가 발생한 것과 같은 정도로 구체적인 위험이 있어야 하는데, 본 사안에서는 그와 같은 정도의 구체적인 위험이 발생했다고 보기 어렵다는 것이다.[155] [156]

나. (1) 학계의 견해를 살펴보면, 먼저 배임죄의 구성요건요소인 '재산상 손해'는 경제적 관점에서 본다면 손해와 동등한 실해발생의 위험도 포함한다는 긍정설이 있다.[157] 반면에 손해발생의 위험은 손해에 해당하지 않는다는 부정설은 형법 규정이 명문으로 손해만을 규정하고 있으므로 손해에는 손해발생의 위험을 포함하는 것은 적절치 않으며, 손해발생의 위험을 손해에 포함하는 것은 법문의 가능한 의미의 한계도 넘는 것이라고 긍정설을 비판하고 있다.[158] 또한 재산상의 손해에 손해발생의 위험이 포함된다면 이는 배임죄를 침해범이 아닌 위험범으로 해석하는 것인데, 이는 배임죄의 기수성립이나 처벌을 앞당기는 결과를 가져온다는 주장도 있다.[159]

---

155) 대법원 1995. 11. 21. 선고 94도1375 판결; 대법원 2008. 6. 19. 선고 2006도4876 전원합의체 판결; 대법원 2012. 11. 29. 선고 2012도10139 판결.

156) 동지: 대법원 2014. 2. 21. 선고 2011도8870 판결.

157) 박상기, 「형법각론」(제9판), 박영사, 2013, 675면; 오영근, 「신 형법입문」, 박영사, 2013, 438면.

158) 선정수, "배임죄에서 재산상 손해발생과 손해액의 의미", 비교형사법연구 제17권 제2호(2015), 157-159면; 오영근, 앞의 책, 512면; 이주원, "특정경제범죄 가중처벌 등에 관한 법률위반(배임)죄에서 이득액 개념의 합리적 재해석, 「인권과 정의」 제436호(2013. 9), 56면.

159) 대표적으로 허일태, "배임죄에서의 행위주체와 손해의 개념", 「비교형사법연구」 제6권 제2호(2004), 152면.

(2) 재산상의 손해를 경제적 관점에서 판단한다면 아직 손해발생의 '위험'이지만 경제적으로는 이미 현실적인 손해라고 평가할 수 있다고 할 수 있다.[160] 그러나 손해발생의 위험은 단지 손해가 발생할 막연한 위험이 아닌 구체적인 위험이 있는 경우여야 하며, 손해와 동등한 '구체적인' 위험은 생활경험상-사실상의 경제적 평가에 따라 '손해발생이 급박한, 바로 손해로 전환될 수 있는' 위험이라고 할 수 있겠다.[161] 물론 재산상 손해발생의 위험이 '구체적으로' 초래되었다고 볼 수 있는 경제적 상황은 매우 다양하기 때문에 재산상의 손해에 상당하는 위험은 각 개별적인 손해발생 가능성의 '영역'에서 인정여부를 판단할 수 있을 것이다.[162]

160) 손해와 동등한 위험과 미수범의 위험을 구별할 수 있다면 손해발생 여부에 손해의 위험을 포함하는 것은 배임죄의 미수 처벌을 부정하게 되며 처벌의 범위를 부당하게 확장하는 것이라는 지적(문형섭, "배임죄에서 재산상 위험", 「무등춘추」 제7호, 광주지방변호사회, 2002, 14면)은 적절하지 않다.

161) '손해와 동등한 위험'에 대해 판례가 구체적인 기준을 전혀 제시하고 있지 않다는 평가에 대해서는, 이주원, 앞의 논문, 56면 참조. 그리고 판례에서 말하는 '위험'의 의미를 불능범에 있어서의 '위험성'을 판단한 것을 이해해야 한다는 견해도 있다. 그것은 배임행위가 무효인 경우 재산상 실해 발생의 위험이 전혀 없는 경우나 배임행위가 무효는 아니지만 실해 발생의 위험성이 전혀 없는 사례는 배임죄를 위험범으로 본다 하더라도 그 '위험'이 발생할 '위험성'이 없는 불능범으로 이해하는 것이 타당하다는 것이다(황병돈, "배임죄 판례에 있어서 '재산상 손해 및 실해 발생위험'의 의의와 불능범", 「홍익법학」 제17권 제1호(2016), 835면 참조.

162) 배임죄의 구성요건은 행위자나 제3자가 재산상 이익을 취득하고 본인에게 재산상 손해나, 적어도 손해발생과 동등한 위험을 야기해야 하므로 재산상 손해나 손해가 발생할 액수 전체를 행위자가 취득한 이득액으로 볼 수 있는가 하는 점이 문제가 될 수 있다. 그것은 특경법이 이득액에 따라 형량을 다르게 하고 있기 때문에 이득액의 정확한 산정이 필요하기 때문이다. 이에 대해서는 졸저, "특경법 제3조 제1항의 '이득액; 평가에 대한 검토", 「경희법학」 제45권 제4호(2010), 273면; 이주원, 앞의 논문, 56면 이하.

Ⅶ. 마치며

1. 민사사건에 대한 재산범죄 성립의 제한

2012년 이후 최근 5년 동안의 주요 재산범죄 관련 판례들의 내용을 살펴보았다. 2000년 이후에 계속된 흐름이기는 하지만, 판례의 중요한 동향 중 하나는 가능한 한 형법이 민사사건에 개입하지 않도록 하여 민사사건의 형사화를 방지하거나, 형법의 최후수단으로서의 기능을 보장하고자 한다는 점이다. 이는 횡령이나 배임죄에서 잘 나타나고 있다.

가령 중간생략등기형 명의신탁된 부동산을 임의로 처분하는 사례에 대해 대법원은 부동산등기법 등 타법의 입법취지나 타법과의 조화를 위해 횡령죄 성립을 부정하였다. 그리고 배임죄의 주체인 '타인의 사무를 처리하는 자'의 성립범위와 관련하여 점차 동산이나 부동산의 이중매매나 이중양도사례를 민사상의 채무불이행사례로, 매도인의 소유권이전등기의무는 '타인의 사무'가 아닌 '타인을 위한 자기의 사무'로 보아 배임죄 성립을 부정하고자 하였다. 그 뿐만 아니라 차용사기 혹은 용도사기의 경우 바로 편취의 고의를 인정하는 것이 아니라 예외적인 경우에만 채무불이행을 사기죄를 처벌하고자 하였는데, 이러한 판례의 흐름은 바람직하다고 하겠다.

2. 형법의 독자적 해석과 유추해석 금지

물론 민사사건 등 사적 영역에 형벌이 지나치게 개입하지 않는 것도 중요하지만, 규범 수범자가 각 개별범죄의 성립 여부를 예측할 수 있도록 범죄의 구성요건을 죄형법정주의의 관점에서 엄격하게 해석, 적용하는 것이 필요하다. 그런데 각 재산범죄의 주요 구성요건요소에 대해 형법이 타법의 개념과는 별개로 독자적으로 판단하거나, 구성요건의 범위를 확대하거나, 혹은 명문으로 규정되지 않은 구성요건요소를 인정하여 죄형법정주의에 반하는 유추해석을 하거나 범죄의 성립범위를 확대시키는 것은 아닌지 의문이 든다.

가령 횡령죄의 주체인 타인의 재물을 보관하는 자와 관련하여 '보관'을 형법상 점유의 개념으로 독자적으로 해석할 수는 있으나, 그 범위가 구체적으로 예측가능한가 하는 점은 의문이다. 그리고 횡령죄를 위험범으로 보아, 기수시기를 대체적으로 불법영득의사가 외부로 표시된 때를 기준으로 하는 표시설은 횡령죄의 미수범 처벌범위를 제한하며, 기수시기가 앞당기도록 한다. 그러므로 횡령죄의 법적 성격을 침해범으로 파악하여, 불법영득의사가 표현될 때를 구성요건실현을 위한 직접적인 개시행위로, 불법영득의사가 실현되었을 때 법익의 침해의 결과가 발생한 때로 보아 각각 미수와 기수로 판단하는 것도 고려해 볼 수 있다. 이는 횡령 사안 중 미수범을 인정할 수 있어 미수범 규정의 실효성을 보장하게 되며, 해석상의 불명확성을 해소하는 데에도 기여할 수 있을 것이다.

배임죄의 경우도 재산상 손해의 구성요건요소를 재산상 손해발생의 위험으로 대체하거나, 손해가 발생한 것과 사실상 같다고 평가될 정도의 위험여부에 대한 평가가 불분명하거나, 배임죄를 위험범으로 해석함으로써 자의적인 해석이나 법문에 대한 유추해석의 결과 죄형법정주의에 반하거나, 기수성립 범위가 확대되는 결과를 가져온다는 비판이 끊임없이 나오고 있다.

형법의 독자적 해석이 필요하다 하더라도 죄형법정주의나 형법의 보충성의 원칙을 존중하여 필요한 최소한의 범위에서 가벌성의 폭과 범위를 제한하는 것이 바람직할 것이다. 아울러 혹 각 재산범죄 구성요건 자체가 불명확하게 규정된 것은 아닌지에 대해 심도있는 연구가 이루어져, 필요하다면 구성요건 자체를 재정비하는 입법론적인 노력도 계속되어야 할 것이다.

[주 제 어]

재산범죄, 횡령죄, 배임죄, 민사사건의 형사화

[Key words]

Principle of Subsidiarity, principle of nullum crime, property crime, embezzlement, Breach of Trust

접수일자: 2017. 5. 10. 심사일자: 2017. 6. 1. 게재확정일자: 2017. 6. 5.

[참고 문헌]

강동욱, “부동산과 동산의 이중매매 매도인의 형사책임”, 「형법판례 150선」, 한국형사판례연구회, 박영사, 2016.

강수진, “중간생략등기형 명의신탁과 횡령죄”, 「형법판례 150선」, 한국형사판례연구회, 박영사, 2016.

권오걸, “동산의 이중매매와 배임죄 — 부동산 이중매매와의 비교를 통해서 —”, 「비교형사법연구」 제13권 제2호, 한국비교형사법학회, 2011.

김봉수, “횡령죄의 미수범 성립여부”, 「형사판례연구」 제21권, 한국형사판례연구회, 2013.

김재봉, “사기죄와 처분의사”, 「형법판례 150선」, 한국형사판례연구회, 박영사, 2016.

김성돈, 「형법각론」(제4판), SKKUP, 2016.

김성룡, “형법상의 사자의 점유”, 「형사판례연구」 제21권, 한국형사판례연구회, 2013.

김일수/서보학, 「형법각론」(제8판), 박영사, 2016.

김종구/이동명, “동산이중양도의 배임죄 성립 여부 — 대법원 2011. 1. 20. 선고 2008도10479 전원합의체 판결”, 「법학연구」 제51권, 2013.

김태명, 「판례 형법각론」(제2판), 피앤씨미디어, 2016.

민철기, “차량의 등기명의자가 아닌 지입차주가 차량의 보관자의 지위에 있는다고 볼 수 있는지 여부”, 「대법원판례해설」 제104호(2015 상반기), 2015.

박상기, 「형법각론」(제7판), 박영사, 2008.

______, 「형법학」(제3판), 집현재, 2016.

박찬걸, “절도죄에서의 불법영득의사”, 「형법판례 150선」, 한국형사판례연구회, 박영사, 2016.

박형준, “2000년대 초기 대법원판례의 동향”, 「형사판례연구」 제20권, 한국형사판례연구회, 2012.

백원기, “횡령 후의 횡령 — 횡령죄와 불가벌적 사후행위”, 「형법판례 150선」, 한국형사판례연구회, 박영사, 2016.

서정민, “횡령죄와 위탁관계 — 지입차량의 처분”, 「형법판례 150선」, 한국형사판례연구회, 박영사, 2016.

선정수, “배임죄에서 재산상 손해발생과 손해액의 의미”, 비교형사법연구 제17권 제2호, 2015.

손동권, “절도죄에서의 사자의 점유”, 「형법판례 150선」, 한국형사판례연구회, 박영사, 2016.

안경옥(a), “사기죄의 기망행위”, 「형사판례연구」 제5권, 한국형사판례연구회, 1997.

안경옥(b), “형법상 재산상 이익의 개념과 ‘이익을 얻을 가능성’의 범위”, 「비교형사법연구」 제12권 제2호, 한국비교형사법학회, 2010.

안경옥(c), “비자금 조성행위의 형사처벌에 대한 한·독 판례 비교 및 검토”, 「형사법의 신동향」 통권 제41권, 대검찰청, 2013.

안경옥(d), “배임죄의 타인의 사무를 처리하는 자의 의미”, 「법조」 통권 제720호, 법조협회, 2016.

안경옥(e), “회사 대표이사의 대표권 남용행위 중 법률상 무효행위에 대한 형법적 평가”, 「경희법학」 제48권 제4호, 경희대학교 법학연구소, 2013.

오영근(a), “2012년도 형법판례 회고”, 「형사판례연구」 제21권, 한국형사판례연구회, 2013.

오영근(b), “2013년도 형법판례 회고”, 「형사판례연구」 제22권, 한국형사판례연구회, 2014.

오영근(c), “2014년도 형법판례 회고”, 「형사판례연구」 제23권, 한국형사판례연구회, 2015.

오영근(d), “2015년도 형법판례 회고”, 「형사판례연구」 제24권, 한국형사판례연구회, 2016.

오영근(e), “2016년도 형법판례 회고”, 「2017년 1월 9일 한국형사판례연구회」 발표논문, 한국형사판례연구회, 2017.

오영근, 「형법각론」(제3판), 박영사, 2015.

이용식(a), “횡령죄의 기수시기”, 「형법판례 150선」, 한국형사판례연구회, 박영사, 2016.

이용식(b), “횡령죄의 기수성립에 관한 논의 구조 ― 횡령죄의 구조 ―”, 「형사판례연구」 제21권, 한국형사판례연구회, 2013.

이용식(c), “차입매수(LBO)에 대한 형사책임 ― 대법원의 배임죄 판단에 대한 검토 ―”, 「법학논집」 제14권 제3호, 이화여자대학교 법학연구소, 2010.

이원상, “공갈죄의 재산처분행위”, 「형법판례 150선」, 한국형사판례연구회, 박영사, 2016.

이재상/장영민/강동범, 「형법각론」(제10판), 박영사, 2016.

이정민, “배임죄에서의 재산상 손해”, 「형법판례 150선」, 한국형사판례연구회, 박영사, 2016.

이정원, “사기죄와 재산상 손해”, 「형법판례 150선」, 한국형사판례연구회, 박영사, 2016.

이주원, “특정경제범죄 가중처벌 등에 관한 법률위반(배임)죄에서 이득액 개념의 합리적 재해석”, 「인권과 정의」(2013. 9).

우인성, “형법상 배임죄에 있어서 재산상 손해의 산정”, 「대법원판례해설」 제96호, 법원도서관, 2013.

정영일, 「형법강의 각론」, 학림, 2013.

하태영, “용도를 지정받은 금전의 임의사용과 횡령죄”, 「형법판례 150선」, 한국형사판례연구회, 박영사, 2016.

허일태, “배임죄에서의 행위주체와 손해의 개념”, 「비교형사법연구」 제6권 제2호, 2004.

홍승면, “금전수수를 수반하는 사무처리를 위임받은 자가 수령한 금전이 사무처리의 위임에 따라 위임자를 위하여 수령한 것인지 여부의 판단방법”, 「대법원판례해설」 제59호, 법원도서관, 2005.

[Abstract]

A review of the major property criminal cases in Recent 5 years

Ahn, Kyong-ok*

This article reviewed the major property criminal cases(i.e. larceny, fraud, embezzlement, and Breach of Trust) in recent five years. As a continuing trend since 2000, One of the important trends is that the criminal laws keep its distance from civil cases in order to prevent Criminalization of Civil Cases and guarantee the functions as last resources. This trend can also be seen in embezzlement and Breach of Trust. Although It's important that the criminal laws do not intervene too much in private domains such as civil cases, It is necessary to interpret and apply strictly the elements of crime in view of the principle of nullum crime in order that Law-abiding citizen may predict whether each crimes will predict Criminality of each crimes. However, The question now arises as to whether the criminal laws judge independently apart from other laws, extend the range of elements of crime, admit the elements unstipulated in the text so that the laws apply analogical interpretation which is against the principle of nullum crime, or expand requirements of crime. Therefore, although the independent interpretation is needed, it would be desirable to limit range of punishment at a minimum by respecting principle of Subsidiarity or the principle of nullum crime. Also, Whether the elements of property is defined clearly should be carefully studied. If needed, Legislative efforts to continuously rearrange the elements is essential.

---

* Professor, School of Law, Kyung Hee University, Ph.D in Law.

비자금과 횡령죄의 객체
-횡령행위가 일련의 거래과정을 거쳐 이루어지는 경우의 횡령죄 객체-

이 천 현*

[대상판결] 대법원 2016. 8. 30. 선고 2013도658 판결[1)]

[판결요지]

[1] 횡령죄는 타인의 재물에 대한 재산범죄로 재물의 소유권 등 본권을 보호법익으로 하는 범죄이므로, 어떤 재물을 횡령의 객체로 보느냐에 따라 재물이 타인의 소유인지, 위탁관계에 기초한 보관자의 지위가 인정되는지, 피해자가 누구인지, 재물에 대한 반환청구가 가능한지 등이 달라질 수 있다. 따라서 횡령행위가 여러 단계의 일련의 거래과정을 거쳐 이루어지는 등의 사유로 여러 재물을 횡령의 객체로 볼 여지가 있어 이를 확정할 필요가 있는 경우에는, 재물의 소유관계 및 성상(性狀), 위탁관계의 내용, 재물의 보관·처분 방법, 행위자가 어떤 재물을 영득할 의사로 횡령행위를 한 것인지 등의 제반 사정을 종합적

* 한국형사정책연구원 선임연구위원, 법학박사.

1) 본 대상판결은 연구의 대상인 피고인 甲 이외에 10명(사건 관련자 7명과 3개의 주식회사)이 함께 기소되어 병합심리되었으며, 피고인 甲은 총 7개의 죄명(경합범)으로 기소되었다(특경가법위반(횡령), 특경가법위반(배임), 업무상횡령, 업무상배임, 배임수재, 특경가법위반(조세), 조세범처벌법위반 등). 이하에서는 판결내용 가운데 피고인 甲의 '업무상횡령'에 대한 부분만을 발췌·정리하여 살펴보기로 한다.

으로 고려하여 횡령의 객체를 확정해야 한다.

[2] 횡령죄에서 불법영득의사는 타인의 재물을 보관하는 자가 자기 또는 제3자의 이익을 꾀할 목적으로 위탁의 취지에 반하여 타인의 재물을 자기의 소유인 것처럼 권한 없이 스스로 처분하는 의사를 의미한다. 따라서 보관자가 자기 또는 제3자의 이익을 위하여 소유자의 이익에 반하여 재물을 처분한 경우에는 재물에 대한 불법영득의사를 인정할 수 있으나, 그와 달리 소유자의 이익을 위하여 재물을 처분한 경우에는 특별한 사정이 없는 한 그 재물에 대하여는 불법영득의사를 인정할 수 없다.

[사실관계]

××그룹 계열사인 ××산업은 울산, 부산 등지에서 공장을 운영하면서 스판덱스, 나일론 등의 섬유제품과 석유화학제품을 생산하는 회사로서, 생산한 섬유제품 등 내수용은 대리점들을 통해 판매하고 있다.

피고인 甲은 ××산업 대표이사 및 ××그룹 회장으로 근무하면서 — 피고인 甲의 모(母)이자 ××산업의 이사로서 ××산업의 자금 전반을 총괄하던 乙 등과 공모하여 — 1997. 1.부터 2005. 12.경까지 ××산업 울산공장의 임직원 등을 통해, 그 곳에서 생산된 스판덱스 등의 제품을 ××산업 대구지역 대리점인 동×상사, 서울지역 대리점인 환×산업, 부산지역 대리점인 풍×상사 등에게 세금계산서 발행 없이 총 420억 원 상당의 스판덱스 등 섬유제품을 빼돌려 무자료로 판매(무자료거래)하게 하고 이 무자료 거래대금을 현금으로 교부받아 이를 차명계좌 등으로 관리하여 오다가 피고인 甲과 가족들 명의의 일시납 보험 가입과 피고인 甲의 유상증자 대금, 세금납부 등 사적인 용도로 사용하였다(업무상횡령죄의 공동정범).

또한 피고인 甲은 위에서와 같은 스판덱스 등 섬유제품의 무자료 거래 및 급여 항목의 허위 회계처리를 등을 이용하여 매출을 누락시키는 등 2001년도~2010년도 신고기한 도래 법인세 및 부가가치세액 합계 총 약 30억 원을 포탈하였다.

[소송의 경과]

1. 수사 및 기소

본 사건은 ××그룹 회장 甲이 공동피고인 乙 등과 공모하여 세금계산서 발행 없이 무자료로 대리점에 납품(일명 '무자료 거래')하고 임직원 급여와 작업복비 등을 허위로 회계 처리하는 등 다양한 방식으로 약 1천400억 원 상당의 비자금을 조성하고 7천여 개의 차명계좌를 관리하면서 임의 사용한 행위 등에 대해 횡령, 배임 및 조세포탈 혐의로 검찰이 수사한 사건이다.

2010. 10. 11.에 ××그룹 비자금 운용 및 회사 이익 불법취득 관련 내부고발자의 제보에 따라 수사가 착수되었고, 2011. 1. 30. ××그룹 회장인 피고인 甲이 구속 기소되었고(공동피고인 乙 등 6명 불구속 기소), 2011. 4. 6.에 피고인 甲, 乙 및 ××산업에 대해 추가 기소가 이루어졌다.

2. 1심[2)]

2012. 2. 21.에 1심에서는 기소사실에 대해 대부분 유죄가 인정되어(209억2,572만 원 횡령, 액수미상 배임, 10억9,781만 원 탈세 인정) 피고인 甲에 대하여는 징역 4년 6월 및 벌금 20억 원이 선고되었다(벌금을 납입하지 않은 경우 200만 원을 1일로 환산하여 노역장에 유치). 2012. 6. 29.에 피고인 甲은 간암 및 대동맥류 질환으로 병보석되었다. 피고인과 검사가 항소하였다.

* 공동피고인 乙: 징역 4년 및 벌금 20억 원(법정구속)

---

2) 서울서부지방법원 2012. 2. 21. 선고 2011고합26, 60(병합), 89(병합), 114(병합), 304(병합) 판결.

3. 2심[3]

2012. 12. 20.에 2심은 1심과 유사하게 유죄를 인정하였으나 일부 배임혐의가 무죄로 인정되어 제1심에 비해 벌금액이 10억 원을 감액하여 징역 4년6월 및 벌금 10억 원을 선고하였다(벌금을 납입하지 않은 경우 250만 원을 1일로 환산하여 노역장에 유치). 피고인과 검사가 상고하였다.

* 공동피고인 乙: 징역 4년 및 벌금 10억 원(상고 취하) → 2015. 5. 사망(당시 88세)

4. 대법원[4]

대법원은 피고인 甲의 범죄 사실을 인정하면서도 1심과 2심이 횡령 대상을 판매대금이 아닌 물품으로 오인해 심리했다는 이유로 파기환송하였다.

"… 이 사건에서 피고인 甲은 자신이 지배하는 ××산업에서 생산된 섬유제품 자체를 영득할 의사로 무자료 거래를 한 것이 아니라, 섬유제품 판매대금으로 비자금을 조성하여 그 비자금을 개인적으로 영득할 의사로 무자료 거래를 하였다고 볼 수 있으므로, 이 사건 횡령행위의 객체는 '섬유제품'이 아니라 섬유제품의 '판매대금'이라고 보아야 할 것이다."

5. 파기환송심[5]

이 사건을 환송받은 서울고등법원은 피고인 甲에 대하여 징역 3년 6월에 및 벌금 6억 원을 선고하였다. 2004년도 법인세 포탈액 9억 3000여만 원 중 공제받을 수 있었던 액수를 제외한 5억6000여만 원만 유죄로 판단한 부분만 2심 판단과 차이가 있다.

---

3) 서울고등법원 2012. 12. 20. 선고 2012노755 판결.
4) 대법원 2016. 8. 30. 선고 2013도658 판결.
5) 서울고등법원 2017. 4. 21. 선고 2016노2750 판결.

[표 1] 1심 및 2심의 피고인 甲에 대한 판단

공소사실 요지	1심 판단	2심 판단
섬유제품의 임의처분으로 인한 업무상횡령(42,154,052,277원)	유죄(19,585,452,760원)	유죄(19,635,452,760원)
	이유 무죄 (22,568,599,517원)	이유 무죄 (22,518,599,517원)
허위 회계처리로 조성한 부외자금 임의 소비로 인한 업무상횡령(1,381,922,726원)	유죄 (1,340,268,496원)	유죄(971,921,510원 초과 1,340,268,496원 미만)
		면소(피고인 11 회사(대판: 피고인 7 회사) 부분)
	이유 무죄 (41,654,230원)	이유 무죄 (41,654,230원)
ㅁㅁ골프연습장 저가 매수로 인한 업무상배임(약 90억 원 이상)	면소	무죄(다만 검사만 항소하여 원심 유지)
개인사업체 근무 직원 급여 부당지원으로 인한 업무상배임(458,359,640원)	유죄(301,660,000원)	유죄(301,660,000원)
	무죄(156,699,640원)	무죄(156,699,640원)
공소외 5 회사주식 저가 매수로 인한 업무상배임(20,635,600,000원)	유죄(이익액 불상)	유죄(280,968,000원)
	이유 무죄 (20,635,600,000원)	이유 무죄 (20,354,632,000원)
◇◇골프연습장 수리비 대납으로 인한 업무상횡령(196,900,000원)	무죄	무죄
공소외 8 회사 유상증자 참여로 인한 배임수재(수재액 불상)	유죄	유죄
☆☆골프장 회원권 관련 업무상배임(9개 계열사 합계 약 572억 원, ▽▽▽▽보험 2,670,378,082원)	무죄	무죄
개인 소유 비상장 주식 등	무죄	무죄

매매로 인한 업무상배임(이익액 불상)		
2001년도 신고기한 도래 법인세 및 부가가치세 포탈(1,773,059,486원)	면소	면소
2004년도 신고기한 도래 법인세 및 부가가치세 포탈(1,159,817,831원)	유죄(932,761,281원)	유죄(932,761,281원)
	이유 무죄 (227,056,550원)	이유 무죄 (227,056,550원)
2005년도 내지 2009년도 각 신고기한 도래 법인세 포탈(165,148,966원)	유죄 (165,148,966원)	유죄 (165,148,966원)

※ 출처: 서울고등법원 2012. 12. 20. 선고 2012노755 판결.

[연 구]

Ⅰ. 문제제기

본 대상판결은 기업의 회장인 피고인 甲이 제품을 정상적인 거래가 아닌 무자료로 대리점에 판매한 후 그 판매대금을 현금으로 전달받는 방법으로 비자금을 조성해 관리해 오면서, 그 조성된 비자금을 사적으로 사용하여 횡령한 사안이다.

대법원은 피고인 甲의 행위를 ① 회사에서 생산하는 섬유제품을 빼돌려 무자료 거래를 통해 판매한 행위와 ② 그 판매대금을 보관하다가 사적 용도로 사용한 행위로 구분하여, ②의 행위를 횡령으로 보았다. 즉 횡령행위의 객체는 '섬유제품'이 아니라 섬유제품의 '판매대금'(현금)이라고 보았다.[6] 피고인 甲은 섬유제품 자체를 영득할 의사로 무자료거래를 한 것이 아니라 섬유제품 판매대금으로 비자금을 조성하여 그 비자금을 개인적으로 영득할 의사로 무자료거래를 하였다고

6) 제1심과 제2심은 피고인 甲 등이 섬유제품을 무자료로 거래함으로써 그 '섬유제품'을 횡령하였다고 보았다.

보아야 하고, '섬유제품' 자체를 횡령하였다고 본다면 무자료 거래를 통해 조성된 비자금이 어떤 용도로 사용되는지에 관계없이 언제나 횡령죄가 성립한다는 불합리한 결론에 이르게 된다는 이유 등을 들고 있다.

이러한 대법원은 판단은 비자금 조성행위 그 자체로는 횡령죄가 성립하지는 않는다는 기존의 입장 — 법인의 대표자가 개인적 용도로 착복할 목적으로 비자금을 조성한 경우에는 비자금 조성행위 자체로써 불법영득의사가 인정되어 횡령죄가 성립하지만 비자금을 조성했다고 하더라도 법인 운영에 필요한 자금을 조달하는 수단으로 인정되는 경우에는 횡령죄가 성립하지 아니한다 — 을 재확인한 것으로 보인다.

그러나 본 대상판결은 비자금과 관련한 사안이면서도 동시에 횡령행위가 여러 단계의 일련의 거래 과정을 거쳐 이루어지는 경우 횡령죄의 객체를 확정하는 기준을 처음으로 제시하고 있다는 점에서 그 의의를 찾을 수 있을 것으로 생각된다.

이하에서는 비자금의 조성 및 사용과 관련한 문제에 대한 대법원의 입장을 정리해 보고, 이에 기초하여 본 대상판결이 갖는 문제점에 대해 검토해 보고자 한다.

Ⅱ. 비자금과 횡령죄의 성부

1. 비자금에 대한 횡령죄 성립여부

가. 비자금의 개념

비자금이란 일반적으로 "법인의 회계장부상에 올라 있는 법인의 공적 자금이 아니라 법인의 운영자나 관리자가 회계로부터 분리시켜 별도로 관리하는 법인의 자금"[7]이라 설명되고 있다. 비자금은 그 소유자인 법인을 위한 목적으로 조성·사용되기도 하지만, 법인의 이익

7) 서명수, "법인의 비자금과 횡령죄", 형사재판의 제문제 [제3권], 형사실무연구회, 2000, 144면; 대법원 2006. 6. 27. 선고 2005도2626 판결 등 참조.

과는 관계없는 목적이나 그 관리자의 사적 용도로 사용되기도 한다. 비자금은 통상적으로 "조성 → 보관 → 사용"의 단계를 거치며 운용된다.

나. 대법원의 입장

대법원은 — 그 운용단계에 따라 — 비자금의 '조성'(보관 포함)과 '사용'을 엄격하게 구별하여 횡령죄 성립여부에 대해 검토하고 있다.[8)]

(1) 비자금 조성행위

대법원은 비자금 조성행위 그 자체로 횡령죄의 성립을 인정하지 않는다. 즉 법인의 운영자 또는 관리자가 법인의 자금을 이용하여 비자금을 조성하였다고 하더라도 그것이 법인과는 아무런 관련이 없거나 개인적인 용도로 착복할 목적으로 조성된 경우에는 비자금 조성행위 자체로써 불법영득의사가 인정되어 횡령죄가 성립할 수 있지만 비자금 조성이 법인의 운영에 필요한 자금을 조달하는 수단으로 인정되는 경우에는 횡령죄가 성립하지 않는다고 한다.[9)]

비자금은 조성단계에서는 그 조성의 목적이 무엇인지 명확하게 드러나지 않은 경우가 일반적이다. 따라서 대법원의 이러한 입장에 따르면 비자금 조성행위에 대한 횡령죄 성립 인정은 매우 제한적일 수 밖에 없다.[10)]

---

8) 대법원은 "비자금의 조성행위와 비자금의 사용행위 사이에서 그 기본적 사실관계의 동일성을 인정하기 어렵다"고 보아 양자 사이에 공소장변경도 할 수 없다고 한다(대법원 2009. 2. 26. 선고 2007도4784 판결 참조).

9) 대법원 1999. 9. 17. 선고 99도2889 판결; 대법원 2008. 8. 21. 선고 2007도9318 판결; 대법원 2009. 2. 12. 선고 2006도6994 판결; 대법원 2010. 12. 9. 선고 2010도11015 판결 등 참조..

10) 이러한 관점에서 비자금 조성행위 자체에 대한 처벌의 필요성에 관한 논의가 이루어지기도 한다(서명수, 위의 글, 152면; 안경옥, "비자금 조성행위 형사처벌에 대한 한·독 판례 비교 및 검토", 형사법의 신동향 제41호(2013. 12), 119면 이하 참조).

[1] 대법원 2010. 12. 9. 선고 2010도11015 판결

법인의 운영자 또는 관리자가 법인의 자금을 이용하여 비자금을 조성하였다고 하더라도 그것이 당해 비자금의 소유자인 법인 이외의 제3자가 이를 발견하기 곤란하게 하기 위한 장부상의 분식에 불과하거나 법인의 운영에 필요한 자금을 조달하는 수단으로 인정되는 경우에는 불법영득의 의사를 인정하기 어렵다.[11)]

[2] 대법원 2010. 5. 13. 선고 2009도1373 판결(횡령죄 인정사례)

피고인들이 위 경기지사에서 감정평가사로 각 근무하면서 부동산매수를 위한 매수대금, 대출이자, 감정평가사들에 대한 인센티브 명목, 정상적인 회계로 처리하기 어려운 접대비 명목 등으로 임의로 나누어 사용할 목적으로 비자금을 조성하기로 공모한 후, 위 △△ 감정평가법인을 위하여 보관 중이던 금원 가운데 169,263,997원을, 위 공소외 주식회사를 위하여 보관 중이던 금원 가운데 302,063,876원을 각 비자금으로 조성한 행위가 업무상횡령죄에 해당한다.[12)]

(2) 비자금 보관행위

대법원은 비자금 보관에 대하여도 — 그 성질상 — 비자금 조성행위와 동일한 맥락에서 보고 있다. 비자금을 조성하여 단순히 보관하고 있는 상황에서는 비자금의 조성 및 보관 목적이 무엇인지 명확하게 드러나지 않기 때문이다.

[3] 대법원 1999. 9. 17. 선고 99도2889 판결

횡령행위의 한 태양으로서의 은닉이란, 타인의 재물의 보관자가 위탁의 본지에 반해 그 재물을 발견하기 곤란한 상태에 두는 것을 말하는 것인바, 피고인이 조성한 비자금이 회사의 장부상 일반자금 속

---

11) 대법원 1999. 9. 17. 선고 99도2889 판결; 대법원 2008. 8. 21. 선고 2007도9318 판결 등 참조.

12) 또한 대법원 2009. 2. 12. 선고 2006도6994 판결; 대법원 2011. 2. 10. 선고 2010도12920 판결 참조.

에 은닉되어 있었다 하더라도 이는 당해 비자금의 소유자인 회사 이외의 제3자가 이를 발견하기 곤란하게 하기 위한 장부상의 분식에 불과하여 그것만으로 피고인의 불법영득의 의사를 인정할 수는 없다.

[4] 대법원 2006. 6. 27. 선고 2005도2626 판결(횡령죄 인정사례)

피고인의 불법영득의사는 각 공사현장의 소장이나 경리직원들이 피고인의 지시에 따라 공소외 A회사 본사로부터 받은 선급금에서 비자금을 현금으로 인출·조성한 다음 이를 공소외 C 등을 통하여 공소외 D로 하여금 따로 보관하도록 한 시점에서 객관적으로 명백히 표현되었다고 볼 수 있는 것이므로 비자금 조성행위로 횡령죄가 기수에 이른 것이고, 따라서 피고인이 그 중 일부를 공소외 A회사의 직원 회식비 등 회사업무와 관련된 용도로 사용하였다 하더라도 횡령죄의 성립에 지장이 없다.

(3) 비자금 사용행위

비자금 사용단계에서는 비자금 사용용도가 확정되기 때문에 그 용도에 따라 횡령죄 성립여부가 결정된다. 즉 법인의 운영자 또는 관리자가 조성된 비자금을 법인의 이익을 목적으로 사용한 경우에는 불법영득의사를 인정할 수 없지만, 그것이 행위자의 사적 이익을 위하여 사용된 경우에는 불법영득의사가 인정되어 횡령죄가 성립한다고 한다.[13)][14)]

[5] 대법원 2005. 5. 26. 선고 2003도5519 판결

회사의 대표이사가 보관 중인 회사 재산을 처분하여 그 대금을 정치자금으로 기부한 경우 그것이 회사의 이익을 도모할 목적으로 합리적인 범위 내에서 이루어졌다면 그 이사에게 횡령죄에 있어서 요구

---

13) 대법원 1994. 9. 9. 선고 94도619 판결; 대법원 2015. 2. 26. 선고 2014도15182 판결 등.

14) 상술한 비자금 조성단계에서 횡령죄가 성립된 경우라면 그 이후의 비자금 사용행위는 불가벌적 사후행위가 될 것이다.

되는 불법영득의 의사가 있다고 할 수 없을 것이나, 그것이 회사의 이익을 도모할 목적보다는 후보자 개인의 이익을 도모할 목적이나 기타 다른 목적으로 행하여졌다면 그 이사는 회사에 대하여 횡령죄의 죄책을 면하지 못한다.

이와 관련하여서는 두 가지의 사항이 문제될 수 있다. 첫째는 비자금의 사용(또는 조성) 목적이 법인의 이익을 위한 것인지 아니면 사적 이익을 위한 것인지 불명확한 경우가 문제된다. 이에 대하여 대법원은 "그 행위자에게 법인의 자금을 빼내어 착복할 목적이 있었는지 여부는 그 법인의 성격과 비자금의 조성 동기, 방법, 규모, 기간, 비자금의 보관방법 및 실제 사용용도 등 제반 사정을 종합적으로 고려하여 판단하여야 한다"고 한다.[15] 또한 판례는 비록 회사의 이익을 도모할 목적이라도 그것이 불법적인 목적(뇌물공여 등)인 경우에는 회사의 이익을 위한 목적이 아니라고 보고 있다.[16][17]

[6] 대법원 2013. 4. 25. 선고 2011도9238 판결

회사가 기업활동을 함에 있어서 형사상의 범죄를 수단으로 하여서는 안 되므로 뇌물공여를 금지하는 법률 규정은 회사가 기업활동을 함에 있어서 준수하여야 할 것이고, 따라서 회사의 이사 등이 업무상의 임무에 위배하여 보관 중인 회사의 자금으로 뇌물을 공여하였다면 이는 오로지 회사의 이익을 도모할 목적이라기보다는 뇌물공여 상대방의 이익을 도모할 목적이나 기타 다른 목적으로 행하여진 것이라고 봄이 상당하므로, 그 이사 등은 회사에 대하여 업무상횡령죄의 죄책

15) 대법원 2010. 12 .9. 선고 2010도11015 판결 등 참조.

16) 대법원 2005. 5. 26. 선고 2003도5519 판결; 대법원 2013. 4. 25. 선고 2011도9238 판결 등.

17) 이에 대하여는 기업이 비자금을 조성하여 그 돈으로 뇌물이나 정치자금으로 사용하는 것은 회사의 이익을 도모하는 것으로 보는 것이 일반적이므로 횡령죄 성립을 인정하는 것은 부당하다는 견해가 있다(서상문, "기업의 비자금 조성 및 사용에 대한 형사책임", 법학논문집 제35집 제3호(중앙대 법학연구원), 2011, 84-85면; 안경옥, 앞의 글, 145면).

을 면하지 못한다.

[7] 대법원 2009. 2. 26. 선고 2007도4784 판결

각 비자금 사용내역은 모두 그 외형상 일응 공소외 회사 운영 과정에서 통상적으로 발생하는 비용에 대한 지출(해당 비용을 선지출한 임직원에 대한 비용 보전 포함)이거나, 공소외 회사의 임직원들, 현장 관계자들 및 거래처 등에 대한 경조사 비용, 복리후생증진 비용(휴가비용 포함), 명절 선물비용 등에 대한 지출 등으로 보이는 바, 그와 같은 각 비자금 사용의 주된 목적은 피고인들의 개인적인 이익을 도모하기 위한 것이라기보다는 공소외 회사의 운영자금 지출 내지 공소외 회사 경영상의 필요에 의한 지출, 즉 공소외 회사의 원활한 운영과 공소외 회사 임직원의 관리, 거래처와의 유대관계 유지 등을 도모하기 위한 것으로서, 피고인들의 불법영득의사의 존재를 인정하기 어려운 사유에 해당한다고 볼 여지가 있다.

둘째는 조성된 비자금의 사용처가 명확하게 확인되지 않은 경우 불법영득의사를 추단하여 횡령죄 성립을 인정할 것이지 문제된다. 이에 대해 대법원은 불법영득의사는 엄격한 증거에 의하여 검사가 입증하여야 하는 것으로 이와 같은 증거가 없다면 설령 피고인에게 유죄의 의심이 간다 하더라도 피고인의 이익으로 판단할 수밖에 없다고 한다.18)

[8] 대법원 1998. 2. 13. 선고 97도1962 판결

불법영득의사를 실현하는 행위로서의 횡령행위가 있다는 점은 어디까지나 검사가 입증하여야 하는 것으로서, 그 입증은 법관으로 하여금 합리적인 의심을 할 여지가 없을 정도의 확신을 생기게 하는 증명력을 가진 엄격한 증거에 의하여야 하고, 이와 같은 증거가 없다면 설령 피고인에게 유죄의 의심이 간다 하더라도 피고인의 이익으로

18) 대법원 1998. 2. 13. 선고 97도1962 판결.

판단할 수밖에 없다. 재단법인의 자금을 인출하여 재단이사장과 이사들의 명의로 금융기관에 예치·보관한 것이 횡령행위에 해당한다고 본 원심판결은 채증법칙 위반 등에 해당한다(원심파기).

2. 불법영득의사와 횡령죄의 기수에 대한 견해

가. 횡령죄의 본질과 기수시기에 관한 견해

횡령죄의 본질에 관하여는 자신을 믿고 재물을 보관시킨 위탁자의 신뢰를 배신하고 권한을 초과하여 불법하게 처분하는 데 횡령행위의 본질이 있다는 '월권행위설'[19]과, 위탁을 받아 보관하고 있는 타인의 재물을 위법하게 영득하는 데에 횡령행위의 본질이 있다는 '영득행위설'[20]이 대립한다.[21] 전자에 따르면 영득행위가 없어도 월권행위만 있으면 횡령죄가 성립하므로 횡령죄 성립에 불법영득의사를 요하지 않고, 후자에 따르면 불법영득의사가 없으면 위탁자에 대한 신뢰관계의 배신이 있어도 횡령죄가 성립하지 않는다.[22] 대법원은 영득행위설의 입장에 있다.[23]

횡령죄의 기수시기에 관하여는 불법영득의사가 외부에 표현되기면 하면 기수가 된다는 견해(표현설)[24]와, 불법영득의사가 표현되는 것

19) 정성근/박광민, 형법각론, 2013, 415면.
20) 김일수/서보학, 형법각론(제7판), 2007, 347면; 김성돈, 형법각론, 2016, 397면; 손동권, 형법각론, 2010, §24/3; 이재상, 형법각론(제9판), 2013, §20/5; 임웅, 형법각론(제5판), 2013, 424면; 정웅석, 형법강의, 2005, 1210면 등.
21) 위탁자의 신뢰관계를 저버리는 배신행위로서 타인의 물건을 불법하게 영득하는 데 횡령죄의 본질이 있다고 하는 절충설(결합설)은 영득행위설로 이해하기로 한다(김성천/김현준, 형법각론(제4판), 2014, 485면; 박상기, 형법각론(제8판), 2011, 366면; 배종대, 형법각론(제9전정판), 2015, §77/7 등).
22) 다수설·판례가 횡령죄 성립에 불법영득의사를 요한다고 하지만, 그것의 체계적 지위에 관하여는 불법영득의사가 고의와 구별되는 초과주관적 구성요건요소라는 견해(다수설·판례)와 고의의 한 내용이라는 견해(김성돈, 위의 책, 413면; 오영근, 형법각론(제3판), 2014, 366면; 정성근/박광민, 위의 책, 436면 등)가 대립한다.
23) 대법원 2002. 11. 13. 선고 2002도2219 판결 등.
24) 김성천/김현준, 앞의 책, 503면; 박상기, 앞의 책, 389면; 손동권, 앞의 책, §24/44; 이재상, 앞의 책, §20/37; 임웅, 앞의 책, 453면; 정웅석, 앞의 책, 1299

만으로는 부족하고 그 의사가 실현되어야 기수가 된다는 견해(실현설)[25]가 대립한다.[26] 전자에 따르면 본죄의 미수는 거의 생각해 볼 수 없게 된다. 대법원은 표현설에 입각하고 있다.[27] 다만, 부동산의 경우에는 기수시기에 대하여 '부동산에 관한 근저당권설정등기를 마치는 때'[28], 또는 '건물을 자신의 명의로 보존등기를 한 때'[29]라고 하여 '실현설'의 입장을 취하고 있다.

나. 비자금과 관련한 불법영득의사 및 기수시기

대법원은 비자금 조성 및 사용과 관련하여 — 이상의 논의와 맥을 같이 하며 — 비자금의 (업무상)횡령죄 성립을 인정하기 위해서는, 불법영득의사가 있어야 하고, 그 불법영득의사의 인정여부는 비자금의 조성이나 사용목적이 무엇인지에 따라 결정한다. 즉 비자금의 조성목적이 '법인의 운영에 필요한 자금을 조달하는 수단'인 것으로 인정되거나[30] 또는 사용이 '경영상의 필요한 지출'로 인정되는 경우[31] 등에는 불법영득의사를 인정하지 않는다. 다시 말해서 법인의 운영자 또는 관리자가 법인의 이익을 목적으로 비자금을 조성하거나 또는 조성된 비자금을 사용한 경우에는 불법영득의사를 인정할 수 없고, 다만 그것이

면 등.

25) 김성돈, 앞의 책, 412면; 김일수/서보학, 앞의 책, 373면; 배종대, 앞의 책, §77/33; 오영근, 앞의 책, 367면; 정성근/박광민, 앞의 책, 433면.

26) 이러한 견해의 대립은 횡령죄의 보호법익(소유권)이 보호받는 정도에 대한 위험범설과 침해범설의 대립과 이론적 연결점이 있다.

27) 횡령죄는 다른 사람의 재물에 관한 소유권 등 본권을 그 보호법익으로 하고 본권이 침해될 위험성이 있으면 그 침해의 결과가 발생되지 아니하더라도 성립하는 이른바 위태범이므로, 다른 사람의 재물을 보관하는 사람이 그 사람의 동의 없이 함부로 이를 담보로 제공하는 행위는 불법영득의 의사를 표현하는 횡령행위로서 사법(私法)상 그 담보제공행위가 무효이거나 그 재물에 대한 소유권이 침해되는 결과가 발생하는지 여부에 관계없이 횡령죄를 구성한다(대법원 2002. 11. 13. 선고 2002도2219 판결).

28) 대법원 1985. 9. 10. 선고 85도86 판결.

29) 대법원 1993. 3. 9. 선고 92도2999 판결.

30) 대법원 2010. 12. 9. 선고 2010도11015 판결.

31) 대법원 2009. 2. 26. 선고 2007도4784 판결.

행위자의 사적 이익을 위하여 조성 또는 사용된 경우에는 불법영득의사가 인정되어 횡령죄가 성립한다고 한다.

그리고 이러한 불법영득의사가 '실현'되었거나[32] 또는 객관적으로 명백히 '표현'되었다고 볼 수 있는 때[33]에 횡령죄 성립을 인정한다. 비자금 조성단계에서는 불법영득의사, 즉 사적 사용이라는 목적이 명백히 표현되었다고 볼 수 없는 경우가 일반적이기 때문에, 대법원은 원칙적으로 비자금 조성단계에서의 횡령죄 성립을 인정하지 않고, 비자금 사용단계에서 사적 사용을 한 시점, 즉 불법영득의사의 실현 또는 표현이 이루어져야 비로소 횡령죄의 기수를 인정한다.

요컨대 대법원은 비자금과 관련하여 횡령죄 성립을 위해서는 불법영득의사를 필요로 하고, 그 불법영득의사의 인정여부는 비자금 조성 또는 사용의 목적의 내용(회사의 이익/사적 이익)에 따라 결정되며, 횡령죄의 기수시기는 이러한 불법영득의사가 실현 또는 표현되었는지 여부에 따라 결정된다고 한다.

Ⅲ. 대상판결의 내용과 한계

1. 횡령행위가 일련의 거래과정을 거쳐 이루어진 경우의 횡령죄의 객체

가. 비자금 조성 및 사용과정

피고인 甲은 — 본 대상판결(대법원)이 인정한 사실에 따르면 — 다음과 같은 일련의 거래과정을 거쳐 횡령행위(비자금 조성 및 사적 사용)를 하였다([그림 1] 참조).[34]

① 피고인 甲은 ××산업 울산공장 직원들은 그곳에서 생산된 스판덱스 등 섬유제품이 실제 생산량보다 적게 생산된 것처럼 수율을

---

32) 대법원 2010. 12. 9. 선고 2010도11015 판결.
33) 대법원 2006. 6. 27. 선고 2005도2626 판결; 대법원 2010. 5. 13. 선고 2009도1373 판결.
34) 대법원 2016. 8. 30. 선고 2013도658 판결.

낮게 조작하거나, 생산과정에서 발생한 판매 가능한 제품을 불량품으로 폐기한 것처럼 가장하는 방법으로 무자료 거래 제품을 제조하여 공장에서 출고한 후 대리점에 판매하고, 각 대리점별 무자료 거래내역 집계표를 매월 작성하였다.

② ××산업 부산사무소 감사 공소외 A 등은 위와 같이 작성된 무자료 거래내역 집계표를 피고인 甲과 원심공동피고인 乙에게 보고하였다.

③ 피고인 B 등 무자료 거래의 상대방인 대리점 사장들은 거래가 완료되면 직접 또는 공소외 A를 통하여 위 원심공동피고인 乙에게 현금으로 거래대금을 전달하였다(섬유제품 무자료 거래가 이루어진 사실은 ××산업 울산공장의 여러 임직원에게 알려져 있었으나, 무자료 거래대금의 전달과 사용은 공소외 A 등 소수 인원만 관여한 채 비밀리에 이루어졌다).

④ 위와 같이 전달된 현금은 ××산업 임직원 명의 차명계좌 등으로 관리되다가 피고인 甲과 가족들의 개인적 용도 등에 사용되었다.

나. 횡령죄의 객체: 판매대금

본 대상판결(대법원)은 위와 같은 일련의 거래과정을 거쳐 비자금을 조성 및 사용한 경우에는 “이 사건에서 피고인 甲은 자신이 지배하는 ××산업에서 생산된 섬유제품 자체를 영득할 의사로 무자료 거래를 한 것이 아니라, 섬유제품 판매대금으로 비자금을 조성하여 그 비자금을 개인적으로 영득할 의사로 무자료 거래를 하였다고 볼 수 있으므로, 이 사건 횡령행위의 객체는 ‘섬유제품’이 아니라 섬유제품의 ‘판매대금’이라고 보아야 할 것이다.”라고 하였다. 그 이유는 다음과 같이 설시하고 있다.[35)]

① 일반적으로 법인의 무자료 거래는 매출누락을 통한 세금포탈과 비자금 조성을 목적으로 이루어지는데, 비자금이 법인과는 아무런 관련이 없거나 대표자가 개인적 용도로 착복할 목적으로 조성된 경우

35) 대법원 2016. 8. 30. 선고 2013도658 판결.

에는 비자금 조성행위 자체로써 불법영득의사가 실현된 것으로 보나, 비자금 조성이 법인의 운영에 필요한 자금을 조달하는 수단으로 인정되는 경우에는 횡령죄가 성립하지 아니하는 것으로 본다. 그런데 피고인 甲이 '섬유제품' 자체를 횡령하였다고 본다면 무자료 거래를 통하여 조성된 비자금이 어떤 용도로 사용되는지에 관계없이 언제나 횡령죄가 성립한다는 결론에 이르게 된다.

② 판매된 섬유제품이 무자료 거래 과정에서 ××산업과 무관한 피고인 甲 등의 개인적 지배범위 안에 놓인 사실이 없다.

③ 피고인 甲 등이 무자료 거래를 한 동기와 목적이 섬유제품 자체를 영득하기 위한 것이라는 자료가 없다.

④ 이 사건 섬유제품을 판매한 행위만으로는 섬유제품의 소유자인 ××산업의 이익에 반한다고 보기 어렵다. 반면 섬유제품의 판매대금을 ××산업에 귀속시키지 않은 행위는 피고인 ××산업의 이익에 반하는 행위임이 명백하다.

⑤ 무자료 거래를 통하여 조세를 포탈하고 비자금을 조성하는 것은 비록 위법한 행위이기는 하지만, 비자금 조성이 대표자의 개인적 목적에 의한 것이 아니라 법인의 운영에 필요한 자금을 조달하는 수단인 경우라면 '섬유제품' 소유자인 ××산업의 이익에는 반하지 않으므로, 앞서 본 법리에 따라 특별한 사정이 없는 한 '섬유제품'에 대한 불법영득의사는 인정하기 어렵다.

⑥ 피고인 甲 등이 '섬유제품' 자체를 횡령한 것으로 본다면, 무자료 거래의 상대방이 대금을 지급하지 않거나 대금을 지급하기 전에도 '섬유제품'에 대한 횡령죄가 기수에 이르렀다고 보아야 하는데, 이 경우 피고인 甲 자신은 아무런 이익도 취득하지 않으면서 섬유제품을 횡령한 것이라는 불합리한 결론에 이르게 된다.

⑦ 이 사건 무자료 거래는 정상거래와 외관상 동일한 방법으로 이루어졌으므로, 이 사건 섬유제품의 무자료 판매행위만으로 곧바로 피고인 甲 등의 '섬유제품'에 대한 불법영득의사가 외부에 인식될 수

있는 정도에 이르렀다고 평가하기도 어렵고, 섬유제품의 판매대금이 비밀리에 현금으로 공동피고인 乙에게 전달된 때 또는 전달된 대금이 개인적인 목적으로 소비된 때 비로소 그 '판매대금'에 대한 영득의사가 외부에 표현된 것으로 볼 수 있을 것이다.

요컨대, 이상의 설시 내용은 다음과 같이 세 가지로 요약할 수 있다. 첫째, 비자금 조성단계에서는 그 조성목적의 불확정성 때문에 조성단계 자체에서는 불법영득의사를 인정하기 어렵고(①, ③, ④, ⑤, ⑦), 둘째, 섬유제품에 대한 지배관계(보관자 지위)를 인정하기 어려우며(②), 셋째, 이익취득이 있어야 횡령죄 기수를 인정할 수 있다(⑥, ⑦).

2. 대상판례의 한계

가. 비자금 조성단계와 비자금 조성목적

본 대상판결에서 대법원은 회사의 제품을 빼돌려 정상적인 거래가 아닌 무자료 거래를 통해 판매하고 그 대금을 현금으로 전달받아 비자금을 조성하여 사적 용도로 사용한 경우에는 횡령행위의 객체는 '섬유제품'이 아니라 섬유제품의 '판매대금'(현금)이라고 보았다. '섬유제품' 자체를 횡령했다고 보면 무자료 거래를 통해 조성된 비자금이 어떤 용도로 사용되는지에 관계없이 언제나 횡령죄가 성립한다는 결론에 이르게 되어 부당하고, 섬유제품의 무자료 판매행위만으로 곧바로 '섬유제품'에 대한 불법영득의사가 외부에 인식될 수 있는 정도에 이르렀다고 평가하기도 어렵다는 것이 주요 이유이다.

이러한 대법원의 판단은 비자금과 관련한 종래의 불법영득의사의 인정여부 및 기수시기에 관한 내용을 재확인한 것이다. 횡령죄의 성립요건을 엄격하게 해석하여 범죄성립의 확장을 경계하고 있다는 점에서 일응 그 타당성을 인정할 수 있을 듯하다. 그러나 다음과 같은 점에서 종래 판례 이론을 지나치게 기계적으로 수용하여 판단한 것으로 생각된다.

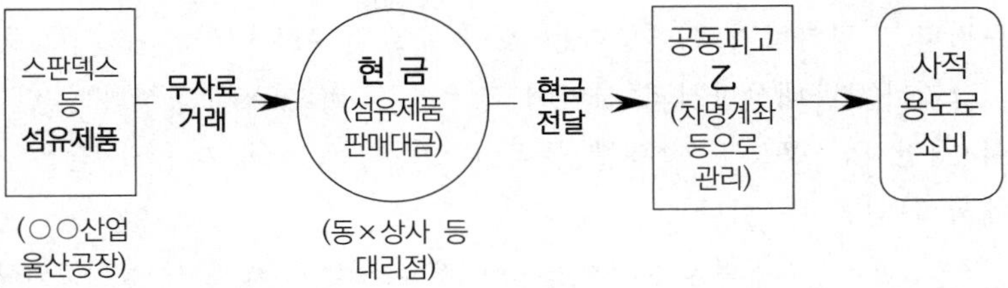

1. 피고인 甲: xx그룹 회장 (xx그룹의 초대회장(설립자)인 이x용의 子)
2. 공동피고인 乙: 피고인 甲의 母이자 xx그룹 이사(자금 총괄)
3. xx산업(xx그룹의 석유화학 계열사): 울산, 부산 등지에서 공장을 운영하면서 스판덱스, 나일론 등의 섬유제품과 석유화학제품을 생산하는 회사로서, 생산한 섬유제품 중 내수용은 대리점들을 통해 판매하고 있음

[그림 1] 일련의 횡령행위

(1) 비자금 조성단계에서의 비자금 조성목적

대법원의 입장에 따르면 — 상술한 바와 같이(사례 [2] 및 [4] 참조) — 관리자가 법인의 자금을 이용하여 비자금을 조성하였다고 하더라도 그것이 법인과는 아무런 관련이 없거나 개인적인 용도로 착복할 목적으로 조성된 경우에는 비자금 조성행위 자체로써 불법영득의사가 인정되어 횡령죄가 성립할 수 있다.36)

동 대상판결은 비자금 조성단계, 즉 스판덱스 등 섬유제품이 실제 생산량보다 적게 생산된 것처럼 수율을 낮게 조작하거나, 생산과정에서 발생한 판매 가능한 제품을 불량품으로 폐기한 것처럼 가장하는 방법으로 무자료 거래 제품을 제조하여 공장에서 출고한 후 대리점에 판매하는 행위 자체에 대하여 횡령죄 성립을 인정하지 않았다. 섬유제품 자체를 영득할 의사로 무자료 거래를 한 것이 아니며, 섬유제품 자체를 횡령하였다고 본다면 무자료 거래를 통하여 조성된 비자금이 어떤 용도로 사용되는지에 관계없이 언제나 횡령죄가 성립하여 부당하

36) 대법원 2010. 12. 9. 선고 2010도11015 판결; 대법원 2011. 2. 10. 선고 2010도12920 판결 등.

고, 섬유제품에 대한 불법영득의사가 외부에 인식될 수 있는 정도에 이르렀다고 평가하기도 어렵다는 것이 주요한 이유이다.

그러나 본 대상판결의 사안의 경우에는 비자금을 조성하는 단계에서 개인적인 용도로 착복할 목적이 있었다는 점을 다음과 같은 사실에서 확인할 수 있다.

××그룹의 초대회장(설립자)인 이×용과 그의 처 乙(공동피고인)은 1990년대 초반부터 ××산업의 주요 생산공장인 울산공장의 성명불상의 임직원들에게 공장에서 생산한 스판덱스 등 섬유제품을 세금계산서 발행 없이 대리점들에게 판매하도록 지시하여 무자료 거래를 시작한 후 대리점 사장 등으로부터 현금을 교부받아왔다. 그러던 중 이×용이 1996. 11. 2. 사망하자 — 그의 아들인 — 피고인 甲이 1997. 1. 1. ××산업의 대표이사로 취임하게 되었고, 피고인 甲은 그 때부터 ××산업의 재무 · 자금관계를 총괄하면서 피고인 乙과 함께 ××산업 울산공장의 임직원 등을 통해 매월 무자료 거래 내역을 보고받으면서 무자료 거래 대금의 수금은 무자료 거래 사실이 발각되지 않도록 이전과 같이 피고인 乙이 자신의 집에서 대리점 사장들로부터 직접(또는 김××을 통하여) 현금으로 전달받기로 하였다. 이후 피고인 乙은 매월 1~2회씩 자신의 집에서 대리점 사장들로부터 무자료 거래 대금을 현금으로 교부받아 이를 차명계좌에 입금하거나 차명으로 국민주택채권을 구입하는 등의 방법으로 관리해왔으며, 차명계좌와 국민주택채권 등으로 관리된 자금은 피고인 甲과 가족들 명의의 일시납 보험 가입과 피고인 乙의 유상증자 대금, 세금 납부 등 사적인 용도로 사용되었다.

요컨대, 공동피고인 乙은 — 피고인 甲이 무자료거래를 하기 시작한 1997년보다 2년 이전인 — 1995. 1.부터 갑의 父(××그룹의 초대회장인 이×용)와 함께 무자료거래를 시작하여 현금을 교부받아 사적인 용도로 사용하여 왔기 때문에,[37] 1997. 1.에 이 사안 횡령행위에 가담하

37) 공동피고인 乙의 횡령액(1995. 1. – 2005. 12. 11년간)은 1심에서는 20,585,452,760원, 2심(확정)에서는 20,635,452,760원으로 확정되었다. 반면, 피고인 甲의 횡령액(1997.

여 무자료거래를 시작한 당시, 즉 비자금 조성단계에서 이미 개인적인 용도로 착복할 목적이 있었다는 사실을 충분히 확인할 수 있다. 따라서 "… 비자금 조성이 대표자의 개인적 목적에 의한 것이 아니라 법인의 운영에 필요한 자금을 조달하는 수단인 경우라면 '섬유제품' 소유자인 ××산업의 이익에는 반하지 않으므로, 앞서 본 법리에 따라 특별한 사정이 없는 한 '섬유제품'에 대한 불법영득의사는 인정하기 어렵다."고 하는 설시 이유는 인정하기 어려운 면이 있다.

(2) 종래의 비자금 판결에 천착한 오해

설사 비자금 조성단계에서 '특별한 사정'이 없어서 '섬유제품'에 대한 불법영득의사는 인정하기 어렵다는 점을 긍정한다고 하더라도, 섬유제품의 판매대금이 비밀리에 현금으로 원심공동피고인 乙에게 전달된 때 또는 전달된 대금이 개인적인 목적으로 소비된 때 비로소 그 '판매대금'에 대한 영득의사가 외부에 표현된 것으로 볼 수 있어, 이 사건 횡령행위의 객체는 '섬유제품'이 아니라 섬유제품의 '판매대금'이라고 보는 것도 문제가 있다.

[그림 2]에서 보는 바와 같이, 횡령행위가 일련의 거래과정을 거쳐 일어난 경우 시간적 흐름에 따라 비자금 조성단계와 사용단계로 나누고, 후자단계에서 비로소 영득의사가 외부에 표현된 것으로 볼 수 있

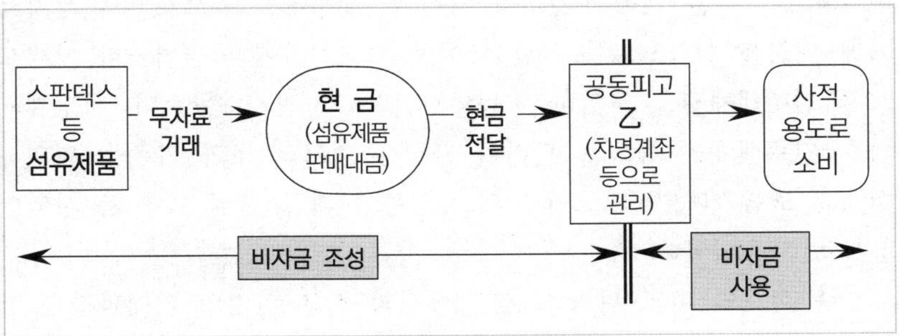

[그림 2] 비자금 조성 및 사용과정

1. – 2005. 12. 9년간)은 1심에서는 20,585,452,760원, 2심에서는 20,635,452,760원으로 유죄판결을 받았다.

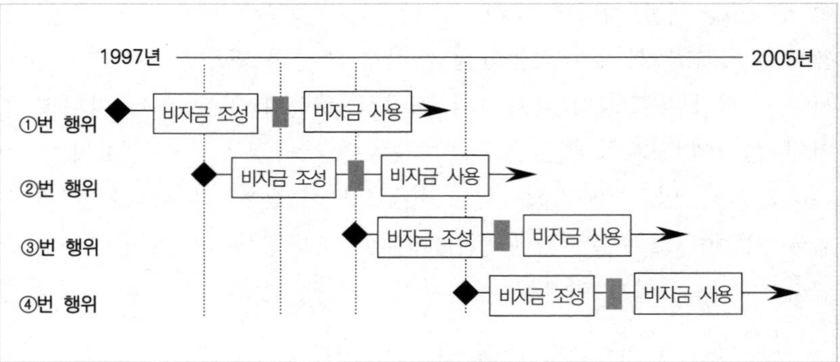

[그림 3] 일련의 행위과정의 중복

기 때문에 횡령행위의 객체는 '섬유제품'이 아니라 섬유제품의 '판매대금'이라는 논리 구성은 이론상 문제가 없는 것으로 보인다.

그러나 피고인 甲의 "제품의 무자료 거래 → 그 판매대금의 사적 소비행위"로 이어지는 일련의 횡령행위는 1997. 1.부터 2005. 12.까지 9년간에 걸쳐 이루어져 온 연속범(포괄일죄)이다. 이 기간 동안 피고인 甲은 피고인 일가의 재산을 관리하던 A 등으로부터 각 대리점별로 작성된 무자료 거래 내역 집계표를 사내 통신행랑으로 '사장님 친전'이라는 우편물을 통하거나 그 밖의 불상의 방법으로 매월 보고받는 한편, 피고인 乙은 매월 1~2회씩 자신의 집에서 B 등으로부터 무자료 거래 대금을 현금으로 교부받아 이를 차명계좌에 입금하거나 차명으로 국민주택채권을 구입하는 등의 방법으로 관리해왔으며, 차명계좌와 국민주택채권 등으로 관리된 자금은 피고인 甲과 가족들 명의의 일시납 보험 가입과 피고인 甲의 유상증자 대금, 세금 납부 등 사적인 용도로 사용되었다.

즉 피고인 甲의 위의 [그림 2]에서와 같은 일련의 거래과정은 단순한 일회성으로 행위로 끝난 것이 아니라 1997. 1.부터 시차를 달리하여 반복적으로 이루어진 거래과정이었다는 것이다. 다시 말해서 — [그림 3]에서 보는 바와 같이 — ①번 행위 하나만의 일련의 과정을 통해 횡령행위가 이루어진 것이 아니라, 시차를 달리하여 계속하여 ②번, ③번, ④번의 일련 행위가 중복적으로 이루어진 연속범이다.

이러한 맥락 속에서 볼 때, 단순히 ①번 행위 하나만의 일련의 과정만을 가지고 횡령죄의 성립여부(기수여부)와 행위의 객체 확정을 한다는 전제에 선다면, 본 대상판결과 같이 횡령행위의 객체를 비자금 조성단계에 있는 '섬유제품'이 아닌 비자금 서용단계에서 사적 이용을 한 '판매대금'으로 파악하는 것은 일응 타당성을 인정할 수 있다.

그러나 본 사안과 같이 ①~④번 행위가 중복되는 일련의 과정을 거쳐 이루어진 연속범의 경우에 있어서는 횡령죄의 성립여부(기수여부)와 행위의 객체 확정 문제를 위에서와 같이 단순하게 판단할 문제는 아니다. 예를 들어, ①번의 행위와 ④번의 행위만을 가지고 비교해 보면, <①번의 행위에 있어서는> 비자금 조성 단계에서 대법원의 입장과 같이 불법영득의사를 인정할 수 없겠지만, <④번의 행위에 있어서는> 비자금 조성 단계에서 비자금 조성 목적이 — ①번의 행위로 인해 입증되어 — 사적 이용을 위한 것이라는 사실을 명확하게 알 수 있다.

결국, 대상판결은 피고인 甲의 9년간에 걸친 중복된 일련의 행위(연속범)의 각 특성은 고려하지 않은 채, 단지 ①번 행위 하나만의 일련의 과정만을 가지고 횡령죄의 성립여부 및 행위의 객체 확정을 하는 오류를 범한 것으로 생각된다.

대법원의 견해에 따른다면, 연속적인 행위 속에서 2005년 말에 이미 무자료로 거래하기 위하여 빼돌린 섬유제품이 있는 경우(예를 들어, 2005. 11.에 빼돌려 무자료 거래를 하였으나 아직 상대방으로부터 판매대금이 들어오지 않은 경우를 가정해 보면)에 이에 대해서는 형법적으로 어떻게 평가할지도 의문이다.

나. 불법영득의사의 의미와 사실상의 지배

횡령죄에 있어서의 불법영득의 의사는 "타인의 재물을 보관하는 자가 자기 또는 제3자의 이익을 꾀할 목적으로 업무상의 임무에 위배하여 보관하는 타인의 재물을 자기의 소유인 경우와 같이 사실상 또는 법률상 처분하는 의사를 의미하고, 반드시 자기 스스로 영득하여야만 하는 것은 아니다."[38] 이에 대법원은 학교법인 이사장인 피고인이 학교법인이 설치·운영하는 대학의 교비회계자금 및 대학 산학협력단 자금을 횡령하였다는 내용으로 기소된 사안에서, 피고인이 대학과 산학협력단 운영에 직·간접적으로 영향력을 행사하였고, 대학 교비나 산학협력단 자금에 관하여 입출금을 지시하기도 하였던 점 등을 종합할 때 자금에 관하여 사실상 보관자의 지위에 있었다고 인정하였다.[39]

이러한 점에서 볼 때, 본 대상판결이 "판매된 섬유제품이 무자료 거래 과정에서 ××산업과 무관한 피고인 甲 등의 개인적 지배범위 안에 놓인 사실이 없다."고 한 점은 매우 형식논리에 입각한 기술이라 생각된다. ××산업 울산공장 직원들에 의해 무자료 거래 제품을 제조하여 공장에서 출고된 후 대리점에 판매하고 각 대리점별 무자료 거래내역 집계표를 매월 작성되어 피고인 甲에게 보고되고 있었기 때문에 피고인 甲 등의 사실상의 개인적 지배범위 내에 있었다고 볼 여지도 충분하다 할 수 있을 것이다.

다. 이익의 취득과 기수

횡령행위란, 통설·판례에 따르면, 객관적으로 인식할 수 있는 방법으로 재물에 대한 불법영득의 의사를 표현하는 행위를 말한다. 단순한 내심의 의사결정만으로는 부족하고 불법영득의 의사가 외부에 표현되어야 한다.[40] 이러한 맥락에서 횡령죄의 기수시기에 대한 논의에서 ― 상술한 바와 같이 ― 표현설이 다수설 및 판례의 입장기도 하다.

그런데 대상판례가 "피고인 甲 등이 '섬유제품' 자체를 횡령한 것으로 본다면, 무자료 거래의 상대방이 대금을 지급하지 않거나 대금을

38) 대법원 2000. 12. 27. 선고 2000도4005 판결; 대법원 2009. 2. 26. 선고 2007도4784 판결 등.

39) 대법원 2011. 10. 13. 2009도13751 판결.

40) 김성돈, 앞의 책, 410면 등 참조.

지급하기 전에도 '섬유제품'에 대한 횡령죄가 기수에 이르렀다고 보아야 하는데, 이 경우 피고인 甲 자신은 아무런 이익도 취득하지 않으면서 섬유제품을 횡령한 것이라는 불합리한 결론에 이르게 된다."고 하는 설시는 받아들이기 어려운 내용이라 생각된다.

"피고인 甲 등이 섬유제품 자체를 횡령한 것으로 본다면" 이라는 전제에 선다면, 무자료 거래의 상대방이 대금을 지급하지 않거나 대금을 지급하기 전이라 할지라도 그 내용은 횡령죄 성립에 영향을 줄 수 없으며, 피고인 甲이 반드시 '이익'을 취해야 횡령죄의 기수가 성립하는 것은 아니기 때문이다.

Ⅳ. 결 론

본 대상판결은 횡령행위가 여러 단계의 일련의 거래 과정을 거쳐 이루어지는 경우 횡령죄의 객체를 확정하는 기준을 처음으로 제시하고 있다는 점에서 그 의의가 있다. 기업의 회장인 피고인 甲이 제품을 정상적인 거래가 아닌 무자료로 대리점에 판매한 후 그 판매대금을 현금으로 전달받는 방법으로 비자금을 조성해 관리해 오면서 그 조성된 비자금을 사적으로 사용하여 횡령한 사안에서, 피고인 甲의 행위를 ① 회사에서 생산하는 섬유제품을 빼돌려 무자료 거래를 통해 판매한 행위와 ② 그 판매대금을 보관하다가 사적 용도로 사용한 행위로 구분하여, 후자의 행위를 횡령으로 보았다. 즉 횡령행위의 객체는 '섬유제품'이 아니라 섬유제품의 '판매대금'(현금)이라고 본 것이다. 이는 비자금과 관련하여 그 불법영득의사의 인정여부는 비자금 조성 또는 사용의 목적의 내용(회사의 이익/사적 이익)에 따라 결정되며 횡령죄의 기수시기는 이러한 불법영득의사가 실현 또는 표현되었는지 여부에 따라 결정된다고 하는 대법원의 종래 입장에 기반한 것으로서, 횡령죄의 성립요건을 엄격하게 해석하여 범죄성립의 확장을 경계하고 있다는 점에서 일응 그 타당성을 인정할 수 있을 듯하다.

그러나 대상판결은 종래의 비자금 판결에 단순하게 천착한 나머지 비자금 조성단계에서의 법인을 위한 목적이 아닌 행위자 자신의 이익을 위한 목적을 인정할 만한 특별한 사정에 대한 신중한 검토를 도외시하였을 뿐만 아니라 피고인 甲의 9년간에 걸친 중복·연속된 일련의 행위(연속범)의 각 특성은 고려하지 않은 채 단지 '하나만의 일련의 과정'만을 상정하고 횡령죄의 성립여부 및 행위의 객체 확정을 하는 오류를 범한 것으로 생각된다.

비자금 관련 횡령사건에서는 상술한 바와 같은 판례의 입장에 터 잡아 피고인들은 비자금을 회사나 단체의 이익을 위하여 조성 및 사용한 것이라는 주장을 하며 혐의를 부인하는 경우가 많고, 비자금 조성 사실만 밝혀지고 비자금 사용처가 명확히 밝혀지지 않은 경우에는 그 혐의 입증에도 상당한 어려움이 있다. 이러한 비자금에 대한 법원의 태도는 비자금 사건의 지속적인 발생에 영향을 주는 한 요인이라 할 수도 있을 것이다.

비자금은 그 조성단계부터 매우 적발하기 어려운 불법적인 방법이 사용되고 있고 그 보관 및 사용의 단계까지도 매우 은밀하게 이루어지고 있다. 따라서 비자금 억제를 위해서는 비자금 조성 및 사용에 대한 보다 엄격한 법적용도 다시 한번 고민해 보아야 할 것으로 생각된다.

[주 제 어]

비자금, 횡령죄, 불법영득의사, 기수시기, 횡령죄 객체

[Key Words]

Schwarzes Konto, Unterschlagung, Absicht rechtswidriger Zueignung, Zeitpunkt der Vollendung, Tatobjekt einer Unterschlagung

접수일자: 2017. 5. 10. 심사일자: 2017. 6. 1. 게재확정일자: 2017. 6. 5.

[참고문헌]

김성돈, 형법각론, 2016.

김성천/김현준, 형법각론(제4판), 2014.

김일수/서보학, 형법각론(제7판), 2007.

박상기, 형법각론(제8판), 2011.

배종대, 형법각론(제9전정판), 2015.

서명수, "법인의 비자금과 횡령죄", 형사재판의 제문제 [제3권], 형사실무연구회, 2000.

서상문, "기업의 비자금 조성 및 사용에 대한 형사책임", 법학논문집 제35집 제3호(중앙대 법학연구원), 2011.

손동권, 형법각론, 2010.

안경옥, "비자금 조성행위 형사처벌에 대한 한·독 판례 비교 및 검토", 형사법의 신동향 제41호(2013. 12).

오영근, 형법각론(제3판), 2014.

이재상, 형법각론(제9판), 2013.

임 웅, 형법각론(제5판), 2013.

정성근/박광민, 형법각론, 2013.

정웅석, 형법강의, 2005.

[Zusammenfassung]

Schwarzes Konto und Tatobjekt einer Unterschlagung

Lee, Cheon-Hyun*

Das Urteil ist von großer Bedeutung, da durch die Entscheidung einen Maßstab, mit dem Tatobjekt einer Unterschlagung ausführlich festgelegt werden kann, erstmals aufgezeigt wurde. Im vorliegenden Fall hat der Angeklagte, der Vorsitzender des Unternehmens ist, einerseits ein schwarzes Konto geschaffen und verwaltet, indem Ware des Unternehmen ohne authentische Unterlagen verkauft wurde. Andererseits wendete er den illegalen erworbenen Betrag zum Zweck seines eigenen Interesses auf.

Das Gericht entschied, dass sich die Bildung des schwarzen Kontos von seiner Aufwendung des Geldbetrags unterscheiden und die letztere Tat als die Unterschlagung betrachtet werden muss. In diesem Zusammenhang ist das Tatobjekt der Unterschlagung nicht die Ware mit sich, sondern der Preis des Verkaufs.

Dies Urteil basiert auf die bestehende Entscheidung des Obersten Gerichtshofs. Nämlich sei die sog. „Absicht rechtswidriger Zueignung" von der subjektiven Vorhaben des Täters abhängig. Ferner sollte es berücksichtigt werden, um die Zeitpunkt der Vollendung der Unterschlagung zu bestimmen, ob diese Absicht rechtswidriger Zuneigung verwirklicht oder vom Täter dargestellt wurde. In diesem Zusammenhang kann das Urteil einerseits berechtigt, da die Voraussetzung der Unterschlagung strikt verstanden wurde und durch diese strikte Auslegung eine Erweiterungsmöglichkeit der Strafbarkeit vermieden werden konnte.

Jedoch ist das Urteil problematisch, da es den eigenartigen Umstand sowie Besonderheiten des vom Täter während 9 Jahre wiederholt begangenen

* Senior Research Fellow in KIC, Ph.D in Law.

Verbrechens übergangen hat. Im Fall der Unterschlagung, die insbesondere mit dem schwarzen Konto verbunden ist, ist es schwer, die Tatverdacht zu beweisen. Zunächst ist Verwendungszweck des geheimen Fonds schwierig nachzuweisen. Darüber hinaus steht es noch schwerlich zu erweisen, sofern die „Absicht rechtswidriger Zueignung" von Täter nicht ausführlich verwirklicht oder zum Ausdruck gekommen wurde. Nämlich könnte der Täter behaupten, dass das Konto nicht für sein eigenes Interesse, sondern zum Zweck von Geschäften seines Unternehmens aufgewendet wird. Daher muss diese schwache Stelle der Praxis mit Rücksicht auf Besonderheiten des einzelnen Falls bewältigt werden.

위조(僞造)와 복사(複寫)*

김 성 룡**

[대상 판결] 대법원 2016. 7. 14. 선고 2016도2081 판결

[제1심][1)]

무죄 부분(피고인 황○○)

1. 공소사실의 요지

피고인은 2014. 12. 17.경 위 ××× 법률사무소 사무실에서, 위 법률사무소 소속 변호사인 김NN을 통해 소개받은 김○○으로부터 김××이 저작권자로 등록되어 있는 '로즈의 회초리' 등 80여 편의 체벌 동영상이 네이버 등 인터넷 포털 사이트 카페에 유포되어 저작권이 침해되는 피해를 입었다는 상담을 받아 저작권법위반 고소대리 위임을 받은 후, 2015. 1.경부터 위 법률사무소 소속 변호사인 김NN 및 신○○을 통해 김○○으로부터 관련 저작권 침해 캡처자료를 이메일로 건네받아 위 체벌 동영상을 인터넷 포털 사이트 카페에 게시한 인터넷 사용자에 대하여 저작권법위반으로 고소를 하여 왔는바, 피고인은 2015. 3. 18.경 김○○으로부터 위 체벌 동영상을 네이버 카페에 게재

* 이 글은 제291회 형사판례연구회(2016. 11. 7.)의 발표문을 수정한 것임.

** 경북대학교 법학전문대학원 교수, 법학박사.

1) 의정부지방법원 2015. 10. 27. 선고 2015고단2144 판결.

한 네이버 ID 사용자 30명에 대한 캡처자료를 건네받아 수사기관에 위 30명에 대하여 각 사용자마다 고소장을 별도로 작성한 후, 서울지방변호사회 발행의 경유증표를 각 부착한 고소위임장을 첨부하여 이를 수사기관에 제출하기로 마음먹었다.

피고인 황○○은 피고인이 소속된 서울지방변호사회에서 제정한 수임사건경유업무운영규정 등에 의거 개별 사건마다 고소장을 제출할 경우 위 고소장에 첨부되는 각 고소위임장마다 경유증표 원본을 부착한 후 7일 이내에 고소인과 피고소인 인적사항 등 사건내역을 서울지방변호사회에서 구축한 경유업무프로그램에 전산 입력하여야 함에도 불구하고, 1장당 12,000원인 경유증표의 구입비용이 과다하게 지출되고 수임사건 수가 공개되어 그 내역이 법조윤리협의회나 관할 세무서에 통보되는 등의 문제를 피하고자, 2015. 3. 19.경 위 사무실에서, 행사할 목적으로 권한 없이, 김민영 및 신아람을 통해 경유증표 1장당 12,000원을 납부하여 서울지방변호사회로부터 구입한 고유번호 15001-48852인 경유증표 및 고유번호 15001-48853인 경유증표에 그 작성일자를 2015. 3. 19.로 기재하고 위 30명에 대한 저작권법위반 고소사건의 고소위임장 2장에 위 경유증표를 부착한 후 30장을 칼라 복사하는 방법으로 소속 지방변호사회를 경유하였다는 사실증명에 관한 사문서인 서울지방변호사회 명의 경유증표를 위조한 후 같은 달 26.경 그 정을 모르는 의정부지방검찰청 사건과 성명불상 직원에게 제출하여 이를 행사하였다.

2. 판 단

가. 경유증표 관련 규정

○ 변호사법
제29조(변호인선임서 등의 지방변호사회 경유)
변호사는 법률사건이나 법률사무에 관한 변호인선임서 또는 위임장 등을 공공기관에 제출할 때에는 사전에 소속 지방변호사회를 경유하여야 한다. 다만, 사전에 경유할 수 없는 급박한 사정이 있는 경우에는 변호인선임서나 위임장 등을 제출한 후 지체 없이 공공기관에 소속 지방변호사회의 경유확인서를 제출하여야 한다.
○ 수임사건경유업무운영규정(서울지방변호사회 제정)
제5조(경유증표의 사용방법 및 반환방법)
① 경유증표는 소송위임장 또는 변호인선임서에 부착하여야 한다.
제7조(경유증표 사용과 그 내역신고)
① 회원은 경유사건의 소송위임장 및 변호인선임서에 미리 구입한 경유증표를 부착하여 법원, 수사기관 기타 공공기관 등에 제출하여야 한다.
② 경유증표를 부착·사용한 경우에는 특별한 사유가 없는 한 그 사용일로부터 7일 이내에 그 사용내역을 이 회 홈페이지 경유업무프로그램에 입력·신고하여야 한다.
제8조(경유사건 수의 계산)
① 회원이 1개의 사건을 수임하면 경유사건 수를 1개로 보는 것을 원칙으로 하고 <이하 생략>
③ 형사사건에서 당사자가 수인일 때 변호인선임서를 당사자 수에 따라 각각 경유·제출하는 경우에는 경유사건 수를 당사자 1명당 1건으로 본다.

나. 판 단

기록 등에 의하면, ① 피고인이 김ZZ(본명 김○○)와 위 체벌 동영상에 관한 저작권법위반 고소대리 위임계약을 체결한 사실, ② 피고인이 '사건: 저작권법위반, 당사자: 고소인 - 김××, 피고소인 - 네이버ID tjrdnjssla06, tjrdls4922 등, 수임인: 변호사 황○○, 김NN, 신○○, 위임인: 김××'이라고 기재된 고소위임장에 서울지방변호사회에서 발행한 고유번호 15001-48852인 경유증표를 부착하여 20부 칼라 복사한 후 의정부지방검찰청에 피고소인별로 20건의 고소장을 접수하면서 이를 함께 제출한 사실(의정부지방검찰청 2015형제15446 내지 15456, 15458, 15459, 15463, 15464, 15466, 15467, 15474 내지 15476호), ③ 피고인이 '사건: 저작권법위반, 당사자: 고소인 - 김××, 피고소인 - 네이버ID mini1250, mdskim2000 등, 수임인: 변호사 황○○, 김NN, 신○○, 위임인: 김××'이라고 기재된 고소위임장에 서울지방변호사회에서 발행한 고유번호 15001-48853인 경유증표를 부착하여 10부 칼라 복사한 후 의정부지방검찰청에 피고소인별로 10건의 고소장을 접수하면서 이를 함께 제출한 사실(의정부지방검찰청 2015형제15460 내지 15462, 15465, 15468 내지 15473호)을 인정할 수 있다.

살피건대, ① 피고인은 피고소인을 수백 명으로 하여 고소위임장을 작성하고 여기에 서울지방변호사회에서 발행한 경유증표를 부착한 후 관할구역 내에 거주하지 않는 일부 피고소인들에 대한 사건의 이송, 이첩 등 수사의 편의를 위해 피고소인별로 각각 고소장을 접수하면서 위 고소위임장을 칼라 복사하여 이를 함께 제출하였는바, 위 고소위임장에 부착된 경유증표는 피고소인을 수백 명으로 하여 위임받은 고소대리 사건에 관하여 서울지방변호사회를 경유하였다는 의미이고, 문서를 칼라 복사 등의 기계적인 방법에 의하여 복사한 사본은 문서원본의 외관과 의식내용을 원본 그대로 재현한 것으로서 복사과정에서 의도적인 조작을 가하지 않는 한 원본의 외관과 의식내용을 그대로 타인에게 전달하는 기능을 가지고 있으므로, 위와 같이 경유증표가 부착된 고소위임장을 칼라 복사한 행위가 기존 경유증표의 본질적 또는 중요 부분에 변경을 가하여 새로운 증명력을 가지는 별개의 경유증표를 작성한 경우에 해당한다고 보기는 어려운 점(이러한 점에서 경유증표 자체만을 칼라 복사한 경우와는 구별된다), ② 사문서위조죄는 그 명의자가 진정으로 작성한 문서로 볼 수 있을 정도의 형식과 외관을 갖추어 일반인이 명의자의 진정한 사문서로 오신하기에 충분한 정도이어야 하고, 일반인이 명의자의 진정한 사문서로 오신하기에 충분한 정도인지 여부는 문서의 형식과 외관은 물론 문서의 작성 경위, 종류, 내용 및 거래에 있어서 그 문서가 가지는 기능 등 여러 가지 사정을 종합하여 판단하여야 하는데(대법원 2011. 2. 10. 선고 2010도8361 판결 참조), 이 사건의 경우 위 경유증표가 고소위임장과 일체가 되어 결합문서로서 함께 칼라 복사되었다는 것을 육안으로도 쉽게 확인할 수 있고, 피고인이 동일한 이유로 유사사건에서 경유증표의 보완을 요구받기도 한 점 등에 비추어 보면, 위 경유증표 사본이 서울지방변호사회가 작성한 문서로 볼 수 있을 정도의 형식과 외관을 갖추어 일반인이 진정한 사문서로 오신하기에 충분한 정도에 이르렀다고 보기는 어려운 점, ③ 이 사건의 전체 진행 경과에 피고인이 그 후 서울지방변호사회로부터 새로운 경유증표를 구입하여 흠결을 보정한 사실까지 보태어 보면 피고인에게 경유증표를 위조한다는 인식과 의사가 있었다고 단정하기도 어려운 점 등을 종합하여 보면, 검사가 제출한 증거만으로는 피고인이 행사할 목적으로 경유증표를 위조하였다고 인정하기에 부족하고, 달리 이를 인정할 증거가 없다.

3. 결 론

그렇다면, 피고인 황○○에 대한 사문서위조 및 이를 전제로 한 위조사문서행사의 점은 범죄의 증명이 없는 경우에 해당하므로, 형사소송법 제325조 후단에 의하여 무죄를 선고한다(위 피고인이 동의하지 않아 무죄판결공시 취지의 선고를 하지는 않는다).

[원심][2)]

항소심은 황○○에 대한 무죄부분을 파기하고 벌금 200만원에 처하면서 다음과 같이 유죄취지를 밝혔다.

나) 검사의 법리오해 주장에 관한 당심의 판단

(1) 먼저, 원심이 적법하게 채택·조사한 증거에 의하면, ① 피고인이 변호사로서 김ZZ(본명 김○○)와 위 체벌 동영상에 관한 저작권법위반 고소대리 위임계약을 체결한 사실, ② 피고인이 '사건: 저작권법위반, 당사자: 고소인 - 김××, 피고소인 - 네이버ID tjrdnjssla06, tjrdls4922 등,

2) 의정부지방법원 2016. 1. 15. 선고 2015노2954 판결.

수임인: 변호사 황○○, 김NN, 신○○, 위임인: 김××'이라고 기재된 고소위임장에 서울지방변호사회에서 발행한 고유번호 15001-48852인 경유증표를 부착하여 20부 컬러 복사한 후 의정부지방검찰청에 피고소인별로 20건의 고소장(원심판시 별지 범죄일람표 연번 579 내지 598)을 접수하면서 이를 함께 제출한 사실(의정부지방검찰청 2015형제15446 내지 15456, 15458, 15459, 15463, 15464, 15466, 15467, 15474, 15475, 15476호), ③ 피고인이 '사건: 저작권법위반, 당사자: 고소인 - 김××, 피고소인 - 네이버ID mini1250, mdskim2000 등, 수임인: 변호사 황○○, 김NN, 신○○, 위임인: 김××'이라고 기재된 고소위임장에 서울지방변호사회에서 발행한 고유번호 15001-48853인 경유증표를 부착하여 10부 컬러 복사한 후 의정부지방검찰청에 피고소인별로 10건의 고소장(원심판시 별지 범죄일람표 연번 321 내지 330)을 접수하면서 이를 함께 제출한 사실(의정부지방검찰청 2015형제15460, 15461, 15462, 15465, 15468 내지 15473호), ④ 피고인은 서울지방변호사회의 보정권고에 따라 2014. 4.~5.경 경유증표 1,000여 장(1장당 12,000원)을 구입하여 흠결을 보정하고 서울지방변호사회의 전산업무시스템에 각 고소사건의 내역을 입력한 사실이 인정된다.

(2) 전자복사기, 사진기, 모사전송기 등을 사용하여 기계적인 방법에 의하여 원본을 복사한 문서인 이른바 '복사문서'는 문서원본과 동일한 의미를 가지는 문서로서 비록 사본이라 하더라도 문서위조죄 및 동행사죄의 객체인 문서에 해당하는바(형법 제237조의2 참조), 위 인정사실과 더불어 다음과 같은 사정들, 즉 ㉠ 형법 제231조 소정의 사문서위조죄에서 '위조'란 작성권한 없는 자가 타인명의를 모용하여 문서를 작성하는 것을 말하는바, 서울지방변호사회를 경유하였다는 사실증명에 관한 사문서인 서울지방변호사회 명의의 경유증표를 작성할 권한 없는 피고인으로서는 관련 규정에 따라 피고소인별 각 고소사건의 고소위임장에 경유증표 원본을 부착·제출하여야 함에도 피고소인별 각각의 고소장을 개별적으로 내면서 당초 고소위임장과 그에 첨부된 경유증표를 함께 컬러 복사하여 그 경유증표 사본이 인쇄된 고소위임장

을 제출한 행위는 그 자체로 공공의 신용을 해할 우려가 있는 새로운 증명력을 가지는 별개의 문서사본을 창출하는 것으로서 이러한 경유증표 사본은 형법 제237조의2에서 말하는 '복사한 문서'에 해당하고, 이를 위조 및 행사하는 행위는 사문서위조죄 및 동행사죄에 해당한다고 봄이 타당한 점, ㉡ 피고인이 전자복사기로 컬러 복사한 이 사건 경유증표 사본의 외관과 형식, 내용과 취지, 그 작출경위, 그리고 변호사 사무실의 전문용지로 인쇄된 고소장 원본의 말미에 첨부된 고소위임장과 일체로 컬러 복사된 형상과 색채감(고소장 본문 하단에는 사무소 명칭과 연락처, 주소 등이 적색으로 인쇄되어 있고, 고소위임장 말미 경유증표란 좌측 위임인의 인영도 원본의 형상 그대로 컬러 복사되어 있다) 등을 전체적으로 살펴보면, 비록 이 사건 경유증표가 고소위임장과 일체로 복사되어 있기는 하나, 마치 30건의 개별적인 고소사건에 관한 정상적인 경유절차를 각각 거친 것처럼 경유증표 원본의 외관과 형태를 사실대로 재현하여 그 원본 문서의 형상과 내용을 인식할 수 있도록 하는 상태를 작출함으로써 일반인이 서울지방변호사회 명의의 진정한 문서로 오신하기에 충분한 것으로 보이는 점(외견상 이 사건 경유증표 사본 부분은 고소장 원본 말미에 첨부된 고소위임장의 위임인 인영 부분과 함께 원본 그 자체로 혼동할 여지가 다분하고 달리 일반인이나 그 제출 상대방이 주의깊게 검토·확인하지 않는 이상 단순한 복사본으로 손쉽게 가늠할 것이라고 예상하기는 어렵다), ㉢ 피고인의 변호사 경력, 고소장과 고소위임장의 작성·제출경위 등에 비추어, 피고인이 경유사건 건수에 관한 관련 규정의 해석상 착오를 일으키고 고소기간 만료일에 임박하여 수사편의 제공을 위해서 고소위임장에 첨부된 경유증표를 함께 컬러 복사하여 제출하게 되었다 하더라도 그러한 사정만으로 자신의 행위가 법령에 저촉되지 않는 것으로 오인함에 정당한 사유가 있는 경우에 해당한다거나 피고인에게 범의가 없었다고 볼 수는 없고, 그동안 이와 같은 업무처리 방식의 관행에 별다른 시정조치가 없었다는 사정만으로 달리 볼 것도 아닌 점, ㉣ (a) 고소사건의 동일성 여부

(피고소인별 사건을 다수 공범자들의 동일사건으로 보기는 어렵다), (b) 고소위임장의 형식과 제출방식(당사자란에 상당수의 피고소인별 네이버 아이디가 기재되어 있을 뿐만 아니라 피고소인별 고소장을 각각 개별적으로 작성·제출하였다), (c) 고소대리 위임계약상 성공보수약정(피고소인별 개별사건 합의금의 25~30% 상당액을 성공보수금으로 분배받기로 약정하였다), (d) 경유업무프로그램의 입력방식(경유증표 구입 후 7일 내에 입력하도록 되어 있는 경유업무프로그램에 '사건번호, 위임인, 상대방 등'의 입력란이 마련되어 있다), (e) 제출 이후 정황(경유증표를 부착·사용한 후 7일 내에 사용내역을 서울지방변호사회 홈페이지 경유업무프로그램에 전산 입력·신고하도록 되어 있음에도 그 사용내역을 제대로 입력·신고하지 않았다), (f) 경유사건 및 경유증표에 관한 관련 규정의 내용과 제도적 취지, (g) 피고인의 검찰 제2회 진술내용('고소기간 만료일이 2015. 3.말경으로 경유증표 원본을 모두 구입하여 이를 고소위임장에 각각 부착하기에는 시간적으로 빠듯했다. 고소기간 도과를 우려하여 네이버 또는 다음 아이디 사용자를 20~30명씩 묶어 전국 각 수사기관에 고소하게 되었다. 별도로 고소장 분리기준이나 접수처 선정기준이 없었고 우선 고소장을 접수시키는 것이 목적이었다.'는 취지) 등에 비추어, 피고인 역시 이 사건 범행 당시 피고소인별 고소사건을 각각 1건의 경유사건으로 인식하고 있었을 개연성이 상당한 점, ⓜ 저작권법위반, 명예훼손 등에 관한 무분별한 고소·고발의 남용이 속칭 '합의금 장사'로 폄하되면서 사회적 문제로 부각되는 상황하에서, 피고소인별 개별사건의 1건당 합의금의 일정액을 성공보수금으로 분배받기로 약정한 피고인이 과세자료, 법조윤리협의회 통보 등과 직결되는 수임사건의 수를 대폭 축소시킬 의도로 소속 직원이나 고용변호사로 하여금 경유증표 원본이 아닌 임의로 컬러 복사한 경유증표가 부착된 고소위임장 사본을 각 고소사건에 개별적으로 제출하도록 지시함으로써 이 사건 범행에 이른 것으로 보이고, 그렇다면 적어도 피고인에게 미필적으로나마 이 사건 경유증표를 위조·행사한다는 인식이 있었다고 봄이 타당한 점 등을 종합하면, 피고인이

공소사실 기재와 같은 경위로 사문서위조 및 위조사문서행사 범행을 저지른 사실을 넉넉히 인정할 수 있다.

[대법원][3)]

1. 문서위조죄에 관한 법리오해 주장에 관하여

가. 문서위조 및 동행사죄의 보호법익은 문서에 대한 공공의 신용이므로 '문서가 원본인지 여부'가 중요한 거래에 있어서 문서의 사본을 진정한 원본인 것처럼 행사할 목적으로 다른 조작을 가함이 없이 문서의 원본을 그대로 컬러복사기로 복사한 후 위와 같이 복사한 문서의 사본을 원본인 것처럼 행사한 행위는 사문서위조죄 및 동행사죄에 해당한다.

또한 사문서위조죄는 그 명의자가 진정으로 작성한 문서로 볼 수 있을 정도의 형식과 외관을 갖추어 일반인이 명의자의 진정한 사문서로 오신하기에 충분한 정도이면 성립한다.

나. 원심이 인정한 사실관계와 기록에 나타난 각 고소위임장 및 거기에 첨부되어 있거나 또는 고소위임장과 일체로 복사되어 있는 서울지방변호사회 명의의 경유증표의 기재 및 형상을 앞서 본 법리에 비추어 살펴보면, 서울지방변호사회가 발급한 경유증표는 해당 증표가 첨부된 변호사선임서 등이 서울지방변호사회를 경유하였고, 소정의 경유회비를 납부하였음을 확인하는 문서이므로 **법원, 수사기관 또는 공공기관에 이를 제출할 때에는 그 원본을 제출하여야 하고, 그 사본으로 원본에 갈음할 수 없다고 할 것임에도**, 피고인이 의뢰인으로부터 대량의 저작권법 위반의 형사고소 사건을 위임받은 후 네이버 아이디(ID) 불상의 피고소인 30명을 각 형사고소하기 위하여 20건 또는 10건의 고소장을 개별적으로 수사관서에 제출하면서도 각 하나의 고소위임장에만 서울지방변호사회로부터 발급받은 진정한 경유증표 원본(고

3) 대법원 2016. 7. 14. 선고 2016도2081 판결.

유번호 1 생략, 고유번호 2 생략)을 첨부한 후 이를 일체로 하여 컬러복사기로 20장 또는 10장의 고소위임장(이하 '이 사건 각 고소위임장'이라고 한다)을 각 복사하여 통상 수사관서에 고소장을 접수하면서 고소위임장에 경유증표 원본을 첨부하여 제출하는 것과 유사한 방식으로 위와 같이 고소위임장과 일체로 복사한 경유증표를 고소장에 첨부하여 의정부지방검찰청 수사과에 접수한 것은 사문서위조 및 동행사죄에 해당한다고 보기에 충분하다.

나아가 이 사건 각 고소위임장에 함께 복사되어 있는 서울지방변호사회 명의의 경유증표는 그 원본이 첨부된 고소위임장을 그대로 컬러 복사한 것으로서 일반적으로 문서가 갖추어야 할 형식을 모두 구비하고 있고, 이를 주의 깊게 관찰하지 아니하면 그것이 원본이 아니라 복사본임을 알아차리기가 어려울 정도이므로, 일반인이 그 명의자의 진정한 사문서로 오신하기에 충분한 정도의 형식과 외관을 갖추었다고 판단된다.

따라서 원심판결 이유에 다소 적절하지 아니한 점이 있기는 하나, 원심이 피고인에 대한 이 사건 변경된 공소사실이 모두 인정된다고 하여 이를 무죄로 판단한 제1심판결을 파기하고 유죄를 선고한 것은 정당하고, 거기에 상고이유 주장과 같이 사문서위조 등 죄에 있어서 문서위조에 관한 법리를 오해하거나 죄형법정주의 원칙에 위배되는 등의 잘못이 없다.[4]

4) 대법관 권순일(재판장), 박병대, 박보영(주심), 김신.

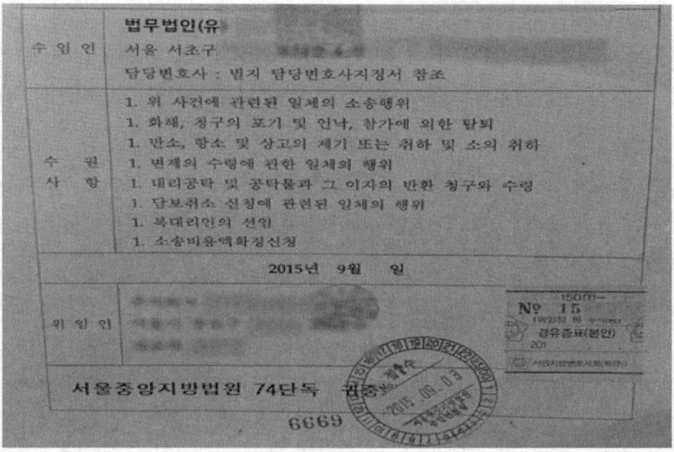

수 임 인	법무법인(유 서울 서초구 담당변호사 : 별지 담당변호사지정서 참조
수 권 사 항	1. 위 사건에 관련된 일체의 소송행위 1. 화해, 청구의 포기 및 인낙, 참가에 의한 탈퇴 1. 반소, 항소 및 상고의 제기 또는 취하 및 소의 취하 1. 변제의 수령에 관한 일체의 행위 1. 대리공탁 및 공탁물과 그 이자의 반환 청구와 수령 1. 담보취소 신청에 관련된 일체의 행위 1. 복대리인의 선임 1. 소송비용액확정신청
2015년 9월 일	
위 임 인	

서울중앙지방법원 74단독 귀중

6669

[경유증표가 부착된 예]

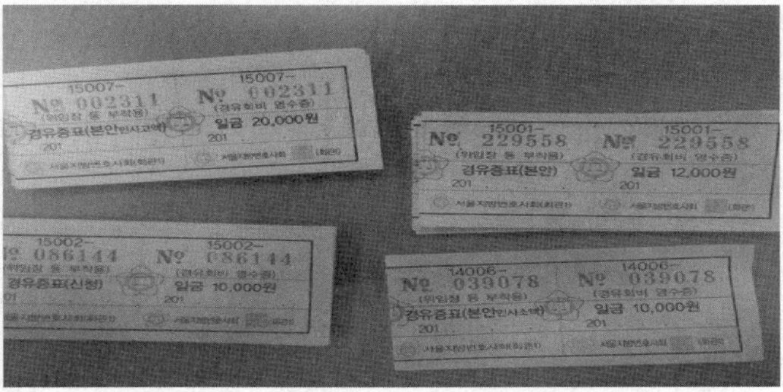

[경유증표(견본)]

[연 구]

Ⅰ. 논의 대상과 검토범위

끊임없는 기술 발달로 인해 문서를 작성하는 것이나 복제하는 것, 전송하거나 보관하는 일들에서도 종래에는 생각지 못했던 방법과 현상들이 새롭게 나타나고 있다. 1980년대 대법원에서 복사문서의 문서성 및 기계적으로 복제된 사본이 위조·변조 및 동행사죄의 대상이 될 수 있을 것인가의 문제가 다루어진 이후, 입법자는 1995년 형법 제237조의2를 신설하여 규범적으로 복사문서도 문서라고 인정해버렸다.[5] 동 조에서는 '전자복사기, 모사전송기' 이외에 '기타 이와 유사한 기기를 사용하여 복사한 문서 또는 도화의 사본'이라고 하여 발전하는 미래의 기술을 염두에 두었지만, 과연 해당 법문이 현재의 문서 작성과 변경 등의 여러 기술들을 모두 포섭할 수 있을지 혹은 모든 복제기술을 복사라고 할 수 있을지는 의문이다. 여하튼 1996년부터 시행된 제237조의2로 인해 복사문서의 문서성이나 원본을 복사하여 이를 이용하는 경우, 이러한 행태가 위·변조죄나 동행사죄에 해당하는가의 논의는 외형상 일단락된 것으로 보이기도 하지만,[6] 한편으로는 제237조의2는 폐지되어야 할 입법적 오류이며,[7] '복사는 위조이다'라는 입법적 조치로 모든 복사가 위조가 될 수는 없다는 비판이 끊이지 않고 있고,[8] 다른 한편으로는 종이라는 물리적 문서에 집착함으로써 화면의 이미지를 변경하는 것과 같은 컴퓨터를 이용한 문서처리·이용이

5) 제237조의2(복사문서등) 이 장의 죄에 있어서 전자복사기, 모사전송기 기타 이와 유사한 기기를 사용하여 복사한 문서 또는 도화의 사본도 문서 또는 도화로 본다.

6) 복사문서의 문서성을 수용하는 것이 학계의 지배적인 생각으로 보인다. 예를 들어 배종대, 형법각론, 제9판(홍문사, 2015), 711면; 오영근, 형법각론, 제2판(박영사 2010), 728면; 김일수, "복사문서도 문서위조 및 동 행사죄의 객체인 문서인가?", 법률구조 1992년 봄호, 23면; 김도언, 사진복사에 의한 문서위조책임, 검찰, 1977년, 155면 이하; 김시진, 복사문서와 문서위조죄의 성부, 검찰, 1988년 제2집, 286면 이하; 김연호, "복사방법에 의한 사본과 문서위조죄", 사법논집 제10집(1979), 562면 등 참조.

7) 예를 들어 이정원, "문서위조 및 동 행사죄의 객체로서의 복사문서? –대법원 1989. 9. 12. 선고, 87도506 전원합의체 판결—", 영남법학 제26호(2008), 151면 이하, 특히 167면 참조.

8) 예를 들어 조 훈, "위조와 복사", 인하대학교 법학연구 제4집(2001), 특히 233면 이하; 하태훈, "복사문서의 문서성", 형사판례연구[1](1993), 198면 이하, 특히 212면 이하.

라는 현실을 제대로 반영하지 못하고 있는 해석론의 고식적인 태도를 지적하는 목소리도 강하다.[9)]

[대상판결]은 이러한 문제를 다시 관심의 대상으로 부각시키고 있다. 동 판결에서 대법원은 ○○지방변호사회에서 사용하는 '경유증표'를 부착한 고소위임장을 여러 장 컬러 복사하여 개별적으로 각각 다른 원본의 진정한 경유증표가 부착된 고소위임장인 것처럼 사용한 피고인의 행위를 "문서가 원본인지 여부가 중요한 거래에 있어서 문서의 사본을 진정한 원본인 것처럼 행사할 목적으로 다른 조작을 가함이 없이 문서의 원본을 그대로 컬러복사기로 복사한 후, 복사한 문서의 사본을 원본인 것처럼 행사한 행위는 사문서위조죄 및 동행사죄에 해당한다"라고 판시했다. 이 글은 이 판결을 계기로 지금까지 대법원의 관련 판례들 중 다양한 행위 유형들을 보여주는 몇 가지 선례를 추려서 비교·검토해보면서, 현행 법률과 대법원의 법률해석을 명확히 해보고, 관련 해석론의 당부를 검토해 보려고 하는 것이다.

따라서 아래에서는 우선 지금까지 대법원의 선례들을 대표적 유형을 중심으로 간략히 정리하고(Ⅱ), 본 평석 [대상판결]의 하급심과 대법원의 판결 요지를 정리한 후(Ⅲ), 관련 해석론에서의 주장과 비교법적 논의도 간략하게나마 검토해보고(Ⅳ), 합당한 법해석의 결론은 무엇인지에 대한 필자의 생각을 제시해 보기로 한다(Ⅴ).

---

9) 예를 들어 최호진, "정보통신기술발전에 따른 형법상 문서개념 변화의 필요성—스캔한 컴퓨터이미지파일을 중심으로—", 형사법연구 제25권 제1호(2013), 209면 이하, 특히 235면에서는 문서의 기능적 측면에서 이미지파일을 문서로 받아들이는 변화가 필요하다고 한다. 노수환, "사회변화에 따른 형법상 문서개념 해석의 한계", 성균관법학 제25권 제4호(2013), 323면 이하, 특히 342-343면에서는 이미지파일을 위조하고, 위조한 이미지 파일을 컴퓨터화면상으로만 인식하게 하는 경우는 현행법에 따를 때 처벌가능성이 없지만, 향후 처벌공백을 막는 것이 바람직하다고 본다.

Ⅱ. 대법원 판결례 유형 분석

1. 개 요

종래의 대법원 입장(아래의 유형 10)을 파기한 1989년 전원합의체 판결(아래의 유형 9e)이후 현재까지 선고된 다양한 공·사문서 위·변조 및 동행사죄에 관한 판결들을 그 유형을 기준으로 대별해보면 [표 1]과 같이 정리할 수 있다.[10]

[표 1] 행위태양에 따른 대법원의 위·변조 및 동행사죄의 인정여부

유형		행위태양		판결번호
1		원본을 복사 (사문서위조)	그 복사본을 원본처럼 사용(위조사문서행사)	2016도 2081
2		원본을 스캐너로 복사하여 컴퓨터 화면에 띄우고, 포토샵을 이용하여 보증금액(10,000,000원)을 지운 사무실전세계약서를 출력한 후, 볼펜으로 공란에 30,000,000원을 기재함(사문서변조; 출력한 문서에 대해 변조한 것)[11]	변조된 전세계약서를 그 정을 모르는 자에게 진정한 것처럼 팩스로 송부 (변조사문서 행사)	2011도 10468
3		예금/신탁잔액증명서 원본을 스캔하여 화면에 띄운 후 포토샵으로 발급일자를 임의로 고쳐 이를 출력함 (사문서변조죄)[12]	출력한 변조된 사문서를 팩스로 송부하여 사용함 (변조사문서행사죄)	2011도 10468
4	a	예금통장의 기장내역의 특정일자 입금자명의를 화이트로 지우고(가리고) 이를 복사함(사문서변조죄)	복사된 사본을 민사소송의 증거자료로 사용함 (변조사문서행사죄)	2010도 14587

10) [표 1]에서 정리된 유형은 대법원 인터넷 홈페이지에서 검색 가능한 사건을 대상으로 정리한 것이다.

	b	타인의 주민등록상의 이름과 사진을 종이로 가려 복사한 후, 다시 컴퓨터를 이용하여 위조하고자 하는 인적사항, 주소, 발급일자를 기재한 후 덮어쓰기를 하여 이를 다시 복사함(공문서위조)[13]		2004도5183
5		타인 명의의 추천서와 경력증명서를 권한 없이 작성한 후, 다른 서류에 찍혀있던 타인의 직인을 칼로 오려내어 풀로 붙인 후 이를 복사함(사문서위조)	관련 협회에 발송함 (위조사문서행사죄)	2010도8361[14]
6		온라인상 전화가입신청서에 타인 명의의 문서를 작성한 후 출력하고 그 서면에 타인의 고객명과 서명란에 허위 기재(사문서 위조)	위조한 전화가입신청서를 스캔한 한 후, 그 이미지를 이메일로 전송하여 화면상 보게 함 (위조사문서 행사)[15]	2008도5200[16]
7		타인의 주민등록증의 주민등록번호와 성명란에 컴퓨터로 출력한 다른 번호와 이름을 오려붙인 후 이를 스캔 하여 복사, 이미지파일을 작성하여 화면에 나타나게 함(무죄, 문서가 아님)[17]	저장한 이미지파일을 이메일로 타인에게 전송, 화면으로 열어봄 (무죄, 문서가 아님)	2007도7480
8		타인의 주민등록증 사본의 사진란에 피고인의 사진을 붙여 이를 복사함(공문서위조)	진정한 주민등록을 복사한 사본인 것처럼 행사 (위조공문서행사죄)	2000도2855
9	a	이미 위조된 사문서를 단순히 다시 복사함(사문서위조)[18]	법원에 제출함 (위조사문서 행사)	96도785 95도2389
	b	공장임대차계약서 위조 후 복사[19]	복사한 계약서 은행에 제출 (위조문서 행사죄)	94도4
	c	공장임대차계약서 위조(작출)	위조계약서 모사전송 (위조문서 행사죄)	
	d	위조한 매매계약서	복사본을 제시	92도22

<table>
<tr><td rowspan="5"></td><td></td><td colspan="2">9매를 전자복사기로 복사[20]</td><td>(위조문서행사죄)</td><td>26</td></tr>
<tr><td rowspan="4">e</td><td colspan="2">위임장 1매 위조(작출)한 후 이를 전자복사</td><td>사본을 피해자에게 제시</td><td rowspan="4">1989. 9. 12. 선고 87도506 전합</td></tr>
<tr><td>다수 의견</td><td>사문서 위조</td><td>위조사문서 행사</td></tr>
<tr><td>이재성 반대 견해</td><td>복사본은 문서가 아니며 복사는 위조가 아니다.</td><td>77도4068 판결유지 주장</td></tr>
<tr><td>이회창 별개 의견</td><td>복사본은 문서로 인정 가능, 복사자체는 위조로 볼 수 없음(사본을 다시 변개한 후 복사하여 사본을 만들어 내는 경우는 위조)</td><td>단순히 복사하여 행사한 경우 "복사방법을 통하여 위조문서원본을 행사한 것" (위조사문서행사죄)

※ 환등기영사, 팩시밀리전송(간접적 위조문서원본 제시한 것)</td></tr>
<tr><td colspan="2">10</td><td colspan="2">기계적인 방법으로 복사한 사본·등본은 인증이 없는 한 문서가 아님</td><td>(폐기된 판결)</td><td>1988. 10. 24. 선고 88도1680</td></tr>
</table>

11) 금액란에 10,000,000원이 기재된 것을 이미지상에서 지운 것은 위조나 변조에 해당되지 않는 것으로 보고 있다.

12) 2011도10468 판결에서는, 화면상으로 내용을 변경한 것은 "컴퓨터화면에 나타나는 이미지는 이미지 파일을 보기 위한 프로그램을 실행할 경우에 그 때마다 전자적 반응을 일으켜 화면에 나타나는 것에 지나지 아니하여 형법상 문서에 관한 죄에 있어서의 '문서'에 해당하지 않는다"는 원심의 판단을 정당하다고 하였고(대법원 2007. 11. 29. 선고 2007도7480 판결 참조), 출력물에 임의 내용을 기재하는 것은 문서를 변조한 것이 분명하다고 보았으나, 이미지상으로 변경한 내용을 출력한 경우에 이것이 변조인지, 보다 구체적으로는 이미지변경이 변조인지(동 판결에서는 변조가 아니라고 보고 있음), 아니면 이를 출력하는 행위가 변조라고 보는 것인지에 대해서는 정확한 입장을 밝히지 않고 있다.

13) 이렇게 탄생한 복사본은 문서위조죄 등의 객체가 되는 문서라고 판시하고 있다.

14) 원심과 대법원은 복사한 문서가 외관이 진정한 사문서로 오신하기에 충분한가에 대해 서로 다른 의견이었다. 대법원은 오신하기에 충분하다고 보아 사문서위조 등의 죄를 인정했다.

15) 제1심은 위조사문서행사죄는 무죄, 원심도 이미지는 문서로 볼 수 없고, 원본

2. 유형별 특징과 대법원의 평가요약

대략적으로 구분한 9개의 사례들은 아래와 같이 요약할 수 있을 것이다.

유형 1은 진정문서 원본을 복사한 후[21] 이를 사용한 것으로 원본의 복사 행위 자체를 위조로 보았고, 위조된 복사본, 즉 원본과 내용이 동일한 복사본을 사용한 것을 위조사문서 행사죄로 처벌한 것이다. 유형 2에서 9까지의 사례에서는 진정문서 원본 자체를 복사한 경우를 위조로 처벌한 경우는 없다는 점에서 대상판결은 지금까지의 해석론에 대한 대법원의 새로운 입장표명의 하나라고 할 수 있다.

유형 2, 3, 4, 그리고 **유형** 7은 이미 존재하는 원본에 일정한 변경을 가한 점에서 동일하지만 변경의 방식과 복사시점 등에서 차이가 있다.

이나 복사한 사본만이 행사의 대상이 될 수 있다고 보아 행사죄를 무죄로 보았으나, 대법원은 위조된 문서를 진정한 문서인 것처럼 사용하는 한 그 행사의 방법은 제한이 없다고 했다. 문서는 출력하여 허위사실을 기재한 신청서 원본을 말하며, 이후의 모든 행위는 그 위조된 문서의 행사로 보고 있다.

16) 김혜경, "문서위조죄에서의 복사와 행사의 개념", 형사판례연구[24](2016), 252면 이하, 특히 280면 이하에서는 공·사전자기록위작·변작죄 및 동행사죄의 성립여부를 물어야 한다고 본다.

17) 제1심은 화면에 나타나도록 한 것이 위조라고 보았고, 이를 이메일로 보내 화면에 띄워 볼 수 있게 한 것을 행사죄로 보았다. 원심과 대법원은 이미지는 문서가 아니라고 보았다.

18) 매도증서에 관한 사문서의 공소시효완성 후 그 위조된 매도증서를 단순히 복사하여 법원에 제출한 사례이다(대법원 1996. 5. 14. 선고 96도785 판결).

19) 복사행위는 후행의 동행사죄의 행위로 포함시키고 있는 듯한 표현을 사용하고 있다(대법원 1994. 3. 22. 선고 94도43 판결).

20) '위조한 매매계약서 9매를 전자복사기로 복사한 문서의 사본을 제시한 피고인 2의 행위를 위조문서행사죄로 인정'했다는 판시에 비추어 앞서 위조가 성립되었으므로 후행의 복사행위를 별도의 위조로 보지 않은 듯하다(대법원 1992. 11. 27. 선고 92도2226 판결).

21) 제1심 판결문에서 지적하고 있듯이 경유증표만을 복사하여 사용한 경우와 경유증표가 붙어 있는 고소위임장 전체를 복사하여 사용한 경우의 차이는 일단 논외로 한다.

유형 2와 유형 3은 원본을 스캔으로 불러 들여 일부를 삭제(유형 2)하거나 변경한(유형 3) 원본 이미지를 컴퓨터로 프린트한 것으로, 이러한 행태가 과연 전형적인 사진복사(photocopy, xerox)라고 할 수 있는지부터 의문이다. 여기서도 전자에서는 이미지 파일에서 일부를 삭제한 행위, 이를 출력한 행위, 출력된 사본에 변경을 가한 세 가지 행위의 의미가 문제되는데, 대법원은 출력한 사본에 허위 내용을 채워 넣은 마지막 행위를 변조로 보고 있는 듯하다. 또한 2 유형은 원본의 일부를 (스캔을 사용하여) 지운 서면을 출력한 후 그 출력된 사본에 허위의 내용을 기재하여 완성한 그 문서를 사용한 경우로, 피고인의 변조행위가 원본을 일부 삭제하고 복사한 서면에 대해 이루어졌다는 점에서 변조의 대상이 된 문서가 원본이 아니라 복사된(?) 사본이라는 점에서 복사본이 문서가 아니라고 본다면 문서변조가 성립할 수 없다는 문제가 있다. 따라서 유형 2에서는 사본이 문서인지 여부가 문제되는 전형적인 제237조의2의 적용사례라고 할 수 있겠다. 물론 그것이 제록스 복사가 아니라 스캔으로 이미지화한 문서를 컴퓨터로 프린트한 것이라는 점에서 단순한 사진복사와는 다르다. 후자(유형 3)의 경우에는 이미지파일 자체를 대상으로 내용을 허위로 변경하고 이를 출력하였고, 출력된 사본에는 임의의 변경을 가하지 않았다. 여기서 만약 대법원의 입장과 같이 (이미지 자체를 문서로 보지 않기 때문에) 이미지파일에 대한 변경 등은 변조가 될 수 없다고 보면 무엇을 변조로 볼 것인가 하는 문제가 제기되고, 결국은 변경을 가한 이미지를 '출력한 행위'를 변조라고 답할 수밖에 없을 것이다. 물론 이미지파일의 내용을 변경하고 이를 출력한 전체를 변조로 보고 있다고 볼 수도 있을 것이다. 원본은 전혀 변경함이 없이 원본의 이미지파일의 일부를 변경 · 출력한 것이 문서변조라고 한다면, 사실상 이미지 파일의 변경을 변조로 보고 있는 것이라고 할 수 밖에 없을 것이다.

유형 4의 경우에는 진정문서의 원본에 일부를 가리고(지우고) 복사한 후 이를 바로 팩스로 송부해 사용하거나(4a), 일부를 가리고 복사한 사본에 다시 허위의 사실을 기재하여 다른 명의의 문서를 만든 후 다시 복사한 경우(4b)이다. 전자는 원본을 변조하는 방법을 일부를 가려 복사하는 것으로 보았고, 후자에서는 무엇이 위조행위인지(가리고 복사, 허위사실기재, 다시 복사한 행위 혹은 이들 행위 모두) 대법원의 입장을 알 수 없으나 새롭게 만들어진 복사문서는 위조의 대상인 공문서라고 밝히고 있다. 4a에서는 일부를 지운 행위와 이를 복사한 행위, 4b에서는 복사문서를 일부 가려 복사하고, 내용에 변경을 가하고, 이를 다시 복사한 것으로 그 3가지 행태 중 어느 것을 변조행위로 보는지 명확하지 않다.

유형 5와 **유형** 6은 피고인이 위조문서를 만들어 내는 과정에 복사와 컴퓨터 출력등의 행위가 포함된 경우이다. 5의 경우에는 위조의 일환으로 이루어진 여러 행위가 복사를 통해 완성된 것으로, 6의 경우에는 온라인상 위조를 시작한 후 아직 완성되지 않은 서면을 출력한 후 그 서면에 허위의 고객명과 서명을 기재함으로써 위조가 완성된 문서가 창출된 경우이다. 여기서는 문서 위·변조의 출발이 진정한 원본문서를 대상으로 한 것이 아니고 하나의 부진정문서를 작출해내는 과정에 복사나 출력 행위가 포함된 것이다.

유형 7에서는 공문서 원본에 다른 내용을 오려붙인 후 이를 스캔하여 그 이미지파일을 화면에 나타나게 했으나 출력을 하지 않았으므로 무죄라고 보았다.

유형 8은 공문서 사본에 일부 조작을 가해 이를 복사하여 행사한 것인데, 사본에 대한 위조가 가능하다는 제237조의2에 해당되는 사안이라고 할 수 있으나, 다른 사진을 붙인 것이 위조인지, 이를 복사한 행위가 위조인지, 둘이 합해져야 비로소 위조가 되는 것이라고 보는지 명확하지 않다.

유형 9는 **유형** 1과 대조적으로 이미 위조된 문서를 복사한 경우도 위조라고 하여 위조된 문서에 아무런 변경없이 단순히 출력한 것도 위조라고 보고 있다. 즉 복사=위조라는 입장으로 보인다.

3. 소 결

대략적인 유형을 구분해 검토해본 결과, 대법원은 진정문서를 복사하건, 이미 위조된 문서를 복사하건, 복사 자체가 위조행위라고 보고 있다. 스캔으로 읽어 컴퓨터에 이미지 파일로 올린 후 그 명의와 내용들을 변경하였더라도 이를 문서로 출력하지 않은 이상 위·변조로 볼 수 없다는 것이고, 그런 이유로 변경된 이미지가 한 번이라도 출력되지 않은 상태에서 타인에게 파일로 전송되었다면 이를 화면상으로 (보거나 출력하여) 보더라도 동행사죄가 될 수 없다는 것이다. 한편, 행사죄를 인정하기 위해서는 그 행사의 원본이 있어야 한다는 것으로 보인다. 원본이 출력되었다면 그 이후에 이를 복사 또는 스캔하여 타인에게 파일로 전송해도 행사의 다양한 방법 중의 하나일 뿐이라고 이해하고 있는 것으로 보인다. 무엇보다 중요한 문제임에도 대법원의 입장을 분명하게 알 수 없는 것은, 예를 들어 유형 4b에서처럼 다양한 행위들이 연속된 경우에 무엇이 위조·변조 행위에 해당하는가이다. 비록 하나의 문서라고 하여 연속된 위조행위를 포괄일죄나 법조경합으로 본다고 하더라도 각 행위의 의미를 명확하게 판단해 주는 것이 필요해 보인다. 이러한 다양한 유형의 문서 위·변조 및 동행사죄의 성립여부판단에서 대법원의 입장이 일관된 기준에 의해 도출되고 있는가를 검토해보는 것도 중요한 작업의 하나가 될 것이나, 여기서는 우선 대상판례가 기존 판례의 흐름에 비추어 볼 때 어떤 특성·의미를 가지고 있는지를 확인해 보는 것에 서술을 제한하기로 한다.

Ⅲ. 대상판결 사안에 대한 각급 법원의 입장

대상판결에 나타난 각급 법원의 입장과 견해차이의 내용이 무엇인지 간략히 본다.

1. 제1심 법원

제1심 법원은 피고인이 고소위임장에 경유증표를 부착한 후 위위임장을 칼라복사한 후, 그 복사본들을 각각의 고소인의 고소위임장으로 사용함으로써 마치 각각의 고소위임장에 별개의 경유증표가 부착된 것처럼 제출한 행위를 무죄 선고하면서, 다음과 같은 이유를 들었다. ① 기존경유증표의 본질적 또는 중요 부분을 변경하여 새로운 증명력을 가진 별개의 경유증표를 작성한 경우에 해당한다고 보기 어렵다, ② 경유증표가 고소위임장과 일체로 결합된 결합문서로서 칼라복사되었다는 것이 쉽게 확인될 수 있다, ③ 경유증표를 위조한다는 인식과 의사가 없다(고의가 없다는 취지). 무엇보다 진정한 원본을 그대로 복사한 것일 뿐이며, 복사본이 독립적인 증명력을 가진 문서는 아니라는 취지(①)가 돋보인다. 본 판결 전의 대법원의 선례에서는 위조한 문서이거나 원본문서를 위조하여 복사 혹은 일부 변경한 후 복사하고 이 복사본을 변조하는 등의 행위를 다루었을 뿐, 원본을 그대로 복사한 경우는 없었다는 점에서 제1심 판사의 해석은 나름대로 대법원의 선례에 따라 일관성을 유지하려한 것으로 보인다. 나아가 앞의 견본에서도 알 수 있듯이 경유증표와 고소위임장은 별개의 종이라고 하면 종이 위에 종이를 붙인 경우와 일체로 컬러 복사된 점, 검찰청 직원에 의해 보정요구를 받은 점에 비추어 일반인이 원본으로 오인할 가능성이 없다는 취지였던 것으로 보인다. 물론 이러한 판단은 원심과 대법원에서는 달리 판단되었다.

2. 제2심 법원

원심법원은 제1심의 무죄부분을 파기하면서 다음과 같은 이유를 제시했다. ① 컬러 복사하여 경유증표사본이 인쇄된 고소장을 제출한 것은 공공이 신용을 해할 우려가 있는 새로운 증명력을 가지는 별개의 문서를 창출(위조)한 것이다. ② 복사된 경유증표 사본은 제237조의 2의 복사한 문서이고, 이를 위조·행사하는 것은 사문서위조·동행사죄이다. ③ 주의 깊게 보지 않으면 오신할 만한 외관을 갖추고 있다. 양 하급심법원들 간의 핵심적인 입장 차이는 (진정한) 원본을 복사한 것이 원본을 본질적 또는 중요한 부분을 변경하여 새로운 증명력을 가진 별개의 문서를 작성(창출·위조)한 것인가와 그 외관이 일반인의 오신을 불러일으킬 만한 것인가에 대한 이해의 차이로 보인다. 전자는 규범적이라면 후자는 사실적인 측면에서 입장을 달리한 판단인 것이다. 과연 대법원은 이를 새로운 증명력을 가지는 별개의 문서를 창출(위조)한 것으로 보는지 그에 관한 판시의 주요 내용은 다음과 같다.

3. 대법원

대법원은 원심 판결의 결론을 지지하면서 다음과 같은 논거를 제시하고 있다. ① '문서가 원본인지 여부가 중요한 거래'에서 문서 사본을 진정한 원본처럼 행사할 목적으로 컬러복사기로 복사하면 사문서위조이다. ② 명의자가 진정으로 작성한 문서로 볼 수 있을 정도의 외관과 형식을 갖추고 있다. 이에 추가하여 대법원은 원심의 판결이유에 다소 적절하지 아니한 점이 있다고 하는데, 그것이 무엇인지는 구체적으로 언급하지 않고 있다. 추정컨대 '새로운 증명력을 가진 별개의 문서를 작출한 것'이 위조가 아니고, '원본이 아닌 사본을 원본처럼 행사할 목적으로 복사한 것이 위조'라고 했어야 한다는 것으로 보인다. 달리 말해 새로운 증명력을 가진 별개의 문서를 창출한 것이 아니라, 문서의 원본을 제시해야 하는 곳에서 문서의 원본이 아닌 사본을 마치 원본처럼 사용했으니, 그가 사용한 문서는 원본인 척 꾸민 사본, 즉 위조문서라는 것으로 보인다.

결론적으로 1심, 2심 그리고 3심이 진정한 원본을 복사하는 행위가 위조인지, 위조라면 어떤 이유로 위조인지에 대해 각각 다른 의견을 가지고 있는 셈이다. 어느 입장이 현행 형법의 태도와 문서위조의 본질에 부합하는 것인지는 아래의 해석론적 검토를 거친 후에 판단해 보기로 한다.

Ⅳ. 해석론

다양한 문제영역에 대한 다수의 스펙트럼을 모두 논급할 수 없는 만큼, 여기서는 복사문서의 문서성을 받아들이는 입장에 대한 국내의 비판·회의적 반론들 중 몇몇 내용을 발췌하여 살펴보기로 한다. 이어서 독일 해석론 중 참고할 만한 몇 가지 내용을 소개하기로 한다.

1. 국 내

(1) 복사본의 기능과 형법이론적 문서개념(타 범죄로의 처벌가능성)

문서 사본이 원본과 동일한 사회적 기능을 가지고 통용된다는 기능적 측면의 형사정책적 고려 외에 그 복사문서가 형법이론적으로 문서의 일반적 개념요소 및 구성요소, 즉 문서의 특성을 가지고 있는가에 대해서 오래 전부터 의문이 제기되어왔다. 설령 복사문서의 문서성을 부정하더라도, 즉 복사문서의 작출과 사용을 문서에 관한 죄로 처벌하지 않더라도, 이를 사용하는 영역이 대부분 재산범죄나 조세범죄이므로 그러한 범죄로 처벌될 수 있다는 것이다.[22]

(2) 복사문서의 문서성(문서의 특성과 문서의 세 가지 기능)

문서는 그 물체에 작성자의 의사 혹은 관념이 표시되어 있고, 계속적 기능, 증명적 기능, 그리고 보장적 기능이 인정되어야 한다. 따라서 복사본에서 사람의 의사나 관념이 표현되어있다고 말할 수 있는지, 법적 거래에서 증명을 위한 것이라는 증명적 기능이나 작성명의인이 누구인지를 확인할 수 있다는 보장적 기능은 인정되는지가 하나의 판

22) 하태훈, 앞의 논문, 205면; 이정원, "문서위조 및 동 행사죄의 객체로서의 복사문서? — 대법원 1989. 9. 12. 선고 87도506 전원합의체 판결 —", 영남법학 제26호(2008), 151면 이하, 154면.

단기준이 될 수 있다.[23] 복사문서의 기능성을 중심으로 법적 거래에서 문서성을 인정해야한다는 입장들에 대해서 과연 복사문서가 원본이 갖고 있는 정도의 확실성과 검토가능성(Nachprüfbarkeit)을 제공하는가에 대한 의문을 가지는 견해는 무엇보다 과연 복사문서를 문서라고 하는 것이 이러한 문서의 기능을 갖추고 있는지, 결국 형법이 지금까지 발전시켜온 문서개념을 포기하는 것은 아닌지 하는 물음을 던진다.[24] 비판적 입장에 따르면 복사본은 원본을 단순히 기계적으로 재현한 것에 불과하므로 원본을 손으로 베껴 쓴 뒤 인증·공증을 받지 않은 필사본과 다를 바 없다는 것이다. 물론 이에 대해 다수 견해는 복사의 경우 옮겨 적는 사람의 의식이 게재될 여지가 없고 기계적으로 재현하는 것이므로 원본을 대하는 것과 같은 감각적 인식을 가진다고 하지만, 주지하다시피 (원본의 일부를 지우거나 가리거나, 다른 문서와 조합한 후에 복사하는 등으로) 인위적인 조작가능성은 복사본의 경우도 배제할 수 없음을 지적한다. 따라서 복사문서는 사람의 의사 혹은 관념의 표시 그 자체라는 문서개념의 구성요소가 결여되어 있다고 지적하는 것이다.[25]

나아가 보장적 기능과 관련해서도 복사문서의 작성명의인은 복사자인데, 복사자가 문서에 나타나지 않는다는 문제가 있고, 판례의 요구와 같이 작성명의인이 명시되지 않았더라도 그 자가 누구인지를 형식과 내용에 의해 알 수 있는 경우로 보기도 어렵다는 것이다. 이런 이유로 복사문서는 형법상 문서개념과 조화될 수 없다고 주장하는 것이다.[26]

또한 아무리 거래관행에서 복사본이 많이 이용된다고 하더라도

---

23) 하태훈, 앞의 논문, 207면.
24) 하태훈, 앞의 논문, 208면.
25) 하태훈, 앞의 논문, 209면.
26) 하태훈, 앞의 논문, 210-211면에서는 당시 형법 개정시안 제318조, 현행 형법 제237조의2가 도입되기 전의 상황에서 입법자가 이러한 새로운 규정을 도입하려 하는 것을 보더라도 그 도입 이전에 복사문서를 문서로 인정하는 대법원의 해석은 허용되지 않은 확장된 해석이라고 비판했다.

인증·공증되지 않는 문서에 과연 원본과 같은 증명수단성을 인정하고 보호한다는 것이 올바른 정책방향인지에 대해서도 의문을 제기해 왔다.[27]

(3) 유형구분과 문서에 관한 죄의 성부

형법 제237조의2에서 복사문서를 문서라고 정의함으로써 어떤 방식으로 복사를 했건 복사문서는 일단 문서로 인정되었다고 보면,[28] 그러한 문서를 원본문서의 작성명의인의 동의 없이 창출해 낸다면 문서위조·변조의 성립을 문의하는 데 문제가 없다고 볼 수 있다. 이에 반해 과연 그렇게 법적 개념으로 정의한다고 해서 위조행위와 위조가 될 수 없는 복사행위와 복사를 위조행위와 위조로 만들 수는 없다고 생각하는 입장에서는 다음과 같은 사례들을 나누어 그 적정성을 검토해보자고 제안한다.[29]

<table>
<tr><th colspan="4">유형구분</th><th colspan="2">범죄의 유형과 성부</th></tr>
<tr><td rowspan="2">1</td><td rowspan="2">원본 자체가 위조·변조된 경우</td><td>a</td><td>원본 위조 당시, 위조문서를 복사한 후 이를 법적 거래에서 행사할 목적이 있었고, 실제 그대로 행위한 경우</td><td colspan="2">행사죄 (행사의 한 형태임)</td></tr>
<tr><td>b</td><td>행사할 목적 없이 위조·변조한 후, 이를 복사한 후 기망의 수단으로 사용한 경우</td><td colspan="2">행사죄 (행사의 한 형태임)</td></tr>
<tr><td>2</td><td>원본은 진정문서 (변조되지 않은 경우)</td><td>a</td><td>원본의 일부를 가리거나 다른 내용을 덮어 복사하여 다른 의사표시(명의인)의 복사본을 원본처럼 만들어 낸 경우</td><td>복사문서는 문서 아님</td><td>사기죄·조세범처벌법 위반죄 성립가능</td></tr>
</table>

27) 하태훈, 앞의 논문, 212면.
28) 하태훈, 앞의 논문, 206면.
29) 하태훈, 앞의 논문, 207면.

		b	위의 행위로 만들어낸 원본 같은 복사본을 행사한 경우	문서의 행사가 아님	
		c	원본을 그대로 복사한 후 그 복사본을 변조한 후, 변조된 복사본을 (다시) 복사하여 행사한 경우	문서가 아님	

위 유형 1의 경우에는 선행의 위조죄와 후행의 위조사문서행사죄가 인정될 수 있고 복사본을 활용한 것은 행사의 한 유형으로 볼 수 있지만, 유형 2의 사례에서는 만들어낸 복사본 자체가 문서가 아니기 때문에 그 행위 자체의 위조·변조죄는 물론 행사죄도 성립될 수 없다는 것이다.[30] 앞서 살펴본 대법원의 판결유형 중에서는 유형 9에서처럼[31] 위조된 문서를 복사하여 행사하는 경우 후자의 행위를 행사죄로 볼 수 있다는 말이다. 이러한 입장에 따르면 그 밖의 경우는 복사행위 이전에 완성된 위조문서가 없었던 경우이고, 앞의 유형 구분에서 유형 1, 2, 3, 4, 5, 7, 8의 경우에는 위조죄가 성립되지 않는다는 결론을 내릴 것으로 보인다.

(4) 위조의 의미

위조는 '어떤 물건을 속일 목적으로 꾸며 진짜처럼 만듦'이라는 것이[32] 국립국어원의 정의이다. 복사는 '원본을 베낌'이다. 따라서 위조=복사가 아니라는 지적이 있다.[33] 통화, 유가증권, 우표·인지, 문서, 인장 등의 위조죄와 달리 증거인멸죄의 위조에는 복사가 포함된다는 주장이 전혀 없다는 것도 위조와 복사가 동일한 의미일 수 없다는 것을 방증한다고 한다.[34] 나아가 문서원본을 복사하는 과정 자체가 문서

30) 하태훈, 앞의 논문, 214면.

31) 이 입장에 따르면 유형 6의 경우에도 위조죄와 행사죄가 성립될 것이다.

32) http://stdweb2.korean.go.kr/search/View.jsp(2016. 11. 5. 최종검색). 변조는 '이미 이루어진 물체 따위를 다른 모양이나 다른 물건으로 바꾸어 만듦'이다.

33) 조 훈, 앞의 논문, 222면 이하.

34) 조 훈, 앞의 논문, 226면.

위조라고 하는 것도 언어 관용과 일반의 이해에 부합하지 않는다고 주장한다. 만약 위조된 위임장을 복사하는 경우를 예로 들면 위조위임장을 그대로 베끼는 것이지, 속여서 진짜처럼 만듦이라는 위조행위가 없다는 것이다.[35] 이러한 견해를 취하면 유형 1, 9의 경우는 위조라고 할 수 없을 것이다.

(5) 문서의 용도에 따른 기능적 이용(중개수단, 직 · 간접의 행사방법)과 단순한 기망의 수단의 구별

위조한 위임장을 복사하여 제시하는 것은 위조위임장을 제시하는 것과 유사한 효과를 얻을 수 있으나, 그것이 문서의 용도에 따른 기능적 이용, 즉 문서의 행사라고 볼 수 없고, 이러한 복사문서의 제시는 그러한 내용의 '진정한 문서가 존재한다'는 추론을 가능하게 하는 기망행위에 불과하며, 죄가 된다면 사기행위에 문의해야 한다는 분석도 있다.[36] 진실 · 진정한 문서를 작성권자가 아닌 자가 복사하였다 하더라도 이를 문서에 관한 죄로 볼 수 없고, 문서에 대한 거래의 신용과 안전을 위태롭게 하는 행위로 평가할 수 없다는 것이다.[37] 전원합의체 판결의 반대의견이 위조한 위임장을 전자복사기로 복사한 후 그 복사본을 진정한 위임장의 복사본인 것처럼 제시 · 행사한 경우, 그 행위가 위법하고 심히 부도덕하다고 한 것에 대해서도 과연 '그것이 부도덕하고 위법한 행위인가?' 하는 반론을 제기하기도 한다. 이러한 행위는 위조문서행사죄가 아니라 위계나 기망을 수단으로 범하는 다른 범죄, 예컨대 사기나 업무방해죄 또는 위계에 의한 공무집행방해죄 등에 문의하는 것만이 가능하다는 것이다.[38] 별개의견이, 위조된 위임장을 복사한 후 복사본을 제시하거나, 환등기로 영사하여 제시하거나, 팩시밀리로 전송하여 제시하는 경우들 모두 위조문서를 행사하는 직 · 간접

35) 조　훈, 앞의 논문, 232면.
36) 이정원, 앞의 논문, 154면.
37) 이정원, 앞의 논문, 155면.
38) 이정원, 앞의 논문, 155-156면.

적인 방법일 뿐이고, 그런 이유로 위조사문서의 행사죄에 해당될 수 있다고 하자, 이(이른바 '위조문서행사를 위한 중개수단')에 대해서도[39] 허위의 문서내용을 상대방이 인식할 수 있게끔 제시하는 것은 기망행위 또는 위계행위에 해당할 뿐이며, 사기죄나 신용훼손죄 또는 업무방해죄나 위계에 의한 공무집행방해죄 등의 범죄가 성립 가능할 뿐이라는 반론이 있다.[40] 아마도 위조공·사문서 행사죄의 행사와 공·사문서 부정행사죄의 부정행사를 동일하게 이해하여 그 위조된 문서의 원래 고유한 용법에 사용하는 경우만을 위조공·사문서 행사죄라는 것이며, 위조문서를 그 문서의 고유한 용법이 아니라 상대방을 속이는데 사용한 경우라면 그 문서의 용도에 따라 사용한 것이 아니므로 문서에 관한 죄가 될 수 없다는 의미로 읽힌다.

(6) 위조·변조 시 행사할 목적과 복사할 당시의 행사할 목적의 구별

'행사할 목적으로 …위임장 1매를 위조한 다음 이를 전자복사하여'라는 공소사실 기재와 관련하여 최초의 위임장 위조행위 시에는 이를 복사하여 복사본으로 상대방을 속이려고 한 것이지, 최초의 위조행위는 이를 용도에 따라 사용할 목적이 결여되어 있어 위조죄라고 보기도 어렵다는 주장이 있다.[41] 아마도 위조로 작출한 문서를 직접 행사하려한 목적이 아니었음을 문제 삼는 것으로 보인다.

(7) 위조의 연속 혹은 위조와 그에 대한 복사행위: 불가벌적 사후행위

문서를 위조한 후 이를 복사하여 사용하는 경우, 예를 들어 팩시밀리로 전송하여 상대방에게 도달하게 한 경우에는, 최초 외형적(실제 위조가 아니라는 의미)으로 위조문서가 작성되고 나서 이를 복사하는

---

39) 이정원, 앞의 논문, 157면.
40) 이정원, 앞의 논문, 157면.
41) 이정원, 앞의 논문, 159면.

행위가 위조라고 보는 것이 다수견해이다. 최초의 문서는 복사할 대상으로 만들어진 것이므로 단지 초안에 불과하다거나, 증명의 목적으로 만들어진 것이 아니라 복사의 대상으로 만들어진 것이기 때문에 증명기능이 없어 위조라고 할 수 없다는 것이다.42) 만약 이런 입장에서 복사는 위조가 아니라고 본다면 결국 전체적으로 문서위조도 될 수 없고, 문서라고도 보기 어렵다는 것이 된다. 이에 비해 처음 위조행위가 문서위조행위이며, 이를 복사하는 것을 불가벌적 사후행위라는 입장43)이 있는데, 이 입장은 결국 최초의 위조행위나 복사행위 양자를 위조행위로 보고 있는 셈이다.

2. 독일 관련 해석론

(1) 문서의 최소 조건, 인증·공증된 사본·등본

독일 판례와 학설의 다수는 원본을 사본한 서면에 인증이나 공증이 있는 경우를 문서로 인정하는 전통적 관념을 유지하고 있다. 인증·공증된 사본·등본(Beglaubigte Abschrift)은 공무원·공증인 혹은 사본한 자가 그 사본이 원본을 동일하게 재현하고 있다는 것(진정성)에 대한 보증 책임을 넘겨받는 경우이므로, 이러한 서면에 대해서는 단순한 사본과는 다른 평가가 가능하다고 보는 것이다. 즉 인증된 사본은 원본의 재현인 문서인 것이 아니라 인증표시(Beglaubigungsvermerk)를 하나의 (새로운) 문서로 보는 것이다.44) 인증·공증을 받은 문서는 새로운 증명력을 지닌 별개의 문서가 된다는 것이다.

(2) 복사본의 문서성(문서의 3가지 기능)

사진복사(Fotokopie), 즉 현재 일반적으로 활용되고 있는 복사기를

---

42) 이정원, 앞의 논문, 161면.

43) 김일수, 한국형법 Ⅳ, 268면; 김일수·서보학, 형법각론, 736면; 정성근·박광민, 형법각론, 627면.

44) RG 34, 361; BGH 1, 120; 예를 들어 Schönke/Schröder/Heine/Schuster StGB §267 Rn. 40-40 a; MüKoStGB/Erb, 2. Aufl. 2014, StGB § 267 Rn. 49.

이용해 복사한 사본은 어떻게 평가할 것인가는 독일에서도 논쟁거리이다. 그 이유는 형사정책적인 의미를 각 진영이 달리 평가하기 때문이다.45) 국내 판례와 다수 견해처럼 독일 해석론의 일부도 사진복사는 이미 법적 거래에서 원본의 대체물로서 승인되고 있고, 원본과 비슷한 신뢰가 주어지므로 원본과 동일한 보호가치가 있다고 강조한다.46) 그에 반해서 독일의 지배적 견해는 피해자책임(Opferverantwortung)이라는 관점을 강조한다.47) 즉 보호가 필요한 것은 임의의 아무런 종류의 제한 없는 신뢰가 아니라 규범적으로 보호가치를 갖춘 경우만이라는 것이다. 복사본의 법적 거래 편의성이나 쉽게 믿게 되는 경솔함을 이유로 단순히 사진복사에 불과한 사본을 일반적으로 평가절상하여 위조죄의 보호를 부여할 가치가 있는 것은 아니라는 말이다.48) 환언하면 복사물이 아무리 법적 거래에 많이 이용된다고 해도 이를 이유로 법적 보호 가치가 있다고 할 수는 없는 것이라고 보는 것이다. 따라서 연방대법원의 판례와 지배적 학설은 사진복사를 문서로 인정하지 않고,49) 기본적으로 단순한 사본과 같이 취급한다.50) 무엇보다 복사본에는 인간의 사상 표현이 원본처럼 최초로 체화된 것이라는 요소가 결여되어있다는 것을 부정할 수 없다는 것이다. 의사표현에 대해 책임을 질 수 있는 문서의 작성(발행)인은 {원본(Original)의 경우에는 그와 동일한 설명내용을 가지고 존재하지만} 일상의 복사물에서는 보통 인식불가능하다는 것이다. 몇 개의 문서의 부분들을 조합하거나 개별적인 문서

45) Schönke/Schröder/Heine/Schuster StGB §267 Rn. 42.

46) Kindhäuser, Strafrecht BT I, 3. Aufl., S. 331; Schönke/Schröder/eine/Schster StGB §267 Rn. 42 b.

47) 유사한 판결례로는 BGHSt 20, 18f.

48) BGH 20 18 f. 비판적인 입장으로는 Schönke/Schröder/Heine/Schuster StGB §267 Rn. 42.

49) BeckOK StGB/Weidemann StGB §267 Rn. 15; BGHSt 24, 140; OLG Nürnberg StV 2007, 133, 134; OLG Stuttgart NJW 2006, 2869; 다른 견해는 NK-StGB/Puppe StGB §267 Rn 50. 사안에 따라 구별하는 입장으로는 Schönke/Schröder/Heine/Schuster StGB §267 Rn 42a-42c.

50) BGHSt 5, 291, 293; BGH 24, 140, 141; BGH wistra 2003.

의 일부 혹은 여러 부분들을 붙여서 복사하는 이른바 콜라주(collage)의 경우도 불가벌이라고 보고 있다.[51]

(3) 예외로서 원본으로 오해할 수밖에 없는 외관의 복사본

단지 연방대법원 판례가 인정하는 예외는 복사본이건 원본을 재생산한 것이건 간에 그것이 원본문서라는 오해를 불러일으키고 작성자의 서명이라고 믿을 수밖에 없을 경우이다.[52] 원본의 복사본이 원본이라고 착각할 가능성이 배제될 수 없도록 유사한 경우에 인정된다.[53]

(4) 텔레팩스의 문서성의 판단기준

텔레팩스의 경우는 의견이 대립하는데, 연방대법원은 문서로 인정하지만[54] 반대 입장은 텔레팩스와 텔레카피(원격복사)는 복사나 마찬가지로 문서라고 보지 않는다.[55] 이 경우도 사회적 거래의 현실을 반영하여 문서로서 인정해야 할 경우와 그렇지 않은 경우로 나누는 입장이 있는데, 거래에서 원본으로 파악되기 쉽고, 그렇게 파악되도록 만들어진 경우에는 문서로 인정하자는 것이다.[56] 만약 작성자의 서명이 기재된 팩스라면 문서성을 인정할 수 있다고 본다.[57]

---

51) BGH BeckRS 2014, 19302; OLG Hamburg BeckRS 2013, 00742; OLG Düsseldorf NJW 2001, 167.

52) 예를 들어 축구경기입장권, 장애인증명서 혹은 처방전을 컬러복사한 경우. 이에 대해서는 OLG Stuttgart NJW 2006, 2869, 2870 = NStZ 2007, 158; OLG Nürnberg StV 2007, 133, 134 = NStZ-RR 2007, 16; BGH BeckRS 2014, 19302; BGH wistra 2013, 192.

53) BGH NStZ 2013, 105; BGH NStZ-RR 2011, 213; OLG Nürnberg StV 2007, 133, 134.

54) Schönke/Schröder/Cramer StGB §267 Rn 431.

55) OLG Hamburg NStZ-RR 2013, 110; BGH wistra 2010, 184; Lackner/Kühl StGB § 267 Rn 16.

56) Beckemper, "Die Urkundenqualität von Telefaxen - OLG Zweibrücken, NJW 1998, 2918", JuS 2000, 127, 128. 유사한 입장은 MünchKommStGB/Erb StGB §267 Rn 89.

57) MünchKommStGB/Erb StGB §267 Rn 106; Nestler, "Zur Urknundenqualität von Fotokopien und (Computer-)Faxen", ZJS 2010, 608, 610.

(5) 행사할 목적과 속일 목적

형법의 문서위조 등의 죄에서는 '행사할 목적' 및 '행사'라는 용어를 사용하고 있는데, 독일은 '속일 목적'(zur Täuschung) 및 '사용'(gebrauchen)이라는 단어를 사용하고 있다. 즉, 독일 형법 제267조는 '법적 거래에서 기망을 위하여(목적으로) 부진정문서를 창출(작출, 만들어 냄)하거나, 진정문서를 허위로 변경하거나, 부진정문서 혹은 허위로 변경된 문서를 사용한 경우에는 5년 이하의 징역 또는 벌금형에 처한다'고 한다. 즉, 형법상 위조죄의 '행사할 목적'과 위조문서행사죄의 '행사', 부정행사죄의 '부정행사'는 동일한 개념인가 라는 문제가 제기될 수 있다. 즉, 위조한 위임장을 복사한 행위가 위조행위인가와 관련해서는 위조인 경우와 그렇지 않은 경우가 있다는 분석도 있다.[58] 복사가 위조로 평가되는 경우로는 컬러복사를 통해 진정한 문서로 구별이 안 될 정도로 복제한 경우, 이 복사물을 복사물이 아닌 진정한 문서로 행사하려는 목적이 있는 경우라는 것이다.[59] 독일 판례의 입장과 같다. 하지만 복사물을 진정한 문서가 아닌 복사물로 사용하는 경우는 상대방에게 '진정한 문서가 존재한다'라고 속이는 기망·위계행위로 평가될 수 있을 뿐이라는 것이다. 이러한 복사물을 거래관계에 중요한 사항을 증명하기 위하여 제시하더라도 이는 문서의 행사가 아니라 진정한 문서가 존재함을 속이는 행위에 불과하다는 것이다. 달리 말해 진정한 원본문서로 사용하려는 목적이 있어야 위조죄나 동행사죄가 성립할 수 있고, 복사본으로 이용할 생각이라면 애당초 위조죄에는 해당하지 않는다는 것이다.

대법원이 "공문서변조죄에 있어서 행사할 목적이란 변조된 공문서를 진정한 문서인 것처럼 사용할 목적, 즉 행사의 상대방이 누구이든지 간에 그 상대방에게 문서의 진정에 대한 착오를 일으킬 목적이면 충분한 것이지 반드시 변조 전 그 문서의 본래 용도에 사용할 목

58) 이정원, 앞의 논문, 159면.
59) 이정원, 앞의 논문, 159면.

적에 한정되는 것은 아니다."[60]라고 한 것을 종합해 볼 때, 독일과 같이 행사할 목적은 속이려는 목적이라고 넓게 이해하고 있는 듯하다.

3. 소 결

독일 연방대법원 형사부의 판례와 학설의 지배적 다수의 견해는 국내의 소수설과 유사한 입장을 취하고 있다. 법적 구성요건의 해석이 엄격한 기준에 따라 확장과 유추의 한계를 넘어서지 못하도록 하자는 죄형법정주의 원칙이 보다 충실히 실현되고 있는 곳이 어느 국가인가라고 자문해 보면서, 왠지 우리나라는 아니라는 생각이 든다. 물론 제237조의2와 같은 입법적 조치가 없었던 독일과 우리를 동일한 차원에서 비교할 수는 없다고 할 수 있을 것이다. 그렇다면 제237조의2를 도입함으로써 문서에 관한 죄의 기존 구성요건의 무엇이 어떻게 변했는지가 분명히 밝혀져야 할 것으로 보인다.

"이 장의 죄에 있어서 전자복사기, 모사전송기 기타 이와 유사한 기기를 사용하여 복사한 문서 또는 도화의 사본도 문서 또는 도화로 본다."라는 법문에서는 복사한 문서는 문서라는 것을 알 수 있다. 그렇다면 복사하는 행위는 무엇인가? 문서를 만들어 내는 행위는 작성이고, 권한이 없으면 위조이고, 변경권한이 없이 변경했으면 변조인가? 아니면 동조는 단지 복사한 문서도 문서이니 이를 변경하거나 동일성을 상실한 정도로 바꾸어 놓으면 변조 또는 위조가 된다는 것을 표현한 것인가?

달리 말해 제237조의2는 제214조부터 제237조까지의 법문에서 등장하는 '문서', '위조 · 변조'와 '행사'라는 문구를 모두 바꾸어 놓은 것인지, 단지 복사문서도 위조와 변조의 대상이 되는 문서라는 것만을 말하고 있는지, 만약 전자의 내용을 포함하고 있다면 제237조의2는 법적 의미로 '위조'와 '변조'라는 개념을 국어사전적 의미와 달리 사용하기로 결단한 것이 될 것이다.

60) 대법원 1995. 3. 24. 선고 94도1112 판결.

또한, 제237조의2는 단지 '복사'만을 규정하고 있을 뿐 그 복사의 대상이 진정문서인지, 위조문서인지, 혹은 복사 전의 문서가 진정문서였는지 아니면 위조문서였는지를 불문하고 이를 변경하였는지 등에 대해서는 언급이 없다. 이런 여러 문제들에 대한 답을 찾는 것이 문서에 관한 죄에서 복사를 둘러싼 여러 문제들을 해결하는 출발점이 될 것으로 보인다. 아쉽게도 여기서 세부적으로 다루지 못한다.

V. 결 어

1. 사문서위조 및 동행사죄의 성립여부

필자는 문서라고 인정하기 위해서는 이른바 문서의 3기능을 가지고 있고, 문서로서의 외관을 갖춘 서면이라는 전통적 이해를 버릴 필요는 없다고 생각한다. 따라서 제237조의2가 도입되었다고 하더라도, 즉 복사문서의 문서성이 문제되는 경우에는 그 문서가 문서로서의 (진정한 혹은 외관상) 기능을 가지고 있는지가 판단의 대상이 되어야 한다. 그러한 문서로 사용하려는 목적을 가지고 권한 없이 문서(원본이건 복사복이건)를 만들어 내는 경우가 위조·변조이며, 이를 그러한 원본인양 거래 상대방을 속이기 위하여 사용하는 것이 행사라고 보아야 한다.

[대상판결] 사안을 피고인이 권한 없이 사문서인 경유증표를 임의로 만들어 낸 것이라고 생각해 보자. 그 복사본은 이러한 권한 없이 경유증표를 만들어내는 위조행위의 한 방법일 뿐인 것이다. 경유증표를 위조하기 위해 색지에 인쇄하는 방법을 사용할 수도 있고, 경유증표를 컬러복사로 복사해버리는 경우도 위조의 한 방법이라는 점에서 차이가 없다. 달리 말해 복사행위를 부각시킬 이유가 없어 보인다. 그렇게 본다면 대상판결에서 피고인의 행위는 경유증표라는 사문서를 컬러 복사하여 만든 후에 마치 이를 원본인 것처럼 사용했으므로 독

일 판례에 따라서도 문서위조, 위조문서행사죄에 해당할 것이고 국내 대법원와 다수 견해에 의해서도 사문서위조와 동행사죄가 성립할 것이다. 대법원의 표현처럼 '문서의 원본이 중요한 거래'가 문제되기 때문에 새로운 증명력이 있는 문서를 작출하지 않았더라도 위조가 되는 것이 아니라, 원심의 판단과 같이, 새로운 증명력을 가진 것으로 보이는 문서를 깜쪽같이 만들어낸 것으로 보면 되는 것이다. 물론 제1심처럼 누구나 쉽게 위조된 것으로 알 수 있고, 그런 이유로 고의가 결여되었다는 사실확정에 기초한다면 무죄라는 것은 당연한 결론이다.

2. 대상판결에서 성립 가능한 기타 범죄

제1심과 달리 원심과 대법원처럼 피고인의 고의를 인정하는 전제에서, 1) 경유증표를 별개로 부착하지 않음으로써 그 수만큼의 경유증표 비용을 지급하지 않은 행위, 2) 검찰청의 행정 직원에게 복사한 경유증표 · 고소위임장을 제출하려다 미수에 그친 행위에 대해서는 어떤 평가가 가능할 것인가?

변호사법 위반, 즉 동법 제29조(변호인선임서 등의 지방변호사회 경유) 위반에 대한 제117조 제2항 제1의2호 적용으로 1천만 원 이하의 과태료 처분의 대상이 될 수 있고, 만약 검찰청의 행정직원의 고소사건위임장 접수에서 경유증표의 진위여부가 업무처리에 중요한 의미를 지니고 있어, 그 진위여부를 신중히 심사하였으나 이를 발견하지 못한 정도였다면 적법한 공무집행을 위계로 방해한 것이라고 볼 수 있을 것이나,[61] 검찰직원의 보정 요구를 받아 경유증표를 새로이 구입하여 부착하였다는 점에서 무죄라고 보아야 할 것이다.

지방변호사회의 경유증표를 구입하지 않고 복사하여 마치 원본인 듯 사용함으로써 28장의 경유증표의 비용을 지급하지 않으려 시도한

61) 물론 이 업무가 공무에 해당되는지, 단지 변호사협회의 경유증표에 기재된 해당 금원수령의 도움을 주는 것에 불과한 것인지 등에 대해서도 논의의 여지가 있다.

점에서 사기미수의 성립여부도 생각해 볼 수 있다. 즉, 사기죄를 문제 삼는다면 기망, 착오, 처분행위로 이어지는 사기죄의 인과성 판단의 관점에서 피기망자는 위조문서의 사용대상인 검찰직원이 될 것이고, 검찰직원이 이에 속아 고소위임장을 접수했다면[62] 지방변호사회가 수령해야 할 28장의 경유증표의 대금지급을 면하게 함으로써 소극적 손해를 초래했다고 하여 이익사기의 기수라고 볼 수도 있을 것이다. 이른바 삼각사기로의 접근도 가능하지 않는가 하는 생각이다. 물론 이 사안에서는 검찰직원이 착오를 일으키지 않았다는 점에서 이러한 논리를 따르더라도 사기미수에 불과할 것이다. 물론 제1심 판사는 문서위조의 고의도 없다고 보았다는 점에서 다른 범죄의 가능성도 다룰 필요성을 느끼지 못했을 것이다.

[주 제 어]
문서위조, 복사, 원본, 사본, 행사

[Key words]
Counterfeit, Copy, Reprodeced document, Computer-based document processing, Duplication

접수일자: 2017. 5. 11. 심사일자: 2017. 6. 1. 게재확정일자: 2017. 6. 5.

62) 이에 대해서도 검찰직원이 처분권자인가 등에 대해 논쟁의 여지가 있다.

[참고문헌]

김시진, "복사문서와 문서위조죄의 성부", 검찰 제2집, 1988.

김연호, "복사방법에 의한 사본과 문서위조죄", 사법논집 제10집, 1979.

김일수, "복사문서도 문서위조 및 동행사죄의 객체인 문서인가?", 법률구조 1992년 봄호.

김혜경, "문서위조죄에서의 복사와 행사의 개념", 형사판례연구[24](2016), 252면 이하.

노수환, "사회변화에 따른 형법상 문서개념 해석의 한계", 성균관법학 제25권 제4호(2013), 323면 이하.

배종대, 형법각론, 제9판, 홍문사, 2015.

오영근, 형법각론, 제2판, 박영사, 2010.

이정원, "문서위조 및 동 행사죄의 객체로서의 복사문서? ― 대법원 1989. 9. 12. 선고, 87도506 전원합의체 판결 ―, 영남법학 제26호(2008), 151면 이하.

조 훈, "위조와 복사", 인하대학교 법학연구 제4집(2001), 219면 이하.

최호진, "정보통신기술발전에 따른 형법상 문서개념 변화의 필요성 ― 스캔한 컴퓨터이미지파일을 중심으로 ―", 형사법연구 제25권 제1호(2013), 209면 이하.

하태훈, "복사문서의 문서성", 형사판례연구[1](1993), 198면 이하.

Beckemper, Katharina, "Die Urkundenqualität von Telefaxen ― OLG Zweibrücken, NJW 1998, 2918", JuS 2000, 123ff.

Hefendehl, Roland/Hohmann, Olaf, Münchener Kommentar zum Strafgesetzbuch, Band 5 §§263-358 StGB, 2. Aufl., C.H.Beck, 2014.

Kindhäuser, Urs, Strafrecht Besonderer Teil I, 3. Aufl., Nomos, Baden-Baden 2007.

Kühl, Kristian/Heger, Martin, Strafgesetzbuch Kommentar, 28. Aufl., C.H.Beck, München, 2014.

Nestler, Nina, "Zur Urkundenqualität von Fotokopien und (Computer-)Faxen", ZJS 2000, 608ff.

Schönke, Adolf/Schröder, Horst, Strafgesetzbuch Kommentar, 29. Aufl., C.H.Beck,

München, 2014.
von Heintschel-Heinegg, Bernd, Beck'scher Online Kommentar StGB, 33. Ed., C.H.Beck, München 2017.

[Abstract]

Counterfeit or Copy

Kim, Sung-Ryong*

Even after the Article 237-2[Article 237-2 (Reproduced Documents, etc.) For the crimes as prescribed in this Chapter, any copies of documents or drawings reproduced using the electronic reproduction machines, facsimile telegraphs or other similar apparatus, shall be considered as document or drawing.] of the Penal Code was created, the world has changed and also shown a technological progress at a pace that is difficult to follow, and as a matter of fact, it is being questioned whether it will be able to engage or replicate all duplication techniques.

It is said that Article 237-2 is a legislative error to be abolished and all copying can not be counterfeited by legislative measures of 'copying is conterfeiting.'

It is also strongly voiced to point out the supreme attitude of legal interpretation of the Supreme Court, which does not properly reflect the reality of computer-based document processing and use, such as changing the image on a computer screen.

The Supreme Court's recent ruling, which is the subject of a critical analysis of this paper, is drawing attention to the issue again.

The purpose of this article is to clarify the current law and the interpretation of the law of the Supreme Court, and examine the argument of the interpretation by comparing and examining several precedents showing various types of behavior among the precedents of the Supreme Court up to now.

* Professor, School of Law, Kyungpook National University, Dr. iur.

일명 김영란법상 처벌행위에 대한 헌재 결정 분석*
－2015헌마236, 2015헌마412, 2015헌마662, 2015헌마673(병합)－

오 경 식**

[사실관계]

2015헌마236

청구인 사단법인 한국기자협회는 전국의 신문 · 방송 · 통신사 소속 기자 1만여 명을 회원으로 하는 언론단체이며, 청구인 강○업은 대한변호사협회의 공보이사, 청구인 박○연은 대한변협신문의 편집인이다. 청구인들은 청탁금지법 법률안이 국회 본회의에서 가결되자, ① '언론중재 및 피해구제에 관한 법률' 제2조 제12호에 따른 언론사를 '공공기관'으로 정의한 청탁금지법안 제2조 제1호 마목, ② 공직자등에 대한 부정청탁을 금지하는 청탁금지법안 제5조, ③ 배우자가 공직자등의 직무와 관련하여 제8조 제1항 또는 제2항에 따라 공직자등이 받는 것이 금지되는 금품등(다음부터 '금품등'이라 한다)을 받은 사실을 안 경우 공직자등에게 신고의무를 부과하고, 미신고 시 형벌 또는 과태료를

* "이 논문은 2016년도 강릉원주대학교 학술연구조성비 지원에 의하여 수행되었음."
** 국립강릉원주대학교 법학과 교수.

부과하도록 규정한 청탁금지법안 제9조 제1항 제2호, 제22조 제1항 제2호, 제23조 제5항 제2호가 청구인들의 언론의 자유, 양심의 자유, 평등권 등 기본권을 침해한다고 주장하며 2015. 3. 5. 이 사건 헌법소원 심판을 청구하였다.

또한 청구인들은 2015. 3. 19. ① 수수가 금지되는 금품등의 예외 사유로 '사교 등의 목적으로 제공되는 음식물 · 경조사비 · 선물 등으로서 대통령령으로 정하는 가액 범위 안의 금품등'을 규정한 청탁금지법안 제8조 제3항 제2호, ② 공직자등이 자신의 직무와 관련되거나 그 지위 · 직책 등에서 유래되는 사실상의 영향력을 통하여 요청받은 교육 · 홍보 · 토론회 · 세미나 · 공청회 또는 그 밖의 회의 등에서 한 강의 · 강연 · 기고 등(다음부터 '외부강의등'이라 한다)의 대가로서 대통령령으로 정하는 금액을 초과하는 사례금을 받아서는 안 된다고 규정한 청탁금지법안 제10조 제1항이 죄형법정주의의 명확성 원칙 및 포괄위임금지 원칙에 위배된다는 주장을 추가하였다. 또 2015. 11. 12. 언론사의 대표자와 그 임직원을 '공직자등'으로 정의한 청탁금지법 제2조 제2호 라목도 청구취지에 추가하였다.

2015헌마412

청구인들은 인터넷신문사의 발행인이자 편집인, 대표이사, 기자로서, ① 청탁금지법 제2조 제1호 마목, 제2호 라목, ② 청탁금지법 제5조, ③ 청탁금지법 제9조 제1항 제2호, 제22조 제1항 제2호, 제23조 제5항 제2호, ④ 청탁금지법 제8조 제3항 제2호, ⑤ 청탁금지법 제10조 제1항이 청구인들의 언론의 자유, 양심의 자유, 평등권 등 기본권을 침해한다며 2015. 4. 21. 이 사건 헌법소원심판을 청구하였다.

2015헌마662

청구인들은 유아교육법 등 관련법령에 따른 설립인가를 받은 사립유치원의 원장으로 재직 중인 사람들로서, ① 유아교육법에 따라 설치된 사립유치원을 '공공기관'으로 정의하고, 사립유치원의 장을 '공직자등'으로 정의한 청탁금지법 제2조 제1호 라목, 제2호 다목, ② 청탁금지법 제5조, ③ 청탁금지법 제8조 제3항 제2호, ④ 청탁금지법 제9조 제1항 제2호, 제22조 제1항 제2호, 제23조 제5항 제2호, ⑤ 청탁금지법 제10조 제1항이 청구인들의 사학의 자유, 양심의 자유, 평등권 등 기본권을 침해한다며 2015. 6. 23. 이 사건 헌법소원심판을 청구하였다.

2015헌마673

청구인들은 각급 사립학교의 장과 교직원, 사립학교법인의 임원인 자로서, ① 청탁금지법 제2조 제1호 라목, 제2호 다목, ② 청탁금지법 제5조, ③ 청탁금지법 제9조, 제22조 제1항 제2호, 제23조 제5항 제2호가 청구인들의 평등권, 교육의 자주성 및 대학의 자율성, 양심의 자유 등 기본권을 침해한다며 2015. 6. 25. 이 사건 헌법소원심판을 청구하였다.

[결정요지]

□ 결정주문

○ 청구인 사단법인 한국기자협회의 심판청구를 각하한다.

○ 나머지 청구인들의 심판청구를 모두 기각한다.

헌법재판소는 2016년 7월 28일 4개 쟁점에 대해 모두 합헌 결정을 내렸다.

① 언론인과 사립학교 임직원을 김영란법 적용 대상에 포함시킨 것은 교육과 언론은 국민의 일상생활에 밀접한 영역으로 국가나 사회 전체에 미치는 영향력이 큰 만큼 공직자에 맞먹는 청렴성이 요구된다는 이유로 헌법상 기본권을 침해하지 않는다며 7대 2로 합헌 결정했다.

② 배우자가 수수가 금지된 금품을 받은 경우 공직자 등이 이를

신고하지 않으면 처벌하도록 한 조항도 5대 4로 합헌 결정했다.

③ 음식물 · 경조사비 등 수수를 금지하는 금품 가액의 상한을 법으로 정하지 않고, 시행령에 위임한 부분도 '현실에 유연하게 대처하려면 탄력성이 있는 행정 입법에 위임해야 한다.'라며 합헌 결정을 내렸다.

④ 김영란법에 적시된 '부정청탁'과 '사회상규'의 개념이 모호하다는 쟁점에 대해서는 재판관 전원이 죄형법정주의의 명확성 원칙에 위배되지 않는다며 합헌 결정을 내렸다.

[결정근거요지]

헌법재판소는 2016년 7월 28일 청구인 사단법인 한국기자협회의 심판청구는 기본권 침해의 자기관련성을 인정할 수 없다는 이유로 각하하고, '부정청탁 및 금품 등 수수의 금지에 관한 법률'상 언론인 및 사립학교 관계자를 공직자등에 포함시켜 이들에 대한 부정청탁을 금지하고, 사회상규에 위배되지 아니하는 것으로 인정되는 행위는 이 법을 적용하지 아니하는 조항(부정청탁금지조항), 대가성 여부를 불문하고 직무와 관련하여 금품등을 수수하는 것을 금지할 뿐만 아니라, 직무관련성이나 대가성이 없더라도 동일인으로부터 일정 금액을 초과하는 금품등의 수수를 금지하는 조항(금품수수금지조항), 언론인 및 사립학교 관계자가 받을 수 있는 외부강의 등의 대가 및 음식물 · 경조사비 · 선물 등의 가액을 대통령령에 위임하도록 하는 조항(위임조항), 배우자가 언론인 및 사립학교 관계자의 직무와 관련하여 수수 금지 금품등을 받은 사실을 안 경우 언론인 및 사립학교 관계자에게 신고의무를 부과하고(신고조항), 미신고시 형벌 또는 과태료의 제재를 하도록 규정한 조항(제재조항)은 언론인 및 사립학교 관계자인 나머지 청구인들의 일반적 행동자유권, 평등권을 침해하지 아니한다는 결정을 선고하였다. [각하, 기각]

이에 대하여, ① 언론인과 사립학교 관계자를 '공직자등'에 포함시켜 청탁금지법의 적용을 받게 하는 조항(정의조항)은 과잉금지원칙을 위반하여 언론인 및 사립학교 관계자의 일반적 행동자유권을 침해한다는 재판관 김창종, 재판관 조용호의 반대의견, ② 정의조항 반대의견에 대한 재판관 김창종의 보충의견, ③ 위임조항 중 제8조 제3항 제2호가 '금품등 수수 금지행위의 가액 하한선'을 법률이 아닌 대통령령에서 정하도록 위임한 것은 헌법 제37조 제2항에서 정하는 기본권 제한의 법률유보원칙, 특히 의회유보원칙에 위반하여 언론인 및 사립학교 관계자의 일반적 행동자유권을 침해한다는 재판관 이정미, 재판관 김이수, 재판관 안창호의 반대의견, ④ 위임조항은 포괄위임금지원칙에 위배되어 언론인 및 사립학교 관계자의 일반적 행동자유권을 침해한다는 재판관 김창종의 반대의견, ⑤ 위임조항 법정의견에 대한 재판관 서기석의 보충의견, ⑥ 제재조항 중 제22조 제1항 제2호(불신고처벌조항)는 형벌과 책임의 비례원칙에 어긋나고 형벌체계상의 균형을 상실하여 언론인 및 사립학교 관계자의 일반적 행동자유권을 침해한다는 재판관 이정미, 재판관 김이수, 재판관 김창종, 재판관 안창호의 반대의견이 있다.

□ 이유의 요지

1. 청구인 사단법인 한국기자협회의 심판청구의 적법 여부

○ 청구인 사단법인 한국기자협회는 전국의 신문·방송·통신사 소속 현직 기자들 1만 여명을 회원으로 두고 있는 민법상 비영리 사단법인으로서, '언론중재 및 피해구제에 관한 법률' 제2조 제12호에 따른 언론사에는 해당한다. 그런데 심판대상조항은 언론인 등 자연인을 수범자로 하고 있을 뿐이어서 청구인 사단법인 한국기자협회는 심판대상조항으로 인하여 자신의 기본권을 직접 침해당할 가능성이 없다. 또 사단법인 한국기자협회가 그 구성원인 기자들을 대신하여 헌법소원을 청구할 수도 없으므로, 위 청구인의 심판청구는 기본권 침해의 자기관련성을 인정할 수 없어 부적법하다.

2. 제한되는 기본권

○ 심판대상조항은 금지명령의 형태로 청구인들에게 특정 행위를 금지하거나 법적 의무를 부과하여 청구인들이 하고 싶지 않은 일을 강요하고 있으므로, 청구인들의 일반적 행동자유권을 제한한다.

○ 심판대상조항은 언론인과 취재원의 통상적 접촉 등 정보의 획득은 물론 보도와 논평 등 의견의 전파에 이르기까지 자유로운 여론 형성과정에서 언론인의 법적 권리에 어떤 제한도 하고 있지 않다. 또 사립학교 관계자의 교육의 자유나 사립학교 운영의 법적 주체인 학교 법인만이 향유할 수 있는 사학의 자유를 제한하고 있지도 아니하다. 청구인들 주장과 같이 국가권력에 의해 청탁금지법이 남용될 경우 언론의 자유나 사학의 자유가 일시적으로 위축될 소지는 있다. 하지만 이 문제는 취재 관행과 접대 문화의 개선, 그리고 의식 개혁이 뒤따라 가지 못함에 따른 과도기적인 사실상의 우려에 불과하며, 심판대상조항에 의하여 직접적으로 언론의 자유와 사학의 자유가 제한된다고 할 수는 없다.

○ 신고조항과 제재조항은 배우자가 수수 금지 금품등을 받거나 그 제공의 약속 또는 의사표시를 받았다는 객관적 사실 즉, 배우자를 통해 부적절한 청탁을 시도한 사람이 있다는 것을 고지할 의무를 부과할 뿐이므로, 청구인들의 양심의 자유를 직접 제한한다고 볼 수 없다.

3. 부정청탁금지조항의 명확성원칙 위배 여부

○ 부정청탁이라는 용어는 형법 등 여러 법령에서 사용되고 있고, 대법원은 부정청탁의 의미에 관하여 많은 판례를 축적하고 있으며, 입법과정에서 부정청탁의 개념을 직접 정의하는 대신 14개 분야의 부정청탁 행위유형을 구체적으로 열거하는 등 구성요건을 상세하게 규정하게 되었다. 한편, 부정청탁금지조항은 통상적 의미의 법령뿐만 아니라 조례와 규칙도 법령에 포함된다고 명시적으로 규정하고 있다. 사회

상규라는 개념도 형법 제20조에서 사용되고 있으며, 대법원이 그 의미에 관해 일관되게 판시해 오고 있으므로, 부정청탁금지조항의 사회상규도 이와 달리 해석할 아무런 이유가 없다.

○ 부정청탁금지조항이 규정하고 있는 '부정청탁', '법령', '사회상규'라는 용어는 부정청탁금지조항의 입법배경 및 입법취지와 관련 조항 등을 고려한 법관의 보충적 해석으로 충분히 그 의미내용을 확인할 수 있으므로, 죄형법정주의의 명확성원칙에 위배된다고 보기 어렵다.

4. 부정청탁금지조항과 금품수수금지조항의 과잉금지원칙 위배 여부

○ [입법목적의 정당성 및 수단의 적정성] 부패를 없애고 공정한 사회를 만들기 위해서는 공직부문뿐 아니라 민간부문에서도 직무수행에서 청렴성이 높아져야 한다. 우리나라가 가입하고 있는 주요 국제기구에서도 공공부문과 민간부문을 포괄하여 사적 이익을 위해 권한을 남용하는 부패행위를 없애기 위한 국제적 협력방안을 논의하고 있다.

교육과 언론이 국가나 사회 전체에 미치는 영향력이 크고, 이들 분야의 부패는 그 파급효가 커서 피해가 광범위하고 장기적인 반면 원상회복은 불가능하거나 매우 어렵다는 점에서 사립학교 관계자와 언론인에게는 공직자에 맞먹는 청렴성 및 업무의 불가매수성이 요청된다. 그래야만 교육은 학생에게 올바른 가치관과 공동체 의식을 심어줄 수 있게 되고, 언론은 정확하게 사실을 보도하고 정치 · 경제 · 사회의 모든 권력과 세력을 견제할 수 있게 되어 사회통합에 효율적으로 이바지할 수 있게 된다.

부패와 비리 문제가 계속 발생하고 있는 교육과 언론 부문의 현실, 사립학교 관계자 및 언론인이 사회 전체에 미치는 영향, 부정청탁 관행을 없애고자 하는 청탁금지법의 목적, 교육 및 언론의 공공성과 이를 근거로 한 국가와 사회의 각종 지원 등 여러 사정을 종합하여 보면, 사립학교 관계자 및 언론인을 '공직자등'에 포함시켜 이들에게 부정청탁하는 것을 금지하고 이들이 정당한 이유 없이 금품등을 수수하는 것도 금지한 입법자의 선택은 수긍할 수 있다.

부정청탁 및 금품수수 관행을 근절하여 공적 업무에 종사하는 사립학교 관계자 및 언론인의 공정한 직무수행을 보장함으로써 국민의 신뢰를 확보하고자 하는 부정청탁금지조항과 금품수수금지조항의 입법목적은 그 정당성이 인정되고, 사립학교 관계자와 언론인을 청탁금지법상 '공직자등'에 포함시켜 이들이 법령과 사회상규 등에 위배하여 금품등을 수수하지 않도록 하고 누구든지 이들에게 부정청탁하지 못하도록 하는 것은 입법목적을 달성하기 위한 적정한 수단이다.

○ [침해의 최소성] 부정청탁금지조항은 부패가 빈발하는 직무영역에서 금지되는 행위를 구체적으로 열거하여 부정청탁의 유형을 제한하고 있고, 부정청탁의 행위 유형에 해당하더라도 법질서 전체와의 관계에서 정당시되는 행위는 예외를 인정하여 제재대상에서 제외하고 있으며, 언론인이나 사립학교 관계자가 부정청탁을 받고 그에 따라 직무를 수행한 경우에만 처벌하고 있다. 한편, 대가관계 증명이 어려운 부정청탁행위나 금품등 수수행위는 배임수재죄로 처벌할 수 없어 형법상 배임수재죄로 처벌하는 것만으로는 충분하지 않고, 교육계와 언론계에 부정청탁이나 금품등 수수 관행이 오랫동안 만연해 왔고 크게 개선되고 있지 않다는 각종 여론조사결과와 국민 인식 등에 비추어 볼 때, 교육계와 언론계의 자정노력에만 맡길 수 없다는 입법자의 결단이 잘못된 것이라고 단정하기도 어렵다.

금품수수금지조항은 직무관련성이나 대가성이 없더라도 동일인으로부터 1회 100만 원 또는 매 회계연도 300만 원을 초과하는 금품등을 수수한 경우 처벌하도록 하고 있다. 이는 사립학교 관계자나 언론인에게 적지 않은 금품을 주는 행위가 순수한 동기에서 비롯될 수 없고 일정한 대가관계를 추정할 수 있다는 데 근거한 것으로 볼 수 있다. 우리 사회에서 경제적 약자가 아닌 사립학교 관계자와 언론인에게 아무런 이유 없이 1회 100만 원 또는 매 회계연도에 300만 원을 초과하는 금품등을 준다는 것은 건전한 상식으로는 이해할 수 없는 일이다. 또 사립학교 관계자와 언론인이 직무와 관련하여 아무리 적은 금액이라도 정당한 이유 없이 금품등을 받는 것을 금지하는 것이 부당하다고 할 수 없다. 시행되기 전 법률의 위헌 여부를 심판하면서 국가가 당해 법률의 입법목적을 무시하고 권력을 남용하여 법률을 부당하게 집행할 것을 예상하고 이를 전제로 당해 법률의 위헌성을 심사할 수는 없다.

이런 사정을 모두 종합하여 보면 부정청탁금지조항과 금품수수금지조항이 침해의 최소성 원칙에 반한다고 보기도 어렵다.

○ [법익의 균형성] 사립학교 관계자나 언론인은 금품수수금지조항에 따라 종래 받아오던 일정한 금액 이상의 금품이나 향응 등을 받지 못하게 되는 불이익이 발생할 수는 있으나 이런 불이익이 법적으로 보호받아야 하는 권익의 침해라 보기 어렵다. **국가권력이 청탁금지법을 남용할 것을 두려워하여 사학의 자유나 언론의 자유가 위축될 우려도 있으나, 이러한 염려나 제약에 따라 침해되는 사익이 부정청탁금지조항이 추구하는 공익보다 크다고 볼 수는 없다.** 우리 사회의 청렴도를 높이고 부패를 줄이는 과정에서 일시적으로 어려움을 겪는 분야가 있을 수 있다는 이유로 부패의 원인이 되는 부정청탁 및 금품수수 관행을 방치할 수도 없다. **부정청탁금지조항과 금품수수금지조항이 추구하는 공익이 매우 중대하므로 법익의 균형성도 충족한다**.

○ 부정청탁금지조항과 금품수수금지조항이 과잉금지원칙을 위반하여 청구인들의 일반적 행동자유권을 침해한다고 보기 어렵다.

5. 위임조항의 기본권 침해 여부

○ [죄형법정주의 위반 여부] 사립학교 관계자와 언론인이 동일인으로부터 1회 100만 원 또는 매 회계연도 300만 원을 초과하는 금품

등을 수수한 경우에는 직무 관련 여부나 명목에 관계없이 처벌되므로(청탁금지법 제8조 제1항), 이 경우 위임조항의 '대통령령으로 정하는 가액'이 소극적 범죄구성요건으로 작용할 여지가 없다. 따라서 죄형법정주의 위배 문제는 발생하지 않는다.

한편, 사립학교 관계자 및 언론인이 외부강의등의 대가로 대통령령으로 정하는 금액을 초과하는 사례금을 받고 신고 및 반환조치를 하지 않는 경우, 또는 동일인으로부터 1회에 100만 원 또는 매 회계연도에 300만 원 이하의 금품등을 수수하더라도 직무관련성이 있는 경우에는 과태료가 부과된다. 그런데 과태료는 행정질서벌에 해당할 뿐 형벌이 아니므로 죄형법정주의의 규율대상에 해당하지 아니한다. 따라서 위임조항이 죄형법정주의에 위반된다는 주장은 더 나아가 살펴볼 필요 없이 받아들일 수 없다.

○ [명확성원칙 위배 여부] '사교', '의례', '선물'은 사전적으로 그 의미가 분명할 뿐만 아니라 일상생활에서 흔히 사용되는 용어들이며, 위임조항의 입법취지, 청탁금지법 제2조 제3호의 금품등의 정의에 관한 조항 등 관련 조항들을 종합하여 보면, 위임조항이 규정하고 있는 '사교·의례 목적으로 제공되는 선물'은 다른 사람과 사귈 목적 또는 예의를 지킬 목적으로 대가없이 제공되는 물품 또는 유가증권, 숙박권, 회원권, 입장권 그 밖에 이에 준하는 것을 뜻함을 충분히 알 수 있다. 따라서 위임조항이 명확성원칙에 위배되어 청구인들의 일반적 행동자유권을 침해한다고 볼 수 없다.

○ [포괄위임금지원칙 위배 여부] 청탁금지법상 수수가 허용되는 외부강의등의 사례금이나 사교·의례 목적의 경조사비·선물·음식물 등의 가액은 일률적으로 법률에 규정하기 곤란한 측면이 있으므로, 사회통념을 반영하고 현실의 변화에 대응하여 유연하게 규율할 수 있도록 탄력성이 있는 행정입법에 위임할 필요성이 인정된다. 위임조항이 추구하는 입법목적 및 관련 법조항을 유기적·체계적으로 종합하여 보면, 결국 위임조항에 의하여 대통령령에 규정될 수수허용 금품등의 가

액이나 외부강의등 사례금은, 직무관련성이 있는 경우이므로 100만 원을 초과하지 아니하는 범위 안에서 누구나 납득할 수 있는 정도, 즉 일반 사회의 경조사비 지출 관행이나 접대·선물 관행 등에 비추어 청탁금지법상 공공기관의 청렴성을 해하지 아니하는 정도의 액수가 될 것임을 충분히 예측할 수 있다. **이와 같이 금지되는 행위가 어떤 것이라고 예측할 수 있을 정도의 내용이 법률에 정해지고 이에 따르는 제재가 법률에 명백히 규정된 이상 위임조항이 포괄위임금지원칙에 위배된다고 볼 수 없다**.

6. 신고조항과 제재조항의 기본권 침해 여부

○ [죄형법정주의의 명확성원칙 위배 여부] 배우자를 통한 금품등 수수의 우회적 통로를 차단하는 한편, 신고라는 면책사유를 부여하여 사립학교 관계자나 언론인을 보호하고자 하는 신고조항과 제재조항의 입법취지, 형법 제13조 등 관련 법조항을 유기적·체계적으로 종합하여 보면, 사립학교 관계자나 언론인은 자신의 직무와 관련하여 배우자가 수수 금지 금품등을 받거나 그 제공의 약속 또는 의사표시를 받은 사실에 대한 인식이 있어야 신고조항과 제재조항에 따라 처벌될 수 있음을 충분히 알 수 있다. 따라서 신고조항과 제재조항이 죄형법정주의의 명확성원칙에 위배되어 청구인들의 일반적 행동자유권을 침해한다고 볼 수 없다.

○ [자기책임 원리와 연좌제금지원칙 위반 여부] 사립학교 관계자나 언론인 본인과 경제적 이익 및 일상을 공유하는 긴밀한 관계에 있는 배우자가 사립학교 관계자나 언론인의 직무와 관련하여 수수 금지 금품등을 받은 행위는 사실상 사립학교 관계자나 언론인 본인이 수수한 것과 마찬가지라고 볼 수 있다. **청탁금지법은 금품등을 받은 배우자를 처벌하는 규정을 두고 있지는 않다. 신고조항과 제재조항은 배우자가 위법한 행위를 한 사실을 알고도 공직자등이 신고의무를 이행**

하지 아니할 때 비로소 그 의무위반 행위를 처벌하는 것이므로, 헌법 제13조 제3항에서 금지하는 연좌제에 해당하지 아니하며 자기책임 원리에도 위배되지 않는다.

○ [과잉금지원칙 위반 여부] 신고조항과 제재조항은 공적 업무에 종사하는 사립학교 관계자와 언론인이 배우자를 통하여 금품등을 수수한 뒤 부정한 업무수행을 하거나 이들의 배우자를 통하여 사립학교 관계자 및 언론인에게 부정한 영향력을 끼치려는 우회적 통로를 차단함으로써 공정한 직무수행을 보장하고 이들에 대한 국민의 신뢰를 확보하고자 함에 입법목적이 있으며, 이러한 입법목적은 정당하고 수단의 적정성 또한 인정된다.

청탁금지법은 금품등 수수 금지의 주체를 가족 중 배우자로 한정하고 있으며, 사립학교 관계자나 언론인의 직무와의 관련성을 요구하여 수수 금지의 범위를 최소화하고 있고, 배우자에 대하여는 어떠한 제재도 가하지 않는다. 사립학교 관계자나 언론인은 배우자가 수수 금지 금품등을 받은 사실을 알고도 신고하지 않은 자신의 행위 때문에 제재를 받게 되는 것이고, 그러한 사실을 알고 소속기관장에게 신고하거나, 본인 또는 배우자가 수수 금지 금품등을 제공자에게 반환 또는 인도하거나 거부의 의사를 표시한 경우에는 면책되도록 하여 사립학교 관계자와 언론인을 보호하고 있다. 한편, 사립학교 관계자나 언론인은 배우자의 금품등 수수 사실을 알게 된 경우에만 신고의무가 생기므로, 신고조항과 제재조항이 사립학교 관계자나 언론인에게 배우자의 행동을 항상 감시하도록 하는 등의 과도한 부담을 가하고 있다고 보기도 어렵다. 청탁금지법의 적용을 피하기 위한 우회적 통로를 차단함으로써 공정한 직무수행을 보장하기 위해서는, 배우자가 자신의 직무와 관련하여 금품등을 수수한 사실을 알고도 신고하지 아니한 사립학교 관계자나 언론인을 본인이 직접 금품 등을 수수한 경우와 같이 처벌하도록 하는 이외에 달리 입법목적을 달성할 수 있는 효과적인 수단을 상정하기도 어렵다. 신고조항과 제재조항은 침해의 최소성

원칙에 반한다고 보기 어렵다.

신고조항과 제재조항으로 달성하려는 공익은 배우자를 이용한 수수 금지 금품등 제공의 우회적 통로를 차단함으로써 공정한 직무수행을 보장하고 사립학교 및 언론에 대한 국민의 신뢰를 확보하고자 하는 것으로 매우 중대하다. 반면 신고조항과 제재조항에 의해 제한되는 사익은 배우자의 금품등 수수사실을 알게 된 경우 신고하여야 한다는 것으로서 위와 같은 공익에 비해 더 크다고 보기 어렵다. 따라서 신고조항과 제재조항은 법익의 균형성도 충족한다. 신고조항과 제재조항이 과잉금지원칙을 위반하여 청구인들의 일반적 행동자유권을 침해한다고 보기 어렵다.

7. 부정청탁금지조항과 금품수수금지조항 및 신고조항과 제재조항의 평등권 침해 여부

○ 공무원에 버금가는 정도의 공정성·청렴성 및 직무의 불가매수성이 요구되는 각종 분야에 종사하는 사람 중 어느 범위까지 청탁금지법의 적용을 받도록 할 것인지는 업무의 공공성, 청탁관행이나 접대문화의 존재 및 그 심각성의 정도, 국민의 인식, 사회에 미치는 파급효등 여러 요소를 고려하여 입법자가 선택할 사항으로 입법재량이 인정되는 영역이다. 공공적 성격의 업무를 수행하는 모든 분야를 동시에 파악하여 일괄적으로 제도 정비를 도모하는 것은 사실상 불가능하다.

부정청탁금지조항과 금품수수금지조항 및 신고조항과 제재조항은 전체 민간부문을 대상으로 하지 않고 사립학교 관계자와 언론인만 '공직자등'에 포함시켜 공직자와 같은 의무를 부담시키고 있다. 그런데 이들 조항이 청구인들의 일반적 행동자유권 등을 침해하지 민간부문 않는 이상, 중 우선 이들만 '공직자등'에 포함시킨 입법자의 결단이 자의적 차별이라 보기는 어렵다. 교육과 언론은 공공성이 강한 영역으로 공공부문과 민간부문이 함께 참여하고 있고 참여 주체에 따른 차별을 두기 어려운 분야이다. 국회가 민간부문의 부패 방지를 위한 제도 마련의 첫 단계로 교육과 언론을 선택한 것이 자의적 차별이라고 단정할 수 있는 자료도 없다. 따라서 사립학교 관계자와 언론인 못지않게 공공성이 큰 민간분야 종사자에 대해서 청탁금지법이 적용되지 않는다는 이유만으로 부정청탁금지조항과 금품수수금지조항 및 신고조항과 제재조항이 청구인들의 평등권을 침해한다고 볼 수 없다.

□ 정의조항에 대한 반대의견(재판관 김창종, 재판관 조용호)

○ 청구인들은 정의조항을 심판대상으로 명시하면서, 시종일관 정의조항이 언론인과 사립학교 관계자를 '공직자등'에 포함시켜 청탁금지법의 적용을 받게 한 것의 위헌성을 다투고 있고, 헌법재판소가 정의조항에 대해 위헌결정을 내리게 되면, 언론인과 사립학교 관계자는 더 이상 청탁금지법의 규율대상에 해당하지 않게 되므로 다른 조항을 다툴 필요가 없게 된다. 따라서 정의조항을 직접 심판대상으로 삼아 그 위헌 여부를 확인하여 주는 것이 청구인들의 입장에서 가장 근본적이고 효과적인 해결책이 된다.

○ 정의조항은 부정청탁에 따른 직무수행이나 금품등 수수와 같은 행위금지의무의 인적 범위를 규정하고 있어 청구인들의 일반적 행동자유권이라는 기본권 제한과 밀접히 관련되어 있을 뿐만 아니라, 청탁금지법상 처벌조항의 인적 대상범위를 직접 규정함으로써 형벌조항의 중요한 구성요건을 이루고 있다. 따라서 기본권 침해의 직접성도 인정된다.

○ 사회에서 발생하는 모든 부조리에 국가가 전면적으로 개입하여 부패행위를 일소하는 것은 사실상 불가능할 뿐만 아니라, 부패행위 근절을 이유로 사회의 모든 영역을 국가의 감시망 아래 두는 것은 바람직하지도 않다. 공공영역과 달리 민간영역의 경우에는 국가의 개입 이전에 민간분야의 자율적인 해결 노력이 우선되고 존중될 필요가 있다. 정의조항은 언론인이나 사립학교 관계자의 업무의 공정성과 신뢰성,

직무의 불가매수성을 공무원과 동일한 수준으로 담보하기 위한 것이나, 직무의 성격상 공공성이 인정된다는 이유로 공공영역과 민간영역의 본질적인 차이를 무시하고 동일한 잣대를 적용하여 청탁금지법의 규제대상을 확대하고자 하는 입법목적은 그 자체로 정당성을 인정하기 어렵다. 부정청탁을 하는 사람이나 금품등을 제공하는 사람들의 부정한 혜택에 대한 기대를 꺾고 언론이나 사학 분야의 신뢰 저하를 방지하겠다는 다소 추상적인 이익을 위하여 민간영역까지 청탁금지법의 적용대상에 포함시키는 것은 입법목적의 달성을 위한 효율성의 측면에서도 결코 적정한 수단이라 볼 수 없다.

○ 사립학교가 공교육에 참여하는 것은 헌법 제31조 제1항의 능력에 따라 균등하게 교육을 받을 권리를 실현하여야 하는 국가의 역할을 일정 부분 분담하는 것에 불과하고, 사적 근로관계에 기초한 사립학교 교직원의 지위가 국·공립학교 교직원의 지위와 동일하게 되는 것은 아닌 점, 언론은 민주주의 사회에서 그 활동의 자유가 보장되어야 하는 자율적인 영역에 존재하고, 언론이 부패하면 신뢰를 상실하여 자연스럽게 도태된다는 점에서, 사립학교 교직원과 언론인이 행하는 업무의 공정성과 신뢰성 및 직무의 불가매수성이 공무원에게 요구되는 것과 동일한 수준으로 요구된다고 보기 어렵다. 정의조항이 민간영역인 사립학교 관계자나 언론인의 사회윤리규범 위반행위에 대하여까지 청탁금지법을 통해 형벌과 과태료의 제재를 가할 수 있도록 한 것은 과도한 국가 형벌권의 행사이며, 금품등 수수행위에 대한 청탁금지법상 제재는 책임과 형벌 간의 비례원칙에도 어긋난다. 그 밖에도 정의조항은 이들 민간영역에서 자발적으로 이루어지는 자율적 규제와 자정기능을 무시한 채 민간의 자발적인 부정부패 척결의 의지를 꺾고, 수사기관으로 하여금 입증이 용이한 청탁금지법에만 주로 의존하게 함으로써 부정부패 척결의 규범력과 실효성을 저하시킬 우려가 있는 점, 사립학교 관계자와 언론인을 공직자와 동일하게 청탁금지법의 적용대상으로 삼은 합리적인 기준을 제시하지 못하여 그 적용대상의 자

의적 선정이라는 의심이 들게 하는 점, 진지한 논의 없이 여론에 떠밀려 졸속으로 입법된 것으로 보이는 점 등에 비추어 보면, 정의조항은 침해의 최소성 원칙에도 반한다.

○ 정의조항에 의하여 달성하려는 공익은 현실화되지 않은 미래의 막연하고 추상적인 위험성에 불과한 반면, 정의조항에 의해 사립학교 관계자 및 언론인이 청탁금지법의 적용대상에 포함됨에 따라 발생하는 일반적 행동자유권의 제한 정도는 중대하고 이로 인하여 교육의 자유와 언론의 자유가 사실상 위축될 가능성도 존재한다. 따라서 제한되는 사익이 정의조항으로 달성하려는 공익보다 훨씬 크므로 법익의 균형성도 갖추지 못하였다.

□ 정의조항 반대의견에 대한 보충의견(재판관 김창종)

○ 민사소송 등 다른 소송절차와 마찬가지로 헌법재판에서도 심판대상(소송물)은 매우 중요한 의미를 지닌다. 헌법재판의 심리가 심판대상을 중심으로 이루어질 뿐 아니라, 중복제소나 일사부재리에 해당되는지 여부, 기판력이나 기속력 등과 같은 종국결정이 미치는 효력의 범위도 심판대상이 원칙적 기준이 되기 때문이다.

○ <u>청구인이 심판청구서에서 명시적으로 적시하면서 심판받기를 원하는 법률조항에 대하여, 헌법재판의 특수성에 따른 제한의 필요성이 인정되지 않는데도, 헌법재판소가 직권으로 이를 심판대상에서 함부로 제외하여서는 아니 된다. 이는 신청주의나 처분권주의에 명백하게 반하는 것일 뿐 아니라 자칫하면 '판단누락'으로 되어 재심사유에 해당할 수도 있기 때문이다</u>.

○ 법정의견은 정의조항 그 자체로는 청구인들의 자유를 제한하거나 의무를 부과하는 등 법적 지위에 영향을 주지 않는다는 이유로 정의조항을 심판대상에서 제외하고 있지만, 이러한 이유만으로는 청구인들이 심판청구서에서 심판대상으로 명시적으로 적시한 정의조항을 직권으로 심판대상에서 제외할 정당한 근거는 되지 못한다. 그러므

로 정의조항을 심판대상에서 제외하여서는 아니 되고, 만약 법정의견처럼 정의조항 자체만으로는 기본권 침해의 직접성이 인정되지 않는다고 본다면, 정의조항에 대한 이 사건 심판청구는 부적법하게 되므로 주문에서 이를 각하함이 마땅하다.

○ 한편, 청구인들을 '공직자등'에 포함시킨 정의조항은 그 자체만으로도 청구인들의 일반적 행동의 자유를 제한하고 각종 의무를 부과하는 등 기본권 제한 또는 법적 지위에 영향을 주는 것이라고 보아야 하므로, 정의조항은 기본권 침해의 직접성이 인정된다.

○ 청구인들은 특히 정의조항이 사립학교 관계자와 언론인을 그 성격이 전혀 다른 공직자와 동일하게 보아 청탁금지법의 적용대상에 포함시킨 것과 공익성이 강한 여러 민간영역 중에서 유독 사립학교 관계자와 언론인만을 '공직자등'에 포함시킨 것이 청구인들의 평등권을 침해하고, 언론의 자유나 사학의 자유 등을 침해한다는 취지로 계속 다투고 있다. 그러므로 과연 청구인들을 청탁금지법의 '공직자등'에 포함시킨 것이 평등권이나 일반적 행동자유권과 같은 다른 기본권을 침해하는지 여부는 정의조항을 직접 심판대상으로 삼아 그 위헌 여부를 확인하여 주어야 마땅하고, 또 그렇게 하는 것이 청구인들에게 가장 효율적이고 근본적인 기본권 구제의 수단이 된다.

○ 만약 청구인들의 주장이 받아들여져 정의조항이 위헌으로 선언된다면 자동적으로 청구인들은 청탁금지법에서 공직자등을 수범자로 한 여러 기본권 제한 규정이나 처벌조항 등의 적용을 받지 않게 되므로 그들의 기본권 제한이나 침해는 근원적으로 제거될 것이기 때문이다.

○ '수혜적 법률'의 정의규정의 적용대상에서 제외(배제)된 청구인이 평등권 침해를 주장하는 경우에 그 정의조항에 대하여 기본권 침해의 직접성을 넓게 인정해온 종래의 헌법재판소의 선례에 비추어 보더라도, '침해적 법률'의 성격을 지닌 청탁금지법의 적용대상을 규정한 정의조항에 포함된 것이 청구인의 평등권 등을 침해한다고 다투는 이

사건의 경우도 이와 다르게 해석할 합리적인 이유가 없다.

○ 그러므로 정의조항을 직접성 요건을 갖추지 못하였다는 이유로 심판대상에서 제외하여서는 아니 되고, 정의조항 자체를 심판대상으로 삼아 청구인들의 이에 관한 기본권 침해 주장의 당부를 판단한 다음, 주문에서 정의조항에 대한 심판청구의 인용 여부를 직접 선언하는 것이 옳다.

□ 위임조항 중 제8조 제3항 제2호에 대한 반대의견(재판관 이정미, 재판관 김이수, 재판관 안창호)

○ 헌법상 법치주의의 핵심적 내용인 법률유보원칙은 단순히 행정작용이 법률에 근거를 두기만 하면 충분한 것이 아니라, 국가공동체와 그 구성원에게 기본적이고도 중요한 의미를 갖는 영역, 특히 국민의 기본권 실현에 관련된 영역에 있어서는 행정에 맡길 것이 아니라 국민의 대표자인 입법자 스스로 그 본질적 사항에 대하여 결정하여야 한다는 요구, 즉 의회유보원칙까지 내포한다.

○ 따라서 적어도 국민의 헌법상 기본권과 관련된 중요한 사항 내지 본질적인 내용에 대한 정책 형성 기능만큼은 주권자인 국민에 의하여 선출된 대표자들로 구성되는 입법부가 담당하여 법률의 형식으로써 수행해야 하지, 행정부나 사법부에 그 기능을 넘겨서는 아니된다. 국회의 입법절차는 국민의 대표로 구성된 다원적 인적 구성의 합의체에서 공개적 토론을 통하여 국민의 다양한 견해와 이익을 인식하고 교량하여 공동체의 중요한 의사결정을 하는 과정이며, 일반 국민과 야당의 비판을 허용하고 그들의 참여가능성을 개방하고 있다는 점에서 전문 관료들만에 의하여 이루어지는 행정입법절차와는 달리 공익의 발견과 상충하는 이익간의 정당한 조정에 보다 적합한 민주적 과정이기 때문이다.

○ 청탁금지법 제8조 제1항은 명목을 불문한 일정액 이상의 금품 등의 수수를 금지하고 제2항은 직무와 관련해서는 대가성을 불문하고

일정액 이하의 금품등의 수수도 금지하는 내용으로, 이들 조항만 있는 경우에는 사실상 공직자등은 청탁금지법의 입법취지와는 무관한 일상적인 사적 금전거래마저도 모두 할 수 없는 것이 되고 이는 보호법익의 침해가 없는 행위마저 금지하는 결과를 초래하는바, 청탁금지법 제8조 제1항 및 제2항은 그 자체로는 완결적인 금지조항이라고 보기 어렵다. 이러한 불합리함을 해소하고 청탁금지법의 입법취지에 맞는 실효성을 확보하기 위해 청탁금지법은 제8조 제3항을 규정하여 형식상 제1항 및 제2항에 해당하는 행위이지만 청탁금지법이 보호하고자 하는 법익의 침해가 전혀 없는 행위들을 처음부터 제1항 및 제2항의 규율에서 벗어나게 하도록 하였다.

○ 그렇다면 결국 공직자등에게 금품등 수수와 관련하여 실질적인 행동규범으로 작용하는 것은 청탁금지법 제8조 제1항에서 정한 '동일인으로부터 1회에 100만 원 또는 매 회계연도에 300만 원 초과 기준'과 함께 청탁금지법 제8조 제3항 제2호에 따라 대통령령에서 정해지는 '금품등 수수 금지행위의 가액 하한선'이 된다고 할 것이다.

○ 현재 청탁금지법의 시행을 앞두고 사회적 논쟁이 되고 있는 주된 부분이 청탁금지법의 인적 적용범위와 아울러 바로 청탁금지법 제8조 제3항 제2호에 의해 대통령령에서 정해지는 '금품등 수수 금지행위의 가액 하한선'을 둘러싼 것임은 주지의 사실인바, 이러한 현상은 대통령령에서 정해지는 가액 기준의 위와 같은 실질적 규범력을 방증하는 것이라고 할 수 있다.

○ 또한 청탁금지법 제8조 제3항 제2호가 규정한 음식물 · 경조사비 · 선물 등은 비단 공직자등 뿐만 아니라 우리 국민 모두가 일상생활에서 사교 · 의례 또는 부조의 목적으로 서로 주고받게 되는 것이므로, 대통령령에서 정해지는 '금품등 수수 금지행위의 가액 하한선'은 공직자등 뿐만 아니라 수많은 국민들의 행동방향을 설정하는 기준으로 작용할 수 있다. 2015년 9월 기준으로 청탁금지법의 적용대상 기관은 40,008개, 적용대상 '공직자등'의 인원은 약 224만 명으로 추산될

만큼 많고(현대경제연구원, “청탁금지법의 적정 가액기준 판단 및 경제효과 분석”, 2015. 9., 25면 참조), 그 밖에 공직자등의 배우자는 공직자등의 직무와 관련하여 수수 금지 금품 등을 수수하여서는 아니 되는 의무를 부담하므로(청탁금지법 제8조 제4항) 공직자등의 배우자 역시 청탁금지법의 적용을 받게 되며, 나아가 국민 누구든지 공직자등에게 또는 그 공직자등의 배우자에게 수수 금지 금품등을 제공하거나 그 제공의 약속 또는 의사표시를 하여서는 아니 되고, 이를 위반하면 형사처벌 또는 과태료의 제재를 받게 된다(청탁금지법 제8조 제5항, 제22조 제1항 제3호, 제23조 제5항 제3호)는 점까지 감안하면, 청탁금지법은 사실상 모든 국민이 그 적용을 받는다고 보아야 할 것이다.

○ 아울러 청탁금지법의 직접 적용을 받지 않더라도 예컨대 국내에서 생산되는 농·축·수산물의 생산·판매·유통관련 업무에 종사하는 자, 요식업을 비롯하여 청탁금지법이 ‘금품등’으로 규정한 것과 관련된 산업에 종사하는 자 등에 이르기까지 대통령령에서 정해지는 ‘금품등 수수 금지행위의 가액 하한선’에 의해 실질적 또는 간접적으로 영향을 받을 가능성이 있는 국민들의 수도 상당할 것으로 예상되는바, 이는 사실상 국민 모두의 이해관계에 관련되어 있다고 할 수 있다.

○ 법정의견은 청탁금지법 제8조 제1항과 제2항을 종합하여 보면, 청탁금지법 제8조 제3항 제2호에 의해 대통령령에 정해질 가액의 상한선은 100만 원이라고 해석되므로 입법자는 법률에서 구체적이고 명확한 입법의 기준을 제시하고 있다고 한다. 그러나 위 법정의견에 따르면 대통령령은 100만 원의 범위 내에서는 그 허용 가액 기준을 자유롭게 정할 수 있게 된다. 그런데 음식물·경조사비·선물 등의 가액과 관련된 국민 일반의 일상 생활에서의 경험과 법 감정, 공직사회의 투명성 제고 등 청탁금지법의 입법취지를 고려할 때, 공직자등에게 제공되는 음식물·경조사비·선물 등과 관련하여 가액 상한선 100만 원은 지나치게 고액이므로 상한선으로서 어떠한 실질적인 입법의 지침으로 기능한다고 할 수 없고, 공직자등의 구체적인 행동규범의 기준으

로서 특별한 의미를 가진다고 할 수 없다. 그 결과 대통령령에 규정될 가액기준이 100만 원의 범위 내이기만 하면 모두 청탁금지법의 입법 취지에 부합한다고도 할 수 없다. 따라서 입법자는 공직자등에게 제공되는 음식물 · 경조사비 · 선물 등과 관련하여 허용되는 가액기준이 비록 100만 원의 범위 내라고 하더라도 이에 관련된 다수 국민들의 이해관계를 충분히 고려하고 국민의 법감정과 청탁금지법의 입법취지에 부합하는 구체적인 가액기준을 직접 제시할 필요가 있는 것이다.

○ 한편, '금품등 수수 금지행위의 가액 하한선'을 법률에서 직접 규정하기에 곤란한 부득이한 사정이 있다고 보기 어렵고, 이것이 행정부 전문관료들의 전문적 판단이 요구되는 전문적 · 기술적 영역이라고 보이지 않고 입법자의 결단이 필요한 영역일 뿐이다. 또한 이는 시대적 · 경제적 · 문화적인 변화나 국민인식의 변화, 경제규모와 물가수준의 변화 등을 고려하더라도 그 액수가 수시로 급변하는 성질의 것이라고 할 수 없을 뿐만 아니라(일본 등 외국의 사례도 수시로 변경되지 않은 것으로 보임), 공직사회에 대한 투명성의 요청이 갈수록 더 높아지는 추세에 비추어 '금품등 수수 금지행위의 가액 하한선'에 대한 국민의 법 감정도 쉽게 변할 것으로 보이지 않으므로 행정입법에 의하여 탄력적으로 대처할 긴급한 필요성도 인정하기 어렵다.

○ 그렇다면 청탁금지법 제8조 제3항 제2호에 따라 대통령령에서 정해지는 '금품등 수수 금지행위의 가액 하한선'은 청구인들을 포함한 공직자등의 일반적 행동자유권과 관련된 중요한 사항 내지 본질적인 내용에 대한 것이고 나아가 국민 모두의 이해관계 내지 기본권 제한에 직 · 간접적으로 영향을 미치는 기본적이고 중요한 사항에 속하는 것이므로, 이는 주권자인 국민에 의하여 선출된 대표자들로 구성되는 입법부가 담당하여 법률로써 결정되어야 할 사항이지 행정부에 그 기능을 넘겨 결정할 사항이 아니다.

○ 따라서 위임조항 중 청탁금지법 제8조 제3항 제2호가 '금품등 수수 금지행위의 가액 하한선'을 법률이 아닌 대통령령에서 정하도록

위임한 것은 헌법 제37조 제2항에서 정하는 기본권 제한의 법률유보원칙, 특히 의회유보원칙에 위반하여 청구인들의 일반적 행동자유권을 침해한다.

□ 위임조항에 대한 반대의견(재판관 김창종)

○ 위임조항은 포괄위임금지원칙을 규정한 헌법 제75조에 위배되어 청구인들의 일반적 행동자유권을 침해함으로써 헌법에 위반된다.

○ 청탁금지법 제8조 제3항 제2호 및 제10조 제1항의 위임조항은 단지 '대통령령으로 정하는 가액 범위 안의 금품등', '대통령령으로 정하는 금액을 초과하는 사례금'이라고 규정하여, 수수가 허용되는 금품등의 가액 범위에 관한 기본적 사항에 관하여 어떠한 기준이나 범위도 구체적으로 제시하지 아니한 채 그 내용을 모두 하위법령인 대통령령에 포괄적으로 위임하고 있다.

○ 그리하여 수범자인 공직자등은 위임조항을 통하여 단지 대통령령에 위임될 대상이 '금품등의 가액'이나 '사례금의 금액'이라는 것만 알 수 있을 뿐이고, 더 나아가 수수가 허용되는 금품등의 가액이나 외부강의등 사례금의 상한액이나 범위가 어느 수준으로 대통령령에 규정될 것인지를 도저히 예측할 수 없다.

○ 위임조항은 수수 등이 허용되는 금품등이나 외부강의등 사례금의 가액 범위를 대통령령에서 규정하도록 포괄적으로 위임하고 있을 뿐이지, 그 가액의 범위를 청탁금지법 제8조 제1항이나 제2항의 한도 내에서 정하도록 제한하는 어떠한 규정도 두고 있지 않는 점, 청탁금지법 제8조 제3항은 "제10조의 외부강의등에 관한 사례금 또는 다음 각 호의 어느 하나에 해당하는 금품등의 경우에는 제1항 또는 제2항에서 수수를 금지하는 금품등에 해당하지 않는다."고 규정하고 있는 점에 비추어 보면, 위임조항의 위임에 따라 대통령령에 규정될 가액은 청탁금지법 제8조 제1항이나 제2항의 기준(동일인으로부터 1회에 100만 원 또는 매 회계연도에 300만 원)과는 아무런 상관없이 독자적으로 정해

진다고 해석될 여지가 충분히 있다.

○ 청탁금지법 제8조 제3항 제2호 중에서 '사교·의례 또는 부조의 목적으로 제공되는 음식물·경조사비·선물 등'의 수수는 공직자등이 단지 국민의 한 사람으로서 일상적인 사회생활의 일환으로 행하는 것일 뿐이지 그의 직무와 아무런 관련성이 없는 것이고, 청탁금지법 제10조 제1항의 외부강의등에 포함되는 토론회·세미나·공청회 등의 대가로 받은 사례금도 그것이 반드시 공직자등의 직무와의 관련성이 인정되는지 여부도 불분명하다. 그러므로 위임조항에 의하여 대통령령에 규정될 수수 허용 금품등의 가액이나 외부강의등 사례금은, 직무관련성이 인정되지 아니하므로, 100만 원을 초과하지 아니하는 범위 안에서 정해질 것이라고 누구나 충분히 예측이 가능하다고 보기는 어렵다.

○ 결국 위임조항은 포괄위임금지원칙을 규정한 헌법 제75조에 위배되어 청구인들의 일반적 행동자유권을 침해하므로 헌법에 위반된다.

□ 위임조항 법정의견에 대한 보충의견(재판관 서기석)

○ 가사 청탁금지법 제8조나 제10조를 종합하여 보아도 대통령령에 규정될 금품등의 가액이나 사례금의 상한액이 100만 원 이하의 금액이 될 것이라고 예측할 수 없다고 하더라도, 공직자에게 적용되는 공직자윤리법, '부패방지 및 국민권익위원회의 설치와 운영에 관한 법률' 제8조에 따라 제정된 공무원윤리강령, '공직자 행동강령 운영지침'과 사립학교 관계자·언론인에게 적용되는 사립유치원윤리강령, 교육공무원징계양정규칙, 촌지근절대책, 기자윤리강령 등에서 공직자등이 수수할 수 있는 금품등의 가액이나 외부강의등의 사례금의 상한액 등을 정하고 있고, 이들은 이미 상당 기간 시행되어 공직자등이 잘 알고 있는 사항이다. 따라서 이러한 법령 등에서 정하고 있는 사항과 누구나 납득할 수 있는 일반 사회의 관행을 기준으로 하여 청탁금지법상 공공기관의 청렴성을 해하지 아니하는 한도 내에서 대통령령이 수수

허용 금품등의 가액이나 외부강의등의 사례금의 상한액을 정할 것임을 충분히 예측할 수 있다 할 것이다. 따라서 위임조항은 포괄위임금지의 원칙에 위반되지 않는다.

□ 제재조항 중 제22조 제1항 제2호에 대한 반대의견(재판관 이정미, 재판관 김이수, 재판관 김창종, 재판관 안창호)

○ 어떤 행위를 범죄로 규정하고 이를 어떻게 처벌할 것인가 하는 문제는 광범위한 입법재량이 인정되는 분야이다.

○ 그러나 범죄의 설정과 법정형의 종류 및 범위의 선택에 관한 입법자의 입법재량권이 무제한한 것이 될 수는 없으며, 형벌 위협으로부터 인간의 존엄과 가치를 존중하고 보호하여야 한다는 헌법 제10조의 요구에 따라야 하고, 헌법 제37조 제2항이 규정하고 있는 과잉입법금지의 정신에 따라 형벌개별화 원칙이 적용될 수 있는 범위의 법정형을 설정하여 실질적 법치국가의 원리를 구현하도록 하여야 하며, 형벌이 죄질과 책임에 상응하도록 적절한 비례성을 지켜야 한다.

○ 공직자등이 그 배우자의 금품등 수수 사실을 알면서 신고하지 아니한 행위(이하 '불신고행위'라고 한다)를 처벌할 필요가 있다고 하더라도, 그 불신고행위의 가벌성과 죄질, 비난가능성, 행위의 책임이 공직자등이 직접 금품등을 수수한 경우와 동일하다고 보기는 어렵다. 그런데도 불신고처벌조항은 공직자등의 불신고행위를 공직자등이 직접 금품등을 수수한 경우와 그 가벌성이나 죄질 등이 동일하다고 보아 같은 법정형으로 처벌하도록 규정하고 있으므로 책임과 형벌의 비례원칙에 위반된다.

○ <u>우리 형사법체계상 불고지죄를 처벌하는 경우로는 국가보안법 제10조의 불고지죄 외에는 그 예를 쉽게 찾기 어렵다. 더구나 국가보안법상의 불고지죄의 경우는 본범이 중하게 처벌되는 범죄인데 반하여, 불신고처벌조항은 본범(금품등을 직접 수수한 공직자등의 배우자)이 전혀 처벌되지 않음에도 본범의 행위를 알고서 신고하지 않는</u>

불고지범(공직자등)만을 처벌하는데 이러한 입법례는 더더욱 찾기 어렵다.

○ 처벌되지 않는 본범의 행위를 알고서 신고하지 않은 행위만을 처벌하는 불신고처벌조항은 우리 형사법체계에서 찾아보기 어려운 극히 이례적인 입법형태이고, 책임에 상응하지 않은 형벌을 부과하는 것이므로 형법체계 상의 균형을 상실한 과잉입법에 해당한다.

○ 이와 같은 이례적인 입법형태를 취하였기 때문에 불신고처벌조항의 공소시효(5년) 기간이 사실상 무한정으로 연장되는 불합리한 결과를 초래한다. 만약 직접 금품등을 수수한 배우자가 처벌된다면 그 처벌조항의 공소시효는 수수한 때로부터 5년이므로 그 기간만 경과하면 배우자는 처벌되지 않을 것이고, 그 후에 배우자의 수수행위를 알고서 신고를 하지 않은 공직자등도 처벌되지는 않는다. 그런데 청탁금지법은 금품등을 직접 수수한 배우자의 행위를 처벌하지 않기 때문에, 이로 인하여 오히려 공직자등은 배우자의 수수행위가 있은 날로부터 5년이 훨씬 지난 후, 언제라도 그 수수사실을 알고서 신고를 하지 않으면 그 때부터 5년의 공소시효가 진행되는 불합리한 결과를 초래하는 것이다.

○ 공직자등이 그 배우자를 통하여 금품등을 우회적으로 수수하는 통로를 차단하는 가장 확실하고 효과적인 수단은, 수수 금지 금품등을 수수한 공직자등의 배우자를 직접 처벌하는 것이다. 공직자등의 배우자가 이를 위반하여 '공직자등의 직무와 관련하여' 금품등을 수수하였다면 그 죄질이나 가벌성, 책임의 정도가 공직자등이 '직무관련성이나 대가성 없이' 직접 그 만큼의 금품등을 수수한 경우와 비교해 보더라도 결코 가볍다고 할 수 없기 때문에 공직자등의 배우자를 처벌하더라도 형평에 반한다고 할 수 없다. 이처럼 공직자등의 직무와 관련하여 금품등을 직접 수수한 공직자등의 배우자를 처벌하는 대신에 그러한 사실을 알게 된 공직자등이 이를 신고하면 그 배우자의 형을 필요적으로 감경 또는 면제하도록 규정한다면 배우자를 통하여 우회

적으로 금품등을 수수하는 통로를 차단하는 목적을 충분히 달성할 수 있다.

○ 이러한 점들을 모두 종합하면 불신고처벌조항은 형벌과 책임의 비례원칙에 어긋나고 형벌체계상의 균형을 상실하여 청구인들의 일반적 행동자유권을 침해하므로 헌법에 위반된다.

[평석 및 김영란법의 분석내용]

Ⅰ. 들어가면서

1. 심판대상 법률

청탁금지법 제2조 제1호 라목과 마목, 제2호 다목과 라목(다음부터 '정의조항'이라 한다), 제5조 제1항, 제2항 제7호, 제8조 제3항 제2호, 제9조 제1항 제2호, 제10조 제1항, 제22조 제1항 제2호, 제23조 제5항 제2호.[1]

2. 위헌청구의 논거

정의조항은 그 자체로는 청구인들의 권리의무에 아무런 영향을 주지 않는다. 청구인들의 정의조항에 대한 위헌 주장은 결국 청탁금지법이 사립학교 관계자와 언론인에게 공직자와 똑같은 청렴의무 등을 부과하고 이를 위반할 경우 제재를 가하는 것이 위헌이라는 취지이다.

3. 입법 과정

일명 김영란법으로 불리는 '부정청탁 및 금품 수수의 금지에 관한 법률(이하 '김영란법'이라 한다)은 2011년 6월 김영란 당시 국민권익위원

1) 제정 법률에 대한 위헌소송에서 전체 법률 24개 조문 중에서 금번 대상 법률 조문은 제2조, 제5조, 제8조, 제9조, 제10조, 제22조, 제23조 총 7개 조문으로 핵심적 내용을 담고 있는 대부분의 조문이 그 대상이다.

장이 처음 제안하였고, 2015년 3월 3일 국회본회의를 통과하였으며, 2015년 3월 27일 공포된 이 법은 1년 6개월의 유예기간을 거쳐 2016년 9월 28일부터 시행되었다. 김영란법은 제정 당시부터 사회 전반에 여러 논쟁을 가져왔다. 적용 대상이 공직자 외에 민간 영역까지 광범위하다는 점에서 과잉 입법이 아닌지, 청탁·금품수수의 허용 또는 규제 기준이 모호해 국가공권력과 란파라치라 불리우는 포상금을 노리는 제보자 등 민간사찰의 적법화 여부 등의 우려가 지속되고 있다.

금번 헌재에 위헌청구의 핵심은 법률이 가지고 있는 명확성과 형평성과 법적 안정성에 대한 아무런 담보도 없이 모호한 상태의 입법에 대한 헌재의 태도에 대한 비판적 분석과 법률이 가지고 있는 문제점을 지적하고 향후 이에 대한 개정을 위한 입법정책적 시사점을 제시하고자 한다.

4. 향후 전망

김영란법은 최초 입법 발의 단계에서 국회 통과시까지 여러 차례 수정 과정을 거쳤다. 법안의 당초 취지는 공무원의 금품 수수를 막겠다는 취지로 제안됐지만, 입법 과정에서 적용 대상이 사립학교 교사, 언론인과 이들 배우자 등 민간 영역으로 확대되면서 적용대상자가 약 400만 명(일각에서는 약 1,000만 명)에 달한다고 예상한다.

권익위가 2016년 5월 시행령 제정안을 발표하고 '해설서'가 공개된 이후에도 규제 대상의 적절성, 규제 내용의 모호성을 둘러싸고 민원인들에 대한 질문에 명확한 답을 내놓지 못하는 경우가 있어 법 시행 이후 아직 혼란이 야기되고 있다.

김영란법은 많은 논란 속에서 제정되었지만 이 법의 수명이 과연 그 형태를 유지한 채 계속 유효할 것인지 그리고 21세기 대한민국에서 도덕 규범의 형태와 유사한 이 법률이 과연 필요한지에 대한 의문이 든다. 법률로서 사회적 정화기능을 달성할 수 있는 순기능과 함께 적어도 법률이 가지는 정당성과 합리성이 인정되어야 할 것인데, 김영란법은 안타깝게도 결단주의의 이상에 따른 개념 법학의 부분이 법률에 여러 군데 산재하고 있어 위헌소지와 함께 대한민국의 법문화와 이로 인한 산업화와 맞지 않는 법이 될 가능성으로 그 생명력에 의문이 제기된다.

Ⅱ. 본 법률의 입법취지와 문제점

1. 입법취지

본 법률은 제1조에 그 입법 목적을 밝히고 있다. 부정청탁 관행을 근절하고, 금품 등의 수수행위를 직무관련성 또는 대가성이 없는 경우에도 제재가 가능하도록 하여 공직자 등의 공정한 직무수행을 보장하고 공공기관에 대한 국민의 신뢰를 확보하려는 목적 즉 공직의 청렴성과 공정성을 유지하여 OECD국가 중 하위 순위의 대한민국의 청렴도를 획기적으로 상향시키고 깨끗하고 투명한 사회를 만들기 위한 취지의 목적을 가진 법률이라 할 수 있다.

2. 헌재 결정에서 본법의 문제점

법률 제1조(목적)에서 밝혔듯이 본 법률의 대상을 통칭하여 공직자라는 용어를 사용하면서 그 구체적 정의를 법률 제2조에서 밝히고 있다. 그러나 법 제2조에는 법률 제1조의 목적 범위보다 더 넓은 개념을 사용하고 있어 그 대상 범위가 광범위하고 원칙과 기준이 모호하게 열거식으로 규정하여 공적 영역과 크게 연관이 없는 교원과 언론인 등이 대상자로 되어 잠재적 범죄자로 취급되어 법률의 명확성의 원칙과 법적안정성과 법의 신뢰성을 침해할 가능성이 있다. 2015헌마412의 청구이유도 언론의 자유, 양심의 자유, 평등권 등 기본권을 침해한다는 이유이다.

2015헌마662 또한 사립유치원장을 공직자 등으로 규정한 김영란법 제2조 제1호 다목, 동법 제5조, 동법 제8조 제3항 제2호, 동법 제9조 제1항 제2호, 동법 제22조 제1항 제2호, 동법 제23조 제5항 제2호, 동법 제10조 제1항이 청구인들의 사학의 자유, 양심의 자유, 평등권 등 기본권을 침해한다는 이유로 위헌청구 되었다.

또한 각급 사립학교의 장과 교직원, 사립학교법인의 임원도 동법 제2조 제1호 라목, 제2호 다목, 동법 제5조, 동법 제9조, 동법 제22조 제1항 제2호, 동법 제23조 제5항 제2호에서 평등권, 교육의 자주성 및 대학의 자율성, 양심의 자유 등 기본권을 침해한다며 헌법소원심판을 청구하였다.

이에 헌법재판소는 이에 대해서 언론인과 사립학교 임직원을 김영란법 적용 대상에 포함시킨 것은 교육과 언론은 국민의 일상생활에 밀접한 영역으로 국가나 사회 전체에 미치는 영향력이 큰 만큼 공직자에 맞먹는 청렴성이 요구된다는 이유로 헌법상 기본권을 침해하지 않는다며 합헌 결정했다.

그러나 과잉금지원칙을 위반하고 언론인 및 사립학교 관계자의 일반적 행동자유권을 침해한다는 점, 금품 등 수수금지행위의 가액 하한선을 법률이 아닌 대통령에서 정하도록 위임한 것은 청구인의 일반적 행동자유권을 침해한다는 점, 동법 제22조 제1항 제2호(불신고처벌조항)는 형벌과 책임의 비례원칙에 어긋나고 형벌체계상의 균형을 상실하여 언론인 및 사립학교 관계자의 일반적 행동자유권을 침해한다는 점에서 비판적 측면이 있으며 이에 대한 재판관들의 반대의견도 있다.

헌재가 국가권력에 의해 청탁금지법이 남용될 경우 언론의 자유나 사학의 자유가 일시적으로 위축될 소지는 있다는 점을 인정하였지만, 이 문제는 취재 관행과 접대 문화의 개선, 그리고 의식 개혁이 뒤따라가지 못함에 따른 과도기적인 사실상의 우려에 불과하며, 심판대상조항에 의하여 직접적으로 언론의 자유와 사학의 자유가 제한된다고 할 수는 없다고 하여 헌재 스스로 법률의 모순점과 부작용을 인정하였으나 합헌으로 결정을 한 것으로 볼 수 있어 논란의 소지가 있다.

신고조항과 제재조항은 배우자가 수수 금지 금품 등을 받거나 그 제공의 약속 또는 의사표시를 받았다는 객관적 사실, 즉 배우자를 통해 부적절한 청탁을 시도한 사람이 있다는 것을 고지할 의무를 부과할 뿐이므로, 청구인들의 양심의 자유를 직접 제한한다고 볼 수 없다.

또한 동법에 적시된 '부정청탁'과 '사회상규'의 개념이 모호하다는 쟁점에 대해서는 재판관 전원이 죄형법정주의의 명확성 원칙에 위배되지 않는다며 합헌 결정을 내렸다.

그러나 헌재의 논거는 양심의 자유를 직접 제한한다고 볼 수 없다는 논거를 제시하고 있으나, 의무 부과와 관련된 당사자 형사처벌규정이 있어 헌재 결정의 논거는 현행 친족상도례규정과 범인도피죄에서의 친족에 대한 면책 규정을 고려할 때 형평성이 맞지 않으며, 형법의 기본원칙에서 벗어난 적정한 논거로 볼 수 없다.

3. 17 · 18세기 경찰국가시대로의 회귀 가능성

본 법률의 집행과정과 관련하여 자칫 우리 사회가 17 · 18세기의 경찰국가시대[2]로 회귀할 가능성도 배제하지 못한다. 현재 약 13만 명

2) 근대의 법치국가가 성립되기 이전인 17 · 18세기 유럽에 있어서의 절대군주시대에서, 군주(君主)의 권력이 내정(內政) 전반에 걸쳐 경찰권에 의하여 마음대로 행사하였던 형태의 국가. 경찰국가는 독일의 전신(前身)인 프로이센에서 군주를 중심으로 그 휘하의 관료군이 봉건영주의 분권적 지배를 타파하고 중상주의와 부국강병을 병용하면서 각종 복지 · 보호행정을 통해 국내 산업을 육성하려 한 데서 비롯되었다.
당시에는 이와 같은 관료군에 의한 치안과 복지행정을 통틀어 '경찰'(Polizei)이라 하였던 것이다. 그러나 프로이센 역시 다른 유럽의 국가들과 마찬가지로 절대군주제에서 벗어나질 않았기 때문에 공공복지(→사회복지)를 지향하는 경찰국가의 건설이란 허울 좋은 구호에 지나지 않았고 실제로는 군주가 국민 생활에 대한 간섭을 합리화하는 수단이 되었다. 이러한 개념의 경찰국가의 용어는 오늘날에 있어서도 흔히 경찰권을 남용하여 국민의 생활을 감시 · 통제하는 국가를 비난하는 말로 쓰이고 있다.
[네이버 지식백과] 경찰국가[警察國家, police state, Polizeistaat](행정학사전, 2009. 1. 15, 대영문화사).

의 경찰관 중 정보 업무를 담당하는 경찰들이 공직자 등, 언론인, 교직원 및 그 가족인 일반 민간인에 대한 본 법률에서 설정한 범죄 정보를 수집하여 데이터를 작성할 경우 언제든지 국가권력의 행사를 위해 경찰권을 이용할 가능성이 있으며, 항시적으로 국민의 생활을 감시·통제할 수 있는 법적 근거를 제공하여 정적제거용 또는 반국가사범의 제거를 위해 본 법률을 수단으로 이용할 가능성도 있다.

또한 본 법률의 부작용 가능성으로 국민 개개인의 상호불신과 부정청탁규정을 이용한 공직자의 복지부동이 만연될 위험이 있다. 본 법률의 대상에서 공직자 이외 친족과 가까운 지인들에게 관련 법문이 적용될 수밖에 없는 구조로 되어 있기 때문이다.

당연히 공정성·청렴성이 강조되는 곳이 공직사회이지만 공직자를 둘러싼 일반 국민들에게까지 이를 확대·적용하는 것은 국가가 지나치게 국민을 불신하는 것이 아닌가라는 측면도 있다.

이 법률의 시행은 법적 안정성의 모호함으로 인하여 일반 국민들의 일상생활에 대한 과도한 국가간섭을 초래하여 국민의 평온함에 위협이 될 수도 있다.

Ⅲ. 법률의 구체적 내용에 대한 검토

1. 법률의 대상 범위의 확대로 인한 잠재적 범죄자 확대

본 법률의 대상자에서 공직자의 범위 확대로 인한 공직과 무관한 대상자의 잠재적 범죄인 취급 가능성이 있으며, 공직자의 가족 즉 민법 제779조의 친족의 범위로 규정되어 있어 그 범위가 너무 넓어 입증의 어려움과 과도한 규제는 오히려 법의 규범력, 실효성 약화 우려가 있으며, 정치적 반대 세력 등에 의한 자의적 법집행과 표적 수사 우려의 가능성이 있다.

2. 법률에서 처벌하고자 하는 범죄의 명확성 여부

법률의 제정 목적에 의해 달성하고자 하는 이익·불이익과 관련한 비례성의 원칙을 비교하였을 때 법의 제정으로부터 얻는 청렴성과 공정성에 비해 국가의 과도한 간섭과 법적 안정과 실효성의 혼란 등으로 사회적 혼란의 양이 더 크다고 할 수 있다.

대가관계 증명이 어려운 부정청탁행위나 금품 등 수수행위는 배임수재죄로 처벌할 수 없어 형법상 배임수재죄로 처벌하는 것만으로는 충분하지 않고, 교육계와 언론계에 부정청탁이나 금품 등 수수 관행이 오랫동안 만연해 왔고 크게 개선되고 있지 않다는 각종 여론조사 결과와 국민 인식 등에 비추어 볼 때, 교육계와 언론계의 자정노력에만 맡길 수 없다는 입법자의 결단이 잘못된 것이라고 단정하기도 어렵다는 논거는 본 법률이 과연 이러한 목적을 달성할 수 있는 실효성이 있는지 의문이 든다. 여론조사에 의해 사회의 부패를 처벌하는 법률이 과연 죄형법정주의의 명확성의 원칙과 침해의 최소성 원칙에 적합한지에 대해서는 의문이 든다.

본 법률 제5조의 공직자에 대한 부정청탁 금지규정 또한 국민의 민원권과 청원권과의 구별의 불명확화로 인하여 혼란이 생길 가능성이 있다. 즉 국민이 다른 사람의 도움을 통해 행정행위에 대한 바램과 불만을 법에 정한 절차나 규정으로 하지 않을 경우 본 법률에 의한 처벌의 가능성이 항상 존재하기 때문에 행정청에 대한 국민의 입을 막을 소지가 있다. 이러한 것은 부정청탁의 요건 중 기준의 범위가 불명확하여 형벌규정의 명확성 원칙에 반한다.

이들 규정은 모든 국민들이 관련 법규정에 따른 절차를 정확하게 숙지하고 있는 경우에만 가능하므로, 자칫 그렇지 못한 대부분의 국민들은 법의 무지로 인해 처벌될 위험성이 잔존해 있기 때문에 행정처분에 순응할 수밖에 없는 구조가 될 것이다.

특히 본 법률 제5조 제2항 3호에서 선출직 공직자 · 정당 · 시민단체 등이 공익적 목적이라는 모호한 규정으로 제3자의 고충민원의 범위가 모호할 경우 예외를 인정하여 본 법률 제1조의 입법취지와 달리 정치인 등은 처벌을 하지 않도록 하는 등 불균형 법률이라 할 수 있다.

부정청탁 여부가 명확성이 결여되며, 정치인 등이 제외되는 이유를 설명할 수 없으며, 본 법률의 입법취지와 달리 그 대상의 형평성이 결여된 평등성이 인정된 법률이라고는 할 수 없다.

3. 사회상규에 위배되지 않는 행위와 관련된 법리적 문제점

본 법률에서 제시된 마지막 예외사유로 "사회상규에 위배되지 아니하는 것으로 인정되는 행위"를 규정하고 있다. 이러한 입법의 형태는 바람직하지 않다. 마치 기존의 각종 예외사유에 해당되지 않지만 우리 사회에서 용인되고 수용할 수 있는 경우 사회상규라는 위법성조각사유의 척도를 제시하여 본 법이 가지고 있는 모순점 등을 해결하고자 하는데 이는 결국 입법 내용의 혼란을 감추기 위한 편법적 입법방법이며 일종의 위장 규정이라고도 할 수 있다.

왜냐하면 "사회상규에 위배되지 않는 행위"는 형법 제20조에서 규정되어 있어 구태여 이를 본 법률에 넣지 않더라도 모든 법에는 당연히 적용되고 있는데 본 법률에만 마치 특별히 규정한 것처럼 혼란을 줄 수 있기 때문이다.

한걸음 더 나가서 본 법률에서 처벌하고자 하는 모든 범죄 유형이 과연 우리 사회의 사회상규에 합당한지에 대한 세밀한 검토도 필요하다.

본 법률 제7조 제2항과 제3항에는 공직자와 소속기관장의 부정청탁 여부의 판단의무부과와 권익위에 과태료부과 조치 요구가 있는데 부정청탁의 경우 형벌권과 과태료 부과권이 혼재되어 모호한 규정이 되어 죄형법정주의와의 충돌가능성도 예상된다. 따라서 이 규정자체가 사회상규에 위배되는 규정이 아닌지 면밀한 검토가 필요하다.

4. 본 법률의 선언적 의미의 순기능과 역기능의 혼재

헌제의 결정 논거 중에서 선언적 의미인 본 법률 제8조의 공직자의 금품수수 금지규정은 그 자체로 공직사회에서의 선언적 의미가 있다고 할 수 있다. 그러나 공직자의 금품수수를 금지하기 위하여 직무와 관련 없이 공직자가 동일인으로부터 1회에 100만 원 또는 매 회계연도에 300만 원을 초과하는 금품 등을 받거나 요구하는 경우에는 3년 이하의 징역이나 3천만 원 이하의 벌금에 처하도록 하고, 이 이하의 금액이라도 대가성 여부를 불문하고 직무와 관련하여 금품을 수수한 경우에는 받은 금품 가액의 2배 이상 5배 이하에 상당하는 금액의 과태료를 부과하도록 하고 있으며, 단서규정으로 상급공직자의 위로·포상금, 경조사비, 사회상규에 따라 허용되는 금품 등은 수수 금지 품목에 해당되지 않도록 하고, 공직자의 가족에 대해서도 공직자의 직무와 관련하여 수수 금지 금품 등을 받거나 요구하지 못하도록 하고, 누구든지 공직자의 가족에게 수수 금지 금품 등을 제공할 수 없도록 하고 있다.

이 규정 자체는 모든 국민들이 상대방과 상대방의 친족의 직업 특히 공직자인지를 사전에 인식하고 있을 것을 전제로 한다. 물론 이를 입증하기는 더더욱 어렵다. 수사기관에서는 용의자가 그 사람의 친족이 공무원인지를 알고 있었음을 입증해야 한다. 그 입증의 어려움이 예상된다.

탁상 법률이라 할 수 있다. 본 법률의 실제로 적용될 경우 수사기관이나 재판기관에 과중한 업무가 예상되었지만, 실제 법률 시행 이후 현재까지는 거의 실효성이 없거나 사건 접수가 극히 드물었다. 또한 단속을 위한 과도한 정보활동으로 획득된 증거가 위수증의 형태로 증거능력이 없어 형사처벌을 할 수 없을 경우 개인 정보 침해 등을 이유로 국가에 대한 소송을 제기할 가능성도 있다.

실제로 현행 형법 및 특별법에서 뇌물죄의 성립을 위해 대가성 즉 직무관련성을 입증하기 위해서 수사기관과 피의자 사이에 치열한 법리공방이 있는데 만약 가족의 인지여부가 첨가될 경우 더 심화될 것이다. 만약 이 법률로 많은 국민들은 자신의 권리를 보호하기 위해서 법률비용을 많이 부담해야 할 것이다. 결국 본 법이 추구하는 깨끗한 공직사회와 국가청렴도를 높이기 위하여 얼마나 더 많은 사회비용을 부담할지는 알 수 없다.

5. 금액 산정의 위임 및 역기능

본 법률에서 사립학교 관계자와 언론인이 동일인으로부터 1회 100만 원 또는 매 회계연도 300만 원을 초과하는 금품 등을 수수한 경우에는 직무 관련 여부나 명목에 관계없이 처벌되므로(동법 제8조 제1항), 이 경우 위임조항의 '대통령령으로 정하는 가액'이 소극적 범죄구성요건으로 작용할 여지가 없어 죄형법정주의 위배 문제는 발생하지 않는다고 논거를 제시하였다. 여기서 소극적 범죄구성요건으로 작용할 여지가 없다는 것과 죄형법정주의 문제는 별개로 볼 수 있으므로 헌재 결정의 논거는 설득력이 미약하다.

또한, 사립학교 관계자 및 언론인이 외부강의 등의 대가로 대통령령으로 정하는 금액을 초과하는 사례금을 받고 신고 및 반환조치를 하지 않는 경우, 또는 동일인으로부터 1회에 100만 원 또는 매 회계연도에 300만 원 이하의 금품 등을 수수하더라도 직무관련성이 있는 경우에는 과태료가 부과된다. 그런데 과태료는 행정질서벌에 해당할 뿐 형벌이 아니므로 죄형법정주의의 규율대상에 해당하지 않으며, 따라서 위임조항이 죄형법정주의에 위반된다는 주장은 더 나아가 살펴 볼 필요 없이 받아들일 수 없다는 것이 헌재의 논거이다. 그러나 과태료인 행정질서벌의 경우도 죄형법정주의의 정신에 맞도록 입법이 되어야 하는 것이 현대적 의미의 죄형법정주의라 할 수 있다.

헌재 결정에는 '사교', '의례', '선물'의 의미가 분명하고 일상생활에서 흔히 사용되는 용어들이며, 위임조항의 입법취지, 동법 제2조 제3호의 금품 등의 정의에 관한 조항 등 관련 조항들을 종합하여 보면,

위임조항이 규정하고 있는 '사교 · 의례 목적으로 제공되는 선물'은 다른 사람과 사귈 목적 또는 예의를 지킬 목적으로 대가없이 제공되는 물품 또는 유가증권, 숙박권, 회원권, 입장권 그 밖에 이에 준하는 것을 뜻함을 충분히 알 수 있어, 동 위임조항이 명확성원칙에 위배되어 일반적 행동자유권을 침해한다고 볼 수 없다고 결정하였다.

그러나 1회 100만 원, 회계연도 300만 원도 너무나 비 법률적인 규정이다. 직무관련 99만 원이면 과태료, 직무관련 없는 101만 원은 형사처벌이 되는데 죄질은 전자가 더 중한데도 가볍게 처벌되어 형평성이 문제된다.

기업이나 단체의 선언적 윤리규정 정도라면 적절하다고 볼 수 있다. 본 법률이 제정될 경우 수사기관의 업무와 권익위의 업무가 많아질 것이 분명하며, 이 금액의 입증을 위해 많은 개인정보와 다양한 경로를 통한 증거 자료 수집이 행해질 것이다. 그럼에도 불구하고 실제 재판에서 위법수집절차나 독과수원칙에 의한 증거능력 배제로 인해 무죄가 속출할 가능성이 있다.

6. 국민권익위의 권한과 관련된 문제점

본 법률의 내용은 형사처벌과 행정처분인 과태료 징수의 형태가 혼재되어 있다. 동 법률 제12조에서 국민권익위의 과태료 부과를 위한 실태조사 및 자료의 수집·관리·분석 등의 권한을 부여하고 있는데, 비록 질서위반행위규제법에 준거한 조사를 하더라도 당사자의 진술거부나 소극적 태도로 그 효과가 나타나지 않을 가능성이 있으며, 자료수집과 관련하여서는 영장없이 이를 수집하는 권한을 부여한 것인지 영장에 의해 권한 행사를 하는 것인지 분명하지 않다.

만약 이들 자료 중 중대한 범죄사건과 관련된 내용이 포함되어 있는 증거 자료를 발견할 경우 형사처벌 관련 절차로 나갈 것이다. 이 경우 만약 영장없이 관련 자료를 압수한 경우라면 결국 증거능력이 배제되어 형사처벌이 불가능하는 경우도 가능하며, 과태료 또는 경미 사건의 적발이 오히려 중대 범죄의 중요 증거를 배제 또는 은폐시켜 처벌할 수 없는 부작용이 발생될 수도 있으며, 민사상 손해배상 등과 같은 절차적 분쟁의 소지가 발생될 가능성이 있다.

OECD국가 중 청렴도가 높은 외국의 많은 나라에서도 금액의 확정이나 기간 중 금액을 정해서 입법하는 경우는 드물며, 현재 우리 형법 및 특가법으로도 충분히 이를 처벌할 수 있으므로 본 법률의 제정은 과잉입법이며 그 법률체계가 형사법 원칙과 충돌되는 경우가 많으며, 오히려 대다수 국민으로 하여금 법적 불안감과 혼란을 끼칠 가능성이 있다.

Ⅳ. 결 론

본 헌재 결정은 당시 법률이 시행되기 전 내린 결정이다. 처음의 정부안과 현행법은 그 대상의 범위나 처벌이 다르게 되어 있어 순기능뿐만 아니라 역기능도 예상하지 않게 발생되고 있다. 그렇지만 동법의 목적이 가지는 취지로 우리 사회에 커다란 사회변혁의 전환점이 될 것으로 생각한다.

이러한 부작용과 모순점을 함께 가지고 있는 동법은 그 취지와 목적에도 불구하고 한계에 직면할 수밖에 없다. 청렴을 아무리 강조하여도 우리 사회에 부정과 뇌물 그리고 부패한 공직자와 기업이 계속 발생할 것이고 그 수법이 더욱 지능화 되어 이를 획기적으로 변화하기 위한 해결책으로서의 본법은 한계에 이를 것이다.

특히 정부의 담화형태 그리고 기자회견보다는 충격적인 본법의 제정을 통해 공직자와 국민들에게 호소하는 형태가 더 효과적일 수는 있다. 거기다 언론인도 포함시켜 언론의 지대한 관심사를 유도하고, 이를 중요 아이템으로 다룰 것이다. 언론이 이 법률의 문제점을 지적함으로써 점점 더 우리 사회는 맑아질 것이므로 순기능의 효과는 일부 나타날 것이지만 한계는 분명히 있다.

결론적으로 대상 헌재 결정은 본법에 대한 명확한 논거가 부족한 상태에서 5대 4의 합헌 결정을 내렸다고 할 수 있어 향후 본법의 수명은 계속될 수 있을지는 의문이다.

이 법률은 정치권력이 언론과 정적 제거용 수단 등 제도적 악용 방지장치가 마련되어야 하며, 표적수사, 자의적 법집행과 한정된 인력의 한계가 극복이 되어야 하며, 법률의 순기능을 보완할 수 있도록 앞으로 계속 수정하고 보완해야 한다. 실효성 측면에서 과거 가정의례준칙처럼 사문화될 가능성도 있기 때문에 이에 대한 보완책을 마련해야 할 것이다. 결국 정부, 국회, 시민단체, 학계와 공동으로 본 법률에 대한 지속적 법리적 토론과 수정을 함으로써 대한민국 공직사회의 청렴도를 이끌어 나가는 선도적 역할을 할 수 있도록 본 법률에는 대대적 개정 작업이 선행되어야 한다.

[주 제 어]

김영란법, 부정청탁 및 금품수수의 금지에 관한 법률, 명확성의 원칙, 과잉금지원칙, 죄형법정주의

[Key words]

Kim Young-Ran Law, Act on the Prohibition of Illegal Filing and Receipt of Money etc, the principle of clarity, nulla poena sine lege, the principle of excessive prohibition

접수일자: 2017. 5. 10. 심사일자: 2017. 6. 1. 게재확정일자: 2017. 6. 5.

[참고문헌]

김영중, "「부정청탁 및 금품등 수수의 금지에 관한 법률」에 대한 형사법적 고찰 — 형벌규정의 해석을 중심으로 —", 형사정책 제28권 제3호(통권 제50호), 2016. 12.

나채준, "미국의 공직자 부패방지 제도에 관한 비교법적 고찰", 영남법학 제42권, 2016.

박진우, "부정청탁 및 금품 등 수수의 금지에 관한 법률의 위헌성에 관한 고찰", 세계헌법연구 제21권 1호, 2015.

송기춘, "부정청탁 및 금품 등 수수의 금지에 관한 법률의 법적 문제점과 개선방향", 세계헌법연구 제21권 3호, 2015.

양채역, "김영란법에 대한 단상: 소망과 우려 그리고 보완책", 한국조세재정연구원, 재정포럼 제244권, 2016.

이성기, "부정청탁 금지 및 공직자의 이해충돌 방지법안에 대한 문제점 및 개선방안 — 금품수수 및 적용대상 확대 문제를 중심으로 —", 형사정책 제26권 2호, 2014.

임종훈, "부정청탁 및 금품등 수수의 금지에 관한 법률(소위 김영란법)의 헌법적 쟁점에 대한 고찰", 법조 제64권 9호, 2015.

[네이버 지식백과] 경찰국가[警察國家, police state, Polizeistaat](행정학사전, 2009. 1. 15., 대영문화사).

[Abstract]

Analysis of Constitutional Decisions on Punishment Act of Kim Young-Ran Law

Oh, Kyung-Sik*

Although the Republic of Korea has made remarkable economic development, the government's corruption index is at the lowest level among OECD countries, and it is a fact that corruption can not escape from the widespread state in many fields. In order to achieve the growth engine of the nation, this liquidation of corruption is an essential element. From this national mission, Kim Young-Ran's proposal was presented at the 19th National Assembly for the purpose of clearing up corruption and enhancing integrity of the public societies. After consultation between the public hearing and the related organizations, the "Kim Young-Ran Law" was enacted, the "Act on the Prohibition of Illegal Filing and Receipt of Money, etc.".

Article 1 of the Act stipulates that the illegal appeal against public officials and the receipt of money such as public officials shall be prohibited so as to ensure the fair performance of public officials and ensure public confidence in public institutions. Although the legitimacy of these legislative purposes is all affirmative, there is criticism that the enactment of the law without a careful examination of the effects of the law has had a significant negative impact on the national economy as well

* Professor, Gangneung-Wonju National University, Ph.D in Law.

as unconstitutional regulations.

In this paper, the criticism of the decision of the Constitutional Court and the unfairness of this law are examined through the critical analysis of the unconstitutional judgment decision of the case 2015 HUNMA 236, 2015 HUNMA 412, 2015 HUNMA 662, 2015 HUNMA 673. And the unconstitutionality of the law. The amendment should amend and supplement the legislation to ensure that political power is provided to prevent institutional abuse, such as media and means for static elimination.

2007년 이후 형사소송법 주요 판례의 동향 — 수사절차와 증거에 관한 대법원 판례를 중심으로 —

김 윤 섭*

Ⅰ. 들어가며

2007년은 우리 형사소송법의 역사에서 중요한 한 해라고 할 수 있다. 2007년 6월 1일 개정되어 2008년 1월 1일 시행된 개정 형사소송법(법률 제8496호)은 일부개정 법률임에도 형사절차에 있어서 피고인 및 피의자의 권익 보장이라는 사회적 요구를 반영하여 상당히 새로운 소송법으로 변화되었다고 할 수 있다. 특히 긴급체포, 인신구속, 압수수색 등 강제수사절차, 법정심리절차와 증거법 영역에서 많은 개선과 변화가 있었다. 긴급체포제도와 긴급압수수색제도의 개선, 위법수집증거배제법칙의 도입, 조서의 증거능력 관련 요건의 강화 등도 그 예라고 할 수 있다.

이후에도 2011년 일부 개정(2012. 1. 1. 시행 법률 제10864호)으로 압수수색의 관련성 등 요건의 추가, 정보저장매체등에 관한 압수수색의 범위와 방법 명시 등과, 2016년 일부개정(2016. 10. 1. 시행 법률 제14179호)으로 디지털 증거의 진정성립 증명방법 보완 등을 거치면서 법률의 변화는 이후 대법원 판례에 영향을 미쳤고, 판례 역시 입법과 수사실

* 법무연수원 검사교수.

무에 영향을 미치며 상호 변화를 이끌어갔다고 할 수 있다. 한국형사판례연구회 또한 이러한 변화 속에서 학자들과 실무가들이 의미 있는 형사판례 평석으로 형사사법의 발전에 이론적 토대를 마련하는 데 기여하여 왔다.

이 글에서는 한국형사판례연구회 창립 25주년을 기념하는 한일 공동학술연구회를 맞이하여 2007년 이후부터 최근까지 형사소송법 분야 대법원 판례 중 수사절차와 증거에 관한 주요 판례의 동향을 살펴보고자 한다. 특히 위와 같은 형사소송법의 개정과 관련되어 있거나 입법과 실무에 영향을 미친 판례들을 중심으로 최근까지의 동향을 정리하여 살펴보기로 한다.

Ⅱ. 수사절차

1. 피의자 수사

(1) 임의동행의 적법요건

형사소송법(이하 '법'이라고 한다) 제199조 제1항은 임의수사 원칙을 명시하고 있다. 체포·구속 등 강제수사는 법률에 정한 엄격한 요건과 절차를 갖춰야 하며, 원칙적으로 영장을 발부받아야 한다. 수사관이 사실상 체포·구속의 전 단계에서 동의를 받는 형식으로 피의자를 수사관서에 동행하면서 실제 임의성이 보장되지 않는 경우 실질적으로 피의자의 신체의 자유가 제한되어 체포와 유사한데도 헌법과 형사소송법이 부여한 체포·구속 피의자의 각종 권리보장 장치가 제공되지 않는 문제가 있을 수 있다. 대법원은 이 점을 지적하여 피의자 임의동행 시 "수사관이 동행에 앞서 피의자에게 동행을 거부할 수 있음을 알려 주었거나 동행한 피의자가 언제든지 자유로이 동행과정에서 이탈 또는 동행장소에서 퇴거할 수 있었음이 인정되는 등 오로지 피의자의 자발적인 의사에 의하여 수사관서 등에 동행이 이루어졌다는 것이 객관적인 사정에 의하여 명백하게 입증된 경우에 한하여" 동행

의 적법성이 인정된다고 판시하였다.1)

(2) 음주운전자 보호조치의 한계

대법원은 경찰관 직무집행법 제4조 제1항 제1호에서 규정하는 술에 취한 상태로 인하여 자기 또는 타인의 생명·신체와 재산에 위해를 미칠 우려가 있는 사람에 대한 보호조치는 '경찰 행정상 즉시강제'에 해당한다고 판시하고, 그 보호조치의 필요성에 관하여 "구체적인 상황을 고려하여 경찰관 평균인을 기준으로 판단하되, 그 판단은 보호조치의 취지와 목적에 비추어 현저하게 불합리하여서는 아니 되며, 피구호자의 가족 등에게 피구호자를 인계할 수 있다면 특별한 사정이 없는 한 경찰관서에서 피구호자를 보호하는 것은 허용되지 않는다"라고 해석하였다. 그런 상황에서 경찰관이 실제로는 주취운전자에 대한 음주측정 등 범죄수사를 목적으로 피의자를 보호조치의 피구호자로 삼아 그의 의사에 반하여 경찰관서에 데려간 행위는, 달리 현행범체포나 임의동행 등의 적법 요건을 갖추었다고 볼 사정이 없다면, 위법한 체포에 해당한다고 판시하였다.2) 그리고 이러한 위법한 체포 상태에서 연속하여 이뤄진 음주측정요구 역시 그 일련의 과정을 전체적으로 보아 위법하다고 보았다.3)

한편 보호조치가 위와 같이 위법하지 않는 한 경찰공무원이 보호조치된 운전자에 대하여 음주측정을 요구하였다는 이유만으로 음주측정 요구가 당연히 위법하다거나 보호조치가 당연히 종료된 것으로 볼 수는 없다고도 판시하였다.4)

(3) 피의자신문

가. 피의자신문의 성질과 수인의무

구속된 피의자에 대해 수사기관이 당해사건의 신문을 위해 출석

1) 대법원 2011. 6. 30. 선고 2009도6717 판결.
2) 대법원 2012. 12. 13. 선고 2012도11162 판결.
3) 대법원 2012. 12. 13. 선고 2012도11162 판결.
4) 대법원 2012. 2. 9. 선고 2011도4328 판결.

을 요구하는 경우에 피의자가 이에 응할 의무가 있는지, 나아가 이에 응하지 않을 경우 그 출석을 강제할 수 있는지 견해 대립이 있어 왔다. 이에 대하여 대법원은 수사기관이 구속영장에 의하여 피의자를 구속하는 경우, 그 구속영장은 기본적으로 장차 공판정에의 출석이나 형의 집행을 담보하기 위한 것이지만, 이와 함께 구속기간의 범위 내에서 수사기관이 피의자에 대하여 형사소송법상 피의자신문 등 적정한 방법으로 범죄를 수사하는 것도 예정하고 있으므로 구속영장에 의하여 적법하게 구금된 피의자가 피의자신문을 위한 출석요구에 불응하면서 수사기관 조사실에 출석을 거부한다면 수사기관은 그 구속영장의 효력에 의하여 피의자를 조사실로 구인할 수 있다고 보아야 한다고 판시하였다.[5)]

다만 대법원은 이러한 경우 그 피의자신문 절차는 어디까지나 법 제199조 제1항 본문, 제200조의 규정에 따른 임의수사의 한 방법으로 진행되어야 한다고 판시하였다.[6)] 판례의 태도처럼 피의자신문의 성질을 임의수사라고 보면서 위와 같이 구금된 피의자에 대한 신문 시 출석과 체류가 강제될 수 있는 성질을 어떻게 파악할 것인지는 여전히 논란의 여지가 있다.

나. 진술거부권의 고지

대법원은 피의자의 진술을 녹취 내지 기재한 서류 또는 문서가 수사기관에서의 조사 과정에서 작성된 것이라면, 그것이 '진술조서, 진술서, 자술서'라는 형식을 취하였다고 하더라도 피의자신문조서와 달리 볼 수 없고, 이 경우에도 피의자신문 시 피의자에게 미리 진술거부권을 고지하여야 하고, 그러지 않은 때에는 그 피의자의 진술은 위법하게 수집된 증거로서 진술의 임의성이 인정되는 경우라도 증거능력이 부인되어야 한다고 판시하였다.[7)]

---

5) 대법원 2013. 7. 1.자 2013모160 결정.
6) 대법원 2013. 7. 1.자 2013모160 결정.
7) 대법원 2009. 8. 20. 선고 2008도8213 판결.

이와 맥을 같이 하여 대법원은 진술거부권 고지에 관한 형사소송법 규정내용 및 그 실질적인 의미를 고려하면 진술거부권 고지 대상이 되는 피의자 지위는 수사기관이 조사대상자에 대한 범죄혐의를 인정하여 수사를 개시하는 행위를 한 때 인정된다고 보면서 이러한 피의자 지위에 있지 아니한 자에 대하여는 진술거부권이 고지되지 아니하였더라도 진술의 증거능력이 부정되지 않는다고 판시하였다.8)

한편, 선거범죄 조사와 관련하여 구 공직선거법(2013. 8. 13. 법률 제12111호로 개정되기 전의 것)은 제272조의2에서 선거관리위원회 위원·직원이 관계자에게 질문·조사를 할 수 있다고 규정하면서도 진술거부권의 고지에 관하여는 별도의 규정을 두지 않은 구법 하에서9) 구 공직선거법 시행 당시 선거관리위원회 위원·직원이 선거범죄 조사와 관련하여 관계자에게 질문을 하면서 미리 진술거부권을 고지하지 않았다고 하여 단지 그러한 이유만으로 그 조사절차가 위법하다고 할 수는 없다고 판시하였다.10)

8) 대법원 2011. 11. 10. 선고 2011도8125 판결(피고인들이 중국에 있는 갑과 공모한 후 중국에서 입국하는 을을 통하여 필로폰이 들어 있는 곡물포대를 배달받는 방법으로 필로폰을 수입하였다고 주위적으로 기소되었는데 검사가 을에게서 범의 없이 곡물포대만 받아 피고인들에게 전달하는 역할을 한 참고인 병에 대한 검사 작성 진술조서를 증거로 신청한 사안에서, 병은 수사기관에 의해 범죄혐의를 인정받아 수사가 개시된 피의자의 지위에 있었다고 할 수 없다고 판단하였다).

9) 2013년 개정 공직선거법은 제272조의2 제7항을 신설하여 선거관리위원회의 조사절차에서 피조사자에게 진술거부권을 고지하도록 하는 규정을 마련하였으나, 그 부칙 제1조는 이 법은 공포한 날부터 시행한다고 규정하고 있다.

10) 대법원 2014. 1. 16. 선고 2013도5441 판결; 한편 선거범죄 조사와 관련하여 선거관리위원회 위원·직원은 관계인에 대하여 질문·조사를 할 수 있고(공직선거법 제272조의2 제1항), 조사업무 수행 중 필요하다고 인정되는 때에는 질문답변내용의 기록, 녹음·녹화, 사진촬영, 선거범죄와 관련 있는 서류의 복사 또는 수집 기타 필요한 조치를 취할 수 있다(공직선거관리규칙 제146조의3 제3항). 이러할 경우 판례는 공직선거법 제272조의2 제6항에 따라 선거관리위원회 위원·직원이 관계인에게 진술이 녹음된다는 사실을 미리 알려 주지 아니한 채 진술을 녹음하였다면, 그와 같은 조사절차에 의하여 수집한 녹음파일 내지 그에 터잡아 작성된 녹취록은 법 제308조의2에서 정하는 '적법한 절

다. 변호인의 피의자신문 참여권

대법원은 변호인의 피의자신문 참여권을 규정한 법 제243조의2 제1항에서 참여를 제한할 수 있는 '정당한 사유'란 변호인이 피의자신문을 방해하거나 수사기밀을 누설할 염려가 있음이 객관적으로 명백한 경우 등을 말하는 것이라고 해석하고 있다. 따라서 수사기관이 피의자신문 시 위와 같은 정당한 사유가 없는데도 변호인에 대하여 피의자로부터 떨어진 곳으로 옮겨 앉으라고 지시를 한 다음 이러한 지시에 따르지 않았다는 이유로 변호인의 피의자신문 참여권을 제한하는 것은 허용될 수 없다고 판시하였다.[11]

2. 수사상 압수·수색·검증

(1) 압수물의 범죄사실과의 관련성

2011년 개정 법 제215조 제1항, 제106조 제1항은 압수·수색·검증의 요건 중 하나로 '해당사건과 관련이 있다고 인정할 수 있는 것에 한정하여' 할 수 있다는 문구를 추가하여 이른바 '관련성' 요건을 명시하였다. 이 법 개정 전에도 종래 요건인 '범죄수사에 필요한 때'의 해석상 인정되던 관련성 요건이 명문화됨에 따라 압수수색의 허용범위와 관련하여 그 의미와 인정범위에 대한 판례의 해석이 주목받게 되었다.

이와 관련하여 대법원은 수사기관이 갑의 공직선거법 위반 범행을 영장 범죄사실로 하여 발부받은 압수·수색영장의 집행과정에서 을, 병 사이의 대화가 녹음된 녹음파일(이하 '녹음파일'이라 한다)을 압수하여 을, 병의 공직선거법 위반 혐의를 발견한 사안에서, 압수·수색영장에 기재된 '피의자'인 갑이 녹음파일에 의하여 의심되는 혐의사실과 무관한 이상, 수사기관이 별도의 영장 없이 압수한 녹음파일은 해

차에 따르지 아니하고 수집한 증거'에 해당하여 원칙적으로 유죄의 증거로 쓸 수 없다고 판시한 바 있다(대법원 2014. 10. 15. 선고 2011도3509 판결).

11) 대법원 2008. 9. 12.자 2008모793 결정.

당사건과 '관계가 있다고 인정할 수 있는 것'에 해당하지 않으므로, 이와 같은 압수에는 영장주의를 위반한 절차적 위법이 있다고 판시하였다.[12)]

한편 피의자에 대한 긴급체포 시 영장 없이 할 수 있는 긴급압수의 대상물의 범위와 관련하여, 대법원은 경찰관이 이른바 전화사기 범행의 혐의자를 긴급체포하면서 그가 보관하고 있던 다른 사람의 주민등록증, 운전면허증 등을 압수한 사안에서, 어떤 물건이 그 압수의 대상이 되는지는 "당해 범죄사실의 구체적인 내용과 성질, 압수하고자 하는 물건의 형상·성질, 당해 범죄사실과의 관련 정도와 증거가치, 인멸의 우려는 물론 압수로 인하여 발생하는 불이익의 정도 등 압수 당시의 여러 사정을 종합적으로 고려하여 객관적으로 판단하여야" 한다고 판시하면서 위 압수는 해당 범죄사실 수사에 필요한 범위 내의 압수로서 적법하다고 판단하고, 위 혐의자의 점유이탈물횡령죄 범행에 대한 증거로 인정하였다.[13)]

(2) 사후 압수수색영장의 발부

대법원은 구 정보통신망 이용촉진 및 정보보호 등에 관한 법률상 음란물 유포의 범죄혐의로 압수·수색영장을 발부받은 사법경찰리가 피고인의 주거지를 수색하는 과정에서 대마를 발견하자, 피고인을 마약류관리에 관한 법률 위반죄의 현행범인으로 체포하면서 대마를 압수한 후 그 다음날 피고인을 석방하였음에도 사후 압수·수색영장을 발부받지 않은 사안에서, 위 압수물과 압수조서는 형사소송법상 영장주의를 위반하여 수집된 증거로서 증거능력이 없다고 판시하였다.[14)]

(3) 강제채혈의 성질과 허용요건

실무상 음주운전에 의한 교통사고 사건에서 사고를 야기한 피의

12) 대법원 2014. 1. 16. 선고 2013도7101 판결.
13) 대법원 2008. 7. 10. 선고 2008도2245 판결.
14) 대법원 2009. 5. 14. 선고 2008도10914 판결.

자가 의식불명 등으로 호흡조사에 의한 음주측정이 불가능하고 혈액채취에 대한 동의를 받을 수도 없는 상태에서 법원으로부터 혈액채취에 대한 감정처분허가장 또는 압수영장을 발부받을 시간적 여유도 없는 긴급한 상황에 있는 경우, 체포나 범죄장소를 전제로 하지 않는 독립된 긴급 압수수색규정이 없는 우리나라에서 수사기관이 피의자에 대하여 긴급 강제체혈을 할 수 있는가 문제이다.

대법원은 우선 수사기관이 범죄 증거를 수집할 목적으로 피의자의 동의 없이 피의자의 혈액을 취득·보관하는 행위는 법 제219조, 제106조 제1항에 정한 압수의 방법으로도 할 수 있고, 압수의 방법에 의하는 경우 혈액의 취득을 위한 체혈행위는 영장 집행에 있어 필요한 처분에 해당한다고 보았다. 이때 혈액 채취에 대한 사전 압수영장을 발부받을 시간적 여유도 없는 긴급한 상황에 있는 경우 피의자의 신체 내지 의복류에 주취로 인한 냄새가 강하게 나는 등 범죄의 증적이 현저한 '준현행범인'의 요건이 갖추어져 있고 교통사고 발생 시각으로부터 사회통념상 범행 직후라고 볼 수 있는 시간 내라면, 피의자의 생명·신체를 구조하기 위하여 사고현장으로부터 곧바로 후송된 병원 응급실 등의 장소는 '법 제216조 제3항의 범죄 장소'에 준한다고 보고, 수사기관이 피의자의 혈중알코올농도 등 증거의 수집을 위하여 의료인으로 하여금 의료용 기구로 의학적인 방법에 따라 필요최소한의 한도 내에서 피의자의 혈액을 채취하게 한 후 그 혈액을 영장 없이 압수할 수 있다고 판시하였다. 다만 이 경우에도 법 제216조 제3항 단서에 따라 사후에 지체 없이 법원으로부터 압수영장을 받아야 한다고 판시하여 사회통념상 범행직후의 범죄장소에 준하는 '시간적·장소적 근접성'을 탄력적으로 해석하면서도 법관의 영장에 의한 사법적 통제가 가능하도록 하였다.[15)]

15) 대법원 2012. 11. 15. 선고 2011도15258 판결.

(4) 압수수색영장의 집행절차

이른바 '제주지사실 압수수색사건'의 대법원 2007. 11. 15. 선고 2007도3061 전원합의체 판결 이후 대법원은 재차 같은 사건에서 위법수집증거 배제법칙의 취지를 확인하면서 구체적으로 사례에 적용되는 압수수색에 관한 제반 절차규정을 보다 엄격하게 해석하였다.

대법원은 첫째, 압수·수색영장에 압수할 물건을 '압수장소에 보관중인 물건'이라고 기재한 것을 '압수장소에 현존하는 물건'으로 해석할 수 없으므로, 영장 집행 중 다른 사람이 압수지점으로 일시 가져온 물건은 압수할 물건에 해당하지 아니한다고 보았다. 둘째, 영장 제시방법과 관련하여, 수사기관이 압수·수색에 착수하면서 그 장소의 관리책임자에게 영장을 제시하였다고 하더라도, 물건을 소지하고 있는 다른 사람으로부터 이를 압수하고자 하는 때에는 그 사람에게 따로 영장을 제시하여야 한다고 판시하였다. 셋째, 압수물 목록은 피압수자 등의 압수물에 대한 환부·가환부신청이나 압수처분에 대한 준항고 등 권리행사의 가장 기초적인 자료가 되므로, 이러한 권리행사에 지장이 없도록 압수 직후 현장에서 바로 작성하여 교부해야 하는 것이 원칙이라고 판시하였다. 넷째, 적법절차에 따르지 않은 압수물은 원칙적으로 유죄의 증거로 삼을 수 없고, 예외적으로 증거로 사용할 만한 구체적이고 특별한 사정이 존재한다는 것은 검사가 입증하여야 한다고 판시하였다.16)

(5) 디지털증거에 대한 압수수색

2011년 개정법은 종래 명문 규정이 없어 논란이 제기되었던 디지털증거 수집절차 및 방법에 관하여 제106조 제3항을 신설하여 정보저장매체를 압수하는 경우에 '기억된 정보의 범위를 정하여 출력하거나 복제'하는 것을 원칙으로 하고, 예외적으로 '범위를 정하여 출력 또는 복제하는 방법이 불가능하거나 압수의 목적을 달성하기에 현저히 곤

16) 대법원 2009. 3. 12. 선고 2008도763 판결.

란하다고 인정되는 때'에는 정보저장매체 자체를 압수할 수 있도록 규정하였다. 이 법 개정 직전 대법원은 종래 전자정보에 대한 압수집행 방식을 제한하던 법원의 실무태도를 판례로 허용하였는데, 이는 위와 같이 입법화되었다.

대법원은 이른바 '전교조 사건'인 위 판례에서 "전자정보에 대한 압수·수색영장을 집행할 때에는 원칙적으로 영장 발부의 사유인 혐의사실과 관련된 부분만을 문서 출력물로 수집하거나 수사기관이 휴대한 저장매체에 해당 파일을 복사하는 방식으로 이루어져야 하고, 집행현장 사정상 위와 같은 방식에 의한 집행이 불가능하거나 현저히 곤란한 부득이한 사정이 존재하더라도 저장매체 자체를 직접 혹은 하드카피나 이미징 등 형태로 수사기관 사무실 등 외부로 반출하여 해당 파일을 압수·수색할 수 있도록 영장에 기재되어 있고 실제 그와 같은 사정이 발생한 때에 한하여 위 방법이 예외적으로 허용될 수 있을 뿐이다."라고 판시하였다.[17)]

위 사건에서는 수사기관이 전국교직원노동조합 본부 사무실을 압수·수색하면서 방대한 전자정보가 담긴 저장매체 자체를 영장 기재 집행장소에서 수사기관 사무실로 가져가 그 저장매체 내 파일 8,000여 개를 다른 저장매체인 DVD 및 CD에 복사한 것이 관련성 있는 증거에 대한 적법한 압수수색이라고 볼 수 있는지가 문제되었다.[18)] 대법원

17) 대법원 2011. 5. 26.자 2009모1190 결정.

18) 대법원은 이 사건에서 수사기관이 저장매체 자체를 수사기관 사무실로 옮긴 것은 영장이 예외적으로 허용한 부득이한 사유의 발생에 따른 것으로 볼 수 있고, 나아가 압수·수색 대상 물건의 훼손이나 임의적 열람 등을 막기 위해 법령상 요구되는 상당한 조치가 이루어진 것으로 볼 수 있으므로 이 점에서 절차상 위법이 있다고는 할 수 없으나, 다만 영장의 명시적 근거 없이 수사기관이 임의로 정한 시점 이후의 접근 파일 일체를 복사하는 방식으로 8,000여 개나 되는 파일을 복사한 영장집행은 원칙적으로 압수·수색영장이 허용한 범위를 벗어나 위법하다고 볼 여지가 있는데, 위 압수·수색 전 과정에 비추어 볼 때, 수사기관이 영장 기재 혐의 일시부터 소급하여 일정 시점 이후의 파일들만 복사한 것은 나름대로 대상을 제한하려고 노력한 것으로 보이고, 당사자 측도 그 적합성에 대하여 묵시적으로 동의한 것으로 보인다고 판

은 위 사건에서 저장매체 자체를 수사기관 사무실 등으로 옮긴 후 영장 기재 혐의 관련 전자정보를 탐색하여 해당 전자정보를 문서로 출력하거나 파일을 복사하는 과정 역시 전체적으로 영장 집행의 일환에 포함된다고 보면서 출력 또는 복사대상의 혐의사실 관련성과 피압수자의 참여권 등 절차적 권리의 보장을 적법성 판단의 중요 요소를 보았다.[19]

즉 대법원은 위와 같이 예외적으로 전자정보가 담긴 저장매체 자체를 수사기관 사무실 등으로 옮겨 이를 열람 혹은 복사하게 되는 경우 그 저장매체에서 범죄혐의 관련성에 대한 구분 없이 저장된 전자정보 중 임의로 문서출력 혹은 파일복사를 하는 행위는 특별한 사정이 없는 한 영장주의 등 원칙에 반하는 위법한 집행이고, 전체 과정에서 피압수·수색 당사자나 변호인의 계속적인 참여권 보장, 피압수·수색 당사자가 배제된 상태의 저장매체 열람·복사 금지, 복사대상 전자정보 목록의 작성·교부 등 압수·수색 대상인 저장매체 내 전자정보의 왜곡·훼손과 오·남용 및 임의적 복제·복사 등을 막기 위한 적절한 조치가 이루어져야만 집행절차가 적법하게 된다고 판시하였다.[20]

대법원은 이러한 태도를 전제로 수사기관의 전자정보에 대한 압수수색에 대하여 그 집행에 이르기까지 엄격한 사법통제를 견지하고 있다. 이른바 '제약회사 사건'에서 대법원 전원합의체의 다수의견은 전자정보에 대한 압수·수색 과정에서 이루어진 현장에서의 저장매체 압수·이미징·탐색·복제 및 출력행위 등 일련의 행위가 모두 진행되어 압수·수색이 종료된 경우 특별한 사정이 없는 한 구분된 개별 처분의 위법 여부를 판단할 것이 아니라 '당해 압수·수색 과정 전체를 하나의 절차로 파악하여 그 과정에서 나타난 위법이 압수·수색 절차 전체를 위법하게 할 정도로 중대한지 여부에 따라' 전체적으로 압수·수색 처

단하면서, 위 영장 집행이 위법하다고 볼 수는 없다고 판시하였다.

19) 대법원 2011. 5. 26.자 2009모1190 결정.

20) 대법원 2011. 5. 26.자 2009모1190 결정.

분을 취소할 것인지를 가려야 한다고 보았다. 아울러 여기서 위법의 중대성은 위반한 절차조항의 취지, 전체과정 중에서 위반행위가 발생한 과정의 중요도, 그 법익침해 가능성의 경중 등을 종합하여 판단하여야 한다고 판시하였다.[21)]

이 사건은 검사가 압수·수색영장을 발부받아 범죄혐의와의 유관정보와 무관정보가 혼재된 저장매체를 피압수자의 동의를 받아 수사기관 사무실로 반출한 다음 그의 참여하에 전자정보파일 전부를 '이미징'의 방법으로 다른 저장매체로 복제('제1처분')한 후 피압수자 측의 참여 없이 이미징한 복제본을 외장 하드디스크에 재복제('제2처분')하여 유관정보를 탐색하는 과정에서 피압수자의 별건 범죄혐의와 관련된 전자정보도 함께 출력('제3처분')한 사안이었다. 위 다수의견은 제1처분은 위법하다고 볼 수 없으나, 제2·3처분은 피압수자에게 계속적인 참여권을 보장하는 등의 조치 없이 유관정보는 물론 무관정보까지 재복제·출력한 것으로서 영장이 허용한 범위를 벗어나 적법절차를 위반한 처분이며, 그 과정이 압수·수색의 목적에 해당하는 중요한 과정인 점 등 위법의 중대성에 비추어 위 영장에 기한 압수·수색이 전체적으로 취소되어야 한다고 판시하였다.[22)]

또한 이 판례는 "전자정보에 대한 압수·수색 종료 전 혐의사실과 관련된 전자정보를 적법하게 탐색하는 과정에서 별도의 범죄혐의와 관련된 전자정보를 우연히 발견한 경우라면, 수사기관은 더 이상의 추가 탐색을 중단하고 법원에서 별도의 범죄혐의에 대한 압수·수색영장을 발부받은 경우에 한하여 그러한 정보에 대하여도 적법하게 압수·수색을 할 수 있다"는 지침을 제시하고, 이러한 경우 별도 압수·수색

21) 이에 대하여는 반대의견으로 처분의 적법성은 압수의 대상이 된 전자정보별로 가분적으로 달리 평가될 수 있어 압수·수색의 적법성은 '대상별'로 전체적으로 판단되어야 한다는 의견, 압수처분 이후에 이루어진 다른 압수처분에 어떠한 잘못이 있다고 해서 적법하게 수집된 증거의 효력까지 소급하여 부정할 것은 아니라고 본 의견 등이 있었다.(대법원 2015. 7. 16.자 2011모1839 전원합의체 결정).

22) 대법원 2015. 7. 16.자 2011모1839 전원합의체 결정.

절차의 피압수자는 최초의 압수·수색 이전부터 해당 전자정보를 관리하고 있던 자라고 해석하였다.23)

(6) 임의제출

법 제218조는 “사법경찰관은 소유자, 소지자 또는 보관자가 임의로 제출한 물건을 영장없이 압수할 수 있다”고 규정하고 있다. 이와 관련하여 대법원은 위 규정을 위반하여 소유자, 소지자 또는 보관자가 아닌 자로부터 제출받은 물건을 영장없이 압수한 경우 그 ‘압수물’ 및 ‘압수물을 찍은 사진’은 이를 증거로 사용할 수 없다고 판시하였다.24)

한편 대법원은 교도관이 재소자가 맡긴 비망록을 그 재소자의 동의 없이 수사기관에 임의로 제출한 사안에서 형사소송법 및 기타 법령상 교도관이 그 직무상 위탁을 받아 소지 또는 보관하는 물건으로서 재소자가 작성한 비망록을 수사기관이 수사 목적으로 압수하는 절차에 관하여 특별한 절차적 제한을 두고 있지 않으므로, 그 비망록의 증거사용에 대하여도 재소자의 사생활의 비밀 기타 인격적 법익이 침해되는 등의 특별한 사정이 없는 한 반드시 그 재소자의 동의를 받아야 하는 것은 아니라고 판단하였다. 따라서 판례는 검사가 교도관으로부터 그가 보관하고 있던 피고인의 비망록을 뇌물수수 등의 증거자료로 임의로 제출받아 이를 압수한 경우, 그 압수절차가 피고인의 승낙이나 영장 없이 행하여졌다고 하더라도 위법하지는 않다고 보았다.25)

---

23) 대법원 2015. 7. 16.자 2011모1839 전원합의체 결정(이 사안에서는 위법한 제2·3처분으로 획득한 별건 범죄혐의 관련 전자정보에 대해 다른 검사가 별건 정보를 소명자료로 제출하여 제2압수·수색영장을 발부받았으나, 제2영장 청구 당시 압수할 물건으로 삼은 정보는 그 자체가 위법한 압수물이어서 영장청구 요건을 충족하지 못하였고, 나아가 제2영장에 기한 압수·수색 당시에도 피압수 당사자의 참여권이 보장되지 않았으므로, 제2영장에 기한 압수·수색이 전체적으로 위법하다고 판시하였다).

24) 대법원 2010. 1. 28. 선고 2009도10092 판결.

25) 대법원 2008. 5. 15. 선고 2008도1097 판결.

Ⅲ. 증 거

1. 위법수집증거배제법칙

(1) 위법수집증거배제법칙의 수용

2007년 개정법은 제308조의2를 신설하여 적법한 절차에 따르지 아니하고 수집한 증거는 증거로 할 수 없다는 위법수집증거배제법칙을 증거법에 명시하였다. 종래 판례는 '진술증거'에 대하여 적법절차를 위배하여 위법하게 수집된 경우에 그 증거능력을 부인하였으나, '물적 증거'에 대해서는 압수절차가 위법하더라도 물건 자체의 성질·형상에는 변경이 없어 증거가치에 변함이 없다는 이른바 '성질·형상 불변론'에 입각하여 증거로 쓸 수 있다는 입장이었다. 그러나 대법원은 위 개정법 시행을 앞두고 2007. 11. 15. 선고 2007도3061 전원합의체 판결에서 물적 증거에 대한 종래 판례의 입장을 변경하였다. 이후 판례는 다양한 사례에서 위법수집증거배제법칙을 명백히 선언함과 동시에 위법수집증거의 파생증거(이른바 '독수과실'), 구체적인 사안에서 인정될 수 있는 배제법칙의 예외의 판단기준 등에 관하여 판례를 발전시켜가고 있다.

위 전원합의체의 다수의견은 우선 "헌법과 형사소송법이 정한 절차에 따르지 아니하고 수집한 증거는 기본적 인권 보장을 위해 마련된 적법한 절차에 따르지 않은 것으로서 원칙적으로 유죄 인정의 증거로 삼을 수 없다."라는 원칙을 선언하였다. 다만 그 다음단계로 "수사기관의 증거 수집과정에서 이루어진 절차 위반행위와 관련된 모든 사정, 즉 절차 조항의 취지와 그 위반의 내용 및 정도, 구체적인 위반 경위와 회피가능성, 절차 조항이 보호하고자 하는 권리 또는 법익의 성질과 침해 정도 및 피고인과의 관련성, 절차 위반행위와 증거수집 사이의 인과관계 등 관련성의 정도, 수사기관의 인식과 의도 등을 전체적·종합적으로 살펴볼 때, ① 수사기관의 절차 위반행위가 적법절차의 실질적인 내용을 침해하는 경우에 해당하지 아니하고, ② 오히려 그 증거의 증거능력을 배제하는 것이 헌법과 형사소송법이 형사소송에 관한 절차 조항을 마련하여 적법절차의 원칙과 실체적 진실 규명의 조화를 도모하고 이를 통하여 형사 사법 정의를 실현하려 한 취지에 반하는 결과를 초래하는 것으로 평가되는 경우" 예외적으로 증거능력이 있다고 허용하는 입장을 취하고 있다.[26)]

(2) 위법수집증거배제법칙의 주장적격

대법원은 법 제308조의2의 위법수집증거는 수사기관이 당해 사건의 피고인을 상대로 수집한 증거 뿐 아니라 피고인이 아닌 자를 상대로 위법하게 수집한 증거 역시 원칙적으로 피고인에 대한 유죄 인정의 증거로 삼을 수 없다고 판시하였다.[27)] 이 판례는 유흥주점 업주와 종업원인 피고인들이 영업장을 벗어나 시간적 소요의 대가로 금품을 받는 이른바 '티켓영업' 형태로 성매매를 하면서 금품을 수수하였다고 하여 구 식품위생법 위반으로 기소된 사안에서, 경찰이 피고인 아닌 갑, 을을 사실상 강제연행하여 불법체포한 상태에서 갑, 을 간의 성매매행위나 피고인들의 유흥업소 영업행위를 처벌하기 위하여 갑, 을의 자술서를 받고 갑, 을에 대한 진술조서를 작성한 경우, 그 자술서와 진술조서는 영장주의에 위배하여 수집된 것으로서 피고인들에 대한 유죄 인정의 증거로 삼을 수 없다고 판시하였다.[28)]

(3) 거증책임

대법원은 위 위법수집증거의 예외적 허용요건과 관련하여 위와 같이 예외적인 경우에 해당한다고 볼 만한 구체적이고 특별한 사정이 존재한다는 것은 검사가 증명하여야 한다고 판단하였다.[29)]

(4) 위법성의 치유 가부

위 Ⅱ장 제2항의 (6) '임의제출'에서 본 바와 같이 대법원은 법 제

26) 대법원 2007. 11. 15. 선고 2007도3061 전원합의체 판결.
27) 대법원 2011. 6. 30. 선고 2009도6717 판결.
28) 대법원 2011. 6. 30. 선고 2009도6717 판결.
29) 대법원 2011. 4. 28. 선고 2009도10412 판결.

218조의 규정을 위반하여 소유자, 소지자 또는 보관자가 아닌 자로부터 제출받은 물건을 영장없이 압수한 경우 그 압수물 및 압수물을 찍은 사진은 증거능력이 없다고 하면서 “헌법과 형사소송법이 선언한 영장주의의 중요성에 비추어 볼 때 피고인이나 변호인이 이를 증거로 함에 동의하였다고 하더라도 달리 볼 것은 아니다”라고 판시하여 사후에 피고인·변호인의 증거동의에 의해서도 위법성이 치유될 수 없다고 보았다.30)

또한 대법원은 범행 중 또는 범행직후의 범죄 장소에서 긴급을 요하여 법원판사의 영장을 받을 수 없는 때 영장 없이 압수·수색·검증을 할 수 있고, 이 경우 사후에 지체없이 영장을 받도록 한 법 제216조 제3항과 관련하여 그 요건 중 어느 하나라도 갖추지 못한 경우 그러한 압수·수색·검증은 위법하고, 이에 대하여 사후에 법원으로부터 영장을 발부 받았다고 하여 그 위법성이 치유되는 것은 아니라고 판시하였다.31)

(5) 위법수집증거의 2차적 증거(파생증거)

위 2007도3061 전원합의체 판결 시 대법원은 위법수집증거배제법칙은 단지 적법한 절차에 따르지 아니하고 수집한 당해 증거 뿐 아니라 이를 기초로 하여 획득한 파생증거인 2차적 증거에도 적용되어 그 2차적 증거 역시 원칙적으로 증거능력이 없음을 명백히 하였다. 이는 수사기관의 위법한 압수수색을 억제하고 재발을 방지하는 가장 효과적이고 확실한 대응책으로 이를 통하여 수집한 증거는 물론 이를 기초로 하여 획득한 2차적 증거도 유죄 인정의 증거로 삼을 수 없도록 한 것이다.32)

대법원은 위 판례에서 위법수집증거배제원칙의 예외이론 역시 위

30) 대법원 2010. 1. 28. 선고 2009도10092 판결. 그 밖에도 대법원 2009. 12. 24. 선고 2009도11401 판결 등 다수의 판례에서 같은 취지로 판시하고 있다.

31) 대법원 2012. 2. 9. 선고 2009도14884 판결.

32) 대법원 2007. 11. 15. 선고 2007도3061 전원합의체 판결.

2차적 증거의 경우에도 마찬가지 취지로 적용될 수 있다고 판단하였다. 대법원은 이에 관하여 '절차에 따르지 아니한 증거 수집과 2차적 증거 수집 사이 인과관계의 희석 또는 단절 여부를 중심으로 2차적 증거 수집과 관련된 모든 사정을 전체적·종합적으로 고려하여 예외적인 경우'에는 증거능력이 있다고 판시하였다.[33] 이후 판례는 구체적인 사안에서 위법수집증거의 2차적 증거의 증거능력을 어떻게 예외적으로 인정할지에 관하여 판시하기 시작하였다.

대법원은 이후 위 2차적 증거의 증거능력에 관한 예외이론을 좀 더 구체화하여 "2차적 증거의 증거능력 인정 여부를 최종적으로 판단할 때에는 먼저 절차에 따르지 아니한 1차적 증거 수집과 관련된 모든 사정들, 즉 절차 조항의 취지와 그 위반의 내용 및 정도, 구체적인 위반 경위와 회피가능성, 절차 조항이 보호하고자 하는 권리 또는 법익의 성질과 침해 정도 및 피고인과의 관련성, 절차 위반행위와 증거 수집 사이의 인과관계 등 관련성의 정도, 수사기관의 인식과 의도 등을 살피는 것은 물론, 나아가 1차적 증거를 기초로 하여 다시 2차적 증거를 수집하는 과정에서 추가로 발생한 모든 사정들까지 구체적인 사안에 따라 주로 인과관계 희석 또는 단절 여부를 중심으로 전체적·종합적으로 고려하여야 한다."라고 판시한다.[34]

구체적인 사례를 보면, 수사기관이 사전에 영장을 제시하지 아니한 채 구속영장을 집행한 경우 그 구속 중 수집한 2차적 증거들인 피고인의 진술증거가 문제된 사안에서 그 중 피고인의 제1심 법정진술은, 피고인이 구속집행절차의 위법성을 주장하면서 청구한 구속적부심사의 심문 시 구속영장을 제시받아 그 이후에는 영장 범죄사실에 대하여 숙지하고 있었던 것으로 보이며, 구속 이후 구속적부심사와 보석 청구를 통하여 구속집행절차의 위법성만을 다투었을 뿐, 진술의 임의성이나 신빙성에 대하여는 전혀 다투지 않았고, 변호인과의 충분한

33) 대법원 2007. 11. 15. 선고 2007도3061 전원합의체 판결.
34) 대법원 2009. 3. 12. 선고 2008도11437 판결 등.

상의를 거친 후 공소사실 전부에 대하여 자백한 것이라면, 유죄 인정의 증거로 삼을 수 있는 예외적인 경우에 해당한다고 판시하였다.[35]

수사기관이 법관의 영장에 의하지 아니하고 매출전표의 거래명의자에 관한 정보를 획득한 경우, 이에 터 잡아 수집한 피의자의 자백이나 범죄피해에 대한 제3자의 진술 등 2차적 증거들이 문제된 사안에서, 대법원은 수사기관이 의도적으로 영장주의를 회피하는 방법으로 증거를 확보한 것이 아니라고 볼 만한 사정, 위 정보에 기초하여 범인으로 특정되어 체포된 피의자가 석방 후 상당한 시간이 경과하고도 다시 동일한 내용의 자백을 하거나 그 범행의 피해품을 수사기관에 임의 제출한 사정, 2차적 증거 수집이 체포상태에서 이루어진 자백으로부터 독립된 제3자의 진술에 의하여 이루어진 사정 등은 통상 2차적 증거의 증거능력을 인정할 만한 정황에 속한다고 보았다.[36]

마약 투약 혐의를 받고 있던 피고인을 영장 없이 임의동행 형식으로 강제로 연행한 상태에서 마약 투약 여부의 확인을 위한 1차 채뇨절차가 이루어진 후 피고인의 소변 등 채취에 관한 압수영장에 기하여 2차 채뇨절차가 이뤄져 그 결과를 분석한 소변 감정서 등이 증거로 제출된 사안에서, 대법원은 위법한 체포상태에서 이뤄진 채뇨 요구에 의하여 수집된 '소변검사시인서'는 유죄 인정의 증거로 삼을 수 없으나, 연행 당시 피고인이 마약을 투약한 것으로 보이는 비상식적인 행동을 하였던 사정 등에 비추어 피고인에 대한 긴급한 구호의 필요성이 있었던 점, 경찰관들은 임의동행시점으로부터 얼마 지나지 않아 체포의 이유와 변호인 선임권 등을 고지하면서 긴급체포의 절차를 밟는 등 절차의 잘못을 시정하려고 하여 관련 법규정으로부터의 실질적 일탈 정도가 헌법에 규정된 영장주의 원칙을 현저히 침해할 정도에 이르렀다고 보기 어려운 점 등에 비추어 볼 때, 위와 같은 2차적 증거 수집이 위법한 체포·구금절차에 의하여 형성된 상태를 직접 이용하여

35) 대법원 2009. 4. 23. 선고 2009도526 판결.
36) 대법원 2013. 3. 28. 선고 2012도13607 판결.

행하여진 것으로는 평가될 수 없으므로, 이와 같은 사정은 체포과정에서의 절차적 위법과 2차적 증거 수집 사이의 인과관계를 희석하게 할 만한 정황에 속하고, 메스암페타민 투약 범행의 중대성도 아울러 참작될 필요가 있는 점 등 제반 사정을 고려할 때 2차적 증거인 소변 감정서 등은 증거능력이 인정된다고 판시하였다.[37)]

그러나 대법원은 경찰이 피고인의 집에서 20m 떨어진 곳에서 피고인을 체포한 후 피고인의 집안을 수색하여 칼과 합의서를 압수한 후 압수수색영장을 청구하지도 않은 사안에서, 위 칼과 합의서는 위법하게 압수된 것으로서 증거능력이 없고, 이를 기초로 한 '임의제출동의서', '압수조서 및 목록', '압수품 사진' 역시 증거능력이 없다고 판시하였다.[38)] 또한 대법원은 피고인이 경찰에 의해 위법하게 긴급체포된 다음 9일 후 검찰에 송치되어 이뤄진 검사의 피의자신문에 의해 작성된 피의자신문조서, 위법한 체포에 수반하여 이뤄진 압수절차에 의하여 압수된 물건 역시 유죄의 증거로 사용될 수 없다고 판단하였다.[39)] 더 나아가 대법원은 "위법한 강제연행 상태에서 호흡측정 방법에 의한 음주측정을 한 다음 강제연행 상태로부터 시간적·장소적으로 단절되었다고 볼 수도 없고 피의자의 심적 상태 또한 그 상태로부터 완전히 벗어났다고 볼 수 없는 상황에서 피의자가 호흡측정 결과에 대해 탄핵하기 위하여 스스로 혈액채취 방법에 의한 측정을 요구하여 혈액채취가 이루어졌다고 하더라도 그 사이에 위법한 체포상태의 영향이 완전하게 배제되고 피의자의 의사결정의 자유가 확실하게 보장되었다고 볼 만한 다른 사정이 개입되지 않은 이상 불법체포와 증거수집 사이의 인과관계가 단절된 것으로 볼 수는 없다고 판시하여 피의자의 요구에 따른 혈액채취에 의한 측정결과 역시 증거능력이 없다"고 판단하였다.[40)]

---

37) 대법원 2013. 3. 14. 선고 2012도13611 판결.
38) 대법원 2010. 7. 22. 선고 2009도14376 판결.
39) 대법원 2009. 12. 24. 선고 2009도11401 판결.
40) 대법원 2013. 3. 14. 선고 2010도2094 판결.

(6) 공소제기 후 수소법원 이외의 판사로부터 발부받은 영장에 의한 증거

검사가 압수·수색 영장을 청구할 수 있는 시기가 공소제기 전으로만 한정되는지는 법 제215조 등 관련 조문상 명시된 규정이 없어 논란이 있다. 이에 대하여 대법원은 헌법상 보장된 적법절차의 원칙과 재판받을 권리, 공판중심주의·당사자주의·직접주의를 지향하는 현행 형사소송법의 소송구조, 관련 법규의 체계, 문언 형식, 내용 등을 종합하여 보면, 일단 공소가 제기된 후에는 피고사건에 관하여 검사로서는 법 제215조에 의하여 압수·수색을 할 수 없다고 보았다. 이를 전제로 대법원은 검사가 공소제기 후 법 제215조에 따라 수소법원 이외의 지방법원 판사에게 청구하여 발부받은 영장에 의하여 압수·수색을 하였다면, 그와 같이 수집된 증거는 적법한 절차에 따르지 않은 것으로서 원칙적으로 유죄의 증거로 삼을 수 없다고 판시하였다.[41]

(7) 사인이 위법하게 수집한 증거

위법수집증거배제법칙은 수사기관이 적법절차를 위반하여 수집한 증거에 대하여 그 증거능력을 배제하는 원칙이다. 그렇다면 사인이 위법하게 수집한 증거가 유죄의 증거로 제출된 경우 이를 허용할 수 있는지는 별개의 문제가 된다. 이에 관하여 대법원은 국민의 사생활 영역에 관계된 모든 증거의 제출이 곧바로 금지되는 것으로 볼 수는 없으므로, 법원으로서는 효과적인 형사소추 및 형사소송에서의 진실발견이라는 공익과 개인의 인격적 이익 등의 보호이익을 비교 형량하여 그 허용 여부를 결정하여야 한다고 판시하여 '이익형량론'을 따르고 있다.[42]

대법원은 피고인 갑, 을의 간통 범행을 고소한 갑의 남편 병이 갑의 주거에 침입하여 수집한 후 수사기관에 제출한 혈흔이 묻은 휴지 및 침대시트에 대한 감정의뢰회보에 대하여, 병이 갑의 주거에 침입한

41) 대법원 2011. 4. 28. 선고 2009도10412 판결.

42) 대법원 2010. 9. 9. 선고 2008도3990 판결 등.

시점은 갑이 그 주거에서 실제상 거주를 종료한 이후인 점, 위 회보는 형사소추를 위하여 반드시 필요한 증거인 점 등을 고려하여 증거 제출을 허용하였을 때 실현될 공익과 이로 말미암아 일정 정도 침해될 갑의 주거의 자유나 사생활의 비밀이라는 기본권을 비교 형량하여 위 회보의 증거능력을 인정하였다.[43] 또한 대법원은 소송사기 사건에서 증거채택 여부가 문제된 피고인 경영의 회사 업무일지에 대하여 설령 그것이 제3자에 의하여 절취된 것으로서 위 소송사기 등의 피해자 측이 이를 증거자료로 제출하기 위하여 대가를 지급하였다 하더라도, 공익의 실현을 위하여는 이를 범죄의 증거로 제출하는 것이 허용되어야 하고, 이로 인하여 피고인의 사생활 영역을 침해하는 결과가 초래된다 하더라도 이는 피고인이 수인하여야 할 기본권의 제한에 해당된다고 판시하였다.[44]

이후 대법원은 피고인이 A시청 전자문서시스템을 통해 발송한 전자우편을 제3자인 A시청 공무원이 권한 없이 비밀 보호조치를 해제하여 수집한 사례에서 그 전자우편의 증거능력을 인정하면서, 이때 법원이 위 비교형량을 함에 있어서는 "증거수집 절차와 관련된 모든 사정 즉, 사생활 내지 인격적 이익을 보호하여야 할 필요성 여부 및 그 정도, 증거수집 과정에서 사생활 기타 인격적 이익을 침해하게 된 경위와 그 침해의 내용 및 정도, 형사소추의 대상이 되는 범죄의 경중 및 성격, 피고인의 증거동의 여부 등을 전체적·종합적으로 고려하여야 하고, 단지 형사소추에 필요한 증거라는 사정만을 들어 곧바로 형사소송에서의 진실발견이라는 공익이 개인의 인격적 이익 등의 보호이익보다 우월한 것으로 섣불리 단정하여서는 아니 된다"라고 판시하여 비교형량의 구체적 판단요소를 예시하기도 하였다.[45]

이와 달리 수사기관이 공소외인으로부터 피고인의 범행에 대한

43) 대법원 2010. 9. 9. 선고 2008도3990 판결 등.
44) 대법원 2008. 6. 26. 선고 2008도1584 판결.
45) 대법원 2013. 11. 28. 선고 2010도12244 판결.

진술을 들은 다음 추가 증거를 확보할 목적으로 구속수감 중인 공소외인에게 압수된 그의 휴대전화를 제공하여 그로 하여금 피고인과 통화하고 피고인의 범행에 관한 통화내용을 녹음하게 한 경우, 대법원은 이와 같은 행위는 수사기관이 주체가 되어 구속수감된 자의 동의만을 받고 상대방인 피고인의 동의가 없는 상태에서 그들의 통화 내용을 녹음한 것으로서 불법감청에 해당한다고 보고, 그 전화통화의 내용은 통신비밀보호법 제4조에 의하여 증거능력이 없다고 판시하였다.[46]

2. 전문법칙의 예외

(1) 검사 또는 사법경찰관 작성의 조서 등(법 제312조)

가. 검사 작성의 피의자신문조서

① 진정성립의 인정

2007년 개정 전 형사소송법은 검사 작성의 피의자신문조서는 원진술자의 진술에 의하여 그 성립의 진정이 인정되는 때에는 증거능력이 있다고 규정하여 그 진정성립의 의미에 관하여 조서의 서명·날인 등의 진정을 의미하는 '형식적 진정성립'과 그 조서의 내용이 원진술자가 진술한 대로 기재되어 있다는 '실질적 진정성립' 간에 논란이 있었다. 대법원은 2004. 12. 16. 선고 2002도537 전원합의체 판결에서 형식적 진정성립이 인정되면 특별한 사정이 없는 한 실질적 진정성립이 추정된다고 한 종래 판례를 변경하여 실질적 진정성립도 원진술자의 진술에 의하여서만 인정될 수 있다고 판시하였다.[47] 이후 이러한 판례의 태도는 2007년 개정 법 제312조 제1항에 반영되었다. 다만 같은 조 제2항에 피고인이 진정성립을 부인하는 경우 그 실질적 진정성립이 '영상녹화물이나 그 밖의 객관적인 방법'에 의하여 증명되고, 제1항과 동일하게 특신상태가 증명된 때에는 증거로 쓸 수 있도록 규정하고 있다.

46) 대법원 2010. 10. 14. 선고 2010도9016 판결.
47) 대법원 2004. 12. 16. 선고 2002도537 전원합의체 판결.

결국 영상녹화가 되지 않은 검사 작성의 피고인에 대한 피의자신문조서의 증거능력은 원진술자인 피고인의 진술에 의하여 좌우될 수 있게 되어 피고인의 증거에 관한 법정진술이 중요하게 되었고, 그 진술의 해석에 관한 판례들이 주목을 받았다.

대법원은 피고인이 검사 작성의 피고인에 대한 피의자신문조서의 성립의 진정과 임의성을 인정하였다가 번복한 경우라도 법원이 그 조서의 기재 내용, 형식 등과 피고인의 범행에 관련한 법정진술 등 제반 사정에 비추어 진정성립과 임의성을 인정한 최초 진술이 신빙성이 있다고 보아, 그 성립의 진정을 인정하고 그 임의성에 관하여 심증을 얻은 때에는 그 조서는 증거능력이 있다고 판시하였다.[48]

한편 대법원은 피고인이나 그 변호인이 검사 작성의 피의자신문조서의 진정성립을 인정한 후에도 그 조서에 대한 증거조사 완료 전에 최초 진술을 번복하여 그 조서를 유죄의 증거자료로 사용할 수 없도록 할 수 있고, 위 증거조사가 완료된 뒤에도 적법절차 보장의 정신에 비추어 진정성립을 인정한 최초 진술에 그 효력을 그대로 유지하기 어려운 중대한 하자가 있고 그에 관하여 진술인에게 귀책사유가 없는 경우에는 예외적으로 그 최초 진술을 취소할 수 있고, 그 취소 주장이 이유 있는 경우 법원은 증거배제결정으로 그 조서를 증거자료에서 제외하여야 한다고 판시하였다.[49]

원진술자가 피의자신문조서 중 일부에 관하여만 진정성립을 인정하는 경우에는 법원은 당해 조서 중 어느 부분이 원진술자가 진술한 대로 기재되어 있고 어느 부분이 달리 기재되어 있는지 여부를 구체적으로 심리한 다음 진술한 대로 기재되어 있다고 하는 부분에 한하여 증거능력을 인정하여야 한다고 판시하였다.[50]

---

48) 대법원 2007. 6. 28. 선고 2005도8317 판결.

49) 대법원 2008. 7. 10. 선고 2007도7760 판결.

50) 대법원 2008. 6. 12. 선고 2007도7671 판결. 이러한 법리는 참고인에 대한 진술조서의 경우에도 마찬가지이다(대법원 2008. 3. 27. 선고 2007도11400 판결 참조).

② 조서 작성 절차와 방식의 적법성

2007년 개정 법 제312조는 검사 또는 사법경찰관이 작성한 조서에 대하여 진정성립 또는 내용의 인정 이전에 '적법한 절차와 방식에 따라 작성된 것'임을 요구하고 있다. 여기서 '적법한 절차와 방식'의 의미와 위법수집증거배제법칙에서 요구하는 '적법한 절차'의 의미 간의 차이와 관계에 관하여 논란이 있어왔다.

대법원은 비록 사법경찰관이 피의자에게 진술거부권을 고지하였다고 하더라도, 법 제244조의3 제2항에 규정한 방식에 위반하여 진술거부권 행사 여부에 대한 피의자의 답변이 자필로 기재되어 있지 아니하거나 그 답변 부분에 피의자의 기명날인·서명이 없는 사법경찰관 작성의 피의자신문조서는 특별한 사정이 없는 한 법 제312조 제3항에서 정한 '적법한 절차와 방식'에 따라 작성된 조서라 할 수 없으므로 그 증거능력을 인정할 수 없다고 판시하였다. 한편 피의자가 변호인의 참여를 원한다는 의사를 명백하게 표시하였음에도 수사기관이 정당한 사유 없이 변호인을 참여하게 하지 아니한 채 피의자를 신문하여 작성한 피의자신문조서는 법 제312조에 정한 '적법한 절차와 방식'에 위반될 뿐만 아니라, 법 제308조의2에서 정한 '적법한 절차에 따르지 아니하고 수집된 증거'에도 해당하므로 이를 증거로 할 수 없다고 판시하였다.[51)]

나. 사법경찰관 작성의 피의자신문조서

① 내용의 인정

대법원은 법 제312조 제3항은 검사 이외의 수사기관이 작성한 당해 피고인과 공범관계에 있는 다른 피고인이나 피의자에 대한 피의자신문조서를 당해 피고인에 대한 유죄의 증거로 채택할 경우에도 적용된다고 해석하고 있다. 따라서 당해 피고인과 공범관계에 있는 공동피고인에 대해 검사 이외의 수사기관이 작성한 피의자신문조서는 그 공동피고인의 법정진술에 의하여 성립의 진정이 인정되더라도 당해 피

51) 대법원 2013. 3. 28. 선고 2010도3359 판결.

고인이 공판기일에서 그 조서의 내용을 부인하면 증거능력이 부정된다. 더 나아가 대법원은 그 공동피고인이 법정에서 경찰수사 시 피의자신문조서에 기재된 것과 같은 내용으로 진술하였다는 취지로 한 증언도 그 조서와 분리하여 독자적 증거가치를 인정할 것은 아니라는 이유로 유죄 인정의 증거로 쓸 수 없다고 판시하였다.[52)]

② 제314조의 적용 여부

위와 같이 당해 피고인과 공범관계에 있는 다른 피고인이나 피의자에 대한 피의자신문조서에 대한 법 제312조 제3항 적용원칙은 제314조 적용 여부에도 영향을 미친다. 즉 대법원은 위와 같은 적용의 당연한 결과로 그 피의자신문조서에 대하여는 원진술자가 사망 등 사유로 인하여 법정에서 진술할 수 없는 때에 예외적으로 증거능력을 인정하는 법 제314조도 적용되지 않는다고 일관되게 판시하고 있다.[53)]

다. 수사기관에 의한 영상녹화물의 증거능력

수사기관이 피의자 또는 참고인을 조사하면서 조서를 서면으로 작성하지 않고 영상녹화를 하였을 때 그 영상물을 독립된 증거로 사용할 수 있는지에 관하여는 견해 대립이 있다. 대법원은 법원 실무의 입장에 따라 현행법이 수사기관에 의한 참고인 진술의 영상녹화를 새로 정하면서, 영상물에 수록된 성범죄 피해자의 진술에 대해 독립적인 증거능력을 인정하고 있는 성폭력범죄의 처벌 등에 관한 특례법 제30조 제6항 또는 아동·청소년의 성보호에 관한 법률 제26조 제6항의 규정과 대비하여 그 용도를 진술조서의 진정성립을 증명하거나 원진술자의 기억을 환기시키기 위한 것으로 한정하고 있는 것으로 해석하고, 이를 전제로 수사기관이 참고인을 조사하는 과정에서 법 제221조 제1항에 따라 녹화한 영상물은, 다른 법률에서 달리 규정하고 있는 등의 특별한 사정이 없는 한, 공소사실에 대한 독립적인 증거로 사용될 수

52) 대법원 2009. 10. 15. 선고 2009도1889 판결.
53) 대법원 2004. 7. 15. 선고 2003도7185 전원합의체 판결; 대법원 2009. 5. 28. 선고 2008도10787 판결; 대법원 2009. 11. 26. 선고 2009도6602 판결 등.

는 없다고 판시하고 있다.[54)]

법원은 검사 작성의 피고인에 대한 피의자신문조서 없이 피고인의 검찰진술을 녹화한 영상녹화물만이 증거로 제출된 경우에도, 피의자의 진술은 조서에 기재하여야 하는 등 피의자신문조서의 작성절차와 방식을 규정한 법 제244조의 근거로 하여 부적법한 증거로서 증거능력이 없다고 보고 있다.[55)] 그러나 오히려 수사기관의 피의자·참고인 조사를 더 객관적으로 투명하게 하기 위하여 도입된 영상녹화조사의 취지와, 조사과정에서 녹화된 진술상황을 그대로 현출하여 피의자의 인권보장에 기여할 수 있고, 사인의 영상녹화물과 달리 무결성이 확보되어 있는 장점 등을 고려하면 수사기관에 의한 영상녹화물의 증거능력을 무조건 차단하는 것에 대해서는 논란의 여지가 있다.

한편 성폭력범죄의 처벌 및 피해자보호 등에 관한 법률 제21조의3에 따라 영상물에 수록된 성폭력 범죄 피해자의 진술은 조사 과정에 동석하였던 신뢰관계 있는 자의 진술에 의하여 성립의 진정이 인정된 때에는 증거로 할 수 있다. 대법원은 이때 위와 같이 촬영한 영상에 피해자가 피해상황을 진술하면서 보충적으로 작성한 메모도 함께 촬영되어 있는 경우, 이는 영상물에 수록된 피해자 진술의 일부와 다름없으므로, 역시 같은 식으로 증거능력이 부여될 수 있다고 판시하였다.[56)]

(2) 진술서 등(법 제313조)

대법원은 해외 주재 영사가 작성한 사실확인서 중 공인 부분을 제외한 나머지 부분에 대하여 비록 영사의 공무 수행과정에서 작성된 것이지만 그 목적이 공적인 증명보다는 상급자 등에 대한 보고에 있는 것으로서 엄격한 증빙서류를 바탕으로 하여 작성된 것이라고 할 수 없으므로, 법 제315조 제1호의 기타 공무원 또는 외국공무원의 직무상 증명할 수 있는 사항에 관하여 작성한 문서나 같은 조 제3호의

54) 대법원 2014. 7. 10. 선고 2012도5041 판결.
55) 서울남부지방법원 2007. 6. 20. 선고 2006고단3255 판결.
56) 대법원 2009. 12. 24. 선고 2009도11575 판결.

특히 신용할 만한 정황에 의하여 작성된 문서에 해당하는 당연히 증거능력이 있는 서류라고 할 수 없다고 판시하였다.57) 그 결과 위 서면은 법 제313조 또는 그 원진술자의 진술이 없는 경우 법 제314조의 요건을 반드시 갖춰야 한다고 보았다.

법 제313조와 관련된 대법원 판례 중에는 피해자가 남동생에게 도움을 요청하면서 피고인이 협박한 말을 포함하여 공갈 등 피고인으로부터 피해를 입은 내용을 문자메시지로 보내어 그 남동생이 이를 촬영한 사진에 대하여 진술서에 관한 법 제313조에 따라 이 사건 문자메시지의 작성자인 피해자가 법정에서 자신이 작성하여 보낸 문자메시지와 같음을 확인하고, 그 동생도 법정에서 피해자의 문자메시지를 촬영한 사진이 맞다고 확인한 이상, 그 진정성립이 증명되었다고 볼 수 있으므로 증거능력이 있다고 판시한 사례가 있다.58)

(3) 원진술자의 진술불능(법 제314조)

2007년 개정 법 제314조는 제312조 또는 제313조의 경우에 공판준비 또는 공판기일에 진술을 요하는 자가 사망·질병·외국거주·소재불명, '그 밖에 이에 준하는 사유로 인하여' 진술할 수 없는 때에는 그 특신상태가 증명된 때에 한하여 그 조서 및 그 밖의 서류를 증거로 할 수 있다고 규정하고 있다. 대법원은 이와 관련하여, 2009도6788 전원합의체 판결에서 다수의견이 구법 제314조가 사망, 질병, 외국거주 '기타 사유로 인하여' 진술할 수 없는 때라고 규정한 것에 비하여 현행법은 그 예외사유의 범위를 더욱 엄격하게 제한하고 있다고 보았다. 이에 따라 다수의견은 법정에서 증인이 법 제148조, 제149조 등에서 정한 바에 따라 정당하게 증언거부권을 행사하여 증언을 거부한 경우는 법 제314조의 '그 밖에 이에 준하는 사유로 인하여 진술할 수 없는 때'에 해당하지 아니한다고 판시하였다.59)

57) 대법원 2007. 12. 13. 선고 2007도7257 판결.
58) 대법원 2010. 11. 25. 선고 2010도8735 판결.
59) 대법원 2012. 5. 17. 선고 2009도6788 전원합의체 판결.

이와 같은 취지에서 대법원은 피고인이 증거서류의 진정성립을 묻는 검사의 질문에 대하여 진술거부권을 행사하여 진술을 거부한 경우도 같은 예외사유에 해당하지 아니한다고 판시하였다.[60]

또한 대법원은 이때 전문증거의 증거능력을 갖추기 위한 요건에 관한 증명책임은 검사에게 있으므로, 법원이 원진술자가 소재불명이거나 그 밖에 이에 준하는 사유로 인하여 진술할 수 없는 때에 해당한다고 인정할 수 있으려면, 원진술자의 법정 출석을 위한 가능하고도 충분한 노력을 다하였음에도 불구하고 부득이 그 법정 출석이 불가능하게 되었다는 사정을 검사가 증명한 경우여야 한다고 판시하였다.[61]

대법원은 법 제314조의 '외국거주' 요건에 대한 해석도 비교적 엄격히 하고 있다. 대법원은 위 요건이 충족되기 위해서는 진술을 요할 자가 외국에 있다는 것만으로는 부족하고, 가능하고 상당한 수단을 다하더라도 진술을 요하는 자를 법정에 출석하게 할 수 없는 사정이 있는 때에 해당하여야 한다고 판시하고 있다.[62] 대법원은 원진술자가 외국에 거주하고 있어 공판정 출석을 거부하는 경우에도 증언 자체의 거부의사가 분명한 경우가 아닌 한 거주하는 외국의 주소나 연락처 등이 파악되고, 해당 국가와의 국제형사사법공조조약에 따른 사법공조 절차에 의하여 증인을 소환할 수 있는지 검토해보아야 하고, 소환을 할 수 없는 경우라도 외국 법원에 사법공조로 증인신문을 실시하도록 요청하는 등의 절차를 거쳐야 하고, 이러한 절차를 전혀 시도해 보지도 않은 것은 위 '가능하고 상당한 수단'을 다하지 않은 것으로 보았다.[63]

(4) 특히 신빙할 수 있는 상태의 증명

대법원은 법 제314조의 '특신상태'에 대하여 원진술자의 소재불명 등의 경우에 그에 대한 진술조서나 그의 진술서에 대하여 증거능력을

60) 대법원 2013. 6. 13. 선고 2012도16001 판결.
61) 대법원 2013. 4. 11. 선고 2013도1435 판결.
62) 대법원 2008. 2. 28. 선고 2007도10004 판결.
63) 대법원 2016. 2. 18. 선고 2015도17115 판결.

인정하는 것은, 직접심리주의 등 기본원칙에 대한 예외에 다시 중대한 예외를 인정하여 원진술자 등에 대한 반대신문의 기회조차 없이 증거능력을 부여할 수 있도록 한 것이므로, 그 경우 그의 진술 또는 작성이 '특히 신빙할 수 있는 상태 하에서 행하여졌음에 대한 증명'은 단지 그러할 개연성이 있다는 정도로는 부족하고 합리적인 의심의 여지를 배제할 정도에 이르러야 한다고 판시하고 있다. 아울러 이와 같은 법리는 마찬가지로 원진술자의 소재불명 등을 전제로 하고 있는 법 제316조 제2항의 '특신상태'에 관한 해석에도 그대로 적용된다고 보았다.[64]

(5) 당연히 증거능력 있는 서류(법 제315조)

상업장부나 항해일지, 진료일지 또는 이와 유사한 금전출납부 등과 같이 업무의 기계적 반복성으로 인하여 허위가 개입될 여지가 적고, 문서의 성질에 비추어 고도의 신용성이 인정되어 반대신문의 필요가 없거나 작성자를 소환해도 서면제출 이상의 의미가 없는 '업무상 필요로 작성된 통상문서'는 법 제315조 제2호에 의하여 당연히 증거능력이 인정된다. 대법원은 구체적인 사례에서 어떠한 문서가 법 제315조 제2호가 정하는 업무상 통상문서에 해당하는지를 판단함에 있어서는, "법 제315조 제2호 및 제3호의 입법 취지를 참작하여 당해 문서가 정규적·규칙적으로 이루어지는 업무활동으로부터 나온 것인지 여부, 당해 문서를 작성하는 것이 일상적인 업무관행 또는 직무상 강제되는 것인지 여부, 당해 문서에 기재된 정보가 취득된 즉시 또는 그 직후에 이루어져 정확성이 보장될 수 있는 것인지 여부, 당해 문서의 기록이 비교적 기계적으로 행하여지는 것이어서 기록 과정에 기록자의 주관적 개입의 여지가 거의 없다고 볼 수 있는지 여부, 당해 문서가 공시성이 있는 등으로 사후적으로 내용의 정확성을 확인·검증할 기회가 있어 신용성이 담보되어 있는지 여부" 등을 종합적으로 고려하여야

64) 대법원 2014. 4. 30. 선고 2012도725 판결; 대법원 2014. 8. 26. 선고 2011도6035 판결; 대법원 2014. 2. 21. 선고 2013도12652 판결 등.

한다고 판시하였다.[65)]

대법원은 성매매업소에 고용된 여성들이 성매매를 업으로 하면서 영업에 참고하기 위하여 성매매 상대방의 아이디와 전화번호 및 성매매방법 등을 메모지에 적어두었다가 직접 메모리카드에 입력하거나 업주가 고용한 다른 여직원이 그 내용을 입력한 사안에서, 위 메모리카드의 내용은 법 제315조 제2호의 '영업상 필요로 작성한 통상문서'로서 당연히 증거능력 있는 문서에 해당한다고 판시하였다.[66)]

또한 대법원은 법 제315조 제1호와 제2호의 문서들을 같은 조 제3호의 '특히 신용할 만한 정황에 의하여 작성된 문서'의 예시로 해석하면서 법 제315조 제3호는 법 제315조 제1호와 제2호에서 열거된 공권적 증명문서 및 업무상 통상문서에 준하여 '굳이 반대신문의 기회 부여 여부가 문제되지 않을 정도로 고도의 신용성의 정황적 보장이 있는 문서'를 의미한다고 판시하였다.[67)]

(6) 전문진술(법 제316조)

2007년 개정법 제316조 전문진술에는 공소제기 전에 피고인을 피의자로 조사하였거나 그 조사에 참여하였던 자의 피고인 또는 피고인이 아닌 타인(참고인 등)의 진술을 내용으로 하는 이른바 '조사자의 증언'도 명시적으로 포함되었다. 종래 판례는 당해 사건이든 별개의 사건이든 피의자를 조사한 사법경찰관이 조사 당시의 피의자진술을 내용으로 증언하더라도 피고인이 공판정에서 경찰에서의 진술내용을 부인하고 있는 이상 이를 증거로 할 수 없다는 태도를 취하고 있었다.[68)] 그러나 개정법 상 조사자 증언제도가 위와 같이 명백히 규정되어 위와 같은 판례 태도는 더 이상 유지되기 어려울 것으로 보이나 현재 이에 관한 직접적인 판례는 아직 없다.

65) 대법원 2015. 7. 16. 선고 2015도2625 전원합의체 판결.
66) 대법원 2007. 7. 26. 선고 2007도3219 판결.
67) 대법원 2015. 7. 16. 선고 2015도2625 전원합의체 판결.
68) 대법원 1983. 7. 26. 선고 82도385 판결; 대법원 1995. 3. 24. 선고 94도2287 판결 등.

다만 대법원은 법 제316조 제2항에 의해, 조사자의 피고인 아닌 타인의 진술을 내용으로 하는 증언에 증거능력이 인정되기 위해서는 원진술자가 사망, 질병, 외국거주, 소재불명, 그 밖에 이에 준하는 사유로 인하여 진술할 수 없어야 하므로, 원진술자가 법정에 출석하여 수사기관에서 한 진술을 부인하는 취지로 증언한 이상 원진술자의 진술을 내용으로 하는 조사자의 증언은 증거능력이 없다고 판시한 바 있다.[69]

3. 디지털 증거의 증거능력

(1) 개 관

과학기술의 발달로 형사증거 또한 디지털 형태로 저장된 증거가 많아지고, 그 중요성도 높아져 수사과정에서 각종 디지털 증거자료를 수집하고 공판에서 그 사본 또는 출력물을 증거로 제출하는 것이 이론적으로나 실무적으로나 매우 중요한 이슈가 되었다. 특히 2007년 이후 관련 판례들을 살펴보면, 국가보안법위반, 공직선거법위반 등의 중요사건마다 디지털정보 또는 그 사본 내지 출력물 등의 증거능력이 문제되었다.[70]

2011년 개정법에는 전자정보저장매체 등에 대한 압수의 범위와 방법에 대한 규정이 신설되고, 2016년 개정법에는 제313조에 전문증거로서의 디지털정보도 포함되었으나, 여전히 해석에 맡겨져 있는 부분이 있어 논의가 계속될 것으로 보인다.

(2) 디지털 정보 사본 또는 출력물의 진정성(동일성과 무결성)

대법원은 정보저장매체에 입력하여 기억된 문자정보 또는 그 출력물을 증거로 사용하기 위해서는 ① 정보저장매체 원본에 저장된 내

69) 대법원 2008. 9. 25. 선고 2008도6985 판결.
70) 대법원 2007. 12. 13. 선고 2007도7257 판결(이른바 '일심회' 사건); 대법원 2013. 7. 26. 선고 2013도2511 판결(이른바 '왕재산' 사건); 대법원 2015. 7. 16. 선고 2015도2625 전원합의체 판결(이른바 '전 국정원장' 사건) 등.

용과 출력 문건의 동일성이 인정되어야 하고, 이를 위해서는 ② 정보저장매체 원본이 압수 시부터 문건 출력 시까지 변경되지 않았다는 사정, 즉 무결성이 담보되어야 한다고 일관되게 판시하고 있다.[71] 특히 정보저장매체에 저장된 자료를 하드카피 또는 이미징 한 매체로부터 출력한 문건의 경우에는 정보저장매체 원본과 하드카피 또는 이미징 한 매체 사이에 자료의 동일성과 이를 확인하는 과정에서 이용한 컴퓨터의 기계적 정확성, 프로그램의 신뢰성, 입력·처리·출력의 각 단계에서 조작자의 전문적인 기술능력과 정확성이 담보되어야 한다고 전제한 후 이 경우 동일성·무결성은 '피압수·수색 당사자가 정보저장매체 원본과 하드카피 또는 이미징 한 매체의 해쉬(Hash) 값이 동일하다는 취지로 서명한 확인서면을 교부받아 법원에 제출하는 방법'에 의하여 증명하는 것이 원칙이나, 그와 같은 방법에 의한 증명이 불가능하거나 현저히 곤란한 경우에는, '정보저장매체 원본에 대한 압수, 봉인, 봉인해제, 하드카피·이미징 등 일련의 절차에 참여한 수사관이나 전문가 등의 증언' 또는 '법원이 그 원본에 저장된 자료와 증거로 제출된 출력 문건을 대조하는 방법' 등으로도 인정할 수 있다고 판시하였다.[72]

(3) 전문증거로서의 디지털증거

가. 전문법칙의 적용과 진정성립의 문제

대법원은 디지털증거의 동일성·무결성 요건 외에도 이를 진술증거로 사용하는 경우, 그 기재 내용의 진실성에 관하여는 전문법칙이 적용되므로 법 제313조 제1항에 따라 공판준비나 공판기일에서의 그 작성자 또는 진술자의 진술에 의하여 그 성립의 진정함이 증명된 때에 한하여 이를 증거로 사용할 수 있다고 판시하여왔다.[73] 이와 같은

71) 대법원 2007. 12. 13. 선고 2007도7257 판결; 대법원 2013. 6. 13. 선고 2012도16001 판결; 대법원 2013. 7. 26. 선고 2013도2511 판결; 대법원 2013. 2. 15. 선고 2010도3504 판결; 대법원 2013. 1. 10. 선고 2010도3440 판결 등.

72) 대법원 2013. 7. 26. 선고 2013도2511 판결.

73) 대법원 2007. 12. 13. 선고 2007도7257 판결; 대법원 2013. 6. 13. 선고 2012도

법리 하에 대법원은 이른바 '일심회' 사건 등 국가보안법위반 사건에서 검사가 디지털 저장매체에서 출력하여 진술증거로 제출한 문건 중 그 작성자에 의하여 성립의 진정함이 증명되지 않았거나 작성자가 불분명한 문건의 내용은 증거로 사용할 수 없다고 판단하였다.[74)]

이는 종전 법 제313조를 엄격히 해석함에 따라 디지털증거의 특성 상 작성자의 특정이 곤란한 경우 유효한 증거능력 부여방법이 없고, 디지털 포렌식 등 전자정보 특유의 진정성립 입증방법 등이 차단되는 문제가 있었다. 이에 2016년 신설된 개정법 제313조 제2항은 작성자가 공판에서 그 성립의 진정을 부인하더라도 과학적 분석결과에 기초한 디지털포렌식 자료, 감정 등 객관적 방법으로 성립의 진정함이 증명되면 증거능력이 인정될 수 있도록 하되 피고인 아닌 자가 작성한 경우 반대신문권의 보장을 요건으로 명시하였다.

나. 음성 녹음파일의 증거능력

대법원은 피고인과 상대방 사이의 대화 내용에 관한 녹취서가 증거로 제출되어 녹취서의 기재 내용과 그 녹음 내용이 동일한지에 대하여 법원이 검증을 한 경우에도 증거자료가 되는 것은 녹음된 대화 내용 자체이고, 그 중 피고인의 진술 내용은 실질적으로 법 제313조 단서의 피고인의 진술을 기재한 서류와 다름없어 작성자인 상대방의 법정 진술에 의하여 녹음된 피고인의 진술 내용이 피고인이 진술한 대로 녹음된 것임이 증명되고 나아가 그 진술의 특신상태가 인정되어야 한다고 판시하고 있다. 이러한 요건은 디지털 녹음기로 대화내용이 녹음된 음성파일의 경우에도 그대로 적용되고 있다.[75)]

대법원은 이러한 법리 하에 공갈 피해자가 디지털 녹음기로 피고

16001 판결; 대법원 2013. 7. 26. 선고 2013도2511 판결; 대법원 2013. 2. 15. 선고 2010도3504 판결; 대법원 2013. 1. 10. 선고 2010도3440 판결 등.

74) 대법원 2007. 12. 13. 선고 2007도7257 판결(그래서 증거로 제출된 문건에 대하여 작성자의 법정진술이 아닌 정황자료만으로 진정 성립이 인정되거나 법 제314조, 제315조에 의하여 증거능력이 부여될 수는 없다고 판시하였다); 대법원 2013. 1. 10. 선고 2010도3440 판결.

75) 대법원 2014. 8. 26. 선고 2011도6035 판결.

인과의 대화를 녹음한 후 저장한 녹음파일의 사본과 해당 녹취록의 증거능력이 문제된 사안에서, 위 녹음파일 사본은 타인 간의 대화를 녹음한 것이 아니므로 타인의 대화비밀 침해금지를 규정한 통신비밀보호법 제14조의 적용 대상이 아니고, 복사 과정에서 인위적 개작 없이 원본 내용 그대로 복사된 것으로 대화자들이 진술한 대로 녹음된 것이 인정되며, 녹음 경위, 대화 장소, 내용 및 대화자 사이의 관계 등에 비추어 그 진술이 특히 신빙할 수 있는 상태 하에서 행하여진 것으로 인정된다는 이유로, 녹음파일 사본과 녹취록의 증거능력을 인정하였다.[76] 또한 피고인과의 대화내용을 녹음한 보이스펜 자체의 청취결과 피고인의 변호인이 피고인의 음성임을 인정하고 이를 증거로 함에 동의하면서 보이스펜의 녹음을 재녹음한 녹음테이프, 녹음테이프의 음질을 개선한 후 재녹음한 시디 및 그 녹음내용을 풀어쓴 녹취록 등에 대하여는 증거로 함에 부동의하였으나, 각 녹음내용, 녹취록의 기재가 서로 거의 일치하는 것으로 확인된 사안에서, 그 진술의 진정성립을 인정하고, 나아가 녹음의 경위 및 대화내용에 비추어 그 진술의 특신상태도 인정한 판례가 있다.[77]

(4) 비전문증거인 디지털증거

대법원은 피고인 또는 피고인 아닌 사람이 정보저장매체에 입력하여 기억된 문자정보 또는 그 출력물의 경우에도 그 내용의 진실성이 아닌 그와 같은 내용의 문자정보의 존재 자체가 직접 증거로 되는 경우나, 파일에 담긴 진술증거라도 그와 같은 진술을 하였다는 것 자체 또는 그 진술의 진실성과 관계없는 간접사실에 대한 정황증거로 사용할 경우에는 전문법칙이 적용되지 아니한다고 판시하였다.[78] 이는 전문증거의 의의에 따른 당연히 해석이라고 할 수 있다. 마찬가지

76) 대법원 2012. 9. 13. 선고 2012도7461 판결.
77) 대법원 2008. 3. 13. 선고 2007도10804 판결.
78) 대법원 2013. 2. 15. 선고 2010도3504 판결; 대법원 2013. 7. 26. 선고 2013도2511 판결 등.

로, 대법원은 반국가단체로부터 지령을 받고 국가기밀을 탐지·수집하였다는 범죄사실과 관련하여, 반국가단체의 구성원으로부터 통신으로 수령한 지령 및 탐지·수집한 국가기밀이 문자정보의 형태로 존재하는 경우나 편의제공의 목적물이 문자정보인 경우 등에는 문건 내용의 진실성이 문제 되는 것이 아니라 그러한 내용의 문건이 존재하는 것 자체가 증거가 되는 것으로서, 전문법칙이 적용되지 않는다고 판시하였다.[79]

Ⅳ. 마치며

이 글에서는 2007년 이후 수사절차 및 형사증거법 관련 주요 대법원 판례들의 동향을 정리하고 살펴보았다. 이 글에서 미처 다루지 못한 판례들도 있고, 판례 소개에 급급하여 그 의의를 자세히 나타내지 못한 부분도 있지만 2007년 이후 형사소송법, 특히 수사절차와 증거법에 관한 판례는 형사소송법의 개정과 함께 헌법과 형사소송법상 적법절차 원칙을 지속적으로 강조하며 기존 수사관행에 대하여 엄격한 기준을 적용하고, 때로는 사법통제적 관점에서 실무의 지침과 방향을 제시하여 왔다고 할 수 있다. 판례가 새로운 논의의 출발점이 되거나 이론적·실무적 문제점으로 논란을 불러일으키기도 했지만, 학계, 국회, 법원과 검찰 간에 상호 영향을 통하여 형사사법의 점진적 발전을 이뤄간 점 또한 분명하다.

국가 형벌권의 올바른 실현을 위하여 적법절차 원칙과 실체적 진실발견의 요청이라는 양대 축은 어느 하나의 가치를 포기하기보다 규범 조화적으로 상호 실현을 도모하는 것이 바람직할 것이다. 향후 학계와 실무계가 판례와 이에 대한 연구성과를 통하여 이러한 방향을 견지하며 계속 발전해 나가길 기대해본다.

---

79) 대법원 2013. 7. 26. 선고 2013도2511 판결.

[주 제 어]
2007년 이후 형사소송법 판례동향, 판례 회고, 대법원 판결 요지, 수사절차, 증거

[Key Words]
Criminal Procedure Case since 2007, Case Review, The Main Point of the Supreme Court's Case, Investigation Procedures, Evidence

접수일자: 2017. 5. 10. 심사일자: 2017. 6. 2. 게재확정일자: 2017. 6. 5.

[참고문헌 및 판례]

김승주, "사인에 의한 위법수집증거 : 비교형량론의 구체화", 「대법원판례해설」 제98호 하권, 법원도서관, 2014.

김윤섭·박상용, "형사증거법상 디지털 증거의 증거능력 : 증거능력의 선결요건 및 전문법칙의 예외요건을 중심으로", 「형사정책연구」 제26권 제2호, 한국형사정책연구원, 2015. 6.

손동권·신이철, 『새로운 형사소송법』, 세창출판사, 2016.

신동운, 『신형사소송법』, 법문사, 2012.

이완규, "압수물의 범죄사실과의 관련성과 적법한 압수물의 증거사용 범위", 「형사판례연구」 제23권, 한국형사판례연구회, 2015. 6.

이창현, 『형사소송법』, 입추, 2015.

임동규, 『형사소송법』, 법문사, 2016.

전승수, "2000년대 초기 대법원판례의 동향 — 수사절차와 증거 관련 대법원 판례를 중심으로 —", 「형사판례연구」 제20권, 한국형사판례연구회, 2012. 6.

전승수, "디지털 증거 압수절차의 적정성 문제—피압수자 참여 범위 및 영장 무관 정보의 압수를 중심으로—", 「형사판례연구」 제24권, 한국형사판례연구회, 2016. 6.

정대희·이상미, "디지털증거 압수수색절차에서의 '관련성'의 문제", 「형사정책연구」 제26권 제2호, 한국형사정책연구원, 2015. 6.

「형사소송법 핵심판례 110선」, 한국형사소송법학회 편, 박영사, 2016.

대법원 1983. 7. 26. 선고 82도385 판결.

대법원 1995. 3. 24. 선고 94도2287 판결.

대법원 2004. 7. 15. 선고 2003도7185 전원합의체 판결.

대법원 2004. 12. 16. 선고 2002도537 전원합의체 판결.

대법원 2007. 6. 28. 선고 2005도8317 판결.

대법원 2007. 7. 26. 선고 2007도3219 판결.

대법원 2007. 11. 15. 선고 2007도3061 전원합의체 판결.

대법원 2007. 12. 13. 선고 2007도7257 판결.

대법원 2008. 2. 28. 선고 2007도10004 판결.
대법원 2008. 3. 13. 선고 2007도10804 판결.
대법원 2008. 3. 27. 선고 2007도11400 판결.
대법원 2008. 5. 15. 선고 2008도1097 판결.
대법원 2008. 6. 12. 선고 2007도7671 판결.
대법원 2008. 6. 26. 선고 2008도1584 판결.
대법원 2008. 7. 10. 선고 2007도7760 판결.
대법원 2008. 7. 10. 선고 2008도2245 판결.
대법원 2008. 9. 12.자 2008모793 결정.
대법원 2008. 9. 25. 선고 2008도6985 판결.
대법원 2009. 3. 12. 선고 2008도763 판결.
대법원 2009. 3. 12. 선고 2008도11437 판결.
대법원 2009. 4. 23. 선고 2009도526 판결.
대법원 2009. 5. 14. 선고 2008도10914 판결.
대법원 2009. 5. 28. 선고 2008도10787 판결.
대법원 2009. 8. 20. 선고 2008도8213 판결.
대법원 2009. 10. 15. 선고 2009도1889 판결.
대법원 2009. 11. 26. 선고 2009도6602 판결.
대법원 2009. 12. 24. 선고 2009도11401 판결.
대법원 2009. 12. 24. 선고 2009도11575 판결.
대법원 2010. 1. 28. 선고 2009도10092 판결.
대법원 2010. 7. 22. 선고 2009도14376 판결.
대법원 2010. 9. 9. 선고 2008도3990 판결.
대법원 2010. 10. 14. 선고 2010도9016 판결.
대법원 2010. 11. 25. 선고 2010도8735 판결.
대법원 2011. 4. 28. 선고 2009도10412 판결.
대법원 2011. 5. 26.자 2009모1190 결정.
대법원 2011. 6. 30. 선고 2009도6717 판결.
대법원 2011. 11. 10. 선고 2011도8125 판결.

대법원 2012. 2. 9. 선고 2009도14884 판결.
대법원 2012. 2. 9. 선고 2011도4328 판결.
대법원 2012. 5. 17. 선고 2009도6788 전원합의체 판결.
대법원 2012. 9. 13. 선고 2012도7461 판결.
대법원 2012. 11. 15. 선고 2011도15258 판결.
대법원 2012. 12. 13. 선고 2012도11162 판결.
대법원 2013. 1. 10. 선고 2010도3440 판결.
대법원 2013. 2. 15. 선고 2010도3504 판결.
대법원 2013. 3. 14. 선고 2010도2094 판결.
대법원 2013. 3. 14. 선고 2012도13611 판결.
대법원 2013. 3. 28. 선고 2010도3359 판결.
대법원 2013. 3. 28. 선고 2012도13607 판결.
대법원 2013. 4. 11. 선고 2013도1435 판결.
대법원 2013. 6. 13. 선고 2012도16001 판결.
대법원 2013. 7. 1.자 2013모160 결정.
대법원 2013. 7. 26. 선고 2013도2511 판결.
대법원 2013. 11. 28. 선고 2010도12244 판결.
대법원 2014. 1. 16. 선고 2013도5441 판결.
대법원 2014. 1. 16. 선고 2013도7101 판결.
대법원 2014. 2. 21. 선고 2013도12652 판결.
대법원 2014. 4. 30. 선고 2012도725 판결.
대법원 2014. 7. 10. 선고 2012도5041 판결.
대법원 2014. 8. 26. 선고 2011도6035 판결.
대법원 2014. 10. 15. 선고 2011도3509 판결.
대법원 2015. 7. 16. 선고 2015도2625 전원합의체 판결.
대법원 2015. 7. 16.자 2011모1839 전원합의체 결정.
대법원 2016. 2. 18. 선고 2015도17115 판결.

서울남부지방법원 2007. 6. 20. 선고 2006고단3255 판결.

[Abstract]

A Review of the Criminal Procedure Cases since 2007

Kim, Yoon-Seob*

In 2007, the Criminal Procedure Act has been changed into actually new law reflecting the social demands to protect the rights of defendants and suspects in the criminal procedure. The Criminal Procedure Act was revised in 2011, adding the relevance as a requirement of seizure and specifying the range and method of seizure or search on digital evidence. And it supplemented the method of proving the authenticity of digital evidence with some amendments in 2016. It can be said that it has continued to influence the Supreme Court precedent and the precedent also influenced legislation and investigation practice and led to change.

This article examines the trends of major cases in the proceedings and evidence law since 2007. The Supreme Court's cases on investigation procedures and evidence law have consistently emphasized the due process principles of the Constitution and the Criminal Procedure Law, and apply strict standards for existing practices throughout the investigation process including voluntary company, arrest, interrogation, and occasionally have suggested standards and directions of practice from the perspective of judicial control.

In particular, in 2007, the Supreme Court ruled that the exclusionary rule of illegally obtained evidence was applied to use of material evidence and the evidence that was illegally collected by the investigating agency in

* Prosecutor Professor in Institute of Justice.

violation of the due process could not be used as evidence of guilt in principle. In the exceptional case that the procedural violation is not equivalent to the violation of the substantive contents of the due process, and the exclusion of the evidence is against the harmonization of the due process and substantive truth in the Constitution and the Criminal Procedure Law, the evidence can be used. Thereafter, the Supreme Court has elaborated the criteria and exceptional jurisprudence on the illegally obtained evidence through various precedents.

Since 2007, there have been important precedents related to the seizure of digital evidence, the authenticity and exceptional application of hearsay rule on digital evidence, and specific precedents on the interpretation and standards of exceptional application of hearsay rule of the revised Criminal Procedure Act, which were also the starting point of a new discussion.

And this article suggests that, for right judicial justice, the two axes of the due process principle and the request for the discovery of the substantive truth should be mutually realized in harmony rather than abandoning any one.

헌법상 영장주의 규정의 체계와 적용범위

이 완 규*

[대상판결 1] 헌법재판소 1997. 3. 27. 선고 96헌바28 결정

1. 사실관계

갑은 1995. 11. 16. 특정범죄가중처벌등에관한법률위반(뇌물수수) 혐의로 구속되어 1995. 12. 5. 공소제기되었다. 갑에 대한 구속기간이 두차례의 갱신을 거쳐 1996. 5. 15. 만료되자 서울지방법원 제30형사부 재판장은 갑에 대한 공소사실 중 구속영장 기재 범죄사실 이외의 범죄사실에 관하여 1996. 5. 10. 형사소송법 제70조, 제73조에 의하여 구속영장을 발부하였다. 갑은 이 구속영장발부에 대하여 준항고를 하면서 위 영장발부의 근거가 된 법 제70조 제1항과 법 제73조가 "체포 · 구속…… 할 때에는…… 검사의 신청에 의하여 법관이 발부한 영장을 제시하여야 한다."고 규정한 헌법 제12조 제3항에 위반된다는 이유로 서울지방법원 제23형사부에 위헌제청신청을 하였으나 위 법원이 1996. 5. 18. 신청을 기각하였다. 이에 갑은 1996. 5. 29. 헌법재판소법 제68조 제2항에 의하여 헌법소원심판을 청구하였다.

2. 헌법재판소 결정 요지

(1) 헌법 제12조 제1항은 "모든 국민은 신체의 자유를 가진다. 누구든지 법률에 의하지 아니하고는 체포 · 구속 · 압수 · 수색 또는 심문

* 인천지방검찰청 부천지청 지청장, 법학박사.

을 받지 아니하며, 법률과 적법한 절차에 의하지 아니하고는 처벌·보안처분 또는 강제노역을 받지 아니한다."라고 규정하고 있는바, 위 조항의 전문은 신체의 자유를 선언한 부분이고 후문은 신체의 자유를 침해하는 경우에는 적법절차의 원칙에 따라야 함을 정한 부분이다.

신체의 자유는 정신적 자유와 함께 모든 기본권의 기초가 되는 것임에도 역사적으로 국가에 의하여 특히 형벌권의 발동형식으로 침해되어 온 예가 많으므로 헌법은 제12조 제1항에서 적법절차의 원칙을 선언한 후 같은 조 제2항 내지 제7항에서 적법절차의 원칙으로부터 도출될 수 있는 내용 가운데 특히 중요한 몇 가지 원칙을 열거하고 있는바, 이 사건 관련 조항인 헌법 제12조 제3항은 "체포·구속·압수 또는 수색을 할 때에는 적법한 절차에 따라 검사의 신청에 의하여 법관이 발부한 영장을 제시하여야 한다……"라고 규정함으로써 영장주의를 천명하고 있다.

영장주의란 형사절차와 관련하여 체포·구속·압수 등의 강제처분을 함에 있어서는 사법권 독립에 의하여 그 신분이 보장되는 법관이 발부한 영장에 의하지 않으면 아니 된다는 원칙이고, 따라서 영장주의의 본질은 신체의 자유를 침해하는 강제처분을 함에 있어서는 중립적인 법관이 구체적 판단을 거쳐 발부한 영장에 의하여야만 한다는 데에 있다고 할 수 있다.

수사단계이든 공판단계이든 수사나 재판의 필요상 구속 등 강제처분을 하지 않을 수 없는 경우는 있게 마련이지만 강제처분을 받는 피의자나 피고인의 입장에서 보면 심각한 기본권의 침해를 받게 되므로 헌법은 강제처분의 남용으로부터 국민의 기본권을 보장하기 위한 수단으로 영장주의를 천명한 것이다.

특히 강제처분 중에서도 중립적인 심판자로서의 지위를 갖는 법원에 의한 강제처분에 비하여 수사기관에 의한 강제처분의 경우에는 범인을 색출하고 증거를 확보한다는 수사의 목적상 적나라하게 공권력이 행사됨으로써 국민의 기본권을 침해할 가능성이 큰 만큼 수사기관의 인권침해에 대한 법관의 사전적·사법적 억제를 통하여 수사기관의 강제처분 남용을 방지하고 인권보장을 도모한다는 면에서 영장주의의 의미가 크다고 할 것이다.

(2) 그런데 헌법 제12조 제3항은 "…… 구속 …… 을 할 때에는 …… 검사의 신청에 의하여 법관이 발부한 영장 ……"이라고 규정함으로써 마치 모든 구속영장의 발부에는 검사의 신청이 필요한 것처럼 규정하고 있다. 이와 같은 규정은 제헌헌법에는 구속영장의 발부에 관하여 "체포, 구금, 수색에는 법관의 영장이 있어야 한다"(제9조)라고만 되어 있던 것이 1962. 12. 26. 제5차 개정헌법에서 처음으로 "…… 구금 …… 에는 검찰관의 신청에 의하여 법관이 발부한 영장을 제시하여야 한다."(제10조 제3항 본문)라는 규정에 의하여 처음 도입된 이래 현행 헌법에 이르기까지 표현에 있어 약간의 차이는 있지만 같은 내용으로 존속되어 온 것이다.

위와 같이 제5차 개정헌법이 구속영장의 발부에 관하여 "검찰관의 신청"이라는 요건을 추가한 이유는 1961. 9. 1. 형사소송법의 개정과 관련하여 이해할 수 있다. 즉, 형사소송법이 처음 제정(1954. 9. 23. 법률 제341호)될 당시에는 수사기관의 영장신청에 관하여 "피의자가 죄를 범하였다고 의심할 만한 상당한 이유가 있고 제70조 제1항 각 호의 1에 해당하는 사유가 있을 때에는 검사 또는 사법경찰관은 관할 지방법원판사의 구속영장을 받어 피의자를 구속할 수 있다"(제201조 제1항 본문)라고 규정함으로써 검사뿐만 아니라 사법경찰관에게도 영장신청권을 주고 있던 것이 1961. 9. 1. 형사소송법 개정(법률 제705호)으로 "피의자가 죄를 범하였다고 의심할 만한 상당한 이유가 있고 제70조 제1항 각 호의 1에 해당하는 사유가 있을 때에는 검사는 관할지방법원판사의 구속영장을 받아 피의자를 구속할 수 있다."(제201조 제1항 본문)로 개정되어 영장신청권자를 검사로 한정하였는데, 위와 같은 형사소송법의 개정내용이 1962년의 헌법개정에 반영된 것이다.

그렇다면 제5차 개정헌법이 영장의 발부에 관하여 "검찰관의 신청"이라는 요건을 규정한 취지는 검찰의 다른 수사기관에 대한 수사지휘권을 확립시켜 종래 빈번히 야기되었던 검사 아닌 다른 수사기관의 영장신청에서 오는 인권유린의 폐해를 방지하고자 함에 있다고 할 것이고, 따라서 현행 헌법 제12조 제3항 중 "검사의 신청"이라는 부분의 취지도 모든 영장의 발부에 검사의 신청이 필요하다는 것이 아니라 수사단계에서 영장의 발부를 신청할 수 있는 자를 검사로 한정한 것으로 해석함이 타당하다. 즉, 수사단계에서 영장신청을 함에 있어서는 반드시 법률전문가인 검사를 거치도록 함으로써 다른 수사기관의 무분별한 영장 신청을 막아 국민의 기본권을 침해할 가능성을 줄이고자 함에 그 취지가 있는 것이다.

(3) 앞서 본 영장주의의 본질과 헌법 제12조 제3항의 연혁을 종합하여 살펴보면, 영장주의는 헌법 제12조 제1항 및 제3항의 규정으로부터 도출되는 것이고, 그 중 헌법 제12조 제3항이 "…… 구속 …… 을 할 때에는 …… 검사의 신청에 의하여 법관이 발부한 영장 ……"이라고 규정한 취지는 수사단계에서의 영장주의를 특히 강조함과 동시에 수사단계에서의 영장신청권자를 검사로 한정한 데 있다고 해석된다(공판단계에서의 영장발부에 관한 헌법적 근거는 헌법 제12조 제1항이다).

그렇지 아니하고 헌법 제12조 제3항의 규정 취지를 공판단계에서의 영장발부에도 검사의 신청이 필요한 것으로 해석하는 것은 신체의 자유를 보장하기 위한 사법적 억제의 대상인 수사기관이 사법적 억제의 주체인 법관을 통제하는 결과를 낳아 오히려 영장주의의 본질에 반한다고 할 것이기 때문이다.

헌법재판소가 1996. 11. 28. 선고 96헌마256 결정에서 "법원에 공소가 제기된 이후에 …… 형사소송법상 피고인의 구속에 관한 권한은 오직 법관에게 있을 뿐 검사에게는 피의자를 구속하기 위한 검사의 구속영장청구권과 유사한 권한마저 없으므로 ……"라고 판시한 것도 이와 같은 취지이다.

따라서 이 사건 심판대상 조항들은 헌법 제12조 제3항에 위반되지 아니하고 그 밖에 헌법의 다른 부분에 위반된다고 보이지도 아니한다.

[대상판결 2] 대법원 2013. 9. 26. 선고 2013도7718 판결

1. 사실관계

을은 중국에 체류 중인 K와 중국에서 대한민국으로 향정신성 의약품인 메트암페타민(일면 필로폰, 이하 필로폰이라 함)을 밀수입하기로 공모하였다. K는 2012. 9. 7.경 중국에서 필로폰 약 4.9g을 의약캡슐 15개에 나누어 담아 이를 일반의약품과 혼입하여 은닉한 다음, 수취인 'L(휴대폰 번호 기재)', 수취지는 '경기도 ○○시 (이하 생략) △△빌리지 B동 ○○호'로 기재하여 특급우편으로 발송하였고 그 우편물은 2012. 9. 9.경 A항공으로 인천국제공항에 도착하였다.

인천공항 국제우편세관(이하 '세관'이라 함) 우편검사과 직원은 2012. 9. 9. 18 : 25경 A항공으로 인천공항에 도착한 국제특급우편물에 대한 엑스선 검사를 하다가 이상 음영이 있는 이 사건 우편물을 발견하였고, 같은 과 소속의 다른 직원이 우편물 개장검사를 하였다. 당초 이 사건 우편물은 우황청심환, 칼슘으로 신고되어 있었는데, 세관 직원은 칼슘 약통 속에 15개의 캡슐에 분산되어 있는 물품 4.9g중 0.1g의 시료를 채취하였고, 인천공항세관 분석실에 성분분석을 의뢰하였다. 위 분석실에서 시료에 대한 성분분석을 한 결과 필로폰으로 확인되었고, 이에 분석실에서는 2012. 9. 11. 세관 마약조사과에 성분분석결과를 회보하였다.

인천공항세관 마약조사과 마약조사관은 성분분석실의 성분분석결과를 받은 후 바로 적발보고서를 작성하여 인천지방검찰청 검사에게 보고한 다음, 인천지방검찰청과 합동으로 이 사건 우편물을 통제배달방식으로 배달하여 마약밀수범을 검거하기로 하였고 2012. 9. 11. 13 : 57경

수취지 근처의 식당에서 이 사건 우편물을 수취한 을을 현행범으로 체포하였다. 을은 2012. 9. 11. 인천지방검찰청 검사실에서 이 사건 우편물 전체를 수사기관에 임의로 제출하였고, 검사는 이 사건 우편물을 영장 없이 압수하였다.

검사는 2012. 9. 27. 을을 밀수입 사실로 기소하였는데 을은 1심, 2심에서 이 사건 우편물에 대한 세관의 개봉 및 성분분석은 강제처분에 해당함에도 수사기관은 사전 압수영장을 받지 않았고, 성분분석 후에도 사후 압수영장을 받지 않았으므로 수사기관의 이 사건 우편물에 관한 샘플채취와 성분분석, 필로폰 전체에 대한 압수 등의 수사는 영장주의에 위반한 위법한 수사라고 주장하였다. 그러나 을의 주장은 받아들여지지 않았고, 을은 유죄판결을 받았다.[1)]

2. 대법원의 판단

관세법 제246조 제1항은 세관공무원은 수출·수입 또는 반송하려는 물품에 대하여 검사를 할 수 있다고 규정하고 있고, 제2항은 관세청장은 검사의 효율을 거두기 위하여 검사대상, 검사범위, 검사방법 등에 관하여 필요한 기준을 정할 수 있다고 규정하고 있으며, 관세법 제257조는 통관우체국의 장이 수출·수입 또는 반송하려는 우편물(서신은 제외한다)을 접수하였을 때에는 세관장에게 우편물목록을 제출하고 해당 우편물에 대한 검사를 받아야 한다고 규정하고 있다.

관세법 규정에 따른 국제우편물의 신고와 통관에 관하여 필요한 사항을 정하고 있는 '국제우편물 수입통관 사무처리'에 관한 관세청고시에서는, 국제우편물에 대한 X-ray검사 및 현품검사 등의 심사 절차와 아울러 그 검사 결과 사회안전, 국민보건 등과 관련하여 통관관리가 필요한 물품에 대한 관리 절차 등에 관하여 정하는 한편(제1-3조, 제3-6조), 위 고시 외에 다른 특별한 규정이 있는 경우에는 해당 규정

1) 인천지방법원 2013. 1. 4. 선고 2012고합1089 판결; 서울고등법원 2013. 6. 14. 선고 2013노329 판결.

을 적용하도록 하고 있다(제1-2조 제2항).

그리고 수출입물품 등에 분석사무 처리에 관한 사행세칙(2013. 1. 4. 관세청훈령 제1507호로 개정되기 전의 것)은 수출입물품의 품명·규정·성분·용도 등의 정확성 여부를 확인하기 위해서 물리적·화학적 실험 및 기타 감정분석 등이 필요하다고 인정되는 경우의 세관 분석실 등에 대한 분석의뢰 절차, 분석기준 및 시험방법 등에 관하여 규정하고 있다.

이러한 규정들과 관세법이 관세의 부과·징수와 아울러 수출입물품의 통관을 적정하게 함을 목적으로 한다는 점(관세법 제1조)에 비추어 보면, 우편물 통관검사절차에서 이루어지는 우편물의 개봉, 시료채취, 성분분석 등의 검사는 수출입물품에 대한 적정한 통관 등을 목적으로 한 행정조사의 성격을 가지는 것으로서 수사기관의 강제처분이라고 할 수 없으므로, 압수·수색영장 없이 우편물의 개봉, 시료채취, 성분분석 등의 검사가 진행되었다 하더라도 특별한 사정이 없는 한 위법하다고 볼 수 없다.

한편 형사소송법 제218조는 검사 또는 사법경찰관은 피의자, 기타인의 유류한 물건이나 소유자, 소지자 또는 보관자가 임의로 제출한 물건을 영장 없이 압수할 수 있다고 규정하고 있고, 압수는 증거물 또는 몰수할 것으로 사료되는 물건의 점유를 취득하는 강제처분으로서, 세관공무원이 통관검사를 위하여 직무상 소지 또는 보관하는 우편물을 수사기관에 임의로 제출한 경우에는 비록 소유자의 동의를 받지 않았다 하더라도 수사기관이 강제로 점유를 취득하지 않은 이상 해당 우편물을 압수하였다고 할 수 없다(대법원 2008. 5. 15. 선고 2008도1097 판결 참조).

[연 구]

Ⅰ. 서

헌법 제12조 제3항은 "체포·구속·압수 또는 수색을 할 때에는 검사의 신청에 의하여 법관이 발부한 영장을 제시하여야 한다. 다만, 현행범인인 경우와 장기 3년 이상의 형에 해당하는 죄를 범하고 도피 또는 증거인멸의 염려가 있을 때에는 사후에 영장을 청구할 수 있다."고 규정하고 있다. 이 조문은 체포·구속·압수·수색에 있어서의 법률주의를 규정한 제12조 제1항과 함께 절차적 특별규정으로서 영장주의를 규정한 것으로 해석되고 있다.

특히 제12조 제3항에서 '검사의 신청에 의하여'라는 문구의 적용범위와 관련하여 헌법재판소는 대상판결 1과 같이 "수사단계에서의 영장주의를 특히 강조함과 동시에 수사단계에서의 영장신청권자를 검사로 한정한 데 있다고 해석된다."고 해석하였다. 나아가 공판단계에서의 영장발부에 관한 헌법적 근거는 헌법 제12조 제1항이라고 하였다.

이와 같이 제12조 제3항을 수사단계에서의 영장주의를 규정한 것으로 보게 되면 제12조 제3항은 수사절차가 아닌 다른 절차에서의 체포·구속·압수·수색에 관하여는 영장주의의 헌법적 근거가 될 수 없다. 그러므로 어떠한 절차에서 압수·수색 등의 강제처분이 행해지는 경우 이를 수사절차가 아닌 다른 성질의 절차라고 하면 헌법적으로는 영장이 필요없는 영역으로 될 수 있게 된다. 대상판결 2는 이러한 논리선상에서 우편물 통관검사절차에서 이루어지는 우편물의 개봉, 시료채취, 성분분석 등의 검사는 수출입물품에 대한 적정한 통관 등을 목적으로 한 행정조사의 성격을 가지는 것으로서 수사기관의 강제처분이라고 할 수 없으므로, 압수·수색영장 없이 위와 같은 행위가 행해졌더라도 위법하지 않다고 판단하고 있다.

그런데 영장주의의 도입연혁을 보면 수사목적이 아닌 다른 행정영역에서부터 영장주의 논의가 유발되어 도입되었고 그렇기 때문에 비교법적으로도 수사목적이 아닌 다른 행정영역에서도 영장주의가 적용되므로 영장주의 적용영역을 수사절차인지 여부로 구분하는 논리전개에는 의문이 든다. 이러한 문제의식 하에서 우리 헌법상의 영장주의 조문들의 체계를 살펴보고 수사절차와 다른 절차로 구분하는 논리가 맞는지, 그렇지 않다면 행정조사 영역의 수색에 대해 영장이 필요없다고 하는 대상판결 2는 헌법상 어떻게 이해될 수 있는지를 살펴보기로 한다.

Ⅱ. 수사절차 이외의 압수 · 수색과 영장주의

1. 영장주의 도입의 연혁

(1) 영국의 언론검열과 일반영장 문제

영국에서는 수색의 권한이 오래전부터 언론의 자유를 제한하는 수단으로 사용되어 왔다. 1538년 헨리 8세에 의해 언론검열제도가 도입되자 그 제도를 담당하는 기관들에 대해 광범위한 수색권한이 부여되었다. 성좌법원(Star Chamber)이나 의회(Parliament)가 관련된 서적이나 출판물들을 찾아내기 위한 무제한적인 권한을 부여하였고 이와 같은 일반영장(general warrant)에 의한 행정부 권력의 자의적인 행사의 문제점이 지적되기 시작하였다. 1763년의 Wilkes v. Wood 사건, 1765년의 Entick v. Carrington 사건 등에서 이러한 일반영장의 문제에 대한 사법적 검토가 행해졌고 이러한 판례들과 형성된 여론으로 인해 의회도 일반영장에 대한 제한을 하기 위한 움직임을 보이게 되었다.[2)]

(2) 식민지 미국에서의 관세공무원의 일반영장 문제

18세기 중엽 영국에서 위와 같이 일반영장에 대한 문제의식이 형성되던 시기에 영국의 식민지였던 미국에서도 일반영장에 대한 저항이 발생하였다. 당시 식민지 미국에서 법원이 관세공무원들에게 밀수

2) Lafave, Search and Seizure 1, 4. Ed., Thomson/West, 2004, p.6-7.

품 단속을 위하여 수색장소와 대상물의 제한이 없는 보조영장(writ of assistance)을 발부해 주어 이에 따라 광범위한 압수수색이 행해졌다.[3)]

1760. 10. 23. 조지 2세가 사망하였는데 그 소식이 1760. 12. 27.에 보스톤에 알려졌다. 모든 영장은 왕이 사망하면 6개월 후에 자동적으로 효력을 잃고 효력을 유지하려면 새 왕인 조지 3세에 의해 다시 발부되어야 하였다. 1761. 2. 63명의 상인들을 대표하여 제임스 오티스(James Otis)가 법원에서 일반영장과 보조영장 문제를 논하면서 새로운 영장의 발부를 다투었으나 법원이 이를 기각하였다. 당시 그 장면을 보았던 존 아담스(Jhon Adams)는 이에 대해 그는 불꽃이었다고 하면서 "내가 보기에는 청중으로 모였던 사람들 모두가 나와 마찬가지로 보조영장에 대항하여 총을 들고 나갈 준비가 되어 있는 것으로 보였다." 고 할 정도였다. 그리하여 이러한 일반영장에 의한 압수수색에 대한 저항이 미국 독립전쟁의 원인 중 하나로까지 들어지고 있다.[4)]

이러한 경험에 따라 1776년의 미국독립 후 1791년에 권리장전을 수정헌법으로 추가하는 과정에서 제4조로 압수수색에 관한 조문이 도입되게 되었다. 수정헌법 제4조는 비합리적인 수색과 압수을 받지 아니할 권리를 규정하면서 영장 발부를 위해서는 상당한 이유와 특정성을 요구하고 있다.

2. 수사 이외의 영역에서의 영장주의 문제

(1) 행정상 즉시 강제

가. 영장 필요설

영장주의가 형사절차에만 적용된다는 규정이 없고 헌법상 영장주의를 형사사법권발동에만 한정하여 해석하는 경우 헌법규정을 부당하게 축소해석하여 기본권을 침해하는 결과가 될 것이므로 행정상 즉시 강제에도 영장이 요구된다고 하는 견해이다.[5)]

3) Lafave, op cit, p. 7.

4) Lafave, op cit, p. 7.

나. 영장 불요설

영장제도는 연혁상 형사법상의 원칙에서 연유하고 있으며 헌법상 사후영장에 의할 수 있는 예외가 즉시강제에는 거의 적용될 여지가 없는 점, 행정경찰은 물론이고 보안경찰의 경우에도 미리 사실상 업무상 특별감독관계가 성립되어 있는 일이 많은 점, 모든 즉시강제에 영장주의를 관철함은 결국 즉시강제를 부정하는 것이 된다는 점, 현행의 즉시강제수단 중에는 강제수단이라기보다는 보호수단으로 볼 수 있는 것이 있다는 점에서 행정상 즉시강제에는 영장이 필요없다고 하는 견해이다.[6]

다. 절충설

행정상 즉시강제가 순수한 행정목적을 위한 경우나 전염병 예방이나 소방 등을 위한 경우와 같이 특히 긴급을 요하는 경우에는 영장주의가 적용되지 않는다고 할 것이지만 개인의 자유가 지속적으로 제한을 받는 경우나 행정상 목적 이외에 형사상의 목적을 위한 경우에는 영장주의가 적용된다고 하는 견해이다.[7]

라. 판 례

헌법재판소는 불법게임물을 강제로 수거·폐기하도록 한 구 음반·비디오물 및 게임물에 관한 법률 제24조 제3항 제4호가 영장주의에 위반되는지가 문제된 사례에서 행정상 즉시강제는 상대방의 임의이행을 기다릴 시간적 여유가 없을 때 하명없이 바로 실력을 행사하는 것으로서, 그 본질상 급박성을 요건으로 하고 있어 법관의 영장을 기다려서는 그 목적을 달성할 수 없다고 할 것이므로 원칙적으로 영장주의가 적용되지 않는다고 하였다.[8]

---

5) 김기범, 헌법강의, 142면(박윤흔, 최신행정법강의(상), 박영사, 1995. 601면에서 재인용).

6) 박윤흔, 앞의 책, 602면. 다만, 하나의 조치가 실질적으로 행정상 즉시강제와 형사책임추급의 양목적으로 행사되는 경우에는 영장을 요한다고 한다.

7) 김도창, 일반행정법원론(상), 청운사, 1992, 588면; 김동희, 행정법 I, 박영사, 2002, 429면; 정종섭, 헌법학원론, 박영사, 2014, 641-642면.

8) 헌법재판소 2002, 10. 31. 선고 2000헌가12 결정.

한편, 대법원은 사회보호법상의 동행보호규정이 영장주의에 위반되는지가 문제된 사례에서 사전영장주의는 인신보호를 위한 헌법상의 기속원리이기 때문에 인신의 자유를 제한하는 모든 국가작용의 영역에서 존중되어야 하지만 헌법 제12조 제3항 단서도 사전영장주의의 예외를 인정하고 있는 것처럼 사전영장주의를 고수하다가는 도저히 행정목적을 달성할 수 없는 지극히 예외적인 경우에는 형사절차와 같은 예외가 인정되므로 구 사회안전법 제11조 소정의 동행보호규정은 재범의 위험성이 현저한 자를 상대로 긴급히 보호할 필요가 있는 경우에 한하여 단기간의 동행보호를 허용한 것으로서 그 요건을 엄격히 해석하는 한 동 규정 자체가 사전영장주의를 규정한 헌법규정에 반한다고 볼 수 없다고 하였다.[9]

(2) 행정조사

행정조사에 영장주의가 적용되는가에 대해서는 영장주의가 적용되는 영역과 적용되지 않는 영역을 나누려는 견해가 일반적이나 어떤 기준으로 나누는가에 대해 견해가 나뉜다.

행정조사에는 영장주의가 적용되지 않는 것이 원칙이나 하나의 조치가 실질적으로 행정조사와 형사책임추급의 양목적으로 행사되는 경우에는 형사책임추급 쪽에서는 형사사법권의 발동이므로 영장을 요한다는 견해,[10] 행정조사의 경우에도 영장주의가 적용되어야 하나, 행정조사의 특성을 고려하여 행정목적 달성에 불가피하다고 인정할 만한 합리적 이유가 있는 경우에는 영장주의가 적용되지 않는다는 견해,[11] 행정조사의 결과가 형사소추를 위한 자료수집과 직결되거나 실질적으로 직접적 · 물리적 강제와 동일시되는 경우에는 원칙적으로 영장주의가 적용된다는 견해,[12] 행정조사가 형사소추 목적을 동시에 추

9) 대법원 1997. 6. 13. 선고 96다56115 판결.
10) 박윤흠, 앞의 책, 612면.
11) 홍정선, 행정법특강, 박영사, 2012, 437면.
12) 김철용, 행정법 Ⅰ, 박영사, 2012, 298면.

구하는 경우에 영장이 필요하고, 긴급을 요하는 경우에는 그 예외를 인정하는 견해[13] 등이 있다.

(3) 검 토

영장주의의 연혁상 형사절차에 한정하여 도입된 것은 아니고 왕권에 대응하여 개인의 신체나 주거 등에 관한 침해를 방지하고자 한 것이었으므로 왕권이 행정권으로 변화한 상황에서는 행정권의 행사가 모두 대상이 된다고 본다.

비교법적으로 독일은 연방헌법 제13조에서 주거의 불가침을 규정하고 있고, 주거에 대한 수색(Durchsuchung)은 법관에 의해서만 명해질 수 있으며, 긴급한 경우는 법률에 규정된 다른 기관에 의해서도 명해질 수 있다고 규정하고 있다(독일 연방헌법 제13조 제2항). 여기서 법관의 의한 심사와 명령을 원칙으로 하여 법관의 영장주의를 채택한 것을 법관유보(Richtervorbehalt)라고 하는데 이 원칙은 수색의 목적이 형사절차상의 것이든 다른 절차이든 묻지 않으며, 따라서 조세법적 절차나 민사소송절차에도 적용된다고 해석한다.[14]

일본도 헌법 제35조에서 주거의 불가침으로 "① 누구도 그의 주거, 서류 및 소지품에 대하여 침입, 수색 및 압수를 받지 아니할 권리는 제33조의 경우를 제외하고는 정당한 이유에 기하여 발부되고 수색할 장소 및 압수할 물건을 명시한 영장에 의하지 아니하고는 침해받지 아니한다. ② 압수와 수색은 권한이 있는 사법관헌이 발한 개별 영장에 의해 이를 행한다."고 규정하고 있다. 헌법에 정해진 압수 · 수색에 있어서의 영장주의는 형사절차에 한정하지 않으며 따라서 예컨대, 일본 출입국관리법 제31조 제1항은 "입국경비관은 위반조사를 위해 필요가 있는 때에는 그의 소속관서를 관할하는 지방재판소 또는 간이재판소의 재판관의 허가를 받아 임검, 수색 및 압수를 할 수 있다."고

13) 류지태 · 박종수, 행정법신론, 박영사, 2011, 414면.
14) Jarass/Pieroth, Grundgesetz, C.H.Beck, 2004, Art. 13. Rdnr. 9; BVerfGE 51, 97/105ff; 57, 346/354f.

규정하고 있다.

그렇지만 이러한 일반론적 타당성이나 비교법적 설명보다도 더 중요한 것은 현행의 우리 헌법이 어떻게 규정하고 있는가이므로 헌법상의 영장주의 관련 규정의 체계를 살펴볼 필요가 있다.

Ⅲ. 헌법의 규정체계에 대한 해석

1. 헌법적 수준의 영장제도와 법률적 수준의 영장제도

어떤 행위에 법관의 영장이 필요한가 또는 필요하도록 할 것인가라는 물음에 대해서는 현행의 법체계상 헌법적 수준의 판단과 법률적 수준의 판단을 구별하여야 한다.

헌법은 제12조 제3항과 제16조에서 체포·구속·압수·수색에 관한 영장제도를 규정하고 있는데 이에 의하면 체포·구속·압수·수색에 관한 영장제도는 헌법적 수준의 요구이다. 반대로 어떤 처분이 기본권 침해를 포함하고 있다고 하더라도 그것이 체포·구속·압수·수색에 해당하지 않는다면 이에 대해 영장을 필요로 할 것인가는 헌법적 수준의 요구는 아니다. 그러나 그러한 처분도 기본권 침해가 중하다고 하여 국회에서 법관의 영장을 요구하는 것으로 법률을 정할 수는 있을 것이다. 그렇지만 이때의 영장제도는 헌법적 수준이 아니라 법률적 수준의 영장제도라 할 것이다.

2. 헌법상 영장주의 관련 규정

(1) 제12조 제1항

헌법 제12조 제1항은 "모든 국민은 신체의 자유를 가진다. 누구든지 법률에 의하지 아니하고는 체포·구속·압수·수색 또는 심문을 받지 아니하며 법률과 적법한 절차에 의하지 아니하고는 처벌·보안처분 또는 강제처분을 받지 아니한다."고 규정한다. 이 조항은 강제처분인 체포 · 구속 · 압수 · 수색과 관련하여 법률의 근거를 요구하고 있는 법률주의를 규정하고 있다.[15)]

대상판결 1에서 헌법재판소가 공판단계에서 법관이 구속하기 위해 스스로 영장을 발부하는 것은 헌법 제12조 제1항에 근거가 있다고 하고 있는데 통제자로서 법관의 영장을 필요로 하는 것이므로 법관이 스스로 영장을 발부하는 것에 대해서는 법률이 있으면 족하다는 것으로 이해된다.

(2) 제12조 제3항

한편, 헌법 제12조 제3항은 "체포 · 구속 · 압수 또는 수색을 할 때에는 적법한 절차에 따라 검사의 신청에 의하여 법관이 발부한 영장을 제시하여야 한다. 다만, 현행범인 경우와 장기 3년 이하의 형에 해당하는 죄를 범하고 도피 또는 증거인멸의 염려가 있을 때에는 사후에 영장을 청구할 수 있다."고 규정하고 있다.

이 항이 신체의 자유에 관한 조문에 들어있고 제1항에서 규정된 처벌, 보안처분, 강제노역 등이 규정되어 있는 것과 연결된 조문이며, 단서에 현행범인, 장기 3년 이하의 형 등의 문구와 연결시켜 보면 처벌, 보안처분 등을 위한 형사절차를 대상으로 한 것으로 이해된다. 헌법재판소의 대상판결 1도 같은 취지이다.

여기서 '검사의 신청에 의하여'라는 규정은 1962년 헌법개정시에 '검찰관의 신청에 의하여'라는 문구로 추가되었는데 개정안 제안이유서의 1항에 자유권, 생존권, 참정권 등의 국민의 기본권을 최대한으로 보장하고자 하였다는 취지를 고려하면 체포 · 구속 · 압수 · 수색 등에 있어서의 국민의 기본권 보장을 더욱 강화하기 위한 것으로 보인다.

이에 대해 헌법재판소의 대상판결 1에서는 제5차 개정헌법이 영장의 발부에 관하여 "검찰관의 신청"이라는 요건을 규정한 취지는 검찰의 다른 수사기관에 대한 수사지휘권을 확립시켜 종래 빈번히 야기

15) 정종섭, 앞의 책, 499면.

되었던 검사 아닌 다른 수사기관의 영장신청에서 오는 인권유린의 폐해를 방지하고자 함에 있다고 할 것이라고 설시하고 있는데, 형사소송법 차원을 넘어 헌법적 수준으로 규정된 것은 수사지휘권 확립의 측면보다는 검사에게 인권유린의 폐해를 방지하고 국민의 기본권을 보장하는 임무와 역할을 헌법적 수준에서 요구하고 부여한 것이 더 핵심이라 하겠다.16)

16) 8. 15. 해방 전 일제강점기에 10일간의 영장없는 유치를 할 수 있는 사법경찰의 권한과 경찰의 행정검속권 등을 이용하여 경찰이 구금을 남용하였고 해방 후에도 경찰의 이러한 실무상황은 개선되지 않아 불법구금과 고문의 실태가 심각하였다. 동아일보 1946. 8. 4.자(경찰관이 물을 먹여 고문한 사건), 1947. 2. 7.자(삐라를 붙였다는 혐의로 검거한 19명을 고문하여 1명이 사망), 1947. 2. 13.자(고문 경관이 징역 8월, 집행유예 3년을 선고받은 것에 대해 수도경찰청 부청장과 시내 각 경찰서장이 대법원장을 찾아가 1심 판결에 대해 항의), 1948. 3. 19.자(서대문 경찰서에 구금된 피의자가 고문을 받았다는 제보를 받고 검사가 유치장 검증을 하려 하였으나 경찰이 거부), 경향신문 1953. 11. 15.자(치안국장이 긴급구속 남용의 폐해를 근절하도록 지시하면서 종래 간혹 발생한 사건으로서 개인 사감으로 혐의없는 자를 2-3일씩 긴급구속한 경찰관들에 대해서는 엄벌에 처할 것이라고 함), 경향신문 1954. 12. 11.자(1월부터 11월까지 구속영장 발부 10,640건에 기소 1,183건으로 구속자 기소율 0.11%로 구속이 남발된다는 취지) 참조.

1954년 형사소송법 제정 후에도 상황이 나아지지 않아 인신구속 등에 대한 국민적 관심이 매우 지대하였다. 동아일보 1955. 4. 30.자(서울 서대문경찰서 수색지서에서 경찰관이 수첩과 돈을 분실하였는데 지서의 사동으로 있던 소년(17세)만이 당시 지서에 있었다는 이유로 곤봉으로 구타하면서 자백을 강요하여 고문한 사건), 경향신문 1956. 4. 13.자(인천 관내 경찰서에서 절도 혐의로 연행된 18세 소년 피의자에 대해 45시간 불법구금하면서 전화줄로 손목을 묶고 전기고문을 한 사건), 동아일보 1956. 4. 21.자(포항 관내 경찰관 2명이 아무런 범죄혐의 없는 사람을 경찰 지서에 데려가 옷을 벗기고 포승으로 손목을 묶은 후 몽둥이를 다리 사이에 끼우고 매단 후 물수건으로 입을 막고 주전자로 고춧가루물을 부어 고문한 사건), 경향신문 1958. 2. 14.자(경찰이 23세의 청년 피의자를 지서로 연행하여 불법적으로 감금한 후 손발을 묶고 쇠뭉치로 2일간 구타하여 사망하게 한 사건, 예산 관내 경찰이 청년 2명을 연행하여 4시간 동안 무수히 구타한 사건), 경향신문 1958. 7. 30.자(금산 관내에서 집에서 취침 중인 사람을 절도 피의자로 지서로 연행하고 의복을 벗긴 후 팬티만 입힌 채 포승으로 손발을 뒤로 묶어서 의자에 눕히고 책보같은 것을 얼굴에 씌우고 주전자로 물을 부어 실신하게 하는 등 고문을 하여 허위자백을 받은 사건), 경향신문 1958. 11. 1.자(가평경찰서 관내에서 구두를 절도한

(3) 제16조

헌법은 주거의 자유를 규정한 제16조에서 “모든 국민은 주거의 자유를 침해받지 아니한다. 주거에 대한 압수나 수색을 할 때에는 검사의 신청에 의하여 법관이 발부한 영장을 제시하여야 한다.”고 규정하여 주거에 대한 압수, 수색에 있어서의 영장주의를 명시하고 있다.

1948년 제정된 제헌헌법에서는 제10조에서 “모든 국민은 법률에 의하지 아니하고는 주거와 이전의 자유를 제한받지 아니하며 주거의 침입 또는 수색을 받지 아니한다.”고 규정되어 있었다. 그런데 1962년의 헌법개정에서 제14조로 “모든 국민은 주거의 침입을 받지 아니한다. 주거에 대한 수색이나 압수에는 법관의 영장을 제시하여야 한다.”고 하여 영장주의 조문이 추가되었는데 앞에서 본 바와 같이 당시의 헌법개정에서 기본권 보장을 강화하였다는 개정이유서로 보아 기본권을 강화하기 위해 법률주의로 규정하였던 것을 영장주의로 강화한 것으로 생각된다.

한편, 1962년의 헌법개정에서 형사절차에 관한 영장에는 ‘검찰관의 신청에 의하여’라는 문구가 있었음에도 불구하고 제14조에서 규정한 주거에 대한 압수 · 수색에는 검찰관의 신청이라는 요건이 없었다. 그런데 1972년 헌법개정시에 “모든 국민은 법률에 의하지 아니하고는

혐의로 2명의 형제(26세, 16세)를 연행하여 고문하여 사망하게 한 사건), 동아일보 1959. 3. 29.자(경찰의 고문과 자백강요로 구속되어 강도의 누명을 쓰고 재판을 받던 나주 강도사건의 피고인이 진범이 자수하여 누명을 벗게 된 사건), 동아일보 1960. 4. 15.자(인천에서 경찰관이 절도 용의자를 연행하고 고문하여 전치 1개월 이상의 상해를 가한 사건), 동아일보 1960. 8. 16.자(광주에서 경찰관이 무고한 소년(19세)을 시계를 훔쳤다는 혐의로 연행하고 양 다리에 통나무를 넣고 꿇어 앉게 한 후 구타하여 걷기도 어렵게 하였는데 진범이 훔친 시계를 팔려다가 검거되어 누명을 벗게 된 사건), 동아일보 1961. 3. 23.자(라디오 절도 용의자로 16세의 여성을 연행하여 구두발로 차고 구타하여 허위자백을 받은 사건) 등 경찰의 고문과 인권침해 사례가 지속적으로 이어졌고, 이에 대해 검찰에서 인권보호를 위해 지속적으로 노력하였던 상황이 영장제도에 있어 검사의 영장청구권을 헌법적 수준으로까지 규정하게 된 배경이 되었다고 할 수 있다.

주거의 자유를 침해받지 아니한다. 주거에 대한 압수나 수색에는 검사의 요구에 의하여 법관이 발부한 영장을 제시하여야 한다"고 규정하여 '검사의 요구'라는 문구가 추가되었다.[17)]

이와 같이 헌법이 영장제도를 규정하고 있는 것은 제12조 제3항뿐만 아니라 제16조도 있으므로 이러한 규정체제를 어떻게 이해할 것인가가 문제된다.

3. 검 토

(1) 제12조 제3항과 제16조의 관계

체포·구속에 관하여는 헌법 제12조 제3항만 있을 뿐이나 주거의 압수·수색에 관해서는 제12조 제3항과 제16조의 두 조문이 있으므로 그 관계를 어떻게 해석할 것인가가 문제된다.

먼저, 제12조 제3항은 형사절차에 관한 조문으로서 특별규정이고, 제16조는 주거에 관한 일반 규정으로 보고 형사절차에서는 제12조 제3항이, 다른 절차에서는 제16조가 적용된다고 해석할 수 있을 것이다.

다른 한편으로는 제16조가 주거의 자유에 관해 특별규정으로 영장주의를 규정한 것이므로 주거의 압수·수색과 관련해서는 형사절차든 다른 절차든 묻지 않고 제16조가 적용된다고 해석할 수 있을 것이다.

여기서 제12조 제3항이 적용되는지, 제16조가 적용되는지 여부에 어떤 차이가 있을까. 제12조 제3항은 현행범인과 장기3년 이상의 형에 해당하는 죄를 범하고 도피나 증거인멸의 염려가 있는 때에 대해 긴급강제처분의 예외를 허용하고 있음에 대하여 제16조는 그러한 예외를 두고 있지 않다.

그러면 이러한 예외는 또 차이를 가져오는가. 제12조 제3항의 긴급강제처분권의 예외는 형사절차에서 긴급한 상황에 대처할 수 있도록 수사기관에 긴급강제처분권을 헌법적으로 부여하고 있는 것이다.

---

17) 당시 형사절차에 관한 제10조 제3항에서도 '검사의 요구'라는 문구가 사용되었다.

그러한 긴급강제처분을 한 후에 기본권 침해상황이 계속되려면 법관의 영장을 받아야 하지만 침해상황이 계속되지 않으면 법관의 영장을 받을 필요가 없다.[18] 따라서 긴급체포 후 계속 구금하려면 48시간 내에 법관에 사후 구속영장을 청구하여야 하지만 긴급체포 후 석방하여 계속 구금이 필요하지 않을 때에는 영장을 받을 필요가 없다(형사소송법 제200조의4 제1항, 제2항). 또한 긴급압수수색을 한 경우에도 압수한 물건을 계속 압수할 필요가 있는 경우에는 사후 압수수색영장을 청구하여야 하지만 계속 압수할 물건이 없는 때에는 영장을 받을 필요가 없다(동법 제217조 제2항, 제3항).

그러나 제16조는 영장주의에 대한 예외가 없으므로 어떤 상황이든지 법관의 영장이 필요하다. 따라서 현실에 있어서의 긴급상황에 대처하기 위해 사전영장 없이 긴급처분을 할 수 있도록 법률로 규정하더라도 예외를 두지 않는 헌법의 요구를 충족시키려면 그러한 긴급처분에 대해서 기본권 침해상황이 계속될 것인지 여부를 묻지 않고 사후 영장을 받도록 규정하여야 한다.[19]

헌법 제12조 제3항에 예외규정을 둔 취지를 감안하면 주거에 관한 압수·수색이라도 형사절차에 대해서는 제12조 제3항이 특별규정이고 제16조는 형사절차가 아닌 다른 절차에 적용되는 일반 조항으로

---

18) 이와 달리 우리 헌법 규정의 해석에서도 침해계속 여부를 묻지 않고 전부 사후영장을 받아야 한다는 견해도 있으나(신동운, 형사소송법, 법문사, 2005, 147면; 조 국, 위법수집증거배제법칙, 박영사, 2005, 206면) 그렇게 해석하면 예외규정을 둔 의미가 없다. 이런 해석은 예외규정을 두지 않는 경우에 그렇게 해석될 것이기 때문이다.

19) 예컨대 일본 헌법 제33조는 체포에 대해서 "누구도 현행범인으로서 체포되는 경우를 제외하고는 권한을 가진 사법관헌이 발부하고 이유로 된 범죄를 명시한 영장에 의하지 않으면 체포되지 아니한다."고 영장주의를 규정하면서 그 예외를 두지 않았다. 그런데 현실에서는 긴급히 체포해야 할 상황이 있으므로 형사소송법에서 긴급체포 규정을 두면서 긴급체포를 한 경우에는 즉시(直に) 재판관의 체포장을 구하는 절차를 이행해야 한다고 규정하여(일본 형사소송법 제210조 제1항) 긴급체포 후 피의자를 석방하였는지 여부를 묻지 않고 모든 경우에 반드시 체포장을 청구하도록 하고 있다.

해석하는 것이 타당하다고 생각된다.

(2) 압수 · 수색과 관련된 헌법체계의 해석

이와 같이 해석하면 우리 헌법이 요구하는 헌법적 수준의 영장주의는 다음과 같이 해석할 수 있다.

가. 체포 · 구속

먼저 체포 · 구속의 인신구금과 관련해서는 제12조 제3항에 따라 형사절차에서는 영장이 필요하나, 그 이외의 절차에서는 제12조 제1항, 제37조 제2항에 따라 법률로 근거를 둘 수 있다. 물론 국회가 형사절차 이외의 절차에서도 중요성을 감안하여 법관의 영장을 받도록 할 수는 있으나 이는 법률적 수준에서 정하는 것이고 헌법적 요구는 아니다.

나. 주거 이외의 압수 · 수색

주거 이외의 압수 · 수색과 관련해서도 형사절차에서는 제12조 제3항에 따라 영장주의가 적용되나 그 이외의 절차에서는 제12조 제1항, 제37조 제3항에 따라 법률로 근거를 둘 수 있다. 물론 여기서도 국회가 형사절차 이외의 절차에서도 중요성을 감안하여 법관의 영장을 받도록 할 수는 있으나 이는 법률적 수준에서 정하는 것이고 헌법적 요구는 아니다.

다. 주거의 압수 · 수색

다음으로 주거의 압수 · 수색은 형사절차에서는 제12조 제3항에 의하여, 다른 절차에서는 제16조에 의하여 영장주의가 요구된다. 또한 형사절차에서는 제12조 제3항 단서에 의하여 긴급처분과 계속 침해시 사후영장제도로 구성되나, 다른 절차에서는 제16조가 예외규정을 두고 있지 않으므로 긴급처분을 규정하면 긴급처분 후 어떤 경우라도 반드시 사후영장을 받도록 규정하여야 헌법에 위배되지 않는다.

제16조는 주거의 압수 · 수색영장에 있어서도 검사의 신청을 요건으로 하고 있어 형사절차 이외에서 다른 행정기관 등의 행정조치를 위한 영장도 검사의 사전 검토가 헌법적 수준의 요구로 되어 있다. 이

는 헌법제정권력이 기본권 보장을 매우 중시하여 특히 중요한 주거의 자유를 최대한 보장하기 위하여 인권침해를 예방하는 장치로서 법관의 영장과는 별도로 정부의 법률가로서의 검사의 검토라는 이중장치를 둔 것이다. 검사는 정부의 법률가로서의 지위가 있고 이에 따라 국가송무와 관련해서는 각 행정기관들의 송무수행을 지휘하고 있다. 헌법은 주거의 압수 · 수색에 관하여는 정부의 각 기관들이 정부를 대표하는 법률가로서 검사를 통해 영장을 받도록 함으로써 정부에 의한 인권침해를 최대한 예방하고자 한 것이다. 그만큼 한국에서의 검사는 국민으로부터 국민의 인권보호를 위해 일할 것을 헌법적 차원으로 요구받고 있는 것으로서 사명감을 가져야 할 것이다.

(3) 몇 가지 법률의 사례 검토

이와 같이 해석하면서 행정조사나 행정강제등 형사절차 이외에서 행해지는 압수 · 수색과 관련된 법률 규정들을 살펴보기로 한다.

가. 행정조사 관련 영장제도를 규정하고 있는 경우

행정조사와 관련하여 개별 법률에서 영장제도를 규정하고 있는 예로는 관세법 제296조 제1항, 조세범 처벌절차법 제8조 및 제9조, 자본시장과 금융투자업에 관한 법률(이하 '자본시장법'이라 함) 제427조[20] 등을 들 수 있다.

먼저, 관세범 또는 조세범에 대하여는 조사하여 고발을 하거나 통고처분을 하도록 하고 있는데 비록 고발되어 정식의 수사와 형사절차로 이행되지 않는 경우에도 통고처분으로서 벌금, 몰수, 추징금에 상

---

20) 자본시장과 금융투자업에 관한 법률 제427조(불공정거래 조사를 위한 압수 · 수색) ① 증권선물위원회는 제172조부터 제174조까지, 제176조, 제178조 및 제180조를 위반한 행위(이하 이 조에서 "위반행위"라 한다)를 조사하기 위하여 필요하다고 인정되는 경우에는 금융위원회 소속공무원 중 대통령령으로 정하는 자(이하 이 조에서 "조사공무원"이라 한다)에게 위반행위의 혐의가 있는 자를 심문하거나 물건을 압수 또는 사업장 등을 수색하게 할 수 있다.
② 조사공무원이 위반행위를 조사하기 위하여 압수 또는 수색을 하는 경우에는 검사의 청구에 의하여 법관이 발부한 압수 · 수색영장이 있어야 한다..

당하는 금액을 납부하게 할 수 있으므로 형사절차에 준하는 절차이다. 따라서 이는 헌법 제12조 제3항의 영역이라 할 수 있고 압수·수색에 있어서 주거인지 여부를 묻지 않고 헌법적 수준으로 영장주의가 요구되는 영역이므로 이들 법률규정들은 헌법의 요구에 맞게 규정된 것이라 하겠다.

이에 대해 관세법의 경우 제290조부터 제310조까지에 걸쳐 관세범에 대한 수사절차를 규정하고 있고, 세관공무원이 '사법경찰관리의 직무를 수행할 자와 그 직무범위에 관한 법률'에 따라 사법경찰관의 직무를 수행한다(관세법 제295조)는 점으로 보아 관세법 제296조에 따른 압수수색의 성격은 행정조사가 아니라 수사에 해당하며, 조세범 처벌절차법도 조세범칙행위에 대한 조사이고 조사를 담당하는 세무공무원은 사법경찰관리는 아니지만 특별사법경찰관리로 지명절차와 유사하게 지방검찰청 검사장이 지명을 하는 점에 비추어 조세범 처벌법에 규정된 압수수색의 성격도 행정조사가 아니라 수사에 해당한다고 하면서 이와 같이 행정조사가 아니라 수사이기 때문에 영장을 받도록 한 것이라고 해석하는 견해가 있다.[21)]

그러나 관세범과 조세범의 경우 관세청장, 세관장의 고발이나(관세법 제284조 제1항), 국세청장, 지방국세청장, 세무서장의 고발(조세범 처벌법 제21조)이 없으면 공소를 제기할 수 없으므로 이들 관서의 고발이 있은 후에 형식상 수사절차로 이행하는 것이고 통고처분으로 사건이 종료되는 경우 그 전제가 된 행위가 실질상 수사와 유사하기는 하나 절차상의 형식은 행정조사라고 할 것이다. 따라서 이들에게 영장을 요구한 것이 이들의 실질이 수사이기 때문이라고 하기보다는 행정조사이기는 하나 처벌을 전제로 한 형사절차에 준하는 절차로서 헌법 제12조 제3항이 적용되는 영역이므로 압수·수색에 영장주의가 적용되어 법률로 규정한 것으로 이해하는 것이 타당할 것이다. 이러한 논

21) 전승수, "국제운편물에 대한 세관검사와 통제배달", 형사판례연구[23], 박영사, 2015, 668면.

리는 자본시장법에서 조사공무원 들이 법규정상의 위반행위를 조사함에 있어 압수수색을 하는 경우에도 동일하게 적용될 것이다.

나. 행정상 즉시강제의 주거 자유의 제한 규정

긴급한 경우의 행정강제로 주거의 자유를 제한하는 규정을 둔 예로 경찰관 직무집행법 제7조, 화재예방, 소방시설 설치 · 유지 및 안전관리에 관한 법률 제4조, 감염병의 예방 및 관리에 관한 법률 제42조 등을 들 수 있다.

먼저, 형사절차가 아닌 행정절차에서 주거가 아닌 부분의 압수수색은 헌법적 수준의 영장을 요구하는 것은 아니므로 법률상 근거가 있으면 족하나 주거의 압수수색은 헌법 제16조에 의해 영장주의가 적용되어야 하는데 이들 각 조문은 영장없이 주거 내에 들어갈 수 있게 하기 때문에 문제된다.

행정상 즉시강제와 관련해서는 헌법이 영장을 요구하는 체포, 구속, 압수와 수색의 개념정의와 관련해서 이해할 필요가 있다. 수색은 국가기관이 일정한 목적을 위해서 사람이나 물건을 찾거나 사실관계의 조사를 위하여 무언가를 알아내기 위해서 사람이나 물건을 찾는 행위를 말한다. 그러므로 위험한 설비나 시설에 있어서 법규를 잘 준수하고 있는지를 통제하기 위해 설비 등을 살피는 것은 수색이 아니다.[22]

경찰관 직무집행법 제7조에서 경찰관이 일정한 위험 사태가 발생하여 인명 · 신체 또는 재산에 대한 위해를 방지하거나 피해자를 구조하기 위해 부득이 하다고 인정할 때에 타인의 토지, 건물 또는 선차 내에 출입하는 것은 출입(entry)일 뿐 수색이 아니므로 헌법상 영장이 필요한 영역이 아니다. 다만, 기본권을 제한하므로 헌법 제37조 제2항에 따른 법률상 근거가 필요하며 경찰관 직무집행법 제7조가 그 근거라 할 것이다.

또한 화재예방, 소방시설 설치 · 유지 및 안전관리에 관한 법률 제4조에서 관계 공무원으로 하여금 소방시설 등이 적합하게 설치, 유지,

---

22) Jarass/Pieroth, a.a.O. Art. 13. Rdnr. 9.

관리되고 있는지, 소방대상물에 화재, 재난, 재해 등의 발생 위험이 있는지 등을 확인하기 위해 특별조사를 하게 하는 것은 위험한 설비나 시설에 있어서 법규를 잘 준수하고 있는지를 통제하기 위해 설비 등을 살피는 것에 해당하고 이는 수색이라 할 수 없으므로 주거의 수색에 대해 영장을 요구하는 헌법 제16조의 적용영역이 아니다. 따라서 기본권제한을 위하여 헌법 제37조 제2항에 따라 법률적 근거가 필요한데 이 법조문이 그것이다.

감염병의 예방 및 관리에 관한 법률 제42조에 따라 감염병 환자의 치료와 입원을 위해 주거에 들어가 조사와 진찰을 하는 것도 위험여부에 대한 통제를 위해 살피기 위한 것이므로 수색이라고 할 수 없고 따라서 법률적 근거만 있으면 족하다 할 것이다.

Ⅳ. 대상판결 2의 사안에 대한 검토

1. 행정조사

대상판결은 우편물 통관검사절차에서 이루어지는 세관의 우편물 검사에 대하여 관세법의 목적과 법령상의 규정들에 비추어 그 법적성격을 행정조사로 보고 있다. 관세법 제246조, 제257조, 관세청고시 및 관세청훈령 등에 의하여 세관공무원은 수출·수입 또는 반송하려는 물품이나 우편물에 대하여 검사를 할 수 있고, 이러한 검사는 관세 부과·징수 및 수출입물품 통관의 적정성 확보라는 관세법의 목적을 이행하기 위하여 세관이 행정기관으로서 정보나 자료를 수집 하는 활동에 해당하고, 그 목적, 주체 등에 비추어 행정조사에 해당한다고 생각된다.[23] 그 점에서 판례의 해석은 타당하다.

2. 행정조사이기 때문에 영장이 불필요한가?

그런데 판례가 위 우편물검사가 행정조사의 성격을 가지는 것으

23) 전승수, 앞의 논문, 671면.

로서 수사기관의 강제처분이라고 할 수 없으므로, 압수·수색영장 없이 우편물의 개봉, 시료채취, 성분분석 등의 검사가 진행되었다 하더라도 특별한 사정이 없는 한 위법하다고 볼 수 없다고 한 논리는 부족해보인다.

먼저 우편물 검사로서 우편물을 개봉하는 행위는 수색에 해당하고 시료를 채취하는 행위는 압수에 해당한다. 행위의 성격이 행정조사라 하더라도 행위의 내용이 압수·수색이므로 행정조사로서 압수·수색을 한 것에 해당하는 것이다. 그러므로 문제는 행정조사로서 압수·수색을 할 때에 영장주의가 요구되는가에 있다.

앞에서 본 바와 같이 헌법은 제12조 제3항에서 형사절차에서는 체포·구속·압수·수색에 대해 영장주의를 요구하고 있고, 제16조는 주거의 압수·수색에 관하여는 형사절차가 아닌 다른 절차에서도 영장주의를 요구하고 있다. 그리고 그 이외의 체포·구속·압수·수색은 제12조 제1항의 법률주의에 따라 개별적 법률근거를 요구한다.

따라서 이 사건에서의 우편물 검사는 행정조사로서의 압수·수색이지만 헌법 제16조에서 요구하는 주거의 압수·수색이 아니므로 제12조 제1항에 따라 개별적인 법률적 근거가 있으면 족하고 그 법률적 근거가 바로 관세법 제246조, 제257조라 할 것이다. 결론은 판례의 결론과 같으나 근거는 행정조사로서의 압수·수색은 주거의 압수·수색이 아닌 한 헌법상 영장주의가 요구되는 영역은 아니므로 헌법 제12조 제1항에 따라 법률적 근거가 있으면 족하고 따라서 그 법률적 근거인 관세법 제246조, 제247조에 영장제도가 규정되어 있지 않더라도 위헌이 아니므로 그 법률에 근거한 이 사건 행위는 위법이 아니라는 것이다.

Ⅴ. 결 어

헌법은 일정한 경우에 영장을 요구하는 영장주의 규정을 두고 있고 이에 따라 개별 법률상의 절차에서 영장을 받는 절차를 규정하고 있다. 그런데 어떠한 행위에 대해 영장을 요구할 것인가는 영장주의에 대한 비교법적 일반론도 중요하지만 구체적으로 우리나라의 헌법상으로 어떻게 규정되어 있는가를 살피는 것이 우선되어야 할 것이다. 물론 헌법규정에 대한 입법론적 타당성 문제는 별론이다.

대상판결 1과 대상판결 2는 헌법상 영장주의의 요구에 대해 수사절차와 행정조사절차 이분론의 논리구조를 가지고 있다. 특히 행정조사와 관련된 영장주의 적용여부에 대한 종래 논의들이 우리 헌법규정체계에 대한 검토를 전제로 하기보다는 행정조사의 성질에 대한 일반론으로부터 행정조사에는 영장이 필요한가라는 관점에서 논의되어 온 경향이 있는데 대상판결 2도 그러한 논리의 선상에 있는 것으로 보인다.

그러나 헌법은 영장주의와 관련하여 제12조 제1항에서는 체포·구속·압수·수색에서의 법률주의, 제12조 제3항에서는 형사절차 중 수사절차에서의 체포·구속·압수·수색에 관한 영장주의, 제16조에서는 주거의 압수·수색에 관한 영장주의를 규정하고 있다. 이 조문체계의 해석상 행정조사이면 영장이 필요하지 않은 것이 아니라 행정조사이더라도 주거에 대한 압수·수색은 제16조에 의해 영장이 필요하며 다른 영역에서 행정조사로서의 압수·수색은 영장을 요구하지 않는 것으로 보아야 한다.

이 점에서 대상판결 2에서의 우편물 검사는 행정조사로서 주거 이외의 영역에 대한 압수·수색이라는 점에서 헌법적 수준에서 영장이 필요한 영역이 아니었다. 만약 행정조사도 주거의 압수·수색을 포함하게 되는 경우는 헌법 제16조에 따라 영장주의가 적용되어야 할 것이다.

[주 제 어]

영장주의, 행정조사, 형사절차, 수사절차, 우편물검사

[Key Words]

principle of the warrant request, administrative survey, criminal procedure, investigative process, mail inspection

접수일자: 2017. 5. 10. 심사일자: 2017. 6. 1. 게재확정일자: 2017. 6. 5.

[참고문헌]

김도창, 일반행정법원론(상), 청운사, 1992.

김동희, 행정법 I, 박영사, 2002.

류지태 · 박종수, 행정법신론, 박영사, 2011.

박윤흔, 최신행정법강의(상), 박영사, 1995.

신동운, 형사소송법, 법문사, 2005.

전승수, "국제운편물에 대한 세관검사와 통제배달", 형사판례연구[23], 박영사, 2015.

정종섭, 헌법학원론, 박영사, 2014.

조 국, 위법수집증거배제법칙, 박영사, 2005.

홍정선, 행정법특강, 박영사, 2012.

Jarass/Pieroth, Grundgesetz, C.H.Beck, 2004.

Lafave, Search and Seizure 1, 4. Ed., Thomson/West, 2004.

[Abstract]

The System and the Scope of Application of the Principle of Warrant Request in Constitutional Law

Lee, Wan-kyu*

In Constitutional Law, there is provided the principle of warrant request which consist of provisions that request the warrant issued by judge for several situations. According to this principle, the processes by which the warrant can be gained are stipulated in laws for each area.

To get the correct answer to the question, when and for which action the warrant should be gained, it may be important to consider comparative method with the laws of other countries and to study the general theory, but it should be preferential to look at in detail how the wording and phrasing are made in the provisions of korean constitutional law.

Case 1 and Case 2 have logical structure based on the dichotomy between the criminal investigation in which the warrant be requested and the administrative survey in which not. But the Constitutional Law provide for the arrest, detention, search and seizure, the request of law in the provision 12. 1., the request of warrant in criminal investigation in the provision 12. 3. and the request of warrant for the search and seizure in a person's house in the provision 16.

Therefore, it should be not construed to mean that all search in administrative survey can be executed without warrant, but that only the search in administrative survey other than a person's house can be

* The Chief Prosecutor of the Bucheon Prosecution Service, Ph.D in Law.

executed without warrant. According to the provision 16, the search in a person's house can be done only with warrant, regardless of the search in administrative survey.

From this viewpoint, It could be said that the mail inspection in Case 2 need not warrant, not because it is adminstrative survey, but it is adminstrative survey and the search is not for a person's house.

2007년 형사소송법 개정 후 증거법 분야의 판례 동향

박 진 환*

Ⅰ. 들어가면서

지난 2007. 6. 1. 대폭 개정된 형사소송법[1](이하 '刑訴法'이라 한다)은 증거법 분야에서도 상당한 변화를 꾀하였다.

우선 제307조 제2항은 '범죄사실의 인정은 합리적인 의심이 없는 정도(beyond reasonable doubt)의 증명이 있어야 한다'는 원칙규정을 新設하였다. 그리고 증거능력 규정 정비와 관련하여, 위법수집증거배제원칙 명문화(제308조의2), 검사 작성 피의자신문조서의 증거능력 인정요건 개선(제312조 제1, 2항), 참고인 진술조서의 증거능력 인정요건 개선(제312조 제4항), 증거능력에 대한 예외 사유의 제한(제314조), 조사자 증언제도 도입(제316조), 영상녹화제도 도입(제244조의2, 제221조, 제318조의2) 등 증거법 체계를 정비하였다. 그리고 증거능력에 대한 예외규정(제314조)에 소재불명 등을 예외인정사유로 추가함으로써 그 요건을 강화하였다.

이에 따라 위 개정 후 위법수집증거배제법칙과 그 파생원칙인 독수의 과실이론을 적용한 중요한 판결이 연이어 나왔고, 아울러 2차적 증거의 증거능력을 예외적으로 인정할 만한 정황 등 증거관련 판례가

* 의정부지방법원 부장판사.

1) 2007. 6. 1. 법률 제8496호로 대폭 개정되어 2008. 1. 1. 시행되었다.

늘어가고 있다. 그리고 수사기관 작성의 피의자신문조서, 진술조서 등의 증거능력과 관련하여 그 적법한 절차와 방식을 요구하는 판결도 다수 있었다. 또한 사회 전반적인 과학화 · 정보화에 부응하는 디지털 저장매체에 대한 압수 · 수색의 요건을 설시하고, 위 디지털저장매체로부터 출력한 문건의 증거능력 인정요건을 엄격히 적용하는 방향으로 나아가고 있다고 보인다. 그 외에도 전문증거의 증거능력 요건으로서의 형소법 제314조 및 제316조 제2항의 경우 원진술자의 불출석을 전제로 하고 있기 때문에(반대신문권 행사가 불가능함), 원진술자의 출석을 전제로 하고 있는 다른 전문법칙 규정(반대신문권 행사가 가능함)에서의 "특신상태"와는 달리 이를 더 엄격하게 해석하는 방향[2]을 유지하고 있다. 이하에서는 2007년 형소법 개정 이후 지금까지 선고된 형사증거법에 관한 판례의 동향을 중심으로 살펴본다.

Ⅱ. 위법수집증거배제법칙의 적용(원칙적 증거능력 배척, 예외적 인정)

1. 개 요

형소법 제308조의2는 "적법한 절차에 의하지 않고 수집된 증거는 증거로 사용하지 못한다"고 규정하고 있다. 이론적으로는 이미 1960년대부터 미국의 연방헌법 수정 제14조 제1항의 적법절차조항에 기초한 '위법수집증거배제법칙'이 우리나라에 수용되었다. 그런데 2007년 개정 형소법이 시행되기 직전, 대법원 2007. 11. 15. 선고 2007도3061 전원합의체 판결은 그 동안 진술증거에 한해 위법수집증거배제법칙을 적용한 판례의 태도를 변경하여 비진술증거에 대해서도 이 법칙을 적용한다고 선언하였다. 즉, 종래 판례가 1968년 이후 약 40년간 지지했던 '성질 · 형상不變論'의 抛棄를 공식선언하였고, 그 후 형소법 개정을 통해 위법수집증거배제법칙이 증거법상의 기본원칙으로서 입법화되었

2) 특신상태에 대한 증명은 합리적인 의심의 여지를 배제할 정도로 증명되어야 한다는 법리를 확인해 오고 있다.

으며, 진술증거이든 비진술증거이든 증거의 종류를 불문하고 위법수집증거는 증거로 사용할 수 없다는 원칙이 확립되었다. 위 전원합의체 판결 및 개정 형소법 제308조의2에 따라 적법한 절차에 따르지 않는 증거는 원칙적으로 피고인의 동의에도 불구하고 증거능력이 부인되고[3] 탄핵증거로도 사용할 수 없게 되었다. 그런데 형소법 제308조의2가 "적법한 절차"라는 일반적인 개념만을 두고 위법의 판단기준이나 적용범위, 배제효과 등에 대해서는 아무런 규정을 두지 않음으로써 증거능력 여부를 법원의 사후 판단에 일임하고 있다고 보여진다.

2. 위법수집증거의 증거능력 배제와 그 2차적 증거의 예외적 허용

2007년 형소법 개정 직전의 대법원 2007도3061 전원합의체 판결은 위법수집증거배제법칙의 수용을 명시적으로 선언하였다. 그러면서, 독수의 과실도 증거능력을 부정해야 하지만 미국의 예외이론인 희석이론 등을 수용하여 예외를 인정하고 있다. 예외적으로 증거를 인정하는 경우에도 ① 위반행위가 적법절차의 실질적 내용을 침해하지 않고, ② 증거를 배제하는 것이 적법절차 원칙과 실체적 진실규명의 조화를 도모하여 형사사법의 정의를 실현하려 한 취지에 반하는 경우에 한정된다고 한다. 이러한 예외기준에 해당하는지는 전체적 · 종합적 판단설에 입각하고 있다.

그 후 대법원 2009. 3. 12. 선고 2008도11437 판결은 이를 재확인한 다음, 2차증거의 증거능력 유무를 판단할 때는 먼저 1차증거의 증거능력 유무를 판단한 다음, 다시 2차증거를 수집하는 과정에서 추가로 발생한 사정들까지 주로 인과관계 희석 또는 단절 여부를 중심으로 모두 고려하여 판단하도록 언급함으로써, 보다 상세한 기준을 제시했다. 따라서 2차적 증거의 증거능력을 판단하기 위해서는 우선 1차적 증거의 증거능력을 판단하고, 이어 1차적 증거 획득 이후 2차적 증거

3) 대법원 2009. 12. 24. 선고 2009도11401 판결 등.

의 수집절차에 대한 검토가 필요하며, 마지막으로 인과관계가 희석 또는 단절되었는지 여부를 판단하여야 한다. 주의할 것은 위 2008도11437 판결에서 강조하고 있는 바와 같이, 2차 증거의 증거능력 유무는 각 사안마다 개별적, 구체적으로 결정되어야 할 것이지, 절차 위반의 유형이나 증거방법 등을 기준으로 미리 획일적, 통일적으로 판단할 수는 없다는 것이다.

3. 인과관계의 단절 내지 희석 여부

(1) 개 요

최초 위법절차와 2차적 증거수집 사이의 인과관계가 어떤 경우에 단절 내지 희석되었다고 볼 수 있는지에 관하여 아직 판례, 학설상 제대로 정립된 이론은 없고, 판례에 의해 귀납적으로 그 인정 여부에 관한 사례가 집적되어 가는 상황이다.

> 대법원 2013. 3. 14. 선고 2010도2094 판결은 인과관계의 단절 내지 희석에 관하여 '**적법절차에 위배되는 행위의 영향이 차단되거나 소멸되었다고 볼 수 있는 경우**', '**당초의 적법절차 위반행위와 증거수집 행위의 중간에 그 행위의 위법요소가 제거 내지 배제되었다고 볼 만한 다른 사정이 개입됨으로써 인과관계가 단절된 것으로 평가할 수 있는 경우**'라는 표현을 쓰고 있다.

우선 2차적 증거가 1차적 증거와 불가분의 관계에 있고 그 변형물에 불과하여 사실상 같은 증거로 평가할 수 있는 경우에는 1차적 증거 수집과정에서의 위법성이 2차적 증거에도 그대로 옮겨진다고 볼 수 있다. 뒤에서 살펴볼 ① 불법 압수물에 대한 압수조서, 감정서, 감정의뢰회보,[4] ② 불법 압수물에 대한 임의제출동의서, 압수조서 및 목록, 압수품사진,[5] ③ 불법감청에 대한 수사보고의 기재 내용과 첨부녹

4) 대법원 2010. 4. 15. 선고 2010도2407 판결.
5) 대법원 2010. 7. 22. 선고 2009도14376 판결.

취록 및 첨부 mp3파일,[6] ④ 강제채혈 혈액에 대한 감정결과보고서, 주취운전자적발보고서[7] 등이 그 전형적인 예이다.

문제는 1차적 증거에 기초하여 별개의 새로운 증거가 획득된 경우인바, 위법한 체포 또는 불법구속 이후에 작성된 피의자신문조서, 부적법한 임의동행 이후에 작성된 자술서와 진술조서, 진술거부권 불고지 상태에서 임의로 이루어진 자백을 기초로 수집한 반복된 자백과 물적 증거 등이 그 예이다. 이 경우에는 새로운 증거의 획득과정에 상당한 시간이 경과하는 경우가 많고 새로운 사정들이 중간에 개입되기도 하여 인과관계의 희석과 단절이 인정될 여지도 있다.[8]

(2) 판례에 나타난 인과관계를 단절 또는 희석시킬 수 있는 요인들

위 요인들로서는 ① 수사기관이 의도적으로 영장주의의 정신을 회피하는 방법으로 증거를 확보한 것이 아니라고 볼 만한 사정, ② 최초 위법절차 후 적법한 영장이 발부된 경우, ③ 변호인의 조력 내지 피의자신문 과정에의 참여, ④ 피의자의 자발적인 개입행위 내지 동의, ⑤ 공판절차로의 이행, ⑥ 시간의 경과, ⑦ 공개된 법정에서 임의로 이루어진 것이라는 점, ⑧ 다른 독립된 제3자의 행위와 자료의 개입 등이 있다. 그런데 인과관계의 단절 내지 희석을 인정한 판례 사안들을 살펴보면, 위에서 본 단절 · 희석 요인들이 복수로 거론되고 있음을 알 수 있다. 그 요인들이 많이 존재할수록 증거능력이 인정될 가능성이 높았고, 요인이 하나만 존재하는 경우에는 증거능력이 부정되는 경우가 많았다.

---

6) 대법원 2010. 10. 14. 선고 2010도9016 판결.
7) 대법원 2011. 4. 28. 선고 2009도2109 판결.
8) 김용배, “판례에 나타난 위법수집증거배제법칙의 적용방법 및 2차적 증거의 증거능력 판단기준”, 재판실무연구, 광주지방법원, 2011, 209면 이하 참조.

4. 위법수집증거배제법칙과 관련한 대법원 판례의 동향

(1) 개정 형소법 하에서도 위 전원합의체 판결의 취지를 확인하는 판결이 계속되었다.

우선 대법원은, 수사기관이 헌법과 형소법이 정한 절차 중 핵심적 사항인 영장주의에 위반하여 수집하였거나, 불법감청으로 수집한 증거물은 비록 피고인이나 변호인이 이를 증거로 함에 동의하였다고 하더라도 유죄 인정의 증거로 쓸 수 없다고 판시하였다. 즉, 대법원은 구 정보통신망 이용촉진 및 정보보호 등에 관한 법률상 음란물 유포의 범죄혐의를 이유로 압수·수색영장을 발부받은 사법경찰리가 피고인의 주거지를 수색하는 과정에서 대마를 발견하자, 피고인을 마약류관리에 관한 법률 위반죄의 현행범으로 체포하면서 대마를 압수하였으나, 그 다음날 피고인을 석방하였음에도 사후 압수·수색영장을 발부받지 않은 사안에서, 사후 압수영장을 발부받지 않은 위 압수물과 압수조서는 형소법상 영장주의를 위반하여 수집한 증거로서 증거능력이 부정된다고 하였다.[9]

그리고 대법원은 ❶ 현행범체포, 영장에 의한 체포, 긴급체포, 구속 후 사후 압수영장을 발부받지 않은 압수물과 이를 기초로 한 2차 증거인 임의제출동의서, 압수조서 및 목록, 압수품 사진,[10] ❷ 경찰에서 긴급체포의 요건을 갖추지 못한 위법한 긴급체포를 한 후 검찰로 송치한 후 작성된 검찰의 피의자신문조서,[11] ❸ 불법감청에 의하여 획득한 녹음테이프 및 그 녹취록 첨부 수사보고,[12] ❹ 동의 또는 영장 없이 강제 채취한 혈액을 이용한 감정의뢰회보 및 이에 기초한 주취운전자적발보고서, 주취운전자정황보고서,[13] ❺ 검사가 공소제기 후에

---

9) 대법원 2009. 5. 14. 선고 2008도10914 판결.

10) 대법원 2009. 5. 14. 선고 2008도10914 판결; 대법원 2010. 7. 22. 선고 2009도14376 판결.

11) 대법원 2009. 12. 14. 선고 2009도11401 판결.

12) 대법원 2010. 10. 14. 선고 2010도9016 판결.

13) 대법원 2011. 4. 28. 선고 2009도2109 판결; 대법원 2011. 5. 13. 선고 2009도10871 판결; 대법원 2011. 7. 14. 선고 2010도12604 판결; 대법원 2012. 11. 15.

수소법원이 아닌 지방법원판사로부터 발부받은 압수·수색영장을 집행하여 획득한 수표추적 자료,[14] ❻ 소유자, 소지자, 또는 보관자가 아닌 자로부터 임의로 제출받은 물건을 영장없이 압수한 경우 그 압수물 및 압수물을 찍은 사진,[15] ❼ 변호인의 절차참여권이 침해된 상태에서 획득된 경찰피의자신문조서,[16] ❽ 압수·수색영장에 기재된 피의자와 무관한 타인의 범죄사실에 관한 녹음파일을 압수한 경우,[17] ❾ 위법한 강제연행 상태에서 행한 음주운전 혐의 관련 호흡측정결과와 혈액측정결과,[18] ❿ 증거제출의 임의성에 대한 입증이 부족한 USB,[19] ⓫ 공판준비 또는 공판기일에서 이미 증언을 마친 증인을 검사가 소환한 후 피고인에게 유리한 증언 내용을 추궁하여 이를 일방적으로 번복시키는 방식으로 작성한 진술조서나 그 증인을 상대로 위증의 혐의를 조사한 내용을 담은 피의자신문조서[20] 등의 증거능력을 모두 부정하였다. 또한 수사기관이 피고인 아닌 자를 상대로 적법한 절차에 따르지 아니하고 수집한 증거 역시 원칙적으로 피고인에 대한 유죄 인정의 증거로 삼을 수 없다고 판시하였다.[21]

(2) 이처럼 중대한 위법의 경우에는 당사자가 증거로 사용하는 것을 동의하더라도 증거능력이 부정된다(영장주의 위배 등, 가령 불법체포에 의한 유치 중에 작성된 피의자신문조서). 나아가 그로 인해 얻은 파생증거 또한 증거능력이 부정된다.

다만 오염이 희석되거나 단절되는 경우, 불가피하게 발견될 증거의 경우에는 예외적으로 증거능력이 인정되고 있다.[22] 가령, 피의자에

선고 2011도15258 판결.

14) 대법원 2011. 4. 28. 선고 2009도10412 판결.
15) 대법원 2010. 1. 28. 선고 2009도10092 판결.
16) 대법원 2013. 3. 28. 선고 2010도3359 판결.
17) 대법원 2014. 1. 16. 선고 2013도7101 판결.
18) 대법원 2013. 3. 14. 선고 2010도2094 판결.
19) 대법원 2016. 3. 10. 선고 2013도11233 판결.
20) 대법원 2013. 8. 14. 선고 2012도13665 판결 등.
21) 대법원 2011. 6. 30. 선고 2009도6717 판결.
22) 미국의 위법희석이론(attenuated connection), 독립된 증거원(증거자료)이론(Independent

의 진술거부권 고지의무,[23] 변호인선임권, 증인의 증언거부권, 증언거부권 고지의무, 압수·수색의 참여권, 압수·수색 참여권자에 대한 통지,[24] 압수·수색의 거절권, 압수·수색의 야간집행제한, 여자신체검사에서 의사나 성년여자의 참여 등 위반의 경우이다.

(3) 한편 인과관계의 희석 내지 단절이 문제된 사례 중 피고인의 법정에서의 진술과 관련하여 사전에 구속영장을 제시받지 않은 피고인의 법정진술의 증거능력이 문제된 사안에서, 대법원 2009. 4. 23. 선고 2009도526 판결은 "구속집행절차에 위배된 구속 중 수집한 피고인의 진술증거의 증거능력을 원칙적으로 부정하면서, 이 사건의 경우 사전에 구속영장을 제시하지 아니한 채 구속영장을 집행하고, 그 구속 중 수집한 2차적 증거들인 구속 피고인의 진술증거 중 피고인의 제1심 법정진술에 대하여 다음과 같은 점들, 즉 ① 피고인이 구속집행절차의 위법성을 주장하면서 청구한 구속적부심사의 심문 당시 구속영장을 제시받은 바 있어 그 이후에는 구속영장에 기재된 범죄사실에 대하여 숙지하고 있었던 것으로 보이고, ② 구속 이후 원심에 이르기까지 구속적부심사와 보석의 청구를 통하여 구속집행절차의 위법성만을 다투었을 뿐, 그 구속 중 이루어진 진술증거의 임의성이나 신빙성에 대하여는 전혀 다투지 않았을 뿐만 아니라, ③ 구속 이후 피고인에 대한 검사 작성의 제4회, 제6회 피의자신문조서의 작성시에는 이 사건

Source Exception), 불가피한 발견이론(Inevitable discovery), 선의의 항변(good faith defense) 등을 염두에 두고 있다.

23) 참고인으로 조사를 받으면서 수사기관에게서 진술거부권을 고지받지 않았다는 이유만으로 그 진술조서가 위법수집증거로서 증거능력이 없다고 할 수 없다(대법원 2011. 11. 10. 선고 2011도8125 판결).

24) 피고인의 주거지에 대한 압수·수색 당시 담당 수사관이 피고인의 아내이자 그 압수·수색영장에 공동피의자로 기재되어 있었던 자에게 영장 집행사실을 통지한 후 영장을 제시하였고, 그 집행 당시 피고인이 공동으로 운영하는 사무실에 대한 압수·수색이 동시에 이루어져서 피고인이 그 사무실의 압수·수색에 참여하였던 사정 등을 종합하여, 그 주거지의 압수·수색에 대한 피고인의 참여권 등이 실질적으로 침해된 것으로 볼 수 없다(대법원 2013. 7. 26. 선고 2013도2511 판결).

공소사실 중 일부만을 시인하는 태도를 보이다가, ④ 오히려 변호인과 충분히 상의를 한 제1심 법정 이후에는 이 사건 공소사실 전부에 대하여 자백하는 것으로 태도를 바꾼 후 원심에 이르기까지 그 자백을 번복하고 있지 아니한 것이라면, 유죄 인정의 증거로 삼을 수 있는 예외적인 경우에 해당한다"고 판시하였다.

5. 私人이 위법하게 수집한 증거의 증거능력에 대한 판례

(1) 私人이 위법하게 수집한 증거의 증거능력에 대하여, 통신비밀보호법과 같은 명문의 법규정이 없는 경우에는 효과적인 형사소추 및 형사소송에서의 진실발견이라는 공익과 개인의 인격적 이익 등의 보호이익을 비교 형량하여 그 허용 여부를 결정하여야 할 것이다.[25) 대법원도 같은 취지에서 간통 피고인의 남편인 고소인이, 피고인이 실제상 거주를 종료한 주거에 침입하여 수집한 후 수사기관에 제출한 혈흔이 묻은 휴지들 및 침대시트를 목적물로 하여 이루어진 감정의뢰회보의 경우 증거능력을 인정하였다(대법원 2010. 9. 9. 선고 2008도3990 판결).

(2) 그 후 대법원 2013. 11. 28. 선고 2010도12244 판결은 "이때 법원이 그 비교형량을 함에 있어서는 증거수집 절차와 관련된 모든 사정 즉, 사생활 내지 인격적 이익을 보호하여야 할 필요성 여부 및 정도, 증거수집 과정에서 사생활 기타 인격적 이익을 침해하게 된 경위와 침해의 내용 및 정도, 형사소추의 대상이 되는 범죄의 경중 및 성격, 피고인의 증거동의 여부 등을 전체적 · 종합적으로 고려하여야 하고, 단지 형사소추에 필요한 증거라는 사정만을 들어 곧바로 형사소송에서 진실발견이라는 공익이 개인의 인격적 이익 등 보호이익보다 우월한 것으로 섣불리 단정하여서는 아니 된다"고 판시하였다.

대상판결은 '이익형량설'에 의한 판단 기준을 유지하면서도, 위법한 증거수집에 기하여 침해 내지 제한되는 헌법적 자기결정권 등의 기본권 보장에 관한 필요성을 감안하여 그 구체적 판단 요소를 명시함으

25) 대법원 2010. 9. 9. 선고 2008도3990 판결.

로써 향후 형사재판의 실무에서 좀더 유용한 분석의 틀을 제시하려고 한 것으로 볼 수 있다. 나아가 대상판결은 '단지 형사소추에 필요한 증거라는 사정만을 들어 곧바로 형사소송에서의 진실발견이라는 공익이 개인의 인격적 이익 등의 보호이익보다 우월한 것으로 선불리 단정하여서는 아니 된다'는 점을 명확히 선언함으로써(이전 대법원의 입장과 확실히 다른 입장을 보이고 있다), 私人에 의하여 수집된 증거라고 하여 법원이 그 수집 경위의 적법성에 대한 별다른 심리·검토를 하지 않거나 수집행위에 의하여 침해될 수 있는 헌법상 기본권 보장의 의미를 등한시한 채 형사소추의 공익성에만 치우쳐 그 증거능력을 인정하여서는 안 된다는 메시지를 분명히 전달하고 있으며, 장차 구체적·개별적 사안에 따라서는 그 증거능력의 배제라는 결론을 도출할 수 있는 이론적·논리적 발판을 마련한 것으로 평가될 수 있을 것이다.

6. 위법수집증거배제 주장적격자의 범위

위법한 행위로 인하여 권리를 침해당한 사람만이 그 증거배제를 주장할 수 있다고 해석하는 미국의 판례법상 견해와 달리 아래 우리 판례를 종합해 보면, 대법원은 위법수집증거배제를 주장할 수 있는 사람을 직접 권리 또는 이익을 침해당한 사람에 한정하지 않는다는 견해를 취하고 있는 것으로 보인다.

즉, 대법원 2009. 5. 28. 선고 2008도7098 판결도 "검사가 피고인을 기소한 다음 법정 외에서 피고인을 조사하면서 진술조서를 작성함에 있어서 미리 진술거부권을 고지하지 않은 때에는 그 피고인의 진술은 위법하게 수집된 증거로서, 피고인에 대하여 유죄인정의 증거로 사용할 수 없음은 물론 피고인과 공범관계에 있는 제3자에 대하여도 이를 유죄인정의 증거로 사용할 수 없다"라고 하였다.

7. 소결론 — 형소법상 위법수집증거 배제법칙에 관한 동향

2007년의 대법원 전원합의체 판결과 형소법 제308조의2 신설로 인하여 우리나라의 위법수집증거배제법칙은 새로운 지평을 맞이하게 되었다. 그런데 미국에서의 위법수집증거배제에 관한 논의가 위법수사의 억지에 중점을 두고 있는 데 비해, 우리나라에서는 수사절차나 공판절차를 불문하고 적법절차의 원리에 위반하는 증거들의 사용에 대한 문제로 다루고 있다. 그리고 우리나라에서 위법수집증거배제법칙의 전개는 여전히 그 저울추가 형사사법의 효율성보다 피고인의 인권보장에 기울여져 있다고 판단된다.[26] 우리의 경우 위 전원합의체 판결이 담고 있는 취지가 존중되도록 실무가 운영되어야 하며, 적법절차의 실질적인 내용 및 2차적 증거의 증거능력 판단에 있어서의 인과관계의 희석 내지 단절에 대한 연구 및 사례의 집적이 지속적으로 필요할 것이다. 실체적 진실발견과 피고인의 인권보장(적법절차의 보장과 위법수사의 억지)이라는 두 가지 요청을 조화시킨다는 일반원칙을 위법수집증거배제법칙에서 어떻게 구체적으로 실현하는가는 여전히 과제로 보인다.

Ⅲ. 傳聞法則과 傳聞證據의 증거능력의 요건 관련 판례

1. 어떤 증거가 전문증거인지 여부는 요증사실과의 관계에서 정해짐

전문법칙이 적용되는 傳聞證據는 경험사실에 관한 법정 외 진술로서 그 진술내용에 의하여 요증사실을 증명하는 경우, 즉 원진술자의 진술내용의 진실성을 입증하기 위한 증거를 말한다.[27] 따라서 증거물,

---

26) 위 전원합의체 판결이 위법수집증거배제법칙에 대해 예외적 허용설을 취하면서 2차적 증거에 대해서도 같은 기준을 적용하고 증거동의에 대한 부정적 입장을 취하고 있는 것도 같은 맥락이다.

27) 따라서 진술증거라도 진술내용의 진실성을 입증하기 위한 것이 아닌 요증사실의 일부를 이루는 진술, 그 내용이 아니라 그 존재 자체에 입증취지가 있

진술증거 중 비전문증거, 전문증거가 될 수 있어도 진술을 하였다는 것 자체 또는 그 진술의 진실성과 관계없는 간접사실에 대한 정황증거로 사용될 때는 ① 성립의 진정성(작위적인 조작이나 편집이 없었음), ② 요증사실과의 관련성만 자유로운 증명을 입증되면 증거능력이 있다.[28]

판례도 “어떤 증거가 전문증거인지 여부는 요증사실과의 관계에서 정하여지는바, 원진술의 내용인 사실이 요증사실인 경우에는 전문증거이나, 원진술의 존재 자체가 요증사실인 경우에는 본래증거이지 전문증거가 아니다”라고 판시하여 이 점을 명확히 하였다.[29] 따라서 어떤 진술이 기재된 서류가 그 내용의 진실성이 범죄사실에 대한 직접증거로 사용될 때는 전문증거가 된다고 하더라도, 그와 같은 진술을 하였다는 것 자체 또는 그 진술의 진실성과 관계없는 간접사실에 대한 정황증거로 사용될 때는 반드시 전문증거가 되는 것은 아니다.[30]

그리고 ‘녹음테이프의 음성정보’가 유·무죄증거로 제출될 때도 전자증거가 유·무죄증거로 제출될 때와 마찬가지로 전문법칙의 적용이 있는 경우[31]가 있고 전문법칙의 적용이 없는 경우가 있다. 그 구별기준은 역시 요증사실과의 관계에서 정하여지는바, 원진술의 내용인 사실이 요증사실인 경우에는 전문증거이나, 원진술의 존재(자체)가 요증사실인 경우에는 본래증거이지 전문증거가 아니라고 해야 한다.

는 경우, 언어적 행동, 정황증거에 사용된 언어, 탄핵증거로 사용된 진술 등은 전문증거에 해당하지 않으므로 전문법칙이 적용되지 않는다.

28) 대법원 2013. 6. 13. 선고 2012도16001 판결.

29) 대법원 2012. 7. 26. 선고 2012도2937 판결 등.

30) 대법원 2013. 6. 13. 선고 2012도16001 판결.

31) 대법원 2008. 12. 24. 선고 2008도9414 판결(위 사안에서 증거자료가 되는 것은 녹음테이프에 녹음된 대화내용 그 자체이고, 그 중 피고인의 진술내용은 실질적으로 형사소송법 제311조, 제312조의 규정 이외에 피고인의 진술을 기재한 서류와 다름없다고 보아 형사소송법 제313조 제1항 단서 등을 적용한 사례).

2. 검사 작성의 피의자신문조서 관련

(1) 실질적 진정성립의 인정은 피고인의 명시적인 진술에 의하여야 함('동의 및 입증취지 부인'만으로는 부족)

대법원은 "형소법이 조서 작성절차와 방식의 적법성과 실질적 진정성립을 분명하게 구분하여 규정하고 있고, 또 피고인이 조서의 실질적 진정성립을 부인하는 경우에는 영상녹화물 등 객관적인 방법에 의하여 피고인이 진술한 내용과 동일하게 기재되어 있음을 증명할 수 있는 방법을 마련해 두고 있는 이상, 피고인 본인의 진술에 의한 **실질적 진정성립의 인정**은 공판준비 또는 공판기일에서 한 명시적인 진술에 의하여야 하고, 단지 피고인이 실질적 진정성립에 대하여 이의하지 않았다거나 조서 작성절차와 방식의 적법성을 인정하였다는 것만으로 실질적 진정성립까지 인정한 것으로 보아서는 아니 된다. 또한 특별한 사정이 없는 한 이른바 '입증취지 부인'이라고 진술한 것만으로 이를 조서의 진정성립을 인정하는 전제에서 그 증명력만을 다투는 것이라고 가볍게 단정해서도 안 된다"고 판시하였다.

피고인은 검사작성의 피의자신문조서의 진정성립에 대한 의견을 제시함에 있어서 형식적 진정성립, 실질적 진정성립, 임의성 여부에 대하여 명시적인 의사로 진술할 필요가 있다. 피고인이 자신의 진술과 조서내용이 동일하다는 데 대한 이의제기가 없다든지 입증취지 부인이라는 표현을 한 것으로 실질적 진정성립을 인정한다고 볼 수 없다는 것이다.

(2) 검사 작성의 피의자신문조서에 대한 실질적 진정성립을 증명할 수 있는 수단인 '영상녹화물이나 그 밖의 객관적인 방법'의 의미

대법원 2016. 2. 18. 선고 2015도16586 판결은 "검사 작성의 피의자신문조서에 대한 실질적 진정성립을 증명할 수 있는 수단으로서 형소법 제312조 제2항에 규정된 '영상녹화물이나 그 밖의 객관적인 방법'이란 형소법 및 형사소송규칙에 규정된 방식과 절차에 따라 제작된 영상녹화물 또는 그러한 영상녹화물에 준할 정도로 피고인의 진술을 과학적 · 기계적 · 객관적으로 재현해 낼 수 있는 방법만을 의미하고, 그 외에 조사관 또는 조사 과정에 참여한 통역인 등의 증언은 이에 해당한다고 볼 수 없다"고 판시하였다.

형소법 제312조 제2항과 제4항은 진정성립을 증명하는 방법으로 "영상녹화물 또는 그 밖의 객관적인 방법"을 예시하고 있다. 일부 견해는 위 객관적인 방법에는 녹음, 자필 감정결과 등 과학적, 일반적인 방법에 한정되지 아니하고 피고인을 피의자로 조사하였거나 조사에 참여하였던 자들의 증언과 같은 인적 방법도 포함된다고 새길 여지가 있다고 하고 있으나, 부정하는 것이 옳다. 형소법에서 영상녹화물을 진정성립을 증명하는 방법으로 도입한 것은 영상녹화물에 의하여 과거의 조사 당시 진술내용과 현재의 증거로 신청된 조서내용을 직접 기계적으로 대조하여 볼 수 있다는 특성을 근거로 한 것이지, 원진술자 이외의 제3자의 진술에 의하여 조서의 진정성립을 인정시킴으로써 조서의 증거능력을 확대하기 위하여 신설한 것은 아니기 때문이다.

3. 검사 이외의 수사기관 작성의 피의자신문조서 — '그 내용을 인정할 때'의 의미

대법원 2010. 6. 24. 선고 2010도5040 판결은 "형소법 제312조 제3항에서 '그 내용을 인정할 때'라 함은 피의자신문조서의 기재 내용이 진술 내용대로 기재되어 있다는 의미가 아니고 그와 같이 진술한 내용이 실제 사실과 부합한다는 것을 의미한다"고 판시하였다. 그러면서 "피고인이 제1심 공판기일 이래 원심법정에 이르기까지 일관하여 각 절도의 점에 관한 공소사실을 일관하여 부인하는 경우에, 피고인은 자백 취지의 경찰 피의자신문조서의 진술내용을 인정하지 않는 것이라고 보아야 한다"고 판시하여 증거능력을 부정하였다.

4. 수사과정에서 작성한 진술조서, 진술서의 증거능력 문제

(1) 피의자에 대한 조사 과정에서 작성된 '진술조서'나 '진술서'등의 취급 및 진술거부권을 고지하지 않은 상태에서 행해진 피의자진술의 증거능력(부정)

대법원 2013. 7. 25. 선고 2012도8698 판결은 "피의자의 진술을 기재한 서류 또는 문서가 수사기관에서의 조사과정에서 작성된 것이라면, 그것이 '진술조서, 진술서, 자술서'라는 형식을 취하였다고 하더라도 피의자신문조서와 달리 볼 수 없고, 한편 형소법이 보장하는 피의자의 진술거부권은 헌법이 보장하는 형사상 자기에 불리한 진술을 강요당하지 않는 자기부죄거부의 권리에 터잡은 것이므로, 수사기관이 피의자를 신문하면서 피의자에게 미리 진술거부권을 고지하지 않은 때에는 그 피의자의 진술은 위법하게 수집된 증거로서 진술의 임의성이 인정되는 경우라도 증거능력이 부인되어야 한다.[32] 특히 조사대상자의 진술내용이 단순히 제3자의 범죄에 관한 경우가 아니라 자신과 제3자에게 공동으로 관련된 범죄에 관한 것이거나 제3자의 피의사실뿐만 아니라 자신의 피의사실에 관한 것이기도 하여 그 실질이 피의자신문조서의 성격을 가지는 경우에 수사기관은 그 진술을 듣기 전에 미리 **진술거부권을 고지하여야 한다**[33]"고 판시하였다.

(2) 진술거부권 고지 대상이 되는 피의자 지위가 인정되는 시기

대법원 2011. 11. 10. 선고 2011도8125 판결은 "피의자에 대한 진술거부권 고지는 피의자의 진술거부권을 실효적으로 보장하여 진술이 강요되는 것을 막기 위해 인정되는 것인데, 이러한 진술거부권 고지에 관한 형소법 규정내용 및 진술거부권 고지가 갖는 실질적인 의미를 고려하면, **수사기관에 의한 진술거부권 고지 대상이 되는 피의자 지위**는 (수사기관이 범죄인지서를 작성하는 등의 형식적인 사건수리 절차를 거

32) 대법원 2009. 8. 20. 선고 2008도8213 판결 등.
33) 대법원 2011. 3. 10. 선고 2010도9127 판결 등.

치기 전이라도) 조사대상자에 대한 범죄혐의를 인정하여 수사를 개시하는 행위를 한 때 인정되는 것으로 보아야 한다.[34] 따라서 이러한 피의자 지위에 있지 아니한 자에 대하여는 진술거부권이 고지되지 아니하였더라도 진술의 증거능력을 부정할 것은 아니다. … 피고인들의 필로폰 수입에 관한 범의를 명백하게 하기 위하여 丙을 참고인으로 조사한 것이라면, 丙은 수사기관에 의해 범죄혐의를 인정받아 수사가 개시된 피의자의 지위에 있었다고 할 수 없다"고 판시하였다.

(3) 영상녹화물의 본증(독립적 증거) 불허

대법원 2014. 7. 10. 선고 2012도5041 판결은 "수사기관이 참고인을 조사하는 과정에서 형소법 제221조 제1항에 따라 작성한 영상녹화물은, 다른 법률에서 달리 규정하고 있는 등의 특별한 사정이 없는 한, 공소사실을 직접 증명할 수 있는 독립적인 증거로 사용할 수 없다"고 판시하였다. 개정 형소법은 참고인 진술조서의 진정성립을 증명하거나 피고인이나 증인이 법정에서 진술함에 있어 기억을 환기하기 위하여 영상녹화물을 사용할 수 있음을 명시하고 있지만, 영상녹화물을 본증(요증사실 입증을 위한 자료)으로 사용할 수 있다는 규정은 두지 않았다. 이에 명시적으로 영상녹화물의 본증사용을 규정한 성폭력범죄의 처벌 등에 관한 특례법(제30조), 아동·청소년의 성보호에 관한 법률(제26조 제6항), 특정범죄신고자 등 보호법(제10조 제3항)의 경우가 아닌 일반 형사사건에서 영상녹화물을 본증으로 사용할 수 있는가에 관하여 이견이 있었다. 위 2012도5041 판결은 그동안의 실무를 대법원 판결로써 확인함으로써 적어도 법해석에서의 논란에 종지부를 찍은 것이다. 이 사건의 경우 원심은 "피고인의 동의가 없는 이상 참고인에 대한 진술조서의 작성이 없는 상태에서 수사기관이 그의 진술을 영상녹화한 영상녹화물만을 독자적인 증거로 쓸 수 없고 그 녹취록 또한 증거로 사용할 수 없는 위 영상녹화물의 내용을 그대로 녹취한 것이

34) 대법원 2011. 11. 10. 선고 2010도8294 판결(검사가 참고인으로 소환하였으나 실질적으로 피의자로 조사를 하면서 참고인진술조서를 작성한 사안).

므로 역시 증거로 사용할 수 없다”고 하였고, 대법원도 이를 수긍하였다. 위 영상녹화물을 본증으로 허용할 경우 공판에서의 심리가 ‘극장재판’화되어 공판중심주의, 직접주의가 형해화될 수 있으므로, 참고인에 대해서뿐만 아니라 피고인에 대하여도 마찬가지의 법리가 적용되어야 할 것으로 사료된다.[35)]

5. 형소법 제314조에 의한 증거능력 인정 요건 중 ‘증인이 소재불명이거나 그 밖에 이에 준하는 사유로 인하여 진술할 수 없는 때’에 해당한다고 인정하기 위한 요건

현행법 제314조는 전문법칙의 전형적인 예외 사유를 규정하고 있다. 즉, 제312조 및 제313조의 서면에 대하여 영미법상 전문법칙의 예외에서 인정되는 “필요성”과 “신용성의 정황적 보장”이라는 요건이 구비되었을 때 증거능력을 인정하고 있다.

이와 관련하여 대법원 2013. 4. 11. 선고 2013도1435 판결은 “증인의 주소지에 대한 소재탐지불능보고서는 있지만 기록에 나타난 전화번호로 연락한 자료가 없는 경우는 소재불명 기타 이에 준하는 사유가 있다고 할 수 없다”고 판시하여 증인에 대한 경찰 및 검찰 진술조서의 증거능력을 부정하였다. 제314조는 전문법칙의 예외를 규정하는 조문인데, 이 사건처럼 증인의 휴대 전화나 주소 등을 확인하여 출석이 가능할 수 있는지를 살펴보는 등의 상당한 주의를 기울이지 않은 경우 그 예외를 인정하여서는 안 된다는 판결이다.

---

35) 대법원 2011. 6. 9. 선고 2011도3437 판결 참조(본증부정설을 소극적으로 수긍한 사안).

6. 피고인이 증거서류의 진정성립을 묻는 검사의 질문에 대하여 진술거부권을 행사하여 진술을 거부한 경우는 형소법 제314조의 '그 밖에 이에 준하는 사유로 인하여 진술할 수 없는 때'에 미해당

대법원 2013. 6. 13. 선고 2012도16001 판결은 "현행 형소법 제314조의 문언과 개정 취지, 진술거부권 관련 규정의 내용 등에 비추어 보면, 검사가 문건의 작성자로 지목한 피고인이 증거서류의 진정성립을 묻는 검사의 질문에 대하여 진술거부권을 행사하여 진술을 거부한 경우는 형소법 제314조의 '그 밖에 이에 준하는 사유로 인하여 진술할 수 없는 때'에 해당하지 아니한다"고 판시하였다.

종래 전문법칙의 예외사유로 규정된 "진술자의 사망, 질병, 외국거주, 기타 사유" 중 "기타 사유"를 폭넓게 해석하여 피고인의 방어권이나 반대신문권이 충분히 보장되지 못하였던 문제점이 있었다. 그러나 최근의 대법원 판례는 이에 관하여 비교적 엄격하게 판단하는 경향을 보이고 있다. 특히 원진술자의 법정출석 및 반대신문이 이루어지지 못한 경우 수사기관이 원진술자의 진술을 기재한 조서의 증거능력을 제한하는 입장을 취하고 있다. 특히 형소법은 증인에게 일정한 사유가 있는 경우 증언을 거부할 수 있는 권리를 보장하고 있다(형소법 제148조, 제149조). 위와 같은 형소법 제314조의 문언과 개정취지, 증언거부권 관련 규정의 내용 등에 비추어 보면, 법정에 출석한 증인이 형소법 제148조, 제149조 등에서 정한 바에 따라 정당하게 증언거부권을 행사하여 증언을 거부한 경우는 형소법 제314조의 '그 밖에 이에 준하는 사유로 인하여 진술할 수 없는 때'에 해당하지 아니한다는 기존 대법원 2012. 5. 17. 선고 2009도6788 전원합의체 판결과 맥을 같이 하는 판결이다.

7. 형소법상 참고인 소재불명 등의 경우 '특히 신빙할 수 있는 상태 하에서 행하여졌음'에 관한 사례

(1) 특신상황에 관한 판례 정리[36)]

가. [특신상황의 의미] 참고인의 소재불명 등의 경우 제314조, 제316조 제2항에서 말하는 '그 진술 또는 작성이 특히 신빙할 수 있는 상태하에서 행하여진 때'라 함은 그 진술내용이나 조서 또는 서류의 작성에 허위개입의 여지가 거의 없고 그 진술내용의 신빙성이나 임의성을 담보할 구체적이고 외부적인 정황이 있는 경우를 가리킨다.

나. [입증정도] 그리고, 위 조항들은 형소법이 제312조 또는 제313조에서 참고인 진술조서 등 서면증거에 대하여 피고인 또는 변호인의 반대신문권이 보장되는 등 엄격한 요건이 충족될 경우에 한하여 증거능력을 인정할 수 있도록 함으로써 직접심리주의 등 기본원칙에 대한 예외를 인정한 데 대하여 다시 중대한 예외를 인정하여 원진술자 등에 대한 반대신문의 기회조차 없이 증거능력을 부여할 수 있도록 한 것이므로 '특히 신빙할 수 있는 상태하에서 행하여졌음에 대한 증명'은 단지 그러할 개연성이 있다는 정도로는 부족하고 합리적인 의심의 여지를 배제할 정도에 이르러야 한다.

다. 나아가 법원이 제314조에 따라 증거능력을 인정하기 위하여는 단순히 진술이나 조서의 작성과정에 뚜렷한 절차적 위법이 보이지 않는다거나 진술의 임의성을 의심할 만한 구체적 사정이 없다는 것만으로는 부족하고, 이를 넘어 법정에서의 반대신문 등을 통한 검증을 굳이 거치지 않더라도 진술의 신빙성과 임의성을 충분히 담보할 수 있는 구체적이고 외부적인 정황이 있어 그에 기초하여 법원이 유죄의 심증을 형성하더라도 증거재판주의의 원칙에 어긋나지 않는다고 평가할 수 있는 정도에 이르러야 한다.

---

36) 대법원 2014. 2. 21. 선고 2013도12652 판결; 대법원 2014. 4. 30. 선고 2012도725 판결; 대법원 2014. 8. 26. 선고 2011도6035 판결 등.

(2) 검 토

위 판결들에서 설시한 법리 자체가 새로운 것이라 할 수는 없지만, 특신상태의 증명을 보다 엄격하게 하려는 의지를 나타낸 것이라는 의미가 있다. 형소법 제314조는 원진술자에 대한 반대신문권이 보장되지 않음에도 이를 증거로 사용할 수 있게 하는 조항인 만큼 특신상태는 가능한 엄격하게 해석하는 것이 타당하다. 만약 그렇게 해석하지 않을 경우 원진술자가 수사기관에서 위증의 부담 없이 한 진술을 반대신문의 기회도 부여하지 않은 채 증거능력을 인정하는 셈이 되어 부당하고, 특히 그 참고인이 공소사실을 입증할 주요한 증거인 경우에는 더욱 그러하다. 대법원도 전문증거의 증거능력 요건으로서의 형소법 제314조 및 제316조 제2항의 경우 원진술자의 불출석을 전제로 하고 있기 때문에(반대신문권 행사가 불가능함), 원진술자의 출석을 전제로 하고 있는 다른 전문법칙 규정(반대신문권 행사가 가능함)에서의 "특신상태"와는 달리 이를 더 엄격하게 해석하는 방향을 유지하고 있는 것이다. 대상판결들은 형소법 제314조의 특신상태에 대한 증명은 합리적인 의심의 여지를 배제할 정도로 증명되어야 한다는 법리를 확인하고, 이러한 특신상태의 법리가 형소법 제316조 제2항에도 그대로 적용된다는 것을 밝힌 점에 의의가 있다.

8. 증거동의의 주체(=소송주체)

피고인이 출석한 공판기일에서 증거로 하는 데 부동의한다는 의견이 진술된 후 피고인이 출석하지 아니한 공판기일에 변호인만이 출석하여 증거로 하는 데 동의함으로써 **증거동의**(반대신문권의 포기)**의 효력 유무**가 문제된 사안에서, 대법원 2013. 3. 28. 선고 2013도3 판결은 "증거로 함에 대한 당사자의 동의는 본래 증거능력이 없는 傳聞證據에 대하여 증거능력을 부여하는 소송행위를 의미하므로, 형소법 제318조에 규정된 증거동의의 주체는 소송주체인 검사와 피고인이고, 변호인은 피고인을 대리하여 증거동의에 관한 의견을 낼 수 있을 뿐이므로 피고인 불출석 기일에 피고인의 명시한 의사에 반하여 증거로 함에 동의할 수는 없다"고 판시하였다.

Ⅳ. 전자적(디지털)증거 관련 판례

현행 형사증거법의 대다수 규정은 디지털 증거의 활용을 전제하지 않고 만들어진 것이었다. 2011. 7. 18. 개정 형소법 제106조 제3항은 "법원은 압수의 목적물이 컴퓨터용 디스크, 그 밖에 이와 비슷한 정보저장매체인 경우에는 **기억된 정보의 범위**를 정하여 출력하거나 복제하여 제출받아야 한다. 다만, 범위를 정하여 출력 또는 복제하는 방법이 불가능하거나 압수의 목적을 달성하기에 현저히 곤란하다고 인정되는 때에는 정보저장매체 등을 압수할 수 있다."고 규정하여 예외적으로 저장매체 자체를 압수할 수 있도록 하고 있다.

그런데 전자증거는 유체물인 증거와 달리 특유의 비가독성과 대용량성, 그리고 변조용이성 등으로 인해 그 압수·수색에 관해서는 영장심사 단계에서의 사전적 통제는 물론 영장집행과정이나 그 이후의 사후적 통제가 크게 문제되고 있다. 통상 수색·검증의 범위 자체는 압수대상물(관련성 있는 정보) 외에 출력, 파일복사, 이미징 등에 의하여 수사기관이 보관하게 된 정보 전체일 수밖에 없기 때문에 이로 인하여 **포괄압수의 위험성** 및 **무관 전자정보의 발견 가능성**이 높아졌다. 이런 상황에서 대법원은 최근에 전자적 정보의 압수방법, 그리고 정보검색과정의 성격과 그 과정에서의 참여권보장의 의미, 별도 범죄혐의 관련 전자정보(無關情報)의 압수·수색 방법 등에 관한 중요한 결정을 하였다.

1. 전자적 정보의 압수 관련 판례

(1) 전자적 정보의 압수방법 — 대법원 2011. 5. 26.자 2009모 1190 결정

"전자정보에 대한 압수·수색영장을 집행할 때에는, ① 원칙적으로 영장 발부의 사유인 혐의사실과 관련된 부분만을 문서 출력물로 수집하거나 수사기관이 휴대한 저장매체에 해당 파일을 복사하는 방식으로 이루어져야 하고, ② 집행현장 사정상 위와 같은 방식에 의한 집행이 불가능하거나 현저히 곤란한 부득이한 사정이 존재하더라도 저장매체 자체를 직접 혹은 하드카피[37]나 이미징[38] 등 형태로, 수사기관 사무실 등 외부로 반출하여 해당 파일을 압수·수색할 수 있도록 영장에 기재되어 있고 실제 그와 같은 사정이 발생한 때에 한하여 위 방법이 예외적으로 허용될 수 있을 뿐이다. ③ 나아가 이처럼 저장매체 자체를 수사기관 사무실 등으로 옮긴 후 영장에 기재된 범죄 혐의 관련 전자정보를 탐색하여 해당 전자정보를 문서로 출력하거나 파일을 복사하는 과정 역시 전체적으로 압수·수색영장 집행의 일환에 포함된다고 보아야 한다. 따라서 그러한 경우 문서출력 또는 파일복사 대상 역시 혐의사실과 관련된 부분으로 한정되어야 한다. 그러므로 수사기관 사무실 등으로 옮긴 저장매체에서 <u>범죄 혐의 관련성에 대한 구분 없이 저장된 전자정보 중 임의로 문서출력 혹은 파일복사를 하는 행위</u>는 특별한 사정이 없는 한 영장주의 등 원칙에 반하는 위법한 집행이다. 한편 검사나 사법경찰관이 혐의사실과 관련된 정보는 물론 그와 무관한 다양하고 방대한 내용의 사생활 정보가 들어 있는 저장매체에 대한 압수·수색영장을 집행할 때 영장이 명시적으로 규정한 위 예외적인 사정이 인정되어 전자정보가 담긴 저장매체 자체를 수사기관 사무실 등으로 옮겨 이를 열람 혹은 복사하게 되는 경우에도, ⓐ 전체 과정을

---

37) 디스크이미징 장비를 이용하여 하드디스크를 물리적으로 그대로 복제하는 것.

38) 디스크이미징 소프트웨어를 이용하여 대상 하드디스크를 하나의 파일 형태로 복제하는 것.

통하여 피압수·수색 당사자나 변호인의 계속적인 **참여권 보장**, ⓑ 피압수·수색 당사자가 배제된 상태의 저장매체에 대한 열람·복사 금지, ⓒ **복사대상 전자정보 목록의 작성·교부** 등 압수·수색 대상인 저장매체 내 전자정보의 왜곡이나 훼손과 오·남용 및 임의적인 복제나 복사 등을 막기 위한 적절한 조치가 이루어져야만 집행절차가 적법하게 된다. 이 사건에서 수사기관이 저장매체 자체를 수사기관 사무실로 옮긴 것은 영장이 예외적으로 허용한 부득이한 사유의 발생에 따른 것으로 볼 수 있고, 나아가 당사자 측의 참여권 보장 등 압수·수색 대상 물건의 훼손이나 임의적 열람 등을 막기 위해 법령상 요구되는 상당한 조치가 이루어진 것으로 볼 수 있으므로 이 점에서 절차상 위법이 있다고는 할 수 없으나, 다만 영장의 명시적 근거 없이 수사기관이 임의로 정한 시점 이후의 접근 파일 일체를 복사하는 방식으로 8,000여 개나 되는 파일을 복사한 영장집행은 원칙적으로 압수·수색영장이 허용한 범위를 벗어난 것으로서 위법하다고 볼 여지가 있는데, 위 압수·수색 전 과정에 비추어 볼 때, 수사기관이 영장에 기재된 혐의사실 일시로부터 소급하여 일정 시점 이후의 파일들만 복사한 것은 나름대로 대상을 제한하려고 노력한 것으로 보이고, 당사자 측도 그 적합성에 대하여 묵시적으로 동의한 것으로 보는 것이 타당하므로, 위 영장 집행이 위법하다고 볼 수는 없다"고 판시하였다.

대상결정은 정보저장매체 등에 대한 압수·수색에 있어서 적법절차의 관점에서 ① 관련성의 요건, ② 출력 또는 파일 복사의 원칙, ③ 저장매체 자체에 대한 예외적 압수, ④ 피압수자의 참여권 보장, ⑤ 전자정보의 왜곡이나 훼손 등의 방지조치 등 그 적법 요건과 한계를 선언하였다는 점에서 중요한 의의가 있다. 위 결정은 정보저장매체에 대한 압수·수색영장 집행방법을 제한하는 일선 법원의 실무를 긍정함으로써 형소법 제106조 제3항 및 제4항의 개정에 큰 영향을 미쳤다.

그 후에 나온 대법원 2012. 3. 29. 선고 2011도10508 판결도 수사기관 사무실 등으로 옮긴 저장매체에서 범죄혐의와 관련성에 대한 구분 없이 임의로 문서를 출력하거나 파일을 복사하는 집행은 원칙적으로 영장주의 원칙에 반하는 위법한 압수라고 판시하고 있다.[39]

(2) 전자정보의 압수·수색에 있어 정보검색의 성격과 피압수자 참여권 보장의 의미 — 대법원 2015. 7. 16.자 2011모1839 전원합의체 결정[40]

가. 결정요지

① 전자저장매체에 대한 압수·수색 과정에서 예외적인 사정이 인정되어 전자정보가 담긴 저장매체 또는 복제본을 외부로 '반출'하고, (중략) 이처럼 적법하게 획득한 복제본 등을 탐색하여 문서로 출력하는 경우에도, 형소법 제219조, 제121조에서 규정하는 피압수자나 변호인에게 참여의 기회를 보장하고 혐의사실과 무관한 전자정보의 임의적인 복제 등을 막기 위한 적절한 조치를 취하는 등 영장주의 원칙과 적법절차를 준수하여야 한다.

② (생략) 준항고 법원으로서는 특별한 사정이 없는 한 그 구분된 개별 처분의 위법이나 취소 여부를 판단할 것이 아니라 당해 압수·수색 과정 전체를 하나의 절차로 파악하여 그 과정에서 나타난 위법이 압수·수색 절차 전체를 위법하게 할 정도로 중대한지 여부에 따라 전체적으로 그 압수·수색 처분을 취소할 것인지를 가려야 할 것이다(아래 제1처분은 위법하다고 볼 수 없으나, 제2·3처분의 위법의 중대성에 비추어 위 영장에 기한 압수·수색이 전체적으로 취소되어야 한다). 여기서 위법의 중대성은 위반한 절차조항의 취지, 전체과정 중에서 위반행위가 발생한 과정의 중요도, 위반사항에 의한 법익침해 가능성의 경중 등을 종합하여 판단하여야 한다.

③ [다수의견] 검사가 압수·수색영장을 발부받아 甲 주식회사 빌

---

39) 본 사안은 수사관이 피고인에 대한 공소사실 중 관세법 위반의 점에 대한 압수·수색영장의 압수 대상이 아니거나 그 혐의사실과 무관한 '물류 관련 서류'와 '전산자료 출력물'을 압수한 사건이다.

40) 同旨: 대법원 2015. 10. 15.자 2013모1969 결정.

딩 내 乙의 사무실을 압수·수색하였는데, 저장매체에 범죄혐의와 관련된 정보(이하 '有關情報'라 한다)와 범죄혐의와 무관한 정보(이하 '無關情報'라 한다)가 혼재된 것으로 판단하여 甲 회사의 동의를 받아 저장매체를 수사기관 사무실로 반출한 다음 乙측의 참여하에 저장매체에 저장된 전자정보파일 전부를 '이미징'의 방법으로 다른 저장매체로 複製('제1처분')하고, 위 이미징한 복제본을 乙 측의 참여 없이 외장 하드디스크에 再複製('제2처분')하였으며, 乙 측의 참여 없이 하드디스크에서 유관정보를 탐색하는 과정에서 甲회사의 별건 범죄혐의와 관련된 전자정보 등 無關情報도 함께 출력('제3처분')한 사안에서, 제1처분은 위법하다고 볼 수 없으나, 제2·3처분은 제1처분 후 피압수·수색 당사자에게 계속적인 참여권을 보장하는 등의 조치가 이루어지지 아니한 채 유관정보는 물론 無關情報까지 재복제·출력한 것으로서 영장이 허용한 범위를 벗어나고 적법절차를 위반한 위법한 처분이며, 제2·3처분에 해당하는 전자정보의 복제·출력 과정은 증거물을 획득하는 행위로서 압수·수색의 목적에 해당하는 중요한 과정인 점 등 위법의 중대성에 비추어 위 영장에 기한 압수·수색이 전체적으로 취소되어야 한다고 한 사례.

④ (생략) 전자정보에 대한 압수·수색이 종료되기 전에 혐의사실과 관련된 전자정보를 적법하게 탐색하는 과정에서 별도의 범죄혐의와 관련된 전자정보를 우연히 발견한 경우라면, 수사기관은 더 이상의 **추가 탐색을 중단**하고 법원에서 별도의 범죄혐의에 대한 압수·수색영장을 발부받은 경우에 한하여 그러한 정보에 대하여도 적법하게 압수·수색을 할 수 있다. 나아가 이런 경우에도 별도의 압수·수색 절차는 최초의 압수·수색 절차와 구별되는 별개의 절차이고, 별도 범죄혐의와 관련된 전자정보는 최초의 압수·수색영장에 의한 압수·수색의 대상이 아니어서 저장매체의 원래 소재지에서 별도의 압수·수색영장에 기해 압수·수색을 진행하는 경우와 마찬가지로 피압수·수색 당사자('피압수자'라 한다)는 최초의 압수·수색 이전부터 해당 전자정

보를 관리하고 있던 자라 할 것이므로, 특별한 사정이 없는 한 피압수자에게 형소법 제219조, 제121조, 제129조에 따라 참여권을 보장하고 압수한 전자정보 목록을 교부하는 등 피압수자의 이익을 보호하기 위한 적절한 조치가 이루어져야 한다.

⑤ 검사가 압수·수색영장(이하 '제1영장'이라 한다)을 발부받아 앞서 본 제1처분(복제), 제2처분(재복제)까지 하였으며, 乙 측의 참여 없이 하드디스크에서 유관정보를 탐색하던 중 우연히 乙 등의 별건 범죄혐의와 관련된 전자정보(이하 '別件情報'라 한다)를 발견하고 문서로 출력하였고(제3처분), 그 후 乙 측에 참여권 등을 보장하지 않은 채 다른 검사가 별건정보를 소명자료로 제출하면서 압수·수색영장(이하 '제2영장'이라 한다)을 발부받아 외장 하드디스크에서 별건 정보를 탐색·출력한 사안에서, 제2영장 청구 당시 압수할 물건으로 삼은 정보는 제1영장의 피압수·수색 당사자에게 참여의 기회를 부여하지 않은 채 임의로 재복제한 외장 하드디스크에 저장된 정보로서 그 자체가 위법한 압수물이어서 別件情報에 대한 영장청구 요건을 충족하지 못하였고, 나아가 제2영장에 기한 압수·수색 당시 乙 측에 압수·수색 과정에 참여할 기회를 보장하지 않았으므로, 제2영장에 기한 압수·수색은 전체적으로 위법하다고 한 사례.

나. 대상판결의 검토

① 전자정보의 성격과 위법성 판단

대상판례는 정보의 검색과정을 전체적으로 압수·수색영장의 집행과정에 포함된다고 보면서, 정보매체의 압수와 정보검색의 과정[41]은 외형적으로는 수개의 수색과 압수가 반복되지만, 하나의 수색과 압수로 이해한다(구체적으로 압수인지 수색인지는 명확히 밝히고 있지 않다). 이를 요약하면 다음 표와 같다.

41) 압수 목적물인 매체를 발견한 뒤에 압수의 방법으로서 형소법 제106조 제3항에 기재된 '기억된 정보의 범위를 정하는 행위'가 수색에 해당하는지에 대해서는 명문의 규정이 없다.

[표 1]

	정보저장 매체의 위치 확인 ▶	매체 확보 ▶	매체에 접속 ▶	매체에서 출력, 복제 대상 정보 확보 ▶	출력, 복제
수색설	수색				압수
압수물의 내용확인설	수색	압수	압수이후 수사기관 내부 행위		
대법원 판례	전체적인 압수 · 수색 절차				

대법원의 다수견해는 대상사건에 대해 제1처분부터 제3처분을 하나의 압수 · 수색행위로 이해하고, 각 처분의 위법성을 개별적으로 판단할 것이 아니라 전체적으로 판단해야 한다고 한다. 그리하여 대법원은 전자정보의 압수에 있어 매체의 반출, 정보검색 후 하드디스크 저장 및 출력의 각 처분을 종합적으로 판단하여 그 위법의 중대성을 결정하고 있다. 그래서 반출 이후에의 과정에서도 피압수처분자 등의 참여가 배제되거나 무분별한 복제 등을 통제하는 적절한 조치를 취하지 않은 경우 위법의 중대성을 이유로 소급해서 압수 전체를 취소하고 있다. 즉, 참여권을 보장한 제1처분은 위법하지 않지만, 증거물획득행위로서 중요한 의미를 가지고 있는 제2, 3처분에 대해 참여권을 보장하지 않은 채 無關情報까지 출력한 것은 중대한 위법이 있다고 판단하여 제1영장에 기한 압수 · 수색행위 전체를 위법한 것으로 결론내리고 있다.

② 전자정보 검색에 있어서 참여권 보장

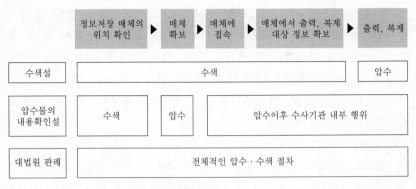

위 결정은 전자정보 압수 · 수색에 있어서 혐의사실 관련성 원칙 준수를 위한 당사자나 변호인의 참여권 보장의 중요성을 강조하고 있다. 대상판례에 의하면 無關情報의 압수는 참여권과 상관없이 사건 관련성을 인정할 수 없어 영장주의에 위반되며, 참여권이 문제되는 것은

유관정보에 한정된다고 한다. 특히 압수·수색의 기회에 피압수자 측에 참여의 기회를 주지 않으면, 수사기관이 無關情報를 별도 범죄의 수사단서로만 활용하고 폐기하는 경우에 이를 통제할 방법이 없고, 결국 수사기관에 탐색적 수색권한을 주게 됨으로써 법원이 유관정보에 한정해서 발부한 영장을 전자정보 전부를 압수·수색할 수 있는 영장으로 변모시킴으로써, 영장주의를 위반한 것과 동일한 정도의 적법절차 위반이 된다고 한다.

③ 제2영장의 문제

우리 실정법에서 미국의 Plain view[42]나 독일의 긴급압수·수색제도를 인정하지 않는 현실에 비추어 보면, 제2영장의 집행과정에서 피압수자의 참여권이 보장되지 않은 것은 명백한 위법이다. 설사 외국의 이러한 법리들이 인정된다고 하더라도 대상판례처럼 하드디스크를 검사가 보관하고 있는 상황에서는 압수·수색의 긴급성을 인정할 객관적 근거가 없다. 더구나 제2압수처분으로 확보한 하드디스크에는 無關情報가 혼재되어 있어 피압수자의 프라이버시 침해가능성이 높을 뿐만 아니라 별건혐의에 대한 어떠한 통지도 받지 못한 상태에서 참여권이 보장되지 않음으로써 이후의 방어권보장에 심각한 장애를 초래할 가능성이 있다. 굳이 독수독과의 법리에 따라 제1영장에 의한 압수처분의 위법성을 전제하지 않더라도, 제2영장에 의한 각 처분은 그 자체로 모두 위법한 것으로 판단된다.[43]

(3) 별도 범죄혐의 관련 전자정보(=無關情報)의 압수·수색—위 대법원 2015. 7. 16.자 2011모1839 전원합의체 결정

압수·수색의 요건으로는 범죄의 혐의, 피의사실과의 관련성, 압

42) 플레인 뷰(Plain view) 이론에 의하여 영장주의의 예외로서 적법한 압수·수색으로 인정되는 요건은, 1) 수사기관은 대상물을 발견한 장소에 적법하게 진입하였을 것, 2) 대상물이 범죄사실의 증거라는 점이 즉시 명백하게 나타날 것, 3) 수사기관이 대상물에 대한 적법한 접근권한을 가질 것으로 설명되고 있다.

43) 박성민, "전자정보의 압수·수색에 있어 정보검색의 성격과 피압수자 참여권 보장의 의미", 형사정책 제28권 제2호(통권 제49호), 2016, 220-221면 참조

수·수색의 비례성이 갖추어져야 한다고 해석되고 있고, 그 중 '관련성' 요건은 2012. 1. 1. 시행된 개정 형소법에서 명문으로 규정되었을 뿐 아니라, 최근에 들어서는 특히 전자정보의 압수·수색절차 과정에서 관련성 원칙을 어떻게 준수할 것인가가 적법절차의 대표적 내용으로 활발하게 논의되고 있다. 대법원도 앞서 본 2011. 5. 26.자 2009모1190 결정을 통해 전자정보의 압수·수색에 있어서도 관련성 원칙이 준수되어야 함을 일관되게 판시해오고 있다. 그리고 대상전원합의체 결정은 적법하게 탐색하는 과정에서 우연히 발견한 無關情報에 대한 압수·수색 가능성 및 그 요건에 대한 새로운 기준을 제시하였다.[44] 이 사건 결정에서 검사가 당초 적법하게 이미징한 파일로부터 무단으로 재복제한 유·무관 전체 정보를 탐색하는 과정에서 無關情報를 발견하고, 이에 대하여 다른 검사가 법원으로부터 새로운 영장을 발부받아 이미징한 무관 전자정보를 상대로 압수·수색 영장을 집행한 처분은 위법하다고 본 것이다. 이는 향후 전자정보에 대한 압수·수색실무에서 당장 활용 가능한 중요한 가이드라인이 될 뿐 아니라, 적법절차 원칙과 영장주의에 대한 새로운 예외적 법리를 채택한 것이어서 그 파급력이 상당하다고 볼 것이다.[45)]

2. 전자증거(digital evidence 혹은 electronic evidence)의 증거능력 관련 판례

(1) 디지털증거의 성격과 그 증거능력 부여 개관

2016년 개정전 형소법은 서류에 대해서만 전문법칙의 예외를 규정하고 있고 서류 이외의 정보저장매체(녹음테이프, 사진, 사본, 비디오

---

44) 다만 미국에서 판례(Coolidge v. New Hampshire)상 인정해 오고 있는 플레인뷰 이론에 비해 우리 대법원의 입장은 턱없이 완고한 모습을 엿볼 수 있는 대목이다.

45) 강수진, "별도 범죄혐의 관련 전자정보의 압수·수색에 관한 대법원 2015. 7. 16.자 2011모1839 결정의 검토", 안암법학 제50권, 안암법학회, 2016, 279–326면 참조.

테이프, 전자파일 등, 이하 '특수정보저장매체'라고 한다)에 대해서는 아무런 규정이 없는 바람에 그 증거능력의 부여방법에 대해서 여러 가지 견해가 있을 수 있었다. 전자증거의 생성자(maker)나 음성의 주인이 私人인데 기소된 피고인의 유죄·무죄증거로 전자증거 혹은 음성정보가 제출되는 케이스가 점차 늘어나고 있다.

이때 전자증거와 음성정보는 엄밀하게 말하면 현행 형소법 제313조 제1항의 진술서나 진술기재서가 아니다. 그러나 1997년부터 대법원은 비서류증거[46]가 피고인의 유죄·무죄입증의 증거로 법정에 제출될 때 이를 실질적으로 형소법 제313조 제1항의 진술서나 진술기재서에 준하는 '문건'으로 보아 형소법 제313조 제1항을 적용(혹은 준용)하여 왔다.[47]

(2) 정보저장매체에 기억된 문자정보 또는 그 출력물의 증거능력

가. 대법원 2013. 2. 15. 선고 2010도3504 판결요지

> 피고인 또는 피고인 아닌 사람이 컴퓨터용디스크, 그 밖에 이와 비슷한 정보저장매체에 입력하여 기억된 문자정보 또는 그 출력물을 증거로 사용하는 경우, 이는 실질에 있어서 피고인 또는 피고인 아닌 사람이 작성한 진술서나 그 진술을 기재한 서류와 크게 다를 바 없고, 압수 후의 보관 및 출력과정에 조작의 가능성이 있으며, 기본적으로 반대신문의 기회가 보장되지 않는 점 등에 비추어 그 내용의 진실성에 관하여는 전문법칙이 적용되고, 따라서 원칙적으로 형소법 제313조 제1항에 의하여 작성자 또는 진술자의 진술에 의하여 성립의 진정함이 증명된 때에 한하여 이를 증거로 사용할 수 있다. 다만 정보저장매체에 기억된 문자정보의 내용의 진실성이 아닌 그와 같은 내용의 문자정보의 존재 자체가 직접 증거로 되는 경우에는 전문법칙이 적용되지 아니한다.

46) '비서류증거'란 주로 전자증거와 녹음된 음성정보(녹음테이프를 포함한다)를 아우르는 용어로 사용된다.

47) 대법원 2005. 2. 18. 선고 2004도6323 판결; 대법원 2011. 9. 8. 선고 2010도7497 판결; 대법원 2015. 8. 19. 선고 2015도2737 판결 등 참조.

나. 검 토

이처럼 형사공판절차에서 증거서류 또는 이에 준하는 증거자료로서 문자정보 또는 그 출력물이 제출되는 경우 그 실질은 대부분 형소법 제313조 제1항에서 규정한 '피고인 또는 피고인 아닌 자의 진술을 기재한 서류'에 해당한다. 따라서 2016. 5. 29. 법률 제14179호로 형소법 제313조가 개정·시행되기 전에는 "공판준비 또는 공판기일에서 작성자 등의 진술에 의하여 그 성립의 진정함이 증명된 때"에 한해 이를 증거로 할 수 있었고, 피고인의 진술을 기재한 문자정보 또는 그 출력물의 경우에는 그 진술이 특히 신빙할 수 있는 상태에서 행하여져야 한다. 그런데 위 개정 후 앞으로는 디지털방식으로 작성된 전자진술서는 물론이요 전통적인 종이 문서에 작성된 진술서에 관해서도 진술서의 작성자가 공판정에서 진정성립을 부인하더라도 과학적 분석결과에 기초한 디지털포렌식 자료, 감정 등 객관적 방법으로 성립의 진정을 증명할 수 있으면 증거능력을 인정할 수 있게 되었다(후술).

(3) 특수정보저장매체에 저장된 문건 또는 그로부터 출력된 문건의 증거능력 인정요건

> 정보저장매체에 저장된 문건 또는 그로부터 출력된 문건을 증거로 사용하기 위해서는 저장매체 원본에 저장된 내용과 출력한 문건의 同一性이 인정되어야 하고, 이를 위해서는 디지털 저장매체 원본이 수집(압수) 시부터 문건 출력시까지 변경되지 않았음(無缺性)이 담보되어야 하며, 위 문건을 진술증거로 사용하는 경우 그 기재 내용의 眞實性에 관하여는 전문법칙이 적용된다.[48][49]

48) 대법원 2013. 6. 13. 선고 2012도16001 판결; 대법원 2013. 7. 26. 선고 2013도2511 판결 등

49) 그러므로 디지털저장 매체에 수록된 음성정보가 요증사실과 관련하여 진술로서 증거가 되는 것이 아니라 그 저장매체의 존재자체가 증거로 되는 경우라면 전문법칙을 적용하기 이전 단계에서 동일성, 무결성 등의 증거능력 인정요건에 해당하는지만 살피면 족하다(심희기, "전자증거의 진정성과 전문법칙의 적용", 형사판례연구[22], 2014, 513면).

가. 동일성 · 무결성의 입증방법 — 대법원 2013. 7. 26. 선고 2013도2511 판결

① 전자증거의 진정성 개념과 그 입증방법[판결요지]

A. **[정보저장매체에 기억된 문자정보 또는 그 출력물을 증거로 사용하기 위한 요건]** "압수물인 컴퓨터용 디스크, 그밖에 이와 비슷한 정보저장매체(이하 '정보저장매체'라고만 한다)에 입력하여 기억된 문자정보 또는 그 출력물을 증거로 사용하기 위해서는 ⓐ 정보저장매체 원본에 저장된 내용과 출력 문건의 동일성이 인정되어야 하고, 이를 위해서는 '정보저장매체 원본이 압수시부터 문건 출력시까지 변경되지 않았다'는 사정, 즉 無缺性(integrity)이 담보되어야 한다. 특히 ⓑ 정보저장매체 원본을 대신하여 저장매체에 저장된 자료를 ['하드카피' 또는 '이미징'한 매체로부터 출력한 문건의 경우]에는 정보저장매체 원본과 '하드카피' 또는 '이미징'한 매체 사이에 자료의 同一性(identity)도 인정되어야 할 뿐만 아니라, ⓒ 이를 확인하는 과정에서 이용한 컴퓨터의 기계적 정확성, 프로그램의 신뢰성, 입력 · 처리 · 출력의 각 단계에서 조작자의 전문적인 기술능력과 정확성이 담보되어야 한다.

B. 이 경우 **출력 문건과 정보저장매체에 저장된 자료가 동일하고 정보저장매체 원본이 문건 출력시까지 변경되지 않았다**(동일성, 무결성)'는 점은, ❶ 피압수 · 수색당사자가 정보저장매체 원본과 '하드카피' 또는 '이미징'한 매체의 해쉬값(Hash Value)이 동일하다는 취지로 **서명한 확인서면을 교부받아** 법원에 제출하는 방법에 의하여 증명하는 것이 원칙이나, ❷ 그와 같은 방법에 의한 증명이 불가능하거나 현저히 곤란한 경우에는, 정보저장매체 원본에 대한 압수, 봉인, 봉인해제, '하드카피' 또는 '이미징' 등 일련의 절차에 참여한 수사관이나 전문가 등의 증언에 의해 [정보저장매체 원본과 '하드카피' 또는 '이미징'한 매체 사이의 해쉬값이 동일하다거나 정보저장매체 원본이 최초 압수시부터 밀봉되어 증거제출시까지 전혀 변경되지 않았다는 등의 사정]을 증명하는 방법, 또는 ❸ 법원이 그 원본에 저장된 자료와 증거로 제출된 출력 문건을

대조하는 방법 등으로도 그와 같은 무결성·동일성을 인정할 수 있고, 반드시 압수·수색 과정을 촬영한 영상녹화물 재생 등의 방법으로만 증명하여야 한다고 볼 것은 아니다."

② 판결의 의미

A. 대상판결은 전자증거의 무결성·동일성 그리고 신뢰성에 대한 입증 방법이나 그 입증의 정도 등에 관한 법리를 제시하고 있다. 디지털증거가 법정에 제출될 경우 ① 원본파일→② 복제파일→③ 출력물 사이의 동일성과 전문증거요건(진정성립 등)을 요구하는 것이 판례의 기본법리라 할 수 있다. 나아가 동일성은 무결성이 담보되어야 인정되는데, 이를 인정하는 방법으로는 해쉬값, 증언, 검증 등이 있으며, 이때 기술적 방법을 사용한 경우 컴퓨터의 기계적 정확성, 프로그램의 신뢰성, 조작자의 기술능력과 정확성이 담보되어야 한다는 내용으로 판례의 법리가 구체화되었다.

B. 전자증거의 진정성(무결성) 입증방법의 다양성

대상판결은 '(원본이 하드카피되거나 이미징된 경우) 전자증거의 진정성(무결성) 입증방법은 단일하지 않고 ❶, ❷, ❸과 같이 다양'할 수 있고, 반드시 압수·수색 과정을 촬영한 영상녹화물 재생 등의 방법으로만 증명하여야 한다고 볼 것은 아님을 판시하고 있다. 이것은 전자증거에 특유한 속성이 아니고 '증거 일반의 진정성 입증방법'에 공통되는 사항이다.[50)]

나. 대화 내용을 녹음한 파일 등 전자매체의 증거능력을 인정하기 위한 요건과 증거로 제출된 녹음파일의 증거능력을 판단하는 기준

대법원 2015. 1. 22. 선고 2014도10978 전원합의체 판결은 "대화 내용을 녹음한 파일 등의 전자매체는 성질상 작성자나 진술자의 서명 혹은 날인이 없을 뿐만 아니라, 녹음자의 의도나 특정한 기술에 의하여 내용이 편집·조작될 위험성이 있음을 고려하여, 대화 내용을 녹음

---

50) 심희기, 앞의 글, 503–505면

한 원본이거나 혹은 원본으로부터 복사한 사본일 경우에는 복사 과정에서 편집되는 등 인위적 개작 없이 원본의 내용 그대로 복사된 사본임이 입증되어야만 하고, 그러한 입증이 없는 경우에는 쉽게 그 증거능력을 인정할 수 없다. 그리고 증거로 제출된 녹음파일이 대화 내용을 녹음한 원본이거나 혹은 복사 과정에서 편집되는 등 인위적 개작 없이 원본 내용을 그대로 복사한 사본이라는 점(무결성)은 ① 녹음파일의 생성과 전달 및 보관 등의 절차에 관여한 사람의 증언이나 진술, ② 원본이나 사본 파일 생성 직후의 해쉬값과의 비교, ③ 녹음파일에 대한 검증·감정 결과 등 제반 사정을 종합하여 판단할 수 있다."고 판시하여, 앞서 본 2013도2511 판결을 재확인하고 있다.

3. 소결론 — 형소법 제313조, 제314조 개정(2016. 5. 29. 법률 제14179호)

이처럼 디지털 증거는 전통적인 증거와 구별되는 특성을 갖추고 있지만 현행 형사증거법의 대다수 규정은 디지털 증거의 활용을 전제하지 않고 만들어진 것이어서 규범의 공백을 채울 필요성이 존재하였다. 이에 2016. 5. 29. 법률 제14179호로 형소법 제313조, 제314조가 개정·시행되었다. 종래 종이문서로 된 진술서의 진정성립을 작성자의 공판정 진술에 의하여만 인정하고 있던 제313조 제1항에다가 컴퓨터용 디스크, 그와 비슷한 정보저장매체에 저장된 전자진술서도 그러한 진술서와 동일한 취급을 하겠다는 뜻을 추가적으로 표현하였다. 또한 디지털방식으로 작성된 전자진술서는 물론이요 전통적인 종이 문서에 작성된 진술서에 관해서도 진술서의 작성자가 공판정에서 진정성립을 부인하더라도 과학적 분석결과에 기초한 디지털포렌식 자료, 감정 등 객관적 방법으로 성립의 진정을 증명할 수 있으면 증거능력을 인정하는 제2항을 신설(다만 피고인 아닌 자가 작성한 경우 반대신문권이 보장됨을 명확히 규정하였다)하여 종래의 증거법 체계에 획기적인 변혁을 가져왔다. 전자진술에 관해서는 디지털포렌식 등 객관적 방법에 의해 형식적 진정성립이 입증되면 그 진술자가 공판정에서 실질적 진정성립을 부인하더라도 실질적 진정성립을 추정하는 것이 이번 법 개정의 취지라고 하겠다.

Ⅴ. 자유심증주의(증명력 관련)

1. 개 요

證明力이란 문제되고 있는 사실을 증명할 수 있는 증거의 실질적 가치, 즉 신용성을 말한다. 증명력은 증거에 증거능력이 인정됨을 전제로 하여 그 증거가 문제되는 사실을 증명할 수 있는가 하는 문제를 다룬다. 증명력은 법관의 주관적 판단대상이 된다. 형소법 제308조도 “증거의 증명력은 법관의 자유판단에 의한다.”라고 하여 자유심증주의를 규정하고 있다. 이처럼 증거의 증명력을 법관의 자유판단에 의하도록 한 것은 그것이 실체적 진실발견에 적합하기 때문이다. 증거의 증명력은 법관의 자유판단에 맡겨져 있으나 그 판단은 논리와 경험법칙에 합치하여야 하고, 형사재판에 있어서 유죄로 인정하기 위한 심증형성의 정도는 합리적인 의심을 할 여지가 없을 정도여야 한다.

2. 형소법 제308조에서 규정하는 자유심증주의의 의미와 한계

(1) 형사재판에서 유죄 인정을 위한 증거의 증명력 정도 — 대법원 2014. 6. 12. 선고 2014도3163 판결

형사재판에서 공소가 제기된 범죄사실에 대한 증명책임은 검사에게 있고, 유죄의 인정은 법관으로 하여금 합리적인 의심을 할 여지가 없을 정도로 공소사실이 진실한 것이라는 확신을 가지게 하는 증명력을 가진 엄격한 증거에 의하여야 하며, 이러한 법리는 선행차량에 이어 피고인 운전 차량이 피해자를 연속하여 역과하는 과정에서 피해자가 사망한 경우에도 마찬가지로 적용되므로, 피고인이 일으킨 후행 교통사고 당시에 피해자가 생존해 있었다는 증거가 없다면 설령 피고인에게 유죄의 의심이 있다고 하더라도 피고인의 이익으로 판단할 수밖에 없다.

(2) 陳述의 信憑性에 관한 사례

① 對向者 사이에 엇갈리는 진술증거의 신빙성을 판단함에는 진술내용 자체의 합리성, 객관적 상당성, 일관성뿐만 아니라 진술인의 인간됨, 이해관계 등을 살펴보아야 한다고 하고(마약매매에 관한 대법원 2014. 4. 10. 선고 2014도1779 판결, 금품수수에 관한 대법원 2014. 6. 26. 선고 2013도9866 판결), ② 성추행 피해 아동의 진술은 피암시성이 강하다는 등의 특성이 있어서 진술청취과정 등 여러 상황을 종합적으로 고려하여야 한다는 판례의 법리(대법원 2008. 7. 10. 선고 2006도2520 판결)는 지적장애로 인하여 정신연령이나 사회적 연령이 아동에 해당하는 청소년의 진술에 대한 신빙성을 판단함에 있어서도 적용된다고 하였다(대법원 2014. 7. 24. 선고 2014도2918, 2014전도54 판결).

(3) 소결론

증명력에 관한 이상의 판결들 외에도 종래 판례들이 증거능력에 관심을 많이 가졌다면 근자에는 합리적 증거판단과 증명력에 관한 판례들이 많이 나오고 있다는 점이 특기할 만하다. 증명력에 관한 법리는 자칫 상고법원이 사실인정에 너무 깊숙이 개입하는 결과로 이어져 정책법원을 표방하는 것과는 모순이라는 비판도 있을 수 있다. 실제 대부분의 재판에서는 증명력 판단이 훨씬 중요한다는 점을 고려할 때, 상고이유와 관련하여 법리-사실의 이분법을 넘어서는 새로운 기준을 세워야 할 때라고 사료된다.[51)]

---

51) 이상원, "2014년 분야별 중요판례분석", 법률신문, 4318호(2015. 5.), 법률신문사, 2015, 12면.

3. 과학적 증거에 대한 일반적인 판단기준의 정립

법원에서 다루는 사건들은 사회의 다양한 영역을 포괄하고 있는 만큼 그 가운데에는 과학에 바탕을 둔 증거가 제출되거나 과학의 연구성과가 반영된 보도의 진위 여부가 판단의 대상이 되는 경우처럼 과학과 연관된 사건들도 많이 있다.

우리 대법원은 과학적 증거의 판단기준과 관련하여 거짓말탐지기, 필적감정 등과 같은 개별적인 증거방법에 초점을 둔 판시를 하여 오다가 대법원 2007. 5. 10. 선고 2007도1950 판결에서 처음으로 과학적 증거방법 일반의 판단기준을 제시한 이래 2007. 9. 20. 선고 2007도5888 판결, 2009. 3. 12. 선고 2008도8486 판결, 2010. 3. 25. 선고 2009도14772 판결, 2011. 5. 26. 선고 2011도1902 판결에서 계속하여 과학적 증거방법 일반에 관한 판단기준을 설시하였다.[52] 특히 대법원은 "과학적 증거방법은 전제사실의 진실이 입증되고 추론방법의 오류가능성이 극소하여야 법관에 대하여 구속력이 있고, 이를 위해서는 감정인의 전문성, 공인된 검사기법, 자료의 동일성, 무결성이 담보되어야 한다"고 판시하고 있다.

(1) 과학적 증거의 증명력에 관한 사례

가. 과학적 증거방법이 사실인정에서 상당한 정도의 구속력을 갖기 위한 요건 — 대법원 2011. 5. 26. 선고 2011도1902 판결

> 공소사실을 뒷받침하는 과학적 증거방법은 그 전제로 하는 사실이 모두 진실임이 입증되고 그 추론의 방법이 과학적으로 정당하여 오류의 가능성이 전혀 없거나 무시할 정도로 극소한 것으로 인정되는 경우라야 법관이 사실인정을 함에 있어 상당한 정도로 구속력을 가진다 할 것인바, 이를 위해서는 그 증거방법이 전문적인 지식·기술·경험을 가진 감정인에 의하여 공인된 표준 검사기법으로 분석을 거쳐 법원에 제출된 것이어야 할 뿐만

52) 송혜정, "과학적 증거에 대한 법원의 판단기준", 재판자료: 형사법 실무연구(제123집), 법원도서관, 2012, 560면 이하 참조.

아니라 그 채취·보관·분석 등 모든 과정에서 자료의 동일성이 인정되고 인위적인 조작·훼손·첨가가 없었음이 담보되어야 한다.

나. 과학적 증거방법의 증명력 및 과학적 증거방법이 당해 범죄에 관한 적극적 사실과 이에 반하는 소극적 사실 모두에 존재하는 경우 증거판단 방법—대법원 2009. 3. 12. 선고 2008도8486 판결

① **유전자검사나 혈액형검사 등 과학적 증거방법**은 그 전제로 하는 사실이 모두 진실임이 입증되고 그 추론의 방법이 과학적으로 정당하여 오류의 가능성이 전무하거나 무시할 정도로 극소한 것으로 인정되는 경우에는 법관이 사실인정을 함에 있어 상당한 정도로 구속력을 가지므로, 비록 사실의 인정이 사실심의 전권이라 하더라도 아무런 합리적 근거 없이 함부로 이를 배척하는 것은 자유심증주의의 한계를 벗어나는 것으로서 허용될 수 없는 바(앞서 본 2007도1950 판결 참조), 과학적 증거방법이 당해 범죄에 관한 적극적 사실과 이에 반하는 소극적 사실 모두에 존재하는 경우에는 각 증거방법에 의한 분석결과에 발생할 수 있는 오류가능성 및 그 정도, 그 증거방법에 의하여 증명되는 사실의 내용 등을 종합적으로 고려하여 범죄의 유무 등을 판단하여야 하고, 여러 가지 변수로 인하여 반증의 여지가 있는 소극적 사실에 관한 증거로써 과학적 증거방법에 의하여 증명되는 적극적 사실을 쉽사리 뒤집어서는 안 될 것이다.

② **유전자검사 결과** 주사기에서 마약성분과 함께 피고인의 혈흔이 확인됨으로써 피고인이 필로폰을 투약한 사정이 적극적으로 증명되는 경우, 반증의 여지가 있는 소변 및 모발검사에서 마약성분이 검출되지 않았다는 소극적 사정에 관한 증거만으로 이를 쉽사리 뒤집을 수 없다고 한 사례이다.

(2) 과학적 증거의 증명력에 관한 판결의 의미

종래 형사소송실무에서는 어떤 증거를 어떠한 요증사실에 대하여

어떠한 요건 하에 구속력을 인정할 것인가에 대한 실질적인 논의가 깊게 이루어지지 않아 왔고, 수사기관에서 제출한 증거의 형식적 증거능력의 구비여부에 심리의 초점이 맞추어져 왔다. 그 결과 증거조사절차는 형해화되었고 증거법 분야의 발전 또한 미약하였던 것으로 보인다. 국민참여재판이 도입되고 공판중심주의의 확대·강화가 이루어지고 있는 현재 시점에서 법원은 당사자가 증거의 증거능력, 증거의 증명력, 증거의 허용성, 증거채부결정의 합리성 등을 두고 충분히 공방을 거치게 함으로써 공판중심주의적 증거조사가 이루어질 수 있도록 유도할 필요가 크고, 더구나 새롭게 등장하고 있는 각종 과학적 증거의 경우에는 **규범적 허용관문**을 엄격히 설정하여 배심원이나 법관을 호도할 수 있는 유사과학적 증거나 기준에 미달하는 과학적 증거를 배제하여야 할 것이다.[53] 공판정에서의 다툼은 이제 증거능력의 인정여부보다는 증명력을 획득하는 싸움으로 변모시키는 것이 진정한 공판중심주의를 실현하는 방법일 것이다. 그리고 보다 근본적으로는 공판중심주의를 실현하기 위한 방안으로 수사기관이 수집한 증거의 '證據能力'제한에만 역점을 둘 것이 아니라 오히려 '證明力'판단의 합리성을 보장함으로써 법정에서의 충실한 다툼을 통한 공판중심주의의 실현에 더 많은 연구와 검토가 선행되어야 할 것이다. 한편 최근 판례는 과학과 법이 상호작용을 하는 과정에서 나타나는 문제 중 과학의 오용의 문제를 해결하는 방안이라고 할 수 있는 과학적 증거에 대한 법원의 판단기준 정립의 문제를 형사사건에 맞추어 설시한 데서 의미를 찾을 수 있을 것이다.

Ⅵ. 맺으며

이상에서 2007년 형소법 개정 후 증거법 분야에 대한 판례의 동

53) 조병구, "과학적 증거에 대한 증거채부결정 — 합리적 증거결정 기준의 모색 —", 재판자료: 형사법 실무연구(제123집), 법원도서관, 2012, 620—621면.

향을 살펴보았다. 위 형소법 개정 후 판례는 충격적인 변화보다는 기존 법리를 탄탄히 하고 구체화하면서 보다 현실적인 법리를 구축한 특징을 보이는 근자의 경향을 유지하고 있다. 특히 위법수집증거배제법칙과 그 파생원칙인 독수의 과실이론, 그리고 2차적 증거의 증거능력을 예외적으로 인정할 만한 정황 등 증거관련 판결이 연이어 나왔다. 그리고 수사기관 작성의 피의자신문조서, 진술조서 등의 증거능력과 관련하여 그 적법한 절차와 방식을 요구하는 판결이 다수 있었다. 위법수집증거배제법칙의 명문화 등의 영향으로 인해 전체적으로 볼 때 증거법 분야의 판례는 종래보다 적법절차의 보장을 강조하는 방향으로 나아가고 있음을 감지할 수 있었다.

그리고 전문증거의 증거능력 요건으로서의 형소법 제314조 및 제316조 제2항의 경우 원진술자의 불출석을 전제로 하고 있기 때문에(반대신문권 행사가 불가능함) 원진술자의 출석을 전제로 하고 있는 다른 전문법칙 규정(반대신문권 행사가 가능함)에서의 "특신상태"와는 달리 이를 더 엄격하게 해석하는 방향을 유지하고 있다.

또한 사회 전반적인 과학화 · 정보화에 부응하는 디지털 저장매체에 대한 압수 · 수색의 요건을 설시하고, 위 디지털저장매체로부터 출력한 문건의 증거능력 인정요건을 엄격히 적용하는 방향으로 나아가고 있다고 보인다. 그리고 최근 판례는 과학과 법이 상호작용을 하는 과정에서 나타나는 문제 중 과학의 오용의 문제를 해결하는 방안이라고 할 수 있는 과학적 증거에 대한 법원의 판단기준 정립의 문제를 형사사건에 맞추어 설시하고 있다. 최근에 나온 과학적 증거의 증명력에 관한 판결의 의미는, 향후 공판중심주의를 실현하기 위한 방안으로 수사기관이 수집한 증거의 '證據能力'제한에만 역점을 둘 것이 아니라 오히려 '證明力'판단의 합리성을 보장함으로써 법정에서의 충실한 다툼을 통한 공판중심주의의 실현에 더 많은 노력이 집중되어야 함을 示唆하는 것일 것이다.

[주 제 어]

위법수집증거배제법칙, 독수독과원리, 오염순화예외, 전자증거, 증거능력, 증명력, 과학적 증거

[Key Words]

the exclusionary rule, fruits of poisonous tree doctrine, the purged taint exception, digital evidence, admissibility of evidence, the probative value, scientific evidence

접수일자: 2017. 5. 12. 심사일자: 2017. 6. 2. 게재확정일자: 2017. 6. 5.

[참고문헌]

이재상/조균석, 형사소송법, 박영사, 2015.

강수진, "별도 범죄혐의 관련 전자정보의 압수·수색에 관한 대법원 2015. 7. 16.자 2011모1839 결정의 검토", 안암법학 제50권, 안암법학회, 2016.

김용배, "판례에 나타난 위법수집증거배제법칙의 적용방법 및 2차적 증거의 증거능력 판단기준", 재판실무연구, 광주지방법원, 2011.

김태업, "형사소송법 제314조에 따라 증거능력을 인정하기 위한 요건"—[대상판결] 대법원 2014. 8. 26. 선고 2011도6035 판결—", 형사소송 이론과 실무 제7권 제1호, 한국형사소송법학회, 2015.

김태업, "진술거부권의 불고지상태에서의 자백과 2차적 증거의 증거능력", 대법원판례해설 제80호(2009년 상반기), 법원도서관. 2009.

민철기, "수사기관이 참고인을 조사하는 과정에서 작성한 영상녹화물을 공소사실을 직접 증명할 수 있는 독립적인 증거로 사용될 수 있는지 여부", 대법원판례해설 제102호, 법원도서관, 2015.

박상기, "형사판례연구회 20주년을 맞이하여", 박영사, 2012.

박성민, "전자정보의 압수·수색에 있어 정보검색의 성격과 피압수자 참여권 보장의 의미", 형사정책 제28권 제2호(통권 제49호), 2016.

박이규, "위법수집증거의 배제—최근 대법원 판례의 흐름에 관하여", 재판자료 제123집, 법원도서관, 2012.

송혜정, "과학적 증거에 대한 법원의 판단기준", 재판자료: 형사법 실무연구(제123집), 법원도서관, 2012.

신양균, "우리나라 형소법상 위법수집증거배제법칙", 형사법연구 제26권 제2호(2014. 여름, 통권 59호), 2014.

심희기, "전자증거의 진정성과 전문법칙의 적용", 형사판례연구[22], 2014.

이상원, "2014년 분야별 중요판례분석", 법률신문, 4318호(2015. 5), 법률신문사, 2015.

이숙연, "디지털증거의 증거능력과 증거조사방안, 재판자료 제133집: 형사법 실무 연구Ⅱ", 법원도서관, 2016.

정웅석, "영상녹화물의 증거능력에 관한 연구", 형사소송 이론과 실무 제7권 제1호, 한국형사소송법학회, 2015.
조 국, "불법체포와 2차 증거(소변검사)", 법률신문 4304호, 법률신문사, 2015.
______, "독수과실의 원리", 형사판례연구[17], 박영사, 2009.
조병구, "과학적 증거에 대한 증거채부결정—합리적 증거결정 기준의 모색 —", 재판 자료: 형사법실무연구(제123집), 법원도서관, 2012.
천진호, "위법수집증거의 배제에 관한 대법원 판결의 흐름과 전망", 형사재판의 제문제, 제7권(차한성 대법관 퇴임기념), 사법발전재단, 2014.
한상훈, "임의제출물의 영치와 위법수집증거배제법칙", 최신판례분석 65호, 법조협회, 2016.

[Abstract]

Trend of judicial precedents in the field of evidence law after revision of criminal procedure law in 2007

Park, Jin-hwan*

In accordance with the provision of Article 308-2 of Criminal Procedure Act, any evidence obtained in violation of the due process shall not be admissible. This Article newly inserted by Act No. 8496, Jun. 1. in 2007.

Since then, there has been a series of a decision on the evidence, including the exclusionary rule, the fruits of poisonous tree doctrine, and the circumstance that would give exceptionally the admissibility of secondary evidence.

In addition, there were a number of decisions that required to be prepared in compliance with the due process and proper methods in giving the admissibility of evidence in relation to the protocol, etc. prepared by prosecutor or senior judicial police officer.

As a whole, due to the influence of making a stipulation of the exclusion of evidence illegally obtained, it is clear that the case law in the field of evidence law is proceeding in a direction to emphasize the guarantee of the due process.

And in accordance with the provision of Article 314(Exception to Admissibility of Evidence) or 316(Statement of Hearsay) (2), in the case of Article 312 or 313, if a person who is required to make a statement at a preparatory hearing or a trial is unable to make such statement, which

* Presiding Judges, Uijeongbu District Court.

is impossible to exercise the right of cross-examination, the relevant protocol and other documents shall be admissible as evidence: Provided, that this shall apply only when it is proved that the statement or preparation was made in a particularly reliable state. In relation to the above provisions, court's decision maintains a more rigorous interpretation as a requirement for admissibility of hearsay evidence.

In addition, court's decision seems to be proceeding to apply strictly requirements for admissibility of evidence of documents or output from the digital storage media, explaining the requirements of seizure and search of digital storage media in response to overall scientific and information-oriented society.

And the recent decision describes the problem of establishing the judgment criteria of scientific evidence as a solution to the problem of misuse of science among the problems in the process of interaction between science and law in accordance with the criminal case.

In conclusion, it is still a question of how to realize concretely the general principle that the two sets of demands, namely the discovery of substantive truths and the protection of the human rights of defendants (the guarantee of due process and the deterrence of illegal investigation) under the exclusionary rule.

종근당 결정과 가니어스 판결의 정밀비교

심 희 기*

Ⅰ. 문제의 제기

대법원 2015. 7. 16.자 2011모1839 전원합의체 결정(이하 '종근당 결정'으로 약칭함)이 선고된 후 이 결정의 내용을 중심주제로 삼아 부연 논의를 하거나 이 결정을 심각하게 의식하고 자신의 관심사를 논한 논고들이 몇 편 발표되었다. 필자가 우선 확인해야 할 부분은 이 논고들이 종근당 결정을 '어떤 문제의식으로 분석'하고자 하였으며 '무엇을 탐구하고자 하였는가'이다. 이 점을 확인하여야 선행논고들과 중복되지 않는 이 논문의 관점을 설정할 수 있고 선행논고들과 중복되지 않는 방법론을 설정하여 색다른 분석을 가할 수 있기 때문이다. 이 점에 유의하여 필자가 검토한 선행논고들을 발표시기 순으로 문제의식과 탐구주제를 간단히 일별해 보면 다음과 같다.

이기리(2015)[1]는 종근당 결정으로 대법원은 "디지털 증거[2]에 관한 수색 · 압수에 있어서 적법절차를 종전보다 한층 더 강화하여 준수할 것을 수사기관에 요구하였다"는 점에서 큰 의의가 있고, "향후 실무에

---

* 연세대학교 법학전문대학원 교수, 법학박사.

1) 서울고등법원 판사 이기리, "디지털증거에 대한 수색 · 압수 및 탐색의 한계"(한국정보법학회 2015. 9. 8.자 사례연구회에서 발표된 논문)[이하 '이기리(2015)'로 인용한다].

2) 그 중에서도 특히 문제가 되는 것은 디지털 정보매체에 영장발부의 원인인 혐의범죄와 관련성이 있는 유관정보와 무관정보(그러나 별건의 범죄증거)가 혼합(intermingled)되어 있어 쉽게 양자를 분리시키기 어려운 사안이다.

커다란 영향을 미칠 것"이라고 전망하였다. 종근당 결정이 "적법절차를 종전보다 한층 더 강화하여 준수할 것을 수사기관에 요구[3]"한 것이 사실이다. 이 논문이 발표된 시기는 종근당 결정이 공표된 지 2달도 채 지나지 않은 시기여서 심층적인 분석이라기보다는 종근당 결정을 충실히 소개하는 데 더 많은 지면을 할애하고 있다. 이완규(2015)[4]는 종근당 결정을 "'디지털 증거의 수색 · 압수 과정에서 저장매체 자체의 압수[5]나 이미징 복제방식의 압수[6] 이후에 수사기관의 사무실에서 행해지는 선별적 탐색 과정[7]도 수색 · 압수의 한 과정이고 그 과정에 피압수자측을 참여하도록 해야 한다'는 종래의 대법원 판례[8]를 재확인한 것"으로 파악하고, 이에 대해 "전원합의체로 판결함으로써 이 문제는 법을 개정하지 않는 한 당분간 판례대로 실무가 운영될 수밖에 없"지만 종근당 결정은 피압수자 측을 '어느 범위에서 언제까지 참여하도록 할 것인지'에 대해서는 언급이 없어 '어느 범위에서 언제까지 참여하도록 할 것인지'를 상론(詳論)하고 있다. 이 논문은 종근당 결정의 의미를 깊이 있게 천착하는 수준의 논문이므로 필자의 문제의식과 상통하는 부분이 많아 본문에서 가장 많이 인용될 것이다. 다음에 김성룡(2015)[9]은 "어떤 시각과 주장이 입법과 해석의 문제를 보다 선명하게 구분하고, 국회의 역할과 대법원의 역할을 제대로 인식하게

---

3) 주로 ⓐ '피압수자 측의 참여기회의 보장'과 ⓑ 유관정보와 무관정보의 분리가 종료된 후 상당한 시간 이내에 정보저장매체를 반환하거나 무관정보를 삭제·폐기할 의무이다.

4) 이완규, "디지털 증거 압수 절차상 피압수자 참여 방식과 관련성 범위 밖의 별건 증거 압수 방법", 형사법의 신동향 통권 제48호(2015. 9). 이하 '이완규(2015)'로 약칭한다.

5) 필자는 향후 이를 '물리적 압수ⓐ(저장매체의 반출)'로 약칭한다.

6) 필자는 향후 이를 '물리적 압수ⓑ(이미징 복제)'로 약칭한다.

7) 필자는 향후 이를 '(수사기관 사무실에서의) 디지털 정보의 수색'으로 약칭한다.

8) 대법원 2011. 5. 26.자 2009모1190 결정(이하 '전교조 결정'으로 약칭함); 대법원 2012. 3. 29. 선고 2011도10508 판결

9) 김성룡, "전자정보에 대한 이른바 '별건 압수·수색' — 대법원 2015. 7. 16. 선고 2011모1839 전원합의체 결정의 평석을 겸하여 —", 형사법의 신동향 통권 제49호(2015. 12), 106면 이하. 이하 '김성룡(2015)'로 약칭한다.

해 줄 것인지를 염두에 두고 종근당 결정의 내용 및 관련 국가들의 해당 논의들을 살펴보"려 하였다. 이 논문은 또 "수색 · 압수영장의 집행 중 최초의 우연한 발견물(증거)에 대해서는 명문의 규정이 도입되기 전까지는 별도의 영장이 필요한 경우와 그렇지 않은 경우를 나누어 접근하는 것이 타당하다"고 주장한다. 독일의 입법과 판례를 소개하는 부분은 크게 참고가 되지만 전반적으로 대단히 광범한 문제제기여서 그가 제시하는 논점을 일일이 모두 논평할 여유가 없다. 김슬기(2015)[10]는 "몇 가지 쟁점을 중심으로 미국에서의 논의를 확인한 다음, 이와 비교하여 종근당 결정 내용을 검토하고 결론적으로 디지털 증거의 수색 · 압수 관련 제도의 개선 방향을 검토"하려고 하였다. 이 논문도 광범한 문제제기여서 역시 일일이 논평할 여유가 없다. 박건욱(2016)[11]은 "(수사기관 사무실에서의 디지털 정보의 수색 · 압수의 성질에 관한) **수색 · 압수일환설**의 입장에 서서 수사기관에서의 유관정보 탐색과정에 피압수자 측의 참여권을 전면 보장하려는 종근당 결정의 태도는 적법절차 원칙과 실체적 진실 발견의 조화를 통해 형사사법 정의를 실현하려는 헌법과 형사소송법의 취지, 피압수자 측의 참여권 보장에 따른 실익과 문제점에 관한 제대로 된 현실인식, 비교법적 고찰, 형사소송법 제106조 제3항 단서, 제129조 등 관련 규정의 체계적 해석 등에 비추어 **재고되어야 한다**"고 주장하였다. 종근당 결정은 '적법절차 원칙과 실체적 진실 발견의 조화를 통해 형사사법 정의를 실현하려는' 이상을 수정하려는 수준의 결정은 아니지만 "객관적 진실 규명이 저해되거나 불가능하게 되더라도 경우에 따라서는 우선하는 가치의 실현을 위하여 이를 포기하지 않으면 안 되는 경우"가 있어 "실체

10) 김슬기, "미국에서의 정보저장매체의 압수 · 수색에 관한 연구", 법학연구(연세대학교 법학연구원) 제25권 제4호(2015. 12), 143-167면. 이하 '김슬기(2015)'로 약칭한다.

11) 박건욱, "수사기관에서의 전자정보 탐색 과정을 수색 · 압수일환으로 보는 판례 입장에 대한 비판적 검토", 형사법의 신동향 통권 제50호(2016. 3), 191면 이하. 이하 '박건욱(2016)'으로 약칭한다.

적 진실의 발견은 기본적 인권의 보장을 위하여 헌법이 규정하고 있는 적법절차의 테두리 내에서만 빛날 수 있다."는 새로운 지향을 명시한 획기적인 결정이고, 또 이완규(2015)가 언급하는 것처럼 종근당 결정은 전원합의체 결정이고 "법을 개정하지 않는 한 당분간 판례(종근당 결정과 그 이전의 판례들)대로 실무가 운영될 수밖에 없"으므로 '재고되어야 한다'는 주장은 실현가능성이 희박한 주장이 아닐까 한다. 검사 출신의 대법관조차도 박건욱(2016)이 말하는 이른바 '수색·압수 일환설'을 반대하지 않았다. 박민우(2016)[12]는 박건욱(2016)과는 반대로 비교적 종근당 결정의 다수의견을 긍정적으로 바라보면서 좀 더 세부적인 논점들을 추출한 후 '수사기관 측의 압수목록 교부의 흠', '정보주체에 대한 통지의무의 흠' 등이 증거능력에 미치는 효과, '관련성 없는 정보의 폐기의무 불이행의 효과와 위법수집증거배제법칙의 적용' 문제 등을 논하고 있다. 전승수(2016)는 "피압수자의 참여범위와 별건범죄의 압수요건"을 중심으로 '절차의 적정성'을 탐구[13]하였다.

지금까지의 연구사적 검토 끝에 필자는 다음과 같은 관점에서 종근당 결정의 의미를 좀 더 심층적으로 천착해 볼 필요가 있다고 생각한다. 종근당 결정을 계기로, "배임혐의 관련 증거의 수색·압수를 허가하는 제1영장을 발부받아 검사가 '물리적 압수ⓐ(현장에 있는 정보저장매체의 반출)→물리적 압수ⓑ(이미징 복제)'를 한 후 '디지털 정보의 수색'(off-site search)을 하다가 제1영장발부의 원인이 된 유관정보(배임혐의 관련 증거)를 발견하지 못한[14] 다음에는 검사(수사기관)에게 무관

12) 박민우, "디지털증거 수색·압수에서 유관정보 확인 이후 절차와 증거능력", 고려법학 제81호(2016. 6)[이하 '박민우(2016)'로 약칭한다].

13) 전승수, "디지털 증거 압수절차의 적정성 문제—피압수자 참여 범위 및 영장 무관 정보의 압수를 중심으로—", 형사판례연구[24](2016. 6)[이하 '전승수(2016)'로 약칭한다].

14) '제1처분(이미징 복제)에 관한 대법관 김용덕의 별개의견'은 유관정보(배임혐의 관련 증거)를 발견하지 못하였다면 다음과 같이 이 사건 '저장매체를 압수할 필요가 없음이 밝혀진 것'으로 보았다. "검사는 제1처분 후 이 사건 저장매체에 수록된 전자정보파일 중에서 제1영장 기재 혐의사실과 관련한 증거를 발견하기는 하였으나, 이미 확보하고 있는 다른 증거들과 중복되는 등 증

정보를 삭제 · 폐기할 의무가 있는가?"가 중요한 이슈로 떠올랐다. 이완규(2015)와 박민우(2016)가 이 이슈를 논하고 있지만 그들은 '제1처분(이미징 복제)에 관한 대법관 김용덕의 별개의견'과 '제1처분(이미징 복제)에 관한 대법관 권순일의 반대의견'을 심층적으로 거론하지 않았다. 그러나 다음에서 보는 바와 같이 이 이슈에 대하여는 좀 더 심층적인 천착이 필요하다.

디지털 정보매체에 영장발부의 원인인 혐의범죄와 관련성이 있는 유관정보와 무관정보(그러나 별건범죄의 증거)가 혼합(intermingled)되어 있어 쉽게 양자를 분리시키기 어려운 사안에서 수색 · 압수영장 집행주체의 '영장발부의 근거가 된 혐의[15]와 무관한 정보(이하 '무관정보'로 약칭함)[16]의 삭제 · 폐기 의무의 긍정'은 '정보주체[17]에게 무관정보의 삭제 · 폐기 요구권'을 긍정하는 것이다. 어느 나라의 최고법원 결정 혹은 그 법원의 구성원인 특정 대법관이 '정보주체에게 무관정보의 삭제 · 폐기 요구권'이 있음을 인정하였다면 이 사실은 국내는 물론 국제사회의 주목을 받을 만한 중대한 사실이다. 무관정보의 삭제 · 폐기 요

명력이 미약한 것으로 판단하여 (중략) 검사가 제1영장에 기한 수색 · 압수로 취득한 증거를 제출하지 않았음을 자인하고 있으며, 오히려 원심결정 이후 제1영장 기재 혐의사실과 관련하여 무죄가 선고되어 확정되었음을 알 수 있다. 그리고 제1영장에는 '압수의 방법'으로 '**범죄사실과 직접 관련된 전자정보와 직접 관련되지 않은 전자정보가 혼재된 전자정보장치는** (중략) 범죄사실과 관련된 전자정보는 참여인의 확인을 받아 하드카피 · 이미징하거나 (중략) 이 경우에는 **수사에 필요한 상당한 기간이 경과한 후에 지체 없이 반환하여야 함**)'이라는 취지가 기재되어 있는데, 이는 범죄수사에 필요한 범위 내에서 수색 · 압수할 수 있음을 전제로 하여 범죄사실과 직접 관련된 전자정보가 아니라면 압수할 수 없음을 정한 것으로서 (중략) 그 전자정보파일을 증거로 사용하기에 부족하여 결국 위 혐의사실 수사를 위하여 위 전자정보파일이나 이를 수록한 이 사건 저장매체를 압수할 필요가 없음이 밝혀진 것(후략)".

15) 종근당 사건에서는 배임죄 혐의이고 가니어스 사건에서는 사기(fraudulent billing)죄 혐의이다.

16) 구체적으로 종근당 사건에서는 약사법위반과 조세범 처벌법 위반 혐의이고 가니어스 사건에서는 조세회피(tax evasion) 혐의이다.

17) 종근당 사건에서는 주식회사 종근당과 L 회장이고, 가니어스 사건에서는 회계사 가니어스이다.

구권의 논거는 무엇일까? 종근당 결정에 앞서 '정보주체에게 무관정보의 삭제 · 폐기 요구권'이 있음을 인정한 외국의 사례가 있을까, 있다면 그 논거가 무엇일까? 등등 궁금한 점이 하나둘이 아니다. 선행하는 6개의 논고들은 이 문제를 거론하지 않았거나 거론했다 하더라도 심층적으로 파고들지 않았다.

이 궁금증을 푸는 데는 일부의 선행논고들에서 지나가는 투로 가볍게 소개[18]하는 United States v. Ganias 小部(three judge panel) 판결(이하 '2014 가니어스 소부 판결'로 약칭함)[19]과 종근당 결정의 다수의견 · 별개의견 · 제2반대의견[20]을 정밀하게 비교할 필요가 있다. '2014 가니어스 소부 판결'이 공표되었을 때 미국의 어떤 로스쿨 교수는 '2014 가니어스 소부 판결'이 '정보주체에게 무관정보의 삭제 · 폐기 요구권'이 있음을 인정한 판결이라고 논평[21]하였다. 게다가 미국과 한국의 두 재판이 전제하는 사안(facts)은 상당한 정도로 유사하고, 2014 가니어스 소부 판결[22]과 종근당 결정의 다수의견의 논증방식과 논증의 결론이

---

18) 이기리(2015), 김슬기(2015), 박민우(2016)는 '2014 가니어스 소부 판결'의 내용을 간략히 인용하는데 2016년 5월에 '2016 가니어스 전원합의체(en banc, 이하 '전합'으로 약칭함) 판결'이 공표되었다. '2014 가니어스 소부 판결'은 종근당 사건과 매우 유사한 사안에서 '정부측(미육군)이 가니어스의 수정 4조의 권리를 침해하였다'고 판단하였지만 '2016 가니어스 전합 판결'은 '정부 측이 가니어스의 수정 4조의 권리를 침해하지 않았다'고 판단하였다.

19) 가니어스 판결은 2014년에 공표된 것이 있고 2016년에 공표된 것 등 두 개가 있다. 이하 각각 '2014 가니어스 소부 판결', '2016 가니어스 전원합의체판결'로 약칭한다.

20) '제1처분에 관한 김용덕의 별개의견과 제1처분에 관한 권순일의 반대의견, 다수의견에 대한 보충의견'을 포함한다.

21) Orin Kerr, "Court adopts a Fourth Amendment right to the deletion of non-responsive computer files" The Washington Post, June 18, 2014; "Executing Warrants for Digital Evidence: the Case for Use Restrictions on Nonresponsive Data" in *Texas Tech Law Review* Fall, 2015(이하 이 논문은 'Orin Kerr(2015)'로 약칭한다); Blake A. Klinkner, Digital Evidence And The Fourth Amendment United States v. Ganias And Judicial Recognition Of The "Right To Deletion" *in Wyoming Lawyer*, April, 2015.

22) 그리고 '2016 가니어스 전원합의체판결'의 Denny Chin 판사의 반대의견.

상당한 정도로 '논증 스타일의 유사성'을 보이기 때문에 양자의 비교는 종근당 결정의 깊은 뜻을 이해하는 데 매우 유익한 시사점을 줄 것이다.

아래에서 보는 바와 같이 필자가 보기에 '2014 가니어스 소부 판결'은 종근당 결정의 다수의견(별개의견, 보충의견 포함)'을 형성하는 데 모종의 시사[23]를 준 것 같다. 다른 한편 '2014 가니어스 소부 판결'을 파기한 '2016년 가니어스 전원합의체판결'은 종근당 결정을 비판적으로 논평하는 데 상당한 시사를 줄 수 있을 것이다.

이 논문에서는 어느 입장을 두둔·비판하는 것보다는 '종근당 결정이 의미하는 바를 천착'하고 '그 논거가 무엇인가'를 규명하는 데 집중하려고 한다. 종래의 논고들은 종근당 결정의 결론만에 주목하여 논평하고 '그 논거가 무엇인가'를 규명하는 데는 소홀한 측면이 있다.

Ⅱ. 정밀비교를 위한 사안의 재구성

'종근당 결정의 사안'(이하 '종근당 사안'으로 약칭함)과 '2014 가니어스 소부 판결의 사안'(이하 '가니어스 사안'으로 약칭함)은 유사한 측면이 있으면서도 간과할 수 없는 미묘한 차이가 있다. 유사한 측면과 상이한 측면을 정밀하게 분석해 놓지 않으면 양자의 논증의 유사점과 차이점을 정교하게 분석할 수 없다. 따라서 이하에서는 먼저 양자의 사안을 대조 가능하도록 정밀하게 확인해 놓을 필요가 있다. 먼저 종근당 사안을 재구성한 다음 가니어스 사안도 그것에 대응되도록 재구성해 보자.

---

23) '2014 가니어스 소부 판결'이 공표된 시점은 2014년 6월이고 종근당 결정이 공표된 시점은 2015년 7월로 약 1년의 시차를 보이고 있다. 종근당 결정의 기초자료를 제공한 전문인력(재판연구관 등)이 있었다면 이 전문인력들은 '2014 가니어스 소부 판결'과 '그 판결을 논평한 미국의 논평들(essays, comments)'을 검토할 수 있는 시간적 여유가 있었을 것이다.

1. 종근당 사안

종근당 결정에서 제1처분, 제2처분, 제3처분으로 명명한 것을 필자가 고쳐 부를 생각은 없다. 그런 명칭들은 그대로 따르되 그것 외에도 주목해야 할 소송행위들[24]이 있다. 이런 유의미한 소송행위들까지 세심하게 고려하여 종근당 사안을 재구성해보면 다음과 같다.

"수원지검 강력부 A검사는 2011. 4. 25. D[25]의 업무상 배임 혐의[26]와 관련된 수색·압수영장(이하 '제1영장[27]'이라 한다)을 발부받아 수색·압수를 진행하였다.

(1) 저장매체의 반출처분(물리적 압수ⓐ): A검사는 빌딩 내 D의 사무실에 임하여 수색·압수를 개시하였는데, 그곳에서의 압수 당시 제1영장에, **저장매체에 혐의사실과 관련된 정보와 관련되지 않은 전자정보가 혼재된 것으로 판단하여** D2(주식회사 J)의 동의를 받아 저장매체 자체를 봉인하여 영장 기재 집행 장소에서 자신의 사무실로 반출(이하 '반출처분'으로 약칭함)하였다.

[이때 피압수자 측의 참여기회가 제공되었다]

(2) 이미징 복제(물리적 압수ⓑ·제1처분): A검사는 2011. 4. 26.경 저장매체를 대검찰청 디지털포렌식센터(이하 'DFC'로 약칭함)에 인계하여

---

24) 예를 들어 저장매체의 반출처분=물리적압수ⓐ, 디지털 정보의 수색·압수 등.

25) 주식회사 J의 회장(준항고인1).

26) 2011년 D가 회사를 우회 상장하는 과정에서 회사에 240억 원대 손실을 끼친 혐의(업무상 배임)이다.

27) 제1영장에는 압수의 방법으로 다음과 같이 기재되어 있다: "컴퓨터 전자장치에 저장된 정보 중 범죄사실과 직접 관련된 전자정보와 직접 관련되지 않은 전자정보가 혼재된 전자정보장치는 피의자나 그 소유자, 소지자 또는 간수자가 동의하지 않는 한 그 전부를 사본하거나 이미징하여 압수할 수 없고, 이 경우 범죄사실과 관련된 전자정보는 피압수자 또는 형사소송법 제123조에 정한 참여인의 확인을 받아 수사기관이 휴대한 저장장치에 하드카피·이미징하거나, 문서로 출력할 수 있는 경우 그 출력물을 수집하는 방법으로 압수함. 다만, 해당 컴퓨터 저장장치가 몰수 대상물이거나 하드카피·이미징 또는 문서의 출력을 할 수 없거나 상당히 곤란한 경우에는 컴퓨터 저장장치 자체를 압수할 수 있고, 이 경우에는 **수사에 필요한 상당한 기간이 경과한 후 지체 없이 반환하여야 함**".

그곳에서 저장매체에 저장되어 있는 **전자정보파일 전부를 '이미징'의 방법으로 다른 저장매체로 복제(이미징 복제)**(이하 '제1처분'이라 한다) 하도록 하였다.

[이때에도 피압수자 측의 참여기회가 제공되었다][28]

[**저장매체의 반환**] A검사는 제1처분이 완료된 후 저장매체를 D2에게 반환(2011. 4. 27.)하였다.

(3) **복제된 이미징의 재복제**(제2처분): A검사는 **이미징한 복제본을** 2011. 5. 3.부터 같은 달 6일까지 자신이 소지한 **'외장 하드디스크에 재복제'**(이하 '제2처분'이라 한다)하고,

(4) **디지털 정보의 수색**(유관정보의 탐색): A검사는 같은 달 9일부터 같은 달 20일까지 외장 하드디스크를 통하여 제1영장 기재 범죄혐의와 관련된 유관정보를 탐색(5. 9.~20.)하였다. A검사는 의미 있는 유관정보를 발견하지 못하였다.[29]

[이때 피압수자 측의 참여기회는 제공되지 않았다]

(5) 별건범죄(약사법 위반 등) 정보의 발견: **디지털 정보의 수색** 과정에서 A검사는 D2의 **약사법 위반[30]·조세범 처벌법 위반 혐의의 증거가 되는 별건범죄 관련 전자정보를 발견[31]하였다.**

(6) **별건정보의 출력: 검사는 제1영장에 기재된 혐의사실**(과 유관정보들)**과 무관한 정보들(그러나 별건범죄의 증거)을 출력[32](이하 '제3처**

28) D측은 검사의 통보에 따라 2011. 4. 27.위 저장매체의 봉인이 해제되고 위 전자정보파일이 대검찰청 디지털포렌식센터의 원격디지털공조시스템에 복제되는 과정을 참관하다가 임의로 그곳에서 퇴거하였다.

29) A검사는 일부 유관정보를 발견하였지만 그것들은 이미 검사가 확보한 정보들로서 피고인의 유죄를 입증하는 데 유의미한 정보로 자리매김할 수 없는 부실한 정보들이었다.

30) '의약품 납품과 관련하여 리베이트를 제공한 사실이 있었음을 나타내는 자료'이다. 이완규(2015), 92면.

31) 다수의견은 "전자정보를 우연히 발견한 경우라면, 수사기관으로서는 더 이상의 추가 탐색을 중단하고 법원으로부터 별도의 범죄혐의에 대한 수색·압수영장을 발부받은 경우에 한하여 그러한 정보에 대하여도 적법하게 수색·압수를 할 수 있다"고 한다. 그러나 사안에서 A검사는 그렇게 하지 않았다.

32) '제1영장에 기재된 혐의사실과 무관한 정보들(그러나 별건범죄의 증거)도 함

분'이라 한다)하였다.

[이때 피압수자 측의 참여기회는 제공되지 않았다]

(7) A검사는 자신이 발견한 '별건범죄의 증거'(그러나 제1영장의 견지에서는 무관정보)를 수원지방검찰청 특별수사부에 전달[33]하여 특별수사부 B검사가 2011. 5. 26.경 별건 정보를 소명자료로 제출하면서 다시 수색·압수영장을 청구하여 수원지방법원으로부터 별도의 수색·압수영장(이하 '제2영장'이라 한다)을 발부받았다.

(8) 제2영장의 집행과 유관증거의 획득: B검사는 제2영장에 기초하여 기왕에 확보된 외장 하드디스크에서 별건 정보를 탐색·출력(제2영장 집행처분)하는 방식으로 수색·압수를 한 결과 별건범죄의 증거를 획득하였다.

[이때 피압수자 측의 참여기회는 제공되지 않았으며, B검사는 압수한 전자정보 목록을 교부하지도 않았다]

(9) 배임죄 기소사건의 약사(略史): D는 2011년경 배임죄 혐의로 불구속기소되어 2012년 1월경 1심에서 '징역 3년에 집행유예 4년'을 선고받고 항소하였다. 항소심은 2012년 7월 경 "검사가 제출한 증거만으로는 당시 이노메디시스의 주식가치를 1주당 6,525원으로 평가한 것이 현저하게 과대평가된 것이라고 단정하기 어렵다"며 D(L 회장)에게 무죄를 선고했다. 검사가 상고하였다. 2014년 3월경 대법원이 상고를 기각하여 D의 무죄가 확정되었다.

(10) 2011년 D가 제1영장의 집행처분인 검사의 저장매체의 이미징 복사 등 제1, 2, 3 처분과 제2영장의 집행처분(제4처분) 모두의 취소를 구하는 준항고를 제기하였다. 2011년 10월경 수원지방법원은 제1영장의 집행처분인 제1, 2, 3 처분과 제2영장의 집행처분(제4처분)을 모두 취소(수원지방법원 2011. 10. 31.자 2011보2 결정)하였다. 검사가 대법원에 재항고하였다. D의 무죄가 확정된 지 16개월이 지난 후에야 종근당 결

께 출력'한 것이 위법이라는 것은 종근당 결정의 만장일치의 견해이다.

33) 이완규(2015), 92면, "자료를 보내주었다."

정이 공표되었다.

2. 가니어스 사안

(1) **제1영장의 발부와 이미징 복제**(물리적 압수ⓑ, onsite search): 2003년 11월 17일 미육군은 '육군과 계약을 맺고 각종 용역을 제공하는 기업 IPM이 사기[34]를 했다'는 정보를 입수하고 수사를 개시한 후 IPM의 회계업무를 대행하는 회계사 가니어스의 소지품을 압수해도 좋다는 영장을 발부받았다. 그 영장의 피의자는 IPM,[35] 혐의범죄는 사기, 압수가능 대상물품은 '가니어스가 소지하는 책과 문서들…컴퓨터 관련 데이터 중 혐의범죄와 관련된 모든 물건과 정보' 등이었다. 2003년 11월 19일 영장이 집행될 때 육군의 컴퓨터 전문가는 가니어스가 사용 중인 3개의 컴퓨터의 모든 자료들을 이미징 복제[36]하였다. 이미징 복제 시간 동안 가니어스가 현장에 참여하였고 이미징 복제대상에는 혐의범죄와 관련된 사항과 그와 무관한 가니어스의 개인적 사항 기타 사업상의 자료들이 혼재되어 있었다.[37]

(2) **제1영장에 기초한 디지털 정보의 수색**(유관증거의 탐색, off-site search): 수사관들은 '물리적 압수ⓑ'를 한 지 1년 후에야 유관증거를 탐색하기 시작하였다.[38] 수사관들은 **디지털 정보를 수색할 때 영장에 특정된 유관증거**(responsive to the warrant)만을 탐색하려고 주의를 기울

34) 'improper conduct(theft and business fraud)' 혹은 'fraudulent billing'으로 묘사되지만 중요사항은 아니므로 '사기'로 약칭한다.

35) 제1영장의 발부와 집행단계에서 '가니어스는 피의자가 아니었다'.

36) "creating forensic mirror images: exact copies of all of the data stored thereon, down to the bit."

37) 종근당 사안에서 검찰은 피의자측의 동의를 얻어 '정보저장매체 자체를 반출(물리적 압수ⓐ)'하여 간 후 이미징 복제(물리적 압수ⓑ)를 했지만, 2014 가니어스 사안에서는 반출처분(물리적 압수ⓐ)이 생략되고 처음부터 이미징 복제(물리적 압수ⓑ)만 행하여졌다.

38) '2014 가니어스 소부판결'은 이 사실을 근거로 '수사관들이 그 정보들을 정부의 소유로 본 것'이라면서 수사관들이 선의(a good faith)가 아닌 정황으로 삼은 것 같다.

였다.[39] 그들은 2004년 12월에 유관정보를 무관정보와 분리시켰다. 그러나 수사관들은 무관증거(non-responsive to the warrant)를 삭제(purge or delete)하지 않은 채 1년 반을 더 보냈다.

(3) 미국세청의 수사: 2004년 말 미국세청(IRS) 수사관은 가니어스의 사무실에 있는 서류에서 회계상 납득할 수 없는 점을 발견하고 수사를 확대하여 '가니어스가 일부 고객과 자신의 소득을 적게 신고한 증거를 발견'하였다. **미 국세청의 가니어스 수사는 미 육군의 수사와 독립된 수사였다.** 미 국세청 요원은 가니어스의 개인적 재무기록이, 미 육군이 이미징 복제 형식으로 2003년 11월 이미 압수한 전자기록에 포함되어 있음을 알고 있었지만 그것은 2003년 발부된 영장과 무관한 정보이므로 자신들이 그것을 적법하게 탐색할 수 없음을 알고 가니어스에게 2003년 11월 미 육군이 압수한 전자기록 조사에 동의해 줄 것을 요청하였으나 가니어스는 이를 거절[40]하였다. 그러자 미 국세청 수사관은 2006년 4월 2003년에 미 육군이 2003년에 이미 확보한 디지털 정보[41]의 탐색 허용을 요구하는 영장을 청구하여 영장(제2영장)이 발부되었다. 정부는 제2영장을 집행하여 가니어스의 조세회피의 유죄를 입증하는 증거를 확보하였다.

(4) · (5) 2008년 10월 연방 대배심은 가니어스를 조세회피 혐의로 기소하였다. 2010년 2월 가니어스는 제2영장의 집행으로 획득한 증거의 배제를 미 코네티커트 연방지방법원에 신청하였다. 배제신청이유는 "제1영장과의 관련성 범위 밖에 있는 데이터가 비합리적인 기간(2년 반) 동안 정부 측의 점유 하에 있었으므로 그 데이터들은 원래의

39) 종근당 사안에서 A검사가 '배임혐의의 증거만 탐색'하려고 주의를 기울였는지 여부, 유관정보와 무관정보를 분리시키려고 어떤 노력을 기울였는지를 세심하게 조사할 필요가 있다.

40) 종근당 사건에서의 A검사의 행태(발견한 증거를 특수부 B검사에게 넘겨 줌)와 달리 미 육군 수사관들은 자신들이 발견한 가니어스의 조세회피 증거를 미 국세청 수사관에게 바로 넘겨주지는 않았다.

41) 미 국세청은 가니어스가 자신의 컴퓨터의 민감한 부분을 변경하였다고 의심하였기 때문에 2003년 미 육군이 백업해 둔 전자정보의 압수를 요청한 것이다.

소유자에게 반환되었어야 한다"는 것이었다. 2010년 4월 미 코네티커트 연방지방법원은 가니어스의 증거배제신청을 기각하였다. 기각의 근거는 "그 데이터는 유효한 영장에 따라 가니어스에게 덜 침해적인 방법으로 집행된 것"이라는 것이었다. 2011년 4월 1일 배심단은 가니어스에게 유죄를 평결하였다. 가니어스에게 24개월의 징역이 선고되었다. 가니어스가 연방 제2항소법원에 항소하였다. 2014년 6월 연방 제2항소법원 소부(小部, a panel)는 '정부가 가니어스의 수정 제4조의 권리를 침해하였다'면서 연방지방법원의 유죄판결을 파기하고 환송하였다. 3인의 판사로 구성되는 소부(小部)의 다수의견(2인의 판사)을 쓴 사람은 대니 친(Denny Chin) 판사였다. 정부는 연방 제2항소법원 전원합의체(en banc)에 소부판결의 취소를 구하는 항고를 제기하였다. 2015년 연방 제2항소법원 전원합의체는 일단 소부판결을 취소한 후 2016년 상세한 판결문을 공표하였다. 전원합의체는 소부판결이 정면으로 거론했던 이슈(정부가 가니어스의 수정 제4조의 권리를 침해하였는가)에 대하여는 심판하지 않고 다른 법리(선의의 예외이론)로 코네티커트 연방지방법원 판결을 유지하였다.

3. 종근당 사안과 가니어스 사안의 차이점

물리적 압수가 행하여진 후 압수물을 보유한 시기가 다르다. 종근당 사안에서는 1달 남짓한 기간이 경과한 상태에서 두 명의 대법관은 수사 측이 유관정보와 무관정보를 분리하였다고 보고 수사 측에게 무관정보의 삭제·폐기의무를 인정하였다. 이에 비하여 가니어스 사안에서 2014년 가니어스 소부 판결은 1년 혹은 1년 반 정도의 기간이 경과하도록 무관정보의 삭제·폐기가 행하여지지 않은 것을 문제 삼아 '정부 측의 가니어스의 수정 4조의 권리침해를 인정'하였다. 종근당 사안에서 두 명의 대법관이 '압수종료와 함께 수사 측의 삭제·폐기의무를 인정'하였으므로 이 논문에서 위와 같은 사실관계의 차이점은 크게 중시하지 않기로 한다.

Ⅲ. 종근당 결정과 2014 가니어스 소부 판결의 비교

1. 유관정보와 무관정보를 분리한 후에 수사기관은 무관정보를 삭제·폐기할 의무가 있는가?

종근당 결정의 '제1처분(이미징 복제)에 관한 별개의견(김용덕 대법관)'(이하 '별개의견'으로 약칭함)은 이 쟁점에 대하여 "이 사건 저장매체를 압수할 필요가 없음이 밝혀진[42] 이상, 수사기관은 더 이상 제1처분(이미징 복제)으로 인하여 취득한 이 사건 저장매체에 관한 이미징 복제본을 보유할 수 없고 오히려 이를 삭제·폐기하는 등의 방법으로 피압수자에게 반환하여야 한다"고 명시적으로 긍정하였다. '처분이 행하여질 당시에는 흠이 없었던 제1처분까지 취소'한 다수의견에 반대한 권순일 대법관도 "검사가 보유하고 있는 이미징 복제본은 그곳에 저장되어 있는 전자정보 중에서 영장 기재 범죄사실과 관련 있는 정보를 탐색하고 이를 출력 또는 복제하는 과정이 모두 종료됨으로써 보전의 필요성이 없어진 때, 즉 수색·압수가 전체로서 종료된 때에는 삭제·폐기되어야 한다."고 명시적으로 긍정하였다. 종근당 결정의 공표 이후에 법원의 영장 실무는 별지(別紙)를 이용하여 압수 대상 전자정보의 상세목록을 교부하고 그 목록에서 제외된 전자정보는 '삭제·폐기 또는 반환하고 그 취지를 정보주체에게 통지하여야 한다'고 기재하고 있다.[43]

다수의견도 별개의견이나 권순일 대법관처럼 '유관정보와 무관정보의 분리 후 수사기관[44]의 무관정보 삭제·폐기의무'를 인정하였는가? 다수의견은 이 쟁점이 존재하는 점을 인지[45]하였으나 "유관정보

42) 별개의견의 이 표현은 간접적으로 종근당 사안의 어느 시점에 '유관정보와 무관정보의 분리(sequestration)가 종료'되었음을 전제하는 문맥이다.
43) 박민우(2016), 29면; 전승수(2016), 627면.
44) 구체적으로는 '전자정보의 수색·압수영장을 신청한 수사기관'일 것이다.
45) "전자정보에 대한 수색·압수 과정에서 이루어진 현장에서의 저장매체 압수·이미징·탐색·복제 및 출력행위 등 (중략) 일련의 행위가 모두 진행되어 수색·압수가 종료된 이후에는 특정단계의 처분만을 취소하더라도 그 이후의

에 대한 수색·압수만을 적법하다고 하기 위해서는 위 반대의견이 제시하는 바와 같이 수색·압수 처분 중에서 취소되어야 할 무관정보가 무엇인지를 일일이 심리·판단하여야 하는데, 이는 수사기관의 수색·압수에 중대한 위법으로 발생한 결과를 제거하기 위한 법원의 조치로서 적절한 것이라고 할 수 없다."는 이유를 들어 이 쟁점에 대하여 정면으로 언급하는 것을 회피하였다. 다수의견은 수사기관에게 '무관정보를 삭제·폐기할 의무'를 인정하는 방안을 선택하지 않고 다른 방식으로 수사기관의 적법절차 준수를 촉구하는 것 같다. 다수의견은 수사기관의 부주의한 처분(참여기회 제공의무의 불이행 등)이 후속되는 경우에는 하자 있는 후속처분(제2, 3처분) 때문에 선행하는 적법처분(제1처분)도 하자 있는 후속처분(제2, 3처분)과 운명을 같이 한다는 일종의 동일운명체론을 전개하였다. 제1, 2, 3처분은 일련의 수색·압수처분으로서 '유기체적 하나(organic whole)'이고 제2, 3처분이 위법처분으로 취소되어야 할 것이라면 그것과 운명을 같이 하는 제1처분도 취소되어야 한다는 것이다. 이 논증은 일견 납득하기 어려운 어색한 논증이다. 따라서 별개의견(김용덕), 반대의견(권순일, 김창석, 박상옥)이 제시되는 현상은 자연스러운 결과로 보인다. 그런데 다수의견의 '유기적 일체론' 논증을 납득하기 어려운 논증이라고 반발·비판하기 전에 다수의견이 왜 이런 어색하고 부자연스러운 논증을 강행할까를 생각해 볼 필요가 있다.

다수의견의 논증 중에 "일련의 행위가 모두 진행되어 수색·압수가 종료된 이후에는 특정단계의 처분만을 취소하더라도 그 이후의 수색·압수를 저지한다는 것을 상정할 수 없"[다]는 논증이 있다. 디지털 정보는 한 번 '이미징 복제, 재복제, 출력' 등이 행하여지면 현대의 발전된 기술 수준에서 그 정보(다수의견이 걱정하는 것은 특히 무관정보일

수색·압수를 저지한다는 것을 상정할 수 없고 수사기관으로 하여금 수색·압수의 결과물을 보유하도록 할 것인지가 문제될 뿐이다."라는 판지에서 이 문제를 인지하고 있음을 알 수 있다.

것이다)가 확산될 위험성이 있고, 어느 단계의 위험행위를 취소하더라도 다른 단계에서의 위험행위 때문에 특정 단계의 위험행위의 취소가 의미 없게 될 수도 있다. 종근당 사안의 사태전개를 두고 설명해 보면 제2, 3처분을 취소하여 그 정보를 삭제·폐기한다 하더라도 이미징 복제(제1처분)의 결과가 수사기관의 수중에 남아 있는 한 제2, 3처분의 취소는 실효성이 없을 수 있다. 다수의견의 부자연스러운 논증(유기적 일체론)의 진의는, 한편에서는 혹시라도 있을지 모르는 수사기관의 신사적이지 못한 처분(예를 들어 제2, 3처분을 취소하더라도 수사기관이 언젠가 미래에 제1처분의 결과물을 활용)의 가능성을 염려[46]하고, 다른 한편 디지털 정보주체의 법적 지위의 불안정을 보다 두텁게 해소하려는 목표수행에 있는 것이 아닌가 추측된다.

2. 유관정보와 무관정보가 혼재된 정보에 대한 수사기관의 지배권의 존부

'정보주체에게 무관정보의 삭제·폐기 요구권'이 있음을 인정한 판결로 평가받는 '2014년 가니어스 소부 판결'을 쓴 데니 친(Denny Chin) 판사는 그 판결에서 다음과 같이 썼다:

> "수사관들은 2003년 11월의 영장이 카바하는 데이터만 탐색하려고 주의를 기울였다. 그러나 그들은 무관한 파일을 삭제하거나 지우려고 하지 않았다. 오히려 수사관들은 무관한 파일을 보존(retain)하려고 하였다. 왜냐하면 그들은 그 데이터를 가니어스의 재산이 아니라

46) 보충의견의 "<u>수사기관은 영장주의나 다른 적법절차 규정을 잠탈하고서라도 범죄를 진압하고 사전에 예방하겠다는 강한 욕구를 느끼게 될 것</u>이다. 과거 피의자의 진술이 가장 중요한 증거로 인식되던 시대에, 피의자의 진술거부권은 헌법이 보장하는 권리에 터 잡은 것이므로 수사기관이 피의자를 신문함에 있어 피의자에게 미리 진술거부권을 고지하지 않은 때에는 그 진술의 임의성이 인정되는 경우라도 위법하게 수집된 증거로서 증거능력이 부인되어야 한다고 한 판례의 정신은 오늘날과 같은 디지털 시대에 전자정보를 대상으로 한 수색·압수에 대하여 그대로 관철될 필요가 있다."는 지적을 보라.

정부의 재산이라고 간주하였기 때문이다. (중략) 한 요원은 다음과 같이 증언하였다: '우리는 보통 데이터를 지우려 하지 않는다. 장래 어떤 데이터가 필요할 지는 누구도 모른다. (중략) 컴퓨터 전문가들은 무관 정보를 지우라는 요청을 받은 적이 없다.'"[47)]

종근당 사안에서 A검사가 제1영장이 카바하는 데이터(배임혐의 정보)만 탐색하려고 주의를 기울였는지, 배임혐의와 무관한 파일을 발견하였을 때 즉시 삭제·폐기하려고 하였는지 좀 더 상세하게 사실을 규명할 필요가 있다. 그런데 종근당 결정의 별개의견(김용덕 대법관)과 제2반대의견(권순일 대법관)은 종근당 사안에서 A검사는 제1영장이 카바하는 데이터(배임혐의 정보)만 탐색하려고 주의를 기울이지 않았고, 압수한 정보에서 배임혐의와 유관한 정보가 없음을 확인한 후 배임혐의와 무관한 파일(그러나 별건범죄의 증거가 될 정보들)을 삭제하거나 지우려고 하지 않았다고 판단한 것 같다. 위 두 사람은 '유기적 일체론'을 전개한 다수의견에 동조하지 않았지만 '수사기관의 삭제·폐기 의무 불이행'을 근거로 제1처분도 취소되어야 한다고 판단하였다.

3. 무관정보의 삭제·폐기의무 불이행이 왜 문제인가?

별개의견과 제2반대의견으로 하여금 무관정보의 삭제·폐기의무를 긍정하게 만들고 다수의견으로 하여금 어색한 '유기적 일체론' 논증을 감행하게 만든 더 근본적인 다른 이유가 있을까, 있다면 무엇일까?

가니어스 사안에서 대니 친 판사는 수사관이 유관정보와 무관정보를 분리(separate)한 후에 무관정보를 삭제·폐기하지 않으면 정부는 다음과 같이 결과적으로 일반영장을 발부한 것이 되고, 정보주체의 헌법수정(이하 '수정'으로 약칭함) 제4조의 기본권을 침해하는 것이라고 판단하였다:

---

47) United States Court of Appeals for the Second Circuit(Argued: April 11, 2013 Decided: June 17, 2014) Docket No. 12-240-cr.

"수사 측이 제1영장과 무관한 증거를 [삭제 · 폐기하지 않고] 보존한 것(retaining)은 수정 제4조를 위반한 불합리한 압수이다. 제2영장이라는 과실(fruit)은 절대로 발생해서는 안 되는 과실(fruit)이므로 배제되어야 한다 … 수정 제4조는 디지털 정보에 대한 영장을 집행하는 공무원으로 하여금 그 정보를 미래의 범죄수사에 이용할 용도로 무한정 보존할 것을 허용하는가? 우리는 그렇게 생각하지 않는다. 만약 2003년에 발부된 영장이, 정부로 하여금, 장차 만에 하나 있을지도 모르는 정보가 미래의 범죄수사에 관련성이 있을 수 있다는 이유로 그 정보의 보존을 허용하는 것이라면 그것은 일반영장(general warrant)을 발부한 것이나 마찬가지이다. 정부가 (제1영장의 혐의범죄와 무관한 정보가 담긴) 가니어스의 개인 컴퓨터기록을 2년 반 동안 보존한 것은 가니어스의 개인정보의 배타적 지배권을 불합리한 기간 동안 박탈한 것이다. 이런 사정들은 정부로 하여금 가니어스의 개인기록 — 이 기록은 제1영장의 포섭범위 밖의 것이었고, 정부는 2년 반 동안 별건 범죄혐의의 상당한 혐의 확보를 위하여 사용되었는데 — 을 무한정 점유하게 하였다. 이것은 가니어스의 개인정보지배권에 대한 상당한 간섭이고 불법압수에 해당한다.[48)] 우리는 허용되지 않은 이 문서들을 정부가 보존한 것을 불합리하다고 판단한다. 2003년에 **가니어스의 개인기록을 압수할 수 있는 영장은 존재하지 않았다**. 2004년 12월에 이 문서들은 유관정보와 분리되었다. 그럼에도 불구하고 정부는 1년 반 동안 더 이 문서들을 보존하였고 2006년에는 드디어 그것들을 수색 · 압수할 수 있는 상당한 이유를 발전시켰다. 그 기록을 보존해야 할 다른 독립적인 기초가 없다면 정부는 확실히 가니어스의 수정 제4조의

---

48) 대니 친 판사는 이 부분의 선례로 United States v. Place, 462 U.S. 696, 708 (1983) (detaining a traveler's luggage while awaiting the arrival of a drug-sniffing dog constituted a seizure); see also Soldal v. Cook Cnty., 506 U.S. 56, 62-64, 68 (1992) (explaining that a seizure occurs when one's property rights are violated, even if the property is never searched and the owner's privacy was never violated); Loretto v. Teleprompter Manhattan CA TV Corp., 458 U.S. 419, 435 (1982) ("The power to exclude has traditionally been considered one of the most treasured strands in an owner's bundle of property rights.")를 들었다.

권리를 침해한 것이다.”

종근당 결정의 다수의견에 대한 보충의견 중 다음 문장들(특히 밑줄친 부분)은 제1영장의 집행처분으로서의 제1, 2, 3처분, 그리고 제2영장의 집행처분을 취소하지 않으면 결과적으로 일반영장을 발부한 셈이 된다는 문맥으로 ‘2014 가니어스 소부 판결’의 문맥과 친화성이 있다:

> “법관이 헌법과 형사소송법의 규정에 의하여 유관정보에 한정하여 발부한 영장을 수사기관이 자의와 재량에 의하여 저장매체에 저장되어 있는 전자정보 전부를 수색·압수할 수 있는 영장으로 변모시켜서는 아니 되는 것이므로, 전자정보에 대한 수색·압수의 중요과정에 피압수자 측의 참여권을 전혀 보장하지 아니하는 것은 영장주의 원칙을 위반한 것과 동일한 정도의 적법절차 위반이 되어 그 위법의 정도가 중대하다고 보아야 한다…전자정보에 대한 수색·압수에 있어 참여권이 가진 중요성을 간과할 경우 사실상 수사기관의 별건 수색·압수나 포괄적 수색·압수를 허용하는 결과를 초래하게 될 우려를 쉽게 놓을 수 없다. 형사소송법 제121조, 제123조에 의한 당사자의 참여권을 보장하지 아니한 일정한 경우에 유관정보에 대한 압수처분까지 취소하는 것은 수사기관을 제재하기 위한 것이 아니라 형사소송법이 정한 절차조항의 규범력을 확보함으로써 전자정보에 대한 수색·압수에도 헌법상 적법절차와 영장주의 원칙을 관철하기 위한 불가피한 수단인 것이다.”

‘디지털 정보매체에 영장발부의 원인인 혐의범죄와 관련성이 있는 유관정보와 무관정보(그러나 별건범죄의 증거)가 혼합(intermingled)되어 있어 쉽게 양자를 분리시키기 어려운 사안’에서 부득이(as a matter of practical necessity) ‘저장매체 자체의 반출’ 혹은 ‘전체의 이미징 복제’를 허용하는 영장을 발부하였더라도 영장집행기관의 부주의한 취급을 극도로 경계한 선례는 대법원 2011. 5. 26.자 2009모1190 결정

(전교조 결정)이었다. 영장발부의 주체인 법원이 영장에 까다로운 조건을 상세히 열거한 이유는 근본적으로 '일반영장을 발부한 결과가 되는 것'을 극도로 염려한 때문[49]이었다.

이완규(2015)는 "탐색과 선별절차를 거쳐서 범죄사실과 유관한 정보를 최종적인 압수대상물로 분류한 후에 나머지 무관한 정보를 어떻게 할 것인가의 문제가 있다."(116면)고 하면서 "무관한 정보로 분류된 부분은 삭제하는 등으로 없애고 수사기관이 그 부분을 전혀 보유할 수 없도록 해야 한다는 식으로 이해하면 이는 현실과 괴리될 뿐만 아니라 실무가 운영될 수 없게 된다."(117면)고 한다. 그럴 수도 있을 것이다. 그러나 종근당 결정의 별개의견(김용덕)과 제2반대의견(권순일)은 "무관한 정보로 분류된 부분은 삭제하는 등으로 없애고 수사기관이 그 부분을 보유할 수 없"[다.]고 판시하였다. 종근당 결정의 다수의견은 후속처분에 흠이 있으면 제1처분(이미징 복제)도 취소되어야 한다고 함으로써 후속처분에 흠이 있는 경우에는 별개의견(김용덕), 반대의견(권순일)과 궤를 같이 한다. 다수의견이 별개의견(김용덕), 제2반대의견(권순일)과 달라지는 경우는 후속처분에 흠이 없는 경우이다.[50]

49) 김양섭, "전자정보에 대한 수색·압수영장의 집행이 적법성을 갖추기 위해 필요한 조치", 사법 19호(2012), 236면: "전자정보에 대한 수색·압수의 경우 전자정보를 담고 있는 저장매체에는 방대한 양의 전자정보가 수록되어 있어 혐의사실과 관련된 부분뿐 아니라 혐의사실과 무관한 부분도 포함되어 있을 수 있는데 각 부분에 따른 저장매체의 물리적 불가분성 등 특수성 때문에 자칫 혐의사실과 무관한 부분까지도 수색·압수의 대상이 될 수 있어 개인의 사생활 비밀 또는 기업의 영업 비밀을 침해할 우려가 크다. 이러한 우려의 종식 또는 최소화를 위해서는 전자정보에 대한 수색·압수 역시 영장에 기재된 혐의사실과 관련된 부분만을 그 대상으로 하여야 한다. 물론 그 전제로 영장발부단계에서부터 수색·압수의 대상, 장소 및 (경우에 따라서는) 방법까지 가능한 한 구체적으로 특정되어야 함은 일반영장금지의 원칙상 당연하다."

50) 후속처분에 흠이 없는 경우에 다수의견에 따르면 수사기관에게 무관정보 부분을 삭제·폐기할 의무는 없다. 그러나 별개의견(김용덕), 반대의견(권순일)에 따르면 후속처분에 흠이 없는 경우에도 제1영장의 집행이 종료하면 수사기관은 무관정보 부분을 모두 삭제·폐기하여야 한다.

이완규(2015)는 또 “혹시 다수의견의 취지가 ‘디지털포렌식센터 서버에 저장되어 있는 이미징 파일은 그대로 보유한 채 일선 검사실에서 다운로드받아 검사의 하드디스크에 복제, 저장된 파일에서 탐색과 선별과정을 거친 후 무관한 정보로 분류된 것을 삭제하는 방법으로 행해라’고 하는 것이라면 실무상 그렇게 할 수는 있을 것”이라고 논한다. 그러나 종근당 결정의 별개의견(김용덕), 반대의견(권순일)의 취지는 일선 검사실에서 다운로드받은 파일은 물론이고 디지털포렌식센터 서버에 저장되어 있는 이미징 파일까지 삭제 · 폐기하라는 취지로 읽힌다.

4. 별건범죄의 증거를 목격한 수사기관의 적법한 대응

다수의견의 판시 중에 ‘전자정보에 대한 수색 · 압수가 종료되기 전에 혐의사실과 관련된 전자정보를 적법하게 탐색하는 과정에서 별도의 범죄혐의와 관련된 전자정보를 우연히 발견한 경우’라면, “수사기관으로서는 더 이상의 추가 탐색을 중단하고 법원으로부터 별도의 범죄혐의에 대한 수색 · 압수영장을 발부받은 경우에 한하여 그러한 정보에 대하여도 적법하게 수색 · 압수를 할 수 있다.”는 판시가 있다. 이 의미에 대하여 이완규(2015)는 “영장의 전제된 범죄혐의와 다른 범죄혐의 사실이면 무조건 이에 해당하는 것이 아니고 ‘영장 범죄혐의와 관련성이 인정되지 않는 자료 중에서 발견된 별도의 범죄혐의 자료’로 이해하여야 하므로 실제에 있어 이에 해당하여 선별적 탐색을 중단해야 하는 사례는 많이 발생하지는 않을 것”(152면)으로 전망하고 있다. 관련성의 유무를 어떤 기준으로 판정할 것인가 하는 복잡한 논의를 이 자리에서 토론하는 것은 부적절하다. 그러나 이완규(2015)가 “실무상 이런 사례는 많지 않을 것”으로 전망하는 것으로 보아 다수의견의 취지를 축소해석하는 것이 아닌가 하는 의심이 든다. ‘더 이상의 추가 탐색을 중단’하라는 표현, 그리고 ‘법원으로부터 별도의 범죄혐의에 대한 수색 · 압수영장을 발부받은 경우에 한하여’라는 표현은 매우 강하고 엄격한 표현이다.

이완규(2015)는 또 종근당 결정의 위 부분이 "미국 연방 10 순회법원의 Carey 사건 판결(1999)[51]을 참조한 것으로 보인다"(150면)고 추측한다. 'Carey 판결'이란 다음과 같은 내용의 판결이다.

'Carey 판결'은 디지털 증거에 대한 수색·압수가 포괄적으로 이루어지지 않도록 하기 위해서는 '특별한 접근'이 필요하다고 밝히면서, 수사기관이 우연히 열어본 첫 번째 JPG 파일 이외의 다른 모든 JPG 파일은 위법한 수색의 산물이므로 그 증거능력이 배제되어야 한다는 판결이다. 그리고 Carey 판결은 '다른 JPG 파일을 수색하기 위해서는 별도의 영장을 받았어야 했다'고 판시하였다.[52]

종근당 결정이 "법원으로부터 별도의 범죄혐의에 대한 수색·압수영장을 발부받"으라고 한 부분만 보면 'Carey 판결'과 유사한 모습을 보이지만 그 뒤에 이어지는 "이러한 경우에도 별도의 수색·압수 절차는 최초의 수색·압수 절차와 구별되는 별개의 절차이고, 별도 범죄혐의와 관련된 전자정보는 최초의 수색·압수영장에 의한 수색·압수의 대상이 아니어서 저장매체의 원래 소재지에서 별도의 수색·압수영장에 기해 수색·압수를 진행하는 경우와 마찬가지로 피압수자는 최초의 수색·압수 이전부터 해당 전자정보를 관리하고 있던 자이므로, 특별한 사정이 없는 한 그 피압수자에게 형사소송법 제219조, 제121조, 제129조에 따라 참여권을 보장하고 압수한 전자정보 목록을 교부하는 등 피압수자의 이익을 보호하기 위한 적절한 조치가 이루어져야" 한다는 부분까지 주의 깊게 읽으면 종근당 결정의 기준은 'Carey 판결'보다 더 엄격한 기준으로 보인다. 예를 들어 'Carey 판결'은 수사기관이 우연히 열어본 첫 번째 JPG 파일은 수사기관이 새 영장신청을 할 때 활용가능한 것처럼 판시하였지만 종근당 결정은 우연히 열어본

51) United States Court of Appeals, Tenth Circuit. April 14, 1999. Order Denying Rehearing April 30, 1999.172 F.3d 1268 (1999).

52) 조 국, "컴퓨터 전자기록에 대한 대물적 강제처분의 해석론적 쟁점", 형사정책 제22권 제1호(2010. 7), 118-117면에서 재인용함.

첫 번째 JPG 파일조차도 활용하지 말라는 취지로 읽힌다. 필자가 이렇게 읽는 근거는 두 가지이다.

첫째, 필자는 지금까지의 법원 판례 중에 플레인 뷰 이론(plain view doctrine)을 적용한 사례를 알지 못한다. 그리고 유체물에 관하여 보편적으로 통용되어 오던 플레인 뷰 이론(plain view doctrine)에 대하여는 미국에서조차 디지털 증거 영역에서는 적용이 없는 것으로 하자는 제안[53]도 있고 판례[54]도 있다. 우연인지 모르지만 가니어스 판결에도 'Carey 판결'은 인용되지 않았다. 필자가 보기에 종근당 결정의 다수의 견과 맥이 닿는 판결은 Silverthorne Lumber Co. v. United States, 251 U.S. 385, 392(1920)[이하 '실버손 판결(1920)'[55]으로 약칭함]이다. 가니어스 판결은 이를 매우 길게 인용하여 자신의 논지를 전개하고 있다.

종근당 사안에서 A검사는 자신이 발견한 '별건범죄의 증거'(그러나 제1영장의 견지에서는 무관정보)를 특별수사부에 전달하여 특별수사부 B검사가 이 별건 정보를 소명자료로 제출하면서 다시 수색·압수영장을 청구하여 별도의 수색·압수영장(이하 '제2영장'이라 한다)을 발부받아 이미 반환된 원본을 수색·압수하지 않고 이미 확보된 이미징 복제본을 수색·압수하였다. '가니어스 사안에서는 B검사에 해당하는 수사요원이 어떻게 별건범죄의 증거를 입수하게 되었는가?

미 국세청의 가니어스 수사는 미 육군의 수사와 전혀 독립된 수

---

53) Orin Kerr(2015), 19-20면.

54) CDT Ⅲ, 621 F. 3d 1162, 1172 (9th Cir. 2010)(en banc). 김성룡(2015), 123면 각주 28)에서 재인용함.

55) 실버손(Silverthorne)이 조세회피를 시도하였다. 연방수사관이 실버손의 주소로 가서 세금장부를 비롯한 모든 소지품을 불법적으로 압수한 후 압수물을 복사 혹은 사진촬영을 해 두었다. 실버손이 문제를 제기하여 불법압수물이 모두 실버손에게 반환되었다. 그 후 연방수사관은 복사물 혹은 사진을 토대로 새로운 수색·압수영장을 발부받아 반환된 압수물을 다시 압수하려고 시도하였다. 연방대법원은 "복사물과 사진카피 등은 독수의 과실이고, 위법수집증거배제규칙은 위법수집증거를 전혀(at all) 사용하지 못하게 하는 규칙"이라고 판결하고, 이 판결은 위법수집증거배제규칙을 독수의 과실까지 확장시킨 판결로 평가되고 있다.

사였다. 미 국세청 수사요원은 가니어스의 개인적 재무기록이, 미 육군이 이미징 복제 형식으로 2003년 11월 이미 압수한 전자기록에 포함되어 있음을 알고 있었지만 그것은 2003년 발부된 영장과 무관한 정보이므로 자신들이 그것을 적법하게 탐색할 수 없음을 알고 가니어스에게 2003년 11월 미 육군이 압수한 전자기록 조사에 동의해 줄 것을 요청하였으나 가니어스가 이에 대한 대답을 하지 않자 미 국세청 수사관은 2006년 4월 2003년에 미 육군이 2003년에 이미 확보한 디지털 정보의 탐색 허용을 요구하는 영장을 청구하여 영장(제2영장)이 발부된 것이다. 종근당 사안과는 달리 미 육군의 수사관이 제1영장의 견지에서는 무관정보이지만 별건범죄의 증거를 발견한 후 그 증거를 조금이라도 미 국세청에 넘겨 준 것이 아니다. 다수의견의 논지 중에 다음과 같은 논증이 있다:

> "전자정보는 복제가 용이하여 전자정보가 수록된 저장매체 또는 복제본이 수색 · 압수 과정에서 외부로 반출되면 수색 · 압수가 종료한 후에도 복제본이 남아있을 가능성을 배제할 수 없고, 그 경우 혐의사실과 무관한 전자정보가 수사기관에 의해 다른 **범죄의 수사의 단서 내지 증거로 위법하게 사용되는 등 새로운 법익침해를 초래할 가능성이 있으므로**……수사기관이 위법하게 취득한 무관정보를 별도의 범죄수사를 위한 단서로만 사용하고 그 별도의 범죄사건에 증거로 활용하지 않는 이상, 영장을 발부한 법관으로서는 사후에 이를 알아내거나 실질적으로 통제할 아무런 방법이 없다. (중략) 이메일과 같은 전자정보는 통상 피의자 아닌 사람의 저장매체나 웹서버에도 동일한 내용의 전자문서가 존재하기 때문에 수사기관이 일단 범죄의 단서를 잡으면 다른 적법한 방법으로 동일 또는 유사한 내용의 증거물을 확보하는 것이 그다지 어렵지 않기도 하다."

추상수준이 높아 이 문장이 무엇을 뜻하는 것인지 이해하기 어렵다. 필자는 위 문장을 다음과 같이 읽을 수 있지 않을까 추측한다. 종근당 사안에서 '배임죄의 증거가 될 만한 증거가 있을까'를 탐색하던 A검사는 우연히 약사법위반(리베이트 등)의 증거가 되는 부분을 발견하였다. 만약 A검사가 이 증거를 출력하지 않고 B검사에게 구두로 알려 주면서, '그 증거는 제1영장이 카바하는 증거가 아니므로 출력물이나 디지털 증거를 넘겨 줄 수 없으니 B검사가 알아서 수사를 진행하여 제2영장을 발부받을 만한 상당한 혐의를 마련하라'고 제안하고 이 정보를 전해 받은 B검사가 독자적으로 약사법 위반 사실을 수사하고 증거를 확보하여 제2영장을 발부받는 사안을 생각해 보자. 가니어스의 조세회피 사건의 디지털 증거에 대한 수색·압수영장은 이런 스토리로 신청→발부되었고 이런 경로로 기소되었다. 종근당 결정에서 다수의견의 논지는 만약 이런 식으로 사태가 전개되고 그런 사실을 검사가 법원에 알리지 않으면 법원이 그와 같은 사태전개를 알 방법이 없다는 논지이다. 그리고 그 논지의 밑바닥에는 그와 같은 사태전개조차도 결과적으로 일반영장이 발부된 것과 같은 것이므로 용납하기 어렵다는 문장으로 읽힌다. 필자의 독해가 맞다면 종근당 결정의 다수의견의 법철학은 '실버손 판결(1920)'을 매개로 가니어스 판결의 법철학과 친화성을 획득한 것이다.

5. 수단(적법절차)과 목적(실체적 진실주의)의 충돌

제1반대의견(김창석, 박상옥 대법관)은 "피압수자 측의 계속적인 참여 없이 복제·출력의 제2·3 처분이 이루어진 이상 '유관정보에 대한 수색·압수'[56]까지 모두 취소되어야 한다는 다수의견의 결론은, 수색·압수 과정에서 피의자나 변호인의 참여권 침해를 그 침해의 경위와 상황 및 내용 등에 관계없이 유관정보와 무관정보 전부에 대하여 무차별적으로 언제나 영장주의 원칙의 본질적 부분을 침해한 것으로 파악하거나, 참여권 그 자체에 대하여 강력한 독자적인 적법절차로서의

56) 제1처분을 지칭하는 것 같다.

지위를 부여하는 입장이라고 할 수 있다."면서 "이러한 이해는 적법절차의 원칙과 함께 추구되어야 하는 또 다른 형사소송의 이념인 실체적 진실 규명을 실질적으로 포기하는 결과에 이르게"되고, "이 점에서 다수의견은 균형과 조화를 잃은 해석"이라고 반박[57]한다. 이 논증에 대한 (다수의견에 대한) 보충의견은 "실체적 진실의 발견이 형사소송의 목표이자 중요한 이념임은 부인할 수 없다. 그러나 객관적 진실 규명이 저해되거나 불가능하게 되더라도 경우에 따라서는 우선하는 가치의 실현을 위하여 이를 포기하지 않으면 안 되는 경우가 있다. **실체적 진실의 발견은 기본적 인권의 보장을 위하여 헌법이 규정하고 있는 적법절차의 테두리 내에서만 빛날 수 있다.**"고 대응한다. 이 논증은 지금까지 나온 어떤 논증보다도 적법절차를 중시하는 논증이어서 주목할 만한 논증이다.

가니어스 사안에서 가니어스의 조세회피 혐의의 처벌을 구하는 정부는 '가니어스의 유죄입증을 위하여 2003년에 미 육군이 확보해 둔 이미징 복제를 사용할 필요가 있었다. 왜냐하면 2006년 당시 가니어스의 컴퓨터에는 이미 조세회피관련 유죄정보가 사라졌기 때문'이다. 대니 친 판사는 정부의 이 논증에 대하여 "목적(ends)이 수단(means)을 정당화시키지는 못한다……위법수집배제규칙을 발전시킨 판사들은 이 규칙이 정부가 금지된 방법으로 행동하는 것을 방치하기보다는 유죄자를 풀어 보내는 것이 더 낫다는 판단을 구체화한 것임을 잘 알고 있다."고 대응하였다.

종근당 결정의 보충의견과 가니어스 판결은 이 점에서도 논리적 친화성을 발견할 수 있다.

6. 수사기관의 일련의 행위 중 어디까지가 압수인가?

김성룡(2015)은 "수사기관이 압수현장(on site)에서 탐색하여 출력하거나 필요정보를 선별하여 지참해 간 저장장치에 복사하여 옮기는 경

57) 박건욱(2016), 191-192면도 동일취지이다.

우는 여전히 수색·압수가 진행 중이지만, 현장에서 저장매체를 압수하여 가져가는 경우는 그 압수시점에 영장집행은 종료되는 것이 현행법의 구조"이고 "그런 이유로 압수한 저장매체에 담긴 유관정보를 선별해 내는 과정은 현행법 구조 하에서는 압수된 흉기의 지문을 채취하는 것이나, DNA를 분석하는 것과 다를 바 없다는 주장[58]에 결과적으로 동의해야 한다."고 주장(151면)한다. 그러나 종근당결정에 관여한 어느 대법관도, 수사기관이 압수한 저장매체에 담긴 유관정보를 선별해 내는 과정을 '일련의 과정'이라고 하면서 압수의 일종임을 부인하지 않고 있다. 전자정보를 압수가능대상으로 파악하고 아울러 물리적 반출, 이미징 복제, 재복제, 탐색, 출력까지를 '하나의 압수의 일련의 과정'이라고 파악하는 관점은 이미 대법원 2011. 5. 26.자 2009모1190 결정(이하 '전교조 결정'으로 약칭함)에서 판시된 바 있고, 그 관점이 법률의 형태로 정착된 것이 현행 형사소송법 제106조 제3항[59]이라는 것이 법원이나 판사들의 견해이다. 독일 형사소송법 제110조의 선별적 열람(Durchsicht von Papieren)을 "수색의 일종이라고 해석"하고 미국 연방 형사소송규칙 제41조도 디지털 증거의 수색·압수절차를, "저장매체 자체를 찾기 위해 수색하는 절차를 1단계 수색, 압수된 저장매체에서 관련 정보를 탐색하는 절차를 2단계 수색으로 파악하는 2단계 수색론(two-stage search)"을 반영하고 있다.[60] 종근당 결정의 다수의견은 그렇게 해석해야 디지털 시대에 걸맞는 법적용을 할 수 있다고 다음과 같이 논증하고 있다:

"전자정보는 개인의 행동을 시간, 장소적으로 재구성할 수 있게

58) 이완규(2015), 박건욱(2016)도 같은 취지이다.

59) 김양섭, "전자정보에 대한 수색·압수영장의 집행이 적법성을 갖추기 위해 필요한 조치", 사법 제19호(2012), 291-293면; 이숙연, "전자정보에 대한 수색·압수와 기본권, 그리고 영장주의에 관하여", 헌법학연구 제18권 제1호, 2012, 1-44면.

60) 이완규(2015), 100-101면.

할 뿐만 아니라 개인의 내밀한 생각까지 포함하고 있는 경우가 많아 그 보유자가 대체로 타인과 공유하는 것을 원하지 않는 것인데도 그 정보의 무한 복제가 가능하다. 전자정보에 대한 수색·압수에 있어서 영장주의의 정신을 살리기 위해서는 전자정보의 이러한 특성에 비추어 보다 세심한 접근이 필요하고, 수사기관이 찾고자 하는 물건이 그 물건의 외적 특성을 통해 구별되거나 **문서 사본의 존재가 유한한 종전의 일반적인 물건에 대한 수색·압수에 관한 제한 이론만으로는 개인이나 기업의 정보 대부분을 담고 있는 전자정보에 대한 부당한 수색·압수로부터 헌법이 보장하는 국민의 기본적 인권을 보호하고 제대로 지켜낼 수 없다.**"[61]

2017년 현재의 디지털 문명국들은 이미 전자정보의 선별적 탐색을 수색·압수의 일환으로 간주하고 있고 현행 형사소송법 제106조 제3항은 그런 문명국들의 입법과 해석론을 전향적으로 수용한 결과로 해석해서 무리가 없다. 소부의 결정인 전교조 결정을 대상으로 그 해석론을 문제 삼는 것은 혹 있을 수 있는 일일지 모른다. 그러나 전원합의체 형태의 결정인 종근당 결정을 뒤집는 방향의 해석적·입법적 시도가 시민사회나 국회에서 동의를 얻을 수 있을 것 같지 않다.

(1) 저장매체의 반출처분(물리적 압수ⓐ)이나 (2) 이미징 복제(물리적 압수ⓑ·제1처분)를 물리적 압수(physical search stage)로 명명하고 (4) 디지털 정보의 수색(유관정보의 탐색)을 디지털 수색으로 명명하는 것까지는 디지털 시대를 맞이하여 비교적 자연스러운 발상이다. 그러나 (3) 복제된 이미징의 재복제(제2처분)와 (6) 별건정보의 출력까지 '일련의 수색·압수의 일환'으로 파악하는 것은 다소간 어색하다. (3)과 (6)의 논증의 효용성은 어디에 있을까?

아마도 수사기관은 제2영장의 필요성을 다른 판사에게 소명할 때 제1영장에 기초하여 (4) 디지털 정보의 수색(유관정보의 탐색)을 하다가

61) 3인 대법관(이인복, 이상훈, 김소영)의 보충의견.

우연히 발견한 별건범죄의 증거를 복제하거나 출력한 자료를 증거로 사용할 수 없을 것이다.

Ⅳ. 결 어

종근당 결정의 내용이 수사기관의 입장에서 무리한 요구로 읽힌다면 지금부터라도 종근당 결정의 취지도 존중하고 실무도 큰 무리 없이 작동하게 할 수 있는 묘수를 찾아야 한다. 그러기 위하여 도움이 되는 작업으로 다음과 같은 작업이 있을 수 있다.

첫째, 수사기관이 처한 어려움을 진솔하게 드러내는 사례를 모아 자료집을 내고 이를 홍보하는 작업이 필요할 것이다. 그러나 종근당 결정이 실체적 진실주의를 외면하는 시대착오적인 결정이라고 주장하고 종근당 결정의 내용을 해석론·입법으로 해결·극복하려는 전투적인 시도는 바람직하지 않다.

둘째, 수사기관은 디지털 감정가들과 숙의하여 가급적 무관정보의 검색을 조금이라도 덜 하기 위한 자세로 매뉴얼을 만들고 점차 세련화 시키는 작업을 진척[62]시켜야 할 것이다. 그리고 이 작업에 법원 관계자, 학계인사, 시민단체의 참여를 독려하는 것이 좋을 것이다.

셋째, 수사기관에게 커다란 부담을 안긴 '종근당 결정·가니어스 소부판결'의 입장과 다른 내용의 '가니어스 전원합의체 판결(2016)'이 공표되었다. 이 판결은 '가니어스 소부판결'의 논증(정부는 가니어스의 수정 4조의 권리를 침해하였다)에 대하여는 태클하지 않고 다른 법리(a good faith exception)로 가니어스 소부판결(2014)을 취소(vacate)하였다. 종근당 결정 중 '피의자 측의 참여기회제공의무'가 "현실과 괴리될 뿐만 아니라 실무가 운영될 수 없게" 하는 무리한 결정[63]이라면 '가니어

62) 이완규(2015), 111면. '(가) 탐색절차의 실무상황' 이하의 서술은 이런 방면의 건설적인 서술이다.

63) 이완규(2015), 117면.

스 전원합의체 판결(2016)'을 깊이 연구하여 한국에서도 'a good faith exception' 법리를 발전시키려는 노력을 시작하는 것은 어떨까 한다. 종근당 사안에서처럼 A검사가 자신이 우연히 발견한 별건범죄(약사법 위반행위)의 증거를 출력하여 B검사에게 넘겨주는 것은 실체적 진실주의에 합치하는'적법한 업무행위'가 아니고 '불공정하고 부적법한 행위'이고, '전화나 구두로 귀띔해 주는 것' 조차도 '결과적으로 일반영장을 발부한 것이나 마찬가지'라는 인식이 확산되어야 한다. '제1영장의 집행결과물인 이미징 복제를 상대로 압수해도 좋다'는 취지의 제2영장 신청을 받은 판사는 특단의 사정64)이 없는 한 원칙적으로 반환된 정보저장매체를 상대로 영장 발부여부를 심사하고, 상당한 혐의를 판단할 때 '제1영장의 집행과정에서 획득된 증거가 조금이라도(at all) 참조되면 안된다'는 의식으로 무장되어야 한다.

이처럼 종근당 결정은 김영란법 못지않게 한국인의 대대적인 의식개혁을 촉구하는 결정이다. 다른 한편 '가니어스 전원합의체판결(2016)'에서 'a good faith exception'법리를 적용받은 미 국세청 소추자의 행태65)를 한국 검찰이 못할 바도 아니지 않는가 하고 반문한다면 과연 "현실과 괴리"된 불가능한 상상을 하는 것일까?

64) 가니어스 사안처럼 원래의 디지털 정보가 변경되었거나 변경이 예상되는 때.

65) 미 국세청 소추자들은, 미 육군의 수사요원들에게 그들이 제1영장의 집행과정에서 알게 된 사실을 달라고 요청하지 않았고, 반대로 미 육군의 수사요원들은 우연히 알게 된 사실을 미 국세청 수사요원들에게 알리지 않았다.

[주 제 어]

유관정보, 무관정보, 삭제·폐기 의무

[Key Words]

responsive information, non-responsive information, right to delete of non-responsive information

접수일자: 2017. 4. 16. 심사일자: 2017. 6. 1. 게재확정일자: 2017. 6. 5.

[참고문헌]

김성룡, "전자정보에 대한 이른바 '별건 압수 · 수색' — 대법원 2015. 7. 16. 선고 2011모1839 전원합의체 결정의 평석을 겸하여 —", 형사법의 신동향 통권 제49호(2015. 12).

김슬기, "미국에서의 정보저장매체의 압수 · 수색에 관한 연구", 법학연구(연세대학교 법학연구원) 제25권 제4호(2015년 12월).

김양섭, "전자정보에 대한 수색 · 압수영장의 집행이 적법성을 갖추기 위해 필요한 조치", 사법 제19호(2012).

박건욱, "수사기관에서의 전자정보 탐색 과정을 수색 · 압수일환으로 보는 판례 입장에 대한 비판적 검토", 형사법의 신동향 통권 제50호(2016. 3).

박민우, "디지털증거 수색 · 압수에서 유관정보 확인 이후 절차와 증거능력", 고려법학 제81호(2016. 6).

이기리, "디지털증거에 대한 수색 · 압수 및 탐색의 한계"(한국정보법학회 2015. 9. 8.자 사례연구회에서 발표된 논문).

이숙연, "전자정보에 대한 수색 · 압수와 기본권, 그리고 영장주의에 관하여", 헌법학연구 제18권 제1호, 2012.

이완규, "디지털 증거 압수 절차상 피압수자 참여 방식과 관련성 범위 밖의 별건 증거 압수 방법", 형사법의 신동향 통권 제48호(2015. 9).

전승수, "디지털 증거 압수절차의 적정성 문제 — 피압수자 참여 범위 및 영장 무관 정보의 압수를 중심으로 —", 형사판례연구[24](2016. 6).

조 국, "컴퓨터 전자기록에 대한 대물적 강제처분의 해석론적 쟁점", 형사정책 제22권 제1호(2010. 7).

Blake A. Klinkner, Digital Evidence and the Fourth Amendment United States v. Ganias and Judicial Recognition of the "Right to Deletion" in *Wyoming Lawyer*, April, 2015.

Orin Kerr, "Court adopts a Fourth Amendment right to the deletion of non-responsive computer files" in *The Washington Post*, June 18, 2014;

________, "Executing Warrants for Digital Evidence: the Case for Use Restrictions on Nonresponsive Data" in *Texas Tech Law Review* Fall, 2015.

[Abstract]

A close Comparison of Chong Kun Dang Decision of the Supreme Court of Korea(2015) with *United States v. Ganias* of Second Circuit ruling(2014)

Sim, Hui-gi*

1. The Supreme Court of Korea (hereinafter KSCt) handed down a very epoch making ruling (abbreviated as 'Chong Kun Dang Decision' hereinafter) about the search and seizure of digital evidence in 2015. Until now 7 articles have been published, which took the commenting of this decision as the central theme and did the following discussions seriously.

In this paper, I intend to focus on identifying what the Chong Kun Dang Decision means and what are grounds of the ruling rather than criticizing any argument and ground. This is because the conventional analyses are not successful in explaining the exact meaning of Chong Kun Dang Decision.

2. With the Chong Kun Dang Decision, the issue of "the first issuance of warrant for the search and seizure of evidence related to the alleged abuse of trust → the carrying out the execution of warrant(physical seizure ⓐ, removal of the information storage medium at the scene) → 'physical seizure ⓑ' (imaging duplication) → searching for digital information (off-site search) → in case of accidental finding of the irrelevant information, does the investigating agent become obliged to delete irrelevant information?" emerged as an urgent issue. Although Lee Wan-gyu (2015) and Park Min-woo (2016) already discussed this issue, a more in-depth inquiry is necessary.

* Professor, School of Law, Yonsei University, Ph.D in Law.

3. The methodology of this paper is as follows.

The 2014, US Second Circuit panel handed down a ruling (United States v. Ganias) seems to have given some impression to the formation of a majority opinion (and separate opinion, supplementary opinion) of Chong Kun-dang decision. Therefore, it is necessary to compare precisely the issues and arguments of the '2014 Ganias panel ruling' and the Chong Kun Dang decision. In this context first of all I attempted to reconfigure the facts of two cases for precise comparison in chapter Ⅱ.

4. In chapter Ⅲ, I try to make a precise comparison of the grounds of Chong Kun Dang Decision (2015) and Ganias panel ruling (2014).

The focus of the comparisons are as follows. First, is there an obligation to the investigating authority to delete and discard irrelevant information after separating the related information and the irrelevant information? Second, presence of dominion of the investigating authority on the information that contains related information and irrelevant information. Third, why the deletion of irrelevant information become a problem? Fourth, what is the legitimate response of the investigating agency that witnessed evidence of irrelevant crime? Fifth, conflicts between means (due process) and purpose (substantive truthfulness). Sixth, among series of actions taken by the investigating authority what can be considered as the search and seizure measures of digital evidence?

2016년도 형법판례 회고

오 영 근*

Ⅰ. 머리말

2016년 선고된 대법원 형사판결 중 2017. 1. 9. 현재 대법원 종합법률정보 사이트[1]에 공개되어 있는 대법원 형사판례는 모두 152건이고, 이중 전원합의체 판결은 모두 5건이다.[2]

이 중에서 가장 주목되는 판결은 대법원 2016. 5. 19. 선고 2014도6992 전원합의체 판결이다. 동 판결은 중간생략등기형 명의신탁에서 수탁자가 신탁부동산을 임의처분한 경우 횡령죄의 성립을 긍정했던 종전의 입장을 변경하고 횡령죄의 성립을 부정하였다. 보이스피싱범죄에 관한 대법원 2016. 2. 19. 선고 2015도15101 전원합의체 판결도 해석론적 관점에서 흥미있는 판결이라고 할 수 있다.

2016년도의 대법원 형법판례들의 전반적 경향을 분석해볼 때 피고인에게 유리한 방향으로 해석한 판결이 이전에 비해 증가하였다는 것을 발견할 수 있다. 비록 동기설을 따르기는 하지만 반성적 조치라는 이유로 형법 제1조 제2항의 적용을 인정한 판결,[3] 채무불이행을

* 한양대학교 법학전문대학원 교수.

1) http://glaw.scourt.go.kr/wsjo/panre/sjo060.do#1492216283507.

2) 이것 이외에 대법원 전원합의체 형사소송법 판결로서 군사법원과 일반법원의 재판권에 관한 결정이 있었다. 대법원 2016. 6. 16.자 2016초기318 전원합의체 결정.

3) 대법원 2016. 6. 23. 선고 2016도1473 판결, 대법원 2016. 3. 24. 선고 2016도836 판결, 대법원 2016. 3. 10. 선고 2015도19258 판결, 대법원 2016. 2. 18. 선고

사기죄로 처벌하는 관행에 제동을 걸었다고 할 수 있는 판결[4] 성폭력특례법 제13조 통신매체이용음란죄에 관한 판결[5] 등을 들 수 있다.

다만, 152개의 판결 중 일반형법에 관한 판례보다는 형사특별법이나 행정법상의 벌칙규정 등에 대한 판례가 압도적으로 많다는 것이다. 이는 우리의 형법체제가 원칙법인 일반법이 아니라 예외법인 특별법 중심으로 이루어져 있다는 것을 의미한다. 이러한 기형적 형법체계는 형법의 보장적 기능이나 일반예방적 목적을 달성하는 데에 비효율적이다. 일반 형법전에 범죄가 규정되어야 그에 대한 연구와 교육이 좀 더 활발히 진행되어 그 의미나 문제점이 명백해지고, 국민들도 덜 어렵게 그 범죄를 알 수 있게 된다. 이것이 형법의 보장적 목적이나 일반예방적 목적을 달성하는 데에 유리하다. 2016년 선고된 대법원판례들에 비추어봐도 특별법이 아니라 일반법 중심으로 우리의 형법체제를 시급히 조정해야 할 필요성이 분명히 나타나고 있다.

한편 2016년에도 헌법재판소는 형법이나 형사특별법상의 규정들에 대해 여러 차례 위헌 여부에 관한 결정을 하였다. 위헌결정된 법률규정에는 청소년성보호법과 성폭력특례법의 규정들이 많았다. 또한 비록 합헌으로 결정되었지만 두 법률들의 여러 규정들이 위헌 시비에 휘말렸다. 이는 동 법률들을 폐지하고 필요한 규정들만 형법이나 형사소송법에 편입시킬 필요성을 보여주고 있다.

이하에서는 2016년 선고된 대법원 형법판결과 헌법재판소 결정 중 필자가 임의로 선정한 판결[6]과 결정들에 대해 살펴보기로 한다.

2015도17848 판결, 대법원 2016. 2. 18. 선고 2015도18636 판결 등은 법률이념의 변경이 아니라는 이유로 피고인에게 형법 제1조 제2항을 적용하였다.

4) 대법원 2016. 6. 9. 선고 2015도18555 판결; 대법원 2016. 4. 2. 선고 2012도14516 판결.

5) 대법원 2016. 3. 10. 선고 2015도17847 판결.

6) 대법원 2016. 8. 26. 선고 2015도11812 전원합의체 판결은 구 공직선거법상 선거운동의 의미와 금지되는 선거운동의 범위를 판단하는 기준, 대법원 2016. 7. 21. 선고 2013도850 전원합의체 판결은 치과의사의 안면 보톡스 시술이 의료법위반인지 여부, 대법원 2016. 2. 19. 선고 2015도12980 전원합의체 판결은 군부대 총기난사 사건의 범인에 대한 사형선고의 정당성에 관한 판결이다. 그

Ⅱ. 대법원 전원합의체 판결

1. 중간생략등기형 명의신탁과 횡령죄

- 대법원 2016. 5. 19. 선고 2014도6992 전원합의체 판결 -

(1) 사실관계 및 재판의 경과

피고인 甲은 자신에게 중략생략등기로 명의신탁된 부동산을 임의 처분하여 횡령죄로 기소되었다.

항소심은 횡령죄의 성립을 긍정하였으나,[7] 대법원 전원합의체는 일치된 의견으로 종래의 입장을 변경하고 횡령죄의 성립을 부정하하였다.

(2) 판결요지

(중간생략등기형 명의신탁에서) 명의신탁자가 매매계약의 당사자로서 매도인을 대위하여 신탁부동산을 이전받아 취득할 수 있는 권리 기타 법적 가능성을 가지고 있기는 하지만, 명의신탁자가 이러한 권리 등을 보유하였음을 이유로 명의신탁자를 사실상 또는 실질적 소유권자로 보아 민사상 소유권이론과 달리 횡령죄가 보호하는 신탁부동산의 소유자라고 평가할 수는 없다. 명의수탁자에 대한 관계에서 명의신탁자를 사실상 또는 실질적 소유권자라고 형법적으로 평가하는 것은 … 부동산실명법의 규정과 취지에 명백히 반하여 허용될 수 없다.

… 부동산실명법의 명의신탁관계에 대한 규율 내용 및 태도 등에 비추어 볼 때, 명의신탁자와 명의수탁자 사이에 위탁신임관계를 근거지우는 계약인 명의신탁약정 또는 이에 부수한 위임약정이 무효임에도 불구하고 횡령죄 성립을 위한 사무관리 · 관습 · 조리 · 신의칙에 기초한 위탁신임관계가 있다고 할 수는 없다. 또한 명의신탁자와 명의수탁자 사이에 존재한다고 주장될 수 있는 사실상의 위탁관계라는 것도

러나 이 글에서는 지면관계상 이에 대해서는 언급하지 않는다. 전원합의체 판결이 아닌 대법원판결 중에서는 파기환송된 판결을 주로 선정하였다.

7) 대전지법 2014. 5. 21. 선고 2013노2260 판결.

부동산실명법에 반하여 범죄를 구성하는 불법적인 관계에 지나지 아니할 뿐 이를 형법상 보호할 만한 가치 있는 신임에 의한 것이라고 할 수 없다.

그러므로 … 명의수탁자가 명의신탁자의 재물을 보관하는 자라고 할 수 없으므로, 명의수탁자가 신탁받은 부동산을 임의로 처분하여도 명의신탁자에 대한 관계에서 횡령죄가 성립하지 아니한다.[8)]

(3) 대상판결의 의의

대법원은 일찍이 두 사람간(이자간 혹은 양자간) 명의신탁에서 수탁자가 부동산을 임의처분한 경우 횡령죄의 성립을 인정하였고,[9)] 이러한 입장은 부동산실명법이 제정된 이후에도 계속 유지되었다.[10)] 그러나 대법원은 이른바 계약명의신탁에서 매도인이 선의인 경우 횡령죄나 배임죄의 성립을 부정하였다.[11)] 이후 상대방이 악의인 계약명의신탁에서도 횡령죄나 배임죄의 성립을 부정하였다.[12)] 한편 대법원은 중간생략등기형 명의신탁에서는 횡령죄의 성립을 계속 인정하였다.[13)]

대상판결의 결론은 타당하다고 할 수 있다. 특히 구체적 사건에서 중간생략등기형 명의신탁인지 이른바 악의의 계약명의신탁 중 어디에 해당하는지 구분하기 어려움에도 불구하고, 전자에서는 횡령죄로 처

8) 이 판결에 대한 해설로, 김희수, "중간생략등기형 명의신탁에서 신탁부동산의 임의 처분 시 횡령죄 성립 여부", 사법 제37호, 2016, 425-476면; 이 판결에 대한 평석으로 강동범, "등기명의신탁에서 신탁부동산의 임의처분과 횡령죄의 성부", 법조 통권 제718호 별책 최신판례분석, 2016, 601-620면; 정혜욱, "명의신탁의 반사회성 판단기준", 중앙법학 제18집 제3호, 2016, 177-206면 등.

9) 대법원 1971. 6. 22. 선고 71도740 전원합의체 판결. 반대의견은 명의신탁에서도 대내적, 대외적으로 소유권은 수탁자에게 있으므로 배임죄는 별론으로 하고 횡령죄는 성립하지 않는다고 하였다.

10) 대법원 1999. 10. 12. 선고 99도3170 판결 외 다수판결. 이 판결들에서는 별다른 이유를 제시하지 않고 있다.

11) 대법원 2000. 3. 24. 선고 98도4347 판결; 대법원 2008. 3. 27. 선고 2008도455 판결.

12) 대법원 2012. 11. 29. 선고 2011도7361 판결.

13) 대법원 2010. 1. 28. 선고 2009도1884 판결; 대법원 2010. 9. 30. 선고 2010도8556 판결 등.

벌하고, 후자에서는 횡령죄로 처벌하는 것은 부당하다는 논거는 매우 타당하다고 할 수 있다.

이제 남은 문제는 양자간 명의신탁에서 횡령죄 성립의 인정여부이다. 현재 대법원은 횡령죄의 성립을 긍정하고 있지만, 장차 이러한 사건이 문제될 경우 횡령죄의 성립을 부정할 것이라고 예상된다. 대상판결은 명의신탁자와 명의수탁자 사이에 사무관리·관습·조리·신의칙에 기초한 위탁신임관계를 인정할 수 없고, 횡령죄 성립을 긍정하기 위해 주장되는 사실상의 위탁관계라는 것도 형법상 보호할 만한 가치가 없다고 하기 때문이다.[14)]

대상판결까지의 판례를 종합할 때 명의신탁에서 횡령죄의 성립여부에서 결정적인 역할을 하는 것은 신탁자와 수탁자 사이의 형법상 보호할 만한 가치가 있는 신임관계의 인정여부이므로 이를 제일 먼저 따져봐야 한다. 만약 이를 부정한다면 대상판결처럼 민법상 소유권인정 여부를 장황하게 논의할 필요는 없을 것이고, 이는 어떤 형태의 명의신탁에서도 간명하게 적용될 수 있는 논리를 제공할 수 있었을 것이다.

(4) 문제점

대상판결은 타인의 재물인지 아닌지는 민법, 상법, 기타의 실체법에 따라 결정하여야 한다고 한다. 이는 형법상 고유한 소유개념은 인정되지 않는다는 입장이다. 그런데 형법상 고유한 점유개념이 있고, 형법상의 점유개념도 횡령죄에서는 간접점유도 점유로 인정하지만 절도죄에서는 간접점유는 점유로 인정하지 않는 것과 같이 각 범죄에 따라 점유개념이 다를 수 있다.

통설도 형법상 고유 소유권개념은 없다는 입장이라고 할 수 있다. 그러나 사람, 점유, 재산 등 형법에 규정된 모든 개념을 형법상 고유한 입장에서 파악한다면 형법상 고유한 소유개념을 부정할 필요가 없

14) 이는 중간생략등기형 명의신탁에서 배임죄의 성립도 인정되지 않는다는 취지라고 할 수 있다.

을 것이다. 예컨대 민법분야에서도 명의신탁의 경우와 같이 대내적 소유권과 대외적 소유권을 달리 파악하는 것에 대해 긍정설과 부정설이 있는데, 여기에서 어떤 입장을 취할 것인가는 형법에서 독자적으로 판단해야 할 것이다.[15)]

2. 전기통신금융사기죄의 기수시기
- 대법원 2016. 2. 19. 선고 2015도15101 전원합의체 판결 -[16)]

(1) 사실관계 및 재판의 경과

K는 보이스피싱으로 피해자를 속여 S명의의 대포통장에 돈을 입금하도록 하였다. 피고인은 다른 공범 M으로부터 건네받아 보관하고 있던 S명의의 체크카드로 현금자동지급기에서 11회에 걸쳐 현금을 인출하였다. 피고인은 '전기통신금융사기 피해 방지 및 피해금 환급에 관한 특별법' 제15조의2 제1항[17)] 위반죄로 기소되었다.

대법원은 대법관 8 대 5의 의견으로 동위반죄가 성립하지 않는다고 하였다.

(2) 판결요지

[다수의견] 전기통신금융사기를 목적으로 타인으로 하여금 컴퓨터

---

15) 예를 들어 甲이 A의 지갑을 갈취하여 몇 달 동안 잘 사용하고 있는데, 이를 모르는 甲의 아들 乙이 지갑을 절취한 경우 친족간의 범행규정이 적용되느냐가 문제될 수 있다. 민법상 원리를 그대로 따르면 A가 지갑의 교부를 추인하느냐 취소하느냐에 따라 소유권의 귀속이 달라지게 되는데 형법상의 친족간 범행규정의 적용에서 이러한 민법의 원리를 그대로 받아들일 필요는 없을 것이다.

16) 이 판결에 대한 해설로, 고제성, "통신사기피해환급법 제15조의2 제1항에서 말하는 '정보 또는 명령의 입력행위'의 의미", 사법 제36호, 2016, 378면 이하.

17) 제15조의2(벌칙) ① 전기통신금융사기를 목적으로 다음 각 호의 어느 하나에 해당하는 행위를 한 자는 10년 이하의 징역 또는 1억원 이하의 벌금에 처한다.
1. 타인으로 하여금 컴퓨터 등 정보처리장치에 정보 또는 명령을 입력하게 하는 행위
2. 취득한 타인의 정보를 이용하여 컴퓨터 등 정보처리장치에 정보 또는 명령을 입력하는 행위

등 정보처리장치에 정보 또는 명령을 입력하게 하는 행위(처벌조항 제1호, 이하 '제1호 행위'라고 한다)나 전기통신금융사기를 목적으로 취득한 타인의 정보를 이용하여 컴퓨터 등 정보처리장치에 정보 또는 명령을 입력하는 행위(처벌조항 제2호, 이하 '제2호 행위'라고 한다)에 의한 정보 또는 명령의 입력으로 자금이 사기이용계좌로 송금·이체되면 전기통신금융사기 행위는 종료되고 처벌조항 위반죄는 이미 기수에 이른 것이므로, 그 후에 사기이용계좌에서 현금을 인출하거나 다시 송금하는 행위는 범인들 내부 영역에서 그들이 관리하는 계좌를 이용하여 이루어지는 행위이어서, 이를 두고 새로 전기통신금융사기를 목적으로 하는 행위라고 할 수 없다.

[반대의견] 대포통장에서 자금을 인출하는 행위는 전기통신금융사기를 목적으로 하는 행위로 보아야 하고, 전기통신금융사기의 목적을 달성한 이후의 행위라고 볼 것은 아니다.

(3) 평 석

대상판결에서 문제되는 것은 이미 보이스피싱으로 대포통장에 입금된 현금을 인출하는 행위가 동법 제15조의2 제1항에 규정된 전기통신금융사기죄에 해당되는지이다.

일반적으로 보이스피싱 범죄는 대포통장에 입금된 현금을 인출하는 행위까지 포함하는 것으로 이해되고 있기 때문에, 대포통장에서 현금을 인출하는 행위를 취득한 타인(대포통장의 명의인)의 정보를 이용하여 정보 또는 명령을 입력하는 행위라고 할 수도 있기 때문이다.

그런데 동법 제2조 제2호는 "'전기통신금융사기'란 전기통신기본법 제2조 제1호에 따른 전기통신을 이용하여 타인을 기망·공갈함으로써 재산상의 이익을 취하거나 제3자에게 재산상의 이익을 취하게 하는 다음 각 목의 행위를 말한다. … 가. 자금을 송금·이체하도록 하는 행위, 나. 개인정보를 알아내어 자금을 송금·이체하는 행위"라고 규정하고 있다.

이는 상식적인 보이스피싱 범죄보다는 그 개념이 좁다고 할 수 있다. 이 규정에서 타인은 피기망자나 피공갈자임이기 분명하기 때문에 전기통신금융사기는 기망자·공갈자나 피기망자·피공갈자가 대포통장으로 자금을 '송금·이체'하는 행위만으로 이루어져 있고, 다른 범인이 대포통장에서 현금을 인출하는 행위는 포함된다고 할 수 없기 때문이다.

이러한 의미에서 비록 대포통장에서 현금을 인출하는 행위를 처벌해야 할 필요성이 있지만, 동법에서 규정하고 있는 전기통신금융사기는 송금·이체행위 뿐이고 만약에 송금·이체된 자금을 '인출'하는 행위까지 여기에 포함된다고 하는 것은 문언의 가능한 의미를 벗어나 피고인에게 불리한 유추해석이라고 할 수 있다. 따라서 반대의견보다는 다수의견이 타당하다[18].

Ⅲ. 대법원 판결

1. 형법 제1조 제2항과 동기설

- 대법원 2016. 1. 28. 선고 2015도17907 판결 -

(1) 사실관계 및 재판의 경과

피고인은 구 폭처법 제3조 제1항 소정의 특수상해죄(3년 이상의 유기징역)와 특수손괴죄(3년 이상의 유기징역)로 기소되어 제1심과 항소심에서 유죄판결을 받았다. 그런데 상고심이 진행중이던 2016. 1. 6. 폭처법이 개정되어 구 폭처법 제3조 제1항이 삭제되고 같은 날 개정·시행된 형법 제258조의2에 특수상해죄가 신설되었고 그 법정형은 1년 이상 10년 이하로 규정되었다.

대법원은 이러한 법개정은 구법에 대한 반성적 조치에 의한 것이

18) 같은 의견으로, 이창섭, "통신사기피해환급법 제15조의2 제1항 위반죄에 관한 고찰", 법학연구 제57권 제4호, 2016, 101면.

므로 신법을 적용해야 한다고 하였다.

(2) 판결요지

형법 제257조 제1항의 가중적 구성요건을 규정하고 있던 구 폭력행위처벌법 제3조 제1항을 삭제하는 대신에 같은 구성요건을 형법 제258조의2 제1항에 신설하면서 법정형을 구 폭력행위처벌법 제3조 제1항보다 낮게 규정한 것은, 가중적 구성요건의 표지가 가지는 일반적인 위험성을 고려하더라도 개별 범죄의 범행경위, 구체적인 행위태양과 법익침해의 정도 등이 매우 다양함에도 일률적으로 3년 이상의 유기징역으로 가중 처벌하도록 한 종전의 형벌규정이 과중하다는 데에서 나온 반성적 조치라고 보아야 하므로, 이는 형법 제1조 제2항의 '범죄 후 법률의 변경에 의하여 형이 구법보다 경한 때'에 해당한다.

(3) 평 석

2016년에는 대상판결과 같은 취지의 판결이 여러 건 선고되었는데, 대법원 2016. 2. 18. 선고 2015도17848 판결은 구 특가법 제5조의4 제5항의 개정 및 같은 조 제1항의 삭제, 대법원 2016. 2. 18. 선고 2015도18636 판결 및 대법원 2016. 3. 10. 선고 2015도19258 판결은 구 폭처법 제2조 제1항의 삭제는 모두 종전의 형이 과중하다는 데에서 나온 반성적 조치이므로 신법을 적용해야 한다고 한다. 또한 대법원 2016. 3. 24. 선고 2016도836 판결과 대법원 2016. 6. 23. 선고 2016도1473 판결은 개정된 형법 제324조 제1항 이 구 형법 제324조와 달리 법정형으로 징역형 외에 벌금형을 추가한 것이 종전의 형이 과중하다는 데에서 나온 조치로서 형법 제1조 제2항 에서 정한 '범죄 후 법률의 변경에 의하여 형이 구법보다 경한 때'에 해당한다고 한다.

대상판결의 결론은 타당하지만 대상판결이 소위 '동기설'에 따라 형법 제1조 제2항을 해석하는 것은 타당하다고 할 수 없다. 왜냐하면 동기설은 여러 가지 문제점[19]이 있지만 무엇보다 피고인에게 유리한

19) 이에 대해서는, 송문호, "형법 제1조 2항과 한시법에서 동기설의 문제점", 법

제1조 제2, 3항을 축소해석하는 것으로서, 피고인에게 유리한 규정을 축소해석하는 것도 허용되지 않는다는 판례의 입장[20]과 서로 모순되기 때문이다.

2. 구 아동복지법상 신체손상의 개념

- 대법원 2016. 5. 12. 선고 2015도6781 판결 -

(1) 사실관계 및 재판의 경과

피고인은 K어린이집 교실에서 피해자 A(3세)를 우측 발로 밀었고, 교실 밥상에서 밥을 먹는 A의 왼팔을 피고인의 오른손으로 때렸고, 왼손으로 A의 머리채를 잡으며 뒤로 확 밀어버렸고, 발을 사용하여 밀쳐서 옆으로 가서 앉게 하고, 수업준비시간에도 다른 아이와 어울리지 못하도록 따로 떼어놓고 앉게 하였고, A가 밥을 느리게 먹는다는 이유로 A의 식판을 복도쪽으로 내놓고 수저통을 복도쪽으로 던졌고, 낮잠시간에 A가 낮잠을 자지 않고 책을 가져오자 피고인이 책을 빼앗는 등의 행위를 하였다. 피고인은 자신의 개인적인 감정을 A에 표출한 것이고 이로 인하여 A는 아동심리정신과에서 진료를 받기도 하였다.

피고인은 구 아동복지법 제17조 제3호의 '아동의 신체에 손상을 주는 학대행위'를 하였다는 이유로 기소되었다. 대법원은 피고인의 행위가 제3호가 아닌 제5호(아동의 정신건강 및 발달에 해를 끼치는 정서적 학대행위)에 해당된다는 취지로 판결하였다.

(2) 판결요지

구 아동복지법(2014. 1. 28. 법률 제12361호로 개정되기 전의 것) 제17조 제3호는 "아동의 신체에 손상을 주는 학대행위"를 금지행위의 하나로 규정하고 있는데, 여기에서 '신체에 손상을 준다'란 아동의 신

학연구(전북대) 통권 제41집, 2014, 195-216면.

20) 대법원 2010. 9. 30. 선고 2008도4762 판결 등.

체에 대한 유형력의 행사로 신체의 완전성을 훼손하거나 생리적 기능에 장애를 초래하는 '상해'의 정도에까지는 이르지 않더라도 그에 준하는 정도로 신체에 부정적인 변화를 가져오는 것을 의미한다.

(3) 평 석

대상판결의 결론은 타당하다고 할 수 있다.

그러나 형법상 학대죄의 보호법익은 피학대자의 생명·신체인 데 비해 아동복지법상 학대죄의 보호법익은 아동의 건강과 복지이고, 형법상 학대죄의 객체가 아동복지법상 학대죄의 객체보다 넓으므로 아동복지법상 학대의 개념이 형법상 학대의 개념보다 넓다고 하는 것은 문제가 있다. 형법상 학대죄의 보호법익에 인격권도 포함되고, 아동복지법상 학대죄의 보호법익에 아동의 생명도 포함되는데, 이는 양자의 보호법익에 별 차이가 없다는 것을 의미한다.

그리고 어떤 범죄에서 행위태양을 넓게 해석할 것인지 아닌지는 보호법익이나 행위의 객체보다는 법정형의 경중을 더 중요한 기준으로 삼아야 한다. 따라서 아동복지법상의 학대행위를 형법상의 학대행위보다 넓게 해석할 필요는 없다. 오히려 아동복지법상의 학대개념을 좁게 해석하고 이에 미치지 못할 때에는 형법상의 학대개념에 해당되는지 검토하는 것이 특별법인 아동복지법상의 학대죄규정과 일반법인 형법상의 학대죄 규정의 관계를 합리적으로 파악하는 것이라고 할 수 있다.

3. 채무불이행과 사기죄의 구별

- 대법원 2016. 4. 28. 선고 2012도14516 판결 -

(1) 사실관계 및 재판의 경과

보험설계사인 피고인은 피해자 A의 신용카드를 이용하여 현금서비스를 받고 그 카드대금을 A에게 지급하는 방식으로 A와 반복적으로 금전거래를 하면서 2001. 1.부터 2002. 7.까지 A의 KB 국민은행 계좌로 13회에 걸쳐 합계 20,874,993원을 송금하였으나 카드대금 전부를 변제하지는 못하였다.

이에 A는 이른바 돌려막기 형식으로 다른 신용카드를 이용하여 기존의 카드대금을 변제하여 왔고, 그 과정에서 피고인은 위 연체된 카드대금의 변제에 사용하기 위하여 2002. 8. A로부터 2,000만 원을 차용하면서 A에게 월 3부 이자를 지급하기로 약정하였다. 그 무렵 피고인은 채권최고액 6,000만 원의 근저당권이 설정되어 있는 아파트와 자동차를 소유하고 있었고, 2003년 1월 전후로 보험설계사로서의 영업은 계속적으로 해왔다.

한편 피고인은 차용일 이후인 2002. 8.부터 2004. 3.까지 A의 계좌로 48회에 걸쳐 합계 61,063,965원을 송금해 주었는데, 그 중 8회에 걸쳐 송금한 약 5백만 원은 차용금 2,000만 원에 대한 월 3부 상당의 이자 명목으로 송금하였다.

이후 피고인은 2004년 2월경 A로부터 그동안 밀린 카드대금과 위 차용금 등에 대한 변제를 약속하는 의미에서 약속어음을 작성해 달라는 요구를 받고 금액 3,500만 원으로 된 약속어음을 작성해 주었고, 이와 함께 2004. 2. 3. 피고인 소유의 위 아파트에 관하여 채무자 피고인, 근저당권자 A, 채권최고액 3,500만 원으로 된 2순위 근저당권을 설정해 주기도 하였다.

A는 2006. 8. 10. 피고인이 위 카드대금과 위 차용금 등을 변제하지 않는다는 이유로 피고인을 사기죄로 고소하였고, 피고인은 체포영장에 의해 체포된 다음 날인 2007. 5. 13. 남편 H와 딸 D의 연대보증 아래 A에게 47,944,570원을 지급하기로 약속하는 내용의 지불각서를 작성해 주었으며, A는 위 지불각서에 기해 피고인, H, D를 상대로 소송을 제기하여 2011. 10. 11. 승소판결을 받았고 위 판결은 그 무렵 그대로 확정되었다.

이후 A가 피고인을 사기죄로 고소하였고, 피고인은 사기죄로 기소되었다. 대법원은 이 사건에서 사기죄를 인정하지 않았다.

(2) 판결요지

소비대차 거래에서, 대주와 차주 사이의 친척·친지와 같은 인적 관계 및 계속적인 거래 관계 등에 의하여 대주가 차주의 신용 상태를 인식하고 있어 장래의 변제 지체 또는 변제불능에 대한 위험을 예상하고 있었거나 충분히 예상할 수 있는 경우에는, 차주가 차용 당시 구체적인 변제의사, 변제능력, 차용 조건 등과 관련하여 소비대차 여부를 결정지을 수 있는 중요한 사항에 관하여 허위 사실을 말하였다는 등의 다른 사정이 없다면, 차주가 그 후 제대로 변제하지 못하였다는 사실만을 가지고 변제능력에 관하여 대주를 기망하였다거나 차주에게 편취의 범의가 있었다고 단정할 수 없다.

(3) 평 석

우리나라에서 고소율이 높은 가장 큰 이유는 민사문제를 형사문제로 해결하려고 하는 소위 '민사의 형사화' 현상 때문이다. 민사문제를 형사문제로 다루면 좀더 용이하고 신속하게 문제를 해결할 수 있기 때문이다. 특히 이 사건에서와 같이 피의자 또는 피고인이 체포나 구속될 경우에는 대여금을 변제받기가 훨씬 용이하다. 피의자 또는 피고인은 체포나 구속상태를 벗어나기 위해 친척이나 지인들에게 돈을 빌리는 등 모든 수단을 동원하여 차용금을 변제하려고 하기 때문이다.

그리고 '민사의 형사화'의 대표적인 예가 민사상의 채무불이행을 사기죄로 고소하여 처벌하는 것이다. 실무상 '결과적 사기범'이라는 용어가 있는데, 이는 민사상 채무불이행임에도 불구하고 채무변제를 하지 못하는 결과만 발생하면 사기죄로 처벌된다는 의미이다.

대상판결은 사기죄의 범위를 엄격하게 해석하여 우리 사회에 만연한 민사의 형사화 현상에 제동을 걸었다는 데에 그 의의가 있고, 이와 같이 채무불이행과 사기죄를 엄격하게 구별하려고 하는 대상판결의 입장은 매우 타당하다고 할 수 있다.

4. 자동차 양도 후 위치추적해 취거한 경우 사기죄의 성립 여부
- 대법원 2016. 3. 24. 선고 2015도17452 판결 -

(1) 사실관계 및 재판의 경과

피고인 甲, 乙 등은 함께 P의 승낙을 받고 P소유의 승용차를 팔기로 하였다. 그러나 甲, 乙은 승용차 매매대금을 받아낸 다음 승용차를 절취하기로 공모한 다음, 2013. 9. 14. 00 : 30경 승용차 매매대금 750만원을 지급받고 A에게 승용차를 매도하면서 승용차의 소유권이전등록에 필요한 일체의 서류를 건네주었다. 계속하여 피고인들은 위 승용차에 미리 부착해 놓은 GPS 기능을 이용하여 승용차 위치를 추적한 뒤, 2013. 9. 14. 00 : 55경 주차장에 주차되어 있던 위 승용차를 운전하여 갔다.

피고인 甲, 乙은 사기죄와 특수절도죄로 기소되었다. 대법원은 사기죄 성립을 부정하였다.

(2) 판결요지

매수인이 매도인으로부터 자동차와 함께 그 소유권이전등록에 필요한 일체의 서류를 건네받은 경우에는 혼자서도 소유권이전등록을 마칠 수 있다. 피고인이 피해자 A에게 승용차를 인도하고 소유권이전등록에 필요한 일체의 서류를 교부함으로써 A가 언제든지 승용차의 소유권이전등록을 마칠 수 있게 된 이상, 피고인이 승용차를 양도한 후 다시 절취할 의사를 가지고 있었더라도 이는 별개의 범죄로 매매대금을 편취하는 것과 같은 경제적 효과를 발생시키겠다는 범죄계획에 불과할 뿐이지, 승용차의 소유권을 이전하여 줄 의사가 없었다고 볼 수는 없다. 오히려 피고인이 처음부터 승용차를 양도하였다가 절취할 의사를 가지고 있었으므로, A에게 일단 승용차의 소유권을 이전할 의사가 있었다고 보는 것이 거래관념에 맞다. 또한 피고인이 승용차를 매도할 당시 곧바로 다시 절취할 의사를 가지고 있으면서도 이를 숨긴 것을 기망이라고 할 수도 없다.

(3) 평 석

대상판결에 의하면 승용차는 인도하고 승용차의 명의이전에 필요한 서류를 넘겨주지 않은 경우 사기죄가 성립할 것이다. 승용차의 명의이전에 필요한 서류는 넘겨줬지만 승용차는 인도하지 않은 경우에도 사기죄는 성립한다고 해야 할 것이다.

이 사건에서 대상판결은 피고인 甲, 乙이 A에게 승용차 명의이전에 필요한 서류를 넘겨주고, 승용차도 인도하였으므로 기망행위가 존재하지 않으므로 사기죄가 성립할 수 없다고 한다. 그러나 피고인들이 우발적이 아니라 처음부터 계획한대로 승용차를 인도한 후 25분 후에 다시 승용차를 취거하였다면 승용차를 인도하였다고 볼 수 있을지 의문이다.

한편 대상판결은 피고인들에게 특수절도죄는 인정한 것으로 보인다. 그러나 매수인이 승용차 등록에 필요한 서류를 밤 12시 반에 넘겨받았고 피고인들이 25분 후에 승용차를 취거하였으므로 아직 피해자 A에게 승용차의 명의이전이 이루어지지 않았을 것이다. 이 경우 대상판결의 논리에 따른다면 승용차의 소유권은 아직 P에게 있었다고 할 수 있다. 따라서 피고인들이 A가 점유하는 P의 승용차를 절취한 것으로서 특수절도죄를 범한 것이라고 할 수도 있다. 그러나 피고인들은 소유자 P의 승낙을 받았으므로 특수절도죄는 성립할 수 없고 권리행사방해죄의 공동정범이 성립한다고 해야 할 것이다.

5. 여러 거래 단계를 거친 횡령죄에서 횡령죄객체의 확정기준
- 대법원 2016. 8. 30. 선고 2013도658 판결 -

(1) 사실관계 및 재판의 경과

A 회사 울산공장 직원들은 그곳에서 생산된 섬유제품을 각 대리점에 무자료로 거래하고 그 거래내역을 피고인 甲과 乙에게 보고하였다. 丙 등 무자료 거래의 상대방인 대리점 사장들은 거래가 완료되면

직접 또는 K를 통하여 비밀리에 乙에게 현금으로 거래대금을 전달하였다. 위와 같이 전달된 현금은 A 회사 임직원 명의 차명계좌 등으로 관리되다가 피고인 甲과 가족들의 개인적 용도 등에 사용되었다.

피고인 甲, 乙은 섬유제품에 대한 횡령죄, 丙은 횡령죄의 방조범으로 기소되었다. 대법원은 이 사건 횡령죄의 객체는 섬유제품의 판매대금이고, 섬유제품의 판매대금이 비밀리에 현금으로 乙에게 전달된 때 또는 전달된 대금이 개인적인 목적으로 소비된 때 비로소 그 '판매대금'에 대한 영득의사가 외부에 표현된 것으로 횡령죄가 성립한다고 하였다.

(2) 판결요지

횡령행위가 여러 단계의 일련의 거래 과정을 거쳐 이루어지는 등의 사유로 여러 재물을 횡령의 객체로 볼 여지가 있어 이를 확정할 필요가 있는 경우에는, 재물의 소유관계 및 성상(性狀), 위탁관계의 내용, 재물의 보관·처분 방법, 행위자가 어떤 재물을 영득할 의사로 횡령행위를 한 것인지 등의 제반 사정을 종합적으로 고려하여 횡령의 객체를 확정해야 한다.21)

(3) 평 석

대상판결의 결론에는 찬성하지만 다음과 같은 문제점이 있다.

첫째, 대상판결은 "불법영득의사가 외부에 인식될 수 있는 객관적 행위가 있을 때 횡령죄가 성립한다"고 하는데 이것이 횡령죄의 기수시기에 대해 표현설을 따르는 듯한 오해를 불러 일으킨다. 그러나 횡령행위가 있다고 하여 바로 횡령죄의 기수가 된다고 하는 표현설보다는 횡령죄에서도 기수의 일반원리를 따르는 실현설이 타당하다고 할 수 있다. 독일에서는 횡령죄의 객체가 동산(eine bewegliche Sache)에 국

21) 이 판결에 대한 평석으로, 이천현, "횡령행위가 일련의 거래과정을 거쳐 이루어지는 경우의 횡령죄의 객체", 한국형사판례연구회 2017년 4월 월례발표회 발표논문.

한되어 있으므로 표현설도 의미가 있다. 그러나 횡령죄에 객체에 부동산이 포함되어 있는 우리 형법의 해석에서는 표현설이란 불필요하고 나아가 혼란만 불러일으키는 개념이라고 할 수 있다.

둘째, 대상판결은 섬유제품을 횡령죄의 객체로 보면 대금을 받기 이전이나 대금을 받지 못해 횡령죄가 아무런 이익을 취하지 못하는 경우에도 횡령죄의 기수가 된다는 불합리한 결과가 발생한다고 한다. 그러나 예컨대 자신이 보관하는 도자기를 임의로 타인에게 양도하고 도자기를 인도하였지만 대금을 받지 못해 아무런 이익을 취득하지 못하였어도 횡령죄의 기수가 되는 것처럼 이익의 취득여부는 횡령죄의 기수에 영향을 미치지 못한다고 해야 한다.

셋째, 대상판결은 횡령죄의 성립에 불법영득의사가 필요하다고 한다. 그러나 횡령죄의 행위태양이 횡령, 즉 영득이므로 영득의사는 초과주관적 구성요건요소가 아니라 고의의 한 내용이라고 해야 한다. 독일형법에서도 횡령죄의 행위태양이 영득이고 불법영득의사에 대한 명문규정이 없으므로 횡령죄에서는 불법영득의사가 필요없다고 한다.

다만 반환을 거부한 경우 영득의사가 있어야 횡령죄가 성립할 수 있다. 이 때의 영득의사는 고의의 한 내용이라고 해야 하고 굳이 불법영득의사라는 개념을 사용할 필요가 없다.

6. 질권자의 동의없이 질권설정된 채권을 변제받는 행위와 배임죄
- 대법원 2016. 4. 29. 선고 2015도5665 판결 -

(1) 사실관계 및 재판의 경과

피고인은 피해자 A로부터 1억2천만 원의 전세자금 대출을 받으면서 A에게 그 담보로 피고인의 임대인 B에 대한 1억6천만 원의 전세보증금반환채권 전부에 관하여 담보한도금액을 1억5,600만 원으로 한 근질권을 설정하여 주었다. B는 A로부터 질권설정승낙서를 교부받았다. 이후 피고인은 임대인 B로부터 전세보증금 1억4천만 원을 수령하여 임의로 소비하였다.

(2) 판결요지

타인에 대한 채무의 담보로 제3채무자에 대한 채권에 대하여 권리질권을 설정한 경우 질권설정자는 질권자의 동의 없이 질권의 목적된 권리를 소멸하게 하거나 질권자의 이익을 해하는 변경을 할 수 없다(민법 제352조). 또한 질권설정자가 제3채무자에게 질권설정의 사실을 통지하거나 제3채무자가 이를 승낙한 때에는 제3채무자가 질권자의 동의 없이 질권의 목적인 채무를 변제하더라도 이로써 질권자에게 대항할 수 없고, 질권자는 여전히 제3채무자에 대하여 직접 채무의 변제를 청구하거나 변제할 금액의 공탁을 청구할 수 있다(민법 제353조 제2항, 제3항). 그러므로 이러한 경우 질권설정자가 질권의 목적인 채권의 변제를 받았다고 하여 질권자에 대한 관계에서 타인의 사무를 처리하는 자로서 임무에 위배하는 행위를 하여 질권자에게 손해를 가하거나 손해 발생의 위험을 초래하였다고 할 수 없고, 배임죄가 성립하지도 않는다.

(3) 평 석

제1심판결과 항소심판결처럼 피고인이 권리질권설정계약에 따라 A의 권리질권이라는 재산의 보호 또는 관리를 위하여 협력하여야 하는 지위에 있다고 하더라도 'A에게 협력'하는 사무는 논리상 피고인의 사무이지 A의 사무라고 할 수 없다. 이런 의미에서 대상판결의 입장이 타당하다.

그러나 이 사건에서 피해자에게 재산상 손해발생이 없었다고 할 수 있는지는 의문이다. 이 사건에서 피해자 A가 신속하게 대여금을 반환받지 못하므로 배임죄로 피고인을 고소한 것이라고 보이는데 신속하게 대여금을 반환받지 못하는 것 역시 재산상의 손해라고 할 수 있기 때문이다.

7. 배임죄 거래상대방의 공범성립 범위

- 대법원 2016. 10. 13. 선고 2014도17211 판결 -

(1) 사실관계 및 재판의 경과

피고인 甲은 피해자들의 공동소유인 특허권에 대하여 피해자들로부터 명의신탁을 받아 관리하는 업무를 맡아오고 있었다. 이를 잘 알고 있던 피고인 乙은 피고인 甲에게 대금 1천만 원을 지급하고 위 특허권에 관하여 피고인 乙 앞으로 이전등록하였다.

피고인 甲, 乙은 공모하여 업무상배임죄를 범하고, 피고인 乙이 부정한 청탁을 하고 피고인 甲에게 1천만 원을 주고 특허권을 이전등록받았으므로 甲은 1천만 원의 배임수재죄, 乙은 1천만 원의 배임증재죄를 범하였다는 이유로 기소되었다.

대법원은 乙에게는 배임죄가 성립하지 않고 배임수재나 증재액도 1천만 원이 아니라고 하였다.

(2) 판결요지

[1] 거래상대방의 대향적 행위의 존재를 필요로 하는 유형의 배임죄에서 거래상대방은 기본적으로 배임행위의 실행행위자와 별개의 이해관계를 가지고 반대편에서 독자적으로 거래에 임한다는 점을 고려하면, 업무상배임죄의 실행으로 이익을 얻게 되는 수익자는 배임죄의 공범이라고 볼 수 없는 것이 원칙이고, 실행행위자의 행위가 피해자 본인에 대한 배임행위에 해당한다는 점을 인식한 상태에서 배임의 의도가 전혀 없었던 실행행위자에게 배임행위를 교사하거나 또는 배임행위의 전 과정에 관여하는 등으로 배임행위에 적극 가담한 경우에 한하여 배임의 실행행위자에 대한 공동정범으로 인정할 수 있다.

[2] 배임수재죄 및 배임증재죄에서 공여 또는 취득하는 재물 또는 재산상 이익은 부정한 청탁에 대한 대가 또는 사례여야 한다. 따라서 거래상대방의 대향적 행위의 존재를 필요로 하는 유형의 배임죄에서 거래상대방이 양수대금 등 거래에 따른 계약상 의무를 이행하고 배임

행위의 실행행위자가 이를 이행받은 것을 두고 부정한 청탁에 대한 대가로 수수하였다고 쉽게 단정하여서는 아니 된다.

(3) 평 석

대상판결에서 배임수증재죄에서 수재액 또는 증재액을 부정한 청탁의 대가로 인정될 수 있는 금액만으로 해야 한다는 것은 타당하다고 할 수 있다.

문제는 대상판결이 거래상대방에 대한 배임죄의 공범 인정여부에 관한 종래의 입장을 되풀이 하고 있다는 것이다. 乙이 甲을 교사하여 배임죄를 범하게 하였으면 배임죄의 교사범이 성립한다고 해야지 공동정범이 성립한다고 하는 것은 부당하다. 乙에게 배임죄의 방조범이 문제될 수 있지만 대상판결을 포함한 판례의 취지는 공동정범이 성립할 수 없으면 방조범도 성립할 수 없다는 것인데, 그 근거가 무엇인지 불분명하다.

대상판결을 비롯한 판례가 음화판매죄나 공무상비밀누설죄와 같이 상대방을 처벌하지 않거나 수뢰죄와 증뢰죄 혹은 배임수재죄와 배임증재죄와 같이 상대방의 형벌이 가벼운 대향범에서 상대방에게 형법총칙이 적용되지 않는다는 입장을 횡령죄나 배임죄의 거래상대방에도 적용하는 것이라고 생각해볼 수도 있다.[22] 그러나 배임죄나 횡령죄가 대향범이라고 할 수 없고, 위와 같은 원리를 적용한다면 공동정범의 성립도 인정하지 말아야 할 것이다.

8. 통신매체이용음란죄의 성립범위

– 대법원 2016. 3. 10. 선고 2015도17847 판결 –

(1) 사실관계 및 재판의 경과

피고인은 2013. 11. 26.부터 2013. 12. 16.까지 사이에 6회에 걸쳐 피고인의 주거지에서 성적 수치심 등을 일으키는 내용의 각 편지를

22) 대법원 2011. 4. 28. 선고 2009도3642 판결.

작성한 다음 이를 옆집에 사는 피해자 A(여, 47세)의 주거지 출입문에 끼워 넣었다.

피고인은 성폭력범죄의 처벌 등에 관한 특례법 제13조 소정의 통신매체이용음란죄로 기소되었다. 대법원은 이 경우 동범죄가 성립하지 않는다고 하였다.

(2) 판결요지

성폭력특례법 제13조의 문언에 의하면, 자기 또는 다른 사람의 성적 욕망을 유발하는 등의 목적으로 '전화, 우편, 컴퓨터나 그 밖에 일반적으로 통신매체라고 인식되는 수단을 이용하여' 성적 수치심 등을 일으키는 말, 글, 물건 등을 상대방에게 전달하는 행위를 처벌하고자 하는 것임이 문언상 명백하므로, 위와 같은 통신매체를 이용하지 아니한 채 '직접' 상대방에게 말, 글, 물건 등을 도달하게 하는 행위까지 포함하여 위 규정으로 처벌할 수 있다고 보는 것은 법문의 가능한 의미의 범위를 벗어난 해석으로서 실정법 이상으로 처벌 범위를 확대하는 것이다.

(3) 평 석

피고인이 편지의 내용이 담긴 편지를 우편물로 보냈다면 유죄임이 분명하다. 그런데 피고인이 편지에 우표를 붙여 동네 아이를 시켜 피해자에게 가져다 주도록 한 경우 범죄가 성립할 수 있을지는 불분명하다. 만약 범죄가 성립한다고 하면 피고인이 직접 피해자에게 가져다 준 경우에도 범죄가 성립해야 한다고 해야 하는 것은 아닌지 의문이 든다. 만약 범죄가 성립하지 않는다고 할 경우 우체부를 통해 배달한 경우에는 범죄가 성립한다고 하면서 동네아이를 통해 배달한 경우에는 범죄가 성립하지 않는 이유가 무엇인지 의문을 제기할 수 있다.

통신매체이용음란죄의 보호법익은 성적 자기결정권이라고 할 수 있을 것이다. 그런데 위의 모든 경우에서 피해자의 성적 자기결정권이 침해·위태화되는 것은 동일하다. 통신매체이용음란죄의 보호법익을 통신매체의 성적 순수성이라고 할 수는 없다. 또한 통신매체를 이용하여 음란죄를 범하는 것이 통신매체를 이용하지 않고 직접 음란죄를 범하는 것보다 더 불법이 크다고 할 수는 없고 오히려 후자가 전자보다 더 불법이 크다고 할 수도 있다.

대상판결은 '전화, 우편, 컴퓨터, 그 밖의 통신매체를 통하여'라는 문언을 삭제해야 하는지에 대한 입법론적 검토가 필요하다는 것을 보여주고 있다.

9. 성매매에서 '불특정인을 상대로'의 의미

- 대법원 2016. 2. 18. 선고 2015도1185 판결 -

(1). 사실관계 및 재판의 경과

피고인은 A로부터 돈 많은 사람을 소개해 주겠다는 제안을 받고 B를 소개받아 합계 5,000만 원을 교부받고, B와 3회 성교하여 성매매죄를 범하였다는 이유로 기소되었다.

대법원은 피고인의 행위가 성매매죄에 해당되지 않는다고 하였다.

(2) 판결요지

성매매처벌법 제2조 제1항 제1호는 '성매매'를 불특정인을 상대로 금품이나 그 밖의 재산상의 이익을 수수하거나 수수하기로 약속하고 성교행위나 유사 성교행위를 하거나 그 상대방이 되는 것을 말한다고 규정하고 있는데, 여기서 '불특정인을 상대로'라는 것은 행위 당시에 상대방이 특정되지 않았다는 의미가 아니라, 그 행위의 대가인 금품 기타 재산상의 이익에 주목적을 두고 상대방의 특정성을 중시하지 않는다는 의미라고 보아야 한다.

(3) 평 석

대상판결은 성매매특별상의 성매매죄에서 '불특정인을 상대로'라는 규정의 의미에 대한 종래의 입장를 재확인하고 있다. 그런데 대상판결이 근거하고 있는 객관적 증거는 피고인이 이혼하였다는 언론보도와 이후 피고인이 D와 결혼하였다는 사정 뿐이다. 즉, 피고인에게 B와 만날 당시 금품등 이익의 취득에 주목적을 두고 상대방의 특정성을 중시하지 않는다는 의사의 유무는 주로 피고인과 소개자 A 및 성매수자 B의 진술을 근거로 판단하였다. 그런데 성매매가 인정되면 이들 모두 성매매죄나 성매매알선죄로 처벌되어야 할 사람들이다. 따라서 이들 진술의 신빙성을 인정하기는 어렵다고 할 것이다.

이와 같이 성매매죄의 증명은 당사자들의 진술에 의존할 수밖에 없으므로 그 수사에서 성매매죄보다 더 중대한 범죄인 자백강요가 이루어지거나 성매매죄가 합리적 의심이 불가능할 정도로 증명되지 않았음에도 불구하고 법원이 유죄를 선고하는 문제점 등이 있을 수 있다.

다른 한편 성판매자가 불특정인이 아니라 특정 다수인을 상대로 성을 판매하였을 경우 성매매죄를 인정할 것인지도 문제될 수 있다. 예컨대 유흥업소 여성이 손님 중 김회장, 이사장, 최교수 등 특정한 5명에게만 성을 판매하고 다른 손님들에게는 성을 판매하지 않는다고 할 경우 이를 불특정인을 상대로 한 것이라고 할 수는 없다. 이 경우 불특정인을 상대로 할 때보다 건전한 성도덕이라는 보호법익의 침해행위가 더 자주 이루어 질 수 있다. 그럼에도 불구하고 전자는 처벌하고 후자는 처벌할 수 없는 이유가 무엇인지 설명하기 곤란할 것이다.

10. 아동 · 청소년 성매수 알선죄의 성립요건
- 대법원 2016. 2. 18. 선고 2015도15664 판결 -

(1) 사실관계 및 재판의 경과

피고인들은 공동으로 甲이 청소년 A와 성매매를 하도록 알선하였다. 피고인들은 A가 청소년인 것을 알았지만, 甲은 A가 청소년이라는 것을 알지 못하였다.

피고인들은 청소년성보호법 제15조 제1항 제2호 위반죄(아동 · 청소년의 성을 사는 행위를 알선하거나 정보통신망에서 알선정보를 제공하는 행위를 업으로 하는 자는 7년 이상의 유기징역에 처한다)로 기소되었다. 대법원은 피고인의 유죄를 인정하였다.

(2) 판결요지

아동·청소년의 성을 사는 행위를 알선하는 행위를 업으로 하여 청소년성보호법 제15조 제1항 제2호의 위반죄가 성립하기 위해서는 알선행위를 업으로 하는 사람이 아동·청소년을 알선의 대상으로 삼아 그 성을 사는 행위를 알선한다는 것을 인식하여야 하지만, 이에 더하여 알선행위로 아동·청소년의 성을 사는 행위를 한 사람이 행위의 상대방이 아동·청소년임을 인식하여야 한다고 볼 수는 없다.

(3) 평 석

알선은 알선대상범죄의 방조행위로서의 성격을 지녔다고 할 수 있다. 대상범죄의 행위자에게 대상범죄에 대한 인식이 없어서 대상범죄의 구성요건해당성이 없는 경우에는 방조범이 성립할 수 없다. 비록 알선죄가 독립된 범죄로 규정되어 있다고 하더라도 위와 같은 경우에도 알선죄를 인정하는 것은 지나치다고 할 수 있다.

이 사건에서 甲에게는 청소년의 성을 매수한다는 인식이 없고 단순 성매수의 인식만이 있어서 甲의 행위는 청소년성매수죄가 아니라 단순성매수죄에 해당된다. 따라서 이 사건에서 청소년성매수알선죄를 인정하는 것은 해석상 불가능한 것은 아니지만, 바람직하지 않다고 할 수 있다. 형벌이 무거울 때에는 구성요건을 엄격하게 해석해야 하는데 청소년성매수 알선죄의 형벌이 7년 이상의 유기징역으로서 매우 높으므로 그 구성요건도 엄격하게 해석해야 할 것이다.

이러한 의미에서 대상판결과 같이 청소년성매수알선죄로 처벌하기 보다는 성매매처벌법 제19조 제1항 제1호 성매매알선죄(3년 이하의 징역 또는 3천만 원 이하의 벌금)로 처벌하는 것이 바람직할 것이다.

Ⅳ. 헌법재판소 결정

1. 강도치상죄의 위헌여부

- 헌법재판소 2016. 9. 29 선고 2014헌바183, 2015헌바169(병합) -

(1) 사실관계 및 재판의 경과

청구인 甲은 강도치상죄로, 청구인 乙은 강도상해죄로 각 기소되어 각 당해사건 계속 중 형법 제337조가 위헌이라며 위헌법률심판제청 신청을 하였으나 그 신청이 기각되자 헌법소원심판을 청구하였다.

헌법재판소는 재판관 7 : 2의 의견으로, 강도상해죄 또는 강도치상죄를 무기 또는 7년 이상의 징역에 처하도록 규정한 형법 제337조가 헌법에 위반되지 않는다는 결정을 선고하였다.

(2) 결정요지

[다수의견] 죄질의 경중과 법정형의 높고 낮음이 반드시 정비례하는 것이 아니므로, 강도상해죄의 법정형의 하한을 살인죄의 그것보다 높였다고 해서 바로 합리성과 비례성의 원칙을 위반하였다고 볼 수 없고, 심판대상조항이 작량감경을 하더라도 별도의 법률상 감경사유가 없는 한 집행유예의 선고를 할 수 없도록 법정형을 규정하였다 하더라도 법관의 양형판단재량권을 과도하게 제한하는 것으로 볼 수 없다.

폭행 또는 협박이라는 수단으로 타인의 재물을 강취하는 강도행위는 그로 인하여 상해의 결과가 발생할 위험성이 크고, 강도행위자도 그러한 결과를 쉽사리 예견할 수 있으므로, 강도의 고의가 인정되는 이상 상해라는 결과 자체에 고의가 있었는지 여부는 그 불법과 죄질의 평가에 있어서 큰 차이가 없다고 할 수 있다. 따라서 강도상해죄와 강도치상죄의 법정형이 같다고 하여도 평등원칙에 위배되는 것은 아니다.

[반대의견] 생략

(3) 평 석

다수의견은 다음과 같은 문제점이 있다.

첫째, 다수의견은 죄질의 경중과 법정형이 반드시 정비례할 필요는 없다고 하는데, 오히려 죄질의 경중과 법정형은 정비례하는 것이 헌법상의 평등원칙에 부합할 것이다. 대상결정이 근거로 들고 있는 이전의 헌법재판소 결정[23]이 나온 이후 2013년 개정된 형법 제290조 제1항과 제2항은 고의로 상해를 발생시킨 경우와 과실로 상해를 발생시킨 경우의 법정형에 차이를 두고 있다. 약취, 인신매매 등의 경우에도 그로 인하여 상해의 결과가 발생할 가능성이 크지만 상해와 치상의 경우 차이를 둔 것은 양자의 법정형을 동일하게 하는 것에 대한 문제의식 때문이라고 할 수 있다.

둘째, 판례는 경미한 상해가 발생한 경우에도 강도상해죄와 강도치상죄가 성립된다고 하는데, 이와 같이 경미한 상해가 발생한 경우 집행유예를 불가능하도록 한 것은 평등원칙과 과잉금지원칙에 반하고 법관의 양형재량을 지나치게 제한하여 비례원칙에 반하는 것이라고 할 수 있다.

셋째, 강도죄의 법정형이 폭행·협박죄와 절도죄의 경합범의 형벌보다 월등히 높은 것은 다수의견이 지적하는 것처럼 강도행위에서 상해의 결과가 발생할 가능성이 크기 때문이라고 할 수 있다. 나아가 상해의 결과를 발생시키지 않고 강도죄를 범하는 것은 거의 불가능하다고 할 수 있다. 따라서 강도상해죄와 강도치상죄의 형벌을 무기 또는 7년 이상으로 대폭 가중하는 것은 과잉금지원칙에 반한다고 할 수 있다. 이러한 문제점은 강간상해·치상죄(제301조), 인질강요상해·치상죄(제324조의3)에도 있다.

따라서 입법론적으로는 이들 범죄들을 삭제하거나 처벌하더라도 법정형을 현행법보다 대폭 완화해야 할 것이다.

---

23) 헌법재판소 2011. 9. 29. 선고 2010헌바346.

2. 성매매처벌의 위헌 여부

- 헌법재판소 2016. 3. 31. 선고 2013헌가2 -

(1) 사실관계 및 재판의 경과

제청신청인은 2012. 7. 7. 서울 동대문구 전농동에서 A(23세)로부터 13만원을 받고 성교함으로써 성매매 행위를 하였다는 범죄사실로 기소되었다.

제청신청인은 제1심 계속 중 성매매 행위를 처벌하는 성매매처벌법 제21조 제1항에 대하여 위헌법률심판제청신청을 하였고, 제청법원은 2012. 12. 13. 위 신청을 인용하여 이 사건 위헌법률심판을 제청하였다.

헌법재판소는 재판관 6:3의 의견으로, 성매매처벌이 합헌이라고 하였다. 이에 대해 성판매행위도 처벌하는 것은 위헌이라고 하는 일부 위헌의견과 성매매를 처벌은 전부위헌이라는 의견이 있었다.

(2) 결정요지

합헌의견을 요약하면 다음과 같다.

첫째, 성매매는 그 자체로 경제적 약자인 성판매자의 신체와 인격을 지배하는 형태를 띠므로 대등한 당사자 사이의 자유로운 거래행위로 볼 수 없다.

둘째, 성매매를 형사처벌함에 따라 성매매 집결지를 중심으로 한 성매매 업소와 성판매 여성이 감소하는 추세에 있고, 성구매사범 대부분이 성매매가 처벌된다는 사실을 안 후 성구매를 자제하게 되었다고 설문에 응답하고 있는 점 등에 비추어 보면, 위 조항이 형벌로서의 처단기능을 갖지 않는다고 볼 수 없으므로, 수단의 적합성이 인정된다.

셋째, 성매매에 대한 지속적인 수요를 억제하지 않는다면, 성인뿐만 아니라 청소년이나 저개발국의 여성들까지 성매매 시장에 유입되어 그 규모가 비약적으로 확대될 우려가 있다.

넷째, 성매매를 근절하기 위해서는 성구매자뿐만 아니라 성판매자도 함께 형사처벌할 필요가 있다.

다섯째, 성매매처벌법에서는 '성매매피해자' 개념을 폭넓게 인정하여 형사처벌에 따른 부작용을 최소화하기 위한 보완장치도 마련해 놓고 있다.

여섯째, 국가마다 사정이 다르므로 법정형이 비교적 높지 않은 우리나라의 경우를 다른 국가와 평면적으로 비교하여 성매매처벌이 침해최소성에 어긋난다고 볼 수도 없다.

일곱째, 건전한 성풍속과 성도덕이라는 공익적 가치는, 개인의 성적 자기결정권 등과 같은 기본권 제한의 정도에 비해 결코 작다고 볼 수 없다.

여덟째, 불특정인을 상대로 한 성매매와 특정인을 상대로 한 성매매는 건전한 성풍속 및 성도덕에 미치는 영향, 제3자의 착취 문제 등에 있어 다르므로, 불특정인에 대한 성매매만을 금지대상으로 하는 것이 평등권을 침해한다고 볼 수도 없다.

(3) 평 석

다수의견이 제시하는 근거는 과학적 설득력이 떨어지는 추상적인 내용으로 이루어져있다. 예컨대 다수의견은 성매매를 형사처벌함에 따라 성매매 집결지를 중심으로 한 성매매 업소와 성판매 여성이 감소하는 추세에 있다고 하는데 이미 1961년 제정된 윤락행위방지법에 의해 성매매가 형사처벌되었는데 그 동안은 왜 감소추세를 보이지 않았는지 궁금하다.

어떤 문제들은 경제적 비용을 생각하면 의외로 쉽게 해결책을 찾을 수 있다. 성매매를 비범죄화해야 하는 근거로서는 성매매가 피해자 없는 범죄이고, 성매매의 입증이 어렵고 이로 인해 형사처벌에 많은 비용이 든다는 것도 들 수 있다. 국가재정 사용에서 '선택과 집중'이라는 관점에서 보면 성매매 처벌에 사용되는 국가재정을 성폭력범죄와 같이 피해자가 분명하고 사회적 해악성이 더 큰 범죄를 처벌하는 데에 사용하는 것이 더 바람직하다.

한편 간통죄처벌이 위헌이라고 한 결정[24]과 대상결정은 논리적 일관성이 없다고 할 수 있다. 성매매는 건전한 성풍속이라는 매우 추상적인 이익을 보호법익으로 하고 있지만 간통은 건전한 성풍속 이외에 혼인과 가정의 유지 등도 보호법익으로 한다. 양자 모두 피해자없는 범죄라고 하더라도 성매매의 경우 간접적 피해자도 없지만, 간통의 경우 직접적 피해자는 없다 하더라도 배우자나 가족 등 간접적 피해자가 있다고 할 수 있다. 간통죄의 주체는 배우자있는 사람에 국한되지만 성매매죄의 주체는 배우자없는 사람도 될 수 있다. 성매매보다는 간통죄의 주체가 더 비난가능성이 높다고 할 수 있다.

이런 의미에서 본다면 헌법재판소가 간통죄와 성매매죄를 모두 위헌이라고 하는 것이 최선의 선택이지만, 양자 중 하나만을 위헌이라고 할 경우에는 차라리 성매매처벌을 위헌, 간통죄 처벌을 합헌이라고 하는 것이 좀더 논리적인 태도일 것이다.

[주 제 어]
중간생략등기, 명의신탁, 보이스피싱, 성매매, 배임죄

[Key Words]
Skipped Registration of the Real Estate, Title Trust, Voice Phishing, Prostitution. Breach of Trust

접수일자: 2017. 4. 15. 심사일자: 2017. 6. 1. 게재확정일자: 2017. 6. 5.

24) 헌법재판소 2015. 2. 26. 선고 2009헌바17 등.

[Abstract]

The Reviews of the Criminal Cases of the Korean Supreme Court and Korean Constitutional Court in 2016

Oh, Young-Keun*

In the year of 2016, 152 criminal cases by the Korean Supreme Court(KSC) are registered on the internet homepage of the Court. 5 criminal law cases of which are decided by the Grand Panel. In this paper, 2 cases of above 5 cases and other several cases are reviewed which seem to be comparatively important. In addition, are reviewed some cases by Korean Constitutional Court which decided the constitutionality of the punishing prostitution and the penalty against the robbery accompanying death by negligence.

All the reviews are constituted as follows: 1. The Fact of the Case, 2. The Summary of Decision and 3. The Note.

The contents of this paper is as follows:

Ⅰ. Introduction

Ⅱ. The Judgements of the Grand Panel of the Korean Supreme Court

In this chapter, 3 cases of the Grand Panel of the KSC are reviewed.

Ⅲ. Several Judgements of The Korean Supreme Court

In this chapter, 10 cases are reviewed. The subjects of the cases are

* Professor, School of Law, Hanyang University, Ph.D in Law.

such as the concept of the physical damage to the child, the embezzlement, the breach of trust or the fraud etc.

Ⅳ. The Decisions of the Korean Constitutional Court

In this chapter, 2 cases on the constitutionality of the criminal provisions are reviewed. The subjects of the cases are the punishing prostitution and the penalty against the robbery accompanying death by negligence.

刑事判例研究 總目次
(1권~25권)

[刑事判例研究(1)]

[刑事判例硏究(2)]

[刑事判例硏究(3)]

[刑事判例研究(5)]

[刑事判例硏究(6)]

[刑事判例研究(7)]

[刑事判例硏究(10)]

[刑事判例硏究(12)]

[刑事判例研究(19)]

[刑事判例研究(21)]

[刑事判例研究(23)]

[刑事判例研究(25)]

한국형사판례연구회 2016년도 발표회

○ 제282회 형사판례연구회(2016.01.11)

김태명 교수: 부작위에 의한 살인죄의 공범의 성립요건과 범위

신승희 검사: 아동청소년에 대한 성폭력의 판단기준

○ 제283회 형사판례연구회(2016.02.01)

오영근 교수: 2015년 형사판례 동향 회고

안경옥 교수: 실행의 착수 판단에 대한 검토

○ 제284회 형사판례연구회(2016.03.07)

이승호 교수: 위임범위를 초과한 예금인출의 죄책에 관한 판례의 검토

김영기 검사: 2011년 옵션쇼크와 연계시세조종의 판단기준

○ 제285회 형사판례연구회(2016.04.04)

전지연 교수: 외국에서 집행받은 형의 선고와 형법 제7조의 개정방향
－대법원 2013. 4. 11. 선고 2013도2208 판결, 헌법재판소 2015. 5. 28. 선고 2013헌바129 전원재판부－

백원기 교수: 대물변제예약 체결 채무자 소유 부동산의 제3자에 대한 처분행위는 배임죄에 해당하는가

○ 제286회 형사판례연구회(2016.05.07－8)

〈한국형사판례연구회 · 한국형사소송법학회 · 형사법제전문검사커뮤

니티 공동학술회의〉
강동범 교수: 공전자기록 위작・변작죄에서 위작, 변작의 개념
김희균 교수: 전자문서의 증거능력에 관한 미국 판례 연구
오기찬 검사: 음주교통사망 사건의 양형에 대하여

○ 제287회 형사판례연구회(2016.06.25-26)
이완규 검사: 헌법상 영장주의 규정의 체계와 적용범위
이흔재 교수: 범행을 자인하는 피고인의 자기모순진술이 기재된 체포, 구속인접견부와 탄핵증거의 대상 및 자격

○ 제288회 형사판례연구회(2016.07.11)
류부곤 교수: 특수폭행죄의 해석에 있어 '위험한 물건'의 의미
이원상 교수: 형법상 강제추행죄의 역할

○ 제289회 형사판례연구회(2016.09.05)
심희기 교수: 2011모1839 결정(종근당 사건)과 ganias의 정밀비교
오경식 교수: 일명 김영란법상 처벌행위에 대한 헌재결정 분석

○ 제290회 형사판례연구회(2016.10.10)
이주원 교수: 채권추심명령에 의한 소송사기죄에서 재산상 이익의 취득과 기수시기
김성돈 교수: 양벌규정의 법적 성격과 법인의 형사책임 인정의 법적 근거 -대법원이 말하지 않은 것들-

○ 제291회 형사판례연구회(2016.11.07)
김성룡 교수: 위조와 복사
서민주 검사: 상품의 거래가 매개된 자금의 유입과 유사수신의 인정범위

○ 제292회 형사판례연구회(2016.12.05)

한제희 검사: 모바일 단체대화방에서의 대화와 공연성

한국형사판례연구회 회칙

1997. 11. 03. 제정
2006. 12. 04. 개정
2007. 12. 10. 개정
2011. 12. 05. 개정
2013. 12. 02. 개정

제 1 장 총 칙

제 1 조 [명칭]

본회는 한국형사판례연구회(이하 '본회'라 함)라 한다.

제 2 조 [주소지]

본회는 서울특별시에 주소지를 둔다.

제 3 조 [목적]

본회는 형사판례를 연구하고 회원 상호간의 의견교환을 장려·촉진·지원함으로써 형사법학 및 형사판례의 발전을 도모함을 목적으로 한다.

제 4 조 [사업]

본회는 전조의 목적을 달성하기 위하여 다음의 사업을 한다.

1. 형사판례연구
2. 월례연구발표회 및 토론회 개최
3. 학술지 '형사판례연구' 및 기타 간행물의 발간
4. 기타 본회의 목적에 적합한 사업

제 2 장 회 원

제 5 조 [회원]

본회의 회원은 본회의 목적에 찬동하는 자로서, 다음 각 호에 따라 구성한다.

1. 정회원은 판사, 검사, 변호사, 대학의 전임강사 이상의 자, 박사학위 소지자 기타 이와 동등한 자격을 갖추었다고 인정되는 자로서 정회원 3인 이상의 추천과 이사회의 승인을 얻은 자로 한다.
2. 준회원은 대학원 박사과정 이상의 연구기관에서 형사법학 및 유관분야를 연구하는 자로서 정회원 1인 이상의 추천과 이사회의 승인을 얻은 자로 한다.
3. 기관회원은 대학도서관 기타 형사법학을 연구하는 유관기관으로 정회원 3인 이상의 추천과 이사회의 승인을 얻은 기관으로 한다.

제 6 조 [권리의무]

회원은 본회의 각종 사업에 참여할 수 있는 권리를 가지며 회칙준수, 총회와 이사회 의결사항의 이행 및 회비납부의 의무를 진다.

제 7 조 [자격상실]

회원 중 본회의 목적에 위배되거나 품위를 손상시키는 행위를 한 자는 이사회의 결의에 의하여 제명할 수 있다.

제 3 장 총 회

제 8 조 [종류와 소집]

① 총회는 정기총회와 임시총회로 하고, 회장이 이를 소집한다.

② 정기총회는 매년 하반기 중에 소집함을 원칙으로 한다.

③ 임시총회는 회장이 필요하다고 인정하거나, 이사회의 의결이 있거나, 재적회원 2/5 이상의 요구가 있을 때에 소집한다.

④ 총회의 소집은 적어도 회의 7일 전에 회의의 목적을 명시하여 회원들에게 통지하여야 한다. 다만 긴급하다고 인정되는 사유가 있는 때에는 예외로 한다.

제 9 조 [권한]

총회의 의결사항은 다음과 같다.

1. 회칙의 제정 및 개정에 관한 사항

2. 회장·부회장 및 감사의 선임에 관한 사항
3. 예산 및 결산의 승인에 관한 사항
4. 기타 회장이 이사회의 의결을 거쳐 회부한 사항

제10조 [의결]
총회의 의결은 출석회원 과반수의 찬성으로 한다.

제 4 장 이 사 회

제11조 [구성 및 소집]
① 이사회는 회장, 부회장 및 이사로 구성한다.
② 회장·부회장은 당연직 이사로서, 각각 이사회의 의장·부의장이 된다.
③ 이사회는 회장이 필요하다고 인정하거나 이사 3인 이상의 요구가 있을 때에 회장이 소집한다.

제12조 [권한]
이사회는 다음 사항을 심의·의결한다.
1. 사업계획에 관한 사항
2. 재산의 취득·관리·처분에 관한 사항
3. 총회의 소집과 총회에 회부할 의안에 관한 사항
4. 총회가 위임한 사항
5. 기타 회장이 회부한 본회 운영에 관한 중요사항

제13조 [의결]
이사회의 의결은 재적이사 과반수의 출석과 출석이사 과반수의 찬성으로 한다.

제14조 [상임이사회]
① 회장은 이사회의 효과적인 운영을 위하여 이사 중에서 총무, 연구, 연구윤리, 출판, 섭외, 재무, 법제, 홍보의 업무를 전담할 상임이사를 위촉할 수 있다.
② 상임이사회는 회장, 부회장, 상임이사로 구성한다.
③ 회장은 상임이사회를 소집하고 그 의장이 된다.

④ 이사회는 필요하다고 인정되는 경우에는 그 권한을 상임이사회에 위임할 수 있으며, 회장은 긴급하다고 인정되는 사유가 있는 경우에는 이사회의 권한을 상임이사회로 하여금 대행하게 할 수 있다.
⑤ 상임이사회의 의결은 재적상임이사 과반수의 출석과 출석상임이사 과반수의 찬성에 의한다.

제5장 임 원

제15조 [종류]
본회에 다음의 임원을 둔다.
1. 회장 1인
2. 부회장 4인
3. 이사 5인 이상 40인 이내
4. 감사 2인

제16조 [임원의 선임]
① 회장은 부회장 및 상임이사 중에서 이사회의 추천을 받아 총회에서 선임한다.
② 부회장은 이사 중에서 이사회의 추천을 받아 총회에서 선임한다.
③ 이사는 회장의 추천을 받아 총회에서 선임한다.
④ 감사는 이사회의 추천을 받아 총회에서 선임한다.

제17조 [임원의 직무]
① 회장은 본회를 대표하고 회무 전반을 관장한다.
② 부회장은 회장을 보좌하고, 회장 유고시에 그 직무를 대행한다.
③ 이사는 이사회의 구성원으로서 중요 회무를 심의·의결한다.
④ 감사는 본회의 사업과 회계를 감사하여 정기총회에 보고한다.

제18조 [임원의 임기]
① 임원의 임기는 2년으로 하되 중임할 수 있다.
② 임원이 궐위된 때의 후임자의 임기는 전임자의 잔임기간으로 한다.

제19조 [고문]
① 본회의 발전을 위하여 약간 명의 고문을 둘 수 있다.

② 고문은 이사회의 의결을 거쳐 회장이 위촉한다.

제20조 [간사]

① 회장의 명을 받아 회무를 처리하기 위하여 간사 약간 명을 둘 수 있다.

② 간사는 회장이 임명한다.

제21조 [위원회]

① 본회에 편집위원회와 연구윤리위원회를 둔다.

② 본회 사업의 효율적인 추진을 위하여 이사회의 의결을 거쳐 필요한 분과위원회를 둘 수 있다.

제6장 재 무

제22조 [재정]

① 이 회의 재정은 회원의 회비, 기부금, 보조금 및 기타 수입으로 한다.

② 회비의 액수는 이사회가 정한다.

제23조 [예산과 결산]

재정에 관한 수입과 지출은 매년도마다 예산으로 편성하여 총회의 결의를 얻어야 하고 결산은 다음 연도 총회에 보고하여야 한다.

부칙(1997. 11. 03)

제 1 조

발기인 및 발기인 3인 이상의 추천을 받아 이 회의 회원이 되기를 승낙한 자는 제 5 조 제 2 항의 규정에 불구하고 회원이 된다.

부칙(2006. 12. 04)

제 1 조 [시행일]

이 회칙은 이사회의 승인이 있은 날부터 시행한다.

부칙(2007. 12. 10)

제 1 조 [시행일]

이 회칙은 이사회의 승인이 있은 날부터 시행한다.

부칙 (2011. 12. 05.)

제1조 [시행일]

이 회칙은 이사회의 승인이 있은 날부터 시행한다.

부칙 (2013. 12. 02.)

제1조 [시행일]

이 회칙은 이사회의 승인이 있은 날부터 시행한다.

한국형사판례연구회 편집위원회 규정

1997. 11. 03. 제정

2006. 12. 04. 개정

2007. 12. 10. 개정

2013. 12. 02. 개정

제 1 조 [목적]

이 규정은 한국형사판례연구회(이하 '본회'라 함) 회칙 제 4 조 제 3 호에 규정된 학술지 기타 간행물의 발간을 위한 편집위원회(이하 '위원회'라 함)의 구성과 운영에 관한 사항을 정함을 목적으로 한다.

제 2 조 [구성]

위원회는 편집위원장을 포함한 10인 이내의 편집위원으로 구성한다.

제 3 조 [편집위원의 선임 및 임기]

① 편집위원장은 본회의 출판담당 상임이사로 한다.

② 편집위원은 본회의 회원 중에서 이사회가 선임한다.

③ 편집위원의 임기는 2년으로 하되, 연임할 수 있다.

제 4 조 [업무]

위원회의 주요업무는 다음 각 호와 같다.

1. 본회의 학술지 '형사판례연구'의 편집 및 출판
2. '형사판례연구' 원고의 접수 및 게재여부 심사
3. 기타 간행물의 편집 및 출판
4. 편집위원회의 업무와 관련된 지침의 제정

제 5 조 [운영]

① 이 위원회는 위원장 또는 편집위원 과반수의 요구가 있는 경우에 위원장이 소집한다.

② 이 위원회의 의결은 편집위원 과반수의 출석과 출석위원 과반수의

찬성에 의한다.

③ 편집위원장은 위원회의 업무를 효율적으로 수행하기 위하여 편집 간사를 둘 수 있다.

제 6 조 [투고원고의 심사]

① 위원회는 '형사판례연구' 기타 간행물에 투고된 원고를 심사하여 그 게재여부를 의결한다.

② 위원회는 '형사판례연구'에 투고되는 원고의 작성 및 문헌인용방법, 투고절차 등에 관한 지침(투고지침)을 제정할 수 있다.

③ 위원회는 '형사판례연구'에 투고된 원고의 심사기준 및 절차에 관한 지침(심사지침)을 제정할 수 있다.

④ 제1항의 원고 게재여부에 관한 의결은 '可', '否', '수정후 재심의'로 나눈다.

⑤ '수정후 재심의'로 의결된 원고가 수정·투고된 때에는 위원회는 그 재심의를 위원장 또는 약간 명의 위원에게 위임할 수 있고, 재심의의 결정은 '可' 또는 '否'로 한다.

제 7 조 [형사판례연구의 발간]

① '형사판례연구'는 연 1회 발간하며, 발간일자는 매년 6월 30일로 한다.

② 학술대회 발표논문 기타 학회에서 개최하는 학술발표회에서 발표된 논문은 '형사판례연구'의 별책으로 발간할 수 있다.

제 8 조 [개정]

이 규정의 개정은 이사회의 승인을 받아야 한다.

부칙(2006. 12. 04)

제 1 조 [시행일]

이 규정은 이사회의 승인이 있은 날부터 시행한다.

부칙(2007. 12. 10)

제 1 조 [시행일]

이 규정은 이사회의 승인이 있은 날부터 시행한다.

부칙(2013. 12. 02)

제 1 조 [시행일]

이 규정은 이사회의 승인이 있은 날부터 시행한다.

한국형사판례연구회 심사지침

2006. 12. 04. 제정
2007. 12. 10. 개정

제 1 조 [목적]

이 지침은 한국형사판례연구회 편집위원회 규정 제 6 조 제 3 항에 규정된 '형사판례연구' 투고원고에 대한 심사기준 및 절차에 관한 지침을 정함을 목적으로 한다.

제 2 조 [원고모집의 공고]

① 편집위원장은 매년 1월 중에 각 회원에게 전자우편으로 '형사판례연구'에 대한 원고를 모집하는 공문을 발송하고, 본 학회 홈페이지(http://www.kaccs.com)에 원고모집에 관한 사항을 게시한다.

② 원고모집을 공고함에 있어서는 투고절차, 논문작성 및 문헌인용방법, 심사기준 및 절차에 관한 기본적인 사항을 고지하여야 한다.

제 3 조 [원고접수]

① 편집간사는 원고를 접수하고, 각 투고자에게 전화 또는 전자우편으로 접수결과를 통보한다.

② 편집간사는 투고자의 인적사항, 논문제목, 접수일자, 분량 등을 기재한 접수결과표를 작성하여 투고원고를 편집위원장에게 송부한다.

③ 편집위원장은 투고원고가 편집위원회가 정한 투고지침에 현저히 위배된다고 판단하는 경우에는 투고자에게 수정을 요구할 수 있다.

제 4 조 [심사위원의 선정 및 심사원고 송부]

① 편집위원장은 각 투고원고에 대해 3인의 심사위원을 선정하고, 각 심사위원에게 심사기한을 정하여 심사원고를 송부한다.

② 심사위원을 선정함에 있어서는 해당분야에 대한 심사위원의 전문성을 고려하고 심사의 공정성을 기할 수 있도록 유의한다.

③ 심사원고에는 투고자의 인적사항이 기재되어서는 안 되며, 이미 기재되어 있는 경우에는 그 내용 가운데 인적 사항을 추론할 수 있

는 부분을 삭제한다.

제 5 조 [투고원고에 대한 심사]

① 심사위원은 투고원고를 심사하고 심사평가서를 작성하여 심사기간 내에 이를 편집위원장에게 송부한다.

② 심사위원은 투고원고를 심사함에 있어서는 다음의 각 호의 사항을 기준으로 한다.

1. 일반연구의 논문의 경우에는 주제의 창의성, 연구방법의 적절성, 내용의 완결성, 논문작성 및 문헌인용방법의 정확성, 연구결과의 학문적 기여도
2. 번역논문의 경우에는 번역의 필요성, 번역의 정확성 및 학문적 기여도

제 6 조 [투고원고에 대한 게재여부의 결정]

① 편집위원장은 심사위원의 심사평가가 완료된 후 투고원고에 대한 게재여부의 결정을 위한 편집회의를 개최한다.

② 편집위원장은 심사결과표를 작성하여 편집회의에 보고하고, 편집회의에서는 이를 토대로 게재여부를 결정한다. 다만 투고원고의 게재여부에 대한 최종결정이 있을 때까지 투고자 및 심사위원의 인적사항이 공개되지 않도록 유의하여야 한다.

③ 투고원고에 대한 게재여부의 결정은 다음 각 호의 기준에 의한다.

1. 3인의 심사위원 모두 게재 '可' 의견을 내거나, 2인의 심사위원이 게재 '可' 그리고 1인이 '수정후 재심의' 의견을 낸 때에는 게재 '可'로 결정한다. 다만 수정을 조건으로 할 수 있다.
2. 1인의 심사위원이 게재 '可' 의견을 내고 2인이 '수정후 재심의' 의견을 내거나 3인의 심사위원이 모두 '수정후 재심의' 의견을 낸 때에는 '수정후 재심의' 결정을 한다.
3. 투고원고에 대한 심사결과 심사위원 중 1인 이상이 게재 '否' 의견을 낸 경우에는 게재하지 아니한다. 다만 2인이 게재 '可' 의견을 내고 1인이 게재 '否' 의견을 낸 때에는 '수정후 재심의' 결정을 할 수 있다.

④ 수정원고에 대한 심사는 편집위원회 규정 제6조 제4항에 따라 편집위원장이 직접 또는 약간 명의 심사위원에게 위임하여 게재 '可' 또는 '否'로 결정한다. 다만 '수정후 재심의'결정된 원고에 대하여 투고자가 수정을 거부한 경우에는 '否'로 결정한다.

⑤ 편집위원장은 게재결정이 내려진 투고원고가 타인의 원고를 표절한 것이거나 이미 다른 학술지에 게재한 사실이 있는 것으로 밝혀진 때에는 게재결정을 취소한다.

제 7 조 [심사결과의 통보, 이의신청]

① 편집위원장은 편집회의 후 즉시 각 투고자에게 결정결과 및 이유 그리고 사후절차를 내용으로 하는 공문을 발송한다.

② 게재 '否' 결정을 받은 투고자는 편집위원장에게 이의신청을 할 수 있으며, 편집위원장은 이의신청에 대해서 인용 또는 기각여부를 결정한다.

③ 편집위원장이 이의신청에 대해 인용결정을 한 때에는 심사위원을 다시 선정하고 심사를 의뢰하여 그 결과에 따라 게재 '可' 또는 '否' 결정을 한다.

제 8 조 [최종원고의 제출, 교정 및 편집]

① 게재 '可'의 결정을 통보받은 투고자는 정해진 기간 내에 최종원고를 작성하여 편집간사에게 제출한다.

② 최종원고에 대한 교정 및 편집에 관한 사항은 편집위원장이 결정하며, 필요한 때에는 교정쇄를 투고자에게 송부하여 교정을 하게 할 수 있다.

제 9 조 [논문게재예정증명서의 발급]

편집위원장은 '형사판례연구'의 발행 이전에 최종적으로 게재가 결정된 원고에 대하여 투고자의 신청이 있는 경우에는 '논문게재예정증명서'를 발급한다.

제10조 ['형사판례연구' 게재논문의 전자출판]

'형사판례연구'에 게재된 논문의 전자출판과 관련된 사항은 편집위원회의 결정에 따른다.

부칙(2006. 12. 04)

제 1 조 [시행일]

이 지침은 '형사판례연구' 제15권 발행시부터 적용한다.

부칙(2007. 12. 10)

제1조 [시행일]

이 지침은 '형사판례연구' 제16권 발행시부터 적용한다.

한국형사판례연구회 투고지침

2006.12.04. 제정
2007.12.10. 개정
2011.12.05. 개정

제 1 조 [목적]

이 지침은 한국형사판례연구회 편집위원회 규정 제 6 조 제 2 항에 규정된 '형사판례연구' 투고원고에 대한 논문작성, 문헌인용방법 및 투고절차에 관한 사항을 정함을 목적으로 한다.

제 2 조 [논문제출]

① 투고원고는 다른 학술지에 발표되지 않은 것으로서 형법, 형사소송법 및 행형법 등 형사법 분야에 관한 것이어야 한다.

② 투고자는 원고마감기한 내에 투고신청서와 함께 원고파일 및 심사용 출력원고 3부를 편집간사에게 직접 또는 등기우편으로 제출한다. 다만 심사용 출력원고에는 필자가 누구임을 알 수 있는 사항(성명, 소속, 직위, 연구비지원 등)이 기재되어서는 안 된다.

③ 원고파일은 한글 프로그램으로 다음 각 호의 형식에 따라 작성하여 플로피디스켓 또는 전자우편으로 제출한다.

1. 용지종류 및 여백 : A4, 위쪽 35mm, 오른쪽 및 왼쪽 30mm, 아래쪽 30mm
2. 글자모양 및 크기 : 휴먼명조체 11포인트(단 각주는 10포인트)
3. 줄간격 : 160%

④ 투고원고의 분량은 원고지 120매 이하를 원칙으로 하며 이를 초과하는 경우 초과게재료를 납부하여야 한다.

⑤ 투고원고가 이 지침에 현저히 위반되는 경우 편집간사는 투고자에게 수정을 요구할 수 있다.

⑥ 편집간사는 투고원고의 접수결과를 편집위원장에게 보고하고, 투고자에게 전화 또는 전자우편으로 접수결과를 통보한다.

제 3 조 [논문작성방법]

① 투고원고의 작성에 있어서는 편집위원회 규정 및 이 지침에 규정된 사항을 준수하여야 한다.

② 투고원고는 다음 각 호의 내용으로 구성되어야 한다.

1. 제목(한글 및 외국어)
2. 저자명, 소속기관(한글 및 외국어). 저자(공동저자 포함)의 소속 기관은 각주 형태로 표기한다.
3. 목차
4. 본문(항목번호는 Ⅰ, 1, (1), 가, ①, A의 순서로 함)
5. 주제어(5단어 내외의 한글 및 외국어)
6. 초록(500단어 내외의 외국어)

③ 투고원고의 내용은 원칙적으로 국문으로 작성되어야 한다. 다만 외국인의 원고 기타 논문의 특성상 외국어로 작성되어야 하는 것은 외국어로 작성할 수 있으나 국문으로 된 번역문을 첨부하여야 한다.

④ 제 2 항 각 호의 외국어는 영어, 독일어, 프랑스어, 중국어, 일본어 중의 하나로 작성한다.

⑤ 저자가 2인 이상인 경우에는 책임저자와 공동저자의 구분을 명시하여야 한다.

제 4 조 [논문작성시 유의사항]

투고원고를 작성함에 있어서는 다음 각 호의 사항에 유의하여야 한다.

1. 국내외의 문헌을 인용함에 있어서는 최신의 문헌까지 인용하되 가급적 교과서 범주를 넘어서 학술논문 수준의 문헌을 인용하고, 교과서의 경우에는 출판연도와 함께 판수를 정확하게 기재한다.
2. 외국법에 관한 논문이 아닌 한 국내의 학술논문을 인용하여 국내 학설의 현황을 파악할 수 있도록 하고, 외국문헌은 필요한 한도 내에서 인용한다.
3. 이론이나 학설을 소개하는 경우 일부 문헌만을 근거로 삼지 않고 될수록 많은 문헌을 인용하여 다수설 및 소수설의 평가가 정확

히 되도록 유의한다.

4. 기존의 학설을 비판하거나 새로운 학설을 주장하는 경우 그 근거되는 논의상황이 국내의 상황인지 또는 외국의 상황인지를 명확하게 구별하고, 자신의 주장이 해석론인지 형사정책적 제안인지도 분명히 제시한다.
5. 원고는 원칙적으로 한글로 작성하며 한자와 외국어는 혼동이 생길 수 있는 경우에만 괄호 안에 넣어서 표기한다.
6. 외국의 논문이 번역에 가깝게 게재논문의 기초가 되어서는 안 된다.

제 5 조 [문헌인용의 방법]

다른 문헌의 내용을 인용하는 경우에는 다음 각 호의 방식에 의하고, 각주에서 그 출처를 밝혀야 한다.

1. 인용되는 내용이 많은 경우에는 별도의 문단으로 인용하고, 본문과 구별되도록 인용문단 위와 아래를 한 줄씩 띄우고 글자크기를 10포인트 그리고 양쪽 여백을 4ch(칸)으로 설정한다.
2. 인용되는 내용이 많지 않은 경우에는 인용부호(“ ”)를 사용하여 표시한다.
3. 인용문의 내용 중 일부를 생략하는 경우에는 생략부호(…)를 사용하고, 내용을 변경하는 경우에는 변경표시([ ])를 하여야 한다.
4. 인용문의 일부를 강조하고자 할 때에는 국문은 밑줄을 쳐서 표시하고 영문은 이탤릭체를 사용한다.

제 6 조 [각주의 내용]

① 각주에서는 원칙적으로 한글을 사용하여야 하고, 인용되는 문헌이 외국문헌인 경우에도 저자명, 논문제목, 서명 또는 잡지명, 발행지, 출판사 등과 같은 고유명사를 제외한 나머지는 한글로 표기한다. 특히 See, Cf, Ibid, Supra, Hereinafter, et al, etc, Vgl, Dazu, Siehe, a.a.O., f(ff), usw 등과 같이 외국어로 된 지시어는 사용하지 않는다.

② 인용문헌이 여러 개인 경우에는 각각의 문헌 사이에 세미콜론(;)을 표기하여 구분한다.

③ 문헌을 재인용하는 경우에는 원래의 문헌을 표시한 후 괄호 안에

참조한 문헌을 기재한 후 '재인용'이라고 표시한다.

④ 제1항 내지 제3항 및 제7조 내지 제11조에 규정된 이외의 사항에 대하여는 한국법학교수협의회에서 결정한 「논문작성 및 문헌인용에 관한 표준(2000)」에 따른다.

제 7 조 [인용문헌의 표시]

① 인용되는 문헌이 단행본인 경우에는 저자, 서명, 판수, 발행지 : 출판사, 출판연도, 면수의 순서로 기재한다. 다만 발행지와 출판사는 생략할 수 있다.

② 인용되는 문헌이 논문인 경우에는 저자, 논문제목, 서명(잡지인 경우에는 잡지명, 권수 호수), 발행지 : 출판사, 출판연월, 면수의 순서로 기재한다. 다만 발행지와 출판사는 생략할 수 있고, 월간지의 경우에는 권수와 호수 및 출판년도 대신에 '○○○○년 ○월호'로 기재할 수 있다. 그리고 논문 제목은 동양문헌인 때에는 인용부호(" ")안에 기재하고, 서양문헌인 때에는 별도의 표시 없이 이탤릭체로 표기한다.

예) 김종서, "현행 지방자치관계법의 비판적 검토", 인권과 정의 1992년 3월호, 99쪽.

③ 서명 및 잡지명은 그 명칭의 전부를 기재하여야 한다. 다만 외국문헌의 경우 처음에는 그 전부를 표기하고 이후부터는 약어로 기재할 수 있다.

④ 저자가 두 명인 경우에는 저자명 사이에 가운데점(·)을 표시하고, 세 명 이상인 경우에는 대표 저자만을 표기한 후 '외(外)'라고 기재한다.

⑤ 인용문헌이 편집물인 경우에는 저자명 뒤에 '편(編)'이라고 기재한다.

⑥ 인용문헌이 번역물인 경우에는 저자명 뒤에 사선(/)을 긋고, 번역자의 이름을 기입한 뒤 '역(譯)'이라고 기재한다.

예) Karl Larenz·Claus-Wilhelm Canaris/허일태 역, 법학방법론, 2000, 120쪽.

⑦ 기념논문집, 공청회자료집 등은 서명 다음에 콜론(:)을 표시하고 그 내용을 표시한다.

예) 현대형사법의 쟁점과 과제 : 동암 이형국 교수 화갑기념논문집

제 8 조 [판례의 표시]

① 판례는 선고법원, 선고연월일, 사건번호 및 출처의 순서로 개재하되, 출처는 괄호 안에 표기한다.

예) 대법원 1996. 4. 26. 선고 96다1078 판결(공 1996상, 1708), 대전고법 2000. 11. 10. 선고 2000노473 판결(하집 2000(2), 652)

② 판례의 출처는 다음 각 호와 같이 약어를 사용하여 표시한다.

1. 법원공보(또는 판례공보) 1987년 125면 이하 → 공 1987, 125
2. 대법원판례집 제11권 2집 형사편 29면 이하 → 집11(2), 형 29
3. 고등법원판례집 1970년 형사·특별편 20면 이하 → 고집 1970, 형특 20
4. 하급심판결집 1984년 제 2 권 229면 → 하집 1984(2), 229
5. 판례카드 3675번 → 카 3675
6. 헌법재판소판례집 제5권 2집 14면 이하 → 헌집5(2), 14
7. 헌법재판소공보 제3호 255면 → 헌공3, 255
8. 판례총람 형법 338조 5번 → 총람 형338, 5

③ 외국판례는 당해 국가에서 일반적으로 사용되는 표기방법에 따른다.

제 9 조 [법령의 표시]

① 법령은 공식명칭을 사용하여야 하며, 띄어쓰기를 하지 않고 모두 붙여 쓴다.

② 법령의 이름이 긴 경우에는 '[이하 ○○○이라고 한다]'고 표시한 후 일반적으로 사용되는 약칭을 사용할 수 있다.

예) 성폭력범죄의처벌및피해자보호등에관한법률[이하 성폭력특별법이라고 한다]

③ 법령의 조항은 '제○조 제○항 제○호'의 방식으로 기재하며, 필요한 경우에는 본문, 단서, 전문 또는 후문을 특정하여야 한다.

④ 법령이 개정 또는 폐지된 때에는 그 연월일 및 법령 호수를 기재하여야 한다.

예) 형사소송법(1995. 12. 29. 법률 제5054호로 개정되고 1997. 12.

13. 법률 제5435호로 개정되기 이전의 것) 제201조의2 제1항

⑤ 외국의 법령은 당해 국가에서 일반적으로 사용되는 표기방법에 따른다.

제10조 [기타 자료의 표시]

① 신문에 실린 자료는 작성자와 기사명이 있는 경우 저자명, "제목", 신문명, 연월일자, 면을 표시하고, 작성자와 기사명이 없는 경우에는 신문명, 연월일, 면을 표시한다.

예) 박상기, "부동산 명의신탁과 횡령죄", 법률신문, 1997. 10. 27, 14쪽.

② 인터넷 자료는 저자명, "자료명", URL, 검색일자를 표시한다.

예) 박영도 외, "법률문화 및 법률용어에 관한 국민여론 조사", http://www.klri.re.kr/LIBRARY/library.html, 2002. 6. 1.검색.

제11조 [동일한 문헌의 인용표시]

① 앞의 각주에서 제시된 문헌을 다시 인용할 경우에는 저자명, 주 ○)의 글(또는 책), 면의 순서로 표기한다.

② 바로 앞의 각주에서 인용된 문헌을 다시 인용하는 경우에는 앞의 글(또는 앞의 책), 면의 순서로 표기한다.

③ 하나의 각주에서 동일한 문헌을 다시 인용할 경우는 같은 글(또는 같은 책), 면의 순서로 표기한다.

제12조 [표 및 그림의 표시]

표와 그림은 <표 1>, <그림 1>의 방식으로 일련번호와 제목을 표시하고, 표와 그림의 왼쪽 아랫부분에 그 출처를 명시하여야 한다.

제13조 [편집위원회의 결정통보 및 수정원고 제출]

① 편집위원회는 투고원고에 대한 심사위원의 평가가 완료된 후 편집회의를 개최하여 투고원고에 대한 게재여부를 결정하고 투고자에게 그 결과를 서면 또는 전자우편으로 통지한다.

② 편집위원회가 투고원고에 대하여 '수정후 재심의' 결정을 한 경우 투고자는 정해진 기간 내에 수정원고를 제출하여야 한다.

제14조 [학회비 및 게재료 납부]

① 편집위원회에 의해 게재결정된 투고원고는 투고자가 당해 연도 회

비를 납부한 경우에 한하여 학회지에 게재될 수 있다.

② 편집위원회에 의해 게재결정된 투고원고의 투고자는 다음 각 호의 구분에 의하여 게재료를 납부하여야 한다.

1. 교수 및 실무가: 편당 20만원
2. 강사 기타: 편당 10만원

③ 투고원고(외국어 초록 포함)의 분량이 원고지 120매를 초과하고 150매 이하인 경우에는 1매당 3천원, 150매를 초과하는 경우에는 1매당 5천원의 초과게재료를 납부하여야 한다.

제15조 [논문연구윤리 준수]

① 투고원고는 논문연구윤리 확인서에 포함된 논문연구윤리를 준수하여야 한다.

② 투고원고는 논문연구윤리 확인서를 제출한 경우에 한하여 학회지에 게재될 수 있다.

제16조 [논문사용권 등 위임동의서 제출]

투고원고는 논문사용권 및 복제·전송권 위임동의서를 제출한 경우에 한하여 학회지에 게재될 수 있다.

제17조 [중복게재의 제한]

① '형사판례연구'에 게재된 논문은 다른 학술지에 다시 게재할 수 없다.

② 편집위원회는 제 1 항에 위반한 투고자에 대하여 결정으로 일정기간 투고자격을 제한할 수 있다.

부칙(2006. 12. 04)

제 1 조 [시행일]

이 지침은 '형사판례연구' 제15권 발행시부터 적용한다.

부칙(2007. 12. 10)

제 1 조 [시행일]

이 지침은 '형사판례연구' 제16권 발행시부터 적용한다.

부칙 (2011.12.05.)

제1조 [시행일]
이 지침은 '형사판례연구' 제20권 발행시부터 적용한다.

한국형사판례연구회 연구윤리위원회 규정

2007. 12. 10. 제정

2008. 06. 02. 개정

제 1 조 [목적]

이 규정은 연구윤리위반행위의 방지 및 건전한 연구윤리의 확보를 위한 기본적인 원칙과 방향을 제시하고, 한국형사판례연구회(이하 '본회'라 함) 회원의 연구윤리위반행위에 대한 조치와 절차 등을 규정함을 목적으로 한다.

제 2 조 [연구윤리위반행위]

연구윤리위반행위는 다음 각 호의 하나에 해당하는 것을 말한다.

1. "위조"—존재하지 않는 데이터 또는 연구결과 등을 허위로 만들어 내는 행위
2. "변조"—연구의 재료·장비·과정 등을 인위적으로 조작하거나 데이터를 임의로 변형·삭제함으로써 연구의 내용 또는 결과를 왜곡하는 행위
3. "표절"—타인의 아이디어, 연구의 내용 또는 결과 등을 정당한 승인 또는 인용 없이 도용하는 행위
4. "부당한 논문저자 표시"—연구내용 또는 결과에 대하여 과학적·기술적 공헌 또는 기여를 한 사람에게 정당한 이유 없이 논문저자 자격을 부여하지 않거나, 과학적·기술적 공헌 또는 기여를 하지 않은 자에게 감사의 표시 또는 예우 등을 이유로 논문저자 자격을 부여하는 행위
5. "중복게재"—과거에 공간된 논문 등 저작물을 중복하여 출판하는 행위

6. “조사방해 · 부정은폐” — 본인 또는 타인의 연구윤리위반행위의 의혹에 대한 조사를 고의로 방해하거나 제보자에게 위해를 가하는 행위

제 3 조 [연구윤리위원회]

① 연구윤리위반행위의 조사 · 의결을 위하여 연구윤리위원회(이하 ‘위원회’라 함)를 둔다.

② 연구윤리위원회는 연구윤리위원장을 포함한 10인 이내의 위원으로 구성한다.

③ 연구윤리위원장(이하 ‘위원장’이라 함)은 본회의 연구윤리담당 상임이사로 한다.

④ 연구윤리위원(이하 ‘위원’이라 함)은 본회 회원 중에서 이사회가 선임한다.

⑤ 연구윤리위원의 임기는 1년으로 하며, 연임할 수 있다.

제 4 조 [연구윤리위원회의 조사]

① 위원장은 다음 각 호의 경우 위원회에 연구윤리위반 여부의 조사를 요청하여야 한다.

1. 제보 등에 의하여 연구윤리위반행위에 해당한다는 의심이 있는 때
2. 본회 회원 10인 이상이 서면으로 연구윤리위반행위에 대한 조사를 요청한 때

② 제보의 접수일로부터 만 5년 이전의 연구윤리위반행위에 대해서는 이를 접수하였더라도 처리하지 않음을 원칙으로 한다. 단, 5년 이전의 연구윤리위반행위라 하더라도 피조사자가 그 결과를 직접 재인용하여 5년 이내에 후속 연구의 기획 · 수행, 연구결과의 보고 및 발표에 사용하였을 경우와 공공의 복지 또는 안전에 위험이 발생하거나 발생할 우려가 있는 경우에는 이를 처리하여야 한다.

③ 연구윤리위반행위의 사실 여부를 입증할 책임은 위원회에 있다. 단, 피조사자가 위원회에서 요구하는 자료를 고의로 훼손하였거나 제출을 거부하는 경우에 요구자료에 포함되어 있다고 인정되는 내용의 진실성을 입증할 책임은 피조사자에게 있다.

④ 위원회는 제보자와 피조사자에게 의견진술, 이의제기 및 변론의 권리와 기회를 동등하게 보장하여야 하며 관련 절차를 사전에 알려주어야 한다.

제 5 조 [연구윤리위원회의 의결]

① 위원회의 연구윤리위반결정은 재적위원 과반수의 출석과 출석위원 3분의 2 이상의 찬성으로 의결한다.

② 조사·의결의 공정을 기하기 어려운 사유가 있는 위원은 당해 조사·의결에 관여할 수 없다. 이 경우 당해 위원은 재적위원의 수에 산입하지 아니한다.

제 6 조 [제보자의 보호]

① 제보자는 연구윤리위반행위를 인지한 사실 또는 관련 증거를 위원회에 알린 자를 말한다.

② 제보자는 구술·서면·전화·전자우편 등 가능한 모든 방법으로 제보할 수 있으며 실명으로 제보함을 원칙으로 한다. 단, 익명의 제보라 하더라도 서면 또는 전자우편으로 논문명, 구체적인 연구윤리위반행위의 내용과 증거를 포함하여 제보한 경우 위원회는 이를 실명 제보에 준하여 처리하여야 한다.

③ 위원회는 제보자가 연구윤리위반행위 신고를 이유로 부당한 압력 또는 위해 등을 받지 않도록 보호해야 할 의무를 지니며 이에 필요한 시책을 마련하여야 한다.

④ 제보자의 신원에 관한 사항은 정보공개의 대상이 되지 않으며, 제보자가 신고를 이유로 제 3 항의 불이익을 받거나 자신의 의지에 반하여 신원이 노출될 경우 위원회 및 위원은 이에 대한 책임을 진다.

⑤ 제보자는 연구윤리위반행위의 신고 이후 진행되는 조사 절차 및 일정 등을 알려줄 것을 위원회에 요구할 수 있으며, 위원회는 이에 성실히 응하여야 한다.

⑥ 제보 내용이 허위인 줄 알았거나 알 수 있었음에도 불구하고 이를

신고한 제보자는 보호 대상에 포함되지 않는다.

제 7 조 [피조사자의 보호]

① 피조사자는 제보 또는 위원회의 인지에 의하여 연구윤리위반행위의 조사대상이 된 자 또는 조사 수행 과정에서 연구윤리위반행위에 가담한 것으로 추정되어 조사의 대상이 된 자를 말하며, 조사과정에서의 참고인이나 증인은 이에 포함되지 아니한다.

② 위원회는 검증 과정에서 피조사자의 명예나 권리가 부당하게 침해되지 않도록 주의하여야 한다.

③ 연구윤리위반행위에 대한 의혹은 판정 결과가 확정되기 전까지 외부에 공개되어서는 아니 된다.

④ 피조사자는 연구윤리위반행위의 조사·처리절차 및 처리일정 등을 알려줄 것을 위원회에 요구할 수 있으며, 위원회는 이에 성실히 응하여야 한다.

제 8 조 [예비조사]

① 예비조사는 연구윤리위반행위의 의혹에 대하여 조사할 필요가 있는지 여부를 결정하기 위한 절차를 말하며, 신고 접수일로부터 30일 이내에 착수하여야 한다.

② 예비조사 결과 피조사자가 연구윤리위반행위 사실을 모두 인정한 경우에는 본조사 절차를 거치지 않고 바로 판정을 내릴 수 있다.

③ 예비조사에서 본조사를 실시하지 않는 것으로 결정할 경우 이에 대한 구체적인 사유를 결정일로부터 10일 이내에 제보자에게 문서 또는 전자우편으로 통보한다. 단, 익명제보의 경우는 그러하지 않다.

④ 제보자는 예비조사 결과에 대해 불복하는 경우 통보를 받은 날로부터 30일 이내에 위원회에 이의를 제기할 수 있다.

제 9 조 [본조사]

① 본조사는 연구윤리위반행위의 사실 여부를 입증하기 위한 절차를 말하며, 예비조사에서 본조사의 필요성이 인정된 경우 즉시 착수하여야 한다.

② 위원회는 제보자와 피조사자에게 의견진술의 기회를 주어야 하며, 본조사결과를 확정하기 이전에 이의제기 및 변론의 기회를 주어야 한다. 당사자가 이에 응하지 않을 경우에는 이의가 없는 것으로 간주한다.

③ 제보자와 피조사자의 이의제기 또는 변론 내용과 그에 대한 처리결과는 조사결과 보고서에 포함되어야 한다.

제10조 [판정]

① 판정은 본조사결과를 확정하고 이를 제보자와 피조사자에게 문서 또는 전자우편으로 통보하는 절차를 말하며, 본조사에 의하여 연구윤리위반이 인정된 경우 즉시 하여야 한다.

② 예비조사 착수 이후 판정에 이르기까지의 모든 조사 일정은 6개월 이내에 종료되어야 한다.

③ 제보자 또는 피조사자가 판정에 불복할 경우에는 통보를 받은 날로부터 30일 이내에 본회 회장에게 이의신청을 할 수 있으며, 본회 회장은 이의신청 내용이 합리적이고 타당하다고 판단할 경우 이사회의 결정으로 임시 조사위원회를 구성하여 재조사를 실시하여야 한다.

제11조 [위원회의 권한과 의무]

① 위원회는 조사과정에서 제보자·피조사자·증인 및 참고인에 대하여 진술을 위한 출석을 요구할 수 있고 피조사자에게 자료의 제출을 요구할 수 있으며, 이 경우 피조사자는 반드시 이에 응하여야 한다.

② 위원회 및 위원은 제보자의 신원 등 위원회의 직무와 관련하여 알게 된 사항에 대하여 비밀을 유지하여야 한다.

제12조 [조사의 기록과 정보의 공개]

① 위원회는 조사 과정의 모든 기록을 음성, 영상, 또는 문서의 형태로 5년 이상 보관하여야 한다.

② 조사결과 보고서는 판정이 끝난 이후 공개할 수 있다. 단, 증인·참고인·자문에 참여한 자의 명단 등은 당사자에게 불이익을 줄 가능성이 있을 경우 공개하지 않을 수 있다.

제13조 [연구윤리위반행위에 대한 조치]
위원회가 연구윤리위반행위로 결정한 때에는 다음 각 호의 조치를 취하여야 한다.

1. 투고원고를 '형사판례연구' 논문목록에서 삭제
2. 투고자에 대하여 3년 이상 '형사판례연구'에 논문투고 금지
3. 위반사항을 한국형사판례연구회 홈페이지에 1년간 공고
4. 한국학술진흥재단에 위반내용에 대한 세부적인 사항 통보

제14조 [연구윤리에 대한 교육]
위원회는 본회 회원의 연구윤리의식을 고취시키기 위하여 연구수행과정에서 준수해야 할 연구윤리 규범, 부정행위의 범위, 부정행위에 대한 대응방법 및 검증절차 등에 관한 교육을 실시하여야 한다.

제15조 [규정의 개정]
이 규정의 개정은 이사회의 의결에 의한다.

부칙(2008. 06. 02)

제 1 조 [시행일]
이 규정은 이사회의 의결이 있은 날부터 시행한다.

한국형사판례연구회 임원명단

2017년 6월 현재

고 문: 권 광 중, 김 동 건, 김 진 환, 박 상 기, 김 대 휘,
장 영 민, 강 용 현, 오 영 근

회 장: 조 균 석

부 회 장: 이 용 식, 이 민 걸, 이 완 규, 이 상 철

상임이사: 강 동 범(총무), 정 현 미(연구), 김 정 원(연구),
안 성 수(연구), 이 상 철(연구), 전 지 연(연구윤리),
허 일 태(출판), 김 성 돈(섭외), 오 경 식(재무),
임 동 규(법제), 이 주 원(홍보)

이 사: 김 영 철, 김 우 진, 김 혜 정, 노 수 환, 박 광 민, 박 미 숙,
백 원 기, 소 병 철, 손 기 식, 신 동 운, 신 양 균, 심 희 기,
원 혜 욱, 이 경 재, 이 기 헌, 이 승 호, 이 은 모, 이 인 영,
이 재 홍, 이 정 원, 이 천 현, 전 승 수, 전 주 혜, 정 영 일,
정 웅 석, 천 진 호, 하 태 훈

편집위원회: 허 일 태(위원장), 신 양 균, 오 경 식, 윤 종 행, 이 완 규,
이 용 식, 전 지 연, 조 국, 한 영 수

윤리위원회: 전 지 연(위원장), 김 혜 경, 김 혜 정, 노 수 환,
변 종 필, 신 용 석, 안 성 훈, 윤 지 영, 이 진 국

감 사: 신 용 석, 황 태 정

간 사: 윤 지 영(총무), 이 강 민(편집)

한국형사판례연구회 회원명부

2017년 6월 현재

〈학 계〉

성 명	직 위	근 무 처	우편번호	주 소	직장/자택 전화번호
강 기 정	교수	창원대 법학과	51140	경남 창원시 의창구 창원대학로 20	055-213-3203
강 동 범	교수	이화여대 법학전문대학원	03760	서울 서대문구 이화여대길 52	02-3277-4480
강 석 구	부연구위원	형사정책 연구원	06764	서울 서초구 태봉로 114	02-3460-5128
강 수 진	교수	고려대 법학전문대학원	02841	서울 성북구 안암동 145	02-3290-2889
강 우 예	교수	한국해양대 해사법학부	49112	부산 영도구 태종로 727	051-410-4393
권 오 걸	교수	경북대 법학전문대학원	41566	대구 북구 대학로 80	053-950-5473
권 오 봉	교수	부산대 법학전문대학원	46241	부산 금정구 부산대학로63번길 2	051-510-1574
권 창 국	교수	전주대 경찰행정학과	55069	전북 전주시 완산구 천잠로 303	063-220-2242
김 대 근	부연구위원	형사정책 연구원	06764	서울 서초구 태봉로 114	02-3460-5175
김 범 식	조교수	서남대 경찰행정법학과	31556	충남 아산시 송악면 평촌길 7-111	041-539-5630
김 봉 수	교수	전남대 법학전문대학원	61186	광주 북구 용봉로 77	062-530-2278
김 선 복	교수	부경대 법학과	48513	부산 남구 용소로 45	051-629-5441

성 명	직 위	근 무 처	우편번호	주 소	직장/자택 전화번호
김 성 돈	교수	성균관대 법학전문대학원	03063	서울 종로구 성균관로 25-2	02-760-0343
김 성 룡	교수	경북대 법학전문대학원	41566	대구 북구 대학로 80	053-950-5459
김 성 은	교수	강원대 법학전문대학원	24341	강원 춘천시 강원대학길 1	033-250-6539
김 성 천	교수	중앙대 법학전문대학원	06974	서울 동작구 흑석로 84	02-820-5447
김 영 철	교수	건국대 법학전문대학원	05029	서울 광진구 능동로 120	02-2049-6047
김 영 환	교수	한양대 법학전문대학원	04763	서울 성동구 왕십리로 222	02-2220-0995
김 유 근	부연구위원	형사정책 연구원	06764	서울 서초구 태봉로 114	02-3460-5182
김 인 선	명예교수	순천대 법학과	57922	전남 순천시 중앙로 255	061-750-3430
김 인 회	교수	인하대 법학전문대학원	22212	인천 남구 인하로 100	032-860-8965
김 재 봉	교수	한양대 법학전문대학원	04763	서울 성동구 왕십리로 222	02-2220-1303
김 재 윤	교수	전남대 법학전문대학원	61186	광주 북구 용봉로 77	062-530-2240
김 재 희	박사	성균관대 법학연구소 선임연구원	03063	서울시 종로구 성균관로 25-2	02-760-1288
김 정 환	교수	연세대 법학전문대학원	03722	서울 서대문구 연세로 50	02-2123-3003
김 종 구	교수	조선대 법학과	61452	광주광역시 동구 필문대로 309	062-230-6703

성 명	직 위	근 무 처	우편번호	주 소	직장 자택 전화번호
김 종 원	명예교수	성균관대 법학과	03063	서울 종로구 성균관로 25-2	02-760-0922
김 태 명	교수	전북대 법학전문대학원	54896	전북 전주시 덕진구 백제대로 567	063-270-4701
김 택 수	교수	계명대 경찰법학과	42601	대구 달서구 달구벌대로 1095	053-580-5468
김 한 균	부연구 위원	형사정책 연구원	06764	서울 서초구 태봉로 114	02-3460-5163
김 혁 돈	교수	가야대 경찰행정학과	50830	경남 김해시 삼계로 208번지	055-330-1145
김 형 준	교수	중앙대 법학전문대학원	06974	서울 동작구 흑석로 84	02-820-5452
김 혜 경	교수	계명대 경찰행정학과	42601	대구 달서구 달구벌대로 1095	053-580-5956
김 혜 정	교수	영남대 법학전문대학원	38541	경북 경산시 대학로 280	053-810-2616
김 희 균	교수	서울시립대 법학전문대학원	02504	서울 동대문구 서울시립대로 163	02-6490-5102
남 선 모	교수	세명대 법학과	27136	충북 제천시 세명로 65	043-649-1231
노 수 환	교수	성균관대 법학전문대학원	03063	서울시 종로구 성균관로 25-2	02-760-0354
도 중 진	교수	충남대 평화안보대학원	34134	대전 유성구 대학로 99번지	042-821-5297
류 부 곤	교수	한경대 법학과	17579	경기 안성시 중앙로 327 (석정동 67)	031-670-5304
류 석 준	교수	영산대 공직인재학부	50510	경남 양산시 주남로 288	055-380-9423

성 명	직 위	근 무 처	우편번호	주 소	직장 / 자택 전화번호
류 인 모	교수	인천대 법학과	22012	인천 연수구 아카데미로 119	032-835-8324
류 전 철	교수	전남대 법학전문대학원	61186	광주 북구 용봉로 77	062-530-2283
류 화 진	교수	영산대 공직인재학부	50510	경남 양산시 주남로 288	055-380-9448
문 성 도	교수	경찰대 법학과	31539	충남 아산시 신창면 황산길 100-50	041-968-2562
민 영 성	교수	부산대 법학전문대학원	46241	부산 금정구 부산대학로63번길 2	051-510-2514
박 강 우	교수	충북대 법학전문대학원	28644	충북 청주시 서원구 충대로 1	043-261-2622
박 광 민	교수	성균관대 법학전문대학원	03063	서울 종로구 성균관로 25-2	02-760-0359
박 기 석	교수	대구대 경찰행정학과	38453	경북 경산시 진량읍 대구대로 201	053-850-6182
박 미 숙	선임 연구위원	형사정책 연구원	06764	서울 서초구 태봉로 114	02-3460-5166
박 상 기	교수	연세대 법학전문대학원	03722	서울 서대문구 연세로 50	02-2123-3005
박 상 진	교수	건국대 공공인재대학 경찰학과	27478	충북 충주시 충원대로 268	043-840-3429
박 수 희	교수	가톨릭관동대 경찰행정학과	25601	강원 강릉시 범일로 579번길 24	033-649-7336
박 찬 걸	교수	대구가톨릭대 경찰행정학과	38430	경북 경산시 하양읍 하양로 13-13	053-850-3339
박 혜 진	연구원	고려대 법학연구원	02841	서울 성북구 안암로 145 고려대학교 CJ법학관 405호	02-3290-1630

성 명	직 위	근 무 처	우편번호	주 소	직장/자택 전화번호
백 원 기	교수	인천대 법학과	22012	인천 연수구 아카데미로 119	032-835-8328
변 종 필	교수	동국대 법학과	04620	서울 중구 필동로1길 30	02-2260-3238
서 거 석	교수	전북대 법학전문대학원	54896	전북 전주시 덕진구 백제대로 567	063-270-2663
서 보 학	교수	경희대 법학전문대학원	02447	서울 동대문구 경희대로 26	02-961-0614
성 낙 현	교수	영남대 법학전문대학원	38541	경북 경산시 대학로 280	053-810-2623
소 병 철	석좌교수	농협대학교	10292	경기도 고양시 덕양구 서삼릉길 281	031-960-4000
손 동 권	교수	건국대 법학전문대학원	05029	서울 광진구 능동로 120	02-450-3599
손 지 영	강사	연세대 법학전문대학원	03722	서울 서대문구 연세로 50	02-2123-8644
송 광 섭	교수	원광대 법학전문대학원	54538	전북 익산시 익산대로 460	063-850-6373
승 재 현	부연구위원	형사정책연구원	06764	서울 서초구 태봉로 114	02-3460-5164
신 동 운	교수	서울대 법학전문대학원	08826	서울 관악구 관악로 1	02-880-7563
신 양 균	교수	전북대 법학전문대학원	54896	전북 전주시 덕진구 백제대로 567	063-270-2666
심 영 주	강사	인하대 법학전문대학원	22212	인천광역시 남구 인하로 100 인하대학교 로스쿨관	032-860-7920
심 재 무	교수	경성대 법학과	48434	부산 남구 수영로 309	051-663-4518

성 명	직 위	근 무 처	우편번호	주 소	직장 자택 전화번호
심 희 기	교수	연세대 법학전문대학원	03722	서울 서대문구 연세로 50	02-2123-6037
안 경 옥	교수	경희대 법학전문대학원	02447	서울 동대문구 경희대로 26	02-961-0517
안 성 조	교수	제주대 법학전문대학원	63243	제주 제주시 제주대학로 102	064-754-2988
안 성 훈	연구 위원	형사정책 연구원	06764	서울 서초구 태봉로 114	02-3460-5182
안 원 하	교수	부산대 법학전문대학원	46241	부산 금정구 부산대학로63번길 2	051-510-2502
오 경 식	교수	강릉원주대 법학과	25457	강원 강릉시 죽헌길 7	033-640-2211
오 병 두	교수	홍익대 법학과	04066	서울 마포구 와우산로 94	02-320-1822
오 영 근	교수	한양대 법학전문대학원	04763	서울 성동구 왕십리로 222	02-2220-0994
원 재 천	교수	한동대 법학과	37554	경북 포항시 북구 흥해읍 한동로 558	054-260-1268
원 혜 욱	교수	인하대 법학전문대학원	22212	인천 남구 인하로 100	032-860-7937
유 용 봉	교수	한세대 경찰행정학과	15852	경기 군포시 한세로 30	031-450-5272
윤 동 호	부교수	국민대 법학과	02707	서울 성북구 정릉로 77	02-910-4488
윤 용 규	교수	강원대 법학전문대학원	24341	강원 춘천시 강원대학길 1	033-250-6517
윤 종 행	교수	충남대 법학전문대학원	34134	대전광역시 유성구 대학로 99번지	042-821-5840

성 명	직 위	근 무 처	우편번호	주 소	직장/자택 전화번호
윤 지 영	연구 위원	형사정책 연구원	06764	서울 서초구 태봉로 114	02-3460-5136
윤 해 성	연구 위원	형사정책 연구원	06764	서울 서초구 태봉로 114	02-3460-5156
은 숭 표	교수	영남대 법학전문대학원	38541	경북 경산시 대학로 280	053-810-2615
이 강 민	강사	이화여대 법학과	03760	서울 서대문구 이화여대길 52	02-3277-4936
이 경 렬	교수	성균관대 법학전문대학원	03063	서울 종로구 성균관로 25-2	02-760-0216
이 경 재	교수	충북대 법학전문대학원	28644	충북 청주시 서원구 충대로 1	043-261-2612
이 경 호	교수	한국해양대 해사법학부	49112	부산 영도구 태종로 727	051-410-4393
이 근 우	교수	가천대 법학과	13120	경기 성남시 수정구 성남대로 1342	031-750-8728
이 기 헌	교수	명지대 법학과	03674	서울 서대문구 거북골로 34	02-300-0813
이 동 희	교수	경찰대 법학과	31539	충남 아산시 신창면 황산길 100-50	041-968-2662
이 상 문	교수	군산대 해양경찰학과	54150	전북 군산시 대학로 558	063-469-1893
이 상 용	교수	명지대 법학과	03674	서울 서대문구 거북골로 34	02-300-0817
이 상 원	교수	서울대 법학전문대학원	08826	서울 관악구 관악로 1	02-880-2618
이 상 한	초빙교수	충북대학교 법학전문대학원	28644	충북 청주시 서원구 충대로 1	043-261-2620

성 명	직 위	근 무 처	우편번호	주 소	직장/자택 전화번호
이 상 현	교수	숭실대 국제법무학과	06978	서울 동작구 상도로 369	02-820-0486
이 승 준	교수	충북대 법학전문대학원	28644	충북 청주시 서원구 충대로 1	043-261-3689
이 승 현	연구위원	형사정책 연구원	06764	서울 서초구 태봉로 114	02-3460-5193
이 승 호	교수	건국대 법학전문대학원	05029	서울 광진구 능동로 120	02-450-3597
이 영 란	명예교수	숙명여대 법학과	04310	서울 용산구 청파로47길 100	02-710-9494
이 용 식	교수	서울대 법학전문대학원	08826	서울 관악구 관악로 1	02-880-7557
이 원 경	외래교수	숭실사이버대 법·행정학과	06978	서울특별시 동작구 상도로 369	02-828-5450
이 원 상	교수	조선대 법학과	61452	광주광역시 동구 필문대로 309	062-230-6073
이 유 진	선임 연구위원	청소년정책 연구원	30147	세종특별자치시 시청대로 370 세종국책연구단지 사회정책동(D동)	044-415-2114
이 윤 제	교수	아주대 법학전문대학원	16499	경기 수원시 영통구 월드컵로 206	031-219-3784
이 은 모	교수	한양대 법학전문대학원	04763	서울 성동구 왕십리로 222	02-2220-2573
이 인 영	교수	백석대 법정경찰학부	31065	충남 천안시 동남구 문암로 76	041-550-2124
이 정 념	교수	숭실사이버대 법 · 행정학과	06978	서울 동작구 상도로 369 미래관 B101호	02-828-5450
이 정 민	교수	단국대 법학과	16890	경기 용인시 수지구 죽전로 152	031-8005-3973

성 명	직 위	근 무 처	우편번호	주 소	직장 자택 전화번호
이 정 원	교수	영남대 법학전문대학원	38541	경북 경산시 대학로 280	053-810-2629
이 정 훈	교수	중앙대 법학전문대학원	06974	서울 동작구 흑석로 84	02-820-5456
이 주 원	교수	고려대 법학전문대학원	02841	서울 성북구 안암동 5가 1번지	02-3290-2882
이 진 국	교수	아주대 법학전문대학원	16499	경기 수원시 영통구 월드컵로 206	031-219-3791
이 진 권	교수	한남대 경찰행정학과	34430	대전 대덕구 한남로 70	042-629-8465
이 창 섭	교수	제주대 법학전문대학원	63243	제주 제주시 제주대학로 102	064-754-2976
이 천 현	연구위원	형사정책 연구원	06764	서울 서초구 태봉로 114	02-3460-5125
이 태 언	교수	부산외대 법학과	46234	부산 금정구 금샘로 485번길 65	051-509-5991
이 호 중	교수	서강대 법학전문대학원	04107	서울 마포구 백범로 35	02-705-7843
이 희 경	연구교수	성균관대 글로벌리더학부	03063	서울특별시 종로구 성균관로 25-2	02-760-0191
임 정 호	부연구 위원	형사정책 연구원	06764	서울 서초두 태봉로 114	02-3460-5150
임 창 주	교수	서영대학교 사회복지행정과	10843	경기도 파주시 월롱면 서영로 170	031-930-9560
장 규 원	교수	원광대 경찰행정학과	54538	전북 익산시 익산대로 460	063-850-6905
장 성 원	교수	세명대 법학과	27136	충북 제천시 세명로 65	043-649-1208

성 명	직 위	근 무 처	우편번호	주 소	직장/자택 전화번호
장 승 일	강사	전남대 법학전문대학원	61186	광주 북구 용봉로 77	062-530-2207
장 연 화	교수	인하대 법학전문대학원	22212	인천 남구 인하로 100	032-860-8972
장 영 민	교수	이화여대 법학전문대학원	03760	서울 서대문구 이화여대길 52	02-3277-3502
전 지 연	교수	연세대 법학전문대학원	03722	서울 서대문구 연세로 50	02-2123-5996
전 현 욱	부연구위원	형사정책연구원	06764	서울 서초구 태봉로 114	02-3460-9295
정 도 희	교수	경상대 법학과	52828	경남 진주시 진주대로 501	055-772-2042
정 승 환	교수	고려대 법학전문대학원	02841	서울 성북구 안암동5가 1번지	02-3290-2871
정 영 일	교수	경희대 법학전문대학원	02447	서울 동대문구 경희대로 26	02-961-9142
정 웅 석	교수	서경대 법학과	02713	서울 성북구 서경로 124	02-940-7182
정 준 섭	교수	숙명여대 법학과	04310	서울 용산구 청파로47길 100	02-710-9935
정 진 수	선임 연구위원	형사정책연구원	06764	서울 서초구 태봉로 114	02-3460-5127
정 한 중	교수	한국외대 법학전문대학원	02450	서울 동대문구 이문로 107	02-2173-3258
정 행 철	명예교수	동의대 법학과	47340	부산 부산진구 엄광로 176	051-890-1360
정 현 미	교수	이화여대 법학전문대학원	03760	서울 서대문구 이화여대길 52	02-3277-3555

성 명	직 위	근 무 처	우편번호	주 소	직장/자택 전화번호
조 국	교수 민정수석	서울대 법학전문대학원 청와대 대통령비서실	08826 03048	서울 관악구 관악로 1 서울특별시 종로구 청와대로 1	02-880-5794 02-730-5800
조 균 석	교수	이화여대 법학전문대학원	03760	서울 서대문구 이화여대길 52	02-3277-6858
조 병 선	교수	청주대 법학과	28503	충북 청주시 청원구 대성로 298	043-229-8221
조 인 현	연구원	서울대 법학연구소	08826	서울 관악구 관악로 1	02-880-5471
조 준 현	교수	성신여대 법학과	02844	서울 성북구 보문로 34다길 2	02-920-7124
조 현 욱	학술 연구교수	건국대 법학연구소	05029	서울 광진구 능동로 120	02-450-3297
주 승 희	교수	덕성여대 법학과	01369	서울 도봉구 쌍문동 419	02-901-8177
천 진 호	교수	동아대 법학전문대학원	49236	부산 서구 구덕로 225	051-200-8509
최 민 영	부연구 위원	형사정책 연구원	06764	서울 서초구 태봉로 114	02-3460-5178
최 병 각	교수	동아대 법학전문대학원	49236	부산 서구 구덕로 225	051-200-8528
최 병 문	교수	상지대 법학과	26339	강원 원주시 우산동 660	033-730-0242
최 상 욱	교수	강원대 법학전문대학원	24341	강원 춘천시 강원대학길 1	033-250-6516
최 석 윤	교수	한국해양대 해양경찰학과	49112	부산 영도구 태종로 727	051-410-4238
최 우 찬	교수	서강대 법학전문대학원	04107	서울 마포구 백범로 35	02-705-8404

성 명	직 위	근 무 처	우편번호	주 소	직장/자택 전화번호
최 준 혁	교수	인하대 법학전문대학원	22212	인천 남구 인하로 100	032-860-7926
최 호 진	교수	단국대 법학과	16890	경기 용인시 수지구 죽전로 152	031-8005-3290
탁 희 성	선임 연구위원	형사정책 연구원	06764	서울 서초구 태봉로 114	02-3460-5161
하 태 영	교수	동아대 법학전문대학원	49236	부산 서구 구덕로 225	051-200-8573
하 태 훈	교수	고려대 법학전문대학원	02841	서울 성북구 안암동5가 1번지	02-3290-1897
한 상 돈	교수	아주대 법학전문대학원	16499	경기 수원시 영통구 월드컵로 206	031-219-3786
한 상 훈	교수	연세대 법학전문대학원	03722	서울 서대문구 연세로 50	02-2123-5998
한 영 수	교수	아주대 법학전문대학원	16499	경기 수원시 영통구 월드컵로 206	031-219-3783
한 인 섭	교수	서울대 법학전문대학원	08826	서울 관악구 관악로 1	02-880-7577
허 일 태	교수	동아대 법학전문대학원	49236	부산 서구 구덕로 225	051-200-8516
홍 승 희	교수	원광대 법학전문대학원	54538	전북 익산시 익산대로 460	063-850-6469
황 만 성	교수	원광대 법학전문대학원	54538	전북 익산시 익산대로 460	063-850-6467
황 문 규	교 수	중부대 경찰행정학과	32713	충청남도 금산군 추부면 대학로 201	041-750-6500
황 민 웅	사법 연수원생	사법연수원	10413	경기도 고양시 일산동구 호수로 550	031-920-3114

성 명	직 위	근 무 처	우편번호	주 소	직장/자택 전화번호
황 정 인	경정	형사정책 연구원	06764	서울 서초구 태봉로 114	02-3460-5170
황 태 정	교수	경기대 경찰행정학과	16227	경기 수원시 영통구 광교산로 154-42	031-249-9337
황 호 원	교수	한국항공대 항공교통물류 우주법학부	10540	경기 고양시 덕양구 항공대학로 76	02-300-0345

〈변 호 사〉

이 름	직 위	근 무 지	우편번호	주 소	직장/자택 전화번호
강 민 구	대표 변호사	법무법인 진솔	06605	서울 서초구 서초중앙로 148 김영빌딩 11층	02-536-2455
강 용 현	대표 변호사	법무법인 태평양	06132	서울 강남구 테헤란로 137 현대해상빌딩 17층	02-3404-1001 (3404-0184)
곽 무 근	변호사	법무법인 로고스	06164	서울 강남구 테헤란로 87길 36(삼성동 159-9 도심공항타워 14층)	02-2188-1000 (2188-1049)
권 광 중	고문 변호사	법무법인 광장	04532	서울 중구 남대문로 63 한진빌딩	02-2191-3031
권 태 호	변호사	법무법인 청주로	28625	청주시 서원구 산남동 산남로 64 엔젤변호사 B/D 7층	043-290-4000
금 태 섭	국회의원	국회	07233	서울 영등포구 의사당대로 1 국회의원회관 933호	02-784-9761
김 광 준	변호사	김광준 법률사무소	42013	대구 수성구 동대구로 351	053-218-5000
김 광 준	변호사	법무법인 태평양	06132	서울 강남구 테헤란로 137 현대해상빌딩 17층	02-3404-1001 (3404-0481)

이 름	직 위	근 무 지	우편번호	주 소	직장/자택 전화번호
김 남 현	변호사	법무법인 현대 노원분사무소	08023	서울 양천구 신월로 385 동진빌딩 302호	02-2606-1865
김 대 휘	대표 변호사	법무법인 화우	06164	서울 강남구 영동대로 517 아셈타워 22층	02-6003-7120
김 동 건	고문 변호사	법무법인 천우	06595	서울 서초구 서초대로41길 20, 화인빌딩 3층	02-591-6100
김 동 철	대표 변호사	법무법인 유앤아이	35240	대전 서구 둔산중로 74 인곡타워 3층	042-472-0041
김 상 헌	대표이사	NHN	13561	경기 성남시 분당구 불정로 6 NAVER그린팩토리	1588-3830
김 상 희	변호사	김상희 법률사무소	06596	서울 서초구 서초대로 49길 18 상림빌딩 301호	02-536-7373
김 성 준	변호사	김성준 법률사무소	01322	서울 도봉구 마들로 735 율촌빌딩 3층	02-3493-0100
김 종 형	대표 변호사	법무법인 서울센트럴	06595	서울 서초구 법원로 15 정곡빌딩 서관 517호	02-537-41000
김 주 덕	대표 변호사	법무법인 태일	06595	서울 서초구 법원로3길 25 태흥빌딩 4층	2-3481-4200
김 진 환	원장	형사정책 연구원	06764	서울 서초구 태봉로 114	02-3460-5106
김 희 옥	고문 변호사	법무법인 해송	06606	서울 서초구 서초대로 301 동익성봉빌딩 9층	02-3489-7100 (3489-7178)
문 성 우	대표 변호사	법무법인 바른	06181	서울 강남구 테헤란로 92길 7 바른빌딩	02-3476-5599 (3479-2322)
문 영 호	변호사	법무법인 태평양	06132	서울 강남구 테헤란로 137 현대해상빌딩 17층	02-3404-1001 (3404-0539)

이 름	직 위	근 무 지	우편번호	주 소	직장/자택 전화번호
박 민 식	변호사	법무법인 에이원	06646	서울특별시 서초구 반포대로30길 34, 5층 (서초동, 신정빌딩)	02-521-7400
박 영 관	변호사	법무법인 동인	06620	서울 서초구 서초대로74길 4 삼성생명서초타워 17층	02-2046-1300 (2046-0656)
박 혜 진	변호사	김&장 법률사무소	03170	서울 종로구 사직로8길 39 세양빌딩	02-3703-1114 (3703-4610)
백 승 민	고문 변호사	백승민 법률사무소	06596	서울 서초구 서초중앙로 125, 606호 (서초동, 로이어즈타워)	02-587-0053
백 창 수	변호사	법무법인 정률	06069	서울 강남구 학동로 401 금하빌딩 4층	02-2183-5500 (2183-5539)
서 우 정	부사장	삼성생명	04513	서울 중구 세종대로 55 삼성본관빌딩 11층 법무실	02-751-3490
석 동 현	대표 변호사	법무법인 대호	06134	서울 강남대로 테헤란로 119 대호레포츠빌딩 6층	02-568-5200
선우 영	대표 변호사	법무법인 세아	06164	서울 강남구 삼성동 159-1 트레이드타워 205호	02-6000-0040 (6000-0089)
손 기 식	고문 변호사	법무법인 대륙아주	06151	서울 강남구 테헤란로 317 동훈타워	02-563-2900
손 기 호	사무총장	대한법률구조공단	39660	경북 김천시 혁신2로 26	054-810-0132
신 남 규	고문 변호사	법무법인 인	06233	서울 강남구 테헤란로8길 8 동주빌딩 11층	02-523-2662
신 용 석	변호사	법무법인 동헌	06595	서울 서초구 법원로1길 5 우암빌딩 3층	02-595-3400
여 훈 구	변호사	김&장 법률사무소	03170	서울 종로구 사직로8길 39 세양빌딩	02-3703-1114 (3703-4603)

이 름	직 위	근 무 지	우편번호	주 소	직장 / 자택 전화번호
원 범 연	변호사	법무법인 강남	06593	서울 서초구 서초중앙로 203 OSB빌딩 4층	02-6010-7000 (6010-7021)
유 병 규	법무팀장	삼성SDS	05510	서울 송파구 올림픽로35길 125 삼성SDS 타워	02-6115-3114
윤 병 철	변호사	법무법인 화우	06164	서울 강남구 영동대로 517 아셈타워 22층	02-6182-8303
윤 재 윤	파트너 변호사	법무법인 세종	04631	서울 중구 퇴계로 100 스테이트타워 남산 8층	02-316-4114 (316-4205)
이 건 종	변호사	법무법인 화우	06164	서울 강남구 영동대로 517 아셈타워 22층	02-6003-7542
이 광 재	변호사	법무법인 보람	05044	서울 광진구 아차산로 375 크레신타워 507호	02-457-5522
이 기 배	대표 변호사	법무법인 로월드	06647	서울 서초구 서초대로 254 오퓨런스빌딩 1602호	02-6223-1000
이 명 규	변호사	법무법인 태평양	06132	서울 강남구 테헤란로 137 현대해상빌딩 17층	02-3404-1001 (3404-0131)
이 상 철	변호사	법무법인 유원	06604	서울 서초구 서초대로51길 14 JH엘로펌애비뉴빌딩	02-592-6500
이 승 현	파트너 변호사	법무법인 지평	03740	서울 서대문구 충정로 60 KT&G 서대문타워 10층	02-6200-1804
이 용 우	상임고문 변호사	법무법인 로고스	06164	서울 강남구 테헤란로 87길 36(삼성동 159-9 도심공항타워빌딩 14층)	02-2188-1001
이 용 주	국회의원	국회	07233	서울 영등포구 의사당대로 1 국회의원회관 532호	02-784-6090
이 재 홍	변호사	김&장 법률사무소	03170	서울 종로구 사직로8길 39 세양빌딩	02-3703-1114 (3703-1525)

이 름	직 위	근 무 지	우편번호	주 소	직장/자택 전화번호
이 종 상	법무팀장	LG그룹	07336	서울 영등포구 여의대로 128 LG트윈타워	02-3277-1114
이 충 상	대표 변호사	법무법인 대호	06134	서울 강남구 테헤란로 119 대호레포츠빌딩 6층	02-568-5200
이 훈 규	고문 변호사	법무법인(유) 원	06253	서울 강남구 강남대로 308 랜드마크타워 11층	02-3019-3900 (3019-5457)
임 동 규	변호사	엘아이엠법률 사무소	06253	서울 서초구 법원로3길 15, 401호(서초동,영포빌딩)	02-592-7001
전 주 혜	변호사	법무법인 태평양	06132	서울 강남구 테헤란로 137 현대해상빌딩 17층	02-3404-1001 (3404-0153)
정 구 환	변호사	법무법인 남부제일	07301	서울 영등포구 영신로34길 30	02-2635-5505
정 동 기	고문 변호사	법무법인 바른	06181	서울 강남구 테헤란로 92길 7 바른빌딩	02-3476-5599 (3479-2423)
정 동 욱	고문 변호사	법무법인 케이씨엘	03151	서울 종로구 종로5길 58 석탄회관빌딩 10층	02-721-4000 (721-4471)
정 석 우	변호사	법무법인 동인	06620	서울 서초구 서초대로74길 4 삼성생명서초타워 17층	02-2046-1300 (2046-0686)
정 진 규	대표 변호사	법무법인 대륙아주	06151	서울 강남구 테헤란로 317 동훈타워	02-563-2900
조 영 수	변호사	법무법인 로월드	06647	서울 서초구 서초대로 254 오퓨런스빌딩 1602호	02-6223-1000
최 교 일	국회의원	국회	07233	서울 영등포구 의사당대로 1 국회의원회관 934호	02-784-4195
최 근 서	변호사	최근서 법률사무소	06595	서울 서초구 법원로2길 15 길도빌딩 504호	02-532-1700
최 동 렬	변호사	법무법인 율촌	06180	서울 강남구 테헤란로 518 (섬유센터 12층)	02-528-5200 (528-5988)

이 름	직 위	근 무 지	우편번호	주 소	직장 자택 전화번호
최 성 진	변호사	법무법인 세종	04631	서울 중구 퇴계로 100 스테이트타워 남산 8층	02-316-4114 (316-4405)
최 운 식	변호사	법무법인 대륙아주	06151	서울 강남구 테헤란로 317 동훈타워	02-563-2900 (3016-5231)
최 재 경	변호사	변호사 최재경 법률사무소	06164	서울 강남구 영동대로 511 삼성트레이드타워 4305호	02-501-3481
최 정 수	대표 변호사	법무법인 세줄	06220	서울 강남구 테헤란로 208 안제타워 17층	02-6200-5500
최 철 환	법무 비서관	청와대 대통령비서실	03048	서울 종로구 청와대로 1	02-730-5800
추 호 경	고문 변호사	법무법인 대륙아주	06151	서울 강남구 테헤란로 317 동훈타워	02-563-2900 (3016-5242)
한 영 석	변호사	변호사 한영석 법률사무소	06593	서울 서초구 반포4동 45-11 (화빌딩 502호)	02-535-6858
홍 석 조	회장	BGF리테일	06162	서울 강남구 테헤란로 405	1577-3663
황 인 규	대표이사	주식회사 충남도시가스	34800	대전광역시 중구 유등천동로 762	042-336-5100

〈법 원〉

이 름	직 위	근 무 지	우편번호	주 소	직장 자택 전화번호
고 제 성	지원장	춘천지방법원 속초지원	24822	강원도 속초시 법대로 15	033-639-7600
권 순 건	판사	서울중앙지법	06594	서울 서초구 서초중앙로 157	02-530-1114
권 창 환	판사	서울회생법원	06594	서울특별시 서초구 서초중앙로 157	02-530-1114

이 름	직 위	근 무 지	우편번호	주 소	직장/자택 전화번호
권 태 형	부장판사	서울가정법원	06749	서울 서초구 강남대로 193	02-2055-7114
김 광 태	법원장	광주지방법원	61441	광주광역시 동구 준법로 7-12(지산2동)	062-239-1114
김 기 영	부장판사	서울동부지법	05856	서울특별시 송파구 법원로 101	02-2204-1114
김 대 웅	부장판사	서울고등법원	06594	서울 서초구 서초중앙로 157	02-530-1114
김 동 완	판사	서울고등법원	06594	서울 서초구 서초중앙로 157	02-530-1114
김 용 헌	사무처장	헌법재판소	03060	서울 종로구 북촌로 15(재동 83)	02-708-3456
김 우 진	부장판사	서울고등법원	06594	서울 서초구 서초중앙로 157	02-530-1114
김 정 원	선임부장 연구관	헌법재판소	03060	서울 종로구 북촌로 15(재동 83)	02-708-3456
김 형 두	수석 부장판사	서울중앙지법	06594	서울 서초구 서초중앙로 157	02-530-1114
김 희 수	재판 연구관	대법원	06590	서울 서초구 서초대로 219	02-3480-1100
김 희 철	재판 연구관	대법원	06590	서울 서초구 서초대로 219	02-3480-1100
남 성 민	부장판사	광주고등법원	61441	광주 동구 준법로 7-12	062-239-1114
박 진 환	부장판사	의정부 지방법원	11616	경기도 의정부시 녹양로 34번길 23	031-828-0114
송 민 경	판사	서울중앙지법	06594	서울 서초구 서초중앙로 157	02-530-1114

이 름	직 위	근 무 지	우편번호	주 소	직장/자택 전화번호
송 영 승	부장판사	울산지방법원	44643	울산 남구 법대로 55	052-216-8000
오 기 두	부장판사	서울동부지법	05050	서울 광진구 아차산로 404	02-2204-2114
오 상 용	부장판사	서울중앙지법	06594	서울 서초구 서초중앙로 157	02-530-1114
우 인 성	부장판사	청주지방법원	28624	충북 청주시 서원구 산남로62번길 51	043-249-7114
유 현 정	판사	수원지방법원	16517	경기도 수원시 영통구 월드컵로 120	031-210-1114
윤 승 은	부장판사	대전고등법원	35237	대전광역시 서구 둔산중로 78번길 45(둔산동)	042-470-1882
이 규 훈	판사	광주지방법원	61441	광주광역시 동구 준법로 7-12(지산2동)	062-239-1114
이 민 걸	부장판사	서울고등법원	06594	서울 서초구 서초중앙로 157	02-530-1114
이 승 련	부장판사	서울고등법원	06594	서울 서초구 서초중앙로 157	02-530-3114
이 정 환	판사	서울고등법원	06594	서울 서초구 서초중앙로 157	02-530-3114
이 창 형	수석 부장판사	인천지방법원	06594	인천 남구 소성로163번길 17	032-860-1113
임 경 옥	판사	전주지방법원	54889	전주시 덕진구 사평로 25	063-259-5400
한 경 환	지원장	대전지방법원 서산지원	31988	충청남도 서산시 공림4로 24	041-660-0600
한 대 균	판사	서울북부지법	01322	서울 도봉구 마들로 749	02-910-3114

〈검 찰〉

이 름	직 위	근 무 지	우편번호	주 소	직장 자택 전화번호
고 홍	공안기획관	대검찰청	06590	서울 서초구 반포대로 157	02-3480-2000
구 태 연	검사	서울중앙지검	06594	서울특별시 서초구 반포대로 158	02-530-3114
권 순 철	검찰연구관, 국제협력 단장	대검찰청	06590	서울 서초구 반포대로 157	02-3480-2000
권 익 환	공안부장	대검찰청	06590	서울 서초구 반포대로 157	02-3480-2000
김 기 준	검사	서울고검	06594	서울 서초구 반포대로 158	02-530-3114
김 석 우	검사	서울고검	06594	서울 서초구 반포대로 158	02-530-3114
김 영 규	지청장	대전지검 홍성지청	32226	충청남도 홍성군 홍성읍 법원로 40	041-640-4200
김 영 기	지청장	전주지검 남원지청	55761	전라북도 남원시 용성로 59	063-633-3131
김 윤 섭	검사교수	법무연수원	13913	경기 용인시 기흥구 구성로 243	031-288-2231
김 진 숙	검사	서울고검	06594	서울 서초구 반포대로 158	02-530-3114
노 진 영	부부장검사	서울중앙지검	06594	서울특별시 서초구 반포대로 158	02-530-3114
류 장 만	부부장 검사	부산지검	47510	부산 연제구 법원로 15	051-606-3300
박 민 표	검사장	서울동부지검	05050	서울 광진구 아차산로 404	02-2204-4000

이 름	직 위	근 무 지	우편번호	주 소	직장 자택 전화번호
박 수 민	검사	인천지검	22220	인천 남구 소성로163번길 49	032-860-4000
박 종 근	부장검사	수원지검	16517	경기도 수원시 영통구 월드컵로 120	031-210-4200
박 지 영	검사	의정부지검 고양지청	10413	경기도 고양시 일산동구 장백로 213	031-909-4000
백 재 명	공안 부장검사	부산지검	47510	부산광역시 연제구 법원로 15	051-606-3300
변 창 훈	차장검사	서울북부지검	01322	서울특별시 도봉구 마들로 747	02-3399-4200
봉 욱	차장검사	대검찰청	06590	서울 서초구 반포대로 157	02-3480-2000
송 삼 현	공판 송무부장	대검찰청	06590	서울 서초구 반포대로 157	02-3480-2000
서 민 주	검사	인천지검 부천지청	14602	경기도 부천시 상일로 127	032-320-4000
신 승 희	검사	부산지검	47510	부산광역시 연제구 법원로 15	051-606-3300
심 우 정	부장검사	서울중앙지검	06594	서울특별시 서초구 반포대로 158	02-530-3114
안 미 영	부부장검사	수원지검	16517	경기도 수원시 영통구 월드컵로 120	031-210-4200
안 성 수	검사	대검찰청	06590	서울 서초구 반포대로 157	02-3480-2000
오 세 인	검사장	광주고검	61441	광주광역시 동구 준법로 7-12	062-231-3114
유 혁	부장검사	의정부지검 고양지청	10413	경기도 고양시 일산동구 장백로 213	031-909-4000

이 름	직 위	근 무 지	우편번호	주 소	직장 자택	전화번호
이 상 진	지청장	광주지검 장흥지청	59330	전라남도 장흥군 장흥읍 읍성로 121-1		061-860-4200
이 선 욱	검찰과장	법무부	06590	경기도 과천시 관문로 47 정부과천청사 1동		02-2110-3000
이 선 훈	검사	서울고검	06594	서울 서초구 반포대로 158		02-530-3114
이 승 호	부장검사	부산지검 서부지청	47510	부산광역시 연제구 법원로 15		051-606-1301
이 완 규	지청장	인천지검 부천지청	14602	경기도 부천시 상일로 127		032-320-4000
이 자 영	검사	인천지검 부천지청	14602	경기도 부천시 상일로 127		032-320-4000
이 주 형	제2차장 검사	대구지검	42027	대구광역시 수성구 동대구로 364		053-740-3300
이 흥 락	제1차장 검사	인천지검	22220	인천광역시 남구 소성로163번길 49		032-860-4000
전 승 수	형사1 부장검사	광주지검	61441	광주광역시 동구 준법로 7-12		062-231-3114
정 점 식	연구위원	법무연수원	13913	경기 용인시 기흥구 구성로 243		031-288-2231
정 진 기	부장검사	수원지검 안양지청	14054	경기도 안양시 동안구 관평로 212번길 52		031-470-4200
정 혁 준	검사	인천지검	22220	인천광역시 남구 소성로163번길 49		032-860-4000
조 상 준	검사	서울고검	06594	서울 서초구 반포대로 158		02-530-3114
조 은 석	검사장	서울고검	06594	서울 서초구 반포대로 158		02-530-3114

이 름	직 위	근 무 지	우편번호	주 소	직장/자택 전화번호
조 지 은	검사	인천지검 부천지청	14602	경기도 부천시 상일로 127	032-320-4000
조 희 진	검사장	서울동부지검	05856	서울 송파구 정의로 30	02-2204-4000
차 맹 기	지청장	대전지검 천안지청	31125	충청남도 천안시 동남구 신부7길 17	041-620-4500
최 기 식	형사5 부장검사	서울중앙지검	06594	서울특별시 서초구 반포대로 158	02-530-3114
최 길 수	검사	서울고검	06594	서울 서초구 반포대로 158	02-530-3114
최 순 호	검사	전주지검	54889	전북 전주시 덕진구 사평로 25	063-259-4200
최 인 호	부부장검사	서울고검	06594	서울 서초구 반포대로 158	02-530-3114
한 웅 재	형사8 부장검사	서울중앙지검	06594	서울특별시 서초구 반포대로 158	02-530-3114
한 제 희	인권조사 과장	법무부	06590	경기도 과천시 관문로 47 정부과천청사 1동	02-2110-3000
홍 완 희	검사	서울중앙지검	06594	서울특별시 서초구 반포대로 158	02-530-3114
황 병 주	범죄예방 기획과장	법무부	06590	경기도 과천시 관문로 47 정부과천청사 1동	02-2110-3000
황 철 규	검사장	대구고검	42027	대구 수성구 동대구로 364	053-740-3300

편집위원

위원장 허 일 태
위 원 신 양 균
오 경 식
윤 종 행
이 완 규
이 용 식
전 지 연
조 국
한 영 수
(가나다순)

刑事判例硏究 〔25〕

2017년 6월 20일 초판인쇄
2017년 6월 30일 초판발행

편 자 한국형사판례연구회
발행인 안 종 만
발행처 (주) 博英社
서울특별시 종로구 새문안로3길 36, 1601
전화 (733)6771 FAX (736)4818
등록 1959. 3. 11. 제300-1959-1호(倫)

편자와 협의하여 인지첩부 생략함

www.pybook.co.kr e-mail: pys@pybook.co.kr

파본은 바꿔 드립니다. 본서의 무단복제행위를 금합니다.

ISBN 979-11-303-3058-7
978-89-6454-587-4(세트)
ISSN 1225-6005 25

정 가 52,000원